11月26日，北京儿童医院召开纪念诸福棠教授100周年座谈会。全国政协副主席何鲁丽、副市长刘敬民、卫生部副部长殷大奎、卫生部基层卫生和妇幼司司长李长明、市卫生局局长朱宗涵、首都医科大学校长徐群渊等出席了会议

12月30日，副市长刘敬民、市卫生局局长朱宗涵、卫生部妇幼司原司长林佳媚、市政协提案委副主任余棉等参加首都儿科研究所附属儿童医院门诊楼奠基仪式

8月21日，副市长汪光焘、市卫生局副局长郑东振与市计委、市建委领导听取北京妇产医院院长陈宝英的汇报

王忠诚事迹报告团在贵阳市做报告及王忠诚同志事迹展

5月28日，卫生部医学情报工作管委会办公室王汝宽主任视察北京市卫生局卫生信息网络管理中心（北京市医学情报所）

10月16日，举行北京市卫生局职工首届“阳台山杯”登山比赛。市卫生局局长朱宗涵、副局长史炳忠、郭积勇与获奖职工留影

10月21日，市卫生局副局长郭积勇参加北京市新生儿疾病筛查工作会（北京市儿童保健所）

北京红十字朝阳医院高居忠院长（左）被中华医院管理学会、健康报社评为全国医院优秀院长和全国卫生系统先进工作者

北京妇产医院产科主任黄醒华在为新生患儿做检查

5月6日，首都医科大学志愿捐献遗体登记接受站正式挂牌。北京市红十字会秘书长于瑞苓讲话

2月7日，召开首届北京国际器官移植研讨会。北京红十字朝阳医院高居忠院长和管德林教授发表死后无偿捐献器官倡议书

7月1–17日，北京同仁医院的王军、刘红随“视觉第一中国行动”北京对口支援内蒙古赴赤峰白内障复明手术医疗队来到赤峰，为白内障患者做手术

世界卫生组织官员 Jerker Liljestrand 参加孕产妇死亡回顾调查方案研讨会（北京市妇女保健所）

世界卫生组织西太区官员参加首都儿科研究所承办的儿童急性呼吸道感染、腹泻病控制学术研讨会

北京市结核病胸部肿瘤研究所为全国26个省、自治区举办结核病细菌学实验室技术人员培训班

1月20日，北京儿童医院与香港玛丽医院举行"培训培训者"项目签字仪式

德国外宾参观修复技术室（北京口腔医院）

北京酒仙桥医院成立介入医学科

圭亚那卫生部官员在北京市结核病胸部肿瘤研究所参观访问

中日第二届高血压研讨会 （电子工业部酒仙桥医院）

儿童健康咨询
（北京市儿童保健所）

北京市结核病胸部肿瘤研究所在肿瘤防治宣传周组织专家进行大型义诊活动

电子工业部酒仙桥医院新门诊大楼

电子工业部四〇二医院新病房楼

# 北京卫生年鉴

## 2000

北京市卫生局·《北京卫生年鉴》编辑委员会　编

北京科学技术出版社

**图书在版编目(CIP)数据**

北京卫生年鉴.2000年/《北京卫生年鉴》编委会编.
北京:北京科学技术出版社,2000.11
ISBN 7-5304-2423-8

I.北… Ⅱ.北… Ⅲ.医疗保健事业-北京-2000-年鉴
Ⅳ.R199.2-54

中国版本图书馆CIP数据核字(2000)第47701号

**北京卫生年鉴**
2000
北 京 市 卫 生 局
《北京卫生年鉴》编委会 编
*
北京科学技术出版社出版
(北京西直门南大街16号 邮政编码:100035)

---

各地新华书店经销
北京市飞龙印刷厂印刷
*
787×1092毫米 16开本 22.5印张 彩插4页 804千字
2000年11月第一版 2000年11月第一次印刷

---

**定价:100.00元**

# 《北京卫生年鉴》（2000）编辑委员会



# 《北京卫生年鉴》编辑部

# 编 辑 说 明

一、《北京卫生年鉴》是一部逐年记载北京卫生工作的资料性工具书，其内容主要综合反映北京卫生工作各方面的基本情况、进展和成就。自1991年起每年编辑出版一部。

二、《北京卫生年鉴》2000年版主要反映截止1999年底的资料。全书共分17个部类：1. 概况；2. 特载；3. 重要会议报告；4. 文件和法规；5. 工作进展；6. 军队卫生工作；7. 区县卫生工作；8. 卫生部直属医院卫生工作；9. 北京医科大学及附属医院卫生工作；10. 市属院（所、中心、站、校）卫生工作；11. 高校厂矿部属医院卫生工作；12. 学术团体和群众团体工作；13. 人事与干部；14. 卫生工作纪事；15. 卫生统计；16. 附录；17. 索引。

三、本年鉴按条目式纲目编纂，设置部类、分目、条目三个层次。

四、为便于读者检索，除卷首目录外，对刊载内容编制了《索引》附于书末，按汉语拼音字母依次排列。

五、本版年鉴统计数字均以卫生统计年报的数字为准。

《北京卫生年鉴》编辑部

2000年9月

# 目　　录

## 概　况



## 特　载



## 重要会议报告



## 文件和法规



## 工作进展

## 军队卫生工作



## 区县卫生工作

## 卫生部直属医院卫生工作



## 北京医科大学及附属医院卫生工作



## 市属院（所、中心、站、校）卫生工作

## 高校厂矿部属医院卫生工作



## 学术团体和群众团体工作



## 人事与干部



## 卫生工作纪事

## 卫生统计



## 附　　录

# 概　况

## 1999年北京市卫生工作概况

**基本情况**　1999年全市有各级各类卫生机构5 990个，比上年增加267个，增长率4.67%；其中医院686个，同比增加10个，增长率1.48%。床位总数69 465张，同比增加370张，增长率0.54%；其中医院床位67 684个，增加730张，增长率1.09%；全市平均每千人口拥有医院床位6.15张，增长率0.33%。卫生人员总数161 823人，比上年减少786人，增长率-0.48%；其中卫生技术人员116 597人，比上年增长621人，增长率0.54%；平均每千人口拥有卫生技术人员10.60人。

1999年北京市人口总数1 099.80万人，出生率5.73‰，死亡率5.73‰。

全年诊疗7 085.65万人次，其中门诊6 431.68万人次，急诊396.70万人次，住院77.85万人次，出院78.12万人次。

**卫生防病和医疗保障**　圆满完成国庆50周年和迎接澳门回归等重大庆典活动的卫生防病和医疗急救保障任务。为确保国庆卫生防病工作不出意外，在全市卫生防病任务十分艰巨的情况下，调动全市卫生防疫队伍，针对庆祝活动的每个环节，严密部署，制定了《国庆活动卫生防病工作要求》，对国庆活动各有关单位的食品、饮用水的供应方式、供应品种、卫生管理以及传染病的防治、疫情的报告和处理原则等做了细致、周密的安排，做到了“认识到位、领导到位、目标到位、人员到位”，先后对500余家供应食品、饮用水的集体食堂和生产经营单位进行了卫生监督检查，对3 400余名食品从业人员进行了健康体检和食品卫生知识培训，对天安门城楼地区和天安门广场主题灯箱进行了2次消毒、杀虫、灭鼠工作，投放药品560公斤，粘鼠板300余块。经过数月的不懈努力，确保了国庆活动卫生防病工作万无一失，国庆期间未发生大型食物中毒、严重水污染和传染病爆发流行。

本局召开了“首都卫生系统国庆50周年活动医疗救护保障工作誓师动员大会”，对医疗保障工作精心计划、周密安排，并提出了具体的工作要求，各医院都选派了政治可靠、业务精湛、身体健康的优秀医务人员承担医疗救护保障工作，同时，配备了性能良好的医疗仪器设备和急救车，以及数量充足、种类齐全的药品。本着“谁主管谁负责”的原则，逐级落实责任制，并与各医院签订了《首都国庆活动医疗救护安全保证责任书》。经过各方通力合作，4个月内共承担了10次大型合练、彩排、预演和正式庆祝活动的医疗救护保障任务。累计派出232个医疗点、1 624名医务人员，共救治患者4 890人，转入医院继续治疗患者29人，没有发生一起医疗意外事故，为国庆各项活动的顺利进行起到了保驾护航的作用，受到了国庆后勤保障指挥部的表彰。

本局还承担了国庆卫生方阵1 400人的群众游行任务。医学院校的广大师生组成游行队伍，顶烈日、冒酷暑进行训练，发扬流血流汗不流泪、掉皮掉肉不掉队的精神，克服了诸多困难，出色地完成了国庆游行任务，向全国乃至全世界展示了首都医务工作者良好的精神风貌。

**预防保健**　坚持预防为主方针，重点加强肠道传染病的监测，传染病总发病率下降了13.44%。其中急性肠道感染的发病数下降了61.3%；患者人数和带菌者下降了69.3%。加强性病、艾滋病以及血源传染的预防措施。计划免疫接种率已多年保持在95%以上，连续15年未出现脊灰野毒株病例，相关的麻疹、百日咳、白喉、肺结核及乙肝病例也保持在较低的发病水平。制订《北京市流动儿童计免工作实施方案（试行）》和《外地来京人员卫生防疫管理规定》，使外地流动人口的计划免疫工作逐步得到加强。针对1998年北京流感疫情，1999年对易感人群进行了疫苗注射，流感发病率比上年下降36.1%。按照《北京市2000年消除碘缺乏病规划纲要》，定期对盐库、零售单位和居民户的食盐进行常规定量监测工作。继续贯彻《中华人民共和国食品卫生法》，全市共监督检查各类食品生产经营单位397 397户次，与去年同期相比，上升19.8%，合格率为83.4%；抽样检验各类食品75 322件，合格率为90.4%，与去年同期相比上升3.3%。加强对中小型餐饮业的管理，对全市16 300余户小型餐饮店逐一进行了检查整顿和复验换证，对未达标准的餐饮店注销了卫生许可证，使我市的中小餐饮业卫生状况有了一个根本的转变。为遏制送餐业引起的食物中毒，我们对送餐单位进行了拉网式大检查，对检查不合格的10个企业分别给予取消送餐资格、停业整顿和罚款的处罚。同时狠抓学校食品卫生工作和抽查的力度，对2 552所学校进行了检查，保证了学生饮食卫生安全。加强对自来水厂、单位、自备水源和高层建筑二次供水设备的监督管理，监督覆盖率均达到100%。

**妇幼保健**　为提高本市出生人口素质，有组织、有计划地做好出生缺陷监测与干预工作，婚前医学检查率达99%以上及预防神经管畸形儿健康教育率达到99%。对新申报的3所爱婴医院及4所爱婴乡卫生院和2所已取得爱婴医院称号的医院进行了评估和抽查，其结果达到了“十条”标准。全市婴儿死亡率下降到7.95‰、孕产妇死亡率为17.53/10万。北京市卫生局党组做出决定，号召全市卫生系统弘扬首都妇幼卫生工作精神，向妇幼卫生工作者的杰出代表林传家，工程院院士、儿科医学专家胡亚美，围产医学专家黄醒华，扎根农村献身妇幼保健事业的王砚英同志学习，并对从事妇幼保健30年的263名同志、从事妇幼卫生工作50年的41位同志颁发了荣誉证书。

**爱国卫生**　根据全国城市卫生检查要求，制订建设文明卫生城市标准，下达考核办法并在城八区开展了创建文明卫生城市活动。深入开展“卫生之家”、“卫生楼门（院）”评比工作，使爱国卫生深入社区，评出“卫生之家”1 679 742户，占全市居民户的32%；“卫生楼门（院）”79 806个，占楼门（院）总数的11%。拆除各类违法建筑417万平方米，撤销各类占路市场157个，在治理城市环境、改善城市卫生面貌、深化城市管理体制改革和城市管理综合执法等方面，均取得了突破性进展，城市卫生水平得到明显提高。使本市在全国第四次城市卫生综合检查评比中进入全国卫生先进城市行列。

开展农村改水扶贫工程，兴建了71座农村水厂，使91个村、75 049人受益，农村自来水普及率已达到98%，提前一年完成了“九五”规划指标。进一步加强农村改厕项目管理，全市农村改厕人口享有率达到77.21%，比上年增长6.07%；粪便无害化处理率达到8.85%，比上年增长1.5%。

**社区卫生服务**　本市社区卫生服务工作基本形成“政府领导、街道搭台、卫生唱戏、群众参与”的格局，初步实现以社区老年人、妇女、儿童为重点对象的社区医疗、预防、保健、健康教育、康复、计划生育指导六位一体的卫生服务功能。本市城近郊区共建社区卫生服务站205个；建立健康档案17.1万份；设立家庭病床7 022张；签订健康服务合同50 525份；为居民提供各种卫生服务达209万人次，其中诊治病人99万人次、抢救急诊18 667人次、体检6.5万人次、健康宣教63.2万人次、预防保健及其它服务4.3万人次、各种检查3.7万人次，较好地解决了社区居民的卫生需要。为进一步做好社区卫生服务工作，保证全科医学培训工程的顺利实施，成立了全科医学培训工作领导小组，首批聘任了39名有较高学术造诣和临床教学经验的医学专家，同时认定了13个市级全科医学培训基地。制订了《关于北京市全科医学培训工程的实施意见》，拟用4年时间全面推进“百、千、万”全科医学人才培训计划。组织编写了《全科医生实用手册》及培训大纲和习题集、实习大纲和手册等。

**农村卫生**　“三项建设”工程进展顺利，已竣工29项，完成主体结构9项，建筑面积11.34万平方米，投资1.62亿元，为明年全部完成卫生“三项建设”工作奠定了基础。初级卫生保健继提前实现以县为单位“2000年人人享有初级卫生保健”规划目标后，已经基本实现以乡镇为单位初保规划目标。全市开展合作医疗的行政村共有3 392个，占行政村总数的84.86%，比上年增加了15.96%，朝阳、丰台、海淀、石景山区村覆盖率均达到了100%。本市共落实合作医疗资金12 989.2万元，参加合作医疗人口，人均占有合作医疗资金45.6元。怀柔县进行了建立“抗大病风险基金”的试点工作，全县60%的农民参加了合作医疗大病住院统筹，初步获得了较好的抗大病医疗保障效果。全市119个乡镇实行了卫生组织乡村一体化管理。

继续开展“卫生下乡、对口支援”，1999年全市城市医疗机构为农村送去医疗器械和药品价值251万元，帮助创建规范化乡镇卫生院和村卫生院186个，举办医务人员业务培训班367期，免费培训2.8万人次，向农村派出医疗队176支，为农民义诊4万余人次，使我市远郊县的医疗服务水平又向前迈了一大步，为农民开辟了健康之路，有力地推动了农村经济的发展。

**医政管理** 北京地区276个县及县以上医院全年完成诊疗5 189万人次，比上年减少156.55万人次，减少2.93%；其中门、急诊4 954万人次；出院78万人次；病床使用率68.03%，周转次数达到12.31次，出院者平均住院日20.43天，比上年增加0.54天，住院病人手术次数为24.29万人次，比上年减少9 170人次，减少3.64%。全面贯彻落实《中华人民共和国执业医师法》，做好医师注册的准备工作，编制了《医师法规必读》，出版了《医师法有关材料及问答》，积极稳妥地开展医师资格认定和全国医师统一考试工作。认真落实《中华人民共和国护士管理办法》，完成了2 546名（部队现役）护理专业毕业生的执业考试的组织、资格审核工作。

全面落实献血目标管理责任制，举行了《献血目标管理责任书》签字仪式，由市长与主管区县长签定了《献血目标管理责任书》；各区县与所属单位层层签定责任书；区县长与所属乡镇长、街道办事处主任逐一签定《献血目标管理责任书》，明确了责任与目标，有力地推动了献血工作的落实。在18个区县的主要繁华街道举行了全市无偿献血宣传、咨询周活动，并分别设立了11个街头无偿献血点和6个室内无偿献血室。组织全市公民无偿献血175 324袋，比上年同期增加献血8 958袋，全市无偿献血占临床用血的87%，基本上实现了临床用血全部来源于无偿献血的目标。狠抓医院科学用血、合理用血，在全市30余家大医院开展了自体输血工作，共计开展自体输血11 323例，节约用血22 939袋，节约用血量约460万毫升，相当于5家大型综合医院的全年用血量，有效地缓解了我市临床用血的压力。制订了《医疗机构临床用血管理办法》和《脐带造血干细胞库管理办法》，组织了对9个血液中心站的质量检查，确保了用血安全。

加大执法力度，打击非法行医。全年共取缔非法医疗机构509个，取缔非法行医人员511人次，使我市非法行医得到遏制。严格医疗广告审批程序，全年共审批医疗广告209份次。

加强急救网建设，编写了急救网站的工作制度及人员、设备、车辆的配置标准，对120急救寻呼系统进行了改造。完成“视觉第一中国行动”对内蒙古赤峰的援助工作，共派出10支手术医疗队，共做白内障手术1 008例，植入人工晶体622例。

**医疗机构与人事制度改革** 已有22个市属医疗卫生单位的机构与人事制度改革通过了市人事局、财政局、卫生局的联合验收，基本达到了“紧缩编制、强化聘任、转换机制、提高效益”的改革目标。共撤销、合并职能部门44个，简化了医院管理层次；减聘中层干部235人，占总数的15.51%，专业技术人员低聘、待聘、未聘及转岗分流971人，使中层干部的年龄、知识结构和管理水平得到明显改善，专业技术人员的紧迫感和责任感明显增强，促进了岗位竞争；精简临时工1 702人，占原临时工总数的53.42%，节约资金947万元。分配制度改革体现了向一线人员、高技术高风险岗位人员、有突出贡献人员和优秀管理人员的倾斜。发挥卫生人才市场中介作用，拓宽了医务人员交流渠道。

**卫生科技及医学教育** 以重点学科、重点实验室、重点科技攻关项目为载体，推进全市医学科技发展。1999年市卫生系统以招投标的形式确立了6项重点学科、12项重点扶植学科、2个高技术实验室，获得市政府资助。在重点学科发展上，逐步引入竞争机制，运用经济手段引导对重点学科、重点项目、疑难病症的联合攻关，实现了系统内部的强强联合，加大了科技投入，有力地推动了各医院医疗、科研整体水平的发展。加快科技人才培养，把努力培养高水平、高素质的中青年人才作为首都卫生事业发展的战略任务，在积极推荐优秀科技人才进入国家和北京市“百千万跨世纪优秀人才工程”的同时，推出了北京市卫生局“十百千人才发展计划”。又有29人入选北京市跨世纪优秀人才工程，56人入选市科委“科技新星”计划。1998年度获市级以上科研成果80项，其中部级成果3项，市级77项，多数成果处于国内领先水平。

根据“积极发展研究生教育，适度发展本科教育，大力发展卫生高等职业教育，压缩中等医学教育”的发展思路，制定“北京市医学院校布局调整实施方案”，首先压缩中等医学教育，由原40所中专招生学校减到17所。完成了对北京医学高等专科学校的11所临床教学基地评审工作。对14个区县卫生局和23个直属医疗卫生单位的继续教育进行了评估。成立北京市卫生专业技术人员继续教育委员会学科组，举办各种继续教育培训班、学术讲座、专业会议等695项，10万余人次参加了学习。

**中医工作** 已有21所中医医院通过了等级评审验收。其中，北京中医医院等5所中医医院被确定为“全国示范中医医院”建设单位，北京中医医院被卫生部评为“全国百佳医院”；顺义区政府被国家中医药管理局评为“全国农村中医工作试点县”；继承老中医学术经验工作进展顺利，北京友谊医院被评为继承工作先进单位。1998年度共获得各级科技成果20项，其中国家级科技进步奖1项，市科技进步奖12项，国家中医药管理局级奖1项，北京市中医管理局级奖6项。

**卫生法制建设** 为保证依法行政落到实处，加大了卫生立法工作力度，制定了《北京市公民献血用血管理办法》、《北京市外来人口卫生防疫管理办法》，规范了外地来京务工经商人员卫生防疫管理，并对使用外来人口的单位提出了卫生要求，使外来人口的卫生防病做到了有法可依；为依法保证中医事业的不断发展和全市医疗机构的有序管理，进行了《北京市中医发展条例》、《医疗机构管理办法》的立法前期调研工作，为这两项法规的顺利出台和实施打下了基础。同时，对全市6万名医师进行了有关《医师法》的培训和考核，发放各类宣传材料5万余份，提高了医师依法行医的法律意识。

**精神文明建设** 按照市委部署、市卫生局党组和局机关处级干部开展了“三讲”教育，各级领导班子和领导干部通过“三讲”，坚定了建设有中国特色社会主义的理想信念，更加自觉地坚持党的基本路线，在思想上、行动上与党中央保持高度一致，增强了全心全意为人民服务的观念，增强了深化卫生改革的紧迫感。“三讲”教育对于我们进一步解放思想、转变观念、坚定信心、团结奋斗、深化卫生改革，促进卫生事业健康发展，提供了必要的思想准备。在反对“法轮功”邪教组织、反对以美国为首的北约轰炸我驻南使馆、反对李登辉的“两国论”的斗争中，广大卫生工作者旗帜鲜明、态度坚决、积极参加这三场政治斗争，均做出了自己的贡献。

树立“以病人为中心”的服务观念，抓好先进典型的宣传，广泛开展职业道德教育和“讲文明、树新风，做首都优秀医务工作者活动”，促进卫生行风建设。在新闻媒体的大力配合下，连续开展了王忠诚、李桓英以及首都妇幼卫生工作者先进事迹的宣传系列活动，以典型引路，进行爱岗敬业教育，同时还积极探索适应群众医疗保健服务需求的新模式，改善就医环境，改革服务程序，方便患者就医。在全行业开展了规范化服务行业达标活动，全市47家三级医院和130个社区卫生服务站通过了市文明办的达标验收，为卫生系统全行业达标奠定了良好的基础。

（朱晓皖）

# 特　　载

## 北京地区卫生系统解决计算机2000年问题工作总结

计算机2000年问题（Y2K）是一个全球性的问题，危害严重，具有长期性、广泛性和隐蔽性。因此，计算机2000年问题对我国的影响和可能造成的危害是不容忽视的。

国际社会和各国政府对计算机2000年问题非常重视，美国、加拿大、英国、荷兰、日本等发达国家政府都采取了一系列措施，投入了大量人力和财力解决Y2K问题以及准备相关的应对措施。

我国政府也对解决Y2K问题非常重视，国务院办公厅1998年8月14日发布国办发［1998］124号文件，要求各地区、各部门要充分认识计算机2000年问题的严重性。按照国务院文件精神要求，卫生部、北京市政府分别下发了要求解决Y2K问题的文件（卫生部：1998年9月21日发布卫办发［1998］第19号、1999年5月26日再发卫办发［1999］第246号；北京市：1998年9月7日京政办发［1998］41号、1999年5月5日京信息办字［1999］026号）。

北京市卫生局按照各级政府的要求于1998年9月29日向北京市卫生系统下发了京卫办字［1998］35号文，组成北京市卫生系统解决计算机2000年问题领导小组办公室，全面负责北京市卫生系统解决Y2K问题的组织和管理工作。1998年10月6日，由北京市卫生局、北京市卫生系统信息化领导小组办公室组织召开了北京卫生系统计算机2000年（Y2K）问题工作会，北京市卫生系统解决Y2K问题的工作正式启动。

1998年11月13日，在同仁医院召开了北京市卫生系统计算机Y2K院所组实施工作会，卫生局直属院、所、站、校37个单位59位代表出席了会议。

1998年11月19日，怀进鹏举办Y2K问题的专题技术讲座。

1998年11月23日，在市政府西南5楼会议室召开了北京市卫生局及区、县卫生局机关Y2K工作会议。

1998年12月10日，由北京市卫生系统信息化工作领导小组办公室在西城区卫生学校组织召开了北京市卫生系统信息化及计算机2000年问题技术咨询会。

1999年3月3日，北京市计算机2000年工作办公室来到北京市卫生系统Y2K办公室听取了卫生系统Y2K工作的进展情况汇报。

1999年3月4日，北京市卫生系统Y2K医疗仪器组成立。

1999年3月15日开始，北京市卫生局领导、卫生系统信息化工作领导小组办公室及卫生系统负责Y2K问题的专家将分组对北京市卫生系统的Y2K解决情况进行检查。

1999年4月15日，第一阶段Y2K检查结束。

1999年4月16日，卫生部信息化工作领导来北京市卫生局检查信息化建设及Y2K工作。

1999年4月21日，北京市信息化工作办公室、北京市计算机2000年办公室、北京市政协常委李志伟、委员罗军及北京市政府信息化及Y2K部分专家在北京急救中心听取了北京市卫生系统和北京急救中心的Y2K工作情况汇报。

1999年7月15日，召开了北京地区卫生系统信息化暨计算机2000年问题工作会议，落实卫生部于1999年5月26日发出的（卫办发［1999］第246号）紧急通知的精神，明确北京地区各级医疗卫生机构包括卫生部属和各行业医疗卫生机构解决Y2K问题的工作纳入北京市卫生局信息办统一管理。

1999年9月9日，北京市卫生系统Y2K领导小组办公室在布置全系统Y2K应急方案落实的同时，在北京宣武医院进行Y2K工作的现场检查和应急方案的演练。

1999年10月18—19日，全国卫生系统解决计算机2000年问题工作检查及经验交流会在北京召开。卫生部曹荣桂副部长到会发表重要讲话，总结前一阶段卫生系统Y2K工作，布置了今后工作的重点。北京市卫生系统Y2K工作领导小组办公室汇报了北京地区的情况，北京的有关专家还就Y2K问题的检测、嵌入式医疗仪器设备的Y2K问题及应急方案的制定等进行了大会技术交流。

1999年10月20日，国务院检查组到北京市检查工作。

1999年10-11月，北京地区卫生系统第二次Y2K工作检查结束。重点检查Y2K应急方案的落实和演练情况及对本单位Y2K问题的风险评估、Y2K问题修改后的符合性测试、Y2K档案管理和法律准备等。卫生部曹副部长和信息办领导参加了部分重点单位的检查工作。

1999年12月31日，北京市卫生系统为防范Y2K问题的发作，各级领导、专家和医护人员在一线渡过千年之夜。北京市卫生系统Y2K总指挥部设立了24小时加强值班，与市政府Y2K总指挥部热线联系。市卫生局朱宗涵局长特地来到北京市卫生系统Y2K应急总指挥部坐镇指挥，与工作人员一起跨越2000年。

从2000年2月28日开始，北京市卫生系统Y2K开始24小时值班。截止2000年2月29日16点，北京地区卫生系统没有发现由于闰年引发的千年虫问题发作。

总结北京地区卫生系统Y2K工作的情况，我们有以下的经验和体会：

1. 领导重视，组织健全，管理到位，实施有力

北京市卫生局接到市政府转发国务院文件和卫生部文件后，立即于1998年10月5日成立了北京市卫生系统Y2K领导小组，由朱宗涵局长任组长，主管信息化工作的郭积勇副局长任副组长，并成立了Y2K办公室和专家小组。

北京市卫生系统信息化领导小组行文要求系统内各有关单位在10日内成立信息化领导小组、Y2K领导小组和Y2K办，并上报市卫生系统信息办。在短时间内18个区县卫生局及下属医疗卫生单位、市局直属单位及相关各卫生单位层层成立了Y2K工作机构，绝大多数单位是一把手任组长。

领导层专题会议研究和召开Y2K专题启动大会，1998年10月6日，北京市卫生系统信息化领导小组在北京天坛医院召开了全系统计算机2000年问题工作会，18个区县卫生局局长、直属单位领导和局机关各处处长参会，专题启动和部署全系统Y2K工作，并请北京市信息化办公室华平澜主任到会做重要指示，北京市卫生局朱宗涵局长、郭积勇副局长对Y2K工作做了安排并提出要求。

2. 充分发挥首都技术和专家资源的优势，实现理论和实际的结合

面对Y2K工作的诸多难题，北京市卫生系统信息办和Y2K办及时外请指导，多次请市信息办领导和专家做专题报告、讲座，听取市卫生口医疗仪器Y2K专题的现场指导，聘请国家信息产业部Y2K顾问怀进鹏教授做专题讲座，请卫生部信息办陈育德主任、李本增主任、高燕捷副主任检查指导Y2K工作，在上级部门领导和帮助下有力地推动北京市卫生系统Y2K工作的落实。

3. 检查加技术指导，现场解决实际问题

北京市卫生系统Y2K办公室自1999年3月和10月对全市卫生系统Y2K工作进行了检查，检查工作有领导带队，专家和工作人员参加，卫生部曹荣桂副部长、市卫生局郭积勇副局长都亲自带队参加了检查。注重实效，解决难题，及时发现薄弱环节，使全市Y2K工作的进度有了保障。

4. 及时发布全局工作进展信息，保持工作力度

Y2K工作有许多不确定因素，有限时、强制解决的要求，为了及时传达全局的工作动态，北京市卫生系统信息办编制了《北京市卫生系统Y2K快讯》，编发24期，近10万字。《快讯》主要反映工作进度，通报各单位完成情况，刊登全市卫生系统Y2K工作计划，安排要求，Y2K工作动态，部、市、局领导讲话，技术讲座，Y2K技术咨询热线电话，Y2K参考技术资料，敏感日期警示，先进经验交流，应急计划选登等。

5. 重点和特色工作有突破

经Y2K清查评估工作，集中分析出嵌入微处理器的医疗仪器是卫生口的重点和难点，医疗仪器直接影响对病人的诊断治疗和抢救，Y2K问题不解决可能会危及患者健康乃至生命。同时市政府、市卫生局也把北京急救中心等单位列为重点要害部门。

医疗仪器中Y2K问题的解决关键在于生产厂商。北京市卫生系统信息办要求各医疗单位把有难点的医疗仪器集中上报市卫生局药政处主管医疗仪器的处长，然后由政府出面与厂家交涉，促进Y2K问题解决。

利用北京宣武医院医学工程实验室的优势，解决对医疗仪器设备日期变量修改和修改后功能检测的难题，有重要的实际指导意义。

在医疗仪器 Y2K 问题的评估和应急计划中采用红、黄、绿标牌，也是解决 Y2K 问题的成功经验之一。

6. 资源共享，Y2K 工作经验辐射面广

北京市卫生系统解决 Y2K 问题的一些做法和工作经验在对全国同行业的 Y2K 工作有一定的影响，如：《北京市卫生系统 Y2K 快讯》在北京卫生信息网网站发布后，先后被信息产业部、北京市、广州和福建等地的 Y2K 主流站点引用。北京市卫生系统的 Y2K 工作也通过各种新闻媒体进行了报道。特别是对解决医疗仪器设备 Y2K 问题的实际经验和修改测试的功能演示，接受了 CNN 和法国电视一台等主流西方媒体的采访，对改善西方社会就中国解决 Y2K 问题，特别是医疗仪器设备的 Y2K 问题方面存在的偏见有所帮助。在 1999 年 10 月召开的全国卫生系统计算机 2000 年问题工作检查及交流会上，北京市作为重点交流单位之一，向全国各地的同行介绍了北京市 Y2K 工作的情况，进行了计算机系统 Y2K 符合性测试，医疗仪器设备等嵌入式系统 Y2K 问题的修改和测试，医院应急方案等技术讲座。与会代表一致认为实用性强，对医疗卫生行业解决 Y2K 问题有帮助。会后上海、天津、河北、河南等省市将北京市的 Y2K 应急计划指导方案和医疗仪器设备的 Y2K 问题目录印发给所属单位，作为 Y2K 工作的指导。

附：

北京市卫生系统解决计算机 2000 年问题领导小组

组长：朱宗涵

副组长：郭积勇

成员：朱晓皖　徐国桓　姜凤梅　赵　新　吴　曼
吕　鹏　赵　涛　韩新娟　王月香　罗玉英
白　宏　齐敬宁

北京市卫生系统解决计算机 2000 年问题办公室

组　长：徐国桓

副组长：姜凤梅　马斌荣（顾问）　屈建国（顾问）

成　员：杨颖辉　王兰林　吕　杰　吴大文
史俊山　蔡予川　郭　宏　战　捷
纪京平　尹晓庆　王凯戎　张　路
张淑芹

北京市卫生系统解决计算机 2000 年问题专家及有关人员分工

规划组（负责总体规划、计划和技术设计）

组长：马斌荣

成员：屈建国　杨颖辉

实施组兼院所组（负责具体实施，特别是院所的 Y2K 工作）

组长：屈建国

成员：吕　杰　杨颖辉　吴大文　梁　悦

机关、区县组（负责局机关及区县的 Y2K 工作）

组长：王兰林

成员：卢和平　战　捷　郭　宏

（纪京平）

# 重要会议报告

## 刘敬民副市长在1999年北京市卫生工作会议上的讲话

（一九九九年三月二十四日）

同志们：

去年卫生战线在邓小平理论指引下，贯彻党的十五大和市八次党代会精神，卫生工作取得了新的进步。朱宗涵同志的工作报告比较全面地总结了去年的工作成绩，这些成绩的取得是与各区县、各单位的共同努力分不开的，也是中央在京单位大力协助和市人大、政协支持、监督的结果。在此我代表市委、市政府向勤奋工作在卫生战线上的全体干部职工，向一贯支持首都卫生工作的各方面的同志们表示衷心的感谢和崇高的敬意。刚才宗涵同志就今年的卫生改革和各项工作已经做了部署，市卫生局的上述意见我都同意。今年北京市的卫生工作是任务多、担子重。一是卫生改革进入攻坚阶段，卫生发展到了关键时期，年内实施《国务院关于建立城镇职工基本医疗保险制度的决定》，要求各项卫生改革同步配套进行，使卫生体制改革将在并不宽松的外部环境中实施大动作，多项配套改革同时铺开；二是今年大事多、喜事多，北京将举办规模宏大的建国50周年大庆和澳门回归等庆典活动，卫生防病和医疗服务的保障任务非常繁重。首都的地位和特点要求我们的工作应该达到一流的水平。同时，上述两个方面的工作都关系到维护首都政治稳定和社会安定的大局，必须努力做好各项工作，确保卫生改革的顺利实施，确保北京市不发生传染病暴发流行，确保建国50周年大庆等重大活动的医疗卫生服务任务，这就更增加了我们工作上的压力。因此做好今年工作必须认清形势，统一思想，树立信心，知难而进。下面就今年的工作讲几点意见：

### 一、积极配合城镇职工基本医疗保险制度的实施，深化医疗机构各项配套改革

今年卫生改革的重点有两个方面，第一是把医疗机构配套改革做为今年的中心工作抓紧抓好。

国务院于去年12月做出了《关于建立城镇职工基本医疗保险制度的决定》，要求到今年年底基本建立起全国城镇职工基本医疗保险制度。这是落实党的十五大和九届全国人大一次会议明确提出的建立适合我国国情的社会保障体系的一个重大决定，是医疗保险制度的重大改革。它对于建立社会主义市场经济体制，实现国有企业改革和发展目标，改革目前不适应新形势的劳保医疗和公费医疗制度，提高广大职工健康水平，都具有重要的现实意义和深远的历史意义。

党中央、国务院领导同志多次指出，城镇职工基本医疗保险制度改革与医疗机构配套改革关系十分密切，必须同步进行。加快医疗机构改革，提高医疗质量和服务水平，是职工基本医疗保险制度改革成功的关键；医疗机构必须提供质量好、成本低、方便、规范的服务，使政府的福利政策得以实现。正是因为医疗保险制度改革的意义重大，事关社会主义现代化建设的全局，所以卫生行政部门和医疗机构必须站在全局的高度来认识这项改革；改革医疗保险制度的目的与医疗机构坚持“以病人为中心”、全心全意为人民服务的宗旨完全一致，因此，要积极参与，主动做好

配套改革。

我们不仅要看到医疗机构改革的重要性，也要看到改革的紧迫性。第一，从我国还处于并将长期处于社会主义初级阶段的基本国情出发，医疗机构改革的基本原则只能是“低水平，广覆盖”，保障职工的基本医疗需求。按照改革方案，执行的是“以收定支，收支平衡”的原则。这就从总费用上对参保职工的医疗需求有所约束。医疗机构从医疗保险经办机构所得的业务收入总额将受到制约。第二，医疗机构之间竞争加剧。职工基本医疗保险制度改革将实行医疗机构定点制度，医疗保险经办机构选择符合标准的医院为定点医院，每一个参保职工可选择若干定点医院就诊，这种情况会促使医疗机构之间在服务质量、态度、价格、信誉等方面的竞争加剧。第三，医、药、保、患四者的相互制约作用将大大增强，医疗行为将受到医疗保险经办机构和参保职工的双重监督和制约。经办机构将加强对医药费用的审核；参保职工由于个人医疗支出增加，也会对服务质量、服务态度、诊疗信息知晓程度、收费标准透明程度等提出更高的要求。这些变化对医院管理提出了不容忽视的新挑战。第四，卫生事业的发展与经济建设和社会进步的要求还不相适应，多年积淀下来的体制性、结构性矛盾日益突出。表现在：卫生资源配置不合理，城市资源相对过剩，效率下降；医疗机构补偿结构不合理，药品收入所占比例过高。近年来医疗机构的补偿机制和补偿结构不合理问题日益突出，医疗技术劳务价格长期偏低，医疗机构过多依赖药品收入；医疗机构内部管理和运行机制缺乏活力，改革力度不够，政策不配套等等。因此，医疗机构改革不仅是配合医疗保险制度改革的需要，也是保证卫生事业自身健康、可持续发展的迫切需要。综上所述，医疗机构的改革已迫在眉睫，到了非改不可的时候了。

在面对挑战的同时，也应看到，城镇职工基本医疗保险制度的建立为医疗机构提供了新的发展机遇。它将有利于实行区域卫生规划，促进医疗机构的存量调整和医疗资源的有效利用；有利于医疗机构积极拓展服务领域，大力发展社区卫生服务；还将有力地促进医疗机构之间的良性竞争，促进医疗机构内部经济和业务运行机制的改革，促进医院管理的现代化。根据今年全国卫生厅局长会议的要求，朱宗涵局长已在刚才的报告中提出了医疗机构配套改革的五项任务，这些任务符合卫生部的要求和北京市的实际，但是报告中提出的还只是原则的要求，希望市、区县卫生局、各医疗单位在做好调研的基础上制定具有可操作性的方案和实施计划，认真加以落实。这些改革将促使卫生事业走上良性循环、健康发展的道路。

改革的第二个方面是卫生监督体制改革。我市的卫生监督体制改革要同预防保健体制改革相结合，通过这项改革，推进卫生法制建设，加大卫生监督执法力度，提高卫生监督管理水平，完善预防保健技术服务体系，促进预防医学科研工作，从而进一步加强首都卫生防病管理工作。要贯彻市委市政府加强城市管理工作的部署，把卫生监督管理作为城市管理工作的一个方面，推进城市卫生监督管理重心下移，加强基层基础管理工作，促进首都城市现代化管理水平的提高。

目前北京市已经做了很多工作，去年开始调研，提出方案，与各有关部门进行了充分协调，经过多次修订，市一级的改革方案已经基本成熟。经市政府研究批准以后，很快就要实施。改革启动后，对现在的预防保健体制要进行机构的调整，实行监督执法职能和预防保健服务、科研教学分离，进一步加强卫生行政执法工作的力度，加强综合执法。区县防保体制和机构也将相应进行调整，同时也将加强基层卫生监督管理的力度。这次改革不是要削弱原来的防保机构，否定原来的防保体制，而是防保事业在新形势、新任务下的新发展，是对防保体制的自我完善。今后防保机构要积极开拓更多新的服务领域，不断提供优质的卫生服务，满足社会的需求。

## 二、加强卫生防病和医疗服务工作，确保建国50周年庆典和迎接澳门回归等各项大型活动的顺利进行，确保首都的安定稳定

今年，建国50周年庆典活动在北京举行，全国关注北京。“十．一”过后不久，澳门回归的庆祝活动也将在北京举行，同时还将举办全国少数民族运动会以及若干国际性的大型活动。北京市承担大量具体的筹备组织后勤保障和安全保卫工作，这是中央交办的十分光荣而艰巨的政治任务，我们肩负的责任重大，一定要兢兢业业、一丝不苟，加紧做好卫生防病和医疗服务等各项保障工作。

1、做好卫生防病工作，确保北京市不发生传染病暴发流行。

今年卫生防病任务非常艰巨，形势更加严峻，一定要加强重点疾病的预防控制，防病重点是三个方面：第一，急性肠道感染和食物中毒；第二，鼠传疾病和呼吸道传染病；第三，艾滋病和慢性非传染性疾病。对急性肠道感染的预防控制仍然做为重中之重。各级领导、各个部门要保持高度的警惕，周密部署，

严防严守，不能有丝毫的麻痹大意。我们分析了影响卫生防病的三大因素——环境因素、社会因素和专业因素，有针对性地提出了预防和控制疾病的三大措施：一是强化监测控制，实施严防严守；二是改革卫生管理体制，加强监督执法；三是明确管理职责，充分发动群众。这些已经在市卫生防病工作委员会全体会议以及市卫生防病专业会议上做了部署，并提出了具体要求，希望各级政府、各个部门要抓紧落实。市和区县卫生行政部门必须深入基层认真检查，确保各项措施和要求得到落实，争取卫生防病工作的新成绩。

2、确保医疗服务质量进一步提高。

各医院要结合医疗机构改革，加强管理，努力提高医疗质量和服务水平，改善服务态度。提高医疗服务质量要从基础工作质量抓起，从科室、班组建设抓起，从队伍素质提高抓起。加强医务人员思想政治工作和职业道德教育，依据《执业医师法》加强对医务人员的资格管理，保证执业人员的基本业务素质。要抓好医务人员的业务技术培训，学习新知识，掌握新技术。在医疗服务工作中要尽量化解矛盾，对病人做到有爱心、耐心、责任心。采取有效的质量管理措施，杜绝重大医疗事故，减少差错和医疗纠纷。继续门、急诊、病房的改造，改善医疗、护理、生活各方面的条件，营造一种优良的就医环境。医院要大力开展窗口行业精神文明创建活动，今年卫生系统开展规范化服务行业达标活动，已经召开了动员部署大会，从47家三级医院和130家社区卫生服务站开始，先抓两头，在此基础上力争2000年实现全行业达标。各单位应高度重视，充分认识这项活动的重要意义，把规范化服务达标看作是医院适应城镇职工基本医疗保险制度实施的基础性工作，做为取信于民，树立医院良好社会信誉的重要途径。达标活动要同为群众办实事结合起来，抓紧办一些让群众能切身感受到的实事。要通过活动，不断改善服务态度，提高服务质量，以优异成绩向50周年大庆献礼。

## 三、继续加强社区卫生服务、农村初保及合作医疗、重点学科建设三项重点工作

1、加快发展社区卫生服务。

自党中央、国务院召开全国卫生工作会议以来，北京市把发展社区卫生服务做为卫生工作一项重点任务，取得了可喜的成绩。基本医疗保险制度改革更要求我们进一步推动社区卫生服务，今年要继续做为本市卫生工作的重点。现在全市已经建立了100多个社区卫生服务站，在此基础上，要努力建设和完善社区卫生服务的网络体系，形成以社区卫生服务中心及社区卫生服务站为主体，以定点二、三级医院及各专业防治机构为技术依托的新型社区卫生服务体系。为配合医疗保险制度实施，目前要保障社区卫生服务的良性运转，完善社区卫生服务配套政策，建立社区卫生服务补偿机制。各级政府应加大对社区卫生服务工作的专项经费投入，调整卫生事业经费支出结构，扩大对社区卫生服务的分配比例；计划、财政、街道等部门对公立社区卫生服务机构的基础设施、设备，特别是站点用房要给予资金扶持和政策保证；劳动和社会保障部门要把符合要求的社区卫生服务机构做为职工定点医疗机构，制定纳入城镇职工基本医疗保险的社区卫生服务项目目录，建立有效的双向转诊制度，做到小病、保健、康复在社区，疑难重诊转医院；物价部门应会同卫生行政部门及时制定和完善社区卫生服务的价格体系，特别要体现医疗技术劳务价值，使社区卫生服务得到合理补偿；卫生部门要规范社区卫生服务管理，提高服务质量。要积极拓宽社区卫生服务工作领域，开展多层次的医疗服务，满足群众日益提高和多样化的医疗保健需求。要求社区卫生服务必须充分体现防、治、保、康、健康教育、计划生育六位一体的综合服务功能，

2、进一步加强农村初保和合作医疗。

这是贯彻党的十五届三中全会精神，落实《中共中央关于农业和农村工作若干重大问题的决定》的具体要求。市委、市政府对农村卫生工作一直给予高度重视，多年来我市为实现农村初级卫生保健规划目标做了大量工作，成绩很大。特别是去年，在初保的难点项目、建立和发展农村合作医疗制度上取得了较大进展，各级党委和政府把发展农村合作医疗做为一项德政和“民心工程”来抓，力争取得较大突破，卫生部门得到财政、计划、农林等有关部门支持，现在农业人口合作医疗覆盖率已经超过50%。为落实三年目标，今年要进一步加大工作力度，继续加强领导并结合农村精神文明建设、“奔小康工程”、扶贫开发工作来推进合作医疗，力争取得更大的突破，实现农业人口覆盖率达到80%的目标。只有建立和完善农村合作医疗制度，农民享有初级卫生保健才有具体保证，已经取得的农村初级卫生保健成果才能得以巩固。

要继续加强农村卫生组织建设，全市农村卫生“三项建设”已经取得阶段性成果，要发挥乡镇卫生院的枢纽作用，推进“乡村一体化”管理模式。继续落实有关卫生人员待遇的政策措施，稳定农村卫生队

伍。

3、加快重点学科建设。

要保持北京市卫生科技力量的整体优势，必须有一批优势学科和重点学科保持国内一流水平，这是体现首都地位、特点的重要方面。要继续抓重点学科的建设，落实重点学科发展规划，实行宏观调控，保证经费投入。市卫生局和各医疗卫生单位要执行重点学科规划、年度计划，年年推动，抓出成效。在新世纪到来之际，要大力培养跨世纪优秀人才，实现专业技术骨干的新老交替，增强卫生事业发展的后劲。培养跨世纪优秀人才不光要培养新一代学科带头人和科技骨干，还应该包括优秀的管理人才。目前管理干部的队伍也面临新老交替，迫切需要培养一批把握党的卫生工作方针、政策，具有开拓创新意识，熟悉现代管理科学的高水平的管理人才。这个问题应引起足够的重视。

综上所述，今年的工作仍然可以概括为，“一个中心、两个确保、三个重点”12个字，即以医疗机构配套改革为中心，深化卫生改革；确保卫生防病任务的全面完成，确保医疗服务质量进一步提高，以优异成绩迎接建国50周年和澳门回归；抓好社区卫生服务、农村初保和合作医疗、重点学科建设三个重点工作。要把“一个中心、两个确保、三个重点”确定下来，坚持抓几年，切实做出成绩。

## 四、完成1999年工作必须再强调的几个问题

1. 发扬理论联系实际的学风，深入学习邓小平理论。

邓小平理论是建设有中国特色社会主义的根本指导思想，各行各业在改革与发展的实践中，只能用邓小平理论来指导。中央指出，过去20年，我们党能够经受住国际国内各种各样的考验，领导人民把改革开放和社会主义现代化建设不断推向前进，从根本上说靠的是邓小平理论的指导，靠的是全党认真学习和实践这一理论。今后我们要战胜可以预料和难以预料的各种困难和风险，不断取得建设有中国特色社会主义事业的新胜利，仍然要靠邓小平理论的指导，靠全党深入学习认真实践这一理论。就卫生领域而言，在当前新的历史条件下，不断深入学习邓小平理论是加速推进卫生改革与发展的迫切需要。在卫生改革与发展的各项工作中，要努力用邓小平理论正确指导卫生改革的实践，也就是运用邓小平理论正确观察、分析形势，把握好政治方向，探索事物发展的内在规律，不断研究解决卫生改革与发展进程中出现的新矛盾、新问题，推动卫生事业的顺利发展。把邓小平理论自觉地应用于卫生改革与发展的实践，建设中国特色社会主义卫生事业是一篇大文章，也是一篇不容易做的文章，需要我们卫生系统各级干部和广大卫生人员坚持不懈地努力，共同做好这篇大文章。

2. 树立正确观念，统一思想认识。

我们面临的卫生改革和发展的任务十分繁重，非常复杂。为完成这些任务，首先要强调树立正确观念，统一思想认识。只有统一的认识，才能有统一的行动，才能动员卫生系统广大干部和群众，知难而进，勇于改革，敢于胜利。

第一，必须坚持全局观念。就全国整体而言，卫生工作是一个局部，必须服从于、服务于国家经济建设和改革发展的大局。卫生事业的发展离不开全局的发展。卫生系统要积极参与城镇职工基本医疗保险制度改革，做好农村初级卫生保健工作，进行卫生监督体制改革等等，就是从局部支持全局，服务全局。改革是一项深刻的社会变革，必须要求进行利益调整、体制转换和观念更新。改革越深化，越要正确认识和处理各种利益关系，在这种时候，特别需要强调坚持全局观念。卫生行政部门首先应该是人民群众健康利益的代表，要始终把人民的利益放在首位，而不仅仅是卫生机构利益的代表。总之，卫生改革涉及方方面面的利益的调整，我们必须站在全局的高度，把维护和实现最广大人民群众的利益做为改革和发展的根本出发点，由此提出改革思路，设计改革方案，落实改革措施，才能把卫生事业顺利地推向前进。

第二、必须坚持正确的发展观。小平同志说，发展是硬道理。这里不仅包括数量和规模的扩大，也包括结构的优化和质量的提高。根据当前的卫生国情，要强调卫生事业结构的优化、质量的提高、数量和规模因地制宜的适度。卫生事业的发展必须按照小平同志提出的三个“有利于”的判别标准，以社会需求为导向，坚定地走内涵发展为主的道路，合理利用现有卫生资源，开拓服务领域，坚持质量第一、效率优先的原则，向管理要效益。今后几年中，在宏观上，要严格实行“总量控制，结构调整”，重点搞好总量的调整，明确各级各类卫生机构的功能定位，构建分工合理、功能明确、层次清晰的城市卫生服务体系。在微观上，要逐步建立、完善卫生机构内部运行的各项规章制度，引进竞争机制，加强经济核算，加大人事改革和分配改革的力度，提高卫生资源的利用效率。今后在评价某个地区卫生工作时，主要应当看效率指标，看为群众提供了多少质量优、成本低的服务，看群众的满意程度，看人民健康水平的提高。

第三，卫生行政部门要坚持转变职能。李岚清副

总理说过，卫生厅局长不能是医院的总院长。这就要求我们，不能仅从医院的利益出发考虑问题，也不能只考虑微观问题，更不能保护落后，而是要注重卫生事业的宏观管理。卫生行政部门要运用法律法规、方针政策、规划指导、信息服务和经济手段等，对各级各类卫生机构进行宏观管理。在今年的地方政府机构改革中，要抓住时机，强化卫生行政执法的职能，强化对卫生事业宏观管理的职能，为三个体系的建立创造更有利的条件。

第四，要加强卫生改革的宣传，增强改革意识。卫生事业的根本出路在于改革。要使广大干部和群众充分认识卫生改革的重要性、迫切性、艰巨性、复杂性。卫生改革需要各级领导和全体卫生人员正确处理个人利益与集体利益、局部利益与全局利益的关系，需要各级领导和全体卫生人员的积极参与和身体力行，自觉适应形势发展的要求，在改革实践中提高自己、完善自己，为卫生事业的改革与发展做出自己应有的贡献。各级领导要认识到，卫生改革确实需要一定的外部条件，但这不能成为等待、观望的理由。卫生机构内部存在大量需要改、能够改的问题，要发挥主观能动性、挖掘潜力，首先从这些问题抓起，推进全面改革。广大卫生人员要增强改革意识，按照改革的要求，提高自身素质，提高服务质量，改善服务态度，为群众提供优质服务。

3. 讲学习、讲政治、讲正气，加强领导班子建设。

卫生改革与发展任重道远，对各级领导班子建设提出了更高的要求。中共中央要求在县级以上党政领导班子、领导干部中深入开展以“讲学习、讲政治、讲正气”为主要内容的党性党风教育，这是贯彻十五大精神，深入学习邓小平理论，加强领导班子建设，提高领导干部素质的一项重要举措。我们要按照中央提出的开展“三讲”教育的基本要求和原则，紧紧围绕全面贯彻党的基本路线，结合当前卫生改革与发展的重点工作，联系思想实际，认真开展“三讲”教育，开展批评与自我批评，有针对性地解决突出问题，加强党风廉政建设，努力做到思想上有明显提高，政治上有明显进步，作风上有明显转变，纪律上有明显增强。

今年的工作目标、主要任务都已经明确提出，关键是要抓落实。请同志们会后根据市里的工作部署，结合本地区、本单位的实际情况研究具体的工作安排，扎扎实实做好全年工作。 （供参考）

# 统一思想　迎接挑战<br>进一步推动首都卫生事业改革与发展

——市卫生局局长朱宗涵在1999年北京市卫生工作会议上的工作报告

（一九九九年三月二十四日）

同志们：

今天召开的1999年北京市卫生工作会议是一次重要的会议，这次会议的主要任务是：以邓小平理论和党的十五大精神为指导，总结1998年贯彻落实《中共中央、国务院关于卫生改革与发展的决定》和《市委、市政府贯彻中央〈决定〉实施意见》的情况，研究部署1999年卫生工作。会议将围绕国务院《关于建立城镇职工基本医疗保险制度的决定》以及今年全国卫生厅局长会议精神，分析当前形势，进一步统一思想，着重提出今年几项重大配套改革任务。

下面我代表局党组做工作报告。

## 一、1998年卫生工作的回顾

去年，我们根据市委、市政府“贯彻中央决定的实施意见”和“28项任务分解方案”的要求，提出全年工作重点是抓好：一个中心、两个确保、三个突破、四个加强——即以社会医疗保障制度改革为中心，深化各项卫生改革；确保北京市不发生传染病暴发流行，保障首都人民的健康和社会的稳定，确保医疗质量、服务水平进一步提高；在发展社区卫生服务、农村合作医疗、重点学科建设三个方面取得突破；加强中医工作、卫生法治建设、卫生机构内部管理、精神文明建设四项工作。一年来，全市卫生战线广大干部职工在市委、市政府的领导下，团结奋斗，努力工作，取得了明显的成绩。

### （一）以医疗保障制度改革为中心积极推进各项卫生改革

1、进行了医疗保险制度改革调研，推行相关配套措施，为下一步医改奠定了良好的基础。按照市政府的要求，市卫生局“医疗改革调研小组”与相关部门进行了各项医改调研；初步建立了计算机管理医疗保险个人台帐；完成了计算机医疗行为过程控制的调研、医疗质量效益评估办法、单病种付费的研究等。为适应医疗保险制度改革的需要，继续加强公费医疗基础管理工作，出台了公费劳保医疗用药报销范围，大型医疗仪器设备检查规定，加强监督检查管理，与“总控”改革相配合，有效地控制了医疗费用的过快增长。对3万元以上大额病例全部检查，拒付违规金额272.7万元，拒付处方违规金额1.17万元。1998年全市公费医疗实际支出和人均支出比上年同期分别增长11.48%和6.7%，同比增幅分别下降了7.22和9.35个百分点，特别是享受医疗照顾人员全年实际支出和年人均支出的增长率仅为1.09%和0.15%。

2、平稳实施医药费“总量控制，结构调整”改革，效果明显。统计表明，改革一年来，全市医药费总额增长15.1%，药费总额增长7%，明显低于改革前年均32%的医药费用增长速度，均未突破20%和15%的“总控”指标，仅一年即为社会减少14亿元的医药费负担。初步实现收入的结构调整，医院医疗收入的比重由改革前的39.7%提高到43.9%，医务人员的技术劳务价值开始得到体现。医院用“总控”改革带来的经济效益加大投入，提高医疗服务水平，改善就医环境，让患者从改革中得到了实惠。

3、机构与人事制度改革取得阶段性成果。在试点取得经验的基础上，市属24家医疗卫生单位全面启动机构与人事制度改革。目前已有12家通过检查验收，精简内部机构45个，缩减人员编制10%，清退了50%的临时工，全面试行聘任制，优化了人员结构，调动了职工的积极性，实现了减员增效。内部机构和人事制度改革增强了广大医务人员的改革意识和紧迫感，调动起钻研业务、努力工作的积极性，取得了较好的社会和经济效益。在市人事局的支持下，我局“卫生人员服务中心”上半年正式启动，并通过新闻发布会，向社会公布市属卫生系统的人才资源状况和岗位需求的信息。中心已承担接收和管理市属单位的高等医学院校毕业生、新分配人员的档案，实行一定期限试用制度的职能，还将发挥中介组织的作用，逐步拓宽医务人员交流渠道。

（二）疾病控制、妇幼保健成绩突出

1、落实市领导指示精神，年初成立了“北京市卫生防病工作委员会”，统一领导、协调全市的卫生防病工作。18个区县也相继成立了相应组织，继续实行区县和重点部门防病目标责任制。各级防病工作委员会充分发挥各级政府和部门的作用，较好地落实了卫生防病各项措施，保证了全年疫情的稳定，完成了市政府提出的各项任务指标。甲乙类传染病累计报告发病数没有超出年初预定的防病指标，病毒性肝炎有较大幅度降低，发病与去年同期相比下降了9.64%，连续14年未发生野毒株引起的脊髓灰质炎病例；结核病、职业病、地方病控制在较低发病水平。开展了第七轮强化免疫日活动，以流动人口儿童为主投服糖丸28万余人次，计划免疫成果得到进一步巩固。由于措施果断，指挥得力，数起“急性肠道感染”多发病情得到有效控制，未发生蔓延。加强性病、艾滋病防治宣传工作，召开了世界艾滋病日报告会，组织了“我们身边的艾滋病”知识竞赛，举办了性病、艾滋病防治知识展览，社会反响强烈，宣传效果显著。开展了全市平衡膳食健康教育活动；公共场所卫生、学校卫生、劳动卫生等项工作都有不同程度的提高。

2、妇幼卫生工作成绩显著。大兴县、房山区等8所妇幼保健院1998年经改扩建、重建先后投入使用。依法行政，提高妇幼卫生工作管理力度，以降低婴儿死亡、孕产妇死亡率和提高出生人口素质为中心，促进工作质量提高。加强了孕产妇、儿童死亡评估，新生儿疾病筛查等管理工作的力度。全市孕产妇死亡率10.46/10万，婴儿死亡率7.58‰，两项控制指标创下历史最好水平。再创爱婴医院8所，爱婴卫生院21所，我市爱婴医院和卫生院增至104所和65所，0—4月婴儿母乳喂养率已达90.3%，提前实现NPA终期指标要求。

3、以迎接第四次全国城市卫生检查为契机，广泛深入地开展了群众性爱国卫生运动。确立“建首善，争一流，创建国家卫生城市”的工作目标。“迎检”期间，在城八区有386万群众参加了各种形式的创建卫生城市活动，整治大街小巷，拆除违法建设近60万平方米，撤销占路摊群市场120个、摊棚1万余间，重点整治了8 558户中小餐馆，城乡卫生面貌有了较大改观，卫生水平得到提高。加大“控烟”监督宣传力度，中小学生吸烟率下降了15%。除四害工作常抓不懈，鼠密度继续保持在国家规定的标准之内，蟑螂密度基本达到国家标准。农村卫生厕所普及率达75%以上，自来水普及率达97.8%。

（三）城市社区卫生服务全面推进

去年5月，市政府召开了社区卫生工作会议，社区卫生服务在我市全面推开，市计委、市劳动局等8个部门联合下发了《关于进一步加强本市社区卫生服务工作意见》；市卫生局、财政局、劳动局联合下发了《北京市社区卫生服务公费医疗、劳保医疗报销办法的暂行规定》。经过8个城区卫生服务站联合验收，先后确定纳入公费医疗、劳保医疗的社区卫生服务站

149个，资格认定医师121名。我局还统一制定了社区卫生服务站建站标准，实行科学管理和宏观指导；组织编写了全科医生培训大纲，上千名社区工作人员接受了系统培训。目前，我市城近郊区共建社区卫生服务站162个，覆盖了62%的居委会和48%的居民。为居民建立健康档案10.7万份，设立家庭病床7 400张，为居民提供各种卫生服务达154万人次，较好地解决了社区居民的卫生需求。

（四）农村初级卫生保健进一步得到巩固

1、农村卫生三项建设如期完成计划。设立24项工程，完成主体工程结构7项，完成投资金825万元，其中被列为市政府为群众办实事的10个卫生建设项目全部按期完成。至此，我市“卫生三项建设”项目已完成近九成。乡镇卫生院进行了功能和结构调整，全面推行乡村一体化管理模式，石景山等11个区县以及占全市乡镇总数56%的124个乡镇实行了乡村卫生组织一体化管理，并初见成效，有限的卫生资源得到合理利用，医疗机构布局趋于合理。

2、农村合作医疗发展出现好势头。市政府年中召开北京市农村合作医疗工作会，进一步明确了1998年工作目标；针对问题，又召开北京市农村合作医疗工作现场会，指出思路，指导工作。至年底，开展合作医疗的乡镇、行政村分别达到222个和2 315个，占全市乡镇、行政村总数的92.8%和57%；参加合作医疗人口176.13万，覆盖了农业人口的一半，比1997年的39.3%提高了10个百分点。筹集合作医疗资金总额11 355万元，参加合作医疗人口人均占有合作医疗资金64元。为提高合作医疗工作效率和服务质量，在全市14个郊区县开通农村合作医疗管理网络，率先在全国实行了远程信息管理；全面开展“免四费”；启动了“三个一”工程，即每个系统卫生院有一部合作医疗服务咨询与急救电话，给每一位参加合作医疗的农民建立一份健康管理档案，为参加合作医疗的60岁以上农民办理一个急救卡。部分乡镇开始试点合作医疗风险基金，为明年我市全面推广合作医疗大病风险基金奠定了基础。

3、继续开展卫生对口支农。截止到1998年底，全市城市医疗机构已向农村派出下乡医疗队571支，医务人员7 567人次，其中派出专家2 385人次；诊治病人8.7万人次。无偿支援各种设备877台，价值304.2万元；办培训班412次，业务培训基层卫生人员6 127名；为农村医疗机构支援新技术132项。充分发挥支援单位人才、技术优势，使农村医疗保健水平得到改善和提高，这项活动的开展深受农民群众的欢迎。

（五）医疗服务和管理水平进一步提高

做为各级各类医疗机构加强内涵建设的重点，继续树立“以病人为中心”的服务观念，不断提高医疗服务质量，改善服务态度。继续抓好医院门、急诊改造，改善群众就医条件，20家医疗单位初步统计，已投入资金1.18亿元，大部分医院已完成电梯、电缆等基础设施的更新。朝阳医院、宣武医院率先实行中央空调，集中供气，彻底改善了夏季病人就医环境，其他医院也相继改善就诊条件，安装空调1 000台，更换候诊椅1 700把，新增磁卡、投币电话150部，改造厕所、浴室200余间，粉刷楼道、围墙11万平方米，直属医院病人就诊条件有了很大改观。在加大门急诊改造的同时，不断推出多项便民措施，如规范服务程序，门诊计算机联网，实行一条龙服务，代病人煎药，为病人开展汽车接送和家庭会诊等，受到病人、家属的欢迎。

加强财务管理，改革现行会计核算办法，开展了医疗成本测算的试点工作。与市财政局共同组织了本市首家大宗医疗设备政府采购，采取招投标方式，共购置急救车39辆，改善了市急救中心及18个区县医疗急救状况，并节省资金194.5万元。强化审计监督意识，基建维修工程审计效益突出，通过对30万元以上的维修工程和50万元新建工程实行分级审计把关，仅此一项，即为单位节约不合理开支1 700万元，维护了送审单位的合法权益。

（六）建设和发展重点学科，新一代学科带头人和科技骨干队伍正在形成

市卫生局、市中医管理局联合召开1998年卫生科技工作会议，加快了我市重点及优势学科建设和发展，科研管理体制改革、科技投入，人才梯队建设等方面有了新的进展。市财政拨款重点学科建设2 000万元，以招投标的形式确定了10个重点学科、6个重点扶植学科，获市政府首批资助。首次以招投标的形式推动重点学科建设，收到很好的效果，各单位积极参与竞争，认真寻找与国外先进医疗技术水平的差距，制定本单位重点学科发展目标和发展规划，用经济手段引导对重点学科、重点项目、疑难病症的联合攻关，实现了系统内部的强强联合。这一工作有力地推动了各医院医疗、科研整体水平的发展。加强原有5个高技术实验室的同时，新建了安贞医院高技术实验室。1997年度全市获各级科研成果145项，其中部级成果4项，市级62项，成果中多数处于国内先进水平。

1998年，我局系统又有10位优秀青年科技人员入选“科技新星”计划。全系统入选“科技新星”计划的已达57人，占全市入选总数的三分之一；有6人被市政府批准为有突出贡献的专家，其中胡大一、

韩德民被评为国家有突出贡献的专家；13人被批准享受政府科技津贴；26人入选《北京市跨世纪优秀人才工程》。

继续推进医学教育，提高卫生队伍整体水平。完成了对北京地区高等医学院校本科教育的临床教学基地评审工作，教育条件得到改善，管理进一步规范。强化中专学校教育管理和质量监控，培训师资近千人次。经共同努力，首都医科大学被国务院学位委员会、教育部、卫生部批准具有授予临床医学硕士、博士专业学位资格，这对我市住院医师培训和培训临床学科骨干和技术带头人将起到相当大的推动作用。适应社区卫生服务的发展，在全国首家编写出《全科医生培训大纲》，为规范全科医生培训提供了依据。对13个区县乡村医生系统化、正规化教育评估验收，合格率达到100%。

（七）卫生法制建设不断完善

贯彻实施“国家献血法”，率先出台了《北京市动员组织公民献血条例》这部地方法规，按照《条例》授权，又相继制定了有关血液调剂费用筹集、献血组织管理、医疗用血管理等配套办法。加大了无偿献血的宣传力度和工作力度，在五棵松307医院内设立了首家无偿献血室；组织了全市卫生系统万名适龄白衣战士志愿者无偿献血签名活动，占全市44%的白衣战士踊跃签名，为在全社会推行无偿献血带了个好头。在各级各类医院中推行节约用血，开展自体输血、家庭储血，1998年全市临床用血27万袋，比上年同期减少用血17000多袋，节约用血取得初步成果。

深入贯彻有关法规，加强城近郊区高层建筑二次供水、水源厂、供水设备的卫生监督检查，结合城市卫生大检查和市人大检查《食品卫生法》贯彻落实情况，积极落实各项监督检查工作。与市教委等有关部门共同开展检查和联合执法。针对保健食品市场、食品生产企业、餐饮业、集贸市场、学生集体用餐卫生等内容，开展多次全市规模的监督检查，共监督检查4 704户次，违法处罚650起，罚款20 950元。监督执法覆盖率的提高，有效地预防和控制了食物中毒的发病率，保证了市民的食品卫生安全。

实施“药品质量工程”，依法加强对药品研制、生产、流通、广告、使用和价格等各个环节的全面管理，不断提高我市药品质量。全面整顿了我市中药饮片市场，对本市中药饮片生产企业的生产条件重新验收；实施有效措施防止伪劣中药饮片流入本市。经过整顿，我市中药饮片质量有所提高，力争两年内质量达到全国一流水平。

（八）发扬抗洪救灾精神，精神文明建设又迈一大步

在去年我国发生的百年不遇特大洪灾的考验面前，全市卫生系统表现出高度的政治觉悟和大局意识，在支援抗洪救灾和灾后防病防疫工作中发挥了首都医务人员的模范作用。我局先后派出160余名预防和医疗技术人员，组成25支医疗队、防疫工作队赶赴灾区，为灾区诊治病人62 966人次，并完成大量的防疫工作。设立在安贞医院的北京市救灾药品捐赠站，承担了全市医药卫生行业及社会各界捐助药品的验收、保管、调运工作。两个多月共收到各界踊跃捐助的价值4 248万元的药品和医疗用品，先后配发运送到内蒙古、湖北、湖南、江西、黑龙江、吉林等6省区，局直属34个单位捐款300余万元，为确保大灾之后无大疫做出突出贡献，受到灾区人民的高度评价。我们抓住抗洪救灾这一契机，大力开展思想教育，印发《关于广泛深入地开展向抗洪救灾医疗队学习的决定》，贯彻江总书记抗洪救灾重要讲话精神，号召弘扬伟大的抗洪精神，努力做好各项卫生工作，全心全意为病人服务。

抓好典型宣传，开展职业道德教育。继续做好王忠诚这一典型的宣传，并设立了“王忠诚医学成就奖励基金”。在市委宣传部领导下，以第十五届世界麻风大会在北京召开为契机，成功地开展了学习宣传李恒英同志事迹的系列活动。在新闻媒体的大力配合下，李恒英同志20年来防治麻风、支援边疆、奉献边疆的感人事迹已广为人知，广大医务工作者普遍反映，这次活动塑造了白衣天使的形象，反映出首都医务工作者的本质和主流，是一次深刻而生动的职业道德教育和爱国主义教育。中国医学基金会向李恒英颁发了首届“医德医风奖”。开展了为院士挂像活动，把本系统吴英恺等8位院士的巨幅照片挂上荣誉墙，用典型进行爱岗敬业教育。以典型引路，同时在全系统广泛开展了“讲文明，树新风，做首都优秀医务工作者活动”，有效地促进了全系统的精神文明建设。

同志们，过去的一年，卫生战线在市委、市政府的正确领导下，认真贯彻党的卫生工作方针和为人民服务的宗旨，为首都人民的健康做出了积极的贡献，卫生改革与发展取得了新的成绩。在肯定工作成绩的同时，我们必须清醒地看到卫生工作存在的大量矛盾和问题，以及进入1999年所面临的更加严峻的考验，我们必须进一步振奋精神，开拓进取，勇于实践，加倍努力地做好1999年的工作。

## 二、1999年工作部署

在迎接新世纪到来之际的关键一年，随着国家各

项重大改革进入攻坚阶段，卫生改革与发展面临着新的机遇和严峻的挑战。我们必须认清当前形势，统一思想，坚定信心，抓住机遇，知难而进，以邓小平理论为指导，坚决贯彻党的十五大精神和党中央、国务院关于卫生改革与发展的一系列指示精神，结合北京市的特点和工作重点，扎扎实实地推进各项卫生工作，把卫生改革引向深入。1999年是我国社会历史发展中十分重要的一年，建国50周年大庆、澳门回归祖国等重大庆祝活动，都将在首都隆重举行。卫生部门责任重大，不仅要积极参与庆典活动的组织和服务工作，还要加紧做好卫生防病和医疗服务等各项保障工作，通过我们所取得的优异成绩，为庆典活动营造一个良好的社会环境，要以可能达到的最高标准来要求我们的医疗卫生工作，确保各项庆典和大型活动的顺利进行。

（一）以邓小平理论为指导，贯彻国务院医改精神，积极推进三项重点改革

1、全面推进城镇医疗机构配套改革。

职工基本医疗保险制度改革的实施，要求进一步深化医疗机构的配套改革，医疗机构改革的主要任务是：积极调整医疗服务体系结构，优化配置医疗资源，提高资源的利用效率；规范医疗行为，提高医疗质量，控制医药费用的过快增长，为群众提供良好的医疗服务，促进医疗卫生事业的健康发展。改革的基本原则是：坚持全局观念，积极配合城镇职工基本医疗保险制度改革，立足于社会主义初级阶段的国情，为社会主义现代化建设服务；坚持全心全意为人民服务的宗旨，为群众提供优质、高效、文明、便捷的医疗服务；坚持质量效益优先，医疗机构从以规模数量为主的外延型发展转向以质量效益为主的内涵型发展；坚持实事求是、因地制宜、分类指导，思想要积极，步骤要稳妥。今年医疗机构配套改革的具体任务有以下5个方面：

一是制定北京地区“卫生资源配置标准”和“医疗机构设置规划纲要”，研究和制定城镇各级公立医院的功能定位，为制定区域卫生规划打好基础。要抓住医疗保险制度改革的有利时机，以医疗服务需求为导向，以结构优化、效率和质量提高、数量和规模适度为原则，研究并制定调整医疗机构宏观布局的指导意见及相关政策，引导医疗机构进行多种形式的联合或合作，优势互补，资源共享。加强对城镇医疗机构、床位、医护人员、大型医疗设备的宏观规划和调控。要对全市医院床位实行总量控制；在国家新的编制标准下达前，严格按照去年末实有人数控制，实行机构与人事制度改革的医院要巩固并发展改革的成果；严格执行1995年卫生部第43号部长令，对8种大型医疗设备的购置和使用实行“两级管理、三证制度”。城镇相对过剩的医疗资源可部分充实卫生监督执法队伍，社区卫生服务和农村卫生机构。

二是进一步改革和完善医疗机构管理体制。各级卫生行政部门要转变职能，加强区域内医疗机构的全行业管理，运用法律法规、方针政策、规划指导、信息服务和经济手段进行宏观调控和监督执法。要认真落实《执业医师法》和《医疗机构管理条例》以及相关法规，规范医疗机构和医务人员的医疗行为，提高医务人员整体素质。加强市区两级医疗监督管理机构和队伍建设，依法加强对医疗机构、医疗队伍、医疗行为和医疗质量的监督管理。大力培育和健全医疗行业中介组织，如医学会、医师协会、医院管理协会等，逐步将辅助性、技术性和服务性的工作委托中介组织执行，完善行业自律机制，维护行业利益，发挥其对医疗服务质量工作的监控作用。进一步规范医疗纠纷处理程序，提高社会透明度。加大对医疗机构的管理和监督执法力度，坚决查处和取缔非法行医，杜绝非法承包，整顿社会医疗秩序。

三是加大医疗机构内部管理和运行机制改革的力度，逐步建立有责任、有激励、有约束、有竞争、有活力的运行机制。坚持“以病人为中心”的服务宗旨，严格各种管理制度、技术规范，建立机构内部的全面质量管理体系，进一步提高医疗质量和服务水平，坚持以优质、高效、低耗为目标的内涵发展道路。进一步推动医院的机构和人事制度改革。按精简、效能的原则调整机构，合理定编、因事设岗和竞争上岗、减人增效。落实新的医院财务和会计制度，加强经济核算，强化审计和经济监督。加快医院后勤服务体制的改革，逐步实现后勤服务社会化和物业管理新模式。卫生行政部门要在政策上给予医疗机构更多的自主权，并提高医疗机构管理者的经营能力和管理水平。

四是实行医药分开核算，分别管理的制度，合理控制医药费用的增长。医药分别管理分三步实施：第一步，核定收入，超收上缴；第二步，选择部分医疗保险定点医院，进行药品收支结余上缴，合理返还的统一管理模式试点；第三步，试点取得经验后，逐步在全行业推广。要加强对药品采购的管理，加大采购过程的透明度和规范化，今年要对公费医疗、劳保医疗定点医院实行部分大宗药品政府采购试点，保证药品质量，降低采购成本，减轻社会医药费用负担。

五是进一步改革医疗服务价格体系，体现医务技术劳动价值。认真总结“总量控制，结构调整”改革经验，进一步完善“总控”措施，确定本年度“总控”指标，各单位要加强管理，杜绝超标现象出现。

配合市物价局，控制和降低药品价格，同时进一步调整医务人员技术劳务的收费价格。继续加强物价和收费管理，接受社会的监督，并对医疗收费标准明码标价，增强透明度，提供查询等服务。完善药品报销目录、单病种费用评估和大额病例审核制度，修订诊疗常规，合理使用诊疗技术和药品，减少浪费，控制医疗费用过快增长。

2、改革卫生监督体制，加强城市卫生管理工作

加强城市基层基础管理工作，全面提高城市现代化管理水平，是市委、市政府的一项重要工作部署。卫生监督管理是城市管理工作一个重要组成部分，现行的卫生监督管理体制已经不能适应经济和社会的快速发展，必须加以改革，卫生监督体制改革也要贯彻市委、市政府城市管理工作会议精神，推进城市卫生管理重心下移，逐步改革城市卫生管理体制。

改革的目标：逐步建立适应社会主义市场经济体制、符合首都地位和功能特点的城市卫生监督管理体制，全面提高卫生监督管理水平。

改革的原则：依法管理，政事分开，将卫生行政管理监督职责与预防保健服务分开，实行卫生监督工作法制化，预防保健服务社会化；监督执法工作实行统一领导和管理，将目前分散的卫生监督职能集中，组建高效、统一的卫生监督机构，加大卫生执法力度；推动城市卫生管理重心下移，加强街道范围的卫生监督，加大社区卫生管理的职能，将管理落实到基层；深化预防保健机构改革，精简机构，综合服务，优化配置人力、物力资源，充分发挥现有卫生资源的作用，提高卫生防病、卫生检测、科研教学能力和水平。

改革的主要任务：重组现有卫生监督和预防保健机构，筹建市和区县两级卫生监督执法机构和预防保健服务机构，分别从事卫生监督执法和预防保健服务及监测任务。改革预防医学科研机构，筹建北京市预防医学研究中心，加强预防医学科研工作，并加强同中央科研机构和国外科研机构的合作。基层医院要加快改革步伐，转变功能，除医疗保健服务外，也要承担一部分辖区内的卫生监督和管理工作。改革方案已报市政府，待批准后在全市实施。

3、稳步实施科教体制改革，加强重点学科建设。

今年卫生系统将按照市科委、体改委等七部门下发的《关于进一步贯彻〈国务院关于九五期间深化科技体制改革的决定〉深化市属科研院所体制改革若干意见》的精神进行改革。医学科研院所要与医院结合，面向临床，面向防治，突出重点，发展优势。要通过结构调整、人才分流，按照精干、高效的原则，保持一支高水平的队伍，主要从事重大疑难病、多发病、传染病、地方病和慢性病防治等科技攻关及相关的基础性研究。并为提高本市对重大疫情和突发事件的应急能力提供技术储备。

把医学重点学科建设做为体现首都地位与功能的重要内容之一，使我市医学科技水平保持全国一流。在去年组织重点学科招投标、制定重点学科发展规划、启动重点学科发展专项经费的基础上，今年要进一步加强重点学科建设，继续实施招标管理，落实规划；加快重点实验室建设，争取市科委等主管部门对重点实验室建设的支持；发挥重点学科的辐射作用，形成跨医院、跨学科的协作网络，组织一批跨学科的科技攻关项目，争取出一批高水平的科技成果；重视科技成果的转化，加快中试基地建设，探索“产一学一研”、“科一工一贸”联合发展模式，重视生物制剂、医药保健产品等研究开发及产业化工作。

医学教育改革要根据我们已经确定的“积极发展研究生教育，适度发展本科教育，大力发展高等职业技术教育，压缩中等医学教育”的医学教育发展目标，实行医学院校的调整、重组，实现教育资源共享，优势互补。要以首都医科大学为龙头，建立大学本科、研究生的教育体制；以北京医学高等专科学校为龙头，建立卫生职业技术教育体系和医学继续教育体系；实行市属医学高、中等专科院校的合并，提高现行医学院校学历教育的层次。

（二）以迎接建国50周年为动力，做好卫生工作，确保北京市不发生传染病暴发流行，确保医疗质量服务水平进一步提高，为首都的政治稳定和社会安定作出贡献

1999年大事多、喜事多，难点多、热点多。今年将迎来盛大的建国50周年、澳门回归庆典，以及举办全国第六届民族运动会等大型活动。我们必须加倍努力工作，争创一流，以优异的成绩迎接建国50周年，特别是做好卫生防病和医疗服务工作，保护和促进首都人民的健康，确保首都政治稳定和社会安定，确保建国50周年大庆和澳门回归等重大庆典活动顺利进行。

1、加强疾病控制和预防保健工作。

要高度重视卫生防病工作，周密部署，严防严守。落实北京市卫生防病工作委员会全体会议和市卫生防病工作会的部署，加强防病工作目标管理责任制，加大综合治理力度。

预防控制霍乱等肠道传染病是我市卫生防病工作的重中之重，要采取积极有效措施，加强对急性肠道感染病人、感染者、外环境和熟食品、水产品的监测，对检测出急性肠道感染的外环境，要迅速进行消毒处理；对检测出带急性肠道感染等致病菌的食品，

坚决停止上市，禁止销售；要提前启动肠道门诊，严格疫情报告制度，对出现的疫情，要及时调查、处理，防止续发和蔓延。加强鼠传疾病的控制，各区县要按市里的统一规划，加强鼠间疫情监测，积极开展灭鼠活动；要按照国务院批准的《艾滋病控制中长期规划》要求，进一步做好我市的艾滋病控制工作，加大对性病、艾滋病的宣传教育，提高市民对艾滋病的认识和自我防范意识，完善艾滋病监测网络，扩大监测范围，加强对血液、血制品质量的监督管理，遏制艾滋病的发展趋势；控制和降低食物中毒、生活饮用水污染的发生，强化对中小餐馆、学校集体食堂及送餐业、集贸市场饮食摊点的执法检查，对违反食品卫生法的有关单位、集体和个人，依法给予行政处罚。

要重视对流行性感冒等丙类传染病的预防，根据流感流行的特点，开展监测，测定变异情况，及时预报和采取措施控制传播；加强公共卫生监督执法，改善社会公共卫生状况；加快卫生防疫应急保障体系建设，初步建立起指挥灵敏、反应迅速、保障有力、有综合处理各类突发事件能力的卫生防疫应急保障体系。保证重大庆典活动的各项卫生防病保障工作万无一失。

要继续抓紧计划免疫工作，保持高接种率、高接种质量，加强外来流动人口的计划免疫工作，巩固消灭“脊灰”成果。继续重视并加强结核病防治工作。大力开展以“预防疾病，增进健康”为主题内容的全民健康教育活动，促进和提高全民的健康、卫生意识。

重视慢性非传染性疾病的防治工作。要以肿瘤、心脑血管病、高血压、糖尿病、精神病、老年病等疾病为重点加强慢病工作，建立完善全市慢病防治体系，市和区县要成立慢病科，慢病防治工作要列入社区卫生服务。要重视妇幼和老年保健工作，继续保持降低孕产妇死亡率、婴儿死亡率成果。

以建设文明卫生城市为目标，在全市开展“创建文明卫生先进区（县）”和“达标、争先、创优”等群众性爱国卫生运动，按照市政府城市环境整治的部署，搞好城市环境脏乱的治理。坚持专群结合、综合治理、长期作战、标本兼治和依法管理的原则，重点抓好居民区、小街（巷）和社会单位的卫生。建国50周年大庆之前，城八区和远郊区、县政府所在地60%以上的居民区和小街（巷）卫生达标，80%以上社会单位卫生达标。根据不同季节特点，不断掀起群众性除四害高潮。大力开展春季灭鼠活动，控制鼠传疾病，全面达到国家控制和消除鼠害的标准。要广泛发动和充分依靠人民群众，增强群众的监督意识和参与意识，进一步动员全社会力量，积极投入城市环境治理。

2、切实提高医疗质量、服务水平，改善服务条件。

全市各级各类医疗机构要努力提高医疗质量、服务水平，进一步改善服务条件，创造优质的服务、优良的秩序、优美的环境，以一流的工作水平向建国50周年献礼。

各级医疗机构都要树立质量意识，不断改进医疗服务工作，努力提高综合医疗服务水平。今年将成立全行业的专业质量委员会，推行各专业标准化管理，并筹建全市医疗质量监控中心。要求各医院对各项规章制度的落实情况进行一次全面的检查，坚决杜绝医疗事故。要高度重视护理工作和患者的生活服务，为患者创造一个温馨的环境，提高对医疗服务的满意度，树立起良好的医院形象和社会信誉。要进一步规范医疗行为，今年将组织专家对原有的诊疗常规、技术规范进行修改。继续完善社会监督机制，规范监督活动。不断完善全市急救网络。要做为首都“生命工程”的一个部分，加快急救网络的建设，全面提高“院前急救”和医院急诊抢救的整体水平，适应首都城市发展的需要。贯彻《献血法》，落实《北京市动员组织公民献血条例》，抓好均衡献血，开展节约用血、自体输血和成分输血工作，保证全市的临床和急救用血。加强血液质量监督管理，确保人民用血安全。

努力做好50周年大庆和各项重大活动的医疗服务、急救保障等工作，按照市里统一指挥部署，精心组织，安排指定服务医院，逐级落实责任制，层层负责。继续进行门、急诊改造，努力改善就医条件。要抓好重点建设工程项目，保证50周年献礼重点工程保质保量如期完成。争取有关部门的支持，下大力气整治医院的周边环境，以崭新的面貌迎接国庆。

在抓好上述医疗卫生各项业务工作的同时，各单位党政领导还要认真贯彻落实中共中央和北京市委1999年4号文件精神，切实做好维护首都政治稳定和社会安定工作。加强对维护稳定工作的领导，要把稳定做为第一位任务，实行单位和领导目标责任制管理，层层负责，逐项落实。抓好安全生产和安全工作，预防各种重大事故隐患，认真研究分析本单位影响稳定的各种因素，做好群众的思想工作，千方百计化解矛盾和纠纷，真正把“保安全、保稳定”的精神贯彻于全年工作的始终。

（三）发展城市社区卫生服务，加强农村初级卫生保健

1、全面开展社区卫生服务。

结合城镇职工基本医疗保险制度改革和医疗机构

配套改革，大力发展城市社区卫生服务，实现1999年底社区卫生服务人口覆盖率60%的目标，要重点抓好以下三项工作：

建立和完善社区卫生服务体系。要在政府领导、街道支持下，建立以社区卫生服务中心及社区卫生服务站为主体，以定点二、三级医院及各专业防治机构为技术依托的新型社区卫生服务体系。今年，各基层医院重点要加强服务模式与管理体制的改革，进行内部功能结构的调整，成立社区卫生服务中心，承担起对社区医疗、预防、保健、健康教育、康复、计划生育指导等六位一体的综合卫生服务和公共卫生监督与管理任务。各区按照《北京市社区卫生服务站建站标准》，根据当地规划和群众需求增加社区卫生服务站站点设立。社区卫生服务站必须是基层医院派出机构，实行“一体化”管理。将部分二、三级医院做为社区卫生服务定点技术依托医院，与各个社区卫生服务中心建立人才培训、技术指导与双向转诊等关系。各专业防治机构要积极加强社区防病工作的指导与管理。

加强社区卫生服务队伍建设。1999年启动北京市全科医学培训工程，在2—3年内，完成对200名基层医院院长、社区卫生服务中心主任及服务站业务骨干的培训，使之成为全科医学实施与管理、科研与临床教学的骨干队伍；选拔100名本科学历的优秀青年医师，通过系统的、规范的培训，使之成为我市第一代正规全科医师；对从事社区卫生服务的1000多名基层医务人员实行全科医学的转岗培训或学历教育。今年将在丰台区的一二家医院启动全科医师职称试点。各区要对现有卫校进行结构和功能调整，成为社区卫生服务人才培训基地。今年要进行《社区护士培训大纲》和全科医师与社区护士培训教材及工作手册的编写。

完善社区卫生服务配套政策，规范服务管理。积极拓宽社区卫生服务工作范围，特别是对老年人的健康服务，满足群众日益提高和多样化的医疗保健需求；依照《社区卫生服务规范管理与考核办法》，1999年对所有的社区卫生服务中心及站进行规范管理考核。经过检查验收符合管理标准的中心及站将纳入医疗保险报销定点范围。要完善社区卫生服务的收费标准，探索社区卫生服务中心、社区卫生服务站的补偿机制。

2、落实十五届三中全会精神，进一步加强农村卫生工作。

农村卫生关系到保护农民健康和振兴农村经济的大局，各级党委和政府必须高度重视，切实予以加强，今年要贯彻党的十五届三中全会精神，重点做好以下几方面工作：

继续推进农村初级卫生保健。落实初级卫生保健规划是做好农村卫生工作的关键，各级政府应加大农村初级卫生保健工作的领导力度，全面带动农村卫生工作的发展。1999年各郊区县要进一步巩固初级卫生保健工作成果，针对农村合作医疗、乡村卫生组织建设、环境卫生、健康教育等初保工作中的难点、重点，提出切实可行的对策，加强配套政策支持，狠抓落实，各项指标要全部达到国家五部委制定的《中国农村实现“2000年人人享有卫生保健”的规划目标》。今年要对各郊区县达标后如何进一步巩固和发展农村初级卫生保健进行调研，在此基础上，制定我市农村初级卫生保健“十五”规划目标。特别要重视贫困和边远地区的卫生工作，确保以乡为单位全面实现初保规划目标。

巩固和发展农村合作医疗。要继续加强各级政府对合作医疗工作的组织领导，提高合作医疗的农业人口覆盖率，建立与农村经济体制相适应的合作医疗筹资机制。按照“广覆盖、多受益、抗风险”的原则，大力推动乡镇实行具有大病统筹功能的合作医疗制度，进一步扩大各种类型的合作医疗，为实现市委、市政府提出的2000年全市农村合作医疗覆盖率达到80%的目标，打下坚实的基础。有条件的地区，要探索具有抗大病风险能力的农村医疗保险制度。要加强合作医疗资金的筹措与管理，严格财务管理制度及考核监督，加强民主化、科学化管理。

全面推进乡—村卫生组织“一体化”管理。加强内涵建设，完善管理制度。要积极开展农村社区卫生服务，提高医疗预防保健综合卫生服务功能，建立健全适合我市农村发展的卫生服务体系。在全市243个乡镇卫生院推广顺义区、大兴县等区县由乡镇卫生院集中统一向村卫生室和个体开业医供药经验。进一步加强农村基层卫生队伍建设，继续为1990年底前在乡镇卫生院工作并符合条件的乡村医生办理户口农转非，争取今年全部解决，落实边远山区乡镇卫生院人员增加卫生津贴的政策，进一步稳定农村卫生队伍。要重视县级医疗卫生机构专业队伍的梯队建设，培养中青年技术骨干，继续举办农村医疗卫生机构管理干部培训，提高管理水平。积极开展卫生下乡、对口支援工作。继续实行《北京市城市医疗机构定点支援边远山区乡镇卫生院（医院）的实施方案》，同时要做好农村区县级医院重点科室对口支援的工作。各区县卫生行政部门要加强对定点支援工作的组织、监督和检查，表彰先进单位和个人。今年，在延庆、密云、怀柔、平谷四个远郊县实行城市卫技人员晋升前下基层工作考核制度试点。

（四）认真学习邓小平理论，加强党的领导，搞好精神文明建设和卫生队伍建设

为了完成卫生改革与发展所面临的艰巨任务，必须坚持以邓小平理论指导卫生改革与发展的实践，同时要有坚强的思想、组织保证和积极的舆论支持。要不断加强学习，认清形势，转变观念，统一认识，把我们的思想统一到党的十五大精神上来，统一到中共中央、国务院关于卫生改革与发展的决定上来，统一到国务院关于建立城镇职工基本医疗保险制度的决定上来，统一到中央关于卫生工作的一系列指示精神上来，认真抓好卫生系统领导班子建设和全行业精神文明建设。

1、讲学习、讲政治、讲正气，加强领导班子建设。

开展以“讲学习、讲政治、讲正气”为主要内容的党性党风教育是贯彻十五大精神，深入学习邓小平理论，加强领导班子建设，提高领导干部素质的一项重要举措。我们要按照中央和市委的安排，以整风的精神认真开展“三讲”教育，开展批评与自我批评，有针对性地解决突出问题，加强党风廉政建设。要进一步抓好处以上领导干部的理论学习，严格执行各项领导干部学习制度。把深入学习邓小平理论同学习贯彻十五大精神结合起来，紧紧围绕十五大的主题，在全面正确理解和掌握邓小平理论科学体系和精神实质上下工夫。要结合“三讲”教育，端正学风，联系实际，结合当前卫生改革的重点工作，不断研究解决改革中出现的新矛盾、新问题，推动卫生事业的顺利发展。

2、抓基层、抓基础、抓队伍，全面提高我市卫生队伍整体素质。

要下大力量抓卫生队伍建设，这是全面落实今年医疗卫生任务，顺利推进各项卫生改革，实现“三个一流”目标的关键。卫生系统各级领导要把队伍建设，提高职工整体素质做为本单位一项基础性工作，从加强职业责任、职业道德、职业纪律的教育抓起，提高职工的思想政治素质；从基础工作质量抓起，通过基本功训练、岗位培训、岗位练兵等多种形式，提高职工业务技术素质；从单位的基层抓起，加强班组建设、科室建设。

要高度重视人才培养，把努力培养高水平高素质的中青年人才做为首都卫生事业发展的战略任务，落实跨世纪人才培养工程，培养新一代学科带头人和科技骨干，要积极推荐优秀科技人才进入国家和北京市“百千万人才工程”，认真落实市卫生局“十百千人才发展计划”，培养10名接近国际先进水平的学科带头人，100名处于国内先进的学科重点人才，1 000名科技骨干。在重点学科、重点实验室、重点科技攻关项目中，中青年科技人员比例要超过60%。在“总控”改革中通过筹集诊疗费10%的费用建立的首都医学发展基金……，也主要用于各级各类技术骨干包括管理干部的培养，今年上半年要制定具体方案加以落实。今年由我局牵头，会同市科技干部局和人事局，要研究制定青年卫生人才培养规划和配套的若干政策，努力创造一个良好的人才成长环境。面向21世纪，培养和造就新一代的名医、名专家、名教授和高级管理人才，抢占下个世纪医学科技的制高点，提高医疗服务水平和管理水平。

3、加强精神文明建设，实现首都文明行业规范化服务达标。

开展文明行业规范化服务达标活动，既是党和政府的要求，也是人民群众的期望，更是医疗卫生行业自身的需要。今年的任务是，实现47家三级医院和已通过验收的130家社区卫生服务站达标，向建国50周年献礼，并为明年的全行业达标打好基础。要抓好四个环节的工作：一是做好对干部职工的全员培训。培训重点是宣传贯彻《执业医师法》，学习《首都医务人员行为规范》、《北京地区医院文明服务规范及考核办法》两个规范以及《北京地区三级医院规范化服务标准》、《北京地区社区卫生服务站规范化服务标准》两个考核标准。二是抓好自查自纠。各单位进行自查和互查，在自查基础上，卫生局要组织抽查和社会满意度调查。三是把达标活动与为群众办实事结合起来。各单位要针对群众反映的就医难、就医不方便和就医过程中的难点、热点问题提出改进措施，在达标活动中实实在在地为群众办一些看得见、感受得到的便民服务。四是坚持正面教育、正面宣传为主的方针，调动广大职工创建文明行业的积极性。要抓好典型，以点带面，大力宣传新时期白衣天使无私奉献的品德和忘我敬业的精神，大力宣传改革开放20年来首都医疗卫生事业的巨大成就，大力宣传卫生防病知识。要在以往宣传王忠诚、李桓英等典型基础上，努力推出新的典型。各单位都要制定达标计划和时间表，下半年迎接市文明办的检查和验收，争取国庆节前实现达标。

同志们，1999年的工作任务光荣艰巨，卫生改革任重道远。让我们振奋精神，在邓小平理论指引下，坚决贯彻中央指示精神和北京市委、市政府的工作部署，团结奋斗，开拓进取，以优异的工作成绩迎接建国50周年，迎接澳门回归祖国，以崭新的精神风貌跨进21世纪。

# 彭珮云副委员长在“弘扬首都妇幼卫生工作精神，表彰妇幼卫生工作者暨先进事迹报告会”上的讲话

（一九九九年十二月二十七日）

同志们：

在这世纪之交，欢庆祖国50年华诞和澳门回归祖国的大喜日子里，北京市召开这个大会，总结50年来妇幼卫生工作的成绩，表彰在这条战线上辛勤耕耘的妇幼卫生工作者，听她们中间的四位杰出代表林传家、胡亚美、黄醒华、王砚英先进事迹的报告，号召全市卫生系统、广大医务人员向她们学习，这是一件很有意义的事情。首先请允许我向受到表彰的同志们表示热烈的祝贺和崇高的敬意，向所有为首都妇幼卫生保健事业做出了积极贡献的同志们表示亲切的慰问。

我们党和政府历来十分重视妇女、儿童的健康，因为妇女儿童的生存、保护和发展关系到中华民族的健康强大，关系到国家的繁荣、昌盛。我们高兴的看到，经过50年的艰苦努力，北京市妇幼保健服务网络已经遍布城乡，服务内容随着群众的需求不断扩展，已经形成了一整套规范的、系统的、全面的妇幼保健管理的模式，妇幼卫生工作步入了法制化管理的轨道，孕产妇死亡率、婴儿死亡率1998年降到了历史最低水平，实现了《九十年代中国儿童发展规划纲要》和《1995—2000年中国妇女发展纲要》的各项指标，达到了发达国家的中等水平。北京市妇幼卫生工作所以能取得这样大的成绩是北京市政府和卫生部门对妇幼卫生工作的重视与支持和正确领导的结果，是一代代妇幼卫生工作者埋头苦干、辛勤耕耘、奋力拚搏的结果。刚才，我听了四位同志的报告，深受感动和教育，我们大家都要学习她们全心全意为人民服务、把挚爱献给母亲和儿童、学习她们淡泊名利、无怨无悔、无私奉献的精神，学习她们牢固树立首都意识、争创世界一流水平的干劲，学习她们尊重知识、勇于创新、科学严谨的工作作风，我想，有了这些精神，就一定能够克服种种困难，创造出更加辉煌的业绩。

21世纪将是我们党领导人民实现中华民族全面振兴的世纪，当今世界以经济和科技实力为基础的综合国力的竞争日趋激烈，这种竞争在很大程度上决定于人才的数量和质量，妇幼卫生工作是人才竞争的一项基础性工作，各级政府应该高度重视，大力支持妇幼卫生工作，在政策上、投入上给与必要的倾斜。希望北京市继续努力，为进一步提高妇女儿童的健康水平和生活质量，为中华民族的全面振兴做出新的更大的贡献。（根据录音整理）

# 刘敬民副市长在“弘扬首都妇幼卫生工作精神，表彰妇幼卫生工作者暨先进事迹报告会”上的讲话

（一九九九年十二月二十七日）

同志们，大家好：

首先我代表北京市委、市政府向从事妇幼卫生工作50年工作者和30年工作者表示祝贺。向妇幼卫生战线上的杰出代表林传家、胡亚美、黄醒华、王砚英同志表示崇高的敬意，向全市从事妇幼卫生工作的同志们表示亲切的慰问。

今天的大会很有意义，妇幼卫生工作是整个卫生工作的一部分，也是为人民服务伟大事业的重要内容。北京妇幼卫生工作50年来所取得的成就，集中反映了党和政府对妇女儿童生存、保护、发展的高度重视与深切关怀，充分体现了我们社会主义制度的优越性，尤其展示了卫生工作者们贯彻党的“预防为主，依靠科技与教育，动员全社会参与，为人民健康服务，为社会主义现代化建设服务”卫生工作方针的

实际效益。人人享有卫生保健，全民族健康素质的不断提高，是社会主义现代化建设的重要目标，是人民生活质量改善的重要标志，是社会主义精神文明建设的重要内容，也是经济和社会可持续发展的重要保障。人人享有保健，应该说首先是社会中的脆弱群体，也就是我们要保护的重点人群——妇女儿童。国家法律也规定要依法保护母亲和婴儿的健康。北京市政府历来重视维护妇女儿童健康权益，努力不断提高他们的生存环境、健康水平、生活质量。措施之一就是加强妇幼保健工作，“八五”到“九五”期间，18个区县的妇幼保健院（所）有15个机构进行了不同程度的改建、扩建、异地再建，投资几千万，我去过一些妇幼保健机构，硬件的环境已经有了很大的改观。北京市妇幼保健院新建工程正在加紧建设，已经投资了1.2亿，市里还打算对东西两个儿童医院进行大规模改造，投资上亿。50年来，我们培养了一支思想作风过硬，技术水平优良的妇幼卫生专业队伍，妇幼保健服务网络遍布城乡，服务内容随着群众保健的需求和社会的向前发展不断扩展、延伸，受到社会的好评。应该说我们为妇女儿童人人享有健康，提供了一个良好的医疗保健环境和条件，北京市的妇女儿童普遍享有了最基础的保健服务。根据国务院颁布的《九十年代中国儿童发展规划纲要》和《中国妇女发展纲要》，北京市制定了北京市少年儿童“八五”、“九五”发展规划和妇女发展规划，定出了要达到的目标及具体实施方案。各区县政府也都做出了承诺要达到这些目标。在这些目标中的健康指标几乎都与妇幼卫生工作有关。所以，妇幼卫生工作不仅在整个卫生事业中占有重要位置，还关系到社会的稳定，家庭的幸福，民族的素质，是一项利国利民的工作。

北京市的妇幼卫生工作在妇幼卫生工作者的辛勤耕耘下，50年来取得了巨大的成绩，孕产妇、婴儿死亡率与解放初期相比，发生了翻天覆地的变化，从而也使得北京市的平均期望寿命从建国初期的不足50岁提高到目前的74岁，妇女儿童的健康水平、生活质量明显提高，达到了发达国家平均水平，提前实现了《中共中央、国务院关于卫生改革与发展的决定》中提出的到2000年卫生工作奋斗目标，既国民健康的主要指标在经济较发达地区达到或接近世界中等发达国家的平均水平。我们还提前达到了《九十年代中国儿童发展规划纲要》和《中国妇女发展纲要》中的妇女儿童健康指标。这一切的成绩离不开党的正确领导，也离不开一代一代妇幼卫生工作者的无私奉献，你们把爱献给了你们为之服务的妇女儿童，你们把青春年华献给了妇幼卫生事业，你们把党的关怀，把科学知识播种到了群众心里，你们用先进的医疗保健技术不仅挽救了垂危的生命，还为将要熄灭的生命之光又注入了新的活力，你们的工作是平凡的，然而又是非常光荣。我们从刚才听到的4个先进事迹的报告中就可以证明这一点。

治病救人是医生的职责，每一个进医学院校大门的医学生都曾为之立下誓言，而我们今天的医生不止是要治病救人，更重要的是去为保护人的健康，提高人类健康水平去奋斗。今天的健康概念也与过去有了根本的不同，随着经济发展，科技进步以及人民生活水平的提高，人民群众对改善卫生服务和提高生活质量将有更多更高的要求。工业化、城市化、人口老龄化进程加快，与生态环境、生活方式相关的卫生问题日益加重。慢性非传染性疾病患病率上升，一些新的疾病对人民健康构成威胁，这一切要求我们的卫生事业，我们的妇幼保健工作在新的世纪有一个大的发展与提高。从现在到21世纪中叶，是我们党领导中国人民全面振兴中华民族的关键时期，妇幼卫生工作肩负着提高出生人口素质、家庭安康幸福、民族健康强大的重任，希望大家继续发扬首都妇幼卫生工作精神，牢固树立首都意识，建立一流的队伍，掌握一流的技术，提供一流的服务，与国际接轨。提高妇女儿童健康水平，降低孕产妇、婴幼儿死亡率，提高人口素质不仅是妇幼卫生工作者的承诺，也是党和国家、各级政府对国际、对社会对人民做出的承诺。各级政府要一如既往地关心、重视、支持、加强妇幼卫生工作。社会各部门也要多关注妇女儿童的健康问题，宣传、支持妇幼卫生工作，普及妇幼卫生科学知识，让我们大家共同为首都的妇女儿童健康做出新的贡献，让21世纪的生命更加辉煌！　　（根据录音整理）

# 郭积勇副局长在北京市结核病控制工作会议上的讲话

（一九九九年三月十日）

同志们：

今天我们召开了北京市结核病控制工作会议。我们每年除了召开卫生防病工作会议，还要召开结核病控制的专门工作会，说明了我们市卫生行政部门对结核病控制工作的重视程度。今天我们请来了各区县的卫生局主管局长、防保科长、结防所所长和市属有关单位负责人，还请来北京铁路局、首钢、北京矿务局等系统卫生行政主管及结防所的负责同志。

刚才，防疫处赵涛处长传达了国务院李岚清副总理于1998年11月10日对核病防治工作所作的重要批示；市结控所屠所长作了关于北京市结核病控制工作50年情况回顾；张立兴教授介绍了国际结核病控制最新动态；会议简要总结了去年全市结核病控制工作并对1999年全市结核病控制工作做了安排。市局已将卫生部54号文件以及1999年北京市结核病控制工作要点发给了大家，请各区县、各部门认真贯彻落实。

今年召开的市结控工作会议应该说有几个特殊的意义。首先，现在结核病控制引起了全国以至全球的高度重视，主要原因是结核病疫情回升，根据这种情况，中央领导同志对结防工作给予了非常重要的批示，李岚清副总理的批示必将为推动北京市的结防工作注入新的活力，给结防工作带来勃勃生机。第二，今年正值国庆50周年大庆和澳门回归祖国的双重盛事，这就是对于我们的结防工作提出了更高的要求，同时也说明今年我们的卫生防病及服务保障的任务将是异常艰巨的。第三，今年北京市将在卫生监督与执法体制改革方面迈出关键一步，这次改革一方面卫生监督体制要进行改革，另一方面我们的卫生防病机构、职能与人事都将有一些调整，这些工作的落实对防病工作将产生重大影响。但这些改革对结核病防治工作应该起推动作用，而不应有丝毫的减弱。

今年1月27日，在市政府召开的市卫生防病工作委员会会议上，刘敬民副市长提出了1999年卫生防病工作三点思路，即明确了三项任务、把握三大因素、实施三项措施，同时也提到了结核病控制工作，因此，在今年的结核病控制工作中，我们也要落实全市卫生防病会议精神。北京市的结核病控制工作在全国乃至世界一直处于领先水平，如何保持这样一种领先地位，遏制结核病回升，我们应做好以下几方面的工作，同时也要求我们进一步提高对结核病控制工作的认识。

今天是结核病控制工作专业会议，为把各区县、各系统的工作做得更好，我着重谈几点意见。

## 一、认清形势，增加危机感和紧迫性认识

曾经猖厥一时的“肺痨病”自80年代中期开始在全球范围又出现重新蔓延的趋势，多数发达国家和90%以上发展中国家结核病例数明显增多，从1995年以来，全球每年死于结核病的人数高达300万人左右，创近百年历史的最高记录。它已成为单一病菌所致传染病的“第一杀手”，专家估计今后死于结核病的人数会继续增加，到2050年将会超过500万人。目前全球有结核病人约2 000万，每年新发生的病例约800—1 000万，结核病卷土重来并非危言耸听，它已成为当前影响人类健康和生命的极其严重的公共卫生问题。结核病对健康的影响已经摆在了我们的面前。

我国的结核病疫情形势也并不乐观，结核病发病人数有增无减，每年死于结核病的人数已达25万，我市近20年来由于市、区县各级政府及卫生行政部门领导的重视，结防机构坚持采用现代结核病控制措施，使疫情明显下降，得到有效控制。但是近年来，由于经济体制的变革，人口的大流动等各种因素的影响，加上本市周边以及全国结核病疫情的居高不下，使本市结核病发病不但不呈继续下降，反面出现波动和回升的迹象，这种情况必须引起各级领导的高度重视，我们在思想上绝不能麻痹，针对当前情况，我们应研究新形势，采取新策略和新措施，以防止结核病在本市的重新抬头。目前，我们采用的监化措施已取得了很大的成绩，但要想遏制目前结核病回升的势头，我们还应进一步研究新的方法、新的措施，才能把我们的工作搞的更好。

## 二、学习和落实李岚清副总理重要批示精神

应该看到，中央领导同志的重要批示是推进防痨工作的强劲东风，要抓住机遇不放，要在“高度重视”上下功夫，不要走过场，要求真务实。本次会议上已传达了李副总理的重要批示全文。各区县、各部门回去后要组织医务人员、结防机构人员认真学习重要批示。同时要及时向政府主管领导汇报，进一步加强政府对结核病控制工作的领导。要结合本区县、本部门的情况和存在问题逐条检查，提出整改意见和措施，要在调查研究基础上解决实际困难或问题，认认真真办几件实事。诸如经费支持、解决办公条件等等。这样才能体现出政府对这项工作的领导和支持，同时我们希望各区县争取政府主管领导在“3.24”结核病宣传日期间，采取视察结防所、听工作汇报、现场办公等形式，关心、支持结防工作和防痨事业。今年因为有李岚清副总理的重要批示，“3.24”宣传日活动要形成一个高潮，借此推动我们的结核病防治工作，我们要求各区县局、所要将具体办理情况于3月

底前分别向市结控所和市卫生局反馈。再由市局向市政府、卫生部报告。

在宣传期间，要根据卫生部54号文件中的各项要求，结合市局要求和本区实际情况，研究全年的计划，并贯彻落实，以保证结核防治工作全年常抓不解。

## 三、依法防治结核病，强化结核病的“归口管理”

结核病控制的一个关键环节是做好“归口管理”。卫生部对“归口管理”已有明令，但是这方面的工作在本市进展很不平衡，有些方面仍存在薄弱环节，去年市监督所与市结控所利用一周的时间对本市城八区的24所不同类型的综合医院进行检查，大多数医院做的还可以，但也有一些中央、市、区属医院做的不好，主要问题是发现病人不转诊，疫情报告不及时或多有漏、迟报现象，城区主要是“归口管理”问题，农村主要是疫情报告与登记工作滞后，疫情不能及时报上来，说明某些医院领导及临床医务人员法制观念淡漠，说明我们对综合医院医务人员在这方面的培训不够，希望我们的卫生行政部门在“归口管理”上要加强领导，提出改进的措施。去年市结控所抓了痰结核菌检验技术的培训工作，培训50多家医院，提高了结核病的发现工作。今年重点要着手抓好对综合医院临床医务人员的结核病疫情报告、“归口管理”等的法规全员培训。由市、区县卫生局分别组织各结防所具体操办。我们要求各区县局上半年完成全员培训后，于6月底向市反馈培训工作情况。

今年，由区县卫生局组织1—2次的“归口管理”与疫情报告、登记、转诊工作的执法检查，特别是对去年有问题的医院要严格检查。市卫生局将在适当时候安排抽查。对有问题迟迟不改正的要求发简报批评。今年一定要把本市结核病疫情报告与“归口管理”工作抓出成效，要有新的突破，这就要求我们各级卫生行政部门抓住在“归口管理”上的一些难点问题，真正负起责任。否则我们不如实地上报疫情，将贻误战机，将要负历史和法律的责任。因为疫情对于全市结核病的状况和采取的措施将是一个非常基础的数据，因此要加强这方面的工作要求。医务人员在日常工作中也要将这面工作做好，而不应做为一种负担，这也是法规的要求。

## 四、加强机构建设，稳定结防队伍，进一步提高人员业务素质

当前，卫生防病和公共卫生监督体制的改革是大势所趋、迫在眉睫，改革必然会对整个卫生防病事业起到推动作用，同样也应该对结核工作带来更多的希望。近年来，一些结防机构出现了一些困难，技术力量出现断档或人材外流，这些都是影响事业发展的不利因素，我们要通过今年的机构改革，解决这些问题，加强结核病控制工作。

不管今后机构如何改，有一条不变的原则是改革应当有利于防痨事业的发展，有利于经核防治工作的加强而不是削弱，如果削弱了结核病的工作，使结核病回升，我们将成为历史的罪人。希望各区县卫生行政人员在这个问题上要给予高度的重视，北京的结防工作绝不能有丝毫的放松，北京市现存的结核病防治网，加上必需的专业技术队伍和必需的设备及管理机制，缺一不可，这是北京的优势，我们要求网不能破，牌子不能摘下来。当然在人才的补充与培养上，在防痨人员知识的不断更新上，我们要肯于下力量，给予投人，特别是专业队伍新老交替问题，目前这支防痨队伍相对有些老化。对青年防痨人才的培养都要从长计议，从速安排，防止断档。

## 五、争取政府在政策上及经费上的支持

各级卫生行政部门要加强对结防工作的领导，争取政府履行承诺，在政策上予以倾斜，在经费上予以支持，注意解决结防工作中的困难和问题，特别是对有建树有成绩的结防所更应加大投人与支持力度。在体制改革后，无论结防所合并或不合并，各级政府对结核病防治经费都应给予倾斜和支持。没有政府的支持，结核病防治工作将会遇到很大的困难。

## 六、加强科学研究，努力探索新策略、新技术措施

本市虽然结核病疫情已控制在较低水平，但近几年来发病下降迟缓，并出现疫情波动，加上流动人口因素对疫情的影响，要求我们加强科学研究，探索新的防治措施，这项研究市结控所已然做了一些前期工作，希望进一步进行研究。

首先是传染源控制工作要继续坚持下去，研究病人的早期发现、及时治疗，研究进一步缩短化疗疗程，建立菌株库，对本市、外地传人感染进行序列分析。

在顺义区开展的人群自然感染率监测已历时9年，要加紧进行研究并继续扩展有关的研究工作，这些基础性科研工作很有意义，要尽快或分期分批出成果以指导实际工作。希望我们抓紧这方面的工作。

另外着手在儿童、青年等已感染的人群中开展预防投药，防止发病的研究也属新的技术措施探索，要加紧进行，市结控所要有实施方案及工作计划，由市局与市教委协调，制定规划并争取科研专项经费支持。

对于流动人口中结核病人的发现、疫情报告、治疗管理、全程监督等问题，今年要在这方面有所突破，请市所在近两年工作的基础上，制定系统管理方案、措施。也可与城近郊区结防所合作，先搞1、2个试点，摸索出经验，逐步推广。总之，在流动人口传染病管理上摸索出一套可行的经验，为本市外来人口传染病管理提供经验，以保持北京市结防工作在全国的领先地位和国际先进水平。

### 七、重视宣传教育，加大宣传力度，做好日常宣教和“3.25”世界防治结核病日宣传活动

这项工作非常重要，要通过宣传提醒老百姓注意如何预防，这不仅是结核病一种病上，在其它疾病的宣传上，我们也是有很大的差距。我们就采取老百姓能接受的，能弄明白的，喜闻乐见的宣传形式，老百姓从我们的宣传中真正掌握防病知识，才能获得事半功倍的效果。因此，希望我们对宣传也要进行研究，进一步加强宣传工作。

顺便提一下，明年卫生部要开展全国第四次结核病流行病学调查，防疫处要与市结控所专门研究一下，早作准备，包括经费预算及必要的设备、人员培训等，充分利用流调资料为本市结控工作及“十五”防治规划提供科学依所。同时在“九五”即将结束时，要求各区县和市里着手检查和总结“九五”结核病防治规划落实情况并研究制定“十五”期间结核病防治规划和策略，采取切实可行的措施，把结核病控制工作做的更好。目前，北京市的结防工作做的比较好，我们采取的措施也是很有效的。希望我们的业务部门加强研究，进一步提出一些对全局工作有指导性的意见，开展一些新的工作。

今天，我主要是对一些领导提出一些要求，要加强对结核病控制工作的认识，归结到一点，就是不能放松这项工作，千万不要产生麻痹想法，要保持住北京市结控工作的领先地位，就是我们最大的成绩。

希望今天这个会是对全市结核病控制工作的有力推动。在此，我也要感谢各区县卫生行政部门和各防治所的同志对全市结控工作的支持。

谢谢大家。 （根据录音整理）

## 刘敬民副市长在北京市“世界防治结核病日”座谈会上的讲话

（一九九九年三月二十五日）

去年屠所长、张立兴老所长联名给我写了一封信，讲了一下我们北京市结防工作所取得的成绩，在几个国际重要会议上，受到高度评价。我看了后很高兴，同时我把这份材料给贾庆林同志看了，他也很高兴，他说：“这件事一定要把它抓好”，贾庆林同志过去在福建工作，福建的结核病很厉害，所以看到北京市取得这样的成绩，他非常高兴，并且说要继续努力，对北京市的结防工作人给予肯定，我给屠所长、张所长回了一封信。今天有机会来参加座谈会，首先向大家祝贺，北京市结核病防治工作取得这样举世瞩目的成绩，为了人民的健康，我们这支队伍做出很大的贡献。过去“十痨九死”很难治，通过我们一代又一代防痨工作者的努力，我们终于在一定程度上止住了痨病这个危害。北京作为首都，你们的功劳是非常大的，我觉得在这个过程中，一是锻炼了一支很好的队伍，二是出现了一些好的经验，刚才讲的全面监督化疗，在国际上，这些经验得到推广，我觉得这是我们在整个北京市卫生系统中非常宝贵的经验。今天首先我代表我们市委、市政府向大家表现敬意，借这个机会，我也想讲以下几点意见。

第一，对结核病防治工作要高度重视。因为我想的确是我们有一些同志在前一段对结核病防治工作重视不够，觉得我们已经基本上告别了或消灭了结核病，可以刀枪入库，马放南山了，这个队伍就可以不要这么大了，经费可以不要这么多了，工作可以不必抓得那么紧了，这样就会带来很严重的后果，当前随着我们城市的逐步发展和扩大，人流物流的逐渐增多，流行病的防治是城市社会安全的一个重要组成部

分。这些日子我们正在忙这件事，就是关于防疫和防病工作，今年的一些重大流行病重视不够，比如急性肠道传染病、鼠传疾病、流行性出血热、HIV阳性等等，我觉得还要进一步引起重视，如果说我们放松警惕，就很可能有了新的危机，又有一个新的暴发。得有一些工作由于我们各级领导不够重视所带来的，工作上疏漏以致于给人民的健康带来不可弥补的损失。所以我们的各级政府，包括我们的专业管理部门，要以对人民健康负责的态度来抓好结核病防治工作，不能放松。李岚清副总理的这个讲话我觉得是非常重要的，要认真地贯彻，他也讲到，结核病在世界又有蔓延趋势，要高度重视。我觉得李岚清副总理提出的这个重要批示，也符合我们北京的情况和城市建设。尽管北京市是全国发病率最低的，但是危险性和北京所处的客观环境跟全国大体相同的，不能说因为是北京，结核病菌就传不到北京，流动人口就不进入北京，传染源和传染的危险就能减少，所以我们北京市也应该认真地贯彻这个指示。结核病的防治工作和其它许多流行病不完全一样，给我的感觉是它是一个慢性病，不像霍乱，得了后给药就好了，结核病要长期治疗，不然它的反复性很大，很容易耐药，需要长期地跟踪，像你所说的用“全面监督”方法去治疗，也可以治愈，但是周期比较长，我看比霍乱难对付。所以有的时候，我们单凭着突击是不行的，结核病传染的方式又和一些食源性的疾病不一样，可能这个传染方式比较快，也难以防治，要从结核病本身的特点来认真研究我们全市的对策，一方面要通过专业进行管理；另一方面要有社会参与，包括一些地方政府，比如流动人口管理，光靠结防所下到流动人口聚集区是不够的，要和当地的基层政府紧密结合，要把这个“防”的工作做好，没有领导和各级政府的重视，是很难做到的。所以在跨入新世纪的时候，我们要重新引起对结核病防治工作的重视，美国就是一个前车之鉴，它原本已经压得很低了，可是一放松，又回升得很高，5万例！北京不能走美国的覆车之辙。

第二，既然结核病防治工作是一个长期任务，要引起重视，我觉得一方面要进一步培养青年技术人才；另一方面就是要进一步改进和稳定结防的网络及与结防有关的研究机构，我觉得这个也很重要。当前我们正在进行医疗体制、医疗机构的改革，我想结防工作一方面承担着临床治疗的任务，另一方面还要起到防病的作用，要从这两方面来看待，单纯地把它看作一个医疗临床的治疗机构，让它去靠诊费自负盈亏，就难了。它还有“防”的任务，这个“防”的任务通常是难收费的。比如说海淀区结防所还要下力量去给邮电大学讲课，去摸学生状况，还要采取一些措施，（问海淀区结防所所长：“你们讲课还收钱吗?”答：“收不了钱”，市长：“能安排上去就不错了，有时候恨不得给人家钱”。）这些劳动如果政府不支出，那是没有办法的，就没有开支，还有做一些宣传品、幻灯片、传单、像这样的小册子（结核病问答30题）等等这些都是要花钱的，所以我看根据我们这个机构的具体情况，根据改革的具体精神，把市场经济和政府支持结合起来，既能使我们各个机构焕发出活力，不断地改进自己的工作，提高效率；另一方面，又有强有力的政府作为后盾，使“治”和“防”工作都能各得其所，我觉得这可能是我们稳定这支队伍的关键。另外在教育上、科研上，对于结防工作要重视，去年开始市财政直接投资搞重点学科研究，全市大概全布点10—20个，我就觉得缺乏预防工作，这个重点学科是需要申办的，申办完后要拿一套计划，还得去评选，一年一次，由财政局直接评，财政局说行，你的项目如果一大堆专家都同意，财政局就直接拨钱，就不走你（指卫生局拨钱）那条路了。我觉得防病也要有重点学科，现在都是医疗方面的，像脏器移植，好几家都搞肝细胞移植，花钱花老了，一家还不过隐，还搞了好几家（笑）。我看在这些方面，要想有后备人员，有青年人才源源不断，关键是要把这个事业搞起来，把这放在一个重点位置上，这样，钱和人都会有的。希望这个方法在稳定队伍上下一些功夫，结核病的网络不能乱，队伍不能散，工作的力度不能减。

第三，要改善条件。刚才大家提到，有一些单位的条件情况我也是了解的，我在宣武区工作的时候，宣武区有个结防所，老实讲我那时就不够重视，宣武区我没去过的单位不多，就他那个单位（指宣武区结防所）我没去过，也是不够重视，我觉得一些单位，一是要统一规划，逐步改善，条件的改善是多方面的，我觉得既然有防保任务，又是我们全市防保工作的一项重点工作，我们应该在我们可能的条件下加强、加大投入；再一个方面，就是要把钱使在刀刃上，增加经费是必要的，也是很应该的，要用在结防工作的一些事业，一些工程性的项目上，这样的话，来带动整个事业的发展，刚才两位所长都提出来，就是结防工作所面临的技术、人才方面新的机遇和新的挑战，需要研究新药及进一步提出新的治疗方法，要研究一种新的，在流动人口增加的情况下的防治体系和工作渠道，我觉得很必要，也很需要，可能我们需要在这方面再仔细地进行调查研究，在这个基础上，要启动一个工程性的措施，我觉得我们在前几年干得很不错，在前几年的基础上，还能够加大控制力度，使我们在各个方面，像防保工作，在新的世纪里有新的起色，新的进步，我总感觉到，我们整个防病防疫工作在这个时期都有一个大的改变，那么能不能在改善条件的过程中保证一定的投入，与迈向新世纪的新任务结合起来，这样的话，就能起到一定的效果，对于职工，包括职工的一些基本生活条件和医疗条件都希望卫生局给予足够的重视。当然总的看，我们医疗卫生行业的收入水平在整个社会中并不很高，特别是防保系统在卫生系统中也不是很高的，一方面政府要发挥作用，加大投入；另一方面也要教育职工艰苦奋斗，同时也要加强内部管理，压缩人员，来提高我们的工作效率。

第四，想谈一谈要继续努力问题，刚才讲到我们整个防病防疫体系，总的来说运行的还很好，我说的不光是结核病防治体系，目前保障我们北京市的防病防疫工作基本是稳定的，基本能够控制，但是我觉得还是比较被动，去年两会的时候，咱们全市抓牛蛙，今年全市在抓甲鱼，都是霍乱病，这两年春天，流行性出血热增多，现在HIV阳性比去年翻了一番，即使是现在掌握了200多例，我们也不敢说我们真正摸清了HIV阳性到底有多少，其它的传染病形式都不容乐观，这是社会安全的一件大事。我们整个防病防疫工作如何把力量集中起来，前两天研究，我们防疫工作队伍不算结核病防治，光是有执法权的就有7个部门，这7个部门哪个部门人都不多，但总数可不少，但分成7个大军，能不能把7个统一起来，在实行执法上统一起来。除了“集中”之外，再一个就是“下沉”，要把我们防病防疫工作的“根”扎下去，扎到社会的毛细血管里去，形成基层的一套网底系统。现在，我们的网络底部不够发达，需要把这个网底建设抓好，昨天我在卫生工作会上商量，比如社区医疗单位，还有街道医院，就是一级医院，目前惨得厉害，特别是医药分开以后，几乎无路可走，它们70—80%，甚至更多是在吃药钱，现在是桥归桥，路归路了，不能再吃药钱了，医院怎么办？一个是能不能向社区这方面发展，变成社区医院，进行社区的医疗服务；再一方面就是能不能搞防保任务，从街道再往下深入，到社区里去，形成能够活跃的居民中间，活跃在社区当中一个网底系统。不见得我们每个系统都在底下设站设所，那就太乱了，要有一个综合的考虑。一个叫“集中”，一个叫“下沉”，整个体系要有一个改革，要做方案，形成北京市“牵一发而动全身”，全覆盖的网。

今天，在结防所这个座谈会上，我在想怎么想办法改革体制，怎么在我们北京市整体的医疗卫生改革中统一规划，按照我们这个系统的特点和这个病的特点，统一地进行规划，拿出一套办法，刚才很多同志提了，比如说像“归口管理”，像资源重组，像一些重点，因为总是要定局的，现在我们的资源还是不少，各区、县都有一个所（指结防所），防治单位已经有一个比较大的体系，在保证它稳定和高效的基础上，怎么把它有利地重组，同时利用我们当前有利的形式，要进一步提高它的效率，提高它反应的敏感程度，提高它的投入产生比，我想是不是在总体的规划下，拿出下一步发展的计划，这样使我们的结防工作不断地有新的进步，那么，在这个系统中，有一支艰苦奋斗的，长年工作在第一线上，卓有成效的我们的干部和职工队伍。在今天，我也想借这个机会，通过大家向各位、向我们这支队伍、以及这支队伍的家属表示慰问，向他们表示崇高的敬意，他们在比较困难的条件下，通过长期不懈的努力，取得了这样好的成绩，他们也付出了自己的代价。这支队伍我们应该十分重视，保护他们的积极性，鼓励他们做出新的贡献。

（根据录音整理）

# 大力弘扬“五四”精神　积极推进“号、手”争创活动

——史炳忠副局长在全市卫生系统青年文明号表彰大会上的讲话

（一九九九年四月二十九日）

同志们：

今天我们召开这个大会有两个目的，一个是为了纪念五四运动80周年，表彰团组织在开展“达标创优”活动中涌现出的先进集体和先进个人；一个是表彰团组织在紧密围绕全市卫生系统开展的文明行业规范化服务达标工作，深化号手争创活动中，涌现出的青年文明号、青年岗位能手，以及爱岗敬业自学成才的“十佳”自学青年和优秀自学青年。刚才，我们向青年文明号、青年岗位能手、红旗团委和“十佳”自学青年，分别颁发了奖牌和荣誉证书。在此，我代表

局党组向受到表彰的各类先进集体和先进个人表示热烈的祝贺！

自1996年团市委和市卫生局联合在全市卫生系统青年中开展创建“青年文明号”、争当“青年岗位能手”活动，至今已有3年。在各级党政领导的高度重视和大力支持下，各级共青团组织紧密围绕着全市卫生系统的中心任务，以青年文明号和青年岗位能手为有形载体，团结带领广大青年医务人员，积极投身卫生改革事业，不断地促进了卫生系统的两个文明建设。1998年又配合卫生系统开展的文明行业规范化服务达标工作，积极推进号手争创活动，并取得了可喜的成绩。青年文明号作为倡导文明新风，弘扬职业文明，传播精神文明的有效载体，在强化服务意识，更新服务观念，改善服务态度，提高服务质量，加强青年医务人员职业道德建设等方面发挥着非常重要的作用。局党组对团组织开展的青年文明号和青年岗位能手活动是大力支持的，对3年来号手争创活动所取得工作成绩是给予充分肯定的。在此，我代表局党组向全市卫生系统广大青年医务工作者和各级团干部共同努力所取得的成绩表示衷心的祝贺！

今年是“五·四”运动80周年，也是全市卫生系统开展创建文明行业规范化服务达标活动，以优异成绩迎接建国50周年的重要一年。这对于卫生系统共青团组织抓住历史契机，大力弘扬五四精神，教育引导广大青年医务人员爱岗敬业，紧密围绕达标活动，进一步加强职业道德建设有着非常重要的意义。下面就1999年深化号手争创活动提出三点要求。

## 一、大力弘扬“五四”运动精神，教育引导青年医务人员把爱国热情转化为爱岗敬业的实际行动

“五四”运动的精神，最根本的就是中华民族的爱国主义精神。爱国主义是有着鲜明时代特征的，在新的历史条件下继承和发扬五四运动的光荣传统，对广大青年来说，就是要按照江总书记在庆祝北京大学建校一百周年大会上的讲话中提出的“四个统一”的总体要求，树立为实现民族振兴而奋斗的崇高理想，坚定走建设有中国特色的社会主义道路的科学信念，努力学习和掌握科学文化知识，增强社会主义民主法制观念，全面提高自身素质，为实现国家跨世纪宏伟目标奋发成才，建功立业。我们卫生系统的各级共青团组织要用爱国主义构筑青年一代的精神支柱，教育引导青年医务人员对爱国主义进行理性思考，使他们把爱国情感上升为理性信念，树立正确的世界观、人生观、价值观，把报国理想转化为爱岗敬业的实际行动。使广大青年医务人员成为深化卫生改革事业的生力军，成为创建文明行业规范化服务达标活动的一支重要力量。

## 二、紧密围绕文明行业规范化服务达标工作，积极推进“号、手”争创活动

开展创建文明行业规范化服务达标活动，是1999年全市卫生系统的一项重要任务，各单位党政领导应该充分发挥青年文明号和青年岗位能手在推进达标活动中的积极作用。青年医务人员在全市卫生系统职工中所占比重较大，而且他们大多工作在医疗卫生工作的第一线，在一定程度上代表着医院和卫生行业的整体形象。因此，要树立卫生行业良好的职业形象和社会形象，就必须创建一流的服务和一流的技术，要想实现群众满意的服务，就必须培养和造就一流的医务工作者队伍。青年文明号和青年岗位能手都是共青团组织培养和造就大批优秀青年医务工作者的重要途径。青年岗位能手重在培养青年个体，青年文明号重在培养青年群体，能手是文明号的基础，文明号是能手的表现，两者相互结合，相互促进，不可分割。围绕文明行业规范化服务达标工作，深化“号、手”争创活动应注意抓好以下几点。第一、要强化广大青年医务人员的达标意识，加强职业道德建设；第二、要为青年集体和青年个人营造争创一流的积极氛围，有效地引导青年立足本职岗位建功；第三、要努力培养一批岗位成才建功的达标典范，以实现典型引导全面提高的实效；第四、要同落实两个《规范》和十条标准有机结合起来，不断提高服务质量和服务水平，树立起卫生行业良好的职业形象和社会形象。

## 三、抓基层，打基础，抓基本，真抓实干，务求实效

抓基层，打基础，抓基本，就是要从青年比较集中的窗口、班组、科室等这些基层集体抓起，从两个《规范》和十条标准，从服务态度，文明用语等这些基本的方面抓起，只要我们常抓不懈，坚持到底，就一定会为实现文明窗口，文明科室，文明单位，直至实现文明行业打下坚实的基础。今年的达标工作是为实现2000年全行业达标打基础的，如果基础打的不牢固，明年就很难实现全行业的达标。因此，我们要狠抓基层，狠抓基本，狠打基础，真抓实干，严格规范医疗服务行为，扎扎实实的把工作做好，一步一步

夯实基础，只要这样就会实现全心全意为人民服务的宗旨，就会得到社会和群众的认可，就会达到人民群众满意的最终标准，就会使达标活动开展的卓有成效。

同志们，1999年是具有特殊意义的一年，大事多，喜事多，新形势，新任务，不仅给全市卫生工作，也给共青团工作提出了新的要求，我们应抓住机遇，努力工作，以实际行动实现文明行业规范化服务达标，以优异成绩迎接建国50周年和澳门回归，以崭新的精神面貌昂首跨入21世纪。在“五一”国际劳动节和“五四”青年节即将来临之际，我代表局党组向勤勤恳恳地工作在医疗卫生战线上的广大医务人员，特别是团员青年致以节日的问候！

# 文 件 和 法 规

## 全国卫生统计工作管理办法

（1999年2月25日卫生部令第3号发布）

### 第一章 总 则

**第一条** 为了加强全国卫生统计工作的组织和指导，保障卫生统计现代化建设的顺利进行，充分发挥卫生统计在多层次决策和管理中的信息、咨询与监督作用，更好地适应我国卫生改革与发展的需要，根据《中华人民共和国统计法》及其《实施细则》，特制定本办法。

**第二条** 卫生统计工作的基本任务是依照《统计法》和国家有关法律、政策，采集卫生资源投入、分配与利用，卫生服务质量和效益，居民健康水平等统计数据，提供统计资料和统计分析，实行统计咨询与统计监督。

**第三条** 各部门、各级各类卫生事业单位，从事医疗卫生服务的私人开业机构和个体开业人员，必须向当地卫生行政部门报送卫生统计数据。

**第四条** 各级卫生行政部门和卫生事业单位要把统计工作列入议事日程，加强领导，定期检查并监督统计工作法规、计划和统计报表制度的执行情况。各级卫生行政部门在开展统计工作中应与同级人民政府统计机构密切配合，并在统计业务上接受同级人民政府统计机构的指导。

**第五条** 各级卫生行政部门和卫生事业单位应按照《统计法》的有关规定，加强统计力量，充实统计人员，提高统计人员的素质。

**第六条** 各级卫生行政部门和事业单位必须将统计工作经费列入卫生经费计划，从经费上保证统计工作的顺利进行和统计事业的发展。

**第七条** 各级卫生行政部门和事业单位要加快推广和应用现代计算与信息传输技术，建立统计信息自动化系统，提高卫生统计服务质量和效率。

**第八条** 各级卫生行政部门和事业单位的统计机构和统计人员按照《统计法》行使卫生统计调查、统计报告和统计监督的职权，执行本部门、本单位统计执法情况检查，不受任何侵犯。

**第九条** 为了完善统计法制建设，地方各级卫生行政部门和事业单位必须根据本《办法》，结合本地区本部门和本单位的具体情况，制定统计工作制度。

### 第二章 卫生统计机构

**第十条** 卫生部设立统计机构，各司（局）根据本司（局）统计业务的需要配备统计人员。

**第十一条** 各省（区、市）卫生厅（局）设统计机构或综合统计工作所在处（室）配备专职统计人员，各处（室）配备兼职统计人员。省（区、市）辖市（区）、计划单列市卫生局配备专职统计人员；地（市、州、盟）、县卫生局根据统计工作任务的需要配备专职或兼职统计人员。

**第十二条** 卫生事业单位统计机构与统计人员

（一）县及县以上医院设立统计机构，充实专职统计人员。乡（镇）卫生院配备与本单位统计工作任务相适应的统计人员。

（二）省（区、市）卫生防疫、防治、妇幼保健等机构设立统计科（室）；地（市、州、盟）、县预防保健机构，门诊部、专科防治所（站）等其他机构根据本单位统计工作任务的需要配备统计人员。

## 第三章　卫生统计机构职责

**第十三条**　卫生部统计机构是卫生部统计行政工作的执行机构，直接负责综合统计任务，指导全国卫生统计工作，为制定全国卫生方针政策和卫生事业发展规划，实行宏观调控与科学管理服务。其主要职责是：

（一）在卫生部领导、国家统计局的业务指导下，草拟全国卫生统计工作方针政策和规划；

（二）依据《中华人民共和国统计法》和国家社会统计调查的原则，草拟全国卫生部门统计法规和卫生统计报表制度，组织并执行全国卫生部门统计法规执行情况检查；

（三）负责全国卫生综合统计年报、国家卫生服务调查，针对全国卫生改革与发展中出现的情况和问题开展有关专项调查，管理和协调本部各司（局）的业务统计工作；

（四）负责公布全国卫生事业发展情况统计公报，统一管理、提供全国卫生统计资料，审核和管理本部各司（局）制发的业务统计报表、调查方案，审核本部各司（局）发布的业务统计数据，归口管理全国卫生统计分类标准及其代码的制订工作；

（五）组织建立全国卫生统计信息自动化系统，并对此实行管理和技术指导；

（六）进行统计分析和统计科学研究，实行统计咨询与监督；

（七）组织并指导全国卫生统计人员和各级卫生统计机构计算机人员的业务学习和培训，配合有关部门按照国家有关规定进行本部门统计、计算机人员的技术职务评定工作；

（八）开展卫生统计信息的国际交流；

（九）协调中国卫生统计学会的业务工作。

**第十四条**　各省（区、市）卫生厅（局）统计机构或综合统计工作所在处（室）执行本厅（局）统计行政工作。其主要职责是：

（一）在卫生厅（局）领导、卫生部统计机构和地方同级人民政府统计机构的业务指导下，按照全国卫生统计法规、规划和统计报表制度的指导原则以及有关规定，草拟本地区卫生统计工作制度、规划和统计报表制度，执行国家卫生统计调查任务，指导本地区卫生统计工作，组织并执行本地区卫生部门统计法规执行情况检查；

（二）负责本地区卫生综合统计年报、卫生服务调查，针对本地区卫生改革与发展中出现的情况和问题开展有关专项调查，管理和协调本厅（局）其他处（室）的业务统计工作；

（三）负责公布本地区卫生事业发展情况统计公报，统一管理、提供本地区卫生统计资料，审核和管理本厅（局）其他处（室）的业务统计报表、调查方案，审核本厅（局）其他处（室）发布的业务统计数据；

（四）组织建立本地区卫生统计信息自动化系统，并对此实行管理和技术指导；

（五）进行统计分析和统计科学研究，实行统计咨询与监督；

（六）组织并指导本地区卫生统计人员和各级卫生统计机构计算机人员的业务学习和培训；配合本地区有关部门按照国家规定进行本部门统计、计算机人员的技术职务评定工作；

（七）开展卫生统计工作的对外交流；

（八）协调本地区卫生统计学会的业务工作。

**第十五条**　卫生事业单位统计机构执行本单位综合统计职能。其主要职责是：

（一）执行上级卫生行政部门制定的卫生统计规章和卫生统计报表制度；

（二）建立健全本单位统计工作制度；

（三）填报上级卫生行政部门颁发的统计调查表，收集、整理和统一提供本单位卫生统计资料，管理和协调本单位其他科（室）的统计工作；

（四）对本单位的计划执行，业务开展和管理工作等情况进行统计分析，实行统计咨询和统计监督；

（五）管理本单位的统计调查表、各项基本统计资料和数据库。

## 第四章　卫生统计人员

**第十六条**　各级卫生事业单位应依照国家规定评定统计干部技术职称，逐步实行统计专业技术职称聘任制度。增加或补充专职卫生统计人员，原则上应从高等院校和中等专业学校毕业生中考核录用。对现有不完全具备统计专业知识的专职卫生统计人员，应由所在部门或单位进行培训，卫生事业单位统计人员并要参加当地人民政府统计机构组织的技术职称资格考试。

**第十七条**　卫生部、各省（区、市）卫生厅（局）举办在职卫生统计干部或师资培训班、讲习班，委托部分中等卫生学校开办卫生统计专业班，还可根据全国或本地区卫生统计工作发展的需要，委托有条件的高等医学院校开办卫生统计专业后期分化班，培养高级卫生统计专业人员。卫生事业单位应在卫生行政部门的安排下，组织本单位统计人员参加统计培训班、讲习班学习，提高他们的业务水平。

**第十八条** 各级卫生行政部门和事业单位要为统计人员提供必要的工作条件、帮助他们解决工作、学习和生活中的实际问题，以保证统计人员搞好本职工作。

## 第五章 卫生统计调查和统计报表制度

**第十九条** 卫生行政部门管辖范围内的全国卫生统计报表必须由卫生部统计机构审核，经卫生部批准颁发，并报国家统计局备案。统计调查范围超出卫生行政部门管辖范围的全国卫生统计报表，须由卫生部统计机构审核，经卫生部报国家统计局批准后颁发。卫生行政部门管辖范围内的地方卫生统计报表，必须由地方卫生行政部门统计机构或综合统计工作所在机构审核，经地方卫生行政部门批准颁发，并报地方同级人民政府统计机构备案。统计调查范围超出卫生行政部门管辖范围的地方卫生统计报表，须由地方卫生行政部门统计机构或综合统计工作所在机构审核，经地方卫生行政部门报地方同级人民政府统计机构批准后颁发。

**第二十条** 由各级卫生行政部门制定，经同级人民政府统计机构备案或批准的卫生统计报表，必须在表的右上角标明表号、制表机关名称、备案或批准机关名称、备案或批准文号。卫生统计机构或统计人员必须严格按照统计调查程序、上报日期和有关规定报告统计调查任务，不得拒报、迟报，更不得虚报、瞒报、伪造或篡改。

**第二十一条** 卫生部制定的《全国卫生统计报表制度》是全国统一的卫生统计标准，其内容包括统计分类目录，指标涵义、计算方法、统计范围、机构代码等。地方各级卫生行政部门可在严格执行《全国卫生统计报表制度》的前提下，制定补充性的地方卫生统计报表制度。卫生统计报表制度未经制定机关同意，任何单位和个人不得修改。

**第二十二条** 卫生行政部门统计机构或综合统计工作所在机构与本部门其他机构的统计调查必须分工明确，相互协调，不得交叉重复。

**第二十三条** 卫生统计调查的方式除全面统计报表外，还应积极开展各种类型的专项调查。卫生行政部门管辖范围内的专项调查，须由卫生行政部门统计机构或综合统计工作所在机构审核。超出卫生行政部门管辖范围的专项调查，须由卫生行政部门统计机构或综合统计工作所在机构审核，经卫生行政部门报同级人民政府统计机构批准后实施。专项调查能够满足的不用全面统计调查，一次性调查能够满足的不用经常性调查，专项调查的内容原则上不能和全面统计报表的内容重复。

**第二十四条** 各级卫生行政部门和事业单位有权拒绝填报违反《统计法》与本《办法》所颁发的各种统计调查表。

## 第六章 卫生统计资料的管理和公布

**第二十五条** 卫生行政部门、卫生事业单位统计机构或综合统计工作所在机构分别统一管理本部门、本单位的卫生统计资料，统计数字不得数出多门，各行其事。同一卫生行政部门、卫生事业单位内的其他机构必须向本部门、本单位统计机构或综合统计工作所在机构提供各项业务统计数据。各级卫生部门统计机构或未设统计机构的卫生部门编辑和提供卫生统计资料，须由本机构领导或本部门的主管领导审批。代表国家、地区或单位的卫生综合统计数字，必须由各自主管的卫生行政部门、卫生事业单位统计机构或综合统计工作所在机构对外公布，并以此为准。卫生行政部门、卫生事业单位内其他机构公布业务统计数字，必须经本部门、本单位统计机构或综合统计工作所在机构审核。

**第二十六条** 各级卫生事业单位应建立健全原始记录、登记表、台帐和统计资料档案制度，确保统计数字数出有据，准确无误。

**第二十七条** 各级卫生行政部门和事业单位要建立统计资料审核、查询、订正制度。上报的统计调查表，由制表人签名或盖章，并经本单位领导审核、签名或盖章后，加盖本单位公章。单位领导和统计人员要对统计数字的准确性负责。

**第二十八条** 各级卫生行政部门和事业单位要搞好统计服务，充分利用可以公开的卫生统计资料为社会和公众服务。提供卫生统计数据，编辑、出版和发行卫生统计资料实行有偿和无偿服务相结合。

## 第七章 奖 惩

**第二十九条** 各级卫生行政部门和事业单位应对下列统计人员或集体给予奖励：

（一）在卫生统计工作中做出显著成绩的；

（二）坚持依法统计，抵制统计违法行为有突出表现的。

**第三十条** 凡有下列行为之一，应由卫生行政主管部门责令改正，予以通报批评；情节严重的，可对负有直接责任的主管人员或其他直接责任人员依法给予行政处分：

（一）虚报、瞒报、伪造、篡改卫生统计数字的；

（二）拒报或屡次迟报卫生统计数据的；

（三）侵犯卫生统计机构、卫生统计人员行使《统计法》与本《办法》职权的；

（四）对拒绝、抵制篡改统计资料或编造虚假数据行为的统计人员进行打击报复的。

**第三十一条** 对违反《统计法》构成犯罪的，由司法机关依法追究刑事责任。

## 第八章 附 则

**第三十二条** 本《办法》由卫生部负责解释。

**第三十三条** 本《办法》自发布之日起实施。1992年6月20日卫生部发布的《全国卫生统计工作管理办法》同时废止。

# 卫生部化妆品申报与受理规定

（1999年4月13日卫生部发布）

**第一条** 为规范化妆品申报与受理工作，保证审批工作的公平、公正、公开的原则，制定本规定。

**第二条** 本规定所称化妆品是指依据《化妆品卫生监督条例》及其实施细则，由卫生部审批的进口化妆品和国产特殊用途化妆品。

**第三条** 凡向卫生部申报的化妆品须按国家有关法规规定进行检验。

**第四条** 化妆品检验和申报应当严格按照“卫生部健康相关产品审批工作程序”的规定进行。

**第五条** 送检产品时，送检单位应同时向检验机构提交样品配方及与检验有关的技术资料。

**第六条** 申报产品时，单位应按下列要求向审评机构提交申报资料及产品样品。每个产品的资料应按下列顺序排列，使用明显的标志区分，并装订成册。

一、国产特殊用途化妆品（原件1份，复印件13份）：

1. 国产特殊用途化妆品卫生许可申请表
2. 省级卫生行政部门的初审意见
3. 产品配方
4. 功效成分、使用依据及功效成份的检验方法
5. 生产工艺及简图
6. 产品质量标准（企业标准）
7. 省级卫生行政部门认定的化妆品检验机构出具的检验报告
8. 卫生部认定的化妆品检验机构出具的检验报告
9. 产品设计包装（含产品标签）
10. 产品说明书样稿
11. 可能有助于产品评审的其它资料

另附未启封的完整产品样品小包装3件

二、进口化妆品（原件1份，复印件13份）：

1. 进口化妆品卫生许可申请表
2. 产品配方
3. 功效成份、使用依据及功效成份的检验方法（特殊用途化妆品）
4. 生产工艺及简图
5. 产品质量标准（企业标准）
6. 卫生部认定的化妆品检验机构出具的检报告
7. 产品包装（含产品标签）
8. 产品说明书
9. 受委托单位应提交委托申报的委托书
10. 产品在生产国（地区）允许生产销售的证明文件
11. 可能有助于产品评审的其它资料

另附未启封的完整产品样品小包装3件

**第七条** 申报资料中的检验报告应按下列顺序排列：

微生物检验报告

卫生化学检验报告

PH值测定报告

急性经口毒性试验报告

急性皮肤刺激试验报告

多次皮肤刺激试验报告

一次眼刺激试验报告

皮肤变态反应试验报告

皮肤光毒试验报告

鼠伤寒沙门氏菌回复突变试验报告

体外哺乳动物细胞染色体畸变率检测试验报告

禁用物质和限用物质检测报告：包括紫外线吸收剂、激素、染发产品限用物质、果酸等

人体安全及功能试验报告

**第八条** 同一申报单位同时申报多个产品时，每个产品应当有一个配方，并按产品逐一申报。

符合下列条件的一组口红或指甲油可以按一个产品申报：

1. 该组产品使用同一种色素，但色素的百分含量不同，产品配方中其余成份和含量完全相同；

2. 该组产品以一个品名命名；

3. 申报单位书面申请该组产品以一个产品申报。

检验该组产品时，抽取其中色素百分含量最高的产品进行检验，其检验结果代表该组所有产品的检验结果。申报产品时，申报单位应标明该组产品数量、每个产品的编号和色素百分含量。

**第九条** 资料中除申请表及检验机构出具的检验报告外，所有资料应逐页加盖单位印章（可以是骑缝章）。

**第十条** 申报资料均应使用 A4 规格纸张打印（建议中文使用宋体小 4 号字，英文使用 12 号字）。申报的各项内容应完整、清楚，不得涂改。

**第十一条** 申报资料的复印件应由原件复制，复印件应当清晰并与原件完全一致。

**第十二条** 申报资料中同一项目的填写应当一致，不得前后矛盾。

**第十三条** 申报资料中出现的产品名称应包括产品品牌。

**第十四条** 申报资料中所有外文（包括产品、生产企业和申报单位的名称）均应译为规范的中文，并将译文附在相应的外文资料之后，但本规定要求配方中使用英文或拉丁文的成份名称以及外国地址等除外。

**第十五条** 申报单位提交检验报告时，应同时提交“卫生部健康相关产品检验申请表”和“卫生部健康相关产品检验受理通知书”。

**第十六条** 检验机构出具的检验报告应符合下列要求：

1. 载明样品送检单位、产品生产单位、产品名称、样品数量、收样日期、报告日期、最终审核日期、检验依据和检验项目；

2. 报告格式规范，不得涂改；

3. 检验数据及结论明确；

4. 有检验单位法人代表（或其授权人）签名及检验单位公章；

5. 检验报告除在检验结论处加盖检验单位公章外，一页以上的检验报告必须加盖骑缝章。

**第十七条** 进口产品受委托申报单位提交的委托书应符合下列要求：

1. 每个产品一份委托书原件；

2. 委托书应载明委托书出具单位名称、受委托单位名称、委托申报产品名称、委托事项和委托书出具日期；

3. 委托书应有出具单位印章或法人代表人（或其授权人）签名；

4. 委托书载明的出具单位应与申报产品生产企业完全一致；

5. 委托书载明的受委托单位应与申报单位完全一致；

6. 委托书载明的产品名称应与产品名称完全一致；

7. 委托书凡载明有效期的，申报产品的时间应在有效期内；

8. 受委托单位再次委托其它单位申报产品时，应出具产品生产企业的认可文件；

9. 委托书中文译文应有中国公证机关的公证。

**第十八条** 进口产品在生产国（地区）允许生产销售的证明文件应符合下列要求：

1. 每个产品一份证明文件原件。无法提供证明文件原件的，须由文件出具单位确认，或由我国驻产品生产国使（领）馆确认；

2. 证明文件应载明文件出具单位名称、生产企业名称、产品名称和出具文件的日期；

3. 证明文件应是产品生产国政府主管部门、行业协会或政府主管部门认可的检验单位出具的；

4. 证明文件应有出具单位印章或法人代表人（或其授权人）签名；

5. 证明文件所载明的产品生产企业名称和产品名称，应与所申报的内容完全一致；

6. 证明文件凡载明有效期的，申报产品的时间应在有效期内；

7. 证明文件中文译文应有中国公证机关的公证。

**第十九条** 产品配方中成份的填报应符合下列要求：

1. 所有生产时加入的成份均需申报，包括随原料带入的防腐剂、稳定剂等添加剂；

2. 给出配方中全部组份的名称及百分含量，并按含量递减的顺序排列；

3. 配方中的成份应使用 INCI 名称，不得使用商品名；

4. 配方中的着色剂应按化妆品卫生标准规定的色素命名或提供 CI 号；

5. 配方中的成份应给出百分含量，不得仅给出含量范围；

6. 配方成份中来源于植物、动物、微生物、矿物等原料的，应给出学名（拉丁文）；

7. 配方成份中含有动物脏器提取物的，应附原料的来源、制备工艺及原料生产国允许使用的证明；

8. 分装组配的产品（如染发、烫发类产品等）应将分装配方分别列出；

9. 配方中含有复配限用物质的，应申报各物质的比例。

**第二十条** 紫外线吸收剂含量超过 0.5%的非防晒产品，除需常规检测外还应进行紫外线吸收剂含量检测，光毒试验和变态反应试验。

**第二十一条** 配方成份中含有果酸的，应进行果酸含量检测。

**第二十二条** 防晒产品宣传或标示 SPF 值的，应提供相应的检验方法和检验结果。

**第二十三条** 到期申请换发卫生许可批件的产品，受理申报时应同首次申报产品一样履行相应的程序。

**第二十四条** 申请换发卫生许可批件的进口化妆品，应于批件到期前 4—6 个月向卫生部提出换发批件的申请。

到期申请发卫生许可批件的国产特殊用途化妆品应于批件到期前 4—6 个月向所在省、自治区、直辖市卫生行政部门提出换发批件的申请。省级卫生行政部门应于受理换发批件申请一个月内容完成初审。

凡超过上述期限提出申请的，不予受理。

**第二十五条** 到期申请卫生许可批件的产品，凡可能涉及卫生安全或功能性的项目有变更的，应按新产品申报。其它项目的变更应按有关规定履行相应的审批程序。

**第二十六条** 到期申请换发卫生许可批件的产品申报单位应按下列要求向审评机构提供产品申报资料（原件 1 份、复印件 13 份）及产品样品：

1. 化妆品卫生许可再次审核申请表
2. 省级卫生行政部门的初审意见（国产特殊用途化妆品）
3. 产品现配方
4. 产品质量标准（现行企业标准）
5. 产品包装（含产品标签）
6. 产品说明书
7. 受委托申报单位应提交委托申报的委托书（进口化妆品）
8. 原卫生许可批件原件

另附未启封的完整产品样品小包装 3 件

**第二十七条** 申请批准使用化妆品新原料的申请单位，应提交申请报告及证明该原料安全性的详细资料。

**第二十八条** 凡经过省级卫生行政部门初审的产品，申报时应提供省级卫生行政部门的初审意见，加盖省级卫生行政部门公章（其它印章无效），并附评审委员签名的省级评审委员会初审报告。

**第二十九条** 审评机构受理申报之后，申报单位提交的修改补充资料，均应写明出具资料的日期（年月日），并加盖与原申报单位一致的公章。

**第三十条** 已受理产品，要求更改申报内容的规定为：

1. 检验报告、产品配方、生产工艺及其它可能涉及产品卫生安全或功能的内容不得变更；

2. 进口产品全称和生产企业全称的外文原文不得变更；

3. 要求更改其它申报内容的，申报单位应出具书面申请并写明理由。申请应写明提交的日期，并加盖与原申报单位一致的公章。申请应对涉及更改的内容重新提供完整的资料，如更改产品中文名称时，应写明更改后的产品名全称。更改产品中文说明书时，应提交更改后的说明书全文；

4. 审评机构向卫生部提交的报批资料，应以申报单位最终出具的补充确认资料为准；

5. 更改申报内容涉及初审环节的，应经原初审的省级卫生行政部门审核；

6. 报批资料提交卫生部后，审评机构不再受理申报单位要求更改申报内容的申请。

**第三十一条** 申报单位申请更改化妆品卫生许可批件的，应向卫生部提交书面申请，并附原卫生许可批件原件，具体规定为：

一、生产企业名称变更（包括自身变更、被收购或合并等）：凭当地工商行政管理部门出具的证明文件，给予办理更改生产企业名称；

二、生产企业地址变更：凭当地工商行政管理部门出具的证明文件，给予办理更改生产企业地址；

三、产品名称变更：生产企业在注册商标时，已有同名产品注册，但其已获我部批准的产品名称中包括了其商标名称的，凭商标注册机构出具的证明文件，给予办理更改产品名称；由于生产企业被收购或合并，产品名称与生产企业名称相关，凭当地工商行政管理部门出具的生产企业名称变更证明文件，给予办理更改产品名称；

四、一次性全权转让的产品，接受转让单位提供下列资料后给予办理相关项目的变更：

1. 转让和接受转让双方签订的有效转让合同；
2. 公证机关出具的转让合同的公证文件；
3. 接受转让单位的化妆品生产企业卫生许可证；
4. 原卫生许可批件原件。

五、申报及审批过程中存在填写或打印文字错误，要求更正的，给予办理。

除上述情况外，卫生部不受理其它批件更改的申请。其中，要求更改国产特殊用途化妆品卫生许可批件的，应有原初审的省级卫生行政部门签署的书面意见，并加盖省级卫生行政部门公章。

**第三十二条** 已受理产品，在卫生部做出审批结论之前，申报资料及样品一律不退申报单位。

**第三十三条** 未获卫生部批准的产品，申报单位可书面申请退回提交的受委托申报的委托书和产品在生产国（地区）允许生产销售的证明文件，其它申报资料及样品一律不退申报单位，由审评机构存档备查。

**第三十四条** 评审工作需要时，根据评审委员会建议，经卫生部同意，可以要求申报单位在评审会上解答技术性问题或作补充说明。申报单位可以回答评委提问和作必要的说明，但不参加评议。

**第三十五条** 本规定由卫生部解释。

**第三十六条** 本规定自一九九九年五月一日起实施，以往卫生部发布的有关规章与本规定不一致的，以本规定为准。

# 卫生部消毒产品申报与受理规定

（1999年4月13日卫生部发布）

**第一条** 为规范消毒产品申报与受理工作，保证审批工作的公平、公正、公开的原则，制定本规定。

**第二条** 本规定所称消毒产品是指依据《中华人民共和国传染病防治法》及其实施办法和《消毒管理办法》，由卫生部审批的国产和进口消毒产品。

**第三条** 凡向卫生部申报的消毒产品须按国家有关法规规定进行检验。

**第四条** 消毒产品检验和申报应当严格按照“卫生部健康相关产品审批工作程序”的规定进行。

**第五条** 送检产品时，送检单位应同时向检验机构提交与检验有关的技术资料。

**第六条** 申报产品时，申报单位应按下列要求向审评机构提交申报资料及产品样品。每个产品的资料应按下列顺序排列，使用明显的标志区分，并装订成册。

一、国产消毒药剂（原件1份，复印件13份）：

1. 国产消毒药剂卫生许可申请表
2. 省级卫生行政部门的初审意见
3. 产品研制报告
4. 产品配方
5. 主要有效成份、含量及有效成份的检验方法
6. 生产工艺及简图
7. 产品质量标准（企业标准）
8. 检验机构出具的检验报告
9. 生产条件验收报告
10. 产品设计包装（含产品标签）
11. 产品说明书样稿
12. 可能有助于产品评审的其它资料

另附完整产品样品小包装3件

二、进口消毒药剂（原件1份，复印件13份）：

1. 进口消毒药剂卫生许可申请表
2. 产品研制报告
3. 产品配方
4. 主要有效成份、含量及有效成份的检验方法
5. 生产工艺及简图
6. 产品质量标准（企业标准）
7. 产品相关的国外检测报告
8. 检验机构出具的检验报告
9. 产品包装（含产品标准签）
10. 产品说明书
11. 受委托单位应提交委托申报的委托书
12. 产品生产国（地区）允许生产销售的证明文件
13. 可能有助于产品评审的其它资料

另附完整产品样品小包装3件

三、国产消毒器械（原件1份，复印件13份）：

1. 国产消毒器械卫生许可申请表
2. 省级卫生行政部门的初审意见
3. 产品研制报告
4. 产品结构图和杀菌原理
5. 生产工艺及简图
6. 产品质量标准（企业标准）
7. 检验出具的检验报告
8. 生产条件验收报告
9. 产品设计包装（含产品标签）
10. 产品说明书样稿

11. 可能有助于产品评审的其它资料

另附完整产品样品1件

四、进口消毒器械（原件1份，复印件13份）：

1. 进口消毒器械卫生许可申请表

2. 产品研制报告

3. 产品结构图和杀菌原理

4. 生产工艺及简图

5. 产品质量标准（企业标准）

6. 产品相关的国外检测报告

7. 检验机构出具的检验报告

8. 产品包装（含产品标签）

9. 产品说明书

10. 受委托单位应提交委托的委托书

11. 产品生产国（地区）允许生产销售的证明文件

12. 可能有助于产品评审的其它资料

另附完整产品样品1件

**第七条** 申报资料中检验报告应按下列顺序排列：

一、消毒药剂

有效成分测定报告

稳定性试验报告

杀灭微生物效果评价报告

有机物影响试验报告

能量试验报告

毒理学安全性评价报告

现场试验报告

模拟现场试验报告

金属腐蚀性试验报告

二、消毒器械

杀菌强度（或浓度）测定报告

使用寿命试验报告

杀灭微生物效果评价报告

有机物影响试验报告

能量试验报告

安全性（包括毒理学）评价报告

现场试验报告

模拟现场试验报告

金属腐蚀性试验报告

**第八条** 同一申报单位同时申报多个产品时，应按产品逐一申报。每份申请表只能申报一个具体型号（或剂型）的产品，不受理系列产品的。

**第九条** 申报资料中除申请表及检验机构出具的检验报告外，所有资料应逐页加盖申报单位印章（可以是骑缝章）。

**第十条** 申报资料均应使用A4规格纸张打印（建议中文使用宋体小4号字，英文使用12号字）。申报的各项内容应完整、清楚，不得涂改。

**第十一条** 申报资料的复印件应由原件复制，复印件应当清晰并与原件完全一致。

**第十二条** 申报资料中同一项目的填写应当一致，不得前后矛盾。

**第十三条** 申报资料中出现的产品名称应包括产品品牌和型号（或剂型）。

**第十四条** 申报资料中所有外文（包括产品、生产企业和申报单位的名称）均应译为规范的中文，并将译文附在相应的外文资料之后，但本规定要求配方中使用英文或拉丁文的成份名称以及外国地址等除外。

**第十五条** 申报单位提交检验报告时，应同时提交“卫生部健康相关产品检验申请表”和“卫生部健康相关产品检验受理通知书”。

**第十六条** 检验机构出具的检验报告应符合下列要求：

1. 载明样品送检单位、产品生产单位、产品名称、样品数量、收样日期、报告日期、最终审核日期、检验依据和检验项目；

2. 报告格式规范，不得涂改；

3. 检验数据及结论明确；

4. 有检验单位法人代表（或其授权人）签名及检验单位公章；

5. 检验报告除在检验结论处加盖检验单位公章外，一页以上的检验报告必须加盖骑缝章。

**第十七条** 进口产品受委托申报单位提交的委托书应符合下列要求：

1. 每个产品一份委托书原件；

2. 委托书应载明委托书出具单位名称、受委托单位名称、委托申报产品名称、委托事项和委托书出具日期；

3. 委托书应有出具单位印章或法人代表人（或其授权人）签名；

4. 委托书载明的出具单位应与申报产品生产企业完全一致；

5. 委托书载明的受委托单位与申报单位完全一致；

6. 委托书载明的产品名称应与申报产品名称完全一致；

7. 委托书凡载明有效期的，申报产品的时间应在有效期内；

8. 受委托单位再次委托其它单位申报产品时，应出具产品生产企业的认可文件；

9. 委托书中文译文应有中国公证机关的公证。

**第十八条** 进口产品在生产国（地区）允许生产销售的证明文件应符合下列要求：

1. 每个产品一份证明文件原件。无法提供证明文件原件的，须由文件出具单位确认，或由我国驻产品生产国使（领）馆确认；

2. 证明文件应载明文件出具单位名称、生产企业名称、产品名称和出具文件的日期；

3. 证明文件应是产品生产国政府主管部门、行业协会或政府主管部门认可的检验单位出具的；

4. 证明文件应有出具单位印章或法人代表人（或其授权人）签名；

5. 证明文件所载明的产品生产企业名称和产品名称，应与所的内容完全一致；

6. 证明文件凡载明有效期的，申报产品的时间应在有效期内；

7. 证明文件中文译文应有中国公证机关的公证。

**第十九条** 产品配方中成份的填报应符合下列要求：

1. 所有生产时加入的成份均需申报；

2. 给出配方中全部组份的名称及百分含量；

3. 配方中的成份应使用化学名称，并注明商品名；

4. 配方中的成份应当给出准确的百分含量，不得只给出使用含量范围；

5. 配方成份中来源于植物的原料应当给出学名（拉丁文）；

6. 二元或多元包装的产品应将各包装配方分别列出。

**第二十条** 大型消毒器械无法提供产品样品的，应提供产品照片一张。

**第二十一条** 到期申请换发卫生许可批件的产品，受理申报时应同首次申报产品一样履行相应的程序。

**第二十二条** 申请换发卫生许可批件的进口消毒产品，应于批件到期前4—6个月向卫生部提出换发批件的申请。

到期申请换发卫生许可批件的国产消毒产品应于批件到期前4—6个月向所在省、自治区、直辖市卫生行政部门提出换发批件的申请。省级卫生行政部门应于受理换发批件申请一个月内内完成初审。

凡超过上述期限提出申请的，不予受理。

**第二十三条** 到期申请换发卫生许可批件的产品，凡产品配方、结构、型号（或剂型）等可能涉及卫生安全或功能性的项目有变更的，应按新产品申报。其它项目的变更应按有关规定履行相应的审批程序。

**第二十四条** 到期申请换发卫生许可批件的产品申报单位应按下列要求向审评机构提供产品申报资料及产品样品：

一、消毒药剂（原件1份，复印件13份）：

1. 消毒药剂卫生许可再次审核申请表

2. 省级卫生行政部门的初审意见（国产产品）

3. 产品现配方

4. 主要有效成份及含量

5. 产品质量标准（现行企业标准）

6. 检验机构出具的检验报告

有效成份测定报告

稳定性试验报告

杀灭微生物效果评价报告（以最高抗力微生物为准）

7. 产品包装（含产品标签）

8. 产品说明书

9. 委托申报单位应提交委托的委托书（进口产品）

10. 原卫生许可批件原件

另附完整产品样品小包装3件

二、消毒器械（原件1份，复印件13份）：

1. 消毒器械卫生许可再次审核申请表

2. 省级卫生行政部门的初审意见（国产产品）

3. 产品结构图和杀菌原理

4. 产品质量标准（现行企业标准）

5. 检验机构出具的检验报告

杀菌强度（或浓度）测定报告

杀灭微生物效果评价报告（以最高抗力微生物为准）

6. 产品包装（含产品标签）

7. 产品说明书

8. 受委托单位应提交委托申报的委托书（进口产品）

9. 原卫生许可批件原件

另附完整产品样品1件

**第二十五条** 凡经过省级卫生行政部门初审的产品，申报时应提供省级卫生行政部门的初审意见，加盖省级卫生行政部门公章（其它印章无效），并附评审委员签名的省级评审委员会初审报告。

**第二十六条** 审评机构受理申报之后，申报单位提交的修改补充资料，均应写明出具资料的日期（年月日），并加盖与原申报单位一致的公章。

**第二十七条** 已受理产品，要求更改申报内容的规定为：

1. 检验报告、产品配方、结构、型号（或剂型）、生产工艺及其它可能涉及产品卫生安全或功能的内容不得变更；

2. 进口产品全称和生产企业全称的外文原文不得变更；

3. 要求更改其它申报内容的，申报单位应出具书面申请并写明理由。申请应写明提交的日期，并加盖与原申报单位一致的公章。申请应对涉及更改的内容重新提供完整的资料，如更改产品中文名称时，应写明更改后的产品名全称。更改产品中文说明书时，应提交更改后的说明书全文；

4. 审评机构向卫生部提交的报批资料，应以申报单位最终出具的补充确认资料为准；

5. 更改申报内容涉及初审环节的，应经原初审的省级卫生行政部门审核；

6. 报批资料提交卫生部后，审评机构不再受理申报单位要求更改申报内容的申请。

**第二十八条** 申报单位申请更改消毒产品卫生许可批件的，应向卫生部提交书面申请，并附原卫生许可批件原件，具体规定为：

一、生产企业名称变更（包括自身变更、被收购或合并等）：凭当地工商行政管理部门出具的证明文件，给予办理更改生产企业名称；

二、生产企业地址变更：凭当地工商行政管理部门出具的证明文件，给予办理更改生产企业地址；

三、产品名称变更：生产企业在注册商标时，已有同名产品注册，但其已获我部批准的产品名称中包括了其商标名称的，凭商标注册机构出具的证明文件，给予办理更改产品名称；由于生产企业被收购或合并，产品名称与生产企业名称相关，凭当地工商行政管理部门出具的生产企业名称变更证明文件，给予办理更改产品名称；

四、一次性全权转让的产品，接受转让单位提供下列资料后给予办理相关项目的变更：

1. 转让和接受转让双方签订的有效转让合同；

2. 公证机关出具的转让合同的公证文件；

3. 原卫生许可批件原件。

五、申报及审批过程中存在填写或打印文字错误，要求更正的，给予办理。

除上述情况外，卫生部不受理其它批件更改的申请。其中，要求更改国产消毒产品卫生许可批件的，应有原初审的省级卫生行政部门签署的书面意见，并加盖省级卫生行政部门公章。

**第二十九条** 已受理产品，在卫生部做出审批结论之前，申报资料及样品一律不退申报单位。

**第三十条** 未获卫生部批准的产品，申报单位可书面申请退回提交的受委托申报的委托书和产品在生产国（地区）允许生产销售的证明文件，其它申报资料及样品一律不退申报单位，由审评机构存档备查。

**第三十一条** 评审工作需要时，根据评审委员会建议，经卫生部同意，可以要求申报单位在评审会上解答技术性问题或作补充说明。申报单位可以回答评委提问和作必要的说明，但不参加评议。

**第三十二条** 本规定由卫生部解释。

**第三十三条** 本规定自一九九九年五月一日起实施，以往卫生部发布的有关规章与本规定不一致的，以本规定为准。

# 卫生部保健食品申报与受理规定

（1999 年 4 月 13 日卫生部发布）

**第一条** 为规范保健食品申报与受理工作，保证审批工作的公平、公正、公开的原则，制定本规定。

**第二条** 本规定所称保健食品是指依据《中华人民共和国食品卫生法》和《保健食品管理办法》，由卫生部审批的进口保健食品和国产保健食品。

**第三条** 凡向卫生部申报的保健食品须按国家有关法规规定进行检验。

**第四条** 保健食品检验和申报应当严格按照“卫生部健康相关产品审批工作程序”的规定进行。

**第五条** 送检产品时，送检单位应同时向检验机构提交样品配方及与检验有关的技术资料。

**第六条** 申报产品时，申报单位应按下列要求向审评机构提交申报资料及产品样品。每个产品的资料应按下列顺序排列，使用明显的标志区分，并装订成册。

一、国产保健食品（原件 1 份，复印件 13 份）：

1. 国产保健食品卫生许可申请表

2. 产品配方及依据

3. 功效成份、含量及功效成份的检验方法

4. 生产工艺及简图

5. 产品质量标准（企业标准）

6. 检验机构出具的检验报告

7. 产品设计包装（含产品标签）

8. 产品说明书样稿

9. 可能有助于评审的其它资料（如国内外有关资料）

另附未启封的完整产品样品小包装3件

二、进口保健食品（原件1份，复印件13份）：

1. 进口保健食品卫生许可申请表

2. 产品配方及依据

3. 功效成份、含量及功效成份的检验方法

4. 生产工艺及简图

5. 产品质量标准（企业标准）

6. 检验机构出具的检验报告

7. 产品包装（含产品标签）

8. 产品说明书

9. 受委托单位应提交委托的委托书

10. 产品在生产国（地区）允许生产销售的证明文件

11. 可能有助于评审的其它资料（如国内外有关资料）

另附未启封的完整产品样品小包装3件

**第七条** 申报资料中的检验报告应按下列顺序排列：

毒理学安全性评价报告

保健功能评价报告

功效成份鉴定报告

稳定性试验报告

卫生学检验报告

**第八条** 同一申报单位同时申报多个产品时，每个产品应当有一个配方，并按产品逐一申报。

**第九条** 申报资料中除申请表及检验机构出具的检验报告外，所有资料应逐页加盖申报单位印章（可以是骑缝章）。

**第十条** 申报资料均应使用A4规格纸张打印（建议中文使用宋体小4号字，英文使用12号字）。申报的各项内容应完整、清楚，不得涂改。

**第十一条** 申报资料的复印件应由原件复制，复印件应当清晰并与原件完全一致。

**第十二条** 申报资料中同一项目的填写应当一致，不得前后矛盾。

**第十三条** 申报资料中出现的产品名称应包括产品品牌。

**第十四条** 申报资料中所有外文（包括产品、生产企业和申报单位的名称）均应译为规范的中文，并将译文附在相应的外文资料之后，但外国地址等除外。

**第十五条** 申报单位提交检验报告时，应同时提交“卫生部健康相关产品检验申请表”和“卫生部健康相关产品检验受理通知书”。

**第十六条** 检验机构出具的检验报告应符合下列要求：

1. 载明样品送检单位、产品生产单位、产品名称、样品数量、收样日期、报告日期、最终审核日期、检验依据和检验项目；

2. 报告格式规范，不得涂改；

3. 检验数据及结论明确；

4. 有检验单位法人代表（或其授权人）签名及检验单位公章；

5. 检验报告除在检验结论处加盖检验单位公章外，一页以上的检验报告必须加盖骑缝章。

**第十七条** 进口产品受委托申报单位提交的委托书应符合下列要求：

1. 每个产品一份委托书原件；

2. 委托书应载明委托书出具单位名称、受委托单位名称、委托申报产品名称、委托事项和委托书出具日期；

3. 委托书应有出具单位印章或法人代表人（或其授权人）签名；

4. 委托书载明的出具单位应与申报产品生产企业完全一致；

5. 委托书载明的受委托单位应与申报单位完全一致；

6. 委托书载明的产品名称应与申报产品名称完全一致；

7. 委托书凡载明有效期的，申报产品的时间应在有效期内；

8. 受委托单位再次委托其它单位申报产品时，应出具产品生产企业的认可文件；

9. 委托书中文译文应有中国公证机关的公证。

**第十八条** 进口产品在生产国（地区）允许生产销售的证明文件应符合下列要求：

1. 每个产品一份证明文件原件。无法提供证明文件原件的，须由文件出具单位确认，或由我国驻产品生产国使（领）馆确认；

2. 证明文件应载明文件出具单位名称、生产企业名称、产品名称和出具文件的日期；

3. 证明文件应是产品生产国政府主管部门、行业协会或政府主管部门认可的检验单位出具的；

4. 证明文件应有出具单位印章或法人代表人（或其授权人）签名；

5. 证明文件所载明的产品生产企业名称和产品名称，应与所申报的内容完全一致；

6. 证明文件凡载明有效期的，申报产品的时间

应在有效期内；

7. 证明文件中文译文应有中国公证机关的公证。

**第十九条** 产品质量标准（企业标准）应包括功效成份检验方法（放在标准的附录A中）和原辅料要求（放在标准的附录B和C中）。

**第二十条** 凡经过省级卫生行政部门初审的产品，申报时应提供省级卫生行政部门的初审意见，加盖省级卫生行政部门公章（其它印章无效），并附评审委员签名的省级评审委员会初审报告。

**第二十一条** 审评机构受理申报之后，申报单位提交的修改补充资料，均应写明出具资料的日期（年月日），并加盖与原申报单位一致的公章。

**第二十二条** 已受理产品，要求更改申报内容的规定为：

1. 检验报告、产品配方、生产工艺及其它可能涉及产品卫生安全或功能的内容不得变更；

2. 进口产品全称和生产企业全称的外文原文不得变更；

3. 要求更改其它申报内容的，申报单位应出具书面申请并写明理由。申请应写明提交的日期，并加盖与原申报单位一致的公章。申请应对涉及更改的内容重新提供完整的资料，如更改产品中文名称时，应写明更改后的产品名全称。更改产品中文说明书时，应提交更改后的说明书全文；

4. 审评机构向卫生部提交的报批资料，应以申报单位最终出具的补充确认资料为准；

5. 更改申报内容涉及初审环节的，应经原初审的省级卫生行政部门审核；

6. 报批资料提交卫生部后，审评机构不再受理申报单位要求更改申报内容的申请。

**第二十三条** 申报单位申请更改保健食品卫生许可批件的，应向卫生部提交书面申请，并附原卫生许可批件原件，具体规定为：

一、生产企业名称变更（包括自身变更、被收购或合并等）：凭当地工商行政管理部门出具的证明文件，给予办理更改生产企业名称；

二、生产企业地址变更：凭当地工商行政管理部门出具的证明文件，给予办理更改生产企业地址；

三、产品名称变更：生产企业在注册商标时，已有同名产品注册，但其已获我部批准的产品名称中包括了其商标名称的，凭商标注册机构出具的证明文件，给予办理更改产品名称；由于生产企业被收购或合并，产品名称与生产企业名称相关，凭当地工商行政管理部门出具的生产企业名称变更证明文件，给予办理更改产品名称；

四、一次性全权转让的产品，接受转让单位提供下列资料后给予办理相关项目的变更：

1. 转让和接受转让双方签订的有效转让合同；

2. 公证机关出具的转让合同的公证文件；

3. 原卫生许可批件原件。

五、申报及审批过程中存在填写或打印文字错误，要求更正的，给予办理。

除上述情况外，卫生部不受理其它批件更改的申请。其中，要求更改国产保健食品卫生许可批件的，应有原初审的省级卫生行政部门签署的书面意见，并加盖省级卫生行政部门公章。

**第二十四条** 已受理产品，在卫生部做出审批结论之前，申报资料及样品一律不退申报单位。

**第二十五条** 未获卫生部批准的产品，申报单位可书面申请退回提交的受委托的委托书和产品在生产国（地区）允许生产销售的证明文件，其它资料及样品一律不退申报单位，由审评机构存档备查。

**第二十六条** 评审工作需要时，根据评审委员会建议，经卫生部同意，可以要求申报单位在评审会上解答技术性问题或作补充说明。申报单位可以回答评委提问和作必要的说明，但不参加评议。

**第二十七条** 本规定由卫生部解释。

**第二十八条** 本规定自一九九九年五月一日起实施，以往卫生部发布的有关规章与本规定不一致的，以本规定为准。

# 卫生部涉及饮用水卫生安全产品申报与受理规定

（1999年4月13日卫生部发布）

**第一条** 为规范涉及饮用水卫生安全产品申报与受理工作，保证审批工作的公平、公正、公开的原则，制定本规定。

**第二条** 本规定称涉及饮用水卫生安全产品是指依据《生活饮用水卫生监督管理办法》，由卫生部审批的国产和进口涉及饮用水卫生安全产品。

**第三条** 凡向卫生部申报的涉及饮用水卫生安全产品须按国家有关法规规定进行检验。

**第四条** 涉及饮用水卫生安全产品检验和申报应当严格按照“卫生部健康相关产品审批工作程序”的规定进行。

**第五条** 送检产品时，送检单位应同时向检验机构提交与检验有关的技术资料。

**第六条** 申报产品时，申报单位应按下列要求向审评机构提交申报资料及产品样品。每个产品的资料应按下列顺序排列，使用明显的标志区分，并装订成册。

一、国产饮用水卫生安全产品（原件1份，复印件13份）：

1. 国产涉及饮用水卫生安全产品卫生许可申请表

2. 省级卫生行政部门的初审意见

3. 产品材料及配方

4. 生产工艺及简图

5. 产品质量标准（企业标准）

6. 省级卫生行政部门认定的涉及饮用水卫生安全产品检验机构出具的检验报告

7. 卫生部认定的涉及饮用水卫生安全产品检验机构出具的检验报告

8. 产品设计包装（含产品标签和铭牌）

9. 产品说明书样稿（含产品适用的水质范围）

10. 产品中与水接触的主要材料及可能对人体有危害的材料的卫生安全合格证明

11. 可能有助于产品评审的其它资料

另附完整产品样品1件

二、进口涉及饮用水卫生安全产品（原件1份，复印件13份）：

1. 进口涉及饮用水卫生安全产品卫生许可申请表

2. 产品材料及配方

3. 产品质量标准（企业标准）

4. 卫生部认定的涉及饮用水卫生安全产品检验机构出具的检验报告

5. 产品包装（含产品标签和铭牌）

6. 产品说明书（含产品适用的水质范围）

7. 产品中与水接触的主要材料及可能对人体有危害的材料卫生安全合格证明

8. 受委托申报单位应提交委托申报的委托书

9. 产品生产国（地区）允许生产销售的证明文件

10. 可能有助于产品评审的其它资料

另附完整产品样品1件

**第七条** 同一申报单位同时申报多个产品时，应按产品逐一申报。每份申请表申报一个具体型号的产品，不受理系列产品的申报。

**第八条** 申报资料中除申请表及检验机构出具的检验报告外，所有资料应逐页加盖申报单位印章（可以是骑缝章）。

**第九条** 申报资料均应使用A4规格纸张打印（建议中文使用宋体小4号字，英文使用12号字）。申报的各项内容应完整、清楚，不得涂改。

**第十条** 申报资料的复印件应由原件复制，复印件应当清晰并与原件完全一致。

**第十一条** 申报资料中对同一项目的填写应当一致，不得前后矛盾。

**第十二条** 申报资料中出现的产品名称应包括产品品牌和型号。

**第十三条** 申报资料中所有外文（包括产品、生产企业和申报单位的名称）均应译为规范的中文，并将译文附在相关的外文资料之后，但本规定要求产品材料及配方中使用英文的成份名称以及外国地址等除外。

**第十四条** 申报单位提交检验报告时，应同时提交“卫生部健康相关产品检验申请表”和“卫生部健康相关产品检验受理通知书”。

**第十五条** 检验机构出具的检验报告应符合下列要求：

1. 载明样品送检单位、产品生产单位、产品名称、样品数量、收样日期、报告日期、最终审核日期、检验依据和检验项目；

2. 报告格式规范，不得涂改；

3. 检验数据及结论明确；

4. 有检验单位法人代表（或其授权人）签名及检验单位公章。

5. 检验报告除在检验结论处加盖检验单位公章外，一页以上的检验报告必须加盖骑缝章。

**第十六条** 进口产品受委托申报单位提交的委托书应符合下列要求：

1. 每个产品一份委托书原件；

2. 委托书应载明委托书出具单位名称、受委托单位名称、委托申报产品名称、委托事项和委托书出具日期；

3. 委托书应有出具单位印章或法人代表人（或其授权人）签名；

4. 委托书载明的出具单位应与申报产品生产企业完全一致；

5. 委托书载明的受委托单位应与申报单位完全一致；

6. 委托书载明的名称应与申报产品名称完全一致；

7. 委托书凡载明有效期的，申报产品的时间应在有效期内；

8. 受委托单位再次委托其它单位申报产品时，应出具产品生产企业的认可文件；

9. 委托书中文译文应有中国公证机关的公证。

**第十七条** 进口产品在生产国（地区）允许生产销售的证明文件应符合下列要求：

1. 每个产品一份证明文件原件。无法提供证明文件原件的，须由文件出具单位确认，或由我国驻产品生产国使（领）馆确认；

2. 证明文件应载明文件出具单位名称、生产企业名称、产品名称和出具文件的日期；

3. 证明文件应是产品生产国政府主管部门、行业协会或政府主管部门认可的检验单位出具的；

4. 证明文件应有出具单位印章或法人代表人（或其授权人）签名；

5. 证明文件所载明的产品生产企业名称和产品名称，应与所申报的内容完全一致；

6. 证明文件凡载明有效期的，申报产品的时间应在有效期内；证明文件中文译文应有中国公证机关的公证。

**第十八条** 各类产品材料及配方的填报应包括下列内容：

1. 管材和管件：

材料成份（化学名及分子式）

管材类型

范围

使用年限

2. 水箱：

材料成份（化学名及分子式）及其所占比例

防护材料成份（化学名及分子式）

使用方法

板块、胶条、支架的材质及组装要求

材料的使用年限

3. 防护材料（如涂料等）：

配方中主要成份（化学名及分子式）及其所占比例

使用方法（含各组份配比、表干和实干时间）

有效存放时间

适用范围

使用年限

4. 水处理剂：

功能

配方中主要成份（化学名及分子式）及其所占比例

适用范围

有效期

5. 水处理器：

功能

水处理工艺

各主要处理单元与所用材料

材料使用年限

适用水质范围

额定总净水量、流量和工作压力

**第十九条** 申报资料中所涉及的技术参数，必须使用中国法定计量单位和符号。

**第二十条** 本规定所称产品中与水接触的主要材料及可能对人体有危害的材料是指水质处理器中的水处理材料，如活性炭、膜组件、岩矿材料等。其中无标准可依的新材料（新化学物质）应经毒理学试验验证后，方可判定为卫生安全合格。

**第二十一条** 本规定所称产品中与水接触的主要材料及可能对人体有危害的材料的卫生安全合格证明应由通过计量认证的检验单位出具。

**第二十二条** 大型水处理设备无法提供产品样品的，应提供产品照片一张。

**第二十三条** 大型水处理设备由安装所在地省级卫生行政部门负责产品初审。

**第二十四条** 产品说明书必须写明技术参数，其中水质处理器的技术参数至少应包括：流量、工作压力和额定总净水量等。

**第二十五条** 申报单位提交的产品样品应符合下列要求：

1. 包装完整，未经使用；

2. 产品标签、说明书和铭牌等齐全；

3. 大型水处理设备照片应显示出标签和铭牌；

4. 管材、管件应提供样品片段；

5. 涂料样品应提供涂敷样片及涂料原样的小包装；

6. 水处理剂应提供原样小包装。

**第二十六条** 产品质量标准（企业标准）应包括卫生安全性指标。

**第二十七条** 到期申请换发卫生许可批件的产品，受理申报时应同首次申报产品一样履行相应的程序。

**第二十八条** 到期申请换发卫生许可批件的进口产品，应于批件到期前4—6个月向卫生部提出换发批件的申请。

到期申请换发卫生许可批件的国产产品应于批件到期前4—6个月向所在省、自治区、直辖市卫生行政部门提出换发批件的申请。省级卫生行政部门应于受理换发批件申请一个月内完成初审。

凡超过上述期限提出申请的，不予受理。

**第二十九条** 到期申请换发卫生许可批件的产品，凡可能涉及卫生安全或功能性的项目有变更的，应按新产品申报。其它项目的变更应按有关规定履行相应的审批程序。

**第三十条** 到期申请换发卫生许可批件的产品申报单位应按下列要求向审评机构提供产品申报资料（原件1份，复印件13份）及产品样品：

1. 涉及饮用水卫生安全产品卫生许可再次审核申请表

2. 省级卫生行政部门的初审意见（国产产品）

3. 产品材料及配方

4. 产品质量标准（现行企业标准）

5. 产品包装（含产品标签和铭牌）

6. 产品说明书（含产品适用的水质范围）

7. 受委托申报单位应提交委托申报的委托书（进口产品）

8. 原卫生许可批件原件

另附完整产品样品1件

**第三十一条** 凡经过省级卫生行政部门初审的产品，申报时应提供省级卫生行政部门的初审意见，加盖省级卫生行政部门公章（其它印章无效），并附评审委员签名的省级评审委员会初审报告。

**第三十二条** 审评机构受理申报之后，申报单位提交的修改补充资料，均应写明出具资料的日期（年月日），并加盖与原申报单位一致的公章。

**第三十三条** 已受理产品，要求更改申报内容的规定为：

1. 检验报告、产品材料、配方、生产工艺及其它可能涉及产品卫生安全或功能的内容不得变更；

2. 进口产品全称和生产企业全称的外文原文不得变更；

3. 要求更改其它申报内容的，申报单位应出具书面申请并写明理由。申请应写明提交的日期，并加盖与原申报单位一致的公章。申请应对涉及更改的内容重新提供完整的资料，如更改产品中文名称时，应写明更改后的产品名全称。更改产品中文说明书时，应提交更改后的说明书全文；

4. 审评机构向卫生部提交的报批资料，应以申报单位最终出具的补充确认资料为准；

5. 更改申报内容涉及初审环节的，应经原初审的省级卫生行政部门审核；

6. 报批资料提交卫生部后，审评机构不再受理申报单位要求更改申报内容的申请。

**第三十四条** 申报单位申请更改涉及饮用水卫生安全产品卫生许可批件的，应向卫生部提交书面申请，并附原卫生许可批件原件，具体规定为：

一、生产企业名称变更（包括自身变更、被收购或合并等）：凭当地工商行政管理部门出具的证明文件，给予办理更改生产企业名称；

二、生产企业地址变更：凭当地工商行政管理部门出具的证明文件，给予办理更改生产企业地址；

三、产品名称变更：生产企业在注册商标时，已有同名产品注册，但其已获我部批准的产品名称中包括了其商标名称的，凭商标注册机构出具的证明文件，给予办理更改产品名称；由于生产企业被收构或合并，产品名称与生产企业名称相关，凭当地工商行政管理部门出具的生产企业名称变更证明文件，给予办理更改产品名称；

四、一次性全权转让的产品，接受转让单位提供下列资料后给予办理相关项目的变更：

1. 转让和接受转让双方签订的有效转让合同；

2. 公证机关出具的转让合同的公证文件；

3. 原卫生许可批件原件。

五、申报及审批过程中存在填写或打印文字错误，要求更正的，给予办理。

除上述情况外，卫生部不受理其它批件更改的申请。其中，要求更改国产涉及饮用水卫生安全产品卫生许可批件的，应有原初审的省级卫生行政部门签署的书面意见，并加盖省级卫生行政部门公章。

**第三十五条** 已受理产品，在卫生部做出审批结论之前，申报资料及样品一律不退申报单位。

**第三十六条** 未获卫生部批准的产品，申报单位可书面申请退回提交的受委托申报的委托书和产品在生产国（地区）允许生产销售的证明文件，其它申报资料及样品一律不退申报单位，由审评机构存档备查。

**第三十七条** 评审工作需要时，根据评审委员会建议，经卫生部同意，可以要求申报单位在评审会上解答技术性问题或作补充说明。申报单位可以回答评委提问和作必要的说明，但不参加评议。

**第三十八条** 本规定由卫生部解释。

**第三十九条** 本规定自一九九九年五月一日起实施，以往卫生部发布的有关规章与本规定不一致的，以本规定为准。

# 具有医学专业技术职务任职资格人员认定医师资格及执业注册办法

（1999年6月28日卫生部、人事部发布）

**第一条** 根据《中华人民共和国执业医师法》（以下简称《执业医师法》）第四十三条的规定，制定本办法。

**第二条** 《执业医师法》颁布之日前，按照国家有关规定已取得医学专业技术职务任职资格的人员，申请执业医师资格或执业助理医师资格认定和申请医师执业注册的，适用本办法。

**第三条** 已取得医师以上专业技术职务任职资格的，可以申请执业医师资格。

已取得医士专业技术职务任职资格，以及1995年、1996年大学专科毕业生已经转正但未取得医师专业技术职务任职资格的，可以申请执业助理医师资格。

**第四条** 在医疗、预防、保健机构中工作的人员，可以同时申请医师资格认定和医师执业注册，由所在机构集体申报，其中在医疗、保健机构中工作的，向批准该机构执业的卫生行政部门或中医（药）主管部门申请；在预防机构中工作的，向同级卫生行政部门申请。

医疗、预防、保健机构中的离退休人员，申请医师资格认定，按前款规定办理。

曾经取得过医学专业技术职务任职资格，现未在医疗、预防、保健机构工作，申请医师资格认定的，由申请人向人事档案存放机构所在地或设区的市级卫生行政部门提出申请。

符合本办法第三条规定条件，现在国外学习、工作或居住的中国公民，按前款规定办理。

医疗、预防、保健机构应负责通知符合申请条件的人员。

**第五条** 申请医师资格认定，应当提交下列材料：

（一）医师资格认定申请审核表；

（二）二寸免冠正面半身照片两张；

（三）《执业医师法》颁布以前取得县级以上卫生、人事行政部门授予的医学专业技术职务任职资格证明；

（四）申请人身份证明。

现未在医疗、预防、保健机构工作的人员，由其人事档案存放单位出具档案中取得医学专业技术职务任职资格的证明。

**第六条** 申请医师执业注册，应当提交下列材料：

（一）医师执业注册申请审核表；

（二）申请人身份证明；

（三）医疗、预防、保健机构聘用证明。

**第七条** 县级以上卫生行政部门负责受理申请医师资格认定。

县级卫生行政部门收到申请材料后，对申请人的申请材料进行验证，并签署初审意见。初审合格的，经地或设区的市级卫生行政部门审核后，报省级卫生行政部门认定。

地或设区的市级卫生行政部门收到申请材料后，对申请人的申请材料进行验证，并签署审核意见，审核合格的，报省级卫生行政部门认定。

省级卫生行政部门收到申请材料后，对申请人的申请材料进行验证并审核，并签署审核意见。

各级人事行政部门要积极配合医师资格认定工作，确保此项工作的顺利实施。

**第八条** 省级卫生行政部门对审核合格的，予以认定，授予执业医师资格或执业助理医师资格，并颁发卫生部统一印制的《医师资格证书》。

**第九条** 中医（药）主管部门负责现有中医（包括中医、民族医、中西医结合）的医师资格认定，由省级卫生行政部门颁发卫生部统一印制的《医师资格证书》。

**第十条** 县级以上卫生行政部门或中医（药）主管部门，对由其批准执业的医疗、预防、保健机构中已取得《医师资格证书》，并在机构中工作的申请执业注册的申请人进行审核。审核合格的，予以注册，发给卫生部统一印制的《医师执业证书》。

**第十一条** 对《执业医师法》颁布后至实施前发生第三十七条所列情形的人员，暂缓注册，比照法律规定分别处理。

**第十二条** 现正在医疗、预防、保健机构中工作的，申请医师资格认定的执业注册时间截止至1999年9月30日；因特殊原因和不可抗力等因素，不能在规定截止日期前申请的，可以延期至1999年12月31日。

曾取得医学专业技术职务任职资格，现未在医疗、预防、保健机构工作的，申请医师资格认定时间截止至1999年12月31日。

**第十三条** 省级卫生行政部门对取得《医师资格证书》的人员情况予以汇总，报同级人事行政部门及卫生部备案。

# 医师资格考试暂行办法

（1999年7月16日卫生部令第4号发布）

## 第一章 总 则

**第一条** 根据《中华人民共和国执业医师法》(以下简称《执业医师法》)第八条的规定，制定本办法。

**第二条** 医师资格考试是评价申请医师资格者是否具备执业所必须的专业知识与技能的考试。

**第三条** 医师资格考试分为执业医师资格考试和执业助理医师资格考试。考试类别分为临床、中医(包括中医、民族医、中西医结合)、口腔、卫生四类。考试方式分为实践技能考试和医学综合笔试。

医师资格考试方式的具体内容和方案由卫生部医师资格考试委员会制定。

**第四条** 医师资格考试实行国家统一考试，每年举行一次。考试时间由卫生部医师资格考试委员会确定，提前3个月向社会公告。

## 第二章 组织管理

**第五条** 卫生部医师资格考试委员会，负责全国医师资格考试工作。委员会下设办公室和专门委员会。

各省、自治区、直辖市卫生行政部门牵头成立医师资格考试领导小组，负责本辖区的医师资格考试工作。领导小组组长由省级卫生行政部门的主要领导兼任。

**第六条** 医师资格考试考务管理实行国家医学考试中心、考区、考点三级分别责任制。

**第七条** 国家医学考试中心在卫生部和卫生部医师资格考试委员会领导下，具体负责医师资格考试的技术性工作，其职责是：

(一) 组织拟定考试大纲和命题组卷的有关具体工作；

(二) 组织制订考务管理规定；

(三) 承担考生报名信息处理、制卷、发送试卷、回收答题卡等考务工作；

(四) 组织评定考试成绩，提供考生成绩单；

(五) 提交考试结果统计分析报告；

(六) 向卫生部和卫生部医师资格考试委员会报告考试工作；

(七) 指导考区办公室和考点办公室的业务工作；

(八) 承担命题专家的培训工作；

(九) 其他。

**第八条** 各省、自治区、直辖市为考区，考区主任由省级卫生行政部门主管领导兼任。

考区的基本情况和人员组成报卫生部医师资格考试委员会备案。

考区设办公室，其职责是：

(一) 制定本地区医师考试考务管理具体措施；

(二) 负责本地区的医师资格考试考务管理；

(三) 指导各考点办公室的工作；

(四) 接收或转发报名信息、试卷、答题卡、成绩单等考试资料；向国家医学考试中心寄送报名信息，答题卡等考试资料；

(五) 复核考生报名资格；

(六) 处理、上报考试期间本考区发生的重大问题；

(七) 其他。

**第九条** 考区根据考生情况设置考点，报卫生部医师资格考试委员会备案。考点应设在地或设区的市。考点设主考一人，由地或设区的市级卫生行政部门主管领导兼任。

考点设置应符合考点设置标准。

考点设办公室，其职责是：

(一) 负责本地区医师资格考试考务工作；

（二）受理考生报名，核实考生提供的报名材料，审核考生报名资格；

（三）指导考生填写报名信息表，按统一要求处理考生信息；

（四）收取考试费；

（五）核发《准考证》；

（六）安排考场，组织培训监考人员；

（七）负责接收本考点的试卷、答题卡，负责考试前的机要存放；

（八）组织实施考试；

（九）考试结束后清点试卷、答题卡，寄送答题卡并销毁试卷；

（十）分发成绩单并受理成绩查询；

（十一）处理、上报考试期间本考点发生的问题；

（十二）其他。

**第十条** 各级考试管理部门和机构要有计划地逐级培训考务工作人员。

## 第三章 报考程序

**第十一条** 凡符合《执业医师法》第九条所列条件的，可以申请参加执业医师资格考试。

在1998年6月26日前获得医士专业技术职务任职资格，后又取得执业助理医师资格的，医士从业时间和取得执业助理医师执业证书后执业时间累计满五年的，可以申请参加执业医师资格考试。

高等学校医学专业本科以上学历是指国务院教育行政部门认可的各类高等学校医学专业本科以上的学历。

**第十二条** 凡符合《执业医师法》第十条所列条件的，可以申请参加执业助理医师资格考试。

高等学校医学专科学历是指省级以上教育行政部门认可的各类高等学校医学专业专科学历；中等专业学校医学专业学历是指经省级以上教育行政部门认可的各类中等专业学校医学专业中专学历。

**第十三条** 申请参加医师资格考试的人员，应当在公告规定期限内，到户籍所在地的考点办公室报名，并提交下列材料：

（一）二寸免冠正面半身照片两张；

（二）本人身份证明；

（三）毕业证书复印件；

（四）试用机构出具的试用期满一年并考核合格的证明；

（五）执业助理医师执业医师资格考试的，还应当提交《医师资格证书》复印件、《医师执业证书》复印件、执业时间和考核合格证明；

（六）报考所需的其他材料。

试用机构与户籍所在地跨省分离的，由试用机构推荐，可在试用机构所在地报名参加考试。

**第十四条** 经审查，符合报考条件，由考点发放《准考证》。

**第十五条** 考生报名后不参加考试的，取消本次考试资格。

## 第四章 实践技能考试

**第十六条** 在卫生部医师资格考试委员会领导下，省级医师资格考试领导小组根据本辖区考生情况及专业特点，依据实践技能考试大纲，负责实施实践技能考试工作。

**第十七条** 已经取得执业助理医师执业证书，报考执业医师资格的，可以免于实践技能考试。

**第十八条** 经省级医师资格考试领导小组批准的，符合《医疗机构基本标准》二级以上医院（中医、民族医、中西医结合医院除外）、妇幼保健院，急救中心标准的机构，承担对本机构聘用的申请报考临床类别人员的实践技能考试。

除前款规定的人员外，其他人员应根据考点办公室的统一安排，到省级医师资格考试领导小组指定的地或设区的市级以上医疗、预防、保健机构或组织参加实践技能考试。该机构或组织应当在考生医学综合笔试考点所在地。

**第十九条** 承担实践技能考试的考官应具备下列条件：

（一）取得主治医师以上专业技术职务任职资格满三年；

（二）具有一年以上培训医师或指导医学专业学生实习的工作经历；

（三）经省级医师资格考试领导小组进行考试相关业务知识的培训，考试成绩合格，并由省级医师资格考试领导小组颁发实践技能考试考官聘任证书。

实践技能考试考官的聘用任期为二年。

**第二十条** 承担实践技能考试的机构或组织内设若干考试小组。每个考试小组由三人以上单数考官组成。其中一名为主考官，主考官应具有副主任医师以上专业技术职务任职资格，并经承担实践技能考试机构或组织的主要负责人推荐，报考点办公室审核，由考点主考批准。

**第二十一条** 考官有下列情形之一的，必须自行回避；应试者也有权以口头或者书面方式申请回避：

（一）是应试者的近亲属；

（二）与应试者有利害关系；

（三）与应试者有其他关系，可能影响考试公正的。

前款规定适用于组织考试的工作人员。

**第二十二条** 实践技能考试机构或组织应对应试者所提交的试用期一年的实践材料进行认真审核。

**第二十三条** 考试小组进行评议时，如果意见分岐，应当少数服从多数，并由主考官签署考试结果。但是少数人的意见应当写入笔录，评议笔录由考试小组的全体考官签名。

**第二十四条** 省级医师资格考试领导小组要加强对承担实践技能考试工作的机构或组织的检查、指导、监督和评价。

**第二十五条** 本办法第十八条第一款规定的机构，应当将考生考试结果及有关资料报考点办公室审核。考点办公室应在医学综合笔试考试日期 15 日前将考生实践技能考试结果通知考生，并对考试合格的，发给由主考签发的实践技能考试合格证明。

本办法第十八条第二款规定的机构或组织应于考试结束后将考生考试结果及有关资料报考点办公室审核，由考点办公室将考试结果通知考生，对考试合格的，发给由主考签发的实践技能考试合格证明。具体上报和通知考生时间由省级卫生行政部门规定。

实践技能考试合格者方可参加医学综合笔试。

## 第五章 医学综合笔试

**第二十六条** 实践技能考试合格的考生应持实践技能考试合格证明参加医学综合笔试。

**第二十七条** 医师资格考试试卷（包括备用卷）和标准答案，启用前应当严格保密；使用后的试卷应予销毁。

**第二十八条** 国家医学考试中心向考区提供医学综合笔试试卷和答题卡、各考区成绩册、考生成绩单及考试统计分析结果。考点在考区的领导监督下组织实施考试。

**第二十九条** 考试中心、考区、考点工作人员及命题人员，如有直系亲属参加当年医师资格考试的，应实行回避。

**第三十条** 医师资格考试结束后，考区应当立即将考试情况报告卫生部医师资格考试委员会。

**第三十一条** 医师资格考试的合格线由卫生部医师资格考试委员会确定，并向社会公告。

**第三十二条** 考生成绩单由考点发给考生，考生成绩在未正式公布前，应当严格保密。

**第三十三条** 考试成绩合格的，授予执业医师资格或执业助理医师资格，由省级卫生行政部门颁发卫生部统一印制的《医师资格证书》。

《医师资格证书》是执业医师资格或执业助理医师资格的证明文件。

## 第六章 处　罚

**第三十四条** 违反本办法，考生有下列情形之一的，县级以上卫生行政部门视情节，给予警告、通报批评、取消单元考试资格、取消当年考试资格的处罚或处分；构成犯罪的，依法追究刑事责任：

（一）违反考场纪律、影响考场秩序；

（二）由他人代考、偷换答卷；

（三）假报姓名、年龄、学历、工龄、民族、身份证明、学籍等；

（四）伪造有关资料，弄虚作假；

（五）其他严重舞弊行为。

**第三十五条** 考试工作人员违反本办法，有下列情形之一的，由县级以上卫生行政部门给予警告或取消考试工作人员资格，考试工作人员所在单位可以给予记过、记大过、降级、降职、撤职、开除等处分；构成犯罪的，依法追究刑事责任：

（一）监考中不履行职责；

（二）在阅卷评分中错评、漏评、差错较多，经指出仍不改正的；

（三）泄漏阅卷评分工作情况；

（四）利用工作之便，为考生舞弊提供条件或者谋取私利；

（五）其他严重违纪行为。

**第三十六条** 考点有下列情况之一，造成较大影响的，取消考点资格，并追究考点负责人的责任：

（一）考点考务工作管理混乱，出现严重差错的；

（二）所属考场秩序混乱、出现大面积舞弊、抄袭现象的；

（三）发生试卷泄密、损毁、丢失的；

（四）其他影响考试的行为。

考场、考点发生考试纪律混乱、有组织的舞弊，相应范围内考试无效。

**第三十七条** 卫生行政部门工作人员违反本办法有关规定，在考试中弄虚作假、玩忽职守、滥用职权、徇私舞弊，尚不构成犯罪的，依法给予行政处分；构成的，依法追究刑事责任。

**第三十八条** 为申请参加实践技能考试的考生出具伪证的，依法追究直接责任者的法律责任。执业医师出具伪证的，注销注册，吊销其《医师执业证书》。对出具伪证的机构主要负责人视情节予以降职，撤职等处分；构成犯罪的，依法追究刑事责任。

省级医师资格考试领导小组对违反有关规定的承担实践技能考试机构或组织责令限期整改；情节严重的，取消承担实践技能考试机构或组织的资格，五年内不得再次申请承担实践技能考试指定机构或组织。

## 第七章 附 则

**第三十九条** 省级卫生行政部门可根据本办法制定具体规定，并报卫生部备案。

**第四十条** 国家和省级中医药主管部门分别在卫生部医师资格考试委员会和省级医师资格考试领导小组统一安排下，参与组织中医（包括中医、民族医、中西医结合）医师资格考试中的有关技术性工作、考生资格审核、实践技能考试等。

**第四十一条** 本办法所称医疗机构是指符合《医疗机构管理条例》第二条和《医疗机构管理条例实施细则》第二条和第三条规定的机构；社区卫生服务机构和采供血机构适用《医疗机构管理条例实施细则》第三条第十二项的规定；预防机构是指《传染病防治法实施办法》第七十三条规定的机构。

**第四十二条** 计划生育技术服务机构中的人员适用本办法的规定。

**第四十三条** 本办法由卫生部解释。

**第四十四条** 本办法自颁布之日起施行。

# 医师执业注册暂行办法

（1999年7月16日卫生部令第5号发布）

## 第一章 总 则

**第一条** 为了规范医师执业活动，加强医师队伍管理，根据《中华人民共和国执业医师法》，制定本办法。

**第二条** 医师经注册取得《医师执业证书》后，方可按照注册的执业地点、执业类别、执业范围，从事相应的医疗、预防、保健活动。

执业地点是指医师执业的医疗、预防、保健机构及其登记注册的地址。

执业类别是指临床、中医（包括中医、民族医和中西医结合）、口腔、公共卫生。

未经注册取得《医师执业证书》者，不得从事医疗、预防、保健活动。

**第三条** 卫生部负责全国医师执业注册监督管理工作。

卫生部负责全国医师执业注册监督管理工作。

县级以上地方卫生行政部门是医师执业注册的主管部门，负责本行政区域内的医师执业注册监督管理工作。

## 第二章 注册条件

**第四条** 凡取得执业医师资格或者执业助理医师资格的，均可申请医师执业注册。

**第五条** 有下列情形之一的，不予注册：

（一）不具有完全民事行为能力的；

（二）因受刑事处罚，自刑罚执行完毕之日起至申请注册之日止不满二年的；

（三）受吊销《医师执业证书》行政处罚，自处罚决定之日起至申请注册之日止不满二年的；

（四）甲类、乙类传染病传染期、精神病发病期以及身体残疾等健康状况不适宜或者不能胜任医疗、预防、保健业务工作的；

（五）重新申请注册，经卫生行政部门指定机构或组织考核不合格的；

（六）卫生部规定不宜从事医疗、预防、保健业务的其他情形的。

## 第三章 注册程序

**第六条** 拟在医疗、保健机构中执业的人员，应当向批准该机构执业的卫生行政部门申请注册。拟在预防机构中执业的人员，应当向该机构的同级卫生行政部门申请注册。

拟在机关、企业和事业单位的医疗机构中执业的人员，应当向核发该机构《医疗机构执业许可证》的卫生行政部门申请。

**第七条** 申请医师执业注册，应当提交下列材料：

（一）医师执业注册申请审核表；

（二）二寸免冠正面半身照片两张；

（三）《医师资格证书》；

（四）注册主管部门指定的医疗机构出具的申请

人6个月内的健康体检表；

（五）申请人身份证明；

（六）医疗、预防、保健机构的拟聘用证明；

（七）省级以上卫生行政部门规定的其他材料。

重新申请注册的，除提交前款第二至七项规定的材料外，还应提交医师重新执业注册申请审核表和县级以上卫生行政部门指定的医疗、预防、保健机构或组织出具的业务水平考核结果证明；

获得执业医师资格或执业助理医师资格后二年内未注册者，申请注册时，还应提交在省级以上卫生行政部门指定的机构接受3至6个月的培训，并经考核合格的证明。

**第八条** 注册主管部门应当自收到注册申请之日起30日内，对申请人提交的申请材料进行审核。审核合格的，予以注册，并发给卫生部统一印制的《医师执业证书》。

**第九条** 对不符合注册条件的，注册主管部门应当自收到注册申请之日起30日内，书面通知申请人，并说明理由。申请人如有异议的，可以依法申请行政复议或者向人民法院提起行政诉讼。

**第十条** 有下列情形之一的，应当重新申请注册：

（一）中止医师执业活动二年以上的；

（二）本办法第五条规定不予注册的情形消失的。

重新申请注册的人员，应当首先到县级以上卫生行政部门指定的医疗、预防、保健机构或组织，接受3至6个月的培训，并经考核合格，方可依照本办法的规定重新申请执业注册。

**第十一条** 执业助理医师取得执业医师资格后，继续在医疗预防、保健机构中执业的，应当按本办法第六条规定，申请执业医师注册。

申请人除提交本办法第七条第一款规定的材料外，还应当提交原《医师执业证书》。注册主管部门在办理执业注册手续时，应当收回原《医师执业证书》，核发新的《医师执业证书》。

**第十二条** 《医师执业证书》应妥善保管，不得出借、出租、抵押、转让、涂改和毁损。如发生损坏或者遗失的，当事人应当及时向原发证部门申请补发或换领。损坏的《医师执业证书》，应当交回原发证部门。《医师执业证书》遗失的，原持证人应当于15日内在当地指定报刊上予以公告。

## 第四章 注销注册与变更注册

**第十三条** 医师注册后有下列情形之一的，其所在的医疗、预防、保健机构应当在30日内报告注册主管部门，办理注销注册：

（一）死亡或者宣告失踪的；

（二）受刑事处罚的；

（三）受吊销《医师执业证书》行政处罚的；

（四）因考核不合格，暂停执业活动期满，经培训后再次考核仍不合格的；

（五）中止医师执业活动满二年的；

（六）身体健康状况不适宜继续执业的；

（七）有出借、出租、抵押、转让、涂改《医师执业证书》行为的；

（八）卫生部规定不宜从事医疗、预防、保健业务的其他情形的。

注册主管部门对具有前款规定情形的，应当予以注销注册，收回《医师执业证书》。

**第十四条** 被注销注册的当事人如有异议的，可以依法申请行政复议或者向人民法院提起诉讼。

**第十五条** 医师注册后有下列情况之一的，其所在的医疗、预防、保健机构应当在30日内报注册主管部门备案：

（一）调离、退休、退职；

（二）被辞退、开除；

（三）省级以上卫生行政部门规定的其他情形。

**第十六条** 医师变更执业地点、执业类别、执业范围等注册事项的，应当到注册主管部门办理变更注册手续，并提交医师变更执业注册申请审核表、《医师资格证书》、《医师执业证书》以及省级以上卫生行政部门规定提交的其他材料。

但经医疗、预防、保健机构批准的卫生支农、会诊、进修、学术交流、承担政府交办的任务和卫生行政部门批准的义诊等除外。

**第十七条** 医师申请变更执业注册事项属于原注册主管部门管辖的，申请人应到原注册主管部门申请输变更手续。医师申请变更执业注册事项不属于原注册主管部门管辖的，申请人应当先到原注册主管部门申请办理变更注册事项和医师执业证书编码，然后到拟执业地点注册主管部门申请办理变更执业注册手续。

跨省、自治区、直辖市变更执业注册事项的，除依照前款规定办理有关手续外，新的执业地点注册主管部门在办理执业注册手续时，应收回原《医师执业证书》，并发给新的《医师执业证书》。

**第十八条** 注册主管部门应当自收到变更注册申请之日起30日内办理变更注册手续。对因不符合变更注册条件不予变更的，应当自收到变更注册申请之日起30日内书面通知申请人，并说明理由。申请人如有异议的，可以依法申请行政复议或者向人民法院提起诉讼。

**第十九条** 医师在办理变更注册手续过程中，在《医师执业证书》原注册事项已被变更，未完成新的变更事项许可前，不得从事执业活动。

**第二十条** 医师执业注册主管部门，应当对《医师执业证书》的准予注册、发放、注销注册和变更注册等，建立统计制度和档案制度。

**第二十一条** 县级以上地方卫生行政部门应当对准予注册、注销注册或变更注册的人员名单予以公告，并由省级卫生行政部门汇总，报卫生部备案。

**第二十二条** 医疗、预防、保健机构未依照《中华人民共和国执业医师法》第十六条和本办法第十五条的规定履行报告职责，导致严重后果的，由县级以上卫生行政部门对该机构的主要负责人给予行政处分。

## 第五章 附 则

**第二十三条** 中医（包括中医、民族医、中西医结合）医疗机构的医师执业注册管理由中医（药）主管部门负责。

**第二十四条** 医师执业范围另行制定。

**第二十五条** 医师执业地占在两个以上的管理规定另行制定。

**第二十六条** 本办法所称医疗机构是指符合《医疗机构管理条例》第二条和《医疗机构管理条例实施》第二条和第三条规定的机构，社区卫生服务机构和采供血机构适用《医疗机构管理条例实施细则》第三条第十二项的规定；预防机构是指《传染病防治法实施办法》第七十三条规定的机构。

**第二十七条** 计划生育技术服务机构中的医师适用本办法的规定。

**第二十八条** 境外人员申请在中国境内执业的，按国家有关规定办理。

**第二十九条** 本办法自颁布之日起施行。

# 传统医学师承和确有专长人员医师资格考核考试暂行办法

（1999年7月23日卫生部令第6号发布）

## 第一章 总 则

**第一条** 根据《中华人民共和国执业医师法》（以下简称《执业医师法》）第十一条的规定，制定本办法。

**第二条** 以师承方式学习传统医学或者经多年实践医术确有专长、不具备医学专业学历的人员，除在《执业医师法》颁布之日前按国家有关规定取得医学专业技术职称和医学专业技术职务者外，参加医师资格考试，适用本办法。

**第三条** 本办法所称“传统医学”是指中医学和少数民族医学。

## 第二章 考 核

**第四条** 考核是对传统医学师承和确有专长人员申请参加医师资格考试的资格评价和认定，由省级中医（药）主管部门组织，各考核机构具体实施。

**第五条** 传统医学师承和确有专长人员的考核分执业医师资格考试资格考核和执业助理医师资格考试资格考核。

**第六条** 在《执业医师法》颁布之日前已经县级以上中医（药）主管部门批准取得有效行医资格的师承人员，可直接申请执业医师资格或执业助理医师资格考试的资格考核。其余师承人员申请执业医师资格考试资格考核的，应同时具备下列条件：

（一）高中以上文化程度或具有同等学历。

（二）具有经省级中医（药）主管部门批准的师承关系合同，连续跟师学习满三年；指导老师具有医学专业高级技术职务任职资格，并从事临床工作二十年以上；有丰富、独特的学术经验的技术专长，医德高尚，在群众中享有盛誉，得到同行公认；应聘在医疗机构坚持临床实践，能够完成继承教学任务；同一指导老师在同一时期内带教学生不得超过两名。

（三）取得省级中医（药）主管部门颁发的《出师合格证书》。

（四）在执业医师指导下，在医疗机构中试用期满二年的。

申请执业助理医师资格考试资格考核的，除具备上款（一）至（三）项条件外，还应当在执业医师指导下，在医疗机构中试用期满一年。

**第七条** 申请考核确有专长人员的，应具备下列条件之一：

（一）《执业医师法》颁布之日前经地级以上中医（药）主管部门审定为确有专长，并经县级以上中医（药）主管部门批准取得有效行医资格的；

（二）从事乡村医生工作十年以上，并经省级中医（药）主管部门确认医术有专长的。

**第八条** 传统医学师承和确有专长人员的考核内容包括职业道德、业务水平等。

业务水平考核中，师承人员的重点是学习老师学术经验和技术专长情况；确有专长人员的重点是是否具备独特专长，疗效是否明显优于同种或同类病症的其它治疗方法。

**第九条** 考核的方式可以包括：个人述职、口试、笔试、实际操作、对其本人书写医学文书的检查等。

考核标准及具体考核办法由省级中医（药）主管部门参照《执业医师法》第九条、第十条的有关规定，按照本办法第八条及本条前款的要求统一制订。

**第十条** 传统医学师承和确有专长人员的考核每年举行一次，考核时间由省级中医（药）主管部门统一确定。

**第十一条** 符合本办法第六条、第七条规定，申请考核者，应由本人提出申请，并填写“传统医学师承和确有专长人员考核申请审核表”。

**第十二条** 申请考核者，应提供下列材料：

（一）传统医学师承和确有专长人员考核申请审核表；

（二）本人身份证明；

（三）二寸免冠正面半身照片二张；

（四）在《执业医师法》颁布之日前经县级以上中医（药）主管部门批准的有效行医资格证明；或《师承合同》、《出师合格证书》；或省级中医（药）主管部门认可的确有专长证明。

**第十三条** 在《执业医师法》颁布之日前已经县级以上中医（药）主管部门批准取得有效行医资格的师承人员，经批准其行医资格的部门审查并签署意见后，向辖区内的考核机构提出考核申请；其余师承人员经试用机构审查并签署意见后，向辖区内的考核机构提出考核申请。

符合第七条第一项规定的确有专长人员经批准其行医的中医（药）主管部门审查并签署意见后，向辖区内的考核机构提出考核申请；符合第七条第二项规定的确有专长人员经县级中医（药）主管部门审查并签署意见后，向辖区内的考核机构提出考核申请。

考核机构按规定程序和申请条件复审合格后，通知考生在指定的时间、地点参加考核。

考核结果由考核机构通知考生。考核合格的，由考核机构出具考试资格考核合格证明，并提出推荐意见。

**第十四条** 考核机构是经县级以上中医（药）主管部门指定的县级以上中医、民族医医疗机构。

考核机构应具有相关领域的专业与技能和对考核对象的业务培训与指导能力。本地区无具备考核能力机构的，由上一级中医（药）主管部门指定考核机构承担该地区的考核工作。

考核机构的主要工作内容、职责及辖区范围等由指定其承担考核工作的中医（药）主管部门确定。考核机构的具体条件由省级中医（药）主管部门制定。

**第十五条** 考核机构应成立专门的考核委员会，该委员会应由中级职称以上的医学专家组成，包括一定比例熟悉本专业的医学教育专家和外聘医学专家。

**第十六条** 考核机构应当建立工作规则、保密、考核资料归档存放等相应的工作制度。

考核机构应当在考核工作结束后五日内，向指定其承担考核工作的中医（药）主管部门报告考核工作情况与考核结果。

**第十七条** 县级以上中医（药）主管部门负责审核考核机构的相应条件；负责指导、检查和监督考核机构的考核工作。

**第十八条** 县级以上中医（药）主管部门按年度将委托的考核机构情况报省级中医（药）主管部门备案。

县级以上中医（药）主管部门在每次考核结束后的十五日内，将考核结果报省级中医（药）主管部门，并由省级中医（药）主管部门通过省级医师资格考试领导小组将考核合格的人员名单通知相应的考点。

## 第三章 考　试

**第十九条** 传统医学师承和确有专长人员的医师资格考试是评价申请医师资格者是否具备执业所必需的专业知识与技能的考试，每年举行一次，纳入全国统一的国家医师资格考试。

**第二十条** 传统医学师承和确有专长人员的医师资格考试分为执业医师资格考试和执业助理医师资格考试。

考试方式分为实践技能考试和医学综合笔试，实践技能考试合格的方可参加医学综合笔试。考试的具体内容与方案由卫生部医师资格考试委员会制定。

**第二十一条** 具备下列条件之一的，可以申请参加执业医师资格考试：

（一）经执业医师资格考试资格考核合格并推荐的师承人员或者确有专长人员；

（二）取得执业助理医师执业证书后，在执业医师指导下，在医疗机构中工作满五年的师承和确有专长人员。

**第二十二条** 经执业助理医师资格考试资格考核合格并推荐的师承人员或者确有专长人员，可以申请参加执业助理医师资格考试。

**第二十三条** 申请参加医师资格考试的传统医学师承和确有专长人员到规定的考点办公室报名，并提交下列材料：

（一）二寸免冠正面半身照片二张；

（二）本人身份证明；

（三）考试资格考核合格证明；

（四）在《执业医师法》颁布之日前经县级以上中医（药）主管部门批准的有效行医资格证明；或师承人员的《师承合同》和《出师合格证书》；或确有专长人员的省级中医（药）主管部门认可的确有专长证明；

（五）执业助理医师执业医师资格考试的，还需同时提交执业助理医师资格证书复印件、执业时间和考核合格证明；

（六）报考所需的其他材料。

其他报考程序按《医师资格考试暂行办法》的有关规定执行。

**第二十四条** 传统医学师承和确有专长人员的医师资格考试的组织管理与实施，按《医师资格考试暂行办法》的有关规定执行。

**第二十五条** 传统医学师承和确有专长人员的医师资格考试合格线由卫生部医师资格考试委员会确定。

考试成绩合格的，获得卫生部统一印制的《医师资格证书》。

## 第四章 处 罚

**第二十六条** 有下列情形之一的，取消传统医学师承和确有专长人员考核机构的考核资格，并追究有关人员的责任：

（一）在考核过程中弄虚作假的；

（二）在考核过程中显失公平的；

（三）在中医（药）主管部门监督检查中不合格的；

（四）违反本办法或其它有关法律、法规，拒不改正的。

**第二十七条** 传统医学师承和确有专长人员在申请或参加考核中，有下列情形之一的，取消当年申请或参加考核的资格，构成犯罪的，依法追究刑事责任；

（一）假报姓名、年龄、学历、工龄、民族、户籍、学籍、伪造证件、证明、档案以取得申请考核资格的；

（二）在考核中扰乱考核秩序的；

（三）向考核人员行贿的；

（四）威胁或公然侮辱、诽谤、诬陷考核人员的；

（五）有其他严重舞弊行为的。

**第二十八条** 在医师资格考试过程中发生违规，违纪行为的，根据《医师资格考试暂行办法》及有关规定进行处罚。

## 第五章 附 则

**第二十九条** 本办法由国家中医药管理局负责解释。

**第三十条** 本办法自公布之日起实施。

# 北京市除四害工作管理规定

（1999年8月24日北京市人民政府第34号令发布）

**第一条** 为了预防、控制和消除鼠、蚊、蝇、蟑害（以下简称四害），防止疾病传播，保障人民身体健康，根据国家有关法律、法规，结合本市实际，制定本规定。

**第二条** 本市行政区域内的国家机关、部队、社会团体、企业事业单位和其他组织（以下统称单位）以及个人，均应遵守本规定。

**第三条** 除四害工作应当贯彻预防为主、专群结合的方针。推行治理环境为主，药械控制为辅的综合性除四害措施。

**第四条** 市和区、县爱国卫生运动委员会负责组织、协调本行政区域的除四害工作。各级爱国卫生运动委员会办公室负责本规定的具体实施。

各级卫生防疫部门负责除四害技术指导和四害密度监测。

有关行政部门在各自的职责范围内做好除四害工作。

街道办事处和乡、镇人民政府负责组织指导居民(家属)委员会、村民委员会通过制定居民公约或者村规民约等形式，动员本居住地区的住户做好除四害工作。

**第五条** 各级财政应当保证除四害经费，对公共环境以及全市或全区(县)性临时除四害活动经费予以补贴。

**第六条** 单位负责本单位内及门前三包责任区内的除四害工作；住户负责所居房屋及院落的除四害工作；街道办事处负责辖区内街巷的除四害工作。

未划入门前三包责任区的其他环境的除四害工作由该公共环境的管理部门负责。

**第七条** 各单位应当建立健全除四害的规章制度，其上级主管部门应当对其除四害工作进行监督。

**第八条** 单位和住户应当采取清除鼠迹、堵塞鼠洞、添设防范设施等措施及毒杀、诱捕等方法消灭老鼠，使鼠密度等指标符合国家控制标准。

**第九条** 单位和住户必须按照下列规定清除蚊蝇孳生地并运用化学、物理、生物等方法消灭蚊蝇及其幼虫，使蚊蝇密度等指标符合国家控制标准。

(一)对厕所、下水道口、垃圾桶(箱)、污物容器、雨水污水蓄积地等一切易于孳生和聚集蚊蝇的场所，必须分别采取冲洗、消毒、打扫、平整等卫生措施，防止蚊蝇孳生、聚集，及时消灭蚊蝇和蚊蝇幼虫。

(二)保持单位责任区域、住宅院落公共卫生和家庭卫生，做到室外无蚊蝇孳生地，室内无蚊蝇。

(三)农村集体经济组织和农户饲养禽畜，应搞好饲养场所及其周围的环境卫生，清除蚊蝇孳生条件。农村菜区堆肥场由乡、镇人民政府统一规划设置，垃圾处理场、粪库、粪池等由其所有者或管理、使用者做好卫生保洁工作，粪库、粪池应加盖予以密封。在蚊蝇孳生季节，应当对上述场所定期喷洒低毒杀虫药。

**第十条** 单位和住户发现蟑螂应当及时采取灭杀措施，使蟑螂密度等指标符合国家控制标准。

**第十一条** 单位或个人应当在所管理的食品生产经营场所和宾馆(饭店)、招待所、集贸市场、医院、机场、火车站、长途汽车站、废品收购站、动物园及公厕、垃圾转运站、垃圾处理场等场所配置相应的四害防治设施，并有人负责除四害工作。

**第十二条** 卫生行政部门应将除四害工作纳入食品生产经营单位、公共场所卫生许可证管理。对四害防治设施不完善、四害密度超过国家标准的，不予发放卫生许可证。

**第十三条** 在全市或全区(县)性的除四害统一行动中，单位和住户应当按照市或区(县)爱国卫生运动委员会的部署，使用统一方法、指定的药物及相关器械，实行有效的除四害措施。

**第十四条** 任何单位和个人不得在本市生产、销售或者使用国家禁止的除四害药物及器械。

**第十五条** 设立除四害服务机构，应当国家有关规定办理相关手续，接受卫生防疫部门的业务指导，并向所在区、县爱国卫生运动委员会办公室备案。

**第十六条** 对在除四害工作中取得显著成绩的单位和个人，市和区、县爱国卫生运动委员会应当予以表彰或者奖励。

**第十七条** 对违反本规定的下列行为，由市或者区、县爱国卫生运动委员会办公室予以处罚：

(一)未按第八条、第九条、第十条规定采取有效除四害措施，致使四害密度等指标超过国家控制标准的，予以警告，责令限期改正，并可处以20元以上500元以下罚款；情节严重的，处以500元以上1 000元以下罚款。

(二)未按第十一条规定配置相应的四害防治设施或者无人负责除四害工作的，予以警告，责令限期改正，并可处以20元以上1 000以下罚款。

(三)未按第十三条规定采取统一的除四害措施的，给予警告，责令限期改正；逾期不改正的，可处以20元以上1 000元以下罚款。

**第十八条** 对违反本规定，生产、销售或者使用国家禁止的除四害药物及器械的，由有关机关按照药物及器械管理的法律、法规予以处理。

**第十九条** 对违反本规定，属于违反市容环境卫生管理或者食品卫生管理的行为，分别由市容环境卫生管理部门或者卫生行政部门按照有关法律、法规予以处理。

**第二十条** 本规定执行中的具体问题，由市爱国卫生运动委员会负责解释。

**第二十一条** 本规定自1999年9月1日起施行。1990年8月30日市人民政府发布、1993年3月9日市人民政府第一次修改、1997年12月31日市人民政府第二次修改的《北京市人民政府关于坚决防治蚊蝇孳生的规定》同时废止。

# 北京市外地来京人员卫生防疫管理规定

（1999年9月17日北京市人民政府第39号令发布）

**第一条** 为了预防、控制和消除传染病的发生与流行，保障人体健康，根据有关法律、法规，结合本市实际情况，制定本规定。

**第二条** 本规定适用于本市行政区域内外地来京务工经商人员及与其共同居住的亲属（以下简称外地来京人员）的卫生防疫管理。

**第三条** 外地来京人员卫生防疫工作应当坚持预防为主的方针，实行管理与服务、保健服务与自我保健相结合、与外地来京人员的综合管理服务相统一的原则，统筹安排，分级管理，宣传普及卫生防病知识，提高外地来京人员的自我保健意识。

**第四条** 市和区、县卫生行政部门主管本行政区域内外地来京人员卫生防疫的监督管理工作。

公安、工商行政管理、劳动保障、房管等有关行政部门协助卫生行政部门做好外地来京人员卫生防疫管理工作。

**第五条** 乡、镇人民政府和街道办事处的外地来京人员管理机构应当有卫生防疫人员参加，并履行下列卫生防疫管理职责：

（一）配合卫生行政部门对外地来京人员的卫生防疫工作进行监督检查；

（二）协助卫生行政部门对违反本规定的行为进行调查处理；

（三）开展外地来京人员卫生防疫的健康教育工作。

居民委员会、村民委员会应当协助乡、镇人民政府和街道办事处外地来京人员管理机构做好外地来京人员卫生防疫管理工作。

**第六条** 外地来京人员应当自取得《暂住证》之日起15日内，凭《暂住证》到市卫生行政部门认定的医疗卫生机构进行健康检查。

在本市从事食品生产经营、生活饮用水、家庭服务工作以及在公共场所工作的外地来京人员，应当按照法律、法规和本规定每年进行一次健康复检。

**第七条** 外地来京人员的健康检查应当包括下列项目：

（一）既往传染病史；

（二）胸部透视；

（三）有关传染病的视、触、扣、听诊检查；

（四）大便常规检查；

（五）肝功能检查；

（六）市卫生行政部门视疫情决定的其他检查项目。

**第八条** 承担健康检查的医疗卫生机构应当按规定要求对外地来京人员进行健康检查，对非传染病患者、非传染病病原携带者，负责发放和更换《健康凭证》。对传染病患者、传染病病原携带者，不予发放和更换《健康凭证》，但应当提供健康检查结论。

《健康凭证》由市卫生行政部门统一印制，禁止伪造、涂改或者转让。

**第九条** 外地来京人员经健康检查后取得《健康凭证》的，应当按照《北京市外地来京务工经商人员管理条例》的规定办理务工、经商手续。

**第十条** 任何单位和个人不得使用无《健康凭证》的外地来京人员。

使用外地来京人员30人以上的用工单位，对新使用的外地来京人员，应当于用工之日起15日内向作业地卫生防疫机构提交其卫生防疫情况的书面报告；对使用的原有外地来京人员跨区、县变更作业地的，应当于用工之日起5日内向作业地卫生防疫机构提交其卫生防疫情况的书面报告。

作业地为跨区、县的，用工单位应当分别向作业地卫生防疫机构提交书面报告。报告内容由市卫生行政部门统一规范。

**第十一条** 用工单位对外地来京人员应当落实下列卫生防疫措施：

（一）有专职或兼职的卫生管理人员；

（二）开展卫生防疫宣传和健康教育；

（三）组织本单位外地来京人员健康检查；

（四）督促本单位外地来京人员对携带的6周岁以下儿童接受预防接种；

（五）提供符合国家和本市的卫生标准及卫生要求的工作环境；

（六）提供的饮食、餐饮具和集体食堂，应当符合食品卫生法律、法规的规定；

（七）供应符合国家卫生标准的生活饮用水；

（八）做好本单位疫情的发现、报告和控制工作，协助卫生行政部门对疫情进行调查处理；

（九）落实其他卫生防疫措施。

**第十二条** 用人单位和出租房主为外地来京人员提供的住房，应当符合国家和本市的卫生标准，并符合下列卫生要求：

（一）提供安全卫生的生活饮用水；

（二）提供方便、卫生的厕所及洗浴条件；

（三）有消除和控制鼠、蚊、蝇、蟑等病媒生物的卫生措施；

（四）具备通风换气、采光照明等基本的卫生条件；

（五）保证不低于3平方米的人均使用面积。

**第十三条** 携带有6周岁以下儿童的外地来京人员，应当在儿童到达本市的1个月内，携带儿童到居住地的乡、镇卫生院或街道医院进行预防接种。

乡、镇卫生院和街道医院应当按规定对所在地的6周岁以下外地来京儿童，做好预防接种的建证、建卡、登记管理和免疫接种工作。

**第十四条** 出租房主对承租其住房租期满1个月的外地来京人员，应当要求其出示《健康赁证》及其所携带的6周岁以下儿童的预防接种证。对无《健康凭证》或6周岁以下儿童无预防接种证的，应当督促其进行健康检查，办理预防接种证，并及时向居住地的外地来京人员管理机构、医疗保健机构或者卫生防疫机构报告。

出租房主发现承租其住房的外地来京人员有传染病病人或者疑似传染病病人时，应当及时向居住地的医疗保健机构或者卫生防疫机构报告，并协助做好疫情调查处理。

**第十五条** 医疗卫生机构对接诊的传染病病人，应当按有关规定向当地卫生防疫机构报告疫情并给予治疗。

医疗卫生机构应当积极做好外地来京人员的各项卫生防疫和医疗保健工作。

**第十六条** 外地来京人员发生疫情时，必须接受卫生行政部门的卫生防疫管理。对传染病病人及可能引起传染病传播、扩散的有关人员，必须按规定进行隔离治疗或采取防护措施。

疫情处理涉及的流行病学调查、疫点处理、应急预防接种、病人隔离治疗等费用，由用工单位承担；无用工单位的，由病人或其监护人承担。

**第十七条** 市和区、县两级外地来京人员卫生防疫管理服务经费列入同级外地来京务工经商人员管理服务费的预算和分配，专项用于外地来京人员卫生防疫管理及服务工作。

**第十八条** 外地来京人员对健康检查结论有异议的，可以自知道之日起7日内，向承担其健康检查的医疗卫生机构所在地的卫生行政部门申请复检。

卫生行政部门应当自接到申请之日起7日内，指定卫生防疫机构进行复检。经复检，原健康检查结论正确的，其检查费用由申请复检人承担；原健康检查结论不正确的，其检查费用由承担原健康检查的医疗卫生机构承担。对因原健康检查结论不正确应发而未发给《健康凭证》的，由承担原健康检查的医疗卫生机构发给《健康凭证》。

**第十九条** 用工单位违反本规定，有下列行为之一的，由卫生行政部门给予警告、责令限期改正，并可处以200元以上元5 000以下罚款；逾期不改正，造成传染病传播、扩散的，处以5 000元以上2万元以下罚款：

（一）使用无《健康凭证》的外地来京人员的；

（二）没有按规定报告防疫情况的；

（三）提供的住房不符合国家和本市的卫生标准及卫生要求的；

（四）拒不执行卫生行政部门依法提出的卫生防疫、疫情控制措施的。

**第二十条** 出租房主违反本规定，有下列行为之一的，由卫生行政部门给予警告，并可处以50元以上3 000以下罚款：

（一）将房屋出租给租期满1个月无《健康凭证》的外地来京人员的；

（二）发现租住的外地来京人员患有传染病、疑似传染病不按规定报告的；

（三）拒不执行卫生行政部门依法提出的卫生防疫、疫情控制措施的；

（四）出租房屋不符合国家和本市的卫生标准及卫生要求的。

**第二十一条** 外地来京人员违反本规定，逾期不进行健康检查或者携带的6周岁以下儿童逾期未进行预防接种的，由卫生行政部门给予警告，责令限期改正，并可处以50元罚款；逾期不改正的，处以50元以上500元以下罚款。

伪造、涂改、转让《健康凭证》的，由卫生行政部门处以500元以上1 000元以下罚款。

**第二十二条** 医疗卫生机构违反本规定，有下列行为之一的，由卫生行政部门给予警告，并可处以200元以上5 000元以下罚款：

（一）不按规定发放、更换《健康凭证》的；

（二）在健康检查中弄虚作假的；

（三）未按规定建立预防接种证、卡，进行预防接种的；

（四）擅自增加健康检查项目的。

**第二十三条** 对违反本规定，属于违反其他法律、法规、规章管理的行为，按照有关法律、法规、规章的规定予以处理。

**第二十四条** 本规定执行中的具体问题，由市卫生行政部门负责解释。

**第二十五条** 本规定自1999年10月1日起施行。

# 北京市公民献血用血管理办法

（1999年11月10日北京市人民政府第45号令发布）

**第一条** 为实施《中华人民共和国献血法》和《北京市动员组织公民献血和条例》，制定本办法。

**第二条** 凡在本市行政区域内献血、用血的，均适用本办法。

**第三条** 市和区、县卫生行政部门负责本辖区内献血、用血的监督管理工作。

市和区、县献血办公室负责本辖区内献血、用血监督管理工作的具体落实。

**第四条** 市人民政府根据本市当年医疗用血的供求状况，制定下一年度献血计划，并将计划下达到区县人民政府、中央驻京机关各系统、市属各系统和各高等院校。

**第五条** 区、县人民政府应当根据市人民政府下达的献血计划，制定本区、县献血计划，在40日内将任务下达到乡、镇人民政府、街道办事处和各直属单位，并将本区、县献血计划及任务下达情况报市献血办公室备案。

中央驻京机关各系统、市属各系统和各高等院校应当根据市人民政府下达的献血计划，制定本系统、本院校献血计划，在40日内将任务下达到所属单位，并将本系统、本院校献血计划及任务下达情况报所在区、县献血办公室备案。

**第六条** 本市对献血工作实行目标管理责任制。市和区、县人民政府每年按照下列要求与责任单位签定献血目标管理责任书：

（一）市人民政府与区、县人民政府、市属各系统法定代表人签定。

（二）区、县人民政府与乡、镇人民政府和各直属单位法定代表人签定。

中央驻京机关各系统、市属各系统可以参照前款规定与所属单位法定代表人签定献血目标管理责任书。

献血目标管理责任书中应当明确规定责任单位动员组织适龄公民献血的职责、年度献血计划、保障措施及奖惩内容。

**第七条** 市和区、县财政部门应当保障献血工作经费。

中央驻京机关各系统、市属各系统和各高等院校应当安排必要的经费用于献血的动员组织工作，并根据工作需要配备专职或兼职人员，负责本系统、本院校适龄公民献血的动员组织工作。

**第八条** 乡、镇人民政府和街道办事处应当组织、协调有关部门共同做好本辖区内私营企业、个体工商户以及无工作单位适龄公民献血的动员组织工作。

**第九条** 市和区、县献血办公室根据医疗机构用血情况落实献血计划。

承担献血任务的单位必须按照市和区、县献血办公室的时间要求和任务量，做好本单位适龄公民献血的动员组织工作，完成献血计划。

**第十条** 公民献血时须持《居民身份证》，采血单位应当免费为其进行必要的健康检查，并严格执行验证制度。

**第十一条** 承担献血任务的单位在完成献血任务30日后，到所在区、县献血办公室领取《单位完成献血任务证》和《公民无偿献血证》。

私营企业、个体工商户以及无工作单位的适龄公民献血后，由乡、镇人民政府或者街道办事处在完成献血任务30日后，到所在区、县献血办公室统一领取《公民无偿献血证》。

**第十二条** 市和区、县献血办公室对未完成献血任务的单位，责令其限期完成，对逾期仍未完成的，按照《北京市血液调剂费用筹集办法》的规定收取献血补偿金。

未完成年度献血任务的单位未按规定交纳献血补偿金的，其未完成的献血指标数累加到下一年度。

**第十三条** 医疗机构对临床医疗用血实行审批制度。医务人员应当严格掌握用血条件，主治医师认为患者需要输血治疗时，应当开具《医疗用血通知单》，按有关规定履行申报手续，并将有关内容记入病历。

医疗机构应当将本机构用血情况，定期报所在区、县献血办公室备案。

**第十四条** 医疗机构应当加强科学用血、合理用血的宣传教育工作，推广成份输血和自体输血。三级医疗机构成份输血率应当达到70%，自体输血率应当达到20%；二级医疗机构成份输血率应当达到50%，自体输血率应当达到10%。

**第十五条** 下列公民需要用血的，持有关证件或者证明，由医疗机构直接供血，免交用血互助金：

（一）十八周岁以下、五十五周岁以上的公民，持身份证或者户口簿。

（二）参加本市无偿献血的公民，持《公民无偿献血证》和本人身份证。

（三）配偶、直系亲属参加本市无偿献血的，持配偶、直系亲属的《公民无偿献血证》、本人和配偶、直系亲属的身份证、户口簿。

（四）所在单位完成当年献血计划的，持《单位完成献血任务证》、本人身份证和工作证。

前款规定以外的公民需要用血的，应当按照《北京市血液调剂费用筹集办法》的规定交纳用血互助金。

**第十六条** 急诊抢救病人需要用血的，由医疗机构直接供血，用血后再按有关规定补办手续。

**第十七条** 本办法执行中的具体问题，由市卫生行政部门负责解释。

**第十八条** 本办法自2000年1月1日起施行。

# 工 作 进 展

## 公共卫生与疾病防治

**【1999年卫生防疫概况】** 1999年是我国政治生活中的重要年份。这一年，本市的卫生防疫工作是紧紧围绕为建国50周年大庆、澳门回归等一系列重大活动的顺利进行，做好卫生防病保障工作而展开的。在元月27日召开的市卫生防病工作委员会会议上，刘敬民副市长提出做好1999年卫生防病工作要明确三项任务（即控制急性肠道感染和食物中毒、严防鼠传染疾病和呼吸道传染病、重视艾滋病和慢性非传染性疾病的防治）；把握三大因素（把握好环境、社会和专业三个因素）；实施三项措施（创造良好的卫生防病大环境，提高卫生防病社会管理和专业保障水平；落实强化监测控制，实施严防严守；改革管理体制，加强监督执法，明确管理职责，充分发动群众）的要求。在市委、市政府的领导下，通过全市各有关部门和广大卫生防疫工作者的共同努力，使本市1999年卫生防病主要工作目标得以全面落实：甲、乙类传染病发病率低于340/10万，食物中毒发病率低于12/10万；重大疫情中毒事故起数低于1998年；在各项重大活动期间，做到了没有发生重大传染病流行和群体性的食物中毒、生活饮用水污染；完成了年初市防病委提出的卫生防病全面保障的各项任务。

（钱淑玉）

### 卫生防疫组织管理

**【北京市传染病专家咨询组成立】** 5月26日，由本市卫生防疫部门及市属有关医院、北京卫生检疫局（后更名为北京出入境检验检疫局）的传染病防治专家组成的“北京市传染病专家咨询组”宣告成立并召开了第一次咨询组会议。该咨询组的成立旨在为确保本市卫生防病工作特别是传染病防治方面为政府当好参谋、制定防治策略服务。郭积勇副局长到会祝贺专家咨询组的成立，并代表市卫生局领导向专家颁发了聘书。

（关宝英）

**【本市部署夏秋季卫生防病工作】** 为确保50年大庆等大型活动的顺利进行，7月8日，副市长刘敬民主持召开全市卫生防病工作委员会会议，部署夏秋季卫生防病工作。市政府有关委、办局及各区县主管领导，区县卫生局长以及有关单位负责人共80余人参加了会议。市政府办公厅秦德海副主任传达了国务院有关领导的指示及卫生部卫生防病会议精神；市卫生局郭积勇副局长通报了上半年全市卫生防病情况，部署了下半年卫生防病工作；刘敬民副市长对建国50周年等大型活动卫生防病保障工作提出了严格要求，做到“一个确保、两个战场、全面落实”（一个确保：本年度本市不发生大的传染病暴发流行；不发生大的食物中毒；不发生严重的水污染事故。两个战场：既要抓好国庆等大型活动的卫生防病保障，又要做好面上的卫生防病工作。全面落实：就是要围绕实现确保国庆等大型活动的顺利进行，各区县、各部门要齐抓共管，密切配合，检查督促各项措施的落实，对重点工作和突出问题综合整治，消除隐患，确保各项工作落到实处）。

（赵 涛）

**【迎接建国50周年，本市周边联防疫病】** 1999年是建国50周年和我国恢复对澳门行使主权之年。为确保中央一系列重大庆典活动在京顺得进行，8月6—7日，卫生部在北京市召开了卫生防病联防会议，就如何加强北京周边地区的卫生防病联防工作深入研讨，并确定了联防方案（以下简称“方案”）。“方案”规定：自1999年8月至12月，建立京、津、冀、晋、辽、鲁、豫、内蒙8省区、市及交通部、铁道部、民航总局、国家出入境检验检疫局等有关部门参加的卫生防病联防系统，联防工作由卫生部统一领导，联防领导小组由卫生部、国家有关部门领导和联防省（区、市）政府主管秘书长组成，联防办公室设在北京市卫生局卫生防疫监督处。联防期间，联防省（区、市）及有关部门建立疫情、重大突发事件特别专报制度，并加强传染病监测和食品、饮用水的卫生监督执法工作。北京周边地区进一步加强进京食品特别是水产品、肉类食品卫生监督监测，并加强北京与毗邻各县一般卫生防病信息互通工作。会议听取了北京市副市长刘敬民及8省和有关部门的卫生防病情况介绍，北京市卫生局副局长郭积勇受市政府委托汇报了近年来本市卫生防病情况，卫生部副部长殷大奎出席会议并做了重要讲话。（钱淑玉）

**【华北地区中国——欧盟性病艾滋病防治合作项目国家级区域性培训中心挂牌】** 9月6日，在本市地坛医院举行揭牌仪式，华北地区中国——欧盟性病艾滋病实验室诊断培训班同时开幕。欧盟驻华代表团项目官员石达、全国性病麻风病控制中心主任叶顺章及卫生部、市卫生局有关部门负责人等出席了开幕式。此举对提高华北地区性病艾滋病的实验室诊断水平、防治性病艾滋病具有积极意义。

（关宝英 刘 英）

**【参加建国50周年庆祝活动卫生防病保障单位和人员受表彰】** 10月13日，市卫生局召开首都卫生系统参加国庆活动卫生防病保障工作的单位和人员表彰会。金大鹏副局长宣读了局党组的表彰决定，称赞首都卫生防病队伍是一支具有高度政治觉悟、优良作风，特别能吃苦，特别能战斗的队伍。郭积勇副局长对本市国庆卫生防病保障工作做了总结报告，卫生部卫生法制与监督司齐山秋司长对北京市卫生防疫单位和人员在国庆期间所做的大量工作给予肯定。朱宗涵局长到会并讲话，参加表彰会的领导还有市爱卫会副主任孙贤理。（赵 涛）

**【公共卫生执业医师实践技能考试工作顺利完成】** 根据卫生部《医师资格考试大纲》的要求和本局的统一部署，市卫生局卫生防疫监督处与市卫生防疫站负责组织全市防疫系统公共卫生类别执业医师的实践技能考试工作。为保证考试工作的顺利进行，首先选出40名副主任医师以上的专家担任考官，并先行举办了考官培训班，组织考官学习《中华人民共和国医师法》、《医师资格考试暂行办法》等有关文件；制定了《考官注意事项》和《考生注意事项及考场纪律》。10月25—28日，全市公共卫生类别的医师共261名参加了实践技能考试，成绩合格的239名，占91.6%，不合格的22名，占8.4%（李 玲）

## 传染病防治

**【召开市结核病控制工作会议】** 3月10日，本局召开了北京市结核病控制工作会议。

参加会议的有各区县卫生局主管局长、防保科长、结防所所长，以及铁路、首钢、北京矿务局等系统结防专业机构负责人和市级卫生防疫机构、市局有关处室近百余人。郭积勇副局长到会并讲话。

会上，市卫生局防疫监督处赵涛处长传达了国务院李岚清副总理近期对结核病防治工作的重要批示；市结控所屠德华所长介绍了“北京市结核病控制工作50年回顾”；张立兴教授介绍了国际结核病控制新动态；会议总结了1998年全市结控工作完成情况，部署1999年工作要点。

郭积勇副局长在讲话中指出，当前本市面临结核病疫情回升的严峻形势，要求各区县认清形势，增加危机感和紧迫性认识，特别是结合李岚清副总理的重要批示，根据本区县实际情况，切实在“高度重视”上下功夫，不走过场，真抓实干，注重解决实际问题或困难，认认真真办几件实事。要结合“3.24世界防治结核病日”开展多种形式的宣传活动。要依法防治结核病，强化对结核病“归口管理”和疫情报告、登记、转诊工作，这是本市结防工作的薄弱点，一定要在1999年采取措施，花大气力抓出成效。当前的机构改革应本着有利于结防机构稳定、结防事业发展，绝不能削弱结防工作和机构、人员力量，这是北京市的特色和优势，必须保持住。此外还对科研工作、宣传教育等方面工作提出了具体要求。（凌汉栋）

**【本市举办“3.24世界防治结核病日”系列宣传活动】** 3月24日是世界防治结核病日，世界卫生组织确定1999年的宣传主题是：“依法控制结核病，防止结核病蔓延”。根据卫生部的通知精神，结合贯彻落实国务院李岚清副总理对结核病防治工作的重要批示，本局组织了多种形式的宣传活动。

3月19日，市卫生局领导和本市部分从事结核病控制工作的专家出席了卫生部“3.24世界防治结核病日”座谈会。会上市卫生局郭积勇副局长介绍了北京市政府、卫生行政部门为实现政府承诺，支持结核病控制工作所做出的努力以及本市为控制结核病传染源，多年来坚持采取现代结核病控制策略和措施取得的显著成绩。本市通州区结核病防治所介绍了巩固发展农村基层结核病防治网、使DOTS策略在市场经济变革的新形势下得以顺利实施的成功经验。

3月22日，由市卫生局、市结核病控制研究所、市健康教育所和朝阳区卫生局、朝阳区结核病防治所在朝阳区蓝岛大厦广场共同举办了大型“3.24”中心宣传点。现场悬挂横幅标语、展出宣传板，通过散发宣传品、观看实物标本、录像录音、专家义诊咨询向群众进行宣传教育。市卫生局郭积勇副局长、朝阳区谢郁副区长等有关领导以及20余名医务人员参加了现场活动。新闻媒体的记者在现场采访、跟踪报道。

3月25日，市卫生局组织召开了“3.24世界防治结核病日”座谈会。刘敬民副市长出席并讲话，针对目前结核病在全球范围内流行趋势回升的现状，他明确指出：本市结核病防治工作要做到1.结核病队伍不能乱；2.结核病防治工作网络不能散；3.结防工作力度不能减。他要求各级政府和卫生行政部门要继续重视本地区的结防工作，给予必要的支持。

3月24日，本市各区县分别举办了咨询宣传日活动，一些区县的政府主管领导和区县卫生局、结防所、卫生防疫站以及各综合性医院的部门领导、医务人员都参加了现场宣传日活动。从3月19—25日的一周时间，本市多方位、多层次、从各个方面形成了一个宣传“3.24世界防治结核病日”的高潮。

为配合“3.24”宣传活动，北京电视台在北京新闻节目之后，连续9天播放公益广告，市结控所专家编印了科普宣传册，为新闻媒体撰写科普知识文章。

4月1日，市卫生局郭积勇副局长到通州区牛堡屯乡及村医务室视察基层结防工作，了解基层结防网络，并到病家访视病人。他勉励大家努力工作，继续为保持本市结控工作在全国居领先地位做出新贡献。

（凌汉栋）

**【本市开展“世界艾滋病日”系列活动】** 围绕1999年12月1日“关注青少年，预防艾滋病——倾听、学习、尊重”世界艾滋病防治宣传运动主题，本市于10—12月为20余所高校学生骨干举办了5期预防艾滋病“同伴教育”小先生培训班，先后共有150余名大学生及部分校医参加了培训。11月27日，艾滋病日（12月1日）前夕，在北京理工大学召开了99北京预防性病艾滋病知识展览巡展开幕式，联合国艾滋病规划署驻华办事处官员、卫生部有关领导、市教委兰宏生主任、市卫生局郭积勇副局长参加了开幕仪式。由性病艾滋病防治协会提供的5套近百块展板先后在20余所大专院校巡回展出。（刘　英）

**【卫生部表彰防治艾滋病先进集体和个人】** 12月1日，卫生部、公安部、教育部、广播电影电视局在人民大会堂召开表彰会，对全国在艾滋病性病预防与控制工作中做出突出贡献的先进集体和个人进行了表彰。北京市卫生防疫站流行病科（北京艾滋病监测检验中心）、北京性病艾滋病防治协会荣获先进集体称号；徐莲芝、李兴旺、贾素琴等10人被评为先进个人。（刘　英）

**【未雨绸缪防流感】** 本局根据年初市委、市政府的指示精神，为在本市流感流行高峰季节到来之前做好预防工作，做到未雨绸缪，3月初即着手进行流感疫苗免疫接种方案的制定与实施。在专家进行多次充分论证、比较的基础上，最终选定了史克和巴斯德两家公司生产的质量稳定、安全有效的流感疫苗作为预防措施，并首次采用了政府招标的形式，使流感疫苗的价格在原来的基础上降低了56%，让利于民，使普通百姓都可以接受。为进一步做好此次流感疫苗的预防接种工作，本局还制定下发了《北京市流感疫苗免疫接种实施方案》，规定了6种重点接种对象，并完全采用自愿接种的原则。同时还与市教委联合下发文件，进一步规范了学校中流感疫苗免疫接种工作的实施，做到有计划，有落实，按部就班，顺利完成。从10月份开始，前来接种的群众就十分踊跃，高峰时，防疫站接种门诊前排起了长队，人群络绎不绝，30万份疫苗很快告罄，后又紧急追加。据统计，1999年全市共接种流感疫苗近68万份。在2000年年初欧美国家流感流行的情况下，本市流感疫情却很平稳。（王　彤）

## 计划免疫

**【本市实施风疹、流行性腮腺炎疫苗免疫接种】** 根据卫生部在《全国重大疾病控制工作“九五”规划纲要》文件中“逐步推广风疹、流行性腮腺炎等安全有效疫苗的使用”的精神，为进一步控制本市风疹、流行性腮腺炎的发病，经报请市政府批准，本局下发相关文件，决定在全市范围内组织实施风疹疫苗、流行性腮腺炎疫苗的预防接种，并逐步纳入计划免疫工作管理。疫苗接种实行自愿自费的原则，疫苗进货渠道严格执行本局的有关规定。（虞　昊）

**【本市开展免疫接种率调查】** 10月14—21日，本局根据卫生部的要求在全市开展了免疫接种率及乙肝疫苗接种影响因素的调查。共调查18个区县840名本市户籍和1008名外省市户籍在1997年1月1日—1997年12月31日期间出生的儿童。调查结果为本市户籍儿童均按免疫程序接种，接种率达100%，而外省市户籍儿童接种率在70%左右。这显示经过多年努力本市户籍儿童的免疫接种工作已维持在高水平，而外来人口儿童的免疫接种工作由于种种原因尚存在着薄弱环节，将成为本市今后计划免疫的重点工

作。（虞　昊）

**【“4.25”计划免疫宣传日工作】** 4月25日是全国儿童预防接种宣传日。本市根据卫生部有关文件的精神，以北京市卫生防病工作委员会的名义下发了《关于开展“4.25”儿童预防接种日宣传活动的通知》，规定4月25—30日为儿童预防接种日宣传周。4月25日，在18个区县设立中心宣传点，在宣传周期间开展包括乙肝疫苗在内的各种计划免疫疫苗的查漏补种工作。在宣传周期间，本市共有44名乡镇级以上领导参加了现场活动，全市共设562个咨询宣传点，参加活动的医务人员2 769名，有195 539人接受了宣传咨询，发放各种宣传品281 648份，共为1 365人次进行了各种疫苗的补种，其中流动人口儿童1 360名。（虞　昊）

**【有关领导视察本市“4.25”活动】** 4月25日上午，卫生部殷大奎副部长、疾病控制司王钊司长、北京市人民政府王伟副秘书长、北京市卫生局朱宗涵局长及国际卫生组织驻华官员首先到北医大妇儿医院视察新生儿乙肝疫苗接种情况，然后来到北京展览馆参加本市“4.25”计免宣传日现场咨询活动。25名在京的医疗卫生肝病专家就肝炎的防治知识进行了现场咨询和义诊，并发放了宣传材料。中国肝炎基金会、博爱工程委员会等单位也参与了现场活动。

（虞　昊）

**【多方参与强化免疫活动】** 经国务院批准，在卫生部的统一部署下，1999年12月5—6日和2000年1月5—6日全国继续开展消灭脊髓灰质炎强化免疫日活动。本市强化免疫日活动按期全面展开，服苗对象是外来流动人口中0—4岁儿童。全市组织了以卫生专业人员为主，公安、工商、乡街、村居委会等多部门为辅的近万人参加的强化免疫服务队伍，全市设立接种点3 000余个，其中流动接种点1 200余个，有近20万人次的服苗对象接受了本次强化免疫。

（虞　昊）

**【李岚清等党和国家领导人为适龄儿童服苗】** 12月3日，国务院李岚清副总理、徐荣凯副秘书长以及卫生部殷大奎副部长、王陇德副部长在北京市副市长刘敬民、洁如保育院名誉院长、全国政协委员应伊利的陪同下，来到西城区洁如保育院为适龄儿童喂服脊髓灰质炎疫苗，并向现场医务人员和有关工作人员表示慰问。至此，全国消灭脊髓灰质炎第七次强化免疫日活动拉开序幕。参加现场活动的还有日本国驻华大使、世界卫生组织驻京代表、联合国儿童基金会驻京代表、卫生部疾病控制司副司长邵瑞太、市卫生局局长朱宗涵、副局长郭积勇、西城区区长吕锡文、副区长杨冀川等。（虞　昊）

**【本市消灭脊髓灰质炎成果显著】** 2月3日，本局组织北京市消灭脊髓灰质炎技术咨询诊断小组对本市1998年报告的33例病例进行了全面讨论。诊断小组认为33例病例中没有由脊髓灰质炎野病毒引起的病例。至此，从1985年到1998年本市已连续14年没有发生由脊髓灰质炎野病毒引起的病例，反映了本市消灭脊髓灰质炎的最新成果。

随着消灭脊灰工作的逐步深入，本市消灭脊灰工作已处于证实准备阶段。5月5日，北京市证实消灭脊灰准备工作组召开了第一次会议。包括市卫生局副局长郭积勇在内的11名工作组成员及卫生部的有关专家参加了会议。会议总结了本市消灭脊灰工作现状，对下一步工作进行了部署。（虞　昊）

## 放射卫生

**【做好放射源安全检查，保证建国50周年大庆活动顺利进行】** 为做好各项卫生防病工作，迎接建国50周年，保障首都的安全，9月，本局会同北京市公安局下发《做好放射安全检查的通知》，要求凡生产、销售、储存、应用、收储放射性同位素的单位，认真清点、查对、记录现在使用及库存放射源个数和活度，保证放射源的运行及储存状态的安全。

本次共检查252个应用放射性同位素的单位，有235个单位进行了认真的自查，对91个单位进行了抽查。目前，全市服役放射源2 979个，总活度为2.2×10贝克（597970居里），未用放射源（包括停用、库存等）1 901个，总活度为3.5×10贝克（95045居里）。多数放射工作单位对放射源的管理比较规范，管理水平有了明显提高。（李　玲）

**【全市放射卫生综合监督管理达标工作成绩喜人】** 自1997年3月本市在通州区召开全市放射卫生综合监督管理现场会以来，各区县卫生部门按照市里统一部署，制定了本区县放射卫生综合监督管理达标工作计划，并为如期实现达标工作任务，采取了积极措施，取得了可喜的成绩。

根据市卫生局《关于开展放射卫生综合监督管理工作的通知》（京卫防字［1997］25号）和《北京市放射卫生综合监督管理达标计划》的安排，本局组织专家组于1999年第一季度对1998年度应达标的9个区、县（含铁路）放射卫生综合监督管理工作进行了考核验收。考核的结果是：东城区、崇文区、宣武区、怀柔县为优秀：丰台区、顺义区、石景山区、燕山、北京铁路局为良好。至此，全市已有13个区、县按计划完成了放射综合监督管理达标工作。

（李　玲）

## 公共场所卫生

**【清理整顿全市按摩服务场所，维护首都人民健康】** 为贯彻国务院四部局《关于清理整顿按摩服务场所，严厉打击非法活动通知》精神，加强对按摩服务行业卫生管理，本局在3月23日至4月底配合市公安局、工商局、劳动局共同完成了对全市按摩服务场所的清理整顿工作，取缔了一批违法经营场所，取得了可喜的成绩。此次活动分为3个阶段，即：(1)调查摸底阶段。经过核查，全市共有按摩服务场所10 036户，经过卫生许可登记的7 870户，其中美容美发7 103户，占90.25%；洗浴桑拿761户，占9.67%；足浴场所6户，占0.08%。按摩服务场所从业人员73 960人，其中本市人员18 069人，占24.4%；外地来京人员55 890人，占75.6%。(2)清理整顿阶段。此次联合行动，共查处按摩服务场所6 162户，占总数的61.40%。按照国务院《公共场所卫生管理条例》的有关规定，查处无卫生许可证或许可证过期的场所890户，消毒不合格1 241户，从业人员无健康证、卫生知识培训证4 439人。(3)总结验收阶段。本局组织对东城、西城、崇文、宣武、朝阳、海淀、丰台、石景山8个城近郊区进行了对口验收检查，同时抽查80户，卫生许可证持有率达98%，从业人员健康证、卫生知识培训证持有率达到90%以上，执法文书出示率达90%，各单位卫生设施基本齐全。

（李　玲）

## 健康教育

**【继续落实平衡膳食健康促进活动计划】** 继续落实本市1998年提出的连续3年开展平衡膳食健康促进活动计划，年初制定并下发了《关于1999年度平衡膳食健康促进活动的安排意见》，并与北京市教委联合下发了《关于在我市中小学校卫生老师中普遍开展营养知识培训工作的通知》。6月，本局分别举办了区县健康教育专职人员、医院地段保健医生、健康促进学校校医参加的3期平衡膳食营养知识骨干培训示范班，共培训业务人员150人。（李　玲）

**【全市健康促进学校工作有序开展】** 3月，东城区的165中学、65中学、灯市口小学、西总布小学和西城区的161中学、顺城街一小、复兴门外一小等7所健康促进示范学校经过3年的努力，通过世界卫生组织的金奖验收，获得世界卫生组织颁发的健康促进学校金牌。到目前为止，全市通过验收的金牌校7所、银牌校4所、铜牌校28所。全市城区有107所学校参与争创健康促进学校工作，占城区学校的5.4%，东城、西城两区健康促进学校覆盖面为39%。此项工作逐步扩大到大学领域，其中在清华大学等大学中开展的健康促进工作是健康促进学校工作的延伸，填补了国内外空白。（李　玲）

## 劳动卫生与职业病防治

**【修订《北京市职业性健康检查规范》】** 为切实做好本市职业性健康检查工作，依据《北京市职业病防治卫生监督条例》以及《北京市职业性健康检查管理办法》，参照卫生部《职业性健康检查规范》（卫监发［1997］第60号），对原有《北京市职业性健康检查规范》进行了修订，并于1999年2月8日起执行。

（王艳春）

**【《北京市建设项目职业危害预评价机构资质认证管理办法》出台】** 为规范本市建设项目职业危害评价机构，本局组织起草了《北京市建设项目职业危害预评价机构资质认证管理办法》，经过多次修改定稿后，报市政府法制办备案，并于7月19日正式下发施行。该办法的出台，为真正贯彻“预防为主”的方针，使本市行政区域内新建、改建、扩建、技术改造、技术引进项目可能产生的职业危害得以有效控制，对技术评价机构进行了把关。（王艳春）

**【本市首家民用产品安全健康质量监督检验站通过质量认证】** 为了促进首都科技园区和高新技术产业的发展，全面贯彻实施《中国21世纪议程》提出的“安全、健康、环保（SHF)”的可持续发展战略任务，保持首都居民身心健康，加快与国际市场规范接轨，争取早日加入世界贸易组织（WHO)，充分体现首都为中央和国际友人、人民群众服务的精神，经北京市卫生局和北京市技术监督局的共同努力，在市科委和自然科学基金委员会的支持下，经过一年多的筹备，在市劳动卫生职业病防治研究所毒性检测中心的基础上成立了北京市民用产品安全健康质量监督检验站，并于9月23—24日通过了质量认证和计量认证考核，建立起本市民用产品安全健康质量管理体系。

（王艳春）

## 食品卫生

**【加强小型餐饮业卫生管理】** 根据1999年市政府环境综合整治工作要求，按照本局印发的《北京市小型餐饮业生产经营场所及设施卫生标准》，各区县卫生行政部门经过对辖区内小型餐饮业的整顿工作，已使本市小型餐饮业食品卫生面貌有了很大改善。截止12月31日，全市共有小型餐饮业户14 801家，其中，城近郊区有8 687家，远郊区县有6 114家，通过整顿的分别占各自总户数的97%和96%，还有约4%左右的小型餐饮业户未完成整顿工作。在经过整顿、改进设施符合卫生标准后换发卫生许可证的一部分小型餐饮业中，卫生状况和总体管理的水平还存在一定的差距。为此，全市要求在1999年整顿成果的基础上，今后仍要继续抓好小型餐饮业的监督检查工作，防止反弹（1999年各区（县）小型餐饮业整顿情况见附表）。

（刘炳轩）

附表：

**1999年各区（县）小型餐饮业整顿情况统计表**

| 地　区 | 餐饮业总户数 | 完成情况 | | | 未完成情况 | | | 完成百分比（%） |
|---|---|---|---|---|---|---|---|---|
| | | 换证户 | 注（吊）销户 | 完成户 | 未换证户 | 未注（吊）销户 | 未完成户 | |
| 东城区 | 1629 | 1325 | 294 | 1619 | 0 | 10 | 10 | 99 |
| 西城区 | 1069 | 714 | 258 | 972 | 97 | 0 | 97 | 91 |
| 崇文区 | 688 | 450 | 102 | 552 | 56 | 80 | 136 | 80 |
| 宣武区 | 943 | 559 | 384 | 943 | 0 | 0 | 0 | 100 |
| 朝阳区 | 1921 | 1359 | 550 | 1909 | 12 | 0 | 12 | 99 |
| 海淀区 | 1101 | 630 | 471 | 1101 | 0 | 0 | 0 | 100 |
| 丰台区 | 924 | 608 | 316 | 924 | 0 | 0 | 0 | 100 |
| 石景山区 | 412 | 364 | 48 | 412 | 0 | 0 | 0 | 100 |
| 门头沟区 | 602 | 219 | 378 | 597 | 5 | 0 | 5 | 99 |
| 通州区 | 194 | 128 | 60 | 188 | 6 | 0 | 6 | 97 |
| 房山区 | 788 | 237 | 444 | 681 | 107 | 0 | 107 | 86 |
| 燕山区 | 130 | 73 | 30 | 103 | 27 | 0 | 27 | 79 |
| 昌平县 | 909 | 783 | 126 | 909 | 0 | 0 | 0 | 100 |
| 大兴县 | 1018 | 559 | 376 | 935 | 29 | 54 | 83 | 92 |
| 顺义县 | 681 | 508 | 173 | 681 | 0 | 0 | 0 | 100 |
| 怀柔县 | 499 | 360 | 139 | 499 | 0 | 0 | 0 | 100 |
| 平谷县 | 330 | 150 | 144 | 294 | 0 | 36 | 36 | 89 |
| 密云县 | 611 | 395 | 216 | 611 | 0 | 0 | 0 | 100 |
| 延庆县 | 352 | 296 | 51 | 347 | 5 | 0 | 5 | 99 |
| 合　计 | 14801 | 9717 | 4560 | 14277 | 344 | 180 | 524 | 96 |

# 爱国卫生运动

**【以“建设文明卫生城市，迎接建国50周年”为主题的爱国卫生活动成绩显著】** 为了高标准地完成建国50周年大庆保障工作，本市1999年的爱国卫生工作以迎接全国第四次城市卫生检查为动力，积极开展了“创建文明卫生城市，迎接建国50周年”活动。首先是根据市政府“建首善、争一流”的指示精神，参照国家卫生城市标准，制订了适合于本市的《北京市建设文明卫生城市标准》，这个标准涉及市政建设、环境保护和公共卫生等多个学科，经多次讨论，得到有关专家的肯定。其次是下力量抓基础、抓基层并采取“抓点、带面、联线”的具体做法，抓出了各具特色的“精品街”和“精品单位”，评出了1 679 742户“卫生之家”和79 806个“卫生楼门(院)”，分别占全市总数的32%和11%。东城、西城等区及时召开了现场会，推广先进经验；中直和中央国家机关、市一商、二商集团、市公交总公司、交通局、环保局、首都机场、北京西站等系统或单位也多次召开工作会，对照标准开展自查；市整治办、规划、市政、园林、环卫等部门通力协作，共拆除各类违法建设417万平方米，撤销各类占路市场157个。至7月中旬，全市卫生状况和城市环境卫生面貌达到了历史最佳水平。得到全国城市卫生综合检查团的高度评价。从而，使本市在全国第四次城市卫生综合检查评比中进入全国卫生先进城市行列。（赵道安）

**【重点人群的控烟工作取得显著成绩】** 为了进一步降低中、小学生这一重点人群的吸烟率，市爱卫会与市教委合作抓了现有1 000余所“无烟学校”的巩固提高工作。通过对40余所“无烟学校”抽查结果显示，“无烟学校”都能达到标准。除此之外，在中、小学校普遍开展的“拒吸第一支烟”的主题班会录像评比，又有46所中、小学校获得奖励；1 600多所中、小学开展了“让青少年生活在无烟的世界”征文比赛，评出108篇获奖作品，并收入《北京市中小学控烟征文优秀作品选》。（邹积滢）

**【爱国卫生立法工作取得了突破性进展】** 为了使除四害工作适应社会经济发展的需要，《北京市除四害工作管理规定》于8月17日经市人民政府第34次常委会通过，并于9月1日起正式施行。这一举措，使本市的除四害工作走上了法制化管理的道路，是爱国卫生工作史上的又一重大事件。为了执好法、用好法，市爱卫会制订了《北京市爱国卫生执法文书使用规范》，并在11月下旬举办的除四害监督员培训班上进行了讲解。此后，各区、县也先后举办了除四害监督员培训班，重点学习了《行政处罚法》和《行政复议法》等相关法规。为了使《规定》家喻户晓，各级爱卫会利用1999年第十一个城市清洁日在全市范围开展了“把规定送进万店千家”宣传活动，不少主管区、县长冒着初至的寒风挨门挨户送《规定》，受到了群众的好评。（赵道安）

**【大力开展除四害工作，防止流行性出血热等疾病的传播】** 1999年，各级爱卫会针对一度在本市散发的流行性出血热疫情，从年初开始，组织群众进行了春季灭鼠、夏季灭鼠和冬季灭鼠等持久性的灭鼠巩固工作。全年投放鼠药300余吨，有效地控制了鼠密度，防止了流行性出血热的传播。与此同时，还发动群众添置和修缮了防鼠设施。经过努力，在全国城市卫生检查期间，食品制售单位和重点场所的防鼠设施合格率96%，达到了国家有关标准。为了防止蟑螂对居民和部分社会单位造成危害，创建灭蟑先进市，7、8月份市爱卫会根据有关部门的蟑害状况调查，在全市开展了适度规模的灭蟑活动。重点地区或重点单位共投放灭蟑药物65吨。在9月份的全国城市卫生检查中，北京已达到了灭蟑先进市水平。

（于传江）

**【继续实施农村改水、改厕和卫生村建设】** 一是加快70、80年代旧水厂（站）的更新改造步伐，结合规划大力兴建以乡镇为中心的联村水厂。二是继续扩大农村自来水受益面，开展农村改水扶贫工程。1999年共投资3 723万元，其中市财政投资400万元。兴建了71座农村水厂，使91个村、75 049人受益。三是进一步加强了农村改厕项目的管理，制定了经费的使用办法和有关考核办法，提高了粪便无害化处理率。1999年，全市农村改厕人口享有率达到77.27%，比1998年增长6.07%；粪便无害化处理率达到38.85%，比1998年增长1.5%。随着农村经济的发展，改厕工作已由村干部劝说型进步到农民自觉型，发生了质的变化。（赵道安）

# 妇幼卫生

**【1999年妇幼卫生工作】** 北京市采取有针对性的措施将孕产妇、婴儿死亡率保持在较低水平，达到了预期目标，孕产妇死亡率控制在20/10万以内；婴儿死亡率控制在8‰以内。全市孕产妇保健系统管理率77%，比上年提高近10%，儿童保健系统管理率达80%以上。妇幼保健机构建设成绩显著，基本完成了“九五”期间妇幼保健机构的建设任务。北京市妇幼保健院已完成一期工程建设，并于年底启动二期门诊楼工程。对新申报的3家爱婴医院及4家爱婴卫生院和已取得爱婴医院称号的2所医院进行了评估检查。为宣传表彰妇幼卫生工作所取得的成就，北京市卫生局党组做出决定，号召全市卫生系统弘扬首都妇

幼卫生工作精神，向林传家、胡亚美、黄醒华、王砚英学习；召开首都妇幼卫生工作者表彰暨先进事迹报告会；编写了北京妇幼卫生50年纪念画册。

（肖　珣）

**【召开北京市孕产妇死亡市级评审会】** 1999年北京市共死亡孕产妇11人，本处全年组织孕产妇市级评审两次。孕产妇户口分布在海淀、昌平、门头沟、丰台、顺义、怀柔、密云、宣武、西城9个区县；死亡时间主要集中在前三个季度；死亡地点主要在二级以上医院。经北京市级孕产妇死亡专家组评审，11例死亡最终原因分别为：产后出血3例，肺栓塞2例，羊水栓塞2例，脑水肿、脑疝2例，白血病1例，感染性休克1例。直接产科因素导致的死亡已由第一位变为第二位，更多的是因妊娠合并症而死亡。死亡疾病谱既有发展中国家的死亡模式，如产后出血、感染等，也有发达国家的模式，如脑病、肺栓塞等（在美国因肺栓塞死亡的人群已成为全国人口死亡的第三位）。市级专家组评审结果，1999年11例孕产妇死亡中可避免死亡3例，创造条件可避免死亡5例，不可避免死亡3例。　（刘　钢）

**【召开北京市降低孕产妇、婴儿死亡工作会】** 针对1—5月全市孕产妇死亡上升的趋势，本局于6月2日召开了有各区县卫生局长、北京地区三级医院院长参加的北京市降低孕产妇、婴儿死亡率工作会。在会上，市妇女保健所、市儿童保健所通报了1—5月份全市孕产妇、婴儿死亡情况及存在的问题，再次强调了重视降低孕产妇、婴儿死亡率的意义与重要性，要求各区县及时采取切实有效的措施，动员一切卫生资源，避免孕产妇死亡的发生。会上下发了《北京市高危孕产妇管理规定》和《北京市高危孕产妇转会诊网络》等降低孕产妇死亡率措施文件。

（刘　钢）

**【北京市爱婴医院、爱婴卫生院评审及爱婴医院复审】** 8月27日—9月1日，北京市爱婴医院评审组对爱婴医院、爱婴卫生院进行了抽查评估。

本次爱婴医院检查是根据卫生部关于全国爱婴医院检查的通知精神，要求各省市对爱婴医院进行检查，特别是禁止母乳代用品在医院的宣传销售。新评爱婴医院3家、爱婴卫生院4家、复查爱婴医院2家，本次检查重点是医院产科关于《母乳代用品销售管理办法》和《爱婴医院十条标准》及爱婴医院规章制度的落实情况。同时各区县卫生局都对驻区医院进行了检查，某些区县还组织了夜查爱婴医院工作。

（刘　钢）

**【母乳喂养宣传周活动】** 8月1—7日是“世界母乳喂养周”，国际母乳喂养行动联盟倡导的活动主题是：“母乳喂养——终身教育”。为了积极参与这一全球性的保护儿童健康活动，将爱婴医院和母乳喂养行动进一步推向社会、社区和家庭，本市根据卫生部《关于开展“世界母乳喂养周活动”的通知》精神，结合北京实际情况，做了具体的安排。

为了宣传母乳喂养的好处及儿童营养知识，启发人们对母乳喂养的经济效益与儿童健康的认识，以激发全社会保护及支持母乳喂养的行动，在母乳喂养宣传周期间，各区（县）卫生局围绕主题，利用广播、录像、报纸、标语、黑板报等多种形式，广泛宣传母乳喂养和创建爱婴医院与促进儿童健康的成果，使大家认识到母乳喂养在多方面对社会都有好处，并且有很好的经济价值，无论家庭还是政府通过支持母乳喂养都可以节省开支，使儿童获得最好的健康投资。在母乳喂养宣传周期间全市共出板报约400块，标语横符100多条，发放宣传品2万多份，全市接受咨询人数2万多人，设立咨询台100多个。　（刘　钢）

**【组织跨世纪宝宝活动】** 为迎接2000年的到来，本局在北京妇产医院组织了迎接跨世纪宝宝活动。2000年1月1日0时04分跨世际宝宝张一鸣降生，朱宗涵局长、郭积勇副局长为其颁发跨世纪宝宝证书并赠送了礼品，来自本市几十家新闻单位的上百名记者进行了采访。　（刘　钢）

**【继续加强北京市0—4岁儿童死亡评审工作】** 为了有效地降低儿童死亡率，使自上年开展的儿童死亡评审工作更加规范、有效，北京市0—4岁儿童死亡评审研讨会于6月28—29日在北京市卫生局延庆培训中心召开。

研讨会由北京市儿童保健所所长刘兰香教授主持。北京市儿童保健所王惠珊主任报告了1998年儿童死亡情况，并提出了降低儿童死亡率的几点措施：继续开展儿童死亡评审工作；加强对医疗、保健人员的培训；优化医疗资源，建立转会诊网络；提高孕期保健质量。北京市妇女保健所潘迎副所长介绍了孕产妇死亡评审开展10年来的经验和体会。北京儿童医院吴明昌教授对1998年较好的儿童死亡评审病例按死因顺位分新生儿窒息、早产低体重、先天畸形、感染儿部分进行讲解。北京协和医院赵时敏教授与其他专家组成员就两例疑难儿童死亡病例进行评审。专家组就当前评审工作中出现的难点问题进行讨论，取得了共识，管理组就目前的儿童保健工作进行了分析总结。　（郗淑艳）

**【北京市城近郊区托儿所、幼儿园卫生情况抽查】** 为保证广大儿童的身体健康，9月6—7日，市卫生局妇幼处与市儿童保健所对城近郊区的托儿所、幼儿园卫生情况进行抽查。抽查结果显示：大部分园所都可以做到证件齐全，避免交叉污染，注意库房卫生，严格餐具消毒，总体情况好于往年，切实保障了园所内儿童健康成长。对个别园所存在的问题，检查人员当场反馈指正。（郝淑艳）

**【北京市推广儿童口腔保健进入社区】** 龋病被世界卫生组织认定为除心血管疾病和恶性肿瘤之外的第三大重点防治的非传染性疾病之一，特别是儿童乳牙发病情况严重，是我国龋病防治的重点之一。为将海淀区妇幼保健院进行学龄前集体儿童的龋病防治工作经验向全市推广，北京市口腔保健进入社区现场会于11月30日在海淀区召开。海淀区妇幼保健院口腔科主任做了题为“发挥妇幼保健优势，开展集体儿童口腔保健工作”报告，介绍海淀区妇幼保健院发挥保健优势，以保健网为依托，开展多层次立体的口腔健康教育，进行三级综合防治，加强质量控制管理，使在园儿童口腔健康状况显著改善。与会人员还参观了海淀区妇幼保健院口腔科。乐园式口腔候诊室，快乐的毫无惧怕心理的就诊儿童，先进的仪器设备，高素质高水平的医疗保健人员给大家留下深刻的印象。通过参观海军直属第二幼儿园及北医三院幼儿园，大家了解到区妇幼保健院统一印制了《儿童口腔保健手册》，监测儿童口腔状况；派口腔科医师到园进行龋齿防治；保健医师在园进行健康教育，使口腔保健意识深入人心，许多家长已把是否开展口腔保健工作做为选择幼儿园的标准。

据北京口腔医院1995年调查显示，学龄前儿童龋齿患病率75.56%。面对这一严峻形势，会上市卫生局要求全市其它区县均要学习海淀区的先进经验，开展儿童口腔保健工作，进一步降低儿童龋齿患病率。（郝淑艳）

**【北京市新生儿疾病筛查工作进行10年总结】** 北京市新生儿疾病筛查工作开展已10年，北京市新生儿疾病筛查工作会于10月21日在中国妇女活动中心召开。

会上下发了《北京市新生儿疾病筛查管理办法（试行）》及《新生儿疾病筛查采血工作常规》、《新生儿疾病筛查可疑病例的追访管理常规》、《先天性甲状腺功能低下诊疗常规》、《苯丙酮尿症诊疗常规》，使该工作更加规范。

市卫生局妇幼处任正梅及北京市新生儿疾病筛查中心代表对10年来北京市新生儿疾病筛查工作从管理及业务两方面进行了总结。10年中共筛查533 687名新生儿，筛查率96.4%，确诊患儿123名，大部分小儿由于北京市卫生局提出优惠诊治办法，即拨专款对苯丙酮尿症患儿免费提供治疗奶粉，减免先天性甲状腺功能低下患儿部分检验费用，并经北京市新生儿疾病筛查中心治疗体格发育和智力发育达正常水平，有效地减少了先天性残疾儿的发生。北京市卫生局副局长郭积勇到会并讲话，对10年来新生儿疾病筛查工作取得的显著成绩给予肯定，指出了工作中存在的问题。

10年来筛查网逐步健全，筛查率显著提高，筛查质量不断改善，而如何使工作向更深层次、更高水平发展已摆到议事日程上。北京市新生儿疾病筛查中心准备开展苯丙酮尿症中恶性苯丙酮尿症的鉴别诊断及苯丙酮尿症患儿的基因分析研究。（郝淑艳）

**【北京市命名10所卫生保健示范幼儿园】** 为了加速托幼园所管理的科学化进程，本局与市教委共同制定了北京市托儿所幼儿园分级分类验收标准和细则，同时对90多所幼儿园所进行了验收，使保健人员的素质有了提高，保健力量得到加强，保健设备得到改善，保健工作水平明显提高。

由于广大托幼卫生保健工作者的努力，儿童保健工作取得了很大成绩，但全市各类型托幼园所卫生保健工作发展很不平衡。随着改革的深入及群众卫生保健观念的更新，托幼卫生保健面临着新的挑战。为了进一步加强托幼机构卫生保健工作的管理，提高卫生保健工作质量，保障和促进学龄前儿童身心健康，本局决定建立卫生保健示范幼儿园，以点带面促进全市托幼机构卫生保健工作整体水平的提高。此次命名的10所示范幼儿园是北京市儿童保健所依据本局颁布的条件对各区县推荐的18所一级一类幼儿园进行筛选、验收，向本局申报，并由本局审批的。

（任正梅）

**【做好出生缺陷监测干预工作，提高出生人口素质】** 为落实《中华人民共和国母婴保健法》和《北京市实施〈中华人民共和国母婴保健法〉办法》，实现90年代儿童发展规划纲要主要目标“大幅度减少残疾儿童出生率”，本市于1998年7月全面启动减少出生缺陷发生实施综合干预工作方案。1999年8月本局组织专家对出生缺陷监测干预工作进行全面质控调研。

结果显示：领导重视、组织落实是做好出生缺陷监测干预工作的关键。管理规范、培训到位是做好出生缺陷监测干预工作的质量保证。

通过此次质控调研发现一些问题，已在积极纠正。

1. 群众自我保健意识还不够强，应加强宣传教育使广大妇女了解并接受在婚后准备怀孕期到怀孕后3个月服用0.4毫克叶酸增补剂（斯利安）用于预防神经管畸形的发生。

2. 加强孕中期的保健，特别是B超的检查。有一部分缺陷儿的引产超过了28周，因而应严格做好怀孕20至24周的B超检查，及早筛出畸形儿，及早终止妊娠。监测、干预各项记录有的单位填写欠完整，还有漏报及一些概念性不清的问题，因而应加强专业队伍建设和管理。（刘淑贞）

**【开展北京市孕产妇、儿童保健系统管理工作检查】** 为了更好地贯彻《中华人民共和国母婴保健法》，落实《九十年代中国儿童发展规划纲要》重要目标——降低孕产妇、婴儿及5岁以下儿童死亡率，由北京市卫生局妇幼处、北京市妇女保健所、儿童保健所组成的检查组于10月26日—11月10日对北京市18个区县的孕产妇、儿童保健系统管理工作进行了检查调研。

检查组人员通过听汇报、与主管领导及有关工作人员座谈、看文件、查资料和病历纪录、去抽到的基层医院实地检查、群众问卷，对全市孕产妇、儿童保健系统管理工作进行了全面了解。

检查结果：孕产妇保健系统管理第一名：顺义区；第二名：东城区、崇文区、通州区；第三名：西城区、海淀区；第四名：宣武区；第五名：朝阳区、丰台区。儿童保健系统管理第一名：东城区、崇文区；第二名：西城区、大兴县；第三名：朝阳区、顺义区；第四名：海淀区；第五名：丰台区。进步明显区县：门头沟区。

这次检查真实全面地反映了全市孕产妇、儿童保健系统管理工作的现况。（李　辉）

**【召开北京市妇幼卫生界庆祝建国50周年座谈会】** 9月28日，本局召开北京市妇幼卫生界庆祝建国50周年座谈会。著名儿科专家、中国工程院院士胡亚美和北京妇产医院、首都儿科研究所、北京市妇女保健所、北京市儿童保健所、北京市计划生育技术研究指导所的领导、专家及新闻记者20余人参加了会议。

会议回顾了全市50年来妇幼卫生工作的巨大成就，热情颂扬了伟大社会主义祖国，畅谈了迎接新世纪的感想。市卫生局领导到会并讲话，感谢各级领导和专家对妇幼卫生工作做出的重要贡献，希望大家以更优异的成绩迎接21世纪。（刘淑贞）

**【宣传表彰妇幼卫生工作者】** 12月27日，在中山公园音乐堂召开了“弘扬首都妇幼卫生工作精神，表彰妇幼卫生工作者暨先进事迹报告会”。全国人民代表大会常务副委员长彭珮云、卫生部副部长彭玉、全国妇联副主席刘海荣、北京市委宣传部副部长何卓新、北京市人大副主任陶西平、北京市副市长刘敬民、卫生部基层卫生与妇幼保健司司长李长明等领导及全市妇幼卫生工作者近千人参加了报告会。

报告会由市卫生局副局长史炳忠主持。市卫生局局长、党组书记朱宗涵宣读中共北京市卫生局党组关于《弘扬首都妇幼卫生工作精神，向林传家、胡亚美、黄醒华、王砚英同志学习的决定》。与会领导向从事妇幼卫生工作50年及保健工作30年的工作者颁发了荣誉证书及奖品。向4位先进妇幼卫生工作者敬献鲜花。另外，分别做了有关林传家、胡亚美、黄醒华、王砚英同志的题为《平凡铸就辉煌》、《一切为了孩子》、《生命无价》、《把挚爱献给母亲儿童》的报告。（郝淑艳）

# 初级卫生保健

**【市政府召开1999年社区卫生服务工作会议】** 5月28日，市政府在京丰宾馆召开了1999年北京市社区卫生服务工作会议。市政府办公厅、市计划、财政等有关委办局的主管局长、10个城近郊区的主管区长、区政府街道办主任、卫生局局长、主管局长、各委办局领导及中央、市属医院领导等200多人参加了会议。刘敬民副市长到会并讲话；市卫生局金大鹏副局长做了题为《以服务为导向，以改革为动力，促进我市社区卫生服务工作的发展》的工作报告。朝阳区区政府、宣武区计生委、广外街道、方庄社区卫生服务中心等单位分别从不同角度向与会者介绍了社区卫生服务工作的经验与体会。同时，会上还下发了《关于发展社区卫生服务，加快基层医疗改革的指导意见（征求意见稿）》、《关于北京市全科医生培训工程的实施意见（征求意见稿）》、《关于下发第二批社区卫生服务站纳入公费医疗、劳保医疗报销范围及资格认定医师名单的通知》、《关于社区卫生服务站做好计划生育指导服务的通知》和1999年社区卫生服务工作要点等文件。（吴永浩）

**【北京市试行社区高血压“医患合作”管理模式初见成效】** 为了加强对本市高血压病人的规范管理，提高广大市民的自我保健意识，探索一条适合中国国情的社区控制高血压的经济有效途径，1999年本市在社区试行推广了高血压“医患合作”管理模式。此次活动在北京8个城近郊区及4个企业单位筛检了近1万名高血压病人，由经过严格培训的社区医生随访管理。研制了高血压教育与随访挂历，社区医生建立起与病人的定向联系，每月按时随访，医患双方共同观察治疗结果，修改治疗方案，形成合作式管理模式。一年来的实践表明，病人的健康行为逐步改善，平均月随访率和遵医服药率都达到80%以上，血压控制（<140/90mmhg）率在28—50%之间。社区医生对9 751例高血压合并糖尿病、脑卒中、冠心病、肾损害、眼底视网膜动脉改变的病人的疗效及预后坚持密切追踪，并对其医药费用状况在年底进行了总结、分析。（吴永浩）

**【社区卫生服务规范化管理系列活动在本市全面展开】** 为了加强社区卫生服务的规范化管理，提高社区卫生服务人员的素质，促进社区卫生服务的发展，市卫生局基层卫生处与中华医学会等单位在全市社区卫生服务站开展了社区卫生服务规范化管理系列活动。在此次活动中，为本市146家审批合格的社区卫生服务站和社区卫生服务中心统一安装了社区卫生服务标志灯箱，配备了健康教育宣传栏，定期以文字、图片等形式对广大居民进行健康知识宣教，并统一印制了社区卫生服务人员胸卡。配合此次活动还开展了全市社区健康台阶——高血压宣传周活动。

（吴永浩）

**【为市民赠送1999年“健康礼物”——《北京人奔向2000年健康自助卡》】** 由北京市卫生局与北京晚报联合发起的《北京人奔向2000年健康自助卡》活动，是北京市“做现代文明北京人”活动以及北京人跨世纪健康行动之一，旨在引导百姓学会健康自助，实现“人人享有健康”的目标。

1月27日，北京人“奔向2000年健康自助卡发行暨北京市社区卫生服务站为健康自助卡配套服务启动仪式”在人民大会堂举行，仪式上宣读了李志坚同志为自助卡撰写的前言，为全市社区卫生服务站、中国科学院和中国工程院院士代表赠发健康自助卡。“健康自助卡”配套服务活动自1月27日起在全市社区卫生服务站正式启动。据不完全统计，此次活动中有25万余人享受到了优质的社区卫生服务。

（吴永浩）

**【加强社区卫生服务工作管理】** 为了加强首都卫生系统精神文明建设，深化医疗机构改革，提高医疗质量，改善服务态度，1999年本市在卫生系统三级医院和130个社区卫生服务站开展了行业规范化服务达标活动。使本市社区卫生服务站的规范化服务程度有了很大提高，社区卫生服务满意率达到了99%。

（吴永浩）

**【卫生部领导视察本市社区卫生服务工作】** 卫生部彭玉副部长、科技教育司、人事司、基层卫生与妇幼保健司、医政司及有关专家一行10人，于4月8—9日对北京社区卫生服务及全科医师培训等情况进行了调研。此次调研采取了专题汇报、实地考察、座谈会、问卷调查等方法。调研组领导认真听取了本局关于社区卫生服务工作进展、全科医生培训等情况及首都医科大学全科医学培训中心关于如何发挥高等医学院校作用，发展全科医学教育的汇报；对首都医科大学全科医师培训中心、三里河社区教学基地及两个社区卫生服务站进行了实地考察（西城区复兴医院汽南社区卫生服务站、宣武区陶然亭姚家井社区卫生服务站）；深入居民家中进行了社区卫生服务需求和满意度的调查；召集了市卫生局有关处长、部分区县卫生局领导、首医大有关同志、社区卫生服务站站长等参加的社区卫生服务座谈会，就社区卫生服务如何开展、社区卫生服务的组织结构、服务内容、全科医师的培训、全科医师的职称评聘等问题进行了广泛的讨论。（吴永浩）

**【北京市农村合作医疗考核验收】** 2月8—9日，市政府农林办公室、市卫生局联合对本市14个郊区县1998年度农村合作医疗工作进行了验收考核。14个区县财政局、经管站、合作医疗办公室等部门的70余人组成了此次考核验收小组，对本市农村合作医疗工作1998年开展情况进行了认真细致的检查验收。（吴永浩）

**【召开北京市农村合作医疗半年工作总结及经验交流会】** 9月13日，市政府召开了1999年度农村合作医疗半年工作总结及经验交流会。全市14个区县的主管区县长、政府办公室主任、农委（办）主任、卫生局局长和主管局长、区县合作医疗办公室主任等150余人参加了会议。会议由市农林办王振业同志主持，市卫生局副局长金大鹏对本市1999年上半年农村合作医疗工作进行了总结，并针对合作医疗工作提出了具体要求。会上怀柔县政府做了题为《低水平、广覆盖、多受益、抗风险，怀柔县合作医疗工作实施情况》的经验介绍。此次会议以怀柔县合作医疗“抗大病风险基金”的实施为切入点，深入分析了本市合作医疗工作的特点与难点问题，对加强合作医疗工作的组织管理，积极探索合作医疗可持续发展的新模式，推进农村卫生服务机构的配套改革等问题进行了深入的探讨。会后14个区县代表还分别参观了怀柔县庙城镇、雁栖镇的合作医疗卫生室。（吴永浩）

**【接待全国人大初级卫生保健立法考察】** 6月7—9日，由全国人大教科文卫委员会张怀西副主任委员带队一行8人，对本市农村初级卫生保健工作情况进行调研。分别走访了顺义区南法信卫生院、十里堡社区卫生服务站、豆店七里店村卫生室，并考察了东营乡改水、改厕情况。本局代表北京市向全国人大汇报了本市农村初保工作进展情况，市人大、政协等部门参加了座谈，针对全国初保立法等问题进行了专题讨论。（吴永浩）

# 中医事业管理

## 中医医疗

**【对6所三级中医医院进行行风检查】** 为了配合全市进行的规范化服务达标活动，进一步加强中医医院规范化服务，本局于7月14—15日对中国中医研究院西苑医院、中国中医研究院广安门医院、中国中医研究院望京医院、北京中医药大学附属东直门医院、北京中医医院、北京市宣武中医医院6家三级中医医院的规范化服务情况进行了检查。检查组由市中医管理局领导、干部和部分中医医院主管行风的领导组成。检查方法采取不预先通知医院，由各组按照“北京地区三级医院规范化服务标准”下科室查病房检查医务人员的医疗技术操作情况，通过征询病人意见的方式检查服务质量问题。通过这次检查发现各医院存在着以下主要问题：在医疗服务中态度生硬，无主动迎候病人，部分医院还存在使用禁语现象；咨询台设置不规范，咨询人员对医院情况不熟悉；个别医务人员着装不整洁，未佩戴胸卡；门诊仍有脱岗现象；药房工作处方复核制度不完善，服务不到位；住院处不能给患者提供明细帐；医院卫生总体情况还好，但仍然存在卫生死角。

检查组就上述检查中发现的问题向各医院进行了反馈，要求医院加强管理，予以改进。（谭　鹏）

**【市中医管理局启动综合（专科）医院中医科创建示范中医科活动】** 为充分发挥综合（专科）医院中医队伍在医院医、教、研中的作用，进一步加强中医行业管理，在对本市综合（专科）医院中医科现状调研基础上，12月北京市中医管理局启动了本市综合（专科）医院中医科创建示范中医科的活动。

为此，市中医管理局医政处在广泛征求专家意见基础上，制定了详实可靠的“方案”，采取招标方式，对申报创建示范中医科的综合（专科）医院进行实地考察，查阅相关资料、病历，了解科室发展方向、总体规划、示范科带头人及梯队建设等情况，明确创建示范中医科必须紧密结合本院重点领先学科充分发挥中医药的作用，进行综合评审。

经过专家组评审及北京市中医管理局确认，首都医科大学宣武医院、北京红十字朝阳医院、北京儿童医院、北京市回民医院等6家医院中医科被认定为北京市第一周期综合（专科）医院创建示范中医科的建设单位。在今后3年建设周期内，市中医管理局将每年对其达标进度进行检查，以确定第二年的经费支持力度。（何丽荣）

**【顺义区被批准为“全国农村中医工作先进县”】** 12月24日，北京市中医管理局受国家中医药管理局的委托组织专家对顺义区创建“全国农村中医工作先进县”的工作进行了评审验收。2000年1月1日国家中医药管理局下发了《关于批准北京市顺义区为“全国农村中医工作先进县”的通知》（国中医药［2000］1号）。北京市顺义区跨入“全国农村中医工作先进县”行列。

顺义区是1996年被确定为“全国农村中医工作试点县”建设单位的，区委、区政府高度重视创建工作，成立了顺义区振兴中医工作领导小组，制定了《建设农村中医工作先进县实施方案》，实实在在地解决本区中医药事业发展的具体困难，定期开会，现场办公，把中医工作列入区、镇政府工作的目标和整体发展规划，本着改革、发展、求实的思路，资源优化配置，布局科学合理，优势相对集中，网络覆盖全区，因地制宜，使中医事业健康发展。在顺义区中医院这个“龙头”的建设中，共投入上千万元，完成基础设施建设，极大地改善了硬件环境。区政府表示要把得到荣誉称号作为工作的起点，继续重视支持中医事业，巩固成果，不断探索新形势下农村中医工作的新思路、新方法、新机制，为保障人民的健康，建设有中国特色的社会主义卫生事业做出新贡献。

（屠志涛）

## 中医、中西医结合科研工作

**【市中医管理局1999年度中医药科技成果评审工作结束】** 北京市中医管理局1999年度共收到中医药科技成果申报项目32项，召开科技成果鉴定会20

个，科技专著 7 项，函审鉴定 5 项。有 31 项通过了专家鉴定。其中，北京友谊医院王宇等完成的《中药腹腔灌洗治疗大鼠重症胰腺炎作用机制的实验研究》、次秀丽等完成的《SIRS 时胃肠功能损伤诊治的研究》、马麟麟等完成的《清血颗粒治疗肾移植术后红细胞增多症的临床实验研究》、马红等完成的《复方 861 对肝星状细胞增殖、胶原合成及降解干预作用的体外研究》，首都医科大学王秀琴等完成的《实验性脾虚证消化障碍机理的组织学研究》，北京口腔医院孙正等完成的《增生平对口腔癌预防作用的研究》，北京市药品检验所王旭等完成的《2000 年版药典 7 个品种质量标准的研究》，北京市中医研究所陈飞松等完成的《中药健脾益气清热解毒活血法防治胃癌癌前病变的作用机理研究》，北京中医医院郁仁存等完成的《中医肿瘤学》、李乾构等完成的《中医胃肠病学》等获专家好评。

与此同时，北京友谊医院王宇等完成的《中药腹腔灌洗治疗大鼠重症胰腺炎作用机制的实验研究》等 21 项成果申报参加 1999 年度北京市科技进步奖评审。

（周建穗）

**【市中医管理局 1999 年度共承担课题 91 项】** 1999 年度，北京市中医管理局共承担各级各类课题 91 项。其中，国家级 3 项，部（市）级 38 项，局级 50 项。

根据国家科学技术发展战略，结合北京市中医事业发展规划，北京市中医管理局进行了 1999 年度北京市中医药科技发展基金招标，全市共收到申报课题 99 项，经专家评议，择优立项，从中选择了 50 项作为局级重点课题支持，并实行合同管理。

为加强计划管理，市中医管理局对各级各类计划课题的执行情况均进行了年度检查。检查形式包括：填报"课题执行情况表"、召开专题汇报会等。检查后，根据执行情况，对计划课题的实施、经费使用等进行宏观调控，以保证课题按计划进行。

（祝　静）

## 中医教育

**【举办北京市《中华人民共和国执业医师法》及配套文件培训班】** 《中华人民共和国执业医师法》（以下简称《执业医师法》）的实施将我国医师的管理纳入科学的法制化轨道。为了认真贯彻《中华人民共和国执业医师法》及其配套文件的精神，保证北京市《执业医师法》的实施，使北京市的中医执业医师和执业助理医师资格考试及注册工作顺利展开，北京市中医管理局于 8 月 22—23 日在北京市卫生干部培训中心举办了北京市《执业医师法》及其配套文件培训班。参加培训人员为各区县卫生局局长、医政科长和主管中医医师资格考试的工作人员、各考点的主管院长和负责医师资格考试的工作人员。培训的内容主要是《执业医师法》及其配套文件（包括《执业医师法》、中华人民共和国卫生部令第 4 号《医师资格考试暂行办法》、第 5 号《医师执业注册暂行办法》、第 6 号《传统医学师承和确有专长人员医师资格考核考试暂行办法》、卫生部、人事部联合下发《具有医学专业技术职务任职资格人员认定医师资格及执业注册办法》）。培训班邀请了卫生部医政司、国家中医药管理局医政司、北京市卫生局医政处的有关领导，对《执业医师法》及配套文件进行了详尽的讲解，并对代表们提出的问题进行了答疑。　（王　欣）

**【北京市高等教育自学考试及民办学校中医专业毕业情况】** 全年共有 323 人参加了高等教育自学考试中医专业的临床实习和临床考核。考生在市中医管理局指定的实习医院进行了半年临床实践。经临床考核委员会的考核及专家的集体评判，共有 173 人通过了专科段考核，获得了中医专业大专毕业证书。

受北京市高等教育自学考试办公室的委托，市中医管理局对北京市民办学校参加北京市国家文凭考试中医专业的 203 名考生进行了临床考核，共有 122 人及格，获得了中医专业大专毕业证书。（祝　静）

**【本市中医药专业毕业及招生情况】** 北京市中医管理局所属院、所、校 1999 年度为本市培养各类中医药毕业生 374 人。其中北京市中医研究所培养硕士研究生 4 人；北京联大中医药学院培养中医本科毕业生 56 人，中医专科毕业生 71 人；北京市中医学校培养中专毕业生 243 人。

北京联大中医药学院和北京中医学校本年度共招收新生 440 人。其中本科类 109 人，大专类 96 人，中专类 237 人。北京联大中医药学院通过了市教委"北京市文明校园检查评估标准"，被授予"联大中医药学院文明校园"称号。北京市中医学校新建了六路双向遥控闭路电视教学系统和多媒体电化教学及装有 50 台微机的计算机室，添置了 60 万元的教学仪器设备。　（赵建宏）

**【北京市中医学校成为北京市中专骨干校】** 北京市中医学校自 1998 年初遵照国家教委关于"评选中专骨干、示范校"的部署，开展了"争创中专骨干校"的工作，该校在领导班子建设、师资队伍建设、学校精神文明建设、教学改革和管理等方面取得了显著进步。学校在自查自评的基础上，于 3 月向市教委申报参评北京市普通中等专业学校骨干校。12 月 21—23 日，市教委中等专业教育骨干校评选领导小

组组织评审专家对北京市中医学校争创骨干校工作进行了复评，并批准了北京市中医学校为北京市普通中专骨干校。（赵建宏）

**【北京市中医药继续教育按时完成本年度计划】** 本年度本市共举办中医药继续教育市级认可项目专题讲座69次，参加学习人数达12 500人次；举办中级专业技术人员进修班7期，高研班7期，共培训专业技术骨干531人。本市有12项中医药继续教育项目成为国家中医药管理局全国认可项目。如期完成了1999年度的各项继续教育计划。在对全市4 889名中医药人员的调查中，有4 440人参加继续教育学习，占被调查人数的91%；其中4 285人年内学习时间累计达72学时，占中医药人员的88%。本市中医药人员参加继续教育学习的比率已达90%以上。（赵建宏）

**【北京市中医住院医师培训和考核668人次】** 1999年度市中医管理局对全市中医住院医师进行了培训和考核。考试科目包括中医内科、中医外科、中医妇科及中医骨伤科等16门课程，共有668人次参加了考核。其中对公共必修课的《医学科研中的统计方法》、《中医文献检索及检索工具的应用》、《中医科学研究方法概论》进行了系统培训和辅导。培训在房山区、怀柔县、北京中医医院分别进行，全市统一组织辅导。该年度考试总及格率为81%。（张冬梅）

**【北京地区高等中医药院校临床教学基地评审工作结束】** 根据国家中医药管理局教高［1998］第57号文件《关于在全国开展高等中医药院校临床教学基地评审工作的通知》的精神，市中医管理局、市教委共同组织专家成立了北京市高等中医药院校临床教学基地评审专家委员会，制定了《北京高等中医药院校临床教学基地评审方案》，建立了“评估指标体系”和“评分标准”。

自4月20日—11月5日，对北京中医药大学东直门医院、中国中医研究院广安门医院、西苑医院、北京中医医院、北京第六医院、顺义区中医医院等19所临床附属和教学医院进行了评审。所有参评的临床附属和教学医院均十分重视此次评审工作，增加临床教学投入，规范教学管理，完善规章制度，真正达到了以评促建、以评促改的目的。（张冬梅）

**【完善北京市中医住院医师规范化培训文件】** 1999年度，市中医管理局对中医住院医师规范化培训工作进行了全面总结。在总结的基础上，对《北京市中医住院医师培训制度试行办法》及中医内、外、妇、儿、针灸科以及综合医院中医科、针灸科的培训细则进行了修订，并制定了中医眼科、耳鼻咽喉科、骨伤科、推拿科、皮肤科、肛肠科的培训细则。至年底已将所有文件汇编成册，即《北京市中医住院医师规范化培训资料汇编》。该书共135 000余字。（张冬梅）

# 医政管理

**【第五批援藏医疗队赴藏】** 5月24日，由北京天坛医院张玉琪、王群两名副主任医师组成的北京第五批援藏医疗队，赴西藏那曲地区人民医院，完成1999年卫生援助项目—协助西藏那曲地区人民医院做好评审前期的准备工作。北京市卫生局援助西藏那曲地区人民医院20万元人民币。（段 杰）

**【北京第二批对口支援医疗队赴内蒙】** 6月30日，根据“视觉第一中国行动”项目“医疗队实施方案”的要求，受“视觉第一中国行动”执行委员会中国残联项目办公室的委托和内蒙古自治区残联的邀请，北京市第二批对口支援医疗队赴内蒙古赤峰市，为边远、贫困地区白内障患者施行复明手术1 008例，同时为当地医院培养了能够独立完成人工晶体植入手术的医务人员。

本批医疗队由北京同仁医院、北京友谊医院、首都医科大学宣武医院、北京医科大学第一医院、北京医科大学人民医院、北京医科大学第三医院、北京协和医院、中日友好医院、北京麦格回医眼科诊所、北京复兴博爱眼科诊所10家医疗机构20名医护人员、北京同仁医院一辆防盲手术车及3名随车技术人员组成。（段 杰）

**【落实《执业医师法》，本市首次组织执业医师考试】** 根据《中华人民共和国执业医师法》、卫生部《医师资格考试暂行办法》的规定，北京市共有6 683名符合条件的考生报名参加考试。报名参加医师资格考试的考生经过实践技能考试，有6 125名考生通过，于11月20—21日参加了医学综合笔试，其中4 890人考试成绩合格，取得了医师执业资格。

《中华人民共和国执业医师法》规定“国家实行医师资格考试制度”，医师资格考试分为执业医师资格考试和助理执业医师资格考试。执业医师资格考试制度的优点是：第一，可以最大限度保证医师队伍的质量。第二，有利于医学院校不断改进教学，促进办学质量，培养出适合我国国情和跟上现代医学科学技术水平发展的医学人才。第三，实行医师执业资格统一考试制度，可以杜绝不具备医师水平的人员混迹医师队伍，危害人民生命健康。第四，我国医师队伍庞大，其中有医士可以晋升为医师，为了既发展医师队伍又保证这支队伍的质量，发挥医师作为我国医疗卫生事业主体的作用，保护人民的健康，亟需将医师的管理纳入科学的法制化轨道。第五，依法确立医师资格考试制度，又是适应改革开放新形势的需要。第六，近几年来，随着中外医学交流的发展，不断有境外医师来华从事医疗活动，也有中国医师到境外进行交流。为了维护国家主权，保护我国患者和医师的利益，促进中外医学交流的健康发展，需要确立一种与国际接轨的做法，需要确立国家医师资格考试制度。

（李跃凌）

**【建国50周年庆祝活动的医疗救护工作】** 北京市卫生局党组组成专门领导班子，并由医政处具体负责建国50周年庆祝活动的医疗救护工作。8月9日，市卫生局召开了由各区县卫生局主管局长、承担医疗救护任务的医院党政一把手及参加国庆活动医疗救护工作的医务人员参加的“首都卫生系统建国50周年庆祝活动医疗救护保障工作誓师动员大会”。会上刘敬民副市长讲话，金大鹏副局长做动员报告并部署具体工作，要求各级领导高度重视国庆活动医疗保障工作，一定要把国庆保障任务放在首位，确保国庆活动医疗保障工作万无一失。

各医院都挑选优秀的医护人员参加此项工作，并且拿出了性能良好的医疗仪器设备和急救车，配置了齐全充足的药品。

经过精心计划、周密安排，各医院通力合作，历经10次合练、彩排、预演和正式庆祝活动，累计派出医疗点232个，医护人员1 674人次，共救治患者4 890人次，转入医院继续治疗的患者29人。未发生一起医疗意外事故。（李超英）

**【完成迎澳门回归活动的医疗保障任务】** 12月20日晚，北京市政府在天安门广场举行迎接澳门回归祖国大型文艺庆典活动，近3万人参加。北京市卫生局共派医疗点7个，医护人员40名，他们冒着零下12度的严寒为前来就诊的患者热情周到地服务。

（李超英）

**【完成迎接新世纪活动的医疗救护任务】** 12月31日晚，在中华世纪坛举行了迎接新世纪活动，国家主席江泽民、海内外各界人士、各级领导及群众数万人参加。为确保活动安全、隆重、热烈地顺利进行，北京市卫生局共派医疗点8个，医护人员45名。圆满地完成了医疗救护任务。（李超英）

**【积极开展规范服务达标活动】** 为了加强行风建设，规范医院窗口服务，提高医疗护理服务水平，本市在三级医院开展了规范服务达标活动。厂矿系统有铁路、燕化、矿务局、首钢、电力、安康、煤炭、邮电、酒仙桥、721、博爱等11家医院参加了此次活动。共向病人发放满意度调查表330份，满意率达90%以上。（杨正莩　刘爱民）

**【加强卫生系统信息化工作，解决计算机2000年问题】** 为了加强北京卫生系统信息化工作，解决计算机2000年问题，在统一布置下，医管办组织厂矿系统一、二、三级共56家医院进行了计算机2000年问题的自查及抽查工作，为防范可能出现的2000年问题做了大量准备工作。（杨正莩　刘爱民）

**【加强特需病房管理，规范收费标准】** 为了加强特需病房的管理，规范收费标准，按物价处的统一安排，医管办对邮电、建工、402、721、电力、工疗、酒仙桥、煤炭、公安、民康、交通、361、矿务局、化工、博爱、燕化等16家医院进行了检查验收，多数医院达到了验收标准。（杨正莩　刘爱民）

# 医学教育

**【1999年医学教育概况】** 1999年医学教育工作的一个显著特点是，积极而努力地适应北京市卫生工作的改革和发展，具体表现在一是启动全科医学培训工程，加快全科医师的培养和社区卫生专业人才的队伍建设，促进社区卫生服务的持续健康发展；二是通过评估，进一步规范和完善卫生专业技术人员的继续教育管理，使以知识与技能更新的终身性教育在全市普遍开展，从而提高卫生队伍的素质，带动医疗服务水平的提高；三是制定北京医学院校改革调整方案，确立北京卫生专业技术队伍建设的发展目标，通过调整结构，资源重组，达到合理布局，优化配置，提高教学教育质量和效益的目的。（贾明艳）

**【制定并分步实施北京市医学院校改革调整方案】** 为适应卫生事业对高学历人才的需求，市卫生局、市教委联合组成北京市医学院校改革调整调研小组。经过一年多的调查研究，制定出《北京市医学院校改革调整方案》。这一方案于5月14日在市委副书记李志坚主持召开的工作联席会议上获原则通过。方案中确定了今后医学教育要“积极发展研究生教育，适度发展医学本科生教育，大力发展卫生高等职业技术教育，压缩中等医学教育”的指导思想。提出了到2010年北京市基本实现医生执业具有本科及以上学历，护理和医学辅助专业人员具有专科及以上学历的目标。为达到以上目标，对北京医学院校提出了改革调整的初步方案并决定分步实施。如果这一方案得以实施，将标志着建国50年以来北京市卫生队伍中以中专为主体的格局将打破，逐步代之以专科以上学历层次为主体的高素质卫生队伍形成。首先压缩中等医学教育，1999年中专招生学校减至17所，招生规模减少1/3。 （贾明艳）

**【启动全科医学培训工程】** 为加快全科医学人才培养，促进北京社区卫生服务持续健康地发展，于6月召开了北京市全科医学培训工程启动大会，下发了由北京市卫生局、北京市财政局、北京市教育委员会联合签发的《关于北京市全科医学培训工程的实施意见》（以下简称实施意见），在实施意见中明确全科医学培训工程的主要任务是开展“百千万”社区卫生服务人员培训计划。即培养100名以上中青年全科医师骨干及100名社区卫生服务管理干部；认定1 000名全科医师执业上岗服务资格，完成10 000名社区卫生服务人员全科医学转岗培训。为加强对全科医学培训工程的领导和组织管理，成立了全科医学培训工程领导小组和办公室；建立了13个全科医学培训基地；聘任了39名热爱社区工作、医德高尚、经验丰富的有较高造诣的专科医生作为全科医学培训工程的顾问。9月，正式招收全科医师骨干班和全科医师规范班全脱产学习学员76人，学习时间分别为2.5和3年；同时举办了全科医学管理干部培训班；组织编写了《全科医生培训大纲》、110万字的《全科医生实用手册》、《全科医生岗位培训习题集》。

（闻胜芝）

**【北京市开展继续医学教育评估】** 根据卫生部继续医学教育委员会《关于印发<继续医学教育评估指标体系及实施办法>的通知》和《关于开展继续医学教育评估复评工作的通知》精神，市卫生局于7—9月，对北京市18个区县卫生局和23家直属医疗卫生单位进行了继续医学教育评估。此次评估由北京市卫生专业技术人员继续教育委员会和护理专业继续教育委员会部分委员组成评估小组，依照卫生部《继续医学教育评估指标体系》，通过听取自评报告，查阅各项规章制度、工作计划及落实情况、报表和部分学分登记册，召开医护代表座谈会等形式进行。分别从组织管理、制度建设、实施情况和质量效益等4个方面对各单位1996—1998年继续教育工作进行了评估。通过评估，可以看到各医疗卫生机构对继续医学教育工作非常重视，均成立了各级组织管理机构，制定了相应的规章制度，基本做到组织落实，职责落实，人员落实，并将继续教育和本单位人才培养规划结合起来。广大卫生技术人员在参加学习的过程中，逐渐认识到继续教育的重要性，从被动学习转变为主动。各单位每年对继续教育学分进行一次严格审核，并将其作为任职和晋职的必备条件之一。目前本市卫生专业技术人员每年参加继续医学教育活动的人次和达到25学分的人数比率，均达到卫生部80%以上的要求。

根据评估的情况，市卫生局还对15个继续医学教育先进单位、19个继续医学教育先进科室、56名优秀教育管理工作者进行了表彰。 （宋 玫）

**【北京医学高等专科学校临床教学基地评审工作】** 根据国家教委、卫生部、国家中医药管理局1992年颁发的《普通高等医学院校临床教学基地管理暂行规定》和卫生部科技教育司、国家教委高教司颁发的《关于开展高等医学院校临床教学基地评审工作的通知》（卫科教高发［1996］第116号），市卫生局和市教委联合下发了《关于对北京医学高等专科学校临床教学基地进行评审的通知》（京卫教字［1998］48号），并成立了北京医学高等专科学校临床教学基地评审领导小组和专家评审委员会。4月，对北京医学高等专科学校的11家临床教学基地进行了评审。于7月评审工作顺利结束。11家参评医院均被评为合格临床教学医院。11月30日，由本局和市教委联合召开评审总结大会，临床教学基地评审工作圆满结束。

11家合格临床教学医院是：北京医学高等专科学校附属医院、北京酒仙桥医院、通州区潞河医院、北京电力医院、平谷县医院、北京妇产医院、昌平区医院、房山区第一医院、怀柔县第一医院、房山区良乡医院、北京市建筑工人医院。 （高 坚）

## 北京市住院医师培训情况统计表

| | | 合计 | 内科 | 外科 | 妇产科 | 儿科 | 眼科 | 耳鼻喉科 | 口腔科 | 皮肤科 | 病理科 | 医学影像 | 药剂科 | 检验科 | 麻醉科 | 精神病科 | 传染病科 | 职业病科 | 康复理疗 | 结核病科 | 公共卫生 | 其他 |
|---|---|---|---|---|---|---|---|---|---|---|---|---|---|---|---|---|---|---|---|---|---|---|
| 合　计 | H | | (1) | (2) | (3) | (4) | (5) | (6) | (7) | (8) | (9) | (10) | (11) | (12) | (13) | (14) | (15) | (16) | (17) | (18) | (19) | (20) |
| 第一年 | A | 354 | 102 | 49 | 31 | 19 | 4 | 3 | 18 | 2 | 2 | 22 | 4 | 13 | 9 | 3 | 13 | | 2 | 9 | 13 | 36 |
| 第二年 | B | 476 | 135 | 60 | 32 | 11 | 8 | 9 | 12 | 5 | 1 | 21 | 11 | 20 | 40 | 24 | 12 | 4 | 1 | 18 | 11 | 31 |
| 第三年 | C | 493 | 156 | 85 | 29 | 27 | 12 | 9 | 16 | 1 | 4 | 26 | 13 | 16 | 24 | 18 | 9 | | 1 | 15 | 14 | 18 |
| 第四年 | D | 425 | 134 | 80 | 25 | 23 | 9 | 7 | 21 | 6 | 2 | 30 | 7 | 8 | 18 | 19 | 6 | 1 | 3 | 9 | 3 | 12 |
| 第五年 | E | 361 | 111 | 62 | 19 | 23 | 7 | 8 | 14 | | 6 | 15 | 5 | 5 | 22 | 11 | 16 | | 3 | 8 | 12 | 14 |
| 第六年 | F | 134 | 35 | 25 | 9 | 2 | 1 | 5 | 2 | 4 | 3 | 11 | 2 | 3 | 8 | 2 | 13 | 1 | | 2 | | 6 |
| 第七年 | G | 53 | 8 | 6 | 5 | 9 | 2 | 2 | 1 | 1 | 1 | 4 | 1 | | 2 | 4 | 4 | | | 1 | | 2 |
| 合　计 | H | 2296 | 681 | 367 | 150 | 114 | 43 | 44 | 85 | 29 | 19 | 129 | 43 | 65 | 123 | 81 | 73 | 6 | 10 | 62 | 53 | 119 |

## 住院医师培训情况统计表

| 学　历 | 住院医师数 | 应参加规范化培训人数 | 实际参加规范化培训人数 | 本年度参加统考合格人数 | 本年度取得培训合格证人数 |
|---|---|---|---|---|---|
| 研究生 | 79 | 45 | 38 | | 4 |
| 本科生 | 2402 | 2289 | 2135 | 629 | 263 |
| 专科生 | 322 | 245 | 231 | 39 | 5 |
| 其　他 | 23 | 11 | 11 | 3 | |
| 合　计 | 2826 | 2590 | 2415 | 671 | 272 |

## 1999年北京市专业技术人员继续教育情况统计表

| 项　目 | 专业技术人员总数 | 年内参加继续教育学习的人数 | 年内学习时间累计达72学时的人数 | 参加学习情况（人次数） | | | | 参加继续教育学习的比率 | 学习时间累计达72学时的比率 |
|---|---|---|---|---|---|---|---|---|---|
| | | | | 四新教育 | 任职晋职培训 | 骨干、学科带头人培训 | 其他 | | |
| 高级专业技术人员 | 4317 | 3852 | 3411 | 13051 | 1993 | 1182 | 722 | 89.2% | 79.0% |
| 中级专业技术人员 | 12439 | 11783 | 11246 | 38830 | 5982 | 2693 | 3503 | 94.7% | 90.4% |
| 初级专业技术人员 | 35756 | 33667 | 30907 | 99564 | 16905 | 2040 | 6236 | 94.2% | 86.4% |
| 总计 | 52512 | 49302 | 45564 | 151445 | 24880 | 5915 | 10461 | 93.9% | 86.8% |

## 1999年北京市4所高等学校情况统计表

| | 在校生数 | 毕业生数 | 招生数 | 教职工人数 |
|---|---|---|---|---|
| 首都医科大学 | 2740 | 585 | 833 | 1048 |
| 北京联合大学中医药学院 | 603 | 127 | 203 | 192 |
| 北京医学高等专科学校 | 959 | 293 | 365 | 334 |
| 北京职工医学院 | 2910 | 753 | 2735 | 146 |
| 总　计 | 7212 | 1758 | 4136 | 1720 |

**1999 年北京地区中等卫护校情况统计表**

| 项　目 | 全地区总计 | 北京市属、区属、县属学校情况 | | | | 北京部属、委办、公司属学校情况 | | | 教育局属职业学校情况 |
|---|---|---|---|---|---|---|---|---|---|
| | | 计 | 市直属 | 区属 | 县属 | 计 | 卫生部属 | 委办公司属 | |
| 毕业生数 | 3666 | 1937 | 905 | 852 | 180 | 957 | 422 | 535 | 772 |
| 招生数 | 2632 | 1543 | 766 | 652 | 125 | 346 | 39 | 307 | 743 |
| 在校生数 | 12252 | 6573 | 3598 | 2538 | 437 | 2434 | 1239 | 1195 | 3245 |
| 教职工数 | 2159 | 1376 | 599 | 564 | 213 | 346 | | | 437 |

# 医学科学研究

**【重点学科及重点实验室开展情况】**　自 1998 年，由北京市政府财政支持设立“北京医学重点学科项目基金”，每年2 000万元。1998 年已确定市卫生局直属单位 10 个重点学科建设项目，6 个扶植（待发展）学科。1999 年共申报重点学科 43 项，经申报单位汇报、答辩及专家评审，领导小组讨论批准重点学科 6 项，扶植学科 12 项，批准经费1 475万元。5 月及 10 月组织专家对第一期获得资助的 10 个重点学科、6 个扶植学科进行了工作进展、经费使用情况的汇报及检查。学科负责人从学科的国内外进展、学科内容的水平、学术创新、学科的人才培养及管理等 10 个方面进行了总结，在考核检查及专家综合评价的基础上，对首批重点学科进行了经费的续拨，共拨款 825 万元。

在现有 6 个高技术实验室管理工作的基础上，与市科委、研究所共同协调，经专家论证，完成了北京市结核病胸部肿瘤研究所和眼科、耳鼻喉科研究所高技术实验室计划任务书的签字及拨款。1999 年市拨款1 100万元，卫生局匹配经费 300 万元，单位自筹 678 万元。高技术实验室在市卫生局系统已达 8 个。

（科技处）

**【启动“首都医学发展科研基金”】**　“首都医学发展科研基金”是在北京市政府“总量控制，结构调整”的改革中设立的，即增设的诊疗费的 10% 上缴作为基金，以促进北京地区重点学科、特色专业和初级卫生保健的发展。1999 年组织召开了参加总控的北京地区有关单位座谈会，制定了基金管理办法及经费管理办法。北京地区共申报重点项目 41 项，特色专业 68 项，初级保健项目 44 项。　（科技处）

**【科技成果评审及推广工作】**

**1998 年度获科技成果情况**

| 获奖级别 | Ⅰ等奖 | Ⅱ等奖 | Ⅲ等奖 | 技术改进奖 | 合计 |
|---|---|---|---|---|---|
| 卫生部 | | 1 | 2 | | 3 |
| 北京市 | | 15 | 62 | | 77 |
| 卫生局 | 19 | 43 | | 8 | 70 |
| 合　计 | | | | | 150 |

1999 年，共接收局直属单位及区、县、厂矿医院申报的科技成果 156 项，组织专家鉴定会 58 次，聘请专家 400 余人次。经初评通过 115 项，其中一等奖 8 项，二等奖 49 项，三等奖 58 项。

协助首都儿科研究所、朝阳医院、复兴医院举办科技成果推广学习班 3 期，参加人员近1 000人。

组织完成中国专利局 1999 年专利代理事务所的考核验收工作，并组织卫生系统 7 项专利的申报工作，获得批准专利 4 项。

完成 1998 年度科研院所“一定两改三高”工程目标责任制考核评比的组织评审工作。

经市科委 100 余家科研院所考核，卫生系统科研院所获奖情况如下：

| Ⅰ等奖 | Ⅱ等奖 | Ⅲ等奖 | 表扬 |
|---|---|---|---|
| 首都儿科研究所 | 北京市神经外科研究所<br>北京市肿瘤防治研究所<br>北京市老年病医疗研究中心 | 北京市眼科研究所<br>北京市创伤骨科研究所<br>北京市心肺血管疾病研究所 | 北京市耳鼻喉科研究所 |

（科技处）

**【人才培养工作】**　1999 年，有 9 人入选北京市科技新星计划，他们是：市肿瘤防治研究所的陈克能(肿瘤外科)、王洁（肿瘤内科）；天坛医院的范涛（神经外科）；神经外科研究所的江涛（神经外科）、朱明旺（神经放射）；佑安医院的丁惠国（肝病）；朝阳医院的陈文明（血液）；宣武医院的邵明（帕金森）；安贞医院的谢进生（心血管外科）。

北京市科技新星计划已执行了6年，市卫生局系统共人选计划65人，占全市人选总数的30%。1999年重点抓了人选人员的考核、培养工作。7月，组织人选新星经验交流会，参观肿瘤研究所高技术实验室，确定了人选新星计划人员的综合评估标准。12月，聘请16名专家，对申报2000年新星计划的48人进行了综合答辩。

自1998年开始设立北京市卫生局留学回国人员专项基金（20万/年），两年来已有18人获得此项基金的资助。

1999年组织申报北京市科技干部局科技骨干基金90项，经专家评审有39项被批准，获得资助经费38.5万元。

国家人事部自1995年设立跨世纪学术学科带头人资助基金，在全国30个省市及其各部委每年择优选拔20人（10万元/人），北京市每年均有人员获得此项殊荣，他们均是市卫生局直属单位的科技人员：1995年钱渊；1996年韩德民、寿成超；1997年王辰；1998年李林；1999年王松灵。他们现已成为不同专业的学科带头人。（科技处）

【科技外事交流工作】 1999年组织北京地区外语水平考试，共有330余人报名，市卫生局系统考生73人，达合格线29人，推荐10名考试合格、在临床、科研工作中有培养前途的考生参加卫生部出国人员的选拔，录取6名。

1999年经北京市引智办向国家外专局申报引进项目，国家外专局批准4项，北京市引智办批准3项，有14位专家来华讲学或工作。北京红十字血液中心为学习、了解国外脐血制备及管理技术，邀请美国圣路易斯儿童医院的Dorna Wall专家来华讲学，介绍了美国脐血库管理经验和发展现状，并向全国72名学员讲解了脐血造血干细胞制备技术。北京复兴医院邀请了美国、印度、荷兰的妇产科专家来华传授妇科内窥镜技术，国内162名妇科内窥镜医生参加了学习。（科技处）

【医学实验动物管理工作】 1998—1999年北京市医学实验动物管理委员会对北京地区医疗单位的实验动物设施、动物质量及人员等进行了调查，现在京的医疗单位具有各级实验动物设施170个，总面积约24 190平方米，投资近5 600万元，可提供30多个品种品系的实验动物。5月，组织召开了北京地区第四次医学实验动物工作会议，传达贯彻了卫生部第四次工作会议精神，贯彻执行北京市医学实验动物管理实施细则。对41个检查通过的单位换发了217份实验动物合格证。10月，在北京召开了北方五省市、自治区医学实验动物管理协作组交流研讨会。

（科技处）

【科普工作】 5月，科技处与医政处共同协办科技为民服务活动，组织15支医疗队、200多名医生赴7个县15个乡为群众送医下乡，共诊治病人1 000余人。

组织“科普法”的宣传活动，向卫生系统23个单位发放2 000余份科普条例。

科技处与北京电视台共同组织了“家庭装修材料对人体健康的危害及防治”的电视直播，参加人数70余人。科技处委托健康教育所制作了70余张有关疾病防治的科普展板，送到各区县进行巡回展览。

科技处1999年荣获市科委、市统计局颁发的“科技统计先进集体二等奖”。（科技处）

【查新检索】 北京市医学情报所完成医药卫生科研立项、成果查新检索298项，其中科研课题立项查新92项，科研成果查新206项；完成资料检索60项。继续贯彻卫生部1996年关于查新咨询工作的精神，加强所内查新工作的管理，实行三级审核制。举办中级以上卫生科技人员医学文献检索培训班2期，培训人员73人。检索人员在国内会议和刊物上宣读或发表学术论文3篇。完成检索机房的改造装修工作，添置更换计算机等检索设备4台。除继续与美国国立医学图书馆MEDLARS数据库等实现国际联机检索外，又增加了网上检索美国专利数据库、中国专利数据库、中医药文献数据库、CMCC、中国科学引文数据库、中国学术期刊（医药卫生辑）等。中外文期刊及工具书的建设稳步增长。（刘会霞）

【北京市1999年医药卫生科研成果重点简介】

一、基础医学

1. 脑干结构和功能的应用基础研究与临床意义

北京市神经外科研究所课题组基于大量脑干疾病外科治疗中所遇到的问题，进行了应用基础与临床的系列研究。通过整体器官、细胞和分子水平的研究取得以下成果。①证实不同类型不同部位脑干肿瘤手术对脑干呼吸、循环、意识等重要功能的影响；②在动物实验中采用神经生理、系列化、分子生物等方法，对脑干损伤与修复的相关因素及机制得出较深入系统的认识；③通过对脑干组织损伤后的内、外源性修复机制和功能的代偿研究，提出脑干结构和功能具有一定可塑性；④初步探讨与研究了呼吸起搏器的应用。

2. 国人正常前列腺的解剖学和组织学观察　北京友谊医院课题组采用特定的多方向切面，运用常规的钝性剥离、HE染色、组织化学、免疫组化和电镜等综合的形态学研究方法，对50例国人中青年前列腺标本进行了解剖学和组织学研究。验证了将前列腺分为中央区、周围区和移行区的客观性以及前列腺腺泡的三种细胞成分，阐述了精阜、前列腺囊及射精管的形态学特征，澄清了后三者与前列腺固有组织的解剖联属。有助于前列腺病特别是前列腺癌及其它疾病的正确诊断。

3. 慢阻肺所致Ⅱ型呼吸衰竭病理生理学及治疗方法的系统研究　北京红十字朝阳医院—北京市呼吸病研究所课题组对该课题进行了多角度的系列研究。主要包括COPD的氧动力学、多发性肺细小动脉原位血栓形成、COPD水肿与右心功能及高碳酸血症的关系、机械通气的治疗作用及新型呼吸支持技术的研究、COPD肺动脉高压治疗方法及COPD合并肺纤维化的研究。具有重要理论与临床意义的内容如下：①对COPD所致肺心病不同发病阶段的氧动力学状况及其演变进行了深入研究；②首次提出COPD所致肺心病急性发作期肺细小动脉原位血栓形成是常见的病理改变；③发现超过半数的COPD肺心病水肿并非由右心衰引起，实验证明了高碳酸血症可以引起组织水肿；④合理的机械通气可以最有效地改善循环血流动力学状况，探讨了PAV、TGI的方法学和临床作用价值；⑤观察、对比、分析了四类六种药物，观察到白三烯受体拮抗剂和肝素可预防和降低低氧性肺动脉高压的作用；⑥揭示COPD致肺纤维化主要特点是伴行于各级支气管周围及以Ⅲ型胶原纤维为主的病理组织学改变。

二、临床医学

1. 慢性鼻窦炎、鼻息肉诊治研究　北京同仁医院等单位对鼻窦炎、鼻息肉的发病机理、病理生理学特点及相关解剖学等进行了较系统的基础和应用基础研究。该研究涵盖了生物学、组织病理学、解剖学、影像学及多媒体技术等各个领域，进行了鼻腔、鼻窦的解剖变异与鼻窦炎相关性研究，揭示了鼻腔、鼻窦结构—功能—症状的内在联系，对炎症、阻塞引起的嗅觉病理生理过程提出了分类依据和诊断标准。慢性鼻窦炎、鼻息肉的临床分期和疗效评定标准、围手术期和术后综合治疗策略，以及鼻内窥镜外科系列相关理论概念等具有科学性和独创性，各项指标均达到目前国际前沿水准。

2. 烧伤失锌与补锌的研究及其对代谢和创面修复的影响　解放军三0四医院全军烧伤研究所与解放军总医院微量元素室自1986年开始在国内烧伤领域最早开展了烧伤后锌代谢及对创面修复影响的系列研究。通过对200例烧伤病人的临床和大量动物实验，观察了血锌、尿锌、水泡锌的动态变化规律，成功地建立了缺锌动物烫伤模型，从生化、病生、细菌学、病理学及分子生物学等方面对不同的组织、器官代谢与创面修复进行了深入地研究，用不同剂量、不同途径补锌得到的结论，为临床补锌治疗提供了依据。实验证明经过口服和创面同时补锌有助于创面愈合；含有助渗剂的银锌霜的研制有创新，集抗感染与促进创面愈合双重功效于一身；本研究最先观察到烧伤皮肤钙超载及补锌有助于抑制皮肤超载现象，在烧伤专业锌研究方面达到国内领先水平和世界先进水平。

3. 高压氧治疗中应用抗血小板聚集剂防治一氧化碳中毒迟发性脑病的实验与临床研究　北京红十字朝阳医院课题组从尸解中动脉管壁内皮细胞缺血变性、微小血栓形成得到启发，设计了动物实验和临床前瞻性对照研究。CO中毒后，血小板活性升高，细胞粘附分子表达增加，线粒体膜电位降低，凋亡细胞数增加，导致脑微小血栓形成，造成脑组织损伤，是CO中毒迟发性脑病重要发病原因之一。结果表明：在总共401例中、重度CO中毒患者中，对照组204例，迟发性脑病发病率为11.27%，治疗组197例，患病率为3.55%。该研究达到国际先进、国内领先水平。

4. 消化道畸形基础与临床研究　北京儿童医院李龙医师在5年的市科技新星科研工作中对先天性消化道畸形进行了基础与临床研究。本课题在以下几方面进行了深入研究：①先天性十二指肠闭锁模型的建立；②肠重复畸形的血运分型和新术式应用。提出了肠重复畸形的血运分型方法，探索出单纯切除重复肠管保留主肠管的新术式；③先天性胆总管囊肿临床实验研究。明确了胆总管囊肿畸形内压力与囊肿形态及胆总管远端病变关系；④先天性巨结肠病因研究。首次发现Cdx基因表达异常与先天性巨结肠无神经节细胞及合并肠炎的关系；⑤先天性肛门直肠畸形的基础及临床研究。探索出球囊持续扩张治疗肛门直肠狭窄、复杂肛门畸形的新术式；本研究达到国内外先进水平。

5. 重症下肢小儿麻痹后遗症外科治疗的临床系列研究　北京市管庄医院及北京市肢体残疾矫治中心共同研究了重症下肢小儿麻痹后遗症（SSP）的功能重建。将SSP各种不同瘫痪和畸形进行正确分类，根据不同的病变类型以整体的观点，通过大量临床实践，对重症病人将不同的手术方法优化组合，创新和改良了11种手术方法，多关节联合手术进行了多个畸形矫正，重建两个以上关节的功能，缩短了治疗周期。手术矫治SSP 850例，实施主要手术2 588例次，结果优良率83.1%，有效率98.5%。

6. 驱逐性脉络膜上腔出血的手术处理　北京同仁医院对该课题进行了深入研究。本项研究创新点为：①提出了驱逐性脉络膜上腔出血的分期处理原则，提出手术时间11—28天，血液凝块液化是最佳再次手术时机；②提出全氟花碳液经角膜缘灌注眼内充填优于传统的BSS液及气体灌注；③提出放出脉络膜上腔出血联合玻璃体，视网膜手术是减少单纯分流脉络膜上腔出血发生合并症的实用有效的治疗方法。应用该法治疗了11例病人，9例术后视力为0.8，6例>0.1。

三、预防医学

1. 载脂蛋白基因检测与心脑血管病关系的分子流行病学研究　北京心肺血管疾病研究所及中国医学科学院基础医学研究所的吴兆苏等采用先进的分子生物学技术，对较大量的自然人群和心脑血管病患者进行了apoAI和apoB100基因多态性和临床表型的对比研究，得到了一些有价值的心脑血管病易患性遗传标记，揭示了某些心血管病危险因素的遗传本质。ApoAI、apoB100等位基因频率在我国自然人群中的分布频率与国际上不同人种有明显差异，某些基因变异与AS性心脑血管病发病有关，为进一步在中国人群中研究与AS性心脑血管病有关的基因结构和功能提供了重要依据。

2. 胃癌病因：人N-亚硝酰暴露研究　北京市肿瘤防治研究所课题组首次发现胃癌高发区居民胃内NAD暴露水平高于低发区，发现胃癌高发区居民胃内NAD暴露水平与胃粘膜病变的严重程度呈正相关，首次直接为胃癌NAD病因理论提供了流行病学证据；首次直接证明了亚硝化食品存在NMU和NMU能够在人体内合成。建立的高效液相色谱分离检测多种NAD方法具有灵敏度高，能够选择性区分NAD的特点，利用该方法成功地从致癌性的亚硝化食品鱼露中分离到一种强致癌性NAD-N-甲基亚硝基脲(NMU)；首次发现在类似胃酸缺乏的条件下人胃内细菌具有生物催化NMU合成作用，有助于解释胃酸缺乏者胃内NAD暴露水平高和易患胃癌的现象；发现富硒大蒜能在体内降解亚硝酰胺。

3.《北京市公共场所禁止吸烟的规定》对居民吸烟行为的干预及持续性影响研究　首都医科大学预防医学系结合我国和北京实际，参考WHO推荐方法，创造性地制定了对《法规》的评估系统和评价方法。用评估方法进行水平分析、状态分析和趋势分析理论来说明吸烟者行为改变的质和量，通过健康教育和管理的强化手段使目标人群的行为改变趋势，使其最终达到最大限度地减少吸烟人口的目标。结果表明，我市91.6%的居民支持《法规》，7.21%的吸烟者（约20万人）戒烟，32.7%的吸烟者吸烟量下降。本研究表明，采用政府决策，用法制手段控烟，是一项具有科学性、群众性、可操作性、效果显著的有效措施，成为21世纪全球向烟草开战，并最终战胜烟草的宝贵指南。　（崔丽萍）

# 药政管理

**【加强特殊药品的管理】**　在加强特殊药品管理的同时做到与推进“癌痛病人三阶梯止痛方案”相结合。加强了使用环节的管理、医师的培训力度，继续推行“麻醉药品、第一类精神药品处方权资格考核”，在向医生普及麻醉、精神药品管理法规的同时，积极向他们介绍有关“癌痛病人三阶梯止痛方案”的有关知识和国家有关政策。截止年底，共办培训班55期，培训考核医师12 698人，向合格者颁发了“麻醉药品、第一类精神药品处方权资格证书”。

（孙　祺）

**【乡镇医疗单位集中供药办法全面实施】**　在推广试点经验的基础上，在全市农村全面实行乡卫生院向民办医疗机构、村卫生院、个体医集中供药的做法。全市各郊区县的乡村（中心）卫生院经所在区县卫生局认定同意后，可承担对所在乡的民办医疗机构、村卫生室、个体医用药的集中供药工作，保证了广大农民的用药质量。　（孙　祺）

**【加大执法力度，净化首都医药市场】**　1999年是实施北京市药品质量工程的关键一年，为了实现“让首都人民吃上放心药”的既定目标，北京市在流通和使用方面加强了管理。在本市农村全面推行乡卫生院向乡村卫生室、个体医集中供药的做法。对街头收购药品的违法行为加大了打击力度，北京市药品管理办公室会同北京市工商行政管理局、北京市公安局联合发布了《关于禁止在街头收购药品的通告》并设立了群众举报热线电话，接受市民的举报和投诉。

（孙　祺）

**【纠正医药购销中的不正之风】**　作为北京市纠

风工作领导小组的成员单位，积极参与组织了北京市纠正医药购销中不正之风的工作，年底，北京市纠风办、工商局、卫生局、审计局、物价局联合对北京市30余家药厂、药品批发公司和医院在药品购销中的行为进行了调研，为2000年进一步开展纠风工作打下了基础。 （孙　祺）

# 基建与计划财务

## 基建工作

**【1999年卫生事业基本建设情况】** 1999年卫生事业基本建设完成投资23 354万元。全年基本设施施工项目24个，其中新开施工项目9个，施工面积188 959平方米。年内竣工项目14个，竣工面积64 557平方米，其中职工住宅竣工39 386平方米，新增固定资产14 949万元。

**1999年竣工项目一览表**

| 建设单位 | 项目名称 | 竣工面积（m²） | 完成投资（万元） |
|---|---|---|---|
| 宣武医院 | 病房楼扩建 | 2541 | 305 |
| 友谊医院 | 宿舍 | 12000 | 2322 |
| 积水潭医院 | 新北楼扩建 | 727 | 458 |
| 安贞医院 | 宿舍 | 15000 | 3866 |
| | 急诊楼 | 2400 | 900 |
| | 教学楼 | 936 | 360 |
| 天坛医院 | 综合楼 | 6000 | 1669 |
| 同仁医院 | 专家楼 | 3285 | 1649 |
| | 中草药制剂间 | 889 | 220 |
| 结研所 | 宿舍 | 4752 | 592 |
| 回龙观医院 | 病房楼 | 5310 | 780 |
| | 宿舍 | 4034 | 439 |
| 首儿所 | 科研楼扩建 | 3083 | 1091 |
| 医专 | 宿舍 | 3600 | 298 |

（杨　坚）

**【1999年农村卫生“三项建设”工作】** 1999年是农村卫生“三项建设”工作攻坚阶段的重要一年，全年共完成乡镇卫生院、妇幼保健院、卫生防疫站改造建设项目40个，建筑面积113 383平方米，投资16 148万元。到目前为止，全市只剩下16所乡镇卫生院、2所妇幼保健院和1所卫生防疫站的改造任务，基本上确保了本市2000年农村卫生“三项建设”工作的顺利完成。

**1999年农村卫生“三项建设”完成情况**

| 区县名称 | 项目名称 | 面积（m²） | 投资（万元） |
|---|---|---|---|
| 东城区 | 卫生防疫站 | 5300 | 1600 |
| 宣武区 | 妇幼保健院 | 6000 | 400 |
| 朝阳区 | 双桥医院 | 300 | 30 |
| | 豆各庄卫生院 | 1300 | 60 |
| | 和平医院 | 2000 | 140 |
| | 黄港医院 | 2700 | 180 |
| | 孙河乡卫生院 | 1000 | 100 |
| | 来广营卫生院 | 1830 | 100 |
| 海淀区 | 四季青卫生院 | 19575 | 4930 |
| 丰台区 | 卫生防疫站 | 9028 | 1800 |
| | 妇幼保健院 | 3956 | 490 |
| 石景山区 | 五里坨卫生院 | 2000 | 45 |
| 房山区 | 卫生防疫站 | 2668 | 560 |
| | 崇各庄卫生院 | 1500 | 250 |
| 大兴县 | 大辛庄卫生院 | 1082 | 125 |
| | 长子营卫生院 | 1059 | 84 |
| | 采育卫生院 | 1920 | 192 |
| | 大皮营卫生院 | 1100 | 77 |
| | 朱庄卫生院 | 700 | 62 |
| | 亦庄卫生院 | 2000 | 150 |
| | 鹿圈卫生院 | 1000 | 88 |
| | 瀛海卫生院 | 1200 | 120 |
| | 金星卫生院 | 1650 | 165 |
| | 旧宫卫生院 | 5000 | 350 |
| | 西红门卫生院 | 3770 | 200 |
| 通州区 | 妇幼保健院 | 9800 | 1300 |

续表

| 区县名称 | 项目名称 | 面积（$m^2$） | 投资（万元） |
| --- | --- | --- | --- |
| 顺义区 | 卫生防疫站 | 3200 | 500 |
| | 妇幼保健院 | 2520 | 200 |
| | 后沙峪卫生院 | 4700 | 600 |
| | 马坡卫生院 | 1500 | 200 |
| 昌平区 | 兴寿卫生院 | 1200 | 210 |
| 平谷县 | 妇幼保健院 | 2500 | 90 |
| | 平谷镇卫生院 | 1300 | 110 |
| | 县二院 | 1650 | 160 |
| 怀柔县 | 庙城卫生院 | 1255 | 140 |
| 延庆县 | 永宁镇卫生院 | 1750 | 150 |
| | 康庄镇卫生院 | 1770 | 150 |

（杨　坚）

**【血液中心业务楼开工】**　北京红十字血液中心业务楼工程于1997年立项，经过2年的前期准备于1999年6月18日开工。该工程计划总投资4 000万元，建筑面积14 076平方米，由北京市第六建筑工程公司第十一分公司承建，预计2001年3月19日竣工。

新业务楼建成后，不仅能为献血者提供安全、方便、舒适的献血环境，而且可以大大提高血液及血液制品的质量，并能够促进新技术和新检测项目的推广应用。（杨　坚）

## 财务管理

**【清查国有资产】**　4月，根据实行新的医院财务制度要求，部署全市医疗机构财产清查，市卫生局直属医疗机构清查结果，原有固定资产213 887万元，经清查报废6 431万元，由于价值起点变化，转低值1 677万元，新增固定资产52 888万元，清理后固定资产258 667万元。（黄　健）

**【医疗卫生财务制度、会计制度改革】**　4月1日，北京市卫生系统医疗机构开始实行新的医院财务制度和医院会计制度。7月1日，卫生机构实行事业单位会计制度。新的财会制度改变的内容较大，新制度的转轨是卫生经济活动中的一项大事，对促进卫生事业的改革起到促进作用。（黄　健）

# 审计监督与物价管理

## 审计监督

**【贯彻审计工作方针，审计工作成效显著】**　1999年，本局审计工作以“依法审计，服务大局，围绕中心，突出重点，求真务实”为方针，重点对财务收支、经济活动的真实性、合法性、效益性实施审计。

全年本局共开展各类审计项目950项。其中：离任审计5项，基建维修工程审计900项，财务收支审计12项，经营管理和经济合同审计33项。共计为单位节约资金、挽回经济损失2 536万元。

（李　翼）

**【召开审计工作会议，确定审计工作任务】**　3月5日，本局在天坛医院召开审计工作会议。本处在会议上总结了1998年审计工作，部署了1999年审计工作，要求本局各直属单位要注意发挥基层审计监督作用，确保经常性审计监督职能的发挥，要推进审计工作的制度化、规范化，保证审计人员的业务培训。

（李　翼）

**【加大基建维修工程审计监督力度】**　1999年，本局继续加大对基建维修工程实施审计监督的力度。局直属单位审计部门及北京北卫审计事务所共审计了900项工程决算，送审金额1.4亿元，经审计共核减2 091万元，平均核减率14.9%。

本局针对近几年直属单位基建维修工程项目多、金额大、资金易流失等特点，为进一步促进单位增强自我约束机制，改善经营管理，减少损失浪费，于4月1日—6月30日组织本局直属单位审计人员对本单位1998年度基建维修工程结算情况进行追踪审计。

（李　翼）

**【做好离任审计工作，客观评价离任者经济责任】**

本处受局党组委托，完成电教中专校长、佑安医院院长、中医药学院副院长、朝阳医院副院长及本局工会副主席等5项离任审计。通过审计客观公正地评价了离任者任期内经营业绩、经济责任履行情况、资产保值增值情况。（李　翼）

【加强培训，提高审计队伍素质】 1999年，本局为提高卫生系统审计队伍的素质，先后组织本市区、县卫生局及本局直属单位的审计人员参加审计署举办的“法人经济责任审计”、“内部审计理论与实务”、“固定资产投资审计”、“财务收支审计”等培训班；本市审计局举办的“经济责任审计培训班”、“内部审计领导干部培训班”及本局举办的“事业单位会计制度培训班”等。 （李 翼）

## 物价管理

【制定特需医疗部审批条件及收费标准】 1月1日，根据国家发展计划委员会、卫生部、外交部《关于取消对境内外患者实行两种医疗服务收费标准的通知》（计价费（1998）1181号文件）精神，统一境内外患者医疗服务收费标准，取消外国人专诊医疗机构收费标准。对现专门为境外患者设置的专诊医疗机构予以撤销，符合条件的单位经批准改为提供特需医疗服务。为此，本局同市物价局共同制定了《关于我市特需医疗部审批条件及收费标准的通知》（京价（收）字（1999）第050号）。本局会同市物价局陆续审批了16家医院设立特需医疗部，满足了部分患者的医疗服务需求。 （付志芳）

【召开医疗价格调整听证会】 根据1998年5月1日实施的《中华人民共和国价格法》，本市首次医疗价格调整听证会于8月20日上午在市物价局召开。市物价局李加里局长主持，市卫生局朱宗涵局长、郑东振副局长参加。部分医疗专家、价格研究人员、市民代表及物价局、卫生局的有关负责同志参加了听证会。

会议就医疗服务价格问题进行了研究和探讨。市卫生局郑东振副局长就本市的卫生资源状况、行业经营状况、调价方案和可行性分析及保证顺利出台的配套措施等作了介绍。医疗专家对目前医疗服务收费标准长期偏低、价格与价值严重背离，仪器设备整体老化、无力更新，医务人员技术劳动强度大、风险高、待遇低、骨干流失严重等问题提出了看法。市民代表就医疗单位的乱收费、收费不透明的问题提出了意见。会议围绕以上问题进行了讨论，多数代表同意调整本市部分医疗价格。即：提高检查治疗费、检验费、住院费等12个科室500余个收费项目；降低部分大型仪器检查治疗费、一般检查治疗费、检验费等100余个收费项目。 （郝美华）

【制定北京市统一医疗服务收费标准（1999年合订本）】 本市自1997年医院实行“总量控制，结构调整”工作以来，本局对医院医药费收入增长进行“总量控制”，对医疗收费进行“结构调整”，调整劳务性收费，降低大型仪器设备的收费标准。1999年本局与市物价局共同对医疗收费项目及标准进行全面整顿、调研、成本测算等，对1988年以来的医疗收费项目进行规范，将所有医疗收费标准的文件进行修订整顿，在制定“合订本”时，征求了多家医院医疗专家和物价管理人员的意见，汇入了近5 000项医疗收费项目及收费。会同市物价局共同制定了《关于下发〈北京市统一医疗服务收费标准〉（1999年）合订本的通知》京价（收）字（1999）第390号文。

《北京市统一医疗服务收费标准》合订本是新中国成立以来首次汇编的医疗收费内容最全，收费项目最多，收费标准最新，发行量最大的一本医疗收费大全。分门别类，内容充实，是行业内执行医疗物价政策的重要依据。合订本按科室划分，便于医院执行，便于群众监督。 （付志芳）

【医药费“总量控制，结构调整”改革平稳运行】 本市1997年7月在全市医疗卫生机构实行医药费“总量控制，结构调整”改革以来，过快增长的医药费用得到了有效控制。1999年，参加医药费“总量控制，结构调整”改革的医院医药费用增长幅度已由改革前的32%控制到13%，未突破19%的控制指标。其中药品收入实际增幅已控制到11.9%，也未突破14%的控制指标。医院收入结构得到了调整，药品收入占医药费用的比例由改革前的60.4%降低到55.9%。1997年7月以来，改革已为社会节约医药费开支40亿元。

1999年，全市医药费用增幅13%，其中：中央在京医院实际增幅15.8%，市属医院13.3%，部队和武警在京三级医院12.1%，厂矿在京三级医院14.1%，二级和一级医院实际增幅10.3%。

1999年，全市药品收入增幅11.9%，其中：中央在京医院实际增幅14.5%，市属医院12.5%，部队和武警在京三级医院10.5%，厂矿在京三级医院12.1%，二级和一级医院实际增幅9.6%。

1999年，在医院收入结构调整方面，本市降低了部分检验和大型设备检查收费标准，降低了部分药品零售价格，提高了部分检查治疗和部分技术劳务性收费标准。其中：普通床位费提高了2元，由原来每床日14元提高到16元；住院诊疗费提高2元，一、二、三级医院分别由原来每床日3元、4元、5元调整为5元、6元、7元；护理费提高1元，一、二、三级护理分别由原来每床日6元、4元、2元调整为7元、5元、3元。

1999年，市卫生局收缴1998年度首都医学发展科研基金约1 850万元，同1997年度收缴的首都医学发展科研基金总计2 500万元一并上缴市财政专户，专款专用。1999年度，预计全市可再筹集1 800余万元。本市将组建相应的基金管理委员会，负责此项基金的管理和使用。（贺时谐）

# 思想政治组织宣传工作

**【局团委开展纪念五·四运动80周年活动】** 为了进一步加强团的基层组织建设和团干部队伍建设，纪念五·四运动80周年，局团委在各直属单位团组织和团员中开展了达标创优活动。在此项活动中，局团委授予北京友谊医院团委等10家团委局红旗团委称号；北京安贞医院干部病房团支部等10个团支部红旗团支部称号；北京妇产医院贾王彦等10名团干部优秀团干部称号；北京同仁医院卞迁、龚艳等104名团员优秀团员称号。

在团市委达标创优竞赛活动中，北京友谊医院团委、北京市结研所第四团支部、北京妇产医院贾王彦、北京佑安医院李颖等分别荣获市级红旗团委、红旗团支部、优秀团干部和优秀团员等荣誉称号，北京回龙观医院张向阳被授予“五四奖章”。

（乔润成）

**【开展青年志愿者“百千万科技扶贫”活动】** 局团委响应团中央和国家科技部关于春节期间开展青年志愿者“百千万科技扶贫”活动的号召，组成了由同仁医院刘元波、郁正亚，友谊医院李昂、杨庸，天坛医院杜凤和、栾国明，安贞医院毕六一、张向峰，朝阳医院苏庆军、李毅贤，儿童医院齐鸿燕、巩纯秀以及宣武医院董会卿等13名青年医务人员参加的青年志愿者服务队，于2月6—14日，分别奔赴山西繁峙县、交城县，河南罗山县、桐柏县，内蒙古武川县、奈曼旗，宁夏西吉县等地，为贫困地区人民义诊和医疗咨询。他们优质文明的服务，受到当地人民的热烈欢迎。青年志愿者服务队中有博士2人，硕士5人；高级职称7人，中级职称5人。（乔润成）

**【召开北京市卫生系统青年文明号表彰大会】** 4月29日，团市委和市卫生局联合召开了北京市卫生系统青年文明号表彰大会。会上表彰了共青团组织紧密围绕全市卫生系统开展的文明行业规范化服务达标工作、深化号手争创活动中，涌现出的青年文明号和青年岗位能手，以及爱岗敬业自学成才的“十佳”自学青年和优秀自学青年。卫生部直属机关党委副书记窦熙照，市卫生局党组副书记、副局长史炳忠，团市委有关领导到会并讲话。经各单位评选，局团委推荐，北京友谊医院急诊科、北京同仁医院急诊科、北京急救中心青年车组和西城区厂桥医院三、四病区等4个市级青年文明号，北京佑安医院丁惠国、北京回龙观医院张向阳、北京红十字朝阳医院陈文明和北京市丰台医院马祥君等4人参加全国青年文明号和青年岗位能手的评选。（乔润成）

**【全国青年文明号和青年岗位能手命名表彰会】** 7月29日—8月1日，卫生部和团中央在烟台召开1997—1998年度全国青年文明号和青年岗位能手命名表彰会。北京友谊医院急诊科、北京同仁医院急诊科被命名为全国青年文明号先进集体；北京回龙观医院张向阳和北京佑安医院丁惠国分别被评为全国卫生系统杰出青年岗位能手和青年岗位能手。在会上，北京同仁医院团委代表全国34个受表彰的青年文明号先进集体发言，北京天坛医院、北京回龙观医院团委分别介绍了创建青年文明号的工作经验和培养青年岗位能手成才的先进事迹。（乔润成）

**【国庆游行活动】** 本局承担了有1 400人参加的国庆游行活动，局团委作为办公室，组织北京卫生学校、北京护士学校、北京中医学校、北京医专、联大中医药学院等5家学校的团员青年，代表全市的广大医务人员参加了群众游行。

为表彰在训练和受阅中涌现出的先进典型，市卫生局于10月29日召开了国庆群众游行表彰大会，首都国庆群众游行第二指挥部常务副总指挥任亚光，市卫生局党组副书记、副局长史炳忠到会并讲话。向受表彰的先进集体和先进个人表示热烈的祝贺，向参加国庆群众游行活动的5所院校的1 400余名师生表示亲切的问候。会上，北京卫生学校、北京护士学校、北京中医学校、北京医专、联大中医药学院等5所院校被评为优秀组织单位；联大中医药学院中医系98（1）班等11个中队被评为先进中队；北京护士学校98（2）班等26个小队被评为先进小队；北京医专李飞颖等94人被评为先进个人。共有1 200余名师生参加了大会。（乔润成）

**【举办第七届青年优秀科技论文评选活动】** 为进一步推动北京市卫生系统“跨世纪青年人才工程”的实施，激励更多的青年医务人员积极投身卫生事业，培养和造就一大批跨世纪优秀青年医务工作者，北京市卫生局团委会同科技处、人事处联合举办北京市卫生局第七届青年优秀科技论文评选活动。活动共征集论文300余篇。

在参评的258篇论文中，有49篇论文荣获优秀奖。获奖作者共49人，其中博士13人，硕士21人，大本12人，大专和中专3人，其中友谊医院获奖论文最多（18篇）。（乔润成）

**【举办"颂祖国、迎回归、跨世纪"青年卡拉OK比赛】** 12月10日，局团委举办了以"颂祖国、迎回归、跨世纪"为主题的青年卡拉OK比赛。北京儿童医院张晶、北京卫校高小密荣获并列第一名；天坛医院王丕林等8名选手获第二名；友谊医院张雪莲等10名选手获第三名。此次活动共有26家单位的近60名选手参加了比赛。（乔润成）

**【局工会代办职工安康保险】** 随着改革的进一步深入，职工互助保险越来越被人们所重视，局工会充分发挥工会组织的职能，设立了职工保险代办处，并请市总工会有关领导讲解保险工作的事宜。截止到目前已有9 000人入保，占职工总数的30%，其中入女职工安康互助保险5 051人，入职工安康互助保险3 632人，投保金额390多万元，已有24人受益，得到赔付金6.31万元。（张秀芬）

**【召开发扬巾帼创新精神报告会】** 为庆祝"三·八"国际妇女节，局工会召开了发扬巾帼创新精神报告会。邀请全总工运学院张默副教授为大家做了《用心用脑用智，事业上成功，家庭上幸福》的报告，基层医院女劳模、女院长及女专家参加了会议，局党组书记、局长朱宗涵到会向大家祝贺节日愉快，并希望广大女职工发扬巾帼创新精神，在行业达标工作中再立新功。（张秀芬）

**【召开市卫生局工会第二届职工代表大会】** 北京市卫生局工会第二届职工代表大会于3月16—18日在天安门招待所召开。来自局直属单位的正式代表137人，特邀代表30人，列席代表10人。选举出新一届局工会领导机构。市卫生局党组书记、局长朱宗涵，局党组副书记、副局长史炳忠，市总工会主席韩荣岱出席会议并讲话。（张秀芬）

**【局工会举办系列活动庆祝护士节】** 为庆祝"五·一二"护士节，局工会与市总工会、北京护理学会联合举办系列活动：

庆祝"五·一二"护士节大会，演出了丰富多彩的节目，慰问市卫生局系统的护士；到积水潭医院看望工作在临床一线的护士，并组织了座谈会；看望老护士、南丁格尔获得者王秀英；在北京电视台组织了一台庆祝护士节专题电视门诊。（张秀芬）

**【齐敬宁当选为市总工会第十届委员】** 6月8—11日，本局6名正式代表和2名特约代表参加了市总工会第十次代表大会。局工会主席齐敬宁当选为市总工会第十届委员会委员。（张秀芬）

**【北京同仁医院等受表彰】** 7月23日，在中国科技会堂，同仁医院血液内科被全国总工会评为全国十佳职业道德先进班组。天坛医院的王忠诚被评为首都楷模。朝阳医院的胡大一获首都精神文明奖章。（张秀芬）

**【组织职工文艺汇演】** 9月15日，在市工人俱乐部举办北京市卫生局直属单位职工文艺汇演。23家单位演出了39个节目。卫校高晓密的女生独唱《珠穆朗玛》、回龙观医院田松的京剧选段《霸王别姬》、积水潭医院的小品《双引路》、中医院的舞蹈《中国风》、妇产医院的舞蹈《好日子》被评为一等奖，有10个节目获二等奖，25个节目获得三等奖。（张秀芬）

**【组织职工文化体育活动】** 为了增强卫生系统职工身体健康，丰富和活跃职工的业余文化体育活动，促进全民健身运动的开展，局工会在首都体育馆举办北京市卫生局"迎澳门回归"职工羽毛球比赛。在首儿所多功能厅举行了北京市卫生局第五届"首儿杯"乒乓球比赛。基层单位有23家医院33个队近200人参加。评出了男女团体前六名，男女个人前六名。首儿所独揽男女团体冠军，天坛医院图文室主任匡远深获男子单打冠军，同仁医院皮科副主任医师杨秀敏获女子单打冠军。九九重阳的前一天，在京西革命老区阳台山，举办了职工首届阳台山登山比赛。来自市卫生局直属的31个单位近200名医务人员进行了激烈的角逐。获得团体前三名的单位是：北京胸科医院、首都儿科研究所、北京积水潭医院。获得男子个人前三名的是：首儿所研究实习员邱南、小汤山医院药剂师王成、结研所检验士靳海龙。获得女子个人前三名的是：北京胸科医院住院医师刘宁红、结控所收费员柳楠楠、北京胸科医院住院医师乌兰。朱宗涵、史炳忠、郑东振、郭积勇、谢阳谷等局领导，张汝范、杨如晴、张淑芬等13位行风监督员参加了这次活动并为优秀运动员颁奖。这次比赛是局级领导参加人数最多的一次。（张秀芬）

**【组织国庆游园活动及迎新千年活动】** 在庆祝共和国50周年活动中，局工会参加了劳动人民文化宫国庆游园活动的组织工作。其中包括协同北京同仁医院和北京天坛医院组织100名标兵；协同北京急救中心建立1个医疗点；协同北京职工医学院组织100名固定观众。从10月2—4日，连续3天，每天工作10个小时，圆满地完成了任务。

12月31日，在迎接2000年到来的迎新千年活动中，局工会参加了中华世纪坛活动的组织工作。局工会协同北京友谊医院、北京积水潭医院和北京朝阳医院组织了100名职工代表，参加了新年狂欢活动。

这两次重大活动都有江泽民等党和国家领导人参加，大家把参加这样的活动当作自己一生中难得的宝贵机会，格外珍惜，不辞劳苦，从始至终，热情饱满，圆满完成任务，受到市总工会表扬。国庆期间，局工会通过市总工会推选王忠诚为50名“首都楷模”之一，在国庆宣传活动中给予重点宣传。国庆游园活动中，王忠诚受到江泽民总书记的接见。还推荐了全国劳动模范、急救中心万立冬医生蹬上受阅彩车，推荐全国劳模林明美、邵贵忠参加国庆观礼。

（张秀芬）

**【加强民主管理工作】** 在“三讲”教育后期，以局党组的名义下发了《关于开展一次民主管理工作检查的通知》，要求各单位党组织结合学习贯彻十五届四中全会《决议》精神和《中共中央关于加强和改进思想政治工作的若干意见》的精神，对本单位民主管理工作进行一次自查。自查的主要内容包括健全机构、按期换届、落实职代会制度、落实提案等7个方面的要求。文件还根据工作变动的情况，对局民主管理领导小组成员进行了调整，并决定对重点单位进行抽查。市总工会和市委宣传部把北京朝阳医院作为市总工会复验职工之家的重点之一。从11月16日—12月17日，局民主管理领导小组会同局工会常委配合市总工会复验了朝阳医院的模范职工之家工作，抽查了同仁医院、天坛医院、地坛医院、回龙观医院、结控所等单位。 （张秀芬）

**【局领导述职】** 1月20日，根据市委组织部、宣传部要求，局党组书记、局长朱宗涵，党组副书记、副局长史炳忠，副局长郑东振、金大鹏、郭积勇进行述职，市卫生局直属单位党政一把手和局机关处长及主持工作的副处长88人参加民主评议和民主测评。市卫生局直属32个单位200余名院级干部1—2月也分别在本单位中层干部和职代会范围进行述职，有关部门组织了民主评议和民主测评。（左恩雄）

**【举办干部人事档案管理人员培训班】** 3月25—26日，市卫生局举办干部人事档案管理人员培训班。市委组织部干部调配处陈新从干部档案收集、利用、整理及目标管理等方面对从事这方面工作的人员进行了培训。培训班上还对本局干部档案达标管理提出了具体要求，培训班还组织大家参观了东城区委组织部档案室。局机关和直属单位共有70余人参加培训。 （左恩雄）

**【选派9人赴疆】** 5月4日，市委组织部召开为新疆和田地区选派第三批干部的工作会议，市委组织部崔君乐副部长做了动员。本局选派了9名专业技术干部赴疆。接受任务单位的领导按时高质量地完成了选派任务。6月18日，市卫生局党组在友谊医院召开援疆干部座谈会，局党组书记、局长朱宗涵，党组副书记、副局长史炳忠出席会议，史炳忠同志代表局党组讲话，勉励援疆干部努力工作，圆满完成任务。6月23日，援疆干部启程进疆，组织处处长白宏受市委委派护送干部进疆。 （左恩雄）

**【为新上岗干部举办培训班】** 5月24—28日，局组织处和北京市医院管理研究所联合举办了新上岗的院处级干部、中青年干部和支部书记70余人参加的培训班。在培训班上，卫生部医政司吴明江司长，基层卫生与妇幼保健司李长明司长，市卫生局党组书记、局长朱宗涵，局工会主席齐敬宁，宣武医院院长张健以及市委党校尹志刚教授分别做了报告。

（左恩雄）

**【胡亚美获北京市优秀共产党员称号】** 6月4日，本局组织处陪同市委组织部、市委宣传部到儿童医院对胡亚美进行了考察。“七一”前夕，胡亚美被授予北京市优秀共产党员称号，受到了表彰。

（左恩雄）

**【做好党员和群众的思想转化工作】** 7月13—19日，受卫生部委托，由组织处牵头参加“法轮功问题”调研活动，撰写批判法轮功文章。7月21日，党中央关于取缔法轮功的通知发表以后，多次召开各单位党委书记和党办主任会议，及时传达中央和市委有关同法轮功斗争的部署和要求，各级党组织积极做好修炼法轮功党员和群众的思想转化工作。8月，按照市委的部署，各单位党组织及时召开同法轮功斗争的专题民主生活会，卫生系统8 768名党员中有8 082人参加，参加率92.2%。 （左恩雄）

**【进行“三讲”教育工作】** 按照市委的部署，卫生局党组从8月17日—11月9日，卫生局机关处级干部从9月24日—12月10日，进行了“三讲”教育工作。市委“三讲”办向本局派出了巡视组。巡视组组长高云厚，成员有李云莉、郭琪、戚荣国。巡视组参加了局党组“三讲”教育的指导工作。经过4个阶段的“三讲”教育，卫生局党组领导班子和机关处级以上领导干部达到了中央提出的思想上有明显提高，政治上有明显进步，作风上有明显转变，纪律上有明显增强的要求。 （左恩雄）

**【干部考察工作】** 全年共进行了14个市卫生局直属单位、11个局机关处室的干部考察。完成领导干部任免62人次，其中会同组织部、宣传部任局级干部3人，任处级干部20人，免局级干部1人，免处级干部31人。

（左恩雄）

【干部理论培训】 1999年，市卫生局党组以党的十五大报告、十五大四中全会决议以及江泽民同志一系列讲话精神为主要内容，研究制定《关于中心组学习计划安排》，继续抓好干部的理论学习工作。首先是结合不同时期的形势与任务，组织办好每月一次中心组报告会和领导干部每季度一期的局党校读书班，深入学习邓小平理论的同时学习现代科技、法律和金融知识。先后邀请北京大学国政系教授李茂春做了《科索沃》的报告，国家自然科学基金委员会童道玉做了《生命科学的进展与趋势》的报告，卫生系统全国政协、人大代表讲述“两会”情况，市委组织部副部长李维良做了《领导干部任免条例》报告，社科院副院长马仲良做了《迎接知识经济的挑战》的报告，外交部发言人孙玉玺做了《国际形势》的报告，卫生部医政司司长讲《医疗制度改革》等等。组织了北京医院赴南医疗队事迹报告会，《新中国50年》报告会，“百佳医院”事迹报告会。全年共举办12场中心组学习报告会，听众2 500余人次。在局党校共举办4期领导干部读书班，轮训191人，占应参加学习人数207人的92%，超过年初计划90%的要求。年初，全系统有20名处以上领导干部或院士结合自己的思想和工作讲党课、做报告，并参加3月份全市“灵山”杯优秀报告、党课的评选，其中有6人获奖，本局宣传处荣获市委宣传部和市委讲师团颁发的优秀组织奖。 （彭英姿）

【抓好党员教育工作】 市卫生局以“学理论、学党章”为重点内容，采取多种形式抓党员教育。如天坛、佑安、胸科、急救中心、中医、积水潭、联大中医学院等单位，先后制定出开展党员“双学”活动的安排。佑安、急救中心等举办党员“双学”培训班，抓好党员专题理论工作。胸科等单位组织党员“学理论、学党章”的答题竞赛。天坛等医院在党员中开展民主评议和争优创先活动。积水潭、联大中医药学院还举办入党积极分子学习邓小平理论和党章培训班。大多数单位党员“双学”是利用双休日进行的，集中授课和党支部组织学习两者相结合，不仅完成市委党员培训全年累计不少于40课时的要求，党员“双学”的参训率也达到90%以上。

（彭英姿）

【北京地区47家三级医院和130个社区卫生服务站开展创文明行业规范化服务达标活动】 按照首都精神文明委员会的要求，1998—1999年，市卫生局在全市47家三级医院和130个社区卫生服务站中开展了创文明行业规范化服务达标活动。市卫生局经过充分酝酿、筹划准备，确定在医疗整体水平较高的三级医院和与人民群众密切相关的社区卫生服务站这两个层面中率先开展达标工作。

1998年8月14日、1999年2月11日、8月4日先后召开了3次动员大会，把达标工作列为“一把手”工程，从上到下层层签定达标工作责任书。卫生部王陇德副部长3次到会，主持召开首都卫生系统精神文明建设协调会议，听取卫生局关于达标工作的汇报并做具体指导。市委宣传部何卓新副部长多次参加本局的行业自查和市文明办组织的检查。

本局组成12个行业达标检查小组，建立了党组领导、处室负责、社会监督员参加、不断督促、保证达标的检查责任制并实行检查反馈制度。从3月到7月，采取明查暗访相结合的方式，对47家三级医院和130个社区卫生服务站达标工作进行了4轮检查。为取得客观公正的检查效果，本局聘请了10名市人大代表、10名市政协委员和5名新闻记者作为社会监督员，参加检查小组。

在加强医务人员规范化服务意识的同时，各单位增设了许多便民措施，如中日医院的立体导诊系统，协和、同仁等医院的电脑预约挂号，天坛医院8∶30“刀碰皮”制度，友谊、结研所等导医制度，煤炭医院的“一日四餐”制，回龙观等医院延长病人晚餐开饭时间，朝阳、儿童医院延长门诊时间等举措，社区卫生服务站开展电话呼叫、家庭病床、社区护理、康复保健等上门服务，深受病人和居民欢迎，据不完全统计，推出大大小小的便民措施上百项。

为了让医务人员熟悉规范、掌握标准，本局把“双十条标准”和两个“规范”再次编印成集，下发5万册。设计一套达标活动宣传画，印制5 000张下发基层单位。开办了《创建文明行业规范化服务达标工作简报》专刊，全年共发9期。北京电视台、北京日报、北京晚报、北京人民广播电台、北京青年报等新闻记者对达标工作自查进行跟踪采访报道。全市47家三级医院达标标准和130个社区卫生服务站规范化服务达标工作通过了首都精神文明委员会的检查、初评、总评，实现了达标。历时一年半的达标活动，在全市卫生系统近5万名医务工作者的努力下，经过酝酿筹划、动员培训、自查互查、迎接检查4个阶段，取得了应知率100%，岗位知晓率100%，综合得分92.216（社区医院）、90.415（三级医院）的成绩。

（彭英姿）

【开展“创文明行业，迎50年大庆”系列活动】 市卫生局4—10月组织了以“创文明行业，迎50年大庆”为主题的系列活动。首先是全卫生系统职工的演讲活动。来自中央、市属、厂矿、区县卫生局所属单位职工共138人报名参加初赛，他们当中有临床一线的医生、护士，有医学院校的老师、学生，有先进模范，也有留学归来的博士，年龄最大56岁，最小19岁。从中选出24名选手参加了本局在工人俱乐部举办的演讲决赛，其中4名选手参加了全市决赛。天坛医院范涛获得全市一等奖，北京医院栾小铃等分别获二、三等奖。在此基础上，市卫生局开展了征文活动，共收到276篇文章，从中精选出80余篇，编印了《天使的心声》征文集下发各单位。

同时，举办了卫生系统第八届“杏林杯”电视片评比和“普天同庆”职工摄影比赛活动，召开了首都卫生界庆祝国庆座谈会等。其中参加电视片评比的23部，参加摄影比赛的作品500余幅。获奖的摄影作品制成展板，在直属各单位巡回展出。（彭英姿）

**【1999年舆论宣传工作】** 市卫生局在大力开展规范化服务强化内部管理的同时，积极与新闻媒体联系，加强“外树形象”的新闻报道工作，努力为医、教、研、防卫生中心工作的改革与发展创造较为宽松的舆论环境。3月，邀请获“百佳”称号的协和、中日、天坛、同仁、铁路、隆福6家医院院长到北京电视台电视直播间座谈“以病人为中心，优质文明服务”。组织宣传“百佳医院”的先进经验，扩大影响。10月，召开“百佳医院先进经验报告会”，并组织了新闻媒介的宣传报道。

积极争取新闻单位对全系统规范化服务达标工作的报道。组织新闻单位观摩地坛、安定等医院创建文明行业规范化服务情况，宣传报道医务人员敬业爱岗、无私奉献的精神。其中《中国经济时报》对卫生系统规范化服务达标和卫生改革给予了连续5篇的专题系列报道。

与北京电视台联合举办《京城好医生》栏目，每月两期，每期8分钟的人物专题片，定期宣传报道本市卫生系统医德高尚、医术精湛的医务工作者，其中有《爱心摩雅李桓英》、《不开颅治脑血管病的吴中学》，有一心扑在医学科普教育上的《播洒健康——洪昭光》，有社区医生《张晓琳》，有从美国学成归来的《中国细胞刀第一人——李勇杰》等等。

组织宣传报道全市和直属各单位医疗改革新举措，促进改革的进展。如全市23家“一卡通”挂号新举措，口腔医院实行全天候门诊。

积极与市委宣传部联系，争取支持，制止了多起对卫生工作的负面或失实报道。全年共拍摄制作12个专题片、电视新闻40余条在北京电视台播出，共制作《医德讲坛》一套7辑，下发基层单位开展思想教育工作。

（彭英姿）

# 国际交流与合作

**【1999年公派出国情况】** 1999年，市卫生局系统公派出国人员共计741人次，其中参加国际会议359人次，考察访问204人次，进修培训98人次，其他80人次。本年度共举办国际会议及讲习班21次。

（王树峰）

**【与以色列互派医师】** 本局与以色列特拉维夫市政府间交流，派出2名西医师、2名中医师赴以色列进修讲学。以色列2名专家来华举办社区卫生服务讲习班。（王树峰）

**【与德国交流活动】** 本局派出考察团赴德国柏林市考察医院管理、后勤服务、食品卫生监督等，并商谈进一步合作项目。同时，接待了科隆市医院2名麻醉师在天坛医院进修针刺麻醉和针刺减痛技术。

（王树峰）

**【市属单位与国外建立长期合作关系】** 市卫生局直属的3个单位与国外建立了长期合作关系，他们是北京红十字朝阳医院与荷兰Nijmegen大学、北京联大中医药学院与日本新泻药科大学、北京地坛医院与欧盟性病艾滋病培训中心，并已正式挂牌。

（王树峰）

**【外国专家在京工作受表彰】** 在市卫生局直属单位长期工作的外国专家共6名。在北京回龙观医院工作的加拿大籍专家费立鹏获北京市人民政府授予的“长城友谊奖”；旅日华侨惠京子女士长期资助北京友谊医院肾透析工作，为医院建立了现代化透析中心，北京市人民政府授予她“荣誉市民”光荣称号。

（王树峰）

**【护士在国外的培训及工作情况】** 赴奥地利工作的19名护士在奥工作2年，于8月回国，部分护士回到本单位工作。赴新加坡的第八批培训护士共6名，结束在新学习归国。（王树峰）

# 军 队 卫 生 工 作

## 驻京部队医药卫生科技成果获奖情况

1999年，军队驻京单位有47项医药卫生成果获国家和军队的科技和医疗奖励。其中获国家科技进步奖6项（二等奖1项，三等奖5项）；军队科技进步奖31项（一等奖2项，二等奖29项）；军队医疗成果奖10项（一等奖1项，二等奖9项）。获奖项目如下：

**1999年度军队驻京单位医药卫生科技成果获国家科技进步奖项目**

| 序号 | 项 目 名 称 | 主 要 完 成 单 位 | 等级 |
|---|---|---|---|
| 1 | 人肝细胞生成素的发现及其分子生物学系列研究 | 军事医学科学院放射医学研究所<br>第四军医大学第二附属医院<br>第三军医大学第一附属医院 | 2 |
| 2 | 动物细胞微载体灌流培养技术的研究和应用 | 军事医学科学院生物工程研究所 | 3 |
| 3 | 常见性传播疾病特异免疫诊断方法和试剂的研究 | 军事医学科学院微生物流行病研究所 | 3 |
| 4 | 血栓素B2、6－酮－前列腺素F1α和内皮素放免药盒研制及应用 | 解放军总医院 | 3 |
| 5 | 阻断及逆转肝纤维化、早期肝硬化的基础及临床研究 | 首都医科大学附属北京友谊医院<br>第302医院<br>中日友好医院<br>第一军医大学第一附属医院 | 3 |
| 6 | 几种生长因子调控创伤修复机理及其应用研究 | 第304医院<br>暨南大学生物工程研究所<br>珠海东大生物制药公司 | 3 |

**1999年度军队驻京单位医药卫生科技成果获军队科技进步奖项目**

| 序号 | 项 目 名 称 | 主 要 完 成 单 位 | 等级 |
|---|---|---|---|
| 1 | 肝胆管结石的外科治疗与实验研究 | 解放军总医院<br>第三军医大学第一附属医院 | 1 |
| 2 | 《手术学全集》 | 人民军医出版社<br>解放军总医院<br>第二军医大学<br>第三军医大学<br>第四军医大学<br>南京军区南京总医院 | 1 |

续表

| 序号 | 项目名称 | 主要完成单位 | 等级 |
|---|---|---|---|
| 3 | 胃-肠-胰神经内分泌肿瘤的临床病理学研究 | 北京军区总医院<br>海军总医院<br>第三军医大学<br>第304医院<br>北京医科大学 | 2 |
| 4 | 蛛网膜下腔出血后迟发性脑血管痉挛的研究 | 北京军区总医院<br>白求恩医科大学 | 2 |
| 5 | 病理与临床分析颈动脉粥样硬化与心脑血管病的关系 | 北京军区总医院<br>中国铁道建筑总公司医院 | 2 |
| 6 | 人血小板生成素（TPO）不同结构分子及全长分子基因转导的生物学意义研究 | 空军总医院 | 2 |
| 7 | 盐酸特比萘芬原料药及其片剂、凝胶剂和溶液剂的研制 | 空军总医院<br>北京亚科希药物研究所<br>北京市药物分析研究所<br>军事医学科学院毒物药物研究所 | 2 |
| 8 | 物理和生物催化在有机药物化学中的应用及催化原理研究 | 总装备部军事医学研究所<br>军事医学科学院毒物药物研究所 | 2 |
| 9 | 肥大细胞生长调节和参与放射性纤维化机理研究 | 军事医学科学院放射医学研究所 | 2 |
| 10 | 促红细胞生成素（EPO）基因治疗肾性贫血的实验研究 | 军事医学科学院放射医学研究所 | 2 |
| 11 | CD34+及其亚群造血细胞的分选、性能研究及体外扩增 | 军事医学科学院放射医学研究所 | 2 |
| 12 | 海马神经元缺氧损伤机制及保护措施的研究 | 军事医学科学院基础医学研究所 | 2 |
| 13 | 人类免疫缺陷病毒（HIV-1）蛋白的表达与功能的研究 | 军事医学科学院基础医学研究所 | 2 |
| 14 | 抗疟新药复方蒿甲醚 | 军事医学科学院微生物流行病研究所 | 2 |
| 15 | T2毒素的体内代谢及结构效应的研究 | 军事医学科学院毒物药物研究所 | 2 |
| 16 | 膦氧氮丙啶的特殊毒性研究及其防护原则建议 | 军事医学科学院毒物药物研究所 | 2 |
| 17 | 乙酰胆碱与乙酰胆碱酯酶分子间作用力的研究及其在神经性毒剂防治中的应用 | 军事医学科学院毒物药物研究所<br>中国科学院化学研究所 | 2 |
| 18 | 甲基丙二酰辅酶A变位酶催化反应机理研究 | 军事医学科学院毒物药物研究所 | 2 |
| 19 | 抗高血压和心绞痛新药富马酸比索洛尔的研制 | 军事医学科学院毒物药物研究所 | 2 |
| 20 | 霍乱弧菌LPS-O抗原基因克隆表达及其在疫苗构建中的应用 | 军事医学科学院生物工程研究所 | 2 |
| 21 | 《急症神经外科学》 | 军事医学科学院<br>第一军医大学第二附属医院<br>第四军医大学第一附属医院<br>人民军医出版社 | 2 |
| 22 | 国家军用标准“疾病诊断名称与代码”和“手术操作名称与代码”的研制及应用 | 解放军总医院<br>总后勤部卫生部计划财务局 | 2 |
| 23 | 介入性冠状动脉内的诊断和治疗 | 解放军总医院<br>第四军医大学第一附属医院 | 2 |
| 24 | 针刺治疗头痛机理研究 | 解放军总医院<br>中华疼痛学会第二临床中心 | 2 |
| 25 | 无牙颌颞下颌关节紊乱综合征的临床及基础研究 | 解放军总医院 | 2 |
| 26 | 烧伤创面外用药碘络醚及其溶液制剂 | 北京军医学院<br>军事医学科学院微生物流行病研究所 | 2 |
| 27 | YZ-A型烟雾杀虫弹 | 总后勤部卫生部防疫队<br>总参轻武器研究论证所 | 2 |

续表

| 序号 | 项 目 名 称 | 主 要 完 成 单 位 | 等级 |
|---|---|---|---|
| 28 | 腺病毒 B2 亚属和 E 亚属中的遗传学关系 | 第 302 医院 | 2 |
| 29 | 病毒性肝炎肝纤维化的临床与病理研究 | 第 302 医院 | 2 |
| 30 | 急性坏死性胰腺炎继发感染的机理及防治研究 | 第 304 医院 | 2 |
| 31 | 结核分枝杆菌耐药性分子机制、检测技术的研究与应用 | 第 309 医院 | 2 |

**1999 年度军队驻京单位医药卫生科技成果获军队医疗成果奖项目**

| 序号 | 项 目 名 称 | 主 要 完 成 单 位 | 等级 |
|---|---|---|---|
| 1 | 5244 例老年人直接胃镜、结肠镜临床普查及随访的临床价值 | 解放军总医院 | 1 |
| 2 | 放线菌感染致全身转移性多发脓肿一例的成功救治 | 北京军区总医院 | 2 |
| 3 | 核医学图像定量分析技术的研究和临床应用 | 海军总医院 | 2 |
| 4 | 计量诊断及多项生物活性物质测定对肺癌的诊断价值 | 海军总医院 | 2 |
| 5 | 经腹腔镜一期缝合治疗胆囊结石和息肉 | 海军总医院 | 2 |
| 6 | 阿片类依赖、中毒、并发症的救治及远期疗效随访 | 军事医学科学院附属医院 | 2 |
| 7 | 核心脏病学在冠心病诊断、治疗与监测中的综合应用 | 解放军总医院 | 2 |
| 8 | 成分输血的临床应用研究 | 解放军总医院 | 2 |
| 9 | 原发性肝癌的外科治疗及临床病理学研究 | 解放军总医院 | 2 |
| 10 | 阑尾原位脐部造口的可控性回结肠膀胱术治疗中晚期膀胱癌 | 第 304 医院 | 2 |

# 解放军总医院

**医疗工作** 门诊总量1 072 138人次，比 1998 年增加103 214人次；收容病人26 800人次，比 1998 年增长31.24%；开展各类手术19 977例次，最高日手术量 62 台次；出院病人平均住院日 18.38 天，其中普通病人平均住院日 16.20 天。医疗收入 3.1 亿元。

在住院病人疑难危重病情率高达 71.87%的情况下，全院单病种综合质量优良率为 85.05%；门诊与出院诊断符合率 97.82%，临床初诊与确诊符合率 98.88%，治愈好转率 97.92%，各项指标均优于三级甲等医院标准。全年无医疗事故发生。

开展新技术、新业务 175 项。眼科首例自体角膜移植获得成功；组织腹主动脉瘤介入治疗、冠心病的综合治疗等重点技术项目的开展，巩固原有优势，技术更趋成熟；微创非体外循环下心脏不停跳冠状动脉旁路术处于国内先进水平；完成冠脉架桥 95 例，肾脏移植 155 例。

圆满完成中共十五届四中全会等党和国家重要会议的医疗保健任务及驻京部队体系单位军以上干部年度体检等保健工作。张国华教授等 5 人被授予保健工作特殊贡献奖，周定标教授等 20 人被评为保健工作先进个人，牟善初教授获全军专业技术重大贡献奖，王士雯院士获何梁何利基金科学技术进步奖，秦力君副主任护师获国际第 37 届“南丁格尔奖章”，程留芳教授被评为“全国百名优秀医生”。

医院信息自动化建设取得新进展。完成军卫一号工程软件开发，全院 22 个病房开通医生工作站。药品、医疗器械管理信息自动化工作取得进展。门诊实现计价收费自动化。被总后卫生部确定为全军医院信息技术开发与应用基地。完成远程会诊 270 例，配合全军科技练兵活动，组织 7 次远程教学。

大力宣传、贯彻《执业医师法》。组织 54 名医师参加了首次国家医师资格考试，推动依法执业、依法管理的进程。积极探索、稳步推进医疗改革。医院被海淀区劳动与社会保障局批准为大病统筹定点医院。

**科研工作** 获国家科技进步三等奖 1 项，军队科技进步一等奖 1 项、二等奖 6 项、三等奖 20 项，军队医疗成果一等奖 1 项、二等奖 3 项、三等奖 7 项。1998 年发表论文列入国家科技信息统计 448 篇，在全国医疗机构中名列第一，实现“九连冠”。在首次进行的论文被引用数统计中，位居全国医疗机构榜首。

获资助课题数量与经费数名列全国医院前茅。获国家和军队各类科研基金课题 29 项，资助经费 419.9 万元；获得国际科研合作项目经费 3.28 万美元。当选第三届国家自然科学基金委员会北京地区联络网网长单位。医院管理研究课题首次获得国家自然科学基金资助，建立了医院管理研究所，被总后卫生部确定为全军医院信息管理研究基地。

重点创新技术项目的基础研究和临床应用取得较大进展。肝胆外科进行了同种异体肝移植实验研究；“立体定向肾上腺嗜铬细胞微囊植入治疗帕金森病的实验研究”，通过了国家自然科学基金委员会组织的课题验收；PET 验收和 PET 中心筹备工作正在进行，开展检查 291 例次。

**教学工作** 经国务院学位委员会批准，本院成为全国 23 个临床医学博士专业学位试点单位之一。制订了 30 个学科专业的临床医学专业学位研究生培养方案、临床医师培训手册、专业学位研究生临床技能考核指标体系并全面组织实施。初步将临床住院医师规范化培训与临床医学专业学位研究生培养工作相衔接，制定并实施《主治医师、医技系列专业技术干部规范化培训实施细则》和《继续医学教育项目与学分管理试行办法》。加强研究生、实习生理论课教学管理，改革进修生招生工作，为配合开展临床医学专业学位工作奠定坚实的基础，增列博士研究生导师 6 人、硕士研究生导师 22 人。招收博士后研究人员 10 人、各类研究生 94 人。毕业研究生 78 人。接收培养全军临床医学中青年人才培养基金班学员、进修生、实习生共 801 人。

**国际交流** 派遣长期出国留学人员 27 人，短期出国（境）参加国际学术会议、技术培训、访问和业务考察人员共 257 人次，接待外宾共 91 批 307 人，包括土耳其军事医学代表团、英国国防部医疗卫生代表团、美国气功学会代表团、美国洛杉矶儿童医院代表团以及香港那打素医院护理代表团等 10 余个代表团。成功举办了国际耳鼻咽喉研讨会，邀请了美国国际阳萎研究学会主席路易斯教授等国际知名学者来院讲学。

与德国埃森医科大学、海德堡医科大学、乌尔姆大学建立了合作关系，进一步加强与日本大分医科大学之间的合作交流关系，派遣了第 11 位专业技术人员前往该校研修学习。与日本富士能公司、美国血液技术公司等续签了合同，进一步加强了双方之间的合作。

医院设立了外聘教授“友谊奖”，美国洛杉矶儿童医院西格尔教授、德国埃森大学布兰克教授以及香港中文大学医学院李川军教授、郭志良教授分别获得了解放军总医院、军医进修学院首次颁发的外聘教授“友谊奖”。 （赵嘉符　卢光明）

# 三〇二医院

**医疗工作** 在姓“军”为兵服务工作中，始终坚持以王克部长的“三尽”要求为标准，认真落实总部“三个文件”精神，深入贯彻医院一系列姓“军”为兵服务具体措施，在提高服务水平和保障能力上下功夫，受到部队官兵和伤病员的广泛赞誉，1997—1999 年连续 3 年被评为“全军为部队服务先进医院”。

建章立制，规范服务。医院先后制定了《确保姓“军”为兵服务六十条》、《进一步姓“军”为兵服务工作措施》、《关于进一步做好为部队优质服务工作的决定》等“硬标准”，规范了为部队服务行为，使为部队服务工作有章可循，走上规范化、制度化的轨道。保证军队伤病员及时收治，保证基本医疗需求，全年未发生拒收、推委、待床和乱收费的现象。与上年相比，军人门急诊人数增加 8.9%，军人住院占床率提高了 1.2%，治愈好转率提高了 1.1%，军人住院日均经费 135.9 元，补贴军人费用 600 余万元。

简化服务程序，方便病人就医。确保部队病人医疗各个环节的落实，为军人开辟“绿色通道”，病人无须挂号，直接到“军人诊室”就诊；实行预防、医疗、康复一条龙服务系统、一体化服务模式、全方位服务格局。

更新观念，全方位服务。为适应医学模式转变，医院改变了以往只注重“院中治病”的单一服务观念，树立了预防、医疗、保健、康复全方位的服务意识，规范了院前积极预防、院中精心治疗、院后主动随访“一体化”的服务模式。为医疗体系部队授课

16次，培训6 000余人次。加强了对体系部队传染病防治工作的指导。多次深入干休所为老干部查体、咨询、卫生防疫宣传、防治1 500余人次。为住院病人定期播放健康教育录像，组织专家为军队伤病员医疗咨询。对出院病人进行随访，加强康复指导，并适度开展了出院病人家庭病房。树立“一切以病人为中心”的思想，完善了“全方位协同服务模式”。

医疗管理工作。1999年是医院“科技年”，增强科技意识，加大科技投入，提高科技含量，强化科学管理，促进医院全面建设和发展，确保以医疗为中心，使各项工作任务落到实处。

落实各项医疗工作制度。认真组织学习和严格执行总部下发的新版《医疗护理技术操作常规》、《临床疾病诊断与治愈好转标准》、《军队医疗事故技术鉴定规则》和《军队医疗护理差错处理规定》等文件；制定《临床科主任医师、主治医师和住院医师查房规范》，规范查房程序，并组织观摩考评；加强病案书写质量管理；严格实行住院医师24小时负责制和住院总医师制度。

加强医德医风建设。加强对医务人员的职业道德教育，加大医德医风管理力度。科室每月、院领导每半年召开一次住院病人的征求意见会；机关每季度组织一次专家与住院病人咨询答疑会和医德医风问卷调查，调查结果与科室奖惩挂钩。

加强院内感染监控管理。发挥三级管理组织的作用，严格抗生素四级管理办法，加强对临床合理使用抗生素的指导管理办法，使各项监控指标达标。

组建外科，引进安装了德国成套的层流手术室设备，为目前国内最先进的手术室之一，积极引进人才和选送人员外出培训。开展以门脉高压、上消化道出血、肝硬化、肝癌等为主的外科治疗。6月26日正式启动运转外科医疗工作以来，已开展肝胆手术100余例，顺利切除了一例体积为37.5×27×6.5cm，重3 928.4g的腹腔巨大间皮瘤伴恶性变。

加强医疗质量管理。医院进一步改善服务态度，改进工作作风，以“病人为中心”，全面提高医疗服务水平，树立医院良好形象；降低成本，合理检查、合理用药，降低药品费用比例，减轻患者经济负担。以“优质、高效、低耗”的医疗服务争取更大的医疗市场；医院组织专家抽查病历，进行合理用药检查，加大了监督管理力度。

加强献血管理。组织全院人员认真学习《军队献血管理规定》和《三〇二医院临床用血管理规定》。根据四总部联合颁发的《军队献血管理办法》的要求，完成了总部下达的60名指标任务。

**科研工作** 在学科建设上合理调整布局，将检验中心和5个独立的研究室进行重新组合，成立传染病研究所和临检中心，组建药学部和感染外科，使“大专科，小综合”建院方向更加明确，使学科设置更趋合理、人员组合更趋优化；加强技术建设和特色建设，积极开展新技术、新业务，要求科室制定学科特色和优势发展规划。加强了传染病学硕士、博士学位授权点的建设，招收了首届2名博士研究生。购置仪器设备，加强硬件建设，全年共投资1 000多万元，改善医院医疗、教学和科研条件。

在人才培养上通过建立并实施各级各类人员规范化培训方案，采取在职自学、脱产进修、出国深造和积极引进相结合的办法，通过举办英语提高班、组织专题讲座等，广泛开展“科技练兵”、“学习成才”等活动，加大培训力度，更新和改善了科技人员知识结构，提高了整体素质。全年共举办2期80余人参加的英语提高班，20余次全院性学术活动；选派86人次参加国内外学术会议，16人次到兄弟院校进修学习，4人次到国外短期培训。引进5名博士生和7名硕士生，使科技干部中硕士研究生以上学历达到10.9%。此外还举办了3期面向全军的培训班，安排了近20名住院医师轮转，组织了7名硕士研究生毕业论文答辩，接受了2批近100名进修生、50余名实习生。建立了人才激励机制，重奖有突出贡献的科技人员，试行科室领导聘任制，加强学科带头人建设，选拔了7名优秀的科技干部担任科室领导，增列了1名博士生导师、4名硕士生导师。

在课题管理上鼓励全院科技人员积极参与军内外科研课题申报，派人到国家自然科学基金委员会有关部门，进一步了解自然科学基金课题申报及评审程序、资助方向与原则、研究现状及热点。共申报国家自然科学基金课题11项，其中4项获得资助，此外还获得国家科技部资助课题1项，为获得国家资助项目最多的一年。掀起科技创新热潮，制定下发了关于科技创新的规定，加强科技创新人才的培养、创新科研课题的筛选以及科技创新活动开展情况的检查等。积极开展协作攻关，实施强强联合。先后与军事医学科学院、北京世博金都公司和镇江电厂建立了科研协作关系，引进科研资金800万元，为科研工作注入了活力。

在成果转化方面，在加强科研课题管理、组织成果鉴定、报奖的同时，对具有实际应用价值能转化成生产力的成果，努力促进转化。组织申报了11项总后卫生部部级成果鉴定，获得了国家科技进步三等奖1项，军队科技进步二等奖3项，其他奖励7项。“复方鳖甲软肝片”获得《国家新药证书》和《生产批件》，实现生产技术成功转让，产生了良好的社会效益和经济效益。此外，还制定下发了《学术论文发表、参加会议交流、出版科技著作等管理办法》，全年发表学术论文233篇，出版学术专著2部，完成科技档案、名人档案整理工作，获得上级机关的好评。

（三〇二医院）

## 三〇四医院

**医疗工作**　全年收治住院病人8 951人次，床位周转次数17.42次；收治危重病人1 703人次，比上年增加2.8%；完成手术4 763例，其中大手术1 959例，均超额完成全年计划指标的25%以上。门诊总数190 974人次，急诊29 849人次，急诊留观6 328人次。成功抢救误食亚硝酸盐造成食物中毒的群众24人。认真组织医务人员学习《医疗护理技术操作常规》，严格实行医疗质量四级监控制度，病案甲级率保持在95%以上，处方合格率在90%以上。

全年开展新技术、新业务118项。获军队医疗成果二等奖1项、三等奖4项，评出院医疗成果一等奖2项、二等奖5项、三等奖20项。成立了交通伤救治中心，24小时均有外科主治医师以上职称的人员值班，经常外出抢救交通事故伤员，对提高创伤救治水平，增加收容起到了良好的作用。救治了勇斗歹徒的个体户张叔权，在社会上引起良好的反响。

医德医风建设成效显著。建立健全各种规章制度，用法规来规范医务人员的行为，大力宣扬先进典型，加大监督检查力度，每月进行病员问卷调查和抽查，对出院病人进行随访，发现问题及时通报，严肃处理，并把结果与奖金挂钩。通过管、教、查并举的办法，采取全方位监控，狠抓医德医风建设，进一步提高了患者的满意度。

**教学工作**　全年接收实习生85人，进修生130人，博士、硕士研究生6人。组织了14人报考研究生，其中录取博士生1人，硕士生10人；3名博士研究生和6名硕士研究生顺利通过论文答辩。

加速人才培养。成立了继续医学教育领导小组、办公室和各科室联络员的三级管理体系。以规范化培训为基础，按照总部有关文件精神，制定切实可行的实施细则。以学分登记为主线，采取多种形式进行培训。为了科学、公正、及时地反映参加继续医学教育情况，投资10余万元购置了学术活动磁卡考勤设备和计算机多媒体系统，使学分考核管理科学化、自动化，考用结合。本院有资格参加全军晋职统考的51名技术干部中，有19人因继续医学教育考核未达标而被取消晋职资格，占拟晋职人数的37.2%。继续医学教育工作逐步走上了规范化的轨道。医院的做法被总后卫生部转发全军。

广泛开展学术交流，成功组织了烧伤、骨科全军一类学分项目学习班。出国参加国际学术交流30人次，国内学术交流214人次。接待土耳其、加拿大代表团等5批次、22人次来院参观访问讲学。全年主编专著4部，发表和交流学术论文540篇，其中期刊发表196篇，位居全国医疗机构第33位，比上一年上升了14位，位居全军医院的第11位。发表论文被引用148次，在全国医疗机构中位居第24位。

**科研工作**　全年申请各级各类课题51项，中标34项，获资助400余万元，其中国家自然科学基金3项，中国工程院基金1项，“973”专题2项，院级课题28项。经检查，在研课题进展顺利，新开课题已启动，正处于紧张的研究阶段。申报各级各类成果17项，获奖16项，其中国家奖3项（含协作1项），军队一、二等奖6项（含协作3项）；盛志勇院士获何梁何利基金奖，姚咏明获国际医学大奖希拉格奖。

**其他工作**　总后医院感染检查组对医院感染工作进行了全面的检查和验收。检查组对医院感染控制工作给予了高度的评价，顺利通过了检查验收。

贯彻总部关于医院药学工作重点应放在临床合理用药上的精神。药剂药理科制定了工作计划，大力宣传合理用药知识，开展药物不良反应监测网及《临床用药咨询》系统等药学信息服务，提供药学技术服务，推行药师下临床开展合理用药查房，抓好临床药师人才培养工作等，受到总后卫生部的通报表彰。

加强应急机动卫勤力量建设。迎接了全军应急机动卫勤力量建设考核组检查，医院被评为合格单位。

加强信息化建设。“军卫一号工程”的建设不断深入，已在全院开通190个站点。一期工程的全部子系统已在各相关科室正常运行，二期工程的大部分子系统已在有关科室试运行，其中医生工作站全部开通，部分特检报告已开通，建成了医院网络系统的基本框架。研究开发了医务部机关办公信息管理系统。

（宋益平）

# 三〇五医院

1999年，坚持以医疗工作为中心，狠抓了综合治理；坚持科技兴院的方针和以病人为中心的宗旨，以建设“老年病中心”为目标，以抓服务、抓基础、抓技术、抓管理为重点，较好地完成了以医疗为中心的各项任务。

**医疗工作**　在圆满地完成了为中央首长和机关、部队的医疗保健服务工作的基础上，开展对外有偿服务，取得了良好的社会效益。门诊总数87 300人次，出院2 400人次；床位周转次数为27.3次/年；出院患者平均住院日14天，治愈者平均住院日12天，术前平均住院日5天；每百床日手术指数2.4；门诊与出院诊断符合率99%，入院3日确诊率97.8%；治愈好转率97.6%，重危病人抢救成功率94.4%。

科学化管理。组织医护人员对照学习第四版《医疗护理技术操作常规》和《医疗工作暂行规定》；完善查房、会诊制度；认真执行了院长查房制度；制定了三〇五医院脱岗处理办法、计算机网络管理规则、计算机网络操作规程；调整了医院应急分队的组织配备。狠抓医疗信息工程建设，先后投资28万余元，购买了21台计算机、12台打印机及1台服务器等，实现了挂号、划价、收费、入院、医嘱处理、记价、核算、医疗统计等计算机管理。

积极开展新技术、新业务。共开展了双腔起搏器安装，部分心房、肺大叶切除治疗晚期肺癌，人工股骨头置换术，脊柱矫正术和漏斗胸矫正术，小切口胆囊切除术，睡眠呼吸监测，口腔矫治器治疗轻、中度睡眠呼吸暂停综合征，无痛性流产等新技术31项。

**专业技术队伍建设**　加强专业技术干部考核。制定了《三〇五医院继续医学教育学分管理方案》、《三〇五医院各专业技术干部考核方案》、《三〇五医院进修/实习人员管理规定》；运用《医学考试题库》，实现了专业技术干部年度考试科学化、标准化；在考核、评议晋升高级职称人员时，采用了现场及外语答辩、评议，录像留档等方式，使职称选拔显示科学、公平、择优的原则。

抓规章制度落实。坚持按培训计划督促临床医师轮训工作的实施；组织形式多样的学术活动；实行了学分登记；举办了6次全院性的学术讲座活动；各科室每月组织一次科内学术活动；每月一次组织全院性大讨论、会诊、教学查房；结合临床实际，护理人员开展了“一针见血”的岗位练兵，使医院的一针见血率达到了98.9%。坚持按专业技术干部晋职、晋级标准执行，选拔晋升了高级职称6人、中级职称11人，使本院高级技术人员占专业技术人员总数的16.9%，中级技术人员占专业技术人员总数的45.2%；博士、硕士生占专业技术人员总数的19%。

人才培养。选送2人攻读研究生，有18人到院外进修或短期学习。接受了17名医技人员、10名护士来院进修，19名实习护士来院实习。

**科研工作**　共申报军队科技进步、医疗成果奖24项，北京市科技成果奖1项，全军新技术研究课题1项；获全军“九五”医学科研规划第二批科研基金面上项目4项，青年基金资助1项。其中，检验科主任、副主任技师高德路为第一研究者的科研项目“高密度脂蛋白直接测定法”，在北京市科委的鉴定会上，专家们认为“本项目属国内领先，达到国际同类试剂的水平”，并建议申报北京市科技进步一等奖。

**其他工作**　结合医院30年院庆活动，大力宣扬先进典型，促进了医疗作风、服务质量的不断改善。

完成医院新病房楼建设，使医院医疗用房建筑面积增加到3.635万平方米。

加大医疗器械、设备设施的投资，为满足医疗保健工作的需要，购买了大型彩色超声诊断仪等，使医疗器械总价值达3 045万元。

坚持廉洁行医，努力培养良好的医德医风。院党委以“医德教育为先导，优质服务为宗旨”的指导思想，认真搞好思想教育。采取了问卷调查、病号座谈、重点提醒等形式监督、检查医德医风情况。医护人员自觉拒收红包、拒绝吃请。病人及家属对医院廉洁行医满意率始终保持在100%。11月，本院被中办机关授予“精神文明单位”荣誉称号。

积极配合北京市和西城区红十字会的各项活动，向灾区捐献价值数万元的药品。被评为“西城区红十字工作先进集体”。　（三〇五医院）

# 三〇六医院

**医疗工作** 共收治门、急诊病人185 015人次（其中军队77 369人次，地方107 646人次，军队病人占41.8%）；出院6 591人次（其中军队1 917人次，地方4 674人次，军队病人占30%）；中等以上手术2 015例。工作效率指标（按现有展开病床445张计算）：床位使用率69%，床位周转次数19.7，日平均占用床位数309张，平均住院日16天。工作质量指标：门诊与出院诊断符合率94%，临床初诊确诊符合率95%，治愈好转率71%，危重病人抢救成功率84.5%。医技科室共进行各类化验检查1 150 356例次，放射常规检查40 526例次，CT检查4 947例次，MR检查3 009例次，导管检查229例次，超声检查23 559例次，心电图检查14 411例次，病理检查2 547例次，脑电图检查2 962例次，肺功能检查2 073例次，理疗60 218例次。

为部队服务工作。为方便军人就医，门诊部在全部实行分诊区挂号的情况下，保留了原来专设的军人挂号窗口，各分诊台热情协调军人优先就诊；坚持开设午间门诊和周六上午门诊；门诊部办公室加强了对军人就诊证件不全的审理；为解决急诊不急的问题，规定军人急诊特殊检查由急诊科根据病情决定等等。增加了400余种药品供应临床，基本解决了287号文件内规定药品不足的问题；对文件内规定的特殊药品，由科室申请、机关审批、药械科核发等三个环节简化为科主任审批、药械科审核发药两个环节，方便了临床工作。为确保临床诊疗质量，建立了干部病房收治情况报告和院领导、机关访视制度；全年为军队伤病员组织院内外会诊近百次，为14位病人实施了冠脉搭桥手术、冠脉支架手术、血液透析、人工晶体植入等特殊治疗，总费用达50余万元。为扩大医院的服务功能，全年为驻京体系单位免费体检1 500余人次；还定期深入驻京各干休所巡诊，国庆节前夕，院长、政委分别带领专家医疗组为老干部巡诊，260余位老干部接受了医疗服务。

组派医疗队深入基层巡诊，全年组派了3批医疗队，由院长和政委亲自带队，先后赴26、29、31、32、33基地驻地干休所及分散部队，为基地官兵、离退休老干部及其家属体检看病近6 000人次，发送药品总计5万余元，医疗队专家在基层单位讲授健康教育课20余场次。医疗队在基层工作期间，注意加强对基地医院进行技术帮带，并深入试验场站了解部队工作训练环境，与基层建立具有总装特色的军事医学科研项目。与33基地医院建立了挂钩帮带关系。

认真做好师职干部年度体检工作。为加强体检工作的组织领导，医院成立了“师以上干部体检工作领导小组”和“体检工作办公室”。为做好优质服务，提高体检质量，增加了导诊服务、专科检查、腹部B超、胸部X线、女师干体检、主检会审、补检复检等环节质量管理，体检工作历时40余天，发现4例肿瘤病人，并及时进行了治疗。11月，完成了总装兵团以上领导、科技委委员、两院院士30余人的重点项目体检工作，得到了受诊首长的好评。

4月，在“总装航天员体检领导小组”的指导下，医院组织有关科室专家和医务人员40余人，为我国在训的10余名航天员进行了全面细致的健康检查。5月，31基地发生重大弹药爆炸事故，按照总装首长指示，立即组派了由普通外科岳茂兴主任带队的医疗救护小组飞赴基地协助医疗救治，对11名重伤员成功进行了急诊手术等。10月，派出2名医生随远望船出海执行远洋卫勤保障任务。11月，承担了在京西宾馆召开的全军装备会议的医疗保障任务，以干部病房副主任韦丽青为组长的医疗小组圆满完成了任务。

全年为军人补贴医药费近700万元。

重视基础质量管理，做好对新上岗人员和实习学员的岗前教育；加强环节质量和终末质量管理，充分发挥医院质量管理委员会、职能科室和病案质量监控员的检查指导作用。采取机关抽查与科室检查相结合；日常例行检查与优质服务活动检查相结合的方法，全年组织对住院病历、出院病历、死亡病历质量进行了多次全院性抽查。通过召开全院医疗质量分析会和目标讲评会对检查结果进行了分析与讲评，明确指出薄弱环节，落实改进措施，并通过印发《院内医疗通报》，举办“病案首页展览”、“病历质量展览”和专题讲座等方式加强跟踪教育。

规范管理，有效控制了院内感染发生率。为迎接全国医院感染管理工作检查，根据总部要求开展了全院性医院感染工作自查整顿。为加强教育引导，请协和医院和军事医学科学院专家为全院医务人员上大课2次，并着重做好新上岗人员的岗前教育，结合三基训练对全院初中级医师进行了医院感染知识考核。在工作中重点做好各种插入性导管检查室、产房、供应室等科室的整改工作。为规范消毒灭菌工作，为各科室配发了福尔马林熏箱、初消毒用器具和各种感染隔离卡，并与药械科合作，逐步改用高效消毒剂——戊二醛作为器械消毒液；通过对各科消毒盘内浸泡消毒的器械进行清查发现了消毒隐患，要求各科尽量改用压力蒸汽灭菌消毒。

狠抓医疗安全，保证医疗工作的顺利进行。全年共通报处理了5起医疗差错和几起医疗纠纷。通过总结经验教训，制定改进措施，注重教育管理，特别是针对手术室在管理上的薄弱环节，完善了相应的规章制度。全年危重病人抢救人次和抢救成功率高于往年，危重疑难病人救治水平明显提高。妇产科与麻醉科、ICU、血液科、检验科等科室共同努力，成功的抢救了一名羊水栓塞的产妇。

医疗管理规范有序。建立健全了各级职能管理组织。根据医院工作实际，重新调整建立了医院医疗质量管理委员会、评残残情医学鉴定小组、干部病退病情鉴定小组、输血管理委员会、药事管理委员会、医疗设备管理委员会、医院感染管理委员会及科室监控小组，并分别组织召开会议，研究制订了工作任务和有关管理措施，如：建立了《医疗差错登记制度》、《医疗安全工作考评细则补充规定》、《医院感染管理规范》、《消毒管理办法》、《输血管理制度》、《安全用血七项措施》等规章制度，明确了考评办法。输血管理委员会结合医院实际组织学习，并制定了安全用血、合理用血管理检查办法，得到总后卫生部专项检查组的充分肯定，并建议在驻京医院推广。在医疗管理工作中还注意发挥科主任的积极作用，两次召开科主任联席会，听取意见和建议，加强了医疗管理工作的针对性和有效性。

明确重点，加强检查指导，进一步规范了医疗行为。为贯彻落实总部颁发的新版《医疗护理技术操作常规》，各科室结合实际和本专业特点，制订出了学习计划，利用业务学习和交班时间，组织医务人员采取集体通读、小讲课、自学等形式进行学习。5月，医务部组织医疗、麻醉、放射、检验、药剂等五个专业在职初中级职称人员140余人进行了考试。

改善了医疗环境，树立良好的医院形象。重点加强了急诊科建设，调整了急诊科领导，急诊科工作人员采取部分固定，部分轮转制度。党委决定，凡晋升中级或高级职称前，必须经急诊科轮转半年，急诊科出具考核鉴定，被评为优秀者，同等条件下优先晋升，较好地解决了急诊科在位人员素质不高，不安心急诊科工作的问题。按照医疗工作要点，对超声波、心电图室的医疗环境进行改造，为病人提供了良好的就诊环境。为妇产科门诊配置了B超检查仪。

为适应军地医疗保障制度改革新形势的需要，年底，本院人员实行门诊用药“药费年度定额，持IC卡就医记帐，超支按比例个人垫付”的管理办法。加强了对本院工作人员门诊用药的管理，减少药品浪费。同时，积极加强对外联系，在成为朝阳区“大病统筹”定点医院的基础上，又与海淀、昌平区“医保中心”达成了参统病人在本院就诊给以报销医疗费的协议。并与延庆县妇幼保健院达成了“军民共建”协议。专门成立了“大病统筹”办公室，为病人提供费用咨询服务和住院医疗费用清单。“大病统筹”定点单位已达18家，4万余人。全年住院257人次，住院医疗收入约139万元，占住院医疗收入的7.8%。

**科研工作** 全年共获得总装备部科技成果二等奖1项，军队科技进步三等奖8项、四等奖12项，军队医疗成果三等奖1项；有4项课题列入总装重点科研课题；15项课题被列入院级课题。此外，还申报了全军“十五”医学科研规划重大项目建议案12项，临床新技术研究专项课题5项。

从经费管理入手，进一步加强科研课题管理。在保证上级下拨科研经费专款专用的同时，医院专门拨款14万元作为院级课题经费。根据课题的科学性、先进性和可行性，本着总量控制、保证重点、兼顾一般的原则，结合课题的水平和完成周期，对经费进行划分。建立了严格的科研课题经费使用登记、审查和汇报制度。每项科研开支都要经过机关严格登记和审查，每个科研项目都要通过填报《医药卫生科研课题研究进展情况报告书》、《科研项目研究经费开支报销手册》，定期召开课题负责人会议等方式对课题的进展、经费使用情况进行汇报。

全年各科室开展新业务、新技术50余项，取得了较好的效果。骨科中心开展了中华长城系列矫治脊柱侧弯、微创手术治疗腰椎间盘突出症等新技术。心血管中心成功进行了复杂先心病手术、冠脉支架治疗等高难度手术。眼科、耳鼻喉科、泌尿外科等应用激光技术治疗病人，其中，泌尿外科在膀胱镜下用钬激光治疗膀胱癌，耳鼻喉科在纤维喉镜下用钬激光治疗喉、气管狭窄和鼻咽癌均为国内首次开展。消化内科为食管狭窄病人进行球囊扩张治疗。检验科新开展了19个检验项目，病理科建立了彩色图像分析报告系统。检验科还自行建立了科内网络，实现了科内微机数据共享、仪器设备与微机数据共享、检查结果数据共享、科研信息数据共享。

举办了科技活动周，历时5个半天，主要包括专题讲座、科研课题汇报、学术文章交流、壁报交流、医疗学术成果图板展示、英文演讲比赛等项内容，筹备期间共收到医、药、护、技22个科室学术文章232篇，其中78篇进行了大会交流，83篇进行了壁报交流；各科室共制作展板30余张；15人参加了英语演讲比赛；包括507所、测通所、安装总队门诊部以及国防科大、32、33基地医院等兄弟单位在内的750人次参加了活动。

为提高医院知名度，加强与高等院校在医疗、科研等方面的合作，在聘请吴孟超院士为高级顾问后，又聘请了中国工程院院士、第三军医大学王正国教授为医院高级顾问。

**教学工作及人才培养** 加强了继续医学教育的组织领导，成立了继续医学教育委员会和教学秘书组，负责继续医学教育和临床带教的检查指导和考核考评工作。积极选派医务人员外出参加各类学术交流和短期学习班，共派出48人次参加全军继续医学教育一类项目，100余人次外出参加了短期学习班和学术会议，10人次出国参加短期学术交流。

认真做好三基训练考核工作。三基考试改变了过去那种确定复习范围、人工出题组卷方式，首次采用NATURE公司题库出题，在近10万道试题中随机抽题组卷，每个专业一套试卷，紧密切合临床实际，提高了考核的针对性。

对住院医师规范化培训工作进行积极有效探索。重点抓好规范化培训前二年的基本功训练，包括基本理论、外语和临床技能等，对参加第一年和第二年轮转的住院医师进行全面考核，主要采取临床技能答辩、全科理论和外语考试相结合的方式对住院医师实施考核，理论考核从题库中组卷，内容涵盖住院医师所有轮转过专业，临床技能采取专家现场提问答辩方式，围绕某一临床病例就诊断、治疗、辅助检验等方面作序贯性提问，考核其临床思维能力和专业技能的熟练程度。

认真做好进修实习人员的管理。共接收来自第四军医大学、北京军医学院、张家口医学院的医疗、口腔、诊疗、检验、统计专业实习生32人，接收各兄弟医院进修生40余人。

开展了丰富多彩的学术活动。年初制定了院、科两级业务学习计划，积极组织院内外专家来院讲课。全年共组织学术活动18次，其中国外专家来院讲学6次，举办计算机等级考试辅导班1期。投资建设了骨科教育训练中心。

**其他工作** 加强医院信息化建设。“军卫一号”一期工程应用子系统全面启用。从1998年底开始，本院“军卫一号”一期工程，计51个工作站，20多个应用子系统全面投入正式运行。17个护士站顺利实现了由手工到计算机处理医嘱、执行单和摆药单的过渡；门诊和住院收费实现了计算机自动划价收费；临床药房对16个病区的针剂和片剂全部实现了计算机摆药；各科室的核算数据和有关统计数据可以直接从数据库中提取。2月，建成“总装备部远程医学会诊中心”。网上专家库首批上网专家共15名，涵盖主要医学专科。目前，会诊中心已经与5个基地的会诊中心进行了连接实验，并为2个基地的3名军队疑难伤病员实施了远程会诊，受到了基地的欢迎。

10月，经院办公会研究决定投资50万元，展开“军卫一号”二期工程建设。根据总体部署，年底完成工程的第一阶段，即完成二期工程网络布线，增加105个网点；检查、化验、手术管理子系统全面投入运行，CT、核磁检查报告上网，拥有计算机接口的检验设备连接入网，实现其报告自动采集；在内一科和骨二科进行医生工作站试点。

积极开展军民共建活动，先后与怀柔县光荣院、北京市清河休养所、延庆县妇幼保健院等单位签订了精神文明共建协议，主要体现医疗服务、支持地方政府建设，全年共派出16批医疗队赴共建单位巡诊服务，送医送药，技术帮带，无偿支援，受到地方政府的高度赞扬，医院被评为北京市共建先进单位。

（三〇六医院）

# 三〇七医院

**医疗工作** 全年完成门、急诊16.3万人次，收容4 719人次，较上年增加244人次。在收容病种上体现了医院专科优势，收治各类肿瘤病人1 700余例、血液病病人600余例、各类中毒病人140余例、戒毒病人530余例、局部严重放射损伤病人34例、甲亢病人590例，抢救群体中毒5起。其余各项医疗指标也明显提高，如床位周转次数和床位使用率等都较上年明显增加。

为实行持续、跨越式发展，医院对已有优势学科，如防原、防化和肿瘤学科，加大了投人力度。组建了造血干细胞移植科，该科同时被批准为军事医学科学院造血干细胞移植中心，全年完成移植病人88例，移植数量比上年翻了一番，居国内第一位。在国内率先开展了CD34+细胞的分选富集和移植，已完成30余例。

相关学科得到发展。功能检查科开展介入诊断治疗1 200余例，新引进的超声聚焦刀也投入使用，已做病人16例。核医学科ECT投入使用，具备了影像、放免、功能检查和核素治疗四位一体的功能，已诊治病人1 200余例。眼科与外单位合作引进国内最先进的准分子激光治疗系统，已做手术20例次。建立高压氧科，已治疗病人140余例。胸外专业正式开展，开展手术70余台次，成功的进行了纵膈巨大肿瘤切除、肺叶袖状切除等高难度手术。

有偿技术服务总收入7 000余万元，创历史最高水平。全院共27个核算单位，其中21个单位创收超过上年同期数额。有偿技术服务收入较上年完成数额增加较快的有造血干细胞移植科、血液科、肿瘤临床各科、免疫室、麻醉科、输血科、核医学科和外二科等。有偿技术服务收入明显增长的原因是大力开展新业务、新技术和高度重视技术创收。

**科研工作** 制定了附属医院高等级科研课题奖励办法、科研经费使用管理办法和自选课题管理办法，加强了课题及课题经费使用的管理。医院在研课题55项，其中国家自然科学基金重点题、国家“973”重大项目分题和国家“九五”攻关等国家课题10项，军队课题10项。

进一步加强了军事医学临床及相关重点学科的建设。防原学科加强对极重度放射病的临床救治研究，造血干细胞移植科累计完成外周血干细胞移植90余例，居国内领先水平，获批国家“973”重大基础研究项目分题和医科院科技创新启动基金课题各1项。防化学科建立了具有多种毒物检测和相关应用研究能力的实验室，与预防医学科学院合作，成为国家中毒控制中心临床医院。成功救治了5起集体化学毒物中毒及其它各类中毒病人140余例，使学科的整体实力得到提高。肿瘤学科主病种收容明显增加，扩大安装了层流罩，积极开展造血干细胞移植，年内完成实体瘤干细胞移植22例。

研究室建设富有成效，不论在研究课题、人才培养、学术文章、设备更新等方面发展速度都很快，成为医院科研工作实体，三个重点实验室建设都达到历史最好时期。在面向临床研究和服务上也有很大提高。免疫室的基础研究与临床应用研究相结合，为临床服务与科技创收相结合，研究与教学相结合的模式得到很好发展，并与深圳市合作筹建了脐血库。临床药理实验室组建了化学合成室，开展了抗癌新药的研究，完成3个国家一类新药的药代动力学研究和德国拜耳药厂委托的尼莫地平生物等效性研究。肿瘤分子生物学实验室承担国家自然科学基金重点课题和国家“973”重大项目分题各1项，均按计划完成。

**教学工作** 注重学术交流，加强成果管理。医院成功举办了有来自10个国家16人参加的亚太地区乳腺癌标志培训班。出国培训和参加学术会议18人次，选送9名住院医师参加在职研究生学习，国内学术会议129人次，交流论文130篇，组织院内学术活动34次。制定了《医院论文奖励办法》，鼓励发表高等级论文，在国内外期刊发表论文135篇，一级杂志86篇，论文质量明显提高。获军队医疗成果二等奖1项，国家测试学会二等奖和中国中青年肿瘤学会“天衡杯”三等奖各1项。

提高人才素质。以在岗在位培养结合高学历人才引进提高医院人才素质，临床科室和研究室按计划积极组织各种病例讨论和读书报告会，有些科室开展了英语查房；引进博士、硕士研究生12人，博、硕士占主系列的比例已由1996年的11%上升到38%。

**其他工作** 坚持姓军为兵。认真落实为部队服务有关规定，保证军队病人合理医疗需求，全年接诊军人10.5万人次，为军人门诊和住院补贴600余万元；接管干休所卫生所和丰台院门诊部，组建预防保健科，购置了抢救器材20余台（件），充实了预防保健的需要。完成驻京部队放射人员查体任务。

重视医德医风建设，发放调查问卷5 000余份，针对存在的问题，召开全院动员教育大会，开展医德医风专项整顿。完善了《附属医院医德医风奖惩暂行规定》等8项制度规定，编辑《医院医德医风建设法规汇编》发至全院人手一册，提高了全院“病人至上，全程优质”的服务意识和遵守医德医风规定的自觉性。

“军卫一号”工程正式运行。投资130万元，完成了计算机网络工程施工任务，布点319个，更换了服务器、交换机和计算机终端等设备，完成了“军卫一号”软件40余个子系统的数据初始化工作，目前大多数临床和医技科室已上网运行。

医疗仪器设备发展较快。医院新引进超声诊断仪、ECT、聚焦超声治疗系统、麻醉机、呼吸机、肺功能仪、基因芯片仪、微生物鉴定系统等先进设备，并与公司合作引进了PRK治疗系统和高压氧治疗系统。

投资1 100余万元，用于新建和改建病房和其他医疗用房、电力增容。基建工程量和经费投入是近几年最多的一年。（三〇七医院）

# 三〇九医院

**医疗工作** 首次成功进行了3例肝脏和1例心脏移植，同一供体心、肝、肾、角膜等5个脏器同时为5名患者移植获得成功。全年医疗毛收入达7 500多万元，较1998年增加150多万元，较1996年翻了1番半，创历史最好水平。

认真落实《为兵服务公约》和《为兵服务十项措施》，扩大干部门诊用药范围，将医德好、经验丰富的离退休老主任聘请到军人门诊。做到军人候诊有专座，接诊有专家，治疗有专室。干部门诊开诊时间提前到8点，口腔科专设两套牙椅为兵服务。投资300万元改善了干部病房和结核科病房的住院条件，增设了结核科干部病房，单独成立结核科军人病区。坚持走出去为兵服务，由院领导带队，2次派出专家和医护人员深入体系部队、干休所听取意见，进行健康咨询。派出医疗小分队123批次深入体系部队防病治病，普查43 098人次，为新兵查体9 810人次，接种卡介苗5 002人次。2次召开体系部队座谈会，及时听取意见和改进工作。全年共接收进修实习119人，是历年来最多的。全年为兵服务补贴近千万元。

进一步加大了质量控制力度，确保了医疗护理质量。修订完善控制方案，加大质量效益在奖金核算中的份量。每季度下发质量效益通报，通报各科室医疗质量效益指标完成情况、医疗文书书写情况和一些需引起大家注意的问题。召开了全院医疗工作质量分析会，分析了各科室在医疗工作中存在的问题和应采取的措施。8个病区结合病种特点，开展了整体护理，取得了成效。其中，五病区设立健康栏，二病区编写健康手册等，效果明显。加强了监督检查，院领导坚持不定期查房，机关每周两次下科室交班和夜间巡视病房。一年来，特护和一级护理质量合格率、病区管理合格率、急救药品及护理器材准备合格率、五种护理文书书写合格率、常规物品消毒灭菌合格率均达90%以上。全年收容病人10 460人次，较上年增加11%，在本院收容病人史上首次超万人。手术4 580多人次，较上年增加13%；床位使用率由上年的80.16%增加至95.24%；床位周转次数由上年的18.94次增加至20.22次。收治大病统筹和公费医疗病人830多例，收入总计800多万元，据统计是海淀区参统部队医院中收入最多的。

出色地完成了各项重大抢救任务：游香山坠崖受伤儿童的抢救工作、永丰中学为保卫国家财产与歹徒英勇搏斗受伤教师的抢救工作，以及防化学院30余名学员车祸外伤、防化研究院专家新武器实验爆炸伤等多起重大抢救工作。在这些抢救工作中，院领导亲自组织，急诊科、神经外科、胸心外科、ICU、麻醉科、骨科、五官科、第一干部病房等多科室协作，医护人员紧密配合，抢救工作及时，完成任务十分出色。

**科研工作** 坚持以科研为先导，新业务、新技术有新的突破。泌尿外科、肝胆外科、胸心外科首次成功进行了3例肝脏移植和1例心脏移植，均获得圆满成功。目前第一例肝脏移植病人已存活8个多月，达到国内先进水平。

科研成果及转让取得进展。获军队科技进步二等奖1项，三等奖6项。结研室庄玉辉、吴雪琼等与外单位合作的“结核分枝杆菌耐药性分子机制检测技术的研究”，获军队科技进步二等奖。结研室的“母牛分枝杆菌菌苗”科研成果，成功实现了转让，这是本院第一次技术成果转让，获得转让费180万元。

全院外投稿件412篇，较上年增加103篇；在正式期刊发表224篇，其中在中华类杂志上发表44篇，参加会议交流138篇。

**改革与管理** 狠抓了科室领导班子建设。采取自荐与组织推荐、个人述职、民主评议、党委考核等方法，重新任命了37位科室主任、副主任。把思想品德好、业务技术精、管理能力强的干部调整到科室领导岗位上来。举办了以“如何当好科主任”为主题的科主任岗前培训班，院领导亲自备课授课，老专家、老主任介绍经验体会，学习有关政策规定和制度规范。院长、政委与科主任签订任期目标责任书，任期4年。

加大了基础设施建设的投资力度，基础医疗、基础护理及住院条件大大改善。投资30万元为两个临床专科建立了实验室；投资100多万元，更新护理基础常规设备，改善了治疗条件；投资300余万元改造维修病房大楼、改善住院条件；针对部队训练、运动伤多的特点，增设了康复病房。

**教学工作** 狠抓继续医学教育。举办了高中级外语学习班，举办了17次学术活动。10人考取了博士、硕士或在职硕士学位课程班，10人获得了硕士学位。

蒲永东、王巍、蔡明被军医进修学院增列为硕士研究生导师。目前本院博士、硕士生导师已达8人。选送10人次出国学习考察。开展了第四个科技月活动，评选出许红兵、吴雪琼、全昌斌等3名科技院星。许红兵已连续3年被评为科技院星，荣立三等功。制定了护理人员规范化培训和继续教育计划，下发了培训手册和学分手册。举办了护士长培训班，对全院护士逐人逐项进行了15项护理技术操作训练考核，分片考核2 417人次，合格率100%。全院约有110多名护理人员参加自学或函授护理大专、护理本科和夜大英语学习，有12人取得自考护理大专文凭。

（三〇九医院）

# 北京军医学院

**体制编制调整改革** 第14次全军院校会议决定，解放军北京医学高等专科学校更名为解放军北京军医学院。学院更名后，按照新的体制编制，机关设训练部、政治部、院务部，学系仍为基础部、临床医学系、药学医技系和医学工程系，增设了学员旅。专业设置为1个本科、8个大专和1个中专。

**庆祝学院创建50周年** 1999年是学院创建50周年，学院开展了庆祝活动。编印了《北京军医学院简史》，制作了《前进中的北京军医学院》电视录像片，建立了院荣誉室，组织了全院大阅兵，召开了“庆祝北京军医学院创建50周年暨表彰大会”，聘请了包括8名两院院士在内的58名兼职教授，组织了一次毕业生质量调查。

**教育训练和教学改革** 共招收学员1 048人，毕业学员463人。完成17个教学班次2万余学时的在校教学任务和5个专业3个年级1 000余名学员的函授教学任务，组织了8个专业700余名学员的临床实习。学院开展了现代教育思想的学习讨论活动，促进了教育思想观念转变，为学院教育训练工作跨世纪发展奠定了思想理论基础。组织全院专家教授对药学、医学检验、放射技术3个大专专业80余门课程的教学大纲进行了修订，制订了临床医学、医学实验技术、医疗仪器维修3个专业的技能训练标准。

**学科建设** 重点学科建设有新的发展，经中华护理学会和总后卫生部批准组建了中华护理学会北京培训基地，加强了学院护理教育与研究的基础。优秀课程建设在质量和改革深度上有深入发展，1996年以来学院分批立项建设12门课程，经过积极建设，现有7门课程已达到院级优秀课程标准。投入140万元进行了实验仪器设备的更新补充。

**科研学术** 共获军队科技进步奖8项，其中二等奖1项，三等奖7项。在全军“九五”第二批医学科学研究基金课题招标中有4项课题中标，获得6万元资助资金。新药“碘络醚”被总后卫生部列为全军推广项目。发表交流论文335篇，在国家统计源期刊发表论文数保持了同类院校的领先水平。举办各种学术活动100余次。出国进修2人。4名教员参加了全国规划教材的编写工作，其中2人担任主编、副主编。

（卜海兵　陈志来）

# 解放军医学图书馆

**服务工作** 面向全军卫生系统的院士、“两院”（解放军总医院、军事医学科学院）专家组成员、总后科技“三星”等130余名专家开展的免费文献检索、免费馆藏文献复印、送书上门等特殊服务进一步加强，全年共为此支出经费约10万元，充分体现了该馆为全军医药卫生战线重点服务的方向。

先后组织开展了“电子化可视信息服务宣传周”和“优质服务月”活动，增设了多媒体、因特网、全文光盘机读、集体视听、缩微平片阅览等新的服务设施和项目；召开“两院”专家座谈会，并广泛征求了广大读者意见；整顿了阅览秩序，配齐了为读者服务的挂衣架和水杯柜，改善了阅览环境；推出了音像资料自动化管理系统，提高了服务效率。

全年共接待读者16万人次，借阅书刊、音像资料3.6万册（盘）次；完成文献检索课题2 930个，科技查新187项；举办了36期英语、计算机、医学高新技术等培训班，培训1 200人次；成功地将《医学图书馆通讯》更名升格为《中华医学图书馆杂志》。

**馆藏建设** 在保持书刊、数据库采集稳中有升的前提下，该馆与国家卫生部委托设在天津医科大学的“天津市接受医学赠书委员会”签定委托书，使该馆成为北京地区和军队“接受美国医学赠书分发集散中心”，从中精选出1 180册书入馆藏，价值约110万元。该馆还建立了接收人民军医出版社和军事医学科学院出版社赠送图书的渠道。继续保持和发展了与16个国家和地区交换原版期刊的关系，并与中华医学会信息学分会合作，交换到488种原版期刊。

**自动化网络化建设** 为满足全军和今后发展的需要，增强该馆网上服务能力，年初启动了“全军医学图书信息资源共享工程”第一期工程。完成了馆局域网的升级改造，使升级后的网络节点增加到145个，140多台微机入网，实现了自动化网络环境跳跃式发展。引进了300多条专用电话线路，安装了具有国内先进水平的高速宽带光纤网络通信设备，沟通了与总后网管中心和总参通信部军队长城互联网的高速信息公路，具有了4兆通信点播功能的光端设备，使该馆成为目前全军信息服务通信条件最好的单位之一。随着该工程的完成，该馆将迅速形成北京五棵松地区高速局域网、军队长城国际互联网和全军电话远程拨号接入网的“三网一体”的自动化网络，为实现全军乃至全国范围的医学信息资源共享奠定基础。

**业务培训和科研学术工作** 制定了《解放军医学图书馆继续教育暂行规定》，使人才培训和继续教育逐步走向正规。同时，还积极承担了军内外业务培训工作，全年共接待了38名人员来馆进修和实习。

加强了学科专业建设，初步理顺了全馆的学科专业设置，确定了该馆作为“研究生联合培养点”的重点研究方向，并选送9人参加攻读在职研究生课程学习。为进一步加强该馆学科专业建设，促进研究生教育与在职干部攻读学位教育奠定了基础。

多次组织了全馆学术交流活动；成功举办了“全军医学图书馆第四届学术研讨会暨资源共享’99例会”；派人参加了第65届国际图联大会，参加并承办了“WHO西太区医学图书馆会议”来该馆现场参观交流活动。

科研工作取得了突破性成果，全年获军队科技进步二等奖1项，获军队科技进步三等奖3项。

该馆以建立“全军医学图书信息资源共享服务体系”为重点，把扩大馆藏资源数字化建设和开展网上服务作为提高服务质量的突破口，不断强化管理，深化改革，努力将该馆的现代化建设全面推向21世纪。

（盖起刚）

# 总后勤部卫生防疫队

解放军总后勤部卫生防疫队是总部直接掌握的一支卫生防疫机动部队。军委、总部机关和驻京部队卫生防疫安全是防疫队的中心任务，根据年初计划，调整工作部署，明确责任，实施重点保障，圆满完成了总部下达的各项任务。

**卫生防疫** 确保了九届二次全国人大、政协会议军队及16个省、市代表团2 600余名代表及工作人员的卫生安全；完成了暑期北戴河夏休首长的卫生防疫保障，卫生监督监测中心对北戴河16家疗养院（所）实施巡回卫生督察，实现了肠道传染病暴发与食物中毒“零”的记录；完成了受阅部队卫生防疫预备队各项准备，组织了应急支援模块化训练，向受阅部队赠送了价值3万余元的进口杀虫防蚊药品。

对总部直属驻京部队61个单位进行了卫生监督，完成3 791名新兵检疫工作，水质、食品、放射、虫害、传染病、公共场所等各类样本检测112项，累计106 339份次。换发卫生许可证172个，健康培训证4 400个；提供健康教育录像片百余种2 100余盘，为机关录像照像400余人次；举办了驻京部队防疫工作年会，霍乱、出血热防治与快速诊断技术培训班，大肠杆菌O157检测技术讲座，卫生监督管理培训班，参训人员共计582人次；完成了第三军医大学4名实习学员和5名进修干部的带教工作；承担了全军公共卫生医师资格技能考试命题和总直部队公共卫生医师资格技能考试工作。

1—10月，驻京总直部队报告发生传染病2类13种387例，无甲类传染病发生，发病数较1998年同期下降了21.02%。

积极为医院建设做贡献，利用自身优势，为医院开展2次大规模杀虫灭鼠活动，为各病区每个病房、值班室配备防蝇灭蚊药具，传染病医院老大难的问题得到基本控制。为驻京18个大单位下发疫情简报948份。拟订了《防疫工作考评细则》、《受阅部队防疫保障支援预案》和《重大疫情处理预案》。

**科研与教育** 全年共获军队科技进步二等奖1项，三等奖4项；全国第六届优秀科技影像作品三等奖1项。发表论文18篇，其中国际论文2篇，5人参与编写专著12万字，在《解放军报》发表防病指导性文章2篇。

在加强队伍建设方面，采取“走出去，请进来”的办法，邀请专家授课2次，外派进修学习5人次，分4批参观了各军区防疫队、2所军医大学和6个医研所，找差距，促交流，克服“等、靠、要”的思想。以“培养为主、引入为辅”，在1998年的基础上又选送3人攻读在职研究生。截止目前，全队专升本毕业4人，5人参加专升本学习，选送3人攻读英语。引入国际微生物联合会会员、国际病毒分类委员会腺病毒研究组研究员李泉根教授。学历结构发生了明显变化，其中博士1人，占4%，硕士4人，占16%，在职研究生5人，占20%，本科生8人，占32%，大专生6人，占24%，中专1名，占4%，为全队可持续发展奠定了坚实的基础。

**改革与管理** 在军委“不经商”的要求下，积极调整工作思路，利用自身技术优势，吸引社会资金，沟通了与北戴河“卫检中心”的微机联网管理，全队微机局域网建设已见雏形；新建了车库，规范了车辆管理；投资3.5万元新建双温冷库，完善了疫苗冷链系统；引进日本、美国消毒杀虫设备，添置了越野车辆，调整了实验室布局，为每位干部装配了宿舍电话。医院对本队建设十分关心，院党委和各部领导多次来队指导工作，在生活保障上院领导明确表示同等条件下防疫队优先安排，为全队干部解决了住房和天然气炉灶，拨款3万元为防疫队新建电动大门。

（防疫队）

# 北京军区总医院

医院以“当名医、创名科、争创模范医院”为主线，坚持严格管理、质量第一、增效节流三条原则，医教研工作取得显著成绩。

**医疗工作** 全年门诊320 660人次，收住院13 757人次，手术4 260例，床位使用率91.19%，床位周转次数17.26次，出院者平均住院日21天，平均术前住院日8天，入出院诊断符合率98.34%，初诊与确诊符合率99.35%，入院3日确诊率96.1%，治愈好转率95.46%，临床与病理诊断符合率100%，住院抢救成功率83.99%。微机联网工作已开通站点236个，上网软件43个。

为部队服务工作成绩显著。拓展了“绿色通道”，规范了军人门诊、药房和军人病房的管理，为联勤后的伤病员就诊提供了良好的保障，为阅兵部队的卫生医疗提供了方便、快捷的就诊条件。全年共接诊阅兵部队官兵267人次，收住23人次；组织到阅兵村巡诊5批43人次，为官兵查体280余人次。一年来，共收治部队伤病员5 238人次，占收容总数的42.53%；门诊186 194人次，占门诊量的58.75%。为师以上干部体检2 747人次，体检率95%；与291医院和280医院建立了挂钩帮带关系，手术演示7例，讲课22学时。年底，被总部评为为部队服务先进医院。

**教学工作** 集中人力物力财力，狠抓科技练兵。以提高急救技术和学习高新技术知识为重点，对360余人进行了培训。共组织了120多课次，232学时的培训，参训人员达9 000多人次。

搞好院内外的学术交流。外聘知名专家授课，开办了英语高级培训班、英语论文写作学习班和日语培训班，提高了高层次人才的外语水平和学术水平。全年共在各类期刊杂志上发表论文299篇，其中有96篇发表在统计源期刊上。

**科研工作** 对科研课题实行全程跟踪，动态管理，确保成果质量。全年共获各类成果奖56项，其中军队科技进步二等奖3项，三等奖10项，四等奖19项；医疗成果二等奖1项，三等奖8项，四等奖15项。国家自然科学基金中标课题3项，获得资助30余万元。重视科研成果的转化，对一批有实用价值研究成果的转化加大资金投入力度。口腔科研制的可携带式牙科综合治疗机被总后列为正式扩试项目；肝病研究所研制的腹水超滤还注治疗仪，解决了国内腹水超滤治疗的问题。

在学科建设上，以“精品工程”为主线，狠抓质量建设，并注重专科技术优势和特色的结合。对有发展潜力的特色技术加大投入，重点扶持。一年来，共开展新技术、新业务46项，如：集束射频治疗肝癌、骨不连治疗、肺气肿的外科治疗等。

（军区总医院）

# 二六一医院

**医疗工作** 全年门、急诊80 967人次，收治伤病员4 549人次；床位使用率91.2%，床位周转次数14次/床；门诊与出院诊断符合率97.2%，初诊与确诊符合率99.3%，治愈率85.6%，有效率98.4%；抢救危重病人241人次，抢救成功率87.5%；医疗毛收入1 541万元。

认真贯彻落实总部开展医院分级管理达标工作的要求，推行目标与经济管理方案，加强质量管理与经济效益的联系，同时严格落实各项卫生法规，建立健全各项规章制度，加大医疗成本核算力度，加快医疗信息管理自动化建设。

加快医院信息建设，初步落实“军卫一号”工程。总结近两年运行普及版的经验，在运用微机对门诊和住院病人进行经济核算、收费管理的基础上，按照军区信息化建设标准，制定了医院网络设计规划，经过反复调研、充分论证，医院投资100万元建成了有167个端点的“军卫一号”高级版的主体网络工程。首期52个站点11月份开通运行情况良好，为2000年1月1日正式启动打下了良好基础。

严格制度，进一步规范药材管理。采取提前计划、专人审批、定点采购等办法，严格出入库手续和申请、审核、报销等制度，完善了药品采购措施，80%以上的药品做到了集中定点采购。医疗设备实行计算机分类管理。投资160万元购置了全自动生化分析仪和呼吸循环监护仪等设备，设备总价值达1 600万元。

医院始终把贯彻执行新版《常规》和《标准》作为医院“科技兴医、质量建院”的一项重要内容来抓，在全面学习新版《常规》、《标准》的基础上，重点加强了对新增和修改部分内容的学习，组织开展了知识竞赛和考试；在医疗行为中，落实规章制度，确保了医疗质量。急诊手术362例，重大疑难手术168例，对20名疑难患者进行全院会诊12次，请院外专家会诊86人次，杜绝了医疗事故的发生。

**医学教育** 选拔中青年技术骨干外出进修深造，通过组织学术活动，请院内外专家讲课、办学习班，鼓励医务人员参加军队院校函授及自学考试等多种渠道、多种形式对医务人员进行医学再教育、再培养。全年支出5万余元，派出进修生7人，外出参加各类短期学习班32期，参加各种学术活动28次，组织全院性学术活动32学时。有5人攻读硕士学位，3人攻读博士学位。冯方波主任获国务院特殊津贴。2人获国家卫生部颁发的大型仪器上岗证，105人加入中华医学会、护理学会和药学会，20人参加自考，29人参加函大或夜大学习，微机基础知识和军卫一号工程软件操作培训9期，共153人，晋职英语强化辅导班1期49人，有34人通过了晋职考试。

按照总部要求，以瘾瘫理疗科袁玉民主任为组长的专家对来自三个军区、三个兵种的3名军医进行专家带徒活动，圆满完成了全军首批名医带徒工作，总部领导出席了结业典礼，带教情况及先进经验在中央电视台播放，引起较大反响。

**专科建设** 医院对精神病科从完善规章制度、人才培养、仪器配备、科研力度、科学管理、医护质量、环境改善等软、硬件方面，对照军区专科中心建设标准，查找差距、不足，不断加强建设。8月份，由本院牵头召开了军区精神卫生专业会议，成立了军区精神卫生专业委员会，制定了全区精神卫生专业“十五”规划草案，并上报2项科研项目。

**卫生战备** 以50周年国庆阅兵卫勤保障为中心，制定了《沙河兵站医疗保障方案》，提出了“一切为了阅兵部队、一切为了阅兵胜利”的口号，除挑选14人参加了沙河兵站医疗防疫队的现场保障工作外，还在院内长期保持由8名技术骨干组成的阅兵应急保障分队，随时准备执行机动保障任务。为确保万无一失，共组织战伤救治技术训练15次、应急保障训练16次，急诊救治讲座20学时、健康心理讲座10学时，急诊手术训练30例，高质量、高标准完成了沙河兵站的医疗防治和伴随保障任务。共为阅兵部队伤病员1 900人次门诊，收治273人次。

**科研工作** 加大科研经费投入及奖惩力度，全年科研投入经费15万元。发表学术论文107篇，其中中华级杂志9篇。获军队科技进步四等奖4项，分别为：“HP阳性Du患者病因及胃粘膜组织学病变的相关研究”、“精神病科医院感染特点分析”、“脑外伤发生医院感染调查分析及预防对策”和“河朔荛花——纱芫花萜抗生育作用比较及临床意义的探讨”；获军队医疗成果四等奖4项，分别为：“细空心螺钉替换股骨颈骨折多根针术后针滑出”、“莱姆病患者皮肤损害的临床特征”、“低剂量氯噻嗪治疗急性精神分裂症的双盲对照试验”和“32例脑器质性精神障碍的临床观察与护理”。

开展新技术、新业务62项。外二科开展的绞锁髓内针固定治疗股骨干严重粉碎骨折，外一科开展的低位直肠癌保肛术，眼科开展的角膜干细胞移植术，病理科开展的免疫组化技术，检验科开展的HIV检查，特诊科开展的阴道超声检查等项目，提高了医院的整体技术水平。（二六一医院）

## 海军总医院

**医疗工作** 门诊292 339人次，收治病人11 055人次，门诊与临床诊断符合率99.4%，临床初诊与确诊符合率99.8%，治愈好转率97.73%，住院抢救成功率84.48%，手术5 778例，术前术后诊断符合率99.89%，手术并发症发生率1.4%，床位使用率85.47%，床位周转次数17.32次，平均住院日21.3天，平均术前住院日8天。高级技术职称人员200余人，博士后及博士、硕士生180余人，装备总值1.3亿元。

坚持以病人为中心，全心全意为广大伤病员服务，广泛开展文明优质服务活动。全年医护人员有70人次拒收红包钱物，价值约15万元；收到锦旗60余面，表扬信180余封。在发放的1 981份问卷调查表中，对医护人员技术综合满意率92.4%，对医护人员服务态度综合满意率93%，对医疗质量的信任度达95.9%，均达到总后规定的标准。医院以新门诊楼竣工启用为契机，开展如何方便病人的大讨论，一切以方便病人为准绳，受到病人的好评，门诊人数有了较大增长。

开展新技术、新业务87项，其中儿科开展了脐血移植项目，填补了军内空白，达到国内先进水平；肝胆外科成功地开展了同种异体原位背驮式肝移植，为华北地区首例背驮式肝移植手术。

努力为军队伤病员提供高效、优质、便捷的医疗服务，被总部评为1999年度为部队服务先进医院。

积极参加北京市大病统筹工作，共487个单位7万多人，大病统筹的住院人数比上年增加了73%。医院在为病人提供优质服务的同时，要求医护人员严格执行大病统筹的有关规定，为病人提供最有效、最经济的治疗，收到了良好的社会效益和经济效益。

**教学工作** 注重继续医学教育工作，根据总后卫生部、海后卫生部有关文件精神，制订下发了《海军总医院卫生技术干部继续医学教育实施细则》和《海军总医院继续医学教育学分管理办法》，承办全军继续医学教育一类项目3项。

医务人员参加各类学术会议157人次，选派出国学习、学术交流23人次。招收硕士研究生4人，培训实习生85人，招收进修生121人。

**科研工作** 获国家科技进步二等奖1项；军队科技进步二等奖2项，三等奖16项；全军医疗成果二等奖3项，三等奖4项，四等奖1项。参加全国第12届发明展览会，获银奖1项。在研课题53项，其中国家863课题1项，自然科学基金课题2项，全军课题4项，海军课题27项。在国内外刊物上发表论文435篇。（刘震宇）

## 空军总医院

**医疗工作** 全年门诊388 288人次，较上年增加5.44%；全院收治12 849人次，急诊接诊16 781人次，急救抢救240人次，抢救脱险220人次，抢救成功率91.67%；平均住院日19天，床位周转次数19.03次，治愈好转率98.16%。

全院住院病人手术3 441例，其中大中手术1 936例，占全年手术总例数的56.26%。各专科指标完成较好，其中冠状动脉造影、PTCA、射频消融术、安装永久起搏器、骨髓移植（含异基因骨髓移植）、经腹腔镜手术、外周血管外科手术及开胸大手术均完成了任务，手术成功率较前有所提高。

全年共开展新业务、新技术189项，其中国际水平9项、国内水平101项、军内水平47项。血液科在国内首次采用半匹配骨髓移植方法治疗白血病6例，此项技术对难治性复发性白血病没有 HLA 配型相同的病人提出有效的治疗办法，具有国际先进水平。对肾功能衰竭伴多器官并发症病人成功地进行了胰肾联合移植，术后无外科并发症，用最少的实验、最低的成本达到最好的效果，属国内领先水平。新成立的医院头、体部伽玛刀治疗研究中心为肿瘤患者的诊断及治疗提供了新手段。国家卫生部临床药理基地完成 6 项新药临床验证任务。

坚持姓“军”为兵，深化优质服务，搞好卫生战备。继续深入开展“以病人为中心，以确保部队为重点”的优质服务活动。全年军队病员门诊达123 849人次，占全院门诊病人总数的 31.9%；收治军人伤病员 5 330人次，占总收治人数的 43.04%；补贴军人医疗费用1 162.92万元。在满足军队病人基本医疗需求的基础上，切实保证了重点病人及飞行人员等特殊病人的治疗，军队病人的修疗质量不断提高。重视加强老干部医疗保健工作，及时有效地做好就诊、住院、出院各个环节的医疗和服务保障工作。进一步加强预防保健工作，先后组织 62 次医疗小组（队）共 206 人深入部队、干休所为部队指战员和老干部进行医疗服务，共诊治伤病员 908 人次，讲课 13 次。6 月，组织专家成立体检组，到 34 师 102 团为飞行员进行健康体检 318 人次。先后 6 次安排专家到阅兵部队为飞行人员和部队官兵做健康体检和巡诊，为阅兵部队送药，受到了阅兵部队指战员的好评。

**科研工作** 全年共获军队科技进步和医疗成果奖 40 项，其中军队科技进步二等奖 3 项，三等奖 17 项，四等奖 11 项；军队医疗成果二等奖 1 项，三等奖 3 项，四等奖 5 项。填补了医院在医疗成果高等级奖励上的空白。此外，获发明专利 1 项。新开展课题 41 项，其中全军 B 类项目 2 项。继续加强了新药研制开发和前期研究工作，TNFα 突变体已获临床文号，并与有关厂家签订协议，获技术转让费1 300万元。

全年发表论文 329 篇，其中统计源期刊 123 篇，非统计源期刊 151 篇，全国会议交流 33 篇，全军会议交流 17 篇，空军会议交流 5 篇。根据公布的统计源期刊排行，本院论文被统计源期刊作者引用 73 篇次（1997 年为 48 篇次），收录论文 89 篇，居全国医院第 46 名。医院共举办全军专业学术会议 2 次，举办了 2 个专业学习班，另有 167 人次外出参加学术会议或学习班。共出国（境）考察、讲学、进修 38 人次，接待来院参观访问外宾 2 批次。举办全院学术活动 10 次，院内学术活动1 092次。《空军总医院学报》获得军内统一发行刊号，成为公开发行的正式学术期刊。

**训练工作** 1999 年医院有 5 人获硕士生导师资格，研究生导师总数增至 22 人。继续开展全员岗位练兵活动，要求全员参加，分不同系列、层次进行验收。此次活动的特点为突出科技含量，注重素质训练，通过岗位练兵对业务水平的提高起到了积极的推动作用。组织有关人员编写了《高新技术在医院的应用》一书，已由中国科技出版社出版。并举办了医院高新技术应用学习班，丰富了有关人员对医院高新技术应用的知识。

**其他工作** 进一步强化医疗制度落实，提高工作质量和效率。严格辅诊报告制度，辅诊检查时间和就诊后检查等候时间明显缩短。结合医疗安全工作和医疗质量具体情况，举办了中层干部管理学习班，学习了总部下发的《军队医疗技术鉴定规则》、《军队医疗护理差错处理规定》和《军队医疗纠纷处理办法》、《执业医师法》等内容。建立健全门、急诊服务监督机制，提高了服务质量和工作效率，病人满意率明显提高。

全院开展了以“履行职责，落实制度，提高质量，确保安全”为主题的医疗质量安全教育活动，树立医护人员的法制意识，使医疗纠纷与差错逐年下降。

继续贯彻落实《献血法》，积极开展成分血、自体输血和病人家庭互助献血，严格掌握输血标准，杜绝了安慰输血和人情血，成分输血率不断提高。

医院加强了卫生经济管理及器械、药品管理。开展了院级医疗成本核算工作，并进行了单病种医疗项目经费的调查，为下一步实施单病种管理奠定了基础。进一步做好“总量控制，结构调整”工作，加强了大病统筹的管理工作。加大物价管理力度，严格了医疗欠费管理。医院对大型医疗仪器设备的管理、使用和登记进行了全面的检查，并重点调研了麻醉科大型医疗设备的使用及管理现状，为医院进一步规范大型医疗仪器设备的购置、使用、管理及维修等环节提供了决策依据。完成了伽玛刀等大型医疗设备的报批、引进及伽玛刀治疗中心成立的准备工作。顺利通过了北京市卫生防疫部门对医院 2 台螺旋 CT 及门诊新进 X 线机的验收检测。进一步规范了医院一次性医疗、卫生用品的购置、使用和管理。加强了毒麻药品使用管理，实行了辩论毒麻药品的定额、定量管理，避免了毒麻药品管理上可能出现的一些问题，确保了药政管理的安全。

进一步加强信息化建设，圆满完成军卫一号工程前期准备工作，顺利开展试运行。完成了医院信息模拟网的组建以及“医疗项目基本价表库”和“临床诊疗项目库”的建立，同时对操作人员进行了上机培训，在完成军卫一号工程网络综合布线、数据初始化及数据转化工作的基础上，实现了20个子系统77个站点分期分批的联网试运行工作。医院组织了空军远程医疗会诊中心的筹建工作，并于8月起试运行，目前已与多家医院连通成功。（陈明敏　张黎黎）

# 四六六医院

在全军医院精简整编、重新划分医疗体系和收治范围、对医疗工作进行重大改革调整的大形势下，医院确立了突出一个中心（以医疗工作为中心）、两个重点（医疗改革和科学管理）、三条主线（姓军为兵、专科建设、安全稳定）的总体工作思路，在改革和管理上作文章，在提高医疗质量、保证医疗安全上下功夫，在自身建设上求完善，较好地完成了各项任务，连续8年被军区空军评为先进党委，连续两年获得全军"为兵服务先进医院"称号。

**医疗工作**　全年医疗毛收入近3 500万元；收治5 761人次；门、急诊256 841人次，其中急诊43 546人次；床位使用率88.54%，床位周转率20.88次/年，治愈好转率97.26%，出院者平均住院日18天，住院危重病人抢救成功率87.18%；手术1 626台；甲级病案率94.92%，处方合格率99.96%。

为规范医疗护理工作，年初医院组织学习了新版《医疗护理技术操作常规》，重点放在对新入院病人的三级检诊、确定诊断和治疗原则等方面，规范了医疗文书的书写，机关两次组织《常规》考试，均取得了良好成绩。医务处还举办了医疗系列法规讲课，邀请北京医科大学和北京市卫生行政部门从事医疗法规工作的老师给大家宣讲《执业医师法》，并经常在院周会上通报全国各地公开报道的医疗事故及医疗缺陷，时刻给大家敲警钟。11月，医务处和护理部开展了一次为期10天的"医疗护理安全教育整顿"活动，从工作作风、服务态度、规章制度的落实等方面进行系统地整顿，在进行查职责、查纪律、查制度、查隐患的"四查"基础上，各科室制定相应措施，起到了良好的效果。

加强训练，提高应急保障能力。医院急诊呈现出成批急诊伤病员多、危重病人多、严重创伤病人多的特点，上半年急诊大、中手术就达291台，外一科8月份急诊手术占当月手术量的2/3，根据这一情况，为加强急救的组织实施能力和提高救治水平、规范抢救工作的组织实施程序，医务处制订了《大批急诊伤病员抢救工作的组织实施方案》下发科室，并组织学习，提高了急诊应急反应能力和救治水平。9月，门诊部和相关科室紧密配合，成功地完成了包括对50名民工食物中毒在内的多起成批伤病员的急诊救治工作，取得了良好的社会效益。

为方便门急诊军人病员就诊，医院投资3万元建立军人门诊诊疗绿卡制度，做到一卡在手，全院优先，随时测评，随时收卡，为军人门诊就诊全程亮绿灯。医院还结合当前师以上干部医疗保健工作情况，在原有基础上，为拓宽服务内涵，使单一的医疗服务转化为预防、保健、医疗一体化服务，对重点保障对象——军以上干部又开展了"四定、一跟踪"服务，即定人员、定时间、定内容、定方法，建立立体保健跟踪服务。10月份，全军保健领导小组办公室就本院求真务实、努力提高老干部医疗保健水平的做法以《保健工作情况》的形式向全军转发。

**教学工作**　医院将技术大练兵工作作为一项重点工作，院党委亲自过问、亲自检查、亲自监督，提出"人在质、质在精、精在训"的训练指导方针。在对全院医务人员进行多次的考核过程中，评审小组均由院领导亲自带队。医院拿出30万元作为岗位练兵的专项经费，投入到人才培养、参加学习班、开展学术活动上，为科技练兵提供了有力保障。

重视中青年医师的培养，至9月底，医院共选派16名中青年业务骨干到协和医院、北京医院、阜外医院、301医院等大医院进修，其中护理人员4人。参加院外短期学习班31期、35人次，参加军内外学术会议24人次，交流文章36篇。组织各专科带头人外出观摩30人次。组织全院学术讲座24次，外请专家讲课5次，听课总人数达1 689人次。组织内科系统病例讨论3次，参加187人次，为医护人员提供了良好的学习氛围。医院还开展多种形式的全院性学术活动，包括有针对性地开展医学讲座、学术讲课和临床病例讨论等，扩大了知识面，提高了诊治疑难病症的技巧。

分清层次，抓好继续教育。按技术干部自身的特点，开展不同形式和内容的培训。对新来院人员坚持实施3年轮转制度和24小时负责制，各科根据轮转培训内容，指定带教人员，定期开展教学查房，帮助他们尽快将所学理论与实践相结合。对低年资医师主要从医、教、研三方面来抓，医疗上要求落实"三多”，即多管病人、多做手术、多参加抢救；教学上以协助主治医师带教、锻炼教学能力为主；科研上以参与课题实施、树立科研意识为主。对工作满5年的中、青年技术人员重点抓好专科技能训练，采用在职培训、外出学习及进修、参加专科学术交流和专题学习班、开发科学研究等形式，全面培养，提高专科技能。对环节干部重点抓好知识更新，支持环节干部利用北京地区的优势，采取短期外出观摩学习、参加专业学术会议和专题学习班的形式，达到更新知识、引进新技术、新业务的目的。

在搞好本院工作人员专业培养的同时，医院还负担着重要的教学任务。1999年是医院接收医疗实习、进修人数最多的一年，先后有第四军医大学、北京军医学院的50名本科、专科学员来院进行医疗、医技实习，33人进行护理学习。接受体系部队进修人员15人、地方进修人员4人。

**科研工作** 通过全院科研立题论证会，论证立题18项，批准其中10个项目为首批资助科研课题，投入预算为15万元，使正在进行的医院资助科研课题达34项。全年科研经费已使用近25万元，训练专用经费使用近17万元。开展新技术、新业务60余项。发表论文121篇，其中论著性文章39篇。准备申报1999年的军队科技进步奖、医疗成果奖12项。

注重引进新技术、新业务，神经外科开展的颈部髓内肿瘤手术、颅部斜坡肿瘤手术，心外科开展的非体外循环下冠状动脉搭桥手术、年龄在4个月以内的幼小儿心脏手术，骨科开展的双髋关节置换术、髋臼旋转截骨术等新技术、新业务均填补了医院的空白。在开展新的手术及治疗方法的同时也带动了医院其他科室医疗技术水平的提高。

为规范全院的科技论文写作、发表工作，医务处制定了《第四六六医院论文、著作管理办法》，是本院第一个完整、规范的有关论文、著作的管理办法。

先后接受了空军医院工作调研考核、空后卫生部重点专科检查、总后卫生部医疗用血检查、北京市放射防护检查、北京市星级病房达标检查、四医大和空军医高专教学检查，均取得了良好的成绩。

（四六六医院）

# 第二炮兵总医院

1999年9月28日，第二炮兵总医院正式成立。医院坚持为部队服务的方向，坚持“质量建院，科技兴院”的办院方针，从严治院，狠抓质量建设，努力树立首都军队医院的良好形象，较好地完成了年度医疗、训练、科研、保健等工作任务。

**医疗工作** 全年门诊113 835人次，住院3 444人次；床位使用率52.76%，床位周转19.84次/年，治愈好转率97.79%，出院者平均住院日18天，平均术前住院日6天；住院抢救成功率71.21%，放射线诊断与术后诊断符合率98.52%，临床诊断与病理诊断符合率100%，门诊诊断与出院诊断符合率97.55%，临床初诊与确诊符合率99.34%，医院感染率2.14%，入院3日确诊率99.41%。手术967例，无菌手术切口甲级愈合率99.2%，手术前后诊断符合率99.7%，手术并发症发生率0.79%。急诊10 620人次，急诊抢救553人次，急诊抢救成功率97.1%。大型X光机检查阳性率51.6%，CT检查阳性率63.1%，X线摄片检查阳性率59.1%，病理切片优片率93.1%。

**改革与管理** 6月，成立了急诊科，配备了呼吸机、心电监护系统等医疗设备仪器，保证了部队伤病员尤其是老干部与重病患者门、急诊诊疗。同时与北京急救中心联系在医院设立了急救分站，并分期分批派遣医护人员到急救中心等医院学习、进修，强化了医务人员院内急救的意识，提高了急诊急救的水平。

对门诊部进行了整顿。制定和完善了一系列门诊工作的有关规定和工作制度，明确了工作职责，严肃了工作纪律。同时要求各科主任（副主任）每周出半天普通门诊，提高了门诊诊疗质量和服务质量。

做好筹建放射医学科和推进剂医学科准备工作。结合落实编制，派出有关人员参加全军举办的放射防护学习班，在技术、人员、医疗用房等方面做好前期准备工作。

规范了医疗工作行为。组织学习新版《医疗护理技术操作常规》和《临床疾病诊断依据治愈好转标准》及《医师法》。组织医疗质量监控人员对3 451份出院病历、65份死亡病历及各种申请单、报告单2 000余份进行了质量检查。不定期地抽查临床科长期医嘱和临时医嘱。用制度约束和规范了医疗工作行为。减少了医疗纠纷、医疗差错的发生，杜绝了医疗事故。

认真贯彻落实《中华人民共和国献血法》。医院加强了对输血工作的管理和领导，认真抓好血库的基础建设，粉刷了工作间，改善了设施，完善了制度，为成立输血科奠定了基础。认真完成义务献血工作，组织全院人员义务献血93人次，李清莲累积献血1 400毫升。规范了药品、设备的管理。严格执行药品采购规定，坚持药品采购三级监控制度，做到了专人、专账、专柜、专册、专用处方，账物相符。经常向临床科室提供新药信息，指导临床用药，并整理了《全费用药目录》，规范了用药范围，保证了药品按规定合理使用。对8台（件）约700万元的大型医疗设备进行了购置论证。坚持做到使用科室、经办科室、医院和卫生部共同论证。投资90万元，购置了250张病床等一批基础医疗设备，使病区和各科室的基础设施得到了一定的改善。

**教育与科研** 外送进修6人，短期培训15人，院内授课8次，到课约600余人次。接收实习进修人员73人，安排轮转9人，参加继续医学教育项目30余人次，年度投入经费约8万余元。共展开72项科研课题，其中全军中标课题4项、国家卫生经济学会中标课题1项、二炮后勤部课题1项、二炮医药卫生中标课题13项，共获上级资助课题经费18万元。共组织了26项课题申报成果奖励，有18项课题获奖，其中获军队科技进步三等奖3项、四等奖5项，军队医疗成果三等奖3项、四等奖1项，二炮医药卫生成果一等奖3项、二等奖3项。

加强重点学科建设。对重点科室和有二炮特色的专业科室，医院始终给予扶持和政策优惠。血液、恶性肿瘤、呼吸、检验等专业与北京市工业卫生研究所签定了“医疗工作协议书”，为血液病患者、恶性肿瘤患者解决了放射治疗问题，也为医院填补了空白项目。营养室与301医院合作开展了“战伤所致短肠综合征的临床营养支持”的研究，借助上级医院的技术力量，提高了自身水平。

坚持科技练兵。成立了继续医学教育委员会，健全了组织，完善了规章制度。积极开展科技练兵活动，组织125名医、药、技人员进行“三基”考试，平均成绩良好以上，达到了以考促学的目的。落实年度21名专业技术人员外出进修学习计划，拓宽了知识面，开阔了眼界。参加国内外、军内外专业学术组织会议，有77人次89篇论文在相关会议上进行了交流。认真组织院内学术活动，外请专家教授来院讲课，传授知识和技术。努力做好实习、进修人员的带教及行政管理工作，全年带教第三军医大学、第四军医大学、北京和石家庄军医学院医、技学员82人。改善了居住条件和教学设置，增加了24张实习床位。对本院新毕业的本科生实施了规范化培训。

加快人才队伍建设。制订了《第二炮兵总医院科室主任任期目标责任制暂行规定》，实现了科室主任责、权、利的有机统一。有计划地选送技术骨干7人，参加全军中青年人才基金班、全军硕士学位课程班及博士学位的学习。

加强科研管理的力度。坚持“科技兴院”方针，树立科研工作要以提高临床技术水平为目标的方向，设立了重点科室发展基金和青年科研基金，下发了《重点科室发展基金管理办法》和《青年科研基金实施管理办法》。在首批青年科研基金的评审中，进行了课题水平与主研人资格的认证、主研人答辩、科委会评审，有8项课题中标，资助经费达11万元。为确保科研工作更好地服务于部队、服务于基层、服务于临床，医院结合“十五”规则的制订，组织科室开展了放射医学与防护、火箭推进剂医学与防护、高技术条件下导弹部队卫生勤务学的课题研究，各科室提出建议案10余项，这些课题紧密结合二炮军事医学需要，对于提高二炮总医院的科研水平具有积极意义。“军队人群流感样疾病流行病学监测及流感疫苗应用研究”的课题有了较大进展，作为全军流感防治协作组的组长单位，成功组织了全军流感防治协作组工作会议，来自全军7个军区及二炮的30余名协作组成员参加会议，会议总结了二年来全军流感监测及防治工作的进展情况，对今后的工作进行了布置，并对监测组人员进行了技术培训，为课题研究工作的顺利发展奠定了基础。10月上旬，主办了第六届全国神经免疫学术研讨会，这是本院首次主办高水平的全国性学术会议，来自全国各地及美国的100余名代表参加了会议，郭向东副主任医师被推选为全国神经免疫学会常务委员，标志着医院神经免疫专业在国内学术领域的领先地位。

**其他工作** 认真执行军委、总部为部队服务的有关规定。坚持挂号、取药军人专用窗口及军人病房制度，实行部队官兵挂号、就诊、检查、取药、住院、手术“六优先”。严格执行总政、总后287号文件的规定，不仅在标准经费内解决好军队伤病员诊疗用药问题，而且在医院对外收益中拨出一定数额的经费解决好军队伤病员诊疗用药问题，对凡属诊断治疗必须的检查、用药、消耗性材料等，医院免费保障。一年来，共收治军队伤病员1 644人次，门诊44 659人次，从医疗收益中补贴军队伤病员医疗经费325万元。

圆满完成了干部体检工作。师职干部体检针对上年体检结果和糖尿病、高血压病、肺结核病发病率较高的特点，增加了餐后血糖、糖化血红蛋白、腹围等检查项目，并指定导医员按照预定的体检路线带领受检人员顺序体检，避免了漏项和混乱；体检后预防保健科为每位受检人员拟订了切合实际的预防保健计划。年度完成师职干部体检1 099人次，体检率82.7%，检出发病率分别为脂肪肝18.8%，高血脂18.1%，高血压17.4%，前列腺肥大28.6%，新发恶性肿瘤0.18%。还承担了测绘大队、二炮驻京单位炊管人员及后勤部干部的体检任务。全年体检总计2 275人次，医院补贴体检经费3万余元。

深入部队做好服务工作。根据部队的需要组织有关人员到536医院、812旅卫生队，进行技术帮带。组织医疗小分队深入部队、边远库所巡诊，送医、送药到训练场、工作间、田间地头。重视老干部健康保健工作，结合老年人多发病、常见病，组织由内、外科高级技术职称人员参加的医疗保健小组，到清河干休所等地，为老干部诊疗、医疗咨询、健康知识宣传，指导专科疾病的治疗用药、饮食调整等服务，对行动不便的老干部，医护人员携带药品、仪器、宣传资料到家中进行医疗服务。全年组织医疗小分队16批次，共63人次，携带药品40余种，约5 000余元，诊疗病人2 000余人次，下部队15个工作日。

认真完成各类医疗保健任务。4—10月，医院选派7人组成了医疗小分队，参加了国庆50周年二炮受阅部队的医疗保障任务。医院专门开辟了阅兵部队就诊绿色通道。小分队人员坚持一线巡诊，送医送药到训练场、班排宿舍。期间，共门、急诊1 890人次，用药140余个品种，先后巡诊2 050人次，为部队发放4次共计千余套清热解暑药品，受阅部队无一人因中暑而影响训练和保障工作，受到了上级领导和全体受阅官兵的好评。承担了全军军队院校招生录取工作、后勤部党委扩大会议及其它各业务会议的保健任务。据统计，全年共派出保健医护人员12人次，携带药品40余种，约6 000余元。（二炮总医院）

# 总后机关卫生工作

**卫生防病工作** 健康教育。机关爱卫办和各单位主办的“卫生与健康”等内部小报全年共发16期，印数3万份。订阅《解放军健康》杂志2 000册，发到机关各局、处和干休所各老干部支部。为老干部举办卫生知识讲座、播放“老年健康百科”录像40余次。丰台75号院还积极组织广场健身活动（大秧歌、迪斯科健身操、集体舞等），总后基建营房部组织的消夏运动会，参与者从将军到士兵共600余人。

疾病控制。健康查体：根据年龄段，对军人、职工、离退休人员和临时工进行普查，搞好重点人群重点疾病的矫治工作，对所有人员的健康状况做出评价，并提出合理建议。传染病防治：各单位按时开设肠道门诊，继续做了乙肝疫苗的查漏补种工作；儿童计划免疫率保持100%，尤其是较好地保证了临时来队儿童的免疫。饮食卫生监管：防疫人员到饮食单位共514次，纠正违规行为9起；局卫生防疫队组织饮食卫生检查167次，微观细菌学培养672份，合格率97.76%；全年无食物中毒和烈性传染病发生。

消杀灭工作。各单位以春、秋两季灭鼠活动带动消杀灭工作的开展，全年共投入经费12万元，培训灭鼠、灭蟑员168名，投放灭鼠药3 000公斤，灭蟑、杀虫药4 000公斤，粘鼠、蟑板3 100块，烟雾杀虫弹5 000发，发放电蚊拍500只，喷洒灭蚊、蝇药液13吨，确保了各营院四害密度常年在无害化标准之内。

营院卫生综合整治。各营院爱卫会以爱国卫生月、全国第四次城市卫生大检查等为契机，周密筹划，广泛动员，投入大，见效快。全年共新增优质草坪22 720平方米，新建、改建花园19 600平方米，植树12 859株，种植花卉24 000余盆。复兴路22号院被评为北京市文明居民区，太平路22号院被授予全军甲级卫生单位称号。

**医疗保健工作** 机关和丰台程庄路16号院门诊部克服医疗用房紧张，增设门诊输液病床，设立一日病房，开展全天输液治疗。加强师职干部门诊力量，缩短其候诊时间，保证其优先就医、用药；增设门诊为卧床病人代买特殊医疗药品服务。坚持巡诊医疗，建立家庭病床，实行全天候上门服务。继续开展验光、镶牙及牙齿医疗保健，注重前列腺肥大的治疗和骨关节疾病的中药理疗，同时注重发挥现有医疗设备的作用，做到X射线、B超和常规化验在门诊部就能完成。

1999年度，局属医疗单位共接诊病人26万人次，巡诊2.8万人次，开设家庭病床65张，抢救病人147人次（一线救治率98%），调剂处方29.5万张，注射、输液治疗8.2万人次，物理治疗5.5万人次，辅诊科检查3.4万人次（心电图、B超、X射线、常规化验等）。

**继续教育工作** 参加脱产一年进修学习的医护人员8人，有42人次参加解放军总医院等举办的业务培训班，自行组织专业知识讲座28次。举办有50人参加的“英语学习班”1期，为晋升技术职称者进行英语辅导。局属各医疗单位每半年进行一次急救技术考核，着重解决接诊危重病人时的第一个15分钟的独立处置问题。年底，本处组织了急救技术的考核验收，抽查42人，总评成绩良好。医护人员注重总结经验，积极撰写论文，在省部级以上医学期刊发表文章37篇。

**药材管理工作** 本局全年采购药材经费为441.08万元，其中西药品种350个，中药品种140个，在坚持药品主渠道供应的前提下，基本满足了医疗保健的需求。第三季度，总后卫生部组织了总直单位的药品使用情况检查，本局被抽检的11个品种44个批次完全合格。 （总后司令部管理局）

# 总政机关卫生工作

**服务保障不断加强** 各单位认真贯彻总政于主任强调的“要以高度的政治使命感和顾大局的责任感对待和做好保健工作”的指示和总后《关于进一步加强军队医疗机构为部队服务工作的通知》，牢固树立全心全意为机关为老干部服务的思想，采取多种措施抓好医疗服务。

各单位认真组织年度干部体检，对查出的疾病除进行很好地矫治外，还通过书信、巡诊等方式加强宣传，使保健对象了解和掌握疾病的防治知识；机关门诊部增强8小时以外医疗服务和值班力度，为患者诊疗提供了极大方便；金钩河干休所在医疗工作中强调做到“四勤”，即腿勤、手勤、嘴勤、脑勤，保证了医生对老干部病情了如指掌；黄寺二所、车道沟干休所等单位为行动不便的老首长建立家庭病房，多年坚持送医送药上门；白石桥二所、莲花池干休所等单位经常请有关专家或自备讲稿为老干部讲解保健养生、疾病预防、急症的自救互救和合理用药等常识；军报干休所等单位根据老年病特点积极编写小资料、小册子等宣传材料发到老干部手中。许多单位还根据季节不同，利用板报、闭路电视等方式进行健康教育，积极做好预防保健工作。

**技术水平明显提高** 各单位在业务学习方面做到年有计划，月有活动，采取“走出去、请进来”的办法，不断学习新知识，掌握新技能。机关门诊部要求副主任医师根据自己的专业特长、自定内容、自备讲稿，在每周的业务活动时间讲课，已坚持了2年，取得了较好效果。八一队、老干部服务处和白石桥五所等单位，除坚持在职培训外，还派人参加军队和地方的各种学习讲座和学术活动，较好地促进了医务人员业务素质的提高。在抢救工作中，各单位都做到了组织、人员、技术、装备四落实。在日常医疗工作中，各单位较好地发挥了本级职能作用。阜外干休所、白石桥三所和七所等单位积极开展输液工作，方便了老干部就医；黄寺二所门诊部经过近几年的努力，业务技术水平有了显著提高，已基本担起了本所老干部医疗保健的各项任务，改变了以前事事都靠机关门诊部的状况。全年系统内未发生一例医疗差错和事故。

**诊疗条件逐步改善** 各单位紧密结合医疗工作实际，围绕提高为机关为老干部医疗服务保障，在经费和用房紧张的情况下，先后投入300余万元购置抢救、理疗、化验等器材和解决特殊医疗问题。八一厂、魏公村干休所和黄寺二所等单位增加了医疗用房面积；机关门诊部从对外有偿服务创收的收益中拿出100余万元，购置了彩色B超、24小时心电监测仪和24小时血压监测仪等新的医疗器械，在临床显示出较高的诊疗效益，保证了每年几十例危重病人抢救的成功，年内还对人流量较大的一层各科室进行了改造，铺上大理石地面，就诊环境进一步改善。白石桥五所根据实际需求，加大医疗经费投入，投资15万元购置化验设备，开展了生化和三大常规化验；投资10余万元购买了1台牙科综合治疗仪，创造了较好的诊疗条件和就诊环境。

**医疗管理日趋规范** 各单位把加强医德医风建设作为精神文明建设的一项重要内容来抓，紧密联系实际，开展了向郭惠萍、李向群等先进人物学习和以伤病员为中心的优质服务活动，努力营造学英模、讲奉献、纠歪风、全心全意为机关为老干部服务的氛围，不断改善服务态度。大部分门诊部和干休所结合自身工作实际，制订了各种管理规章和实施细则，各类人员岗位职责统一装订上墙，使医疗工作做到了有法可依，有章可循，形成了比较完善的工作运行机制。机关门诊部、八一厂门诊部坚持了晨会交班制度，黄寺一所、军报干休所等单位克服人员少、任务重等困难，认真落实24小时值班制度。各单位能认真执行总后和国家五部委关于《禁止以军队名义乱打医疗广告的通知》，加强对外有偿服务的管理，医疗管理逐步向规范有序方向发展。机关门诊部和八一厂门诊部被总后卫生部评为驻京部队为部队服务先进门诊部，总政黄寺第二干休所、魏公村干休所、白石桥第二、第五干休所、玉泉路干休所和金沟河干休所等六个干休所被全军评为干休所卫生规范化管理达标单位。

（总政卫生处）

# 北京卫戍区卫生工作

**爱国卫生工作** 全区部队围绕创建卫生达标单位和文明卫生单位，以提高生活卫生质量和环境卫生质量为重点，利用重大节日和爱国卫生月活动，广泛发动官兵清除垃圾，消除蚊蝇孳生场所和卫生死角，修整沟渠，种植花草、树木，绿化美化营区环境，进行营院综合整治，加强了基础生活卫生设施配套建设。同时积极协助驻地参加长安街绿化美化，天安门广场方砖启运等项任务。一年来，全区投入近180万元用于建造封闭式垃圾池，购置果皮箱、防蝇罩，完善各类卫生设施等。修整沟渠58 700多米，种植草坪近26 750平方米，植树3.4万余株。

经逐级申报和检查验收，51115部队被全军爱卫会命名为甲级卫生单位，卫戍区后勤部、装备部机关、51112部队机关、仪仗大队、51359部队被军区爱卫会命名为卫生达标单位。

5月初，军区确定卫戍区第三干休所门诊部为卫生工作规范化管理达标试点单位。8月17日，军区在该干休所召开驻京22个干休所规范化管理现场会。11月，经总部、军区考评验收，卫戍区第三干休所门诊部被评定为卫生工作规范化管理全军达标单位。

**献血工作** 驻京部队认真学习和贯彻落实《中华人民共和国献血法》和《军队献血管理规定》，各大单位严密组织、密切协同，广大官兵积极参与，在驻京部队献血管理委员会办公室的统一安排下，共有22 426人参加了无偿献血活动。5月13日，驻京部队献血管理委员会在总后礼堂召开献血表彰大会，驻京部队30个先进单位、40个先进个人和30个先进工作者受到表彰奖励，驻京陆、海、空、武警部队1 400人参加了会议。本年度，北京卫戍区荣获全国无偿献血先进部队奖。12月24日，国家卫生部、中国红十字总会、总后卫生部在人民大会堂召开全国无偿献血表彰大会，卫戍区后勤部管庆仁部长作为无偿献血先进部队的代表在全国表彰大会上发言。

**举办计生干部培训班** 3月，卫戍区举办了由团以上单位计生干部和技术骨干等近70人参加的培训班，重点学习了国家、军队、北京市有关政策法规以及计划生育工作程序和方法，进一步提高了计生干部的政策水平、业务素质和管理能力。

**开展了“世界60亿人口日”宣传活动** 10月12—16日，卫戍区开展了为期一周的宣传活动。各单位组织有关人员走上街头，配合驻地进行计划生育政策宣传。全区共出橱窗11期，板报206块，广播稿件35篇，横幅27条，宣传画200余张，使国情国策深入广大官兵和人民群众，增强了官兵实行计划生育的自觉性和必要性。（田长普　杨雪峰　周　斌）

# 中国人民武装警察部队总医院

（海淀区永定路69号）

邮编：100039　　电话：68212211

**医疗工作** 围绕优质、高效、低耗，坚持一个中心，提高两个质量，强化两个效益，改善两个环境，走内涵发展的路子，促进了医院整体水平的提高。全年共完成门诊164 035人次，收住院5 893人次，手术2 851例，对外医疗总收入3 048万元。

进一步加强了医疗服务质量建设。重点抓了医疗条件的改善和服务质量的提高。先后投资4 680万元，购置了数字减影、全自动生化分析仪、立体定向仪、骨科全自动手术床等55台（套）大中型医疗设备。加强了院内感染管理，降低了院内感染率，提高了营养餐、治疗餐应用率。推行了全程文明规范服务，将病人满意率纳入质量控制指标，减少了医疗纠纷。

建立了急诊中心、CCU、ICU三位一体的院内急救网络，提高了整体急救水平。全年共抢救危重病人243例，抢救成功率89.4%。疑难病症诊断符合率、临床治愈好转率、医疗文书书写合格率等质量指标均比往年有较大提高。

护理工作。结合护理队伍建设实际，重点抓了中初级护理人员的三基培训、专科技术培训和护士长培训，坚持每月进行一次考核，使全院绝大多数护理人员都掌握了15项护理操作技术，有90%的护理人员掌握了脏器衰竭抢救技术。

提高为部队服务能力。突出抓了医疗条件的改善、服务水平的提高和经费保证。建立了军人病房、军人药房，方便了部队病人就医。共接诊部队伤病员25 000人次，收住院2 400人次，查体2 100人次，使部队师以上干部受检率达98%。为基层部队培训医疗骨干40名。连续4年派出医疗队到西藏、青海开展技术帮带工作。先后3次组织医疗队到国庆受阅部队进行医疗巡诊。结合建国50周年，制定了卫勤保障预案，进行了多次战备演练，提高了快速反应能力。

通过加强院、科两级核算，进一步加大了卫生经济管理力度，降低了成本，提高了综合效益；进一步加强了医疗收费工作。面对社会医疗制度改革、军队医院收容普遍下滑的形势，采取内保外联的办法，积极参加地方大病统筹，与周边地区建立医疗服务网络。通过发放医疗优诊卡、加入北京市金卫电话挂号系统、建立院前急救组，扩大了病人来源。尤其是通过改善医疗环境，使海淀区委、万寿路街道等单位都先后来本院进行定点查体。

**科研与教育**　先后组织开展了一批具有国内先进水平的特色专科技术。如骨科开展的椎间盘镜手术、口腔科开展的两段式种植牙、眼科开展的眼眶肿瘤治疗等，均形成了鲜明的技术特色。1998年全院共开展新业务、新技术72项，有32项科研成果获武警部队科技进步奖，是建院以来获奖项目最多的一年，占武警部队当年获奖总数的四分之一。全年共发表学术论文150篇，主编和参编专著5部。举办学术讲座50次，并举办了高学历青年医师临床技能培训、科技练兵、技术理论比赛。

进一步加强了在职培训和临床教学工作。广泛开展了科技练兵活动。9月，在全院开展了“科技练兵月”，在抓好全面培训的基础上，对各类医护人员进行了分层次考核验收，开展了技术比武竞赛，激发了医护人员学业务、钻技术的积极性。通过举办全院性学术讲座、举办新技术培训班、开展病例讨论、组织院内外学术交流等途径，加大了在职培训力度。先后承办了武警部队艾滋病检测技术培训班、骨科专业培训班和神经外科专业学术研讨会等。集中一个月时间，对全院近年来接收的110名研究生、本科生进行了临床实际能力培训。

**政治与后勤工作**　按照上级党委的统一部署和要求，相对集中两个月时间，以江主席提出的“一个增强、两个确保”为目标，以党委班子和团以上领导干部为重点，认真开展了以“讲学习、讲政治、讲正气”为主要内容的党性党风教育。进一步加强了党风廉政建设。先后出台了8项措施和规定。

突出抓专业技术干部队伍建设。依照上级文件精神，首次对全院570名专业技术干部按优秀、称职、基本称职、不称职四个档次进行了任期考评和年度考核。考评坚持公平、公正、公开，严格把握政策规定和考评比例，坚持考评兑现，将考评结果与干部的晋职晋级挂钩。凡没有进入优秀的，一律不能晋职；凡基本称职以下的，一律不能调级，收到较好效果。加强了对外宣传报道工作，共在省部级以上报刊、电台刊稿187篇。

正规化建设和综合保障能力有进一步提高。坚持“按纲施训、从严治院”的方针，狠抓了医院正规化建设和安全防事故工作。重点抓了科室的正规化管理。按照“六室统一”、“口号一致”的要求，进一步健全了各项制度规定，配齐配全了设施，统一了各种物品的摆放，进一步规范了科室建设。突出抓了保障大队的正规化管理，尤其是加强了人员和车辆的管理，全年安全行车140万公里。医院在海淀区组织的驻京部队车辆百分验收中获得总分第一名。总部后勤部还在医院召开了车辆正规化管理现场会。根据总部后勤部的统一部署，开展了以“整警容、严纪律、保安全、促稳定”为内容的作风纪律整顿。狠抓了安全防事故工作，开展了三个百日安全竞赛活动。结合庆祝建国50周年、澳门回归和重大节日，及时对全院进行了安全教育和安全检查，消除了隐患，堵塞了漏洞。全年未发生刑事案件和行政责任事故。

严格了经费管理。本着量入为出、先急后缓的原则，对全院所有经费都实行了年度预算、总额控制、责任到人、包干使用，使有限的经费发挥了应有的作用。多方筹措营房基建改造经费1 500万元，缓解了经费紧张状况。进一步加大了经费管理的审计监督力度。先后完成了基建、生产经营、财务收支的审计工作，共审计金额10 647.6万元，审减不合理收费337万元。

继续抓了基础设施建设。配合总部完成了橡胶一厂234户干部集资建房工作，改造了锅炉房、休养员食堂，为小煤场宿舍楼安装了天然气锅炉，对军职干部病房和门诊楼四段进行了加层改造。农副产品基地新建了14个蔬菜大棚，改造了猪圈、鸡舍。加强了工休人员食堂、服务中心的管理和炊事员的技术培训。各食堂都配备了3名以上等级厨师。对食堂的主副食品采购实行了统一供应，统一结算，3人验收的办法，堵塞了漏洞，降低了饭菜价格，工休人员就餐满意率达85%以上。进一步提高了运输通信保障能力。较好地完成了医疗、行政、学术会议等车辆保障任务。通信站除完成正常的通信保障任务外，还妥善解决了地方租借本院鲁谷小区195部电话的脱钩问题。药厂通过开发新药、加强管理，实现产值4 000万元，创利润600万元。维修大队努力为医疗一线排忧解难，多次受到医护人员好评。　（赵红良）

# 武警北京总队卫生工作

**卫生防病**　按照《军队健康教育方案》加强了新兵卫生防病知识的宣传教育。对新兵普遍进行了流脑、破伤风、伤寒等疫苗接种，接种率100%。下发了《关于做好部队预防肠道传染病的通知》和《预防食物中毒和中暑的通知》，明确了部队防病的重点，加强了巡诊。全年巡诊1 229组次，诊治病人20 746人次，发放药品56万元。加强了卫生防病工作，有效地控制了部队发病率，部队的昼夜发病率0.48‰，传染病发病率1.26‰（其中病毒性肝炎0.22‰）；训练伤发生率1.6%。保证了部队以执勤和“处突”为中心的各项任务顺利完成。

健康体检。对1998年冬季入伍的新兵进行了体格检查，体检率100%。为做好干部健康体检工作，总队成立了干部健康体检领导小组，加强了组织领导，全总队干部体检率87%；军职干部受检率100%；师职干部受检率96%；团职干部受检率73%；营以下干部受检率89%。基本掌握了干部队伍的健康状况，增强了预防、医疗、保健工作的针对性。

**医疗工作**　按照总队“医疗统管，分级负责”的要求，本着“理顺关系、明确任务、提高医疗质量”的总体思路，8月，总队召开了第一次医院工作会议，对所属三所医院的医疗保健、卫生防病、应急救护等任务进行了明确，同时制定下发了《总队医疗工作几个具体问题的规定》。

三所医院伤病残技术鉴定小组对体系部队慢性伤病员进行伤病残技术鉴定，共评残131人，其中伤残117人，病残14人。

**卫勤保障**　圆满完成了“两会”、处置“法轮功”、维护“5.8”群众游行秩序、建国50周年庆典和迎接澳门回归活动等重大勤务的卫勤保障任务。在应急卫勤保障工作中，各级医疗组深入一线，加强巡诊，指导防病，做到保障有力。

**科研训练**　1月，举办了1期药材供应管理学习班，各支队卫生队司药参加了培训，重点学习了药政法、药材筹措和调剂等知识。通过短期培训，提高了药工人员的业务素质和法规观念。

4月，总队在第二训练基地举办了第18期卫生员训练队，培训学员252人。结业考试取得了总评86分的良好成绩。10月，组织了临床实习，11月中旬补入部队上岗工作。

发表医学论文190篇，获武警部队科技进步奖5项，医疗成果奖6项。

**药品供管**　按照《关于认真传达贯彻全国纠正医药购销中不正之风工作电视电话会议的精神》，加强了药材供管的组织领导，强调了主渠道供应，完善了措施，落实了责任制。

2—3月，根据总部卫生部《关于清查过期失效药品的通知》精神，集中时间、人员对各医疗单位的药品进行了清理，共清理超过5年期药品286种，共计469瓶（盒），价值11.7万元；失效药品17种，共计469瓶（盒），价值4 600多元，都进行了封存，确保了广大伤病员的用药安全。

**爱国卫生**　紧紧围绕北京市创建全国文明卫生城市、迎接建国50周年这一中心任务，加强部队基础卫生设施建设，狠抓除“四害”、控烟禁烟工作，提高了部队环境卫生、生活卫生质量。在第11个爱卫月活动中，广泛发动广大官兵，大搞卫生整治，共动用兵力33 500人次，出宣传板报504块，运用车辆826台次，清除垃圾3 058吨，植树18 315棵，美化绿地38 630平方米，使部队卫生面貌得到明确改观，受到了北京市爱卫会的好评。　（杨选平　刘建涛）

# 区县卫生工作

## 东城区

**概况** 1999年底有人口628 665人，区域内共有医疗机构546个，其中部、市、区卫生系统所属的卫生事业单位55个。卫生部、国家中医管理局所属单位22个；市卫生局、市中医管理局所属单位12个；区属医疗机构21个，其中全民所有制单位15个，集体所有制单位6个。另有社会办医疗机构19个、企事业单位办医院12所。

各级卫生系统有卫生技术人员13 945人，其中卫生部、国家中医药管理局所属5 150人，市卫生局、市中医管理局所属3 980人，区属医疗单位所属3 342人，社会办医院、诊所1 373人；师以上人员11 239人，士级卫生人员2 611人，员级卫技人员95人。平均每千人口拥有医师8.93人。驻区卫生机构共有病床6 691张，其中区属医疗单位1 629张。平均每千人口有病床10.64张。

生命统计。出生2 588人（男1 328人、女1 260人），出生率4.10‰；死亡3 808人（男1 978人、女1 830人），死亡率6.04‰；自然增长率－1.94‰。死因顺位前十位依次为：心脏病，脑血管病，肿瘤，呼吸系统疾病，内分泌营养代谢及免疫疾病，损伤中毒，泌尿生殖系统疾病，消化系统疾病，传染病，神经系统疾病及先天异常。期望寿命人均76.64岁，其中男74.81岁，女78.48岁。

**卫生改革** 为进一步贯彻《中共中央、国务院关于卫生改革与发展的决定》，根据全国卫生厅局长会议精神和北京市卫生工作会议提出的卫生工作奋斗目标，围绕研究和实施职工医疗保险制度改革中医疗机构配套改革、推进卫生执法监督体制改革、继续大力开展社区卫生服务三项重点工作，启动卫生事业深层次的改革，促进医疗、预防、保健、康复等卫生服务质量。

优化配置卫生资源，实行增量控制、存量调整、有效利用。鉴于人口出生率的负增长，入托儿童数量急剧下降，为适应步入老龄化社会的需求，1998年启动了六条托儿所向北京市东城区老年健康院转向的改革，改造装修工程于1999年6月竣工，同时完成了六条托儿所职工岗前培训，顺利实现托儿所向老年健康院转轨。健康院开设38张床位，并根据老年人的特点，增设了生活和卫生保健设施，8月开始接收老人入院。根据本区儿科专业的布局情况和东城区的区情以及社会老龄化的现状，对全区儿科布局及东城区儿童医院的发展方向做较大的调整。重点发展和平里医院儿科，集中儿科技术力量，设置儿科病房，接收全区儿科住院病人。区属各医院儿科只保留儿科门诊，不再设儿科病房。7月1日前东城区儿童医院完成了卫生技术人员调整，儿科专业人员及部分后勤人员调出。

执行新会计制度，积极稳妥推进医药分开核算、分别管理。根据财政部、卫生部联合颁布的《医院财务制度》、《医院会计制度》，医院财务管理办法将在预算管理、医院收支、成本和资产核算、结余等方面进行多项修改。4月，新会计制度在卫生系统全面实施。加强卫生局对局属单位的审计监查，对10万元以上设备和建设项目实行集中审计。配合政府采购，组织对和平里医院医技病房楼第一批706万元和第二批1 190万元的医疗设备进行专家论证，节约经费357万元。

继续实行“总量控制，结构调整”为原则的医疗收费制度改革。制定药品集中采购供药方案，筹备建立集中供药办公室及相关网络，加大局属各医院药品集中采购的比例。净化药品进货渠道，保证药品质量，降低采购成本，减轻社会医药费负担。8月，药品集中采购供药方案在全系统12家医院实施，情况良好，药品品种和药品金额流水两项购货指标比上年同期增加近60%。

理顺完善卫生监督体制。依照政事分开和精简、效能、统一的原则，制定了卫生监督体制改革方案，拟成立东城区卫生局卫生监督所和东城区疾病与预防控制中心，同时撤销卫生局卫生防病监督管理所和东城区卫生防疫站。实现公共卫生监督工作法制化、预防保健服务社会化。此项工作已按照全市统一部署完成前期准备工作，64名食品卫生监督人员已经分3批培训完毕，并于10月进驻新址开展工作。由于工商局实现垂直管理，根据区长常务会议决定，由卫生局接收动物检疫站的工作。7月，动物检疫站完成交接，同时开展工作。

社区卫生服务。完善社区卫生服务体系，建立以基层医院为主体的社区卫生服务中心。成立了12个社区卫生服务中心，配备了电脑，开通了24小时热线咨询服务电话。调整、规范社区卫生服务站，与社区卫生服务中心实行“一体化”管理。制定社区卫生服务站评价指标体系，实行目标管理，加强服务质量和技术水平的监督管理，开展规范化服务达标活动，12个社区卫生服务站通过了市卫生局检查验收，正式挂牌服务。开展了规范化服务达标活动，10个站达到市局标准。在试点的基础上，推广“社区医疗保健合同制”，为全区80岁以上离休干部和90岁以上老人免费建立社区医疗保健合同。发放“东城区社区卫生服务专辑”10万册，健康自助卡800余份。执行“卫Ⅶ计划”，为控制高血压病上升趋势，为400个居委会配备了血压计，组织了为居民免费测量血压、血脂的活动。设立420万元社区卫生服务专项资金，通过政策倾斜，以奖代补，鼓励开展社区卫生服务。

公费医疗管理。公费医疗费用增长势头过猛，与大环境有关，与社会进入老龄化、群众对即将实施的社会保障制度改革的不理解有关。在这种形式下，各医院认真落实各项规定和措施，加强管理、监督、检查，坚决杜绝大处方和不合理使用贵重药品的不适当作法，减少浪费，降低成本，合理控制医药费用增长。按照全市统一部署，完成了“北京市医疗保险制度改革基本情况”的调查，对公费医疗计算机管理人员进行了复训，组织主管院长和专管人员培训，做好了公费医疗管理制度与医疗保险制度接轨的各项准备工作，并与区劳动局就有关问题进行了协商。

全区公费医疗享受人员118 322人，全年累计支出278 762 071.84元，年人均支出2 355.96元，分别比上年上升了29.1%和27.6%。其中中央单位年人均支出3 418.59元；市级单位年人均支出1 148.71元；区级单位年人均支出2 199.81元，比上年上升35.2%。

**公共卫生与疾病防治**　以预防和控制传染病为重点，做好卫生防病工作，采取综合防治措施，坚决防止传染病的多发和暴发。

传染病防治。继续做好以消化道传染病为主的防治工作，根据发病趋势，举办专题讲座，组织相关人员培训，充实疫情处理力量。加强了外环境及食品监测，特别是集贸市场的卫生监测和指导，共监测取样1 733件，处理阳性水产疫情4起。

17家医院的肠道门诊于4月20日提前启动，肠道门诊人员全部参加了培训，并做到了持证上岗。4－10月，全区肠道门诊14 570例，比上年减少14.4%，本区就诊腹泻病人便检悬滴率、便培率以及治疗使用ORS、抗菌药分别为99.96%、99.81%、87.8%、32.6%，均达到市局要求标准。

积极开展病毒性肝炎的防治，进行血清学监测155份，人群甲、乙抗体监测1 900余份。开展初一新生入学乙肝疫苗免疫接种和人群甲肝疫苗接种，新生儿乙肝疫苗接种率达到98.67%。

加强对性病、艾滋病的监测和管理，建立了HIV初筛室，开展了1 000人份的HIV血清监测，特别是吸毒及性淫乱人群的监测，严格疫情报告制度。

强化结核病归口管理，控制结核病发病率回升。卫生局制发了《东城区结核病管理标准》，组织了培训和自查、抽查。共管理新登记结核病人138例，其中本市90例。本市新登记菌阳病人45人，监化服药38人，开始监化率84.44%，完成化疗133例。开展了结核病监测，对全区5 580名一、二年级学生卡介苗接种效果进行复查，发现强阳性171人，为其中52人做了预防化疗。为2 309名新生儿接种了卡介苗，接种率和12周阳转率均达到98%以上。

加大了对流行性出血热、鼠疫的监测，监测捕鼠51只，未发现病源。根据传染病发病的特点，做好流感、猩红热等呼吸道传染病的防治，分离乙型流感菌株2例，为中小学生义务接种流感疫苗。处理猩红热多发、暴发总计24例。

甲乙类传染病发病率409.61/10万，比上年下降了3.60%，其中痢疾发病率为297.75/10万，较上年下降8.2%；肝炎、淋病发病率分别为39.78/10万、35.39/10万，分别上升了5.74%、17.97%。

计划免疫。完成脊髓灰质炎、麻疹、乙脑、流脑、白百破等11种疫苗98 240人次的计划免疫接种任务，接种率达到95.29%，四苗全程接种率100%，及时接种率为91.48%，各项指标均达到并超过北京市规定的标准。

加强对流动儿童管理，消除免疫空白，组织地段保健科开展查漏补种工作，每两个月覆盖一遍，入户调查114万余户，占总户数的85.83%，外省市户口近2万户次。加强了AFP（脊灰疑似病例）主动监测和搜索，主动搜索相关科室门诊病例1 083 180例，发现AFP病例1例，寻访率100%，无迟报漏报。确保东城区连续15年无野毒株引起的脊髓灰质炎病例发生，为2000年消灭脊髓灰质炎证实工作打下坚实基础。做好计划免疫相关疾病的管理，努力使发病率保持在历史最低水平，以中小学和托幼园所为主，重点加强了对麻疹、流行性腮腺炎、风疹的防治，完成免疫效果监测和相关疾病检测160件，全年应急接种4 520人，未出现大的暴发和流行。

消毒隔离、感染防治。依据《传染病防治法》、《消毒隔离法》，加强了对医疗机构、宾馆饭店、托幼园所以及卫生用品、医疗器械、消杀药品的监督监测。共监督2 110户次，监督覆盖率100%，频度1.13。监测采样8 679件，合格率90.74%。监督消杀服务队消毒效果174个单位，处理疫源地10处，指导病家消毒274例，消毒指导率92.88%。蚊、蝇指数分别为2.0、8.6，鼠密度为0.4%，均比上年有所下降；蟑螂密度为0.3%，与上年持平。

公共卫生。依法加大对公共场所卫生执法监督和监测，共监督公共场所2 304户次，合格率99.91%，监督覆盖率100%，监督频度平均1.9次/户，重点行业为3次/户。新审批公共场所275户，发放卫生许可证229户。监测采样28 006件，合格率92.12%，其中23家游泳场馆监督覆盖率100%，监测合格率84.8%。完成公共场所从业人员体检16 501人，对查出患有5种疾病的51人全部调离现岗位，调离率100%。

监督二次供水单位340户次，覆盖率为100%，监测采样487件，合格率97.5%。监测地面水、地下水和末梢水总计144件912项次，合格率分别为57%和98.1%。全年未发生水污染事故。

对18个经营化妆品市场进行监督，抽查化妆品211种，合格率91.4%。

食品卫生。加强食品卫生监督执法，按照全市统一部署，开展对全区1 600余户小型餐饮整顿，并对其中176户不符合条件的餐馆分批注销了卫生许可证，行政处罚45户，取缔15户，6月底完成了小型餐饮的整顿改造工作。为便于群众监督，在全市率先实行餐饮业和食品从业人员佩带健康胸卡制度，5月10日在康乐餐厅举行健康胸卡佩带仪式，并在全区迅速推开。加强了食品生产加工厂、农贸市场、街头食品摊点、中小学食堂和送餐单位的监督监测，开展了饼干、食盐、水产品及二噁英等专项执法检查，使全区食品卫生状况得到了进一步改善。共监督29 036户次，合格率84.5%，监督覆盖率100%，频次5.25。预防型审批1 381户，验收合格1 315户。监测21种食品3 630件，合格率92.4%。监测餐具1 516件，合格率85.6%。举办食品经营从业人员培训班3 260班次，共有16 343人参加了学习。从业人员健康体检32 302人，对于529名体检不合格者100%调离。全区发生食物中毒1起13人，低于北京市下达指标。

劳动卫生。依据《北京市职业病报告办法》，制定东城区职业病管理的工作制度，重申报告程序，完成了对全区701家企业作业环境基本资料的调查。全区共有37个有毒有害作业企业，作业点80个，监督率100%，合格率76.3%。414名从业人员全部进行了体检。高温作业监测256件，与有关部门联合对7个单位进行了暑期安全检查。发生1起苯及苯系物中毒事故。

放射卫生。通过北京市评审，考核达标，走上规范化、制度化管理轨道。全年完成33个单位108台X光机监测任务，合格率98%，预防性审查3个单位6台，个人计量监测114人，其中超辐射剂量5人次。监督71户次，同位素持证单位监督检查覆盖率100%。

学校卫生。完成了点校监测和学生常见病防治工作。为40所中小学校的30 728名学生做了血色素检测和评价，向贫血的学生家长发放通知书，进行防治指导。完成了6所学校的3 138名学生便虫卵检查和8所学校学生的龋齿充填、窝沟封闭的防龋工作。全年监督54所中小学，监督覆盖率51.43%，以校为单位监督合格率为100%。全区中小学生蛔虫感染率0.61%、龋齿患病率48.08%，龋均1.09、贫血患病率3.17%。10所监测点学校的中小学生沙眼患病率分别为6.48%和5.96%；肥胖患病率分别为13.5%和16.19%；营养不良分别为28.1%和22.05%；视力低下分别为61.5%和43.1%。与上年相比，营养不良下降6.28%，肥胖上升4.81%，视力低下持平，其他指标均达到2000年目标要求，为2000年学生常见疾病的终期考评打下良好基础。

积极推进以中小学生的六病防治为切入点健康促进学校活动，开展平衡膳食和控制行为危险因素活动，40余所中小学进入创建健康促进学校活动，健康教育课开课率达到90%以上，8所达标校学生吸烟率为0。4月，16所学校获得“世界卫生组织北京东城城市卫生发展合作中心”授予的金、银、铜牌。

健康教育。继续贯彻《北京市1998—2000年健康促进达标规划》，推进健康教育全面开展。将健康教育纳入社区发展规划，投入经费408.8万元，建立健全社区居民家庭健康档案60万份，健康教育示范户560户，组织街头宣传1 100余次，入户宣传17.4万次，开展“走健康之路”活动8.9万余次，受教育99.8万人次，覆盖全社区，卫生防病知识知晓率达到80%以上。积极创建健康促进示范医院，6所医院率先开展了健康政策、物质环境、健康服务、社会关系等院内、院外综合健教工作，设置了门诊教育丛书服务台和咨询门诊，住院2周以上病人的相关知识教育覆盖率达到70%。配合卫生防病重点工作和创建卫生城活动，自制宣传品13种63.5万份，《生活与健康》4期6万余份，摄制完成录像片3部。组织“宣传日”和大型宣传活动9次，设站112站次，发放宣传材料55种114万份，播放录音268次，接受宣传120万人次。

精神病防治。为确保1999年重大活动的顺利进行，对全区精神病人进行摸底核实，组成三级监护网并动员患者家属参加监护工作，落实了重点病人的管理措施。根据北京市的有关规定，对经济困难的精神病人免费投药防治，重大活动期间共投药5次151人次，投药率100%。入户访视832人次，监护管理1 800余名病人。对233个重点精神病人采取住院收容治疗，110名因各种原因不能住院治疗的重病人由地段大夫投药监护。全年未发生精神病人肇事肇祸事件。

全区管理精神病人3 984人，其中新发现精神病人58人。精神发育迟缓1 311人，精神分裂症2 241人，患病率为6.46‰。病情分类：痊愈623人，缓解期1 237人，疾病期299人，慢性期514人。其中保持劳动能力2 296人，部分保持567人，丧失劳动能力681人，能操持家务440人。全区设精神病人康复工疗站1个，安排工疗康复21人。设立家庭病床66张，上门服务860人次。

**妇幼保健** 全区有妇产科病床847张，其中产科床300张，有儿科床163张。

围产保健。继续认真贯彻《中华人民共和国母婴保健法》和《北京市贯彻〈中华人民共和国母婴保健法〉实施细则》，围绕实施实现《妇女发展纲要》和《儿童发展纲要》提出的目标，汇总和分析了1998年各项指标完成情况，制定了《东城区妇幼保健目标管理考核标准》及相应的管理措施，组织了专业人员培训，召开了全区高危孕产妇转、会诊工作协调会，提高系统管理率；召开降低孕产妇死亡率的研讨会及出生缺陷干预工作总结交流会，并着手建立高危孕产妇抢救网络，进一步提高妇幼保健工作质量。全区有爱婴医院9个，接收入院孕产妇2 401人，保健覆盖率99.64%，孕期保健教育普及率、高危妊娠管理率均为100%，产前检查率98.59%，产后访视率95.24%，孕产妇系统管理率96.27%，无孕产妇死亡。围产儿死亡下降到6.19‰。

对全区计划生育手术单位和个人进行验收，对计划生育手术并发症进行了评审。完成婚前检查13 218人，婚前保健覆盖率、体检率、转诊率、宣教率、随访率均达到100%。开展计划生育手术31 069例，其中人工流产14 129例，引产786例，药物流产7 146例，放置宫内节育环3 150例，取出宫内节育环5 301例，输卵管结扎术57例，人流不全2例，节育手术并发症发生率2.03/万。无严重差错发生。

儿童保健。全区有托幼园所59所，收托儿童9 615人。有7岁以下儿童16 846人，保健覆盖率和儿童系统管理率达到100%。加强对新生儿管理，新生儿破伤风发病率为0，新生儿先天性甲状腺功能低下和苯丙酮尿症筛查率均为99.82%，新生儿听力筛查率100%，新生儿死亡率5.80‰，低出生体重儿发生率2.32%，出生缺陷儿发生率7.84‰。各医院成立母乳喂养指导小组，科学育儿知识普及率为100%。4个月内母乳喂养率达到88.91%。加强5岁以下儿童生命监测和死亡评审工作，婴儿死亡率7.78‰，5岁以下儿童死亡率8.29‰。

全面落实托幼园所卫生保健工作常规，举办托幼园所卫生保健医师培训班，以提高托幼园所食品卫生和幼儿营养为重点，总结推广北新幼儿园实现防病、保健、营养、教育综合管理经验，促进提高集体儿童管理中卫生工作的水平。在北京市评估中，东城区妇女保健、儿童保健工作分别取得全市第一和第二的好成绩。

**医疗工作** 实施质控管理，展开全方位医疗质量的管理、检查、监督，进一步提高服务质量。加强对门急诊工作的监督管理，开展局属12家医院改善门急诊工作和服务窗口规范化服务活动，就医环境明显改善，便民措施得力，二级医院急诊科（室）达到了市卫生局规定的基本要求，医疗质量稳定。制定“医院感染工作评估标准”，组织辖区内各医院专家对一、二、三级医院院感工作进行检查，加大管理力度。由于管理机构健全，规章制度完善，基本做到科室布局合理，消毒隔离和污水污物处理符合有关规定，管理到位且规范，在保障医疗质量上起到重要作用。为促进医疗质量提高，制定《医疗服务质量督导检查评估方案》和医疗、医技、医院感染、护理等各项专项评价实施细则，并组织专家逐一论证，为2000年实施奠定基础。圆满完成了472名处级以上干部的健康体检和4 718名高考学生体检；组织驻区7家医院开展卫生下乡、健康科普下乡活动，为200余名群众义诊；如期完成了卫生部下达的“列队人群冠心病、脑卒中发病及死亡影响因素的前瞻性研究”课题中1 232人入户调查和市卫生局布置的1 650名门诊眼病调查工作。

区属医疗机构完成门诊诊疗1 643 084人次，平均日门诊人次6 075人次，比上年下降8.42%。全年开放病床1 629张，收住院13 511人次。区级医院住院病人治愈率54.63%，病死率4.69%，住院病人7日确诊率91.44%，病房抢救1 731人次，抢救成功率84.29%，无菌手术感染率2.36%，病床使用率71.10%，病床年周转9.84人次。住院者平均住院天数为26.85天。

护理工作。对全区二级医院整体化护理落实情况进行检查，全部达到了基本标准，护理质量明显提高。一级护理合格率、护理技术操作合格率、护理文书书写合格率、病人满意率均达到95%以上。急救用品完好率、消毒隔离合格率100%，无一级、特级护理褥疮发生。

义务献血。加大《中华人民共和国献血法》宣传贯彻力度，与街道办事处签订目标管理责任书。完成献血任务10 331袋，全部实现了无偿献血，其中区属单位献血3 508袋，超额完成任务743袋。

**药政管理**　加大《药品管理法》执法力度，对经营保健药品的超市、百货商场进行治理整顿，处理无证经营5家；完成了价值21万元的“非常好降糖足贴”停销退货的督查工作；根据国家药品监督管理局的部署，调查处理了5年期药品问题；组织了辖区医疗单位麻醉品专项工作检查和药品经营企业年检；为推动药品质量管理，防止药品管理中的职务犯罪，分别召开了医院现场会和座谈会。

为晚期癌症病人办理麻醉药品专用卡690人次；对2 500名临床医师进行了麻醉处方权资格培训，合格率达到99%以上。完成药品检验2 217件，合格率89.1%，药品检验准确率100%。

**医学教育与科研工作**　落实继续教育规划。第二期44人的全科医师培训班年内完成252个学时的学习，11月进入临床实习。4人被批准参加市卫生局全科医师骨干人才培训，8人选拔参加北京市全科医师规范化培训。4名住院医师参加了市卫生局住院医师规范化培训；对护士继续教育基地的继续教育工作进行评估审核。全系统有4 501人参加了不同类型的培训，其中学历教育329人。参加学习的人员占职工总数的80.3%，其中卫技人员3 399人，占在岗卫技人员的98.87%。组织完成了1999年度选拔东城区跨世纪优秀人才工程的入选和业务考核工作，推荐学科带头人6名，专业技术骨干24名。中高级卫技人员中1 183人参加了继续教育，占在岗中高级卫技人员的98.91%。完成年度教育任务，获得25学分的有4 485人，合格率为97.76%。东城区卫生局获得1998年度区实施成人教育培训工程先进单位和组织奖，1999年度北京市卫生系统继续医学教育先进单位，“全科医师培训”荣获实施成人教育培训工程优秀培训项目。

区属卫生系统的科研1998年共有11项科技成果获得局科技进步奖。完成了卫生系统1999年25项课题立项申报和医学会7项市级课题的申报工作。

卫生系统的计算机2000年问题（Y2K）是国家重点防范行业和部门之一，卫生局成立了局院两级的领导机构和工作网络，与辖区378家医疗机构签订了责任书，所有带微处理器的医疗仪器均进行了查实确认，对可能出现问题的仪器采取了替代措施，制定了应急预案。东城卫生系统Y2K工作在全市卫生系统率先通过了市局验收和东城区的验收。

卫生执法。开展“三五”普法学习，加强对《中华人民共和国执业医师法》、《中华人民共和国传染病防治法》、《中华人民共和国食品卫生法》、《中华人民共和国药品管理法》、《中华人民共和国母婴保健法》、《医疗机构管理条例》和《中华人民共和国献血法》等重点卫生法规的宣传。

进一步落实执法责任制，规范执法行为，实行政务公开，北京市卫生系统在东城召开执法监督现场会，介绍东城经验。加大执法力度，重点打击制售假药、无照行医等严重危害人民健康的违法行为。查处药品违法案件14起，执行食品卫生案件行政处罚121件，组织取缔无照行医行动5次，清理整顿桑拿按摩浴池、美容美发厅516户，其中与公安、工商联合清理整顿189个。

加强医疗机构和医师注册管理工作。组织全区530家医疗机构8 112名医师进行《中华人民共和国执业医师法》培训考试，及格率达99.5%。10月，执业医师和助理执业医师的考试按照全市统一部署，667人参加了实践技能考试，11月20、21日综合笔试工作全面铺开，653人参加了考试。

完成区域内医疗事故鉴定13起，其中鉴定为三级甲等医疗技术事故1起（发生于1997年）、三级乙等医疗技术事故1起（发生于1998年）。处理医疗纠纷17起。

**基本建设**　和平里医院医技病房楼于5月20日

竣工并通过验收；9月16日，和平里医院病房楼举行落成典礼，投入使用。7月15日，总面积为5 300平米的东城防疫站的改扩建工程破土动工，总投资1 600万元。至年底已完成地下一层，部分地上一层已经封顶，预计2000年8月竣工。和平里医院宿舍楼于1998年底开工，工程进展顺利，1999年底竣工。

**精神文明建设** 圆满完成建国50周年庆典和庆祝澳门回归、喜迎新千年的各项任务。在这些活动中，卫生系统参与、承担了群众游行、晚会集体舞、中心舞台国标舞表演、游园及医疗救护、卫生防病等任务。

卫生系统有128个家庭、12对新婚夫妇、15位老干部参加了现代化小区方队的群众游行队伍。500名晚会集体舞队员和40名中心舞台国标舞演员参加了天安门广场节日之夜的晚会演出。节日游园的任务分搭建舞台和组织固定观众两部分。在时间紧、要求高、人员少的情况下，后勤工作人员克服困难，在中山公园兰亭八柱搭建了一个美观、大方、具有现代感的舞台，由于台型美观，演出结束后仍被保留使用。卫生系统共组织了1 200人次的固定观众和160名标兵参加了中山公园兰亭八柱的庆祝活动，并有20人参加了音乐堂的庆祝活动。他们在活动中始终保持饱满的精神状态，受到游园指挥部的表扬，被演出团体誉为“最好的、层次最高的文明观众”。

医疗救护工作由第六医院、和平里医院、隆福医院、鼓楼中医医院、北新桥医院、朝阳门医院、东外医院、急救站8家单位组成的10支医疗救护队共同承担，在游园、游行活动中，总计出动医疗救护队35队次，医务人员214人次，治疗341人次。为防止发生食物中毒等重大事件，成立了卫生防疫应急小分队。全体公共卫生监督员放弃休息日，加强食品卫生监督检查和17家宾馆、饭店高层建筑二次供水的监督监测，同时在中山公园、劳动人民文化宫两个公园建立了疫情报告网络，规范了疫情管理报告制度，对203名直接为国庆庆典活动服务的餐饮人员进行传染病和食品卫生知识培训，全员接种了甲肝疫苗。为确保各项活动的顺利进行，出色地完成了卫生系统参加庆典活动的2 020人的政审工作和大量的安检工作，节日期间各分指和各单位均无安全方面的问题发生，确保了卫生系统的节日安全。

在国庆活动中，卫生局获得中华人民共和国成立50周年庆祝活动突出贡献奖，有6人获得市国庆指挥部的嘉奖，1人荣立三等功。中心舞台国标舞表演获得首都国庆联欢晚会指挥部颁发的“庆祝中华人民共和国成立50周年大型文艺表演五好表演单位”奖励。卫生防病和医疗救护得到市卫生局表彰。

完成了创建卫生城迎检工作。卫生系统承担了食品卫生、公共场所和生活饮用水卫生、传染病防治及健康教育四大项工作，涉及单位万余户，同时还承担着爱卫会分指的单位除“四害”工作和居民区的社区卫生服务工作。

为保证迎检工作的顺利进行，按照区迎检领导小组的要求，卫生局成立了卫生局迎检分指领导小组和迎检办公室及四项工作专业监督检查指导组，确定了迎检工作方案和工作责任任务分解，制订详细的工作计划和时间进度安排，并逐级签订责任书，使工作落实到部门和具体人。同时，加强了对中、小餐馆卫生的监督监测，加大了执法力度。局机关的人员也充实到第一线，下到各街道办事处，连续作战两个多月，督导、检查整改工作。各医院、卫生防疫站全力以赴，积极落实迎检指标，据不完全统计，迎检工作中，卫生局及驻区中央、市级医院总共投入114.75万元，其中各级医院用于环境建设和除“四害”就投入了53.6万元。

在全国检查中，东城区共抽到了公共场所和除“四害”两大项，卫生分指的工作高质量地接受全国检查团的检查，取得了满分的好成绩。区卫生局获得全国精神文明建设工作先进城区突出贡献奖。

（罗 颖）

# 西 城 区

**概况** 登记注册医疗机构618所，其中区属医疗卫生机构10所，社会医疗机构56所，驻区中央、市属事业单位对内服务的医疗机构及卫生站551所，区卫生局管辖医院评出二级甲等医院5所，二级合格医院1所，一级甲等医院3所，一级合格医院1所。药品经营企业98家，监督检查率99%以上；区属卫生人员总数3 278人，其中医生总数1 496人，护理人员1 199人，总床位1 923张，每千人口平均拥有医生1.88人，卫技人员4.12人，床位2.42张。

生命统计。平均人口789 428人，其中男性

395 713人，女性393 715人；全年出生3 270人，其中男性1 691人，女性1 927人；出生率 4.14‰；婴儿死亡率 6.42‰，总死亡率 5.21‰，自然增长率 -1.07‰；非正常死亡 136 人，死亡率 0.17‰；因病死亡3 979人，死亡率 5.04‰。死因顺位前十位为：恶性肿瘤，脑血管病，心脏病，呼吸系统疾病，内分泌营养代谢及免疫疾病，损伤和中毒，消化系病，泌尿生殖系统疾病，神经系统疾病，传染病。全区平均期望寿命为 78.18 岁，其中男 76.63 岁，女 79.72 岁。

**计划财务** 全年卫生事业财政拨款2 862.66万元，业务收入41 623.9万元，增长率 2.9%，药品收入与医疗收入的比例为 1.42：1；总支出44 267万元，其中药品支出占总支出的 50.7%，与 1998 年持平；共有储备资金7 543万元；固定资产共计6 882.6万元，完成了医疗机构会计制度改革的培训及接轨有关工作，继续实施北京市卫生系统医药费“总量控制，结构调整”改革，各项总控指标均未突破规定范围。

**公共卫生与疾病防治** 传染病监督控制。重点传染病得到有效控制，未发生区域性暴发流行。甲乙类传染病发病率266.98/10 万，同比下降 20.39%；共诊治肠道门诊病人22 657人，监督检查覆盖率达 400%；进行“02”监测2 088件，其中阳性 5 件；进行艾滋病监测 338 人；对流行性出血热易感人群实施了疫苗接种，进行监测捕鼠 76 只，其中抗原阳性样品 1 件，抗体阳性样品 3 件；对联合诊所、个体开业医监督检查覆盖率分别达 200% 和 100%，对生产一次性卫生用品、消毒药械等生产企业监督覆盖率 200%，对经销单位监督 60 户；全年对外来人口卫生知识宣教 66 304人，发放宣传材料15 000份。

计划免疫。“四苗”全程接种率 99% 以上，16 年来未发生野毒株引起的脊灰病例，计免相关传染病严格控制在发病指标之内，建卡、建证率达 100%；12 月 3 日，李岚清副总理亲临本区洁如保育院参加了强化免疫活动。

食品卫生。进行各类食品经营单位监督41 752户次，监督覆盖率 100%，审批卫生许可证3 887件，进行食品抽检3 767件，合格率 81.76%，对建筑工地食堂进行监督检查 592 户次，对集贸市场监督检查5 385户次，进行卫生宣传72 306人次。进行卫生行政处罚 129 起，罚款13 100元，取缔 140 户次。发生食物中毒 2 起，无死亡。培训食品从业人员43 186人，体检 47 400人。在迎接全国第四次城市卫生大检查和国庆 50 周年工作中，卫生局重点组织了对全区 100 平米以下的1 069户小型餐饮业进行全面整治，在有关部门配合下，联合取缔无证无照经营的餐饮单位 83 户，使全区中小型餐馆卫生状况取得了根本性转变。

公共卫生。进行公共场所卫生监督2 553次，监督频次 200%，经常性监测合格率 99.8%，生活饮用水卫生监督覆盖率 100%，水质监测合格率 100%。公共场所从业人员卫生知识培训6 937人，健康体检 7 698人；在相关部门的配合下，加强了对美容美发行业卫生整治，依法取缔无证经营 140 户。对辖区放射工作单位监督覆盖率 100%，对有毒有害作业单位卫生监督覆盖率 100%。

健康教育。开展宣传、咨询156 000人次，发放宣传资料 39 种292 000余份；积极开展医院、学校、工厂行业健康教育活动，发放宣传资料数十万份；与教育局共同在全区开展健康促进学校创建活动，3 所中小学校获金奖，19 所中小学校已通过银奖验收，23 所中小学校完成创建铜奖工作。

慢病防治。继续完善慢病防治体系，组织大型宣传咨询活动 300 场次，宣传咨询137 363人次，在 458 个居委会设立了血压测量站，共测量血压130 068人次，新发血压异常5 332人，占总测量人数的 4.66%；积极做好中小学生营养午餐的推广，完成中小学校有关人员及家长营养知识培训和营养量计算的强化培训。

**科研工作** 科研立项 41 项，其中市级立项 3 项，区级立项 12 项，局级立项 6 项，单位立项 20 项。公布获奖 19 项，其中荣获北京市科技进步三等奖 4 项；北京市卫生局科技成果一等奖 1 项，二等奖 3 项；北京市中医管理局科技成果一等奖 1 项；西城区科技进步一等奖 1 项，二等奖 5 项，三等奖 4 项。出版著作 37 部，参编教材 3 部，编写内部教材 21 部；撰写论文1 470篇，发表 425 篇，其中国家级刊物发表 146 篇，各种学术会议交流 88 篇；组织学术年会 24 场次 1 271人次，征集论文1 493篇，交流 200 篇。建设科普教育园地 4 个，设科普展厅 3 个，组织 358 人的科普管理队伍、37 人的专业工作者队伍和 300 余人的志愿者队伍，进行科普讲座1 260场次，街头宣传 69 次，参加 108 名，接受宣传咨询 11 万人次。举办计算机知识培训 6 期，287 人参加了培训，取得国家教委合格证书 160 人，26 人参加了国家计算机一级考试。

**医学教育与人才培养** 投入教育经费 103.6 万元，区政府科技三项经费、跨世纪人才课题资助共计 45 万元；继续实施西城区卫生系统“248 人才培养工程”，推选区跨世纪人才培养对象 14 人，14 人中公布区级以上科技进步奖 14 项；完成医学科研硕士生带教 7 人，本科临床教学带教 122 人次，中专带教 29 人次，进修 118 人次，留学生带教 130 人次。卫生技术人员岗位培训 243 人，全科医学专门知识培训 52 人，7 人被选入市全科医学骨干培训班，6 名年轻医生被北京市全科医学中心录取。

**社区卫生服务** 基本形成了政府领导、卫生系统实施、部门配合、全社会共同参与的新型卫生服务体系，贴近群众、贴近居民的社区卫生服务网络。32所社区卫生站通过了市级达标验收。全区社区卫生服务站完成门诊78 475人次，开展治疗57 435人次，院前急救47人次，建立家庭病床415张，进行家庭护理26 581人次，为无工作、无收入、无医疗保障的70岁以上老人免费体检2 364人，35岁以上妇女进行防癌普查245人，为精神病患者免费提供基本治疗药物103名。进行健康教育3 202次189 037人次，下发宣传材料90 447份，建立高血压病人档案5 000份，在全区450个居委会建立了血压测量站，发放社区卫生服务调查1 000份。与体委合作开展了社区居民体能测试工作，共培训体能测试员56名。

**妇幼保健** 进行妇女病防治15 640人，治疗3 622人，对区内10个单位女职工接触有毒有害物质调查以及22个单位妇女病普查状况调查；进行计划生育手术3 572例，手术并发症发生率为1.6/万，开展生殖保健宣传咨询143次，咨询宣教60 717人次；进行婚检12 327人，疾病检出率为6.43%，举办孕妇学校338期，6 153人参加；新婚学校239期，11 914人参加；家长学校80期，300人次参加；继续落实新生儿代访信管理，管理率达100%；启动了3—6岁儿童体能测试工作，进行儿童体检12 555人，完成15所二级二类托幼机构复验工作，目前孕产妇死亡率44.64/10万，围产儿死亡率7.11‰，新生儿死亡率4.02‰，婴儿死亡率6.70‰，5岁以下儿童死亡率7.95‰，低出生体重发生率3.08%，0—4个月母乳喂养率77.46%，新生儿访视率91.38%。近二年承担了卫生部和市卫生局两项妇幼卫生社区项目，完成了1998年出生婴儿母亲分娩情况、婴儿生长情况及更年期妇女调查，并建立起社区妇幼保健全程服务档案，为1999年4月1日确诊妊娠的孩子进行人生全程健康服务的项目已经启动。为落实区计生委计划生育优质服务工作，在通过市级验收的13所社区卫生服务站全部增加了生殖保健的服务项目并进行挂牌，与区计生委联合共同对相关人员进行了全员计划生育知识和妇女保健知识培训。

**医疗工作** 区属医疗机构全年门诊1 567 561人次，急诊77 557人次，收住院16 572人次，病床使用率75.94%，治愈率47.22%，病床周转次数9.34次/年，死亡率5.15%，住院病人7日确诊率97.61%，抢救成功率79.72%，无菌手术感染率0.097%；完成征兵体检786人，复验合格100%。进一步完善医疗事故鉴定工作，完成了区第三届医疗事故鉴定委员会的工作总结，经区政府批准成立了区第四届医疗事故鉴定委员会，共完成医疗事故鉴定27起，鉴定结果定为医疗事故3起，占11.1%。

医疗机构执业管理。全区共有执业医师5 974人，其中中央、市属医院2 778人，区属医院1 516人，编外医疗机构1 670人。《中华人民共和国执业医师法》颁布实施后，卫生局协调组织了区内医疗机构对新颁法律的宣传、学习及培训、考试，为解决辖区医疗机构地点分散、集中培训有困难的现状，共举办执业医师法培训班16期，组织考试2 500人，组织实践技能考试525人，受理医师资格考试560人，完成全国首次执业医师考试西城考区的考务工作。依国务院《医疗机构管理条例》，受理医疗机构变更41所，补登记24所，注销28个，受理医疗广告初审28个，办理就近医疗1 653人次，办理照顾医疗（离休）10 050人次。强化对医疗机构的行业管理，出动行医监察员47人次，查处非法行医16处，罚没款2 000元，没收非法行医器材、药品价值折合5万元。在区红十字会的配合下，重点对红十字卫生站进行了整顿。

**药政管理** 继续贯彻实施《药品管理法》，完成了对辖区制剂工作的年检，进行外埠药品验证1 764件，合格率98.9%，进行药品监督执法9次，立案查处违法案件16起，没收违法所得金额2 798.07元，罚款6 419.94元，没收药品折合122 643.3元。制定了卫生系统禁毒工作目标管理岗位责任制，对区内25所医院的毒麻药品、精神药品和医用毒性药品进行了检查，办理晚期癌症麻卡640人次。

**精神文明建设** 厂桥医院连续5年获首都文明标兵殊荣，4个单位荣获首都文明单位称号，10个单位荣获区级文明单位称号。各医疗单位切实将提高医疗质量和服务水平做为医疗机构内涵建设的重点，开展了院内感染的调研并组织监督检查及业务培训，荣获北京市医院感染管理先进单位称号，在全国院感工作会议上进行了交流。在开展整体护理试点的基础上，各医院进一步推行了整体护理病房和社区护理，组织了以病人为中心的整体护理模式病房的观摩、交流，厂桥医院在病房开展了一对一女儿式服务，医护人员共同为住院病人制定详细的医疗护理计划，深受老年病人欢迎。

积极开展各项社会公益活动，在全系统招募350余名青年、团员组成志愿者服务队15支，走访慰问辖区敬老院老人24人次，深入社区内孤、寡、困、残、病及优抚对象老人家中40余户次，为老人们送医送药上门，提供了各项服务10余项；母亲节之际，卫生系统干部职工捐助幸福工程，救助贫困母亲共计捐款12 126元，厂桥医院职工向希望工程捐款3万余元，近5年共捐款近10万元，救助失学儿童238名。在区残联的协调组织下，卫生局出资1万元资助4名白内障失明患者施行复明手术（7只患眼）。红十字会继续开展“万元善款寄真情红十字温暖百家心”系列活动，走访慰问孤、老、病、残237户，提供救助资金86 630元。2月1日，月坛地区国务院宿舍发生严重火灾，87户家庭不同程度受损，红十字会立即从备灾基金中支取5万元，用以解决灾民燃眉之急。在助残日活动中，15名医务工作者为300余名群众提供了眼科咨询，发放宣传材料5 000余份。

卫生系统共计接收对口支援单位门头沟山区医务人员进修13人，支援医疗器材、仪器设备和其他物资价值15万元，46名医学专家赴门头沟山区义诊420人次，在人民医院、二龙路医院的支持扶植下，门头沟区医院、潭拓寺医院开展了放免、血透、肛肠病诊治新业务，深受广大患者的欢迎。在区政府协调组织下，本局对口支援内蒙呼林县设备仪器折合6万元、人民币2万元于6月30日运往该县；丰盛医院支持张北县对口单位医疗仪器设备折合47 000余元。

认真把握双拥工作为改革和经济建设服务的大方向，继续保持对转业干部、随军家属、退伍战士的接收安置工作，实现三个100%和“军嫂无下岗”。共计接收军队转业干部5人，安置随军家属6人，安置复退军人1人。在8月1日中国人民解放军建军72周年期间，共计组织国防教育11次，1 012人次参加；组织军政军民座谈会、联谊会9场次，146人次参加；投入慰问品折合人民币21 700元。

献血工作。完成了年度献血指标，获“北京市无偿献血达标区”称号；继续深入学习、宣传、贯彻《中华人民共和国献血法》以及《北京市组织献血工作条例》，强化政府职能，把献血工作纳入精神文明建设和工作目标考核之中，制定下发了“西城区采供血管理办法”，加大法律法规宣传力度，进一步规范采供血工作，组织辖区200余个单位20 000人开展无偿献血知识竞赛；进行大规模宣传咨询活动4次，共印制宣传材料50 000份，制作横幅40条；积极提倡和鼓励医务人员继续为无偿献血、树立社会新风尚做表率，在冬季医疗用血高峰期组织了卫生系统无偿献血。　（陈素英）

# 崇　文　区

**概况**　下设街道办事处7个，居（家）委会253个，常住人口41.7万人。卫生机构339个，其中区属卫生机构17个（全民单位13个，集体单位4个）。共有卫生技术人员5 432人（区属1 995人），其中西医2 011人，中医308人，中西医结合医师5人，护理人员1 718人。实有病床2 021张（含市属医院880张），每千人口拥有病床4.85张，卫技人员13.02人，医生5.57人。

生命统计。出生1 391人，出生率3.32‰；死亡2 510人，死亡率5.99‰，自然增长率－2.67‰。期望寿命75.91岁，男74.51岁，女77.32岁。死因顺位前十位依次为：脑血管病，恶性肿瘤，心脏病，呼吸系病，内分泌、营养代谢及免疫系病，损伤和中毒，消化系病，泌尿生殖系病，神经系病，传染病。

**卫生改革**　年内开始实行全员聘用合同制和人事代理制度。区卫生局作为本区人事制度改革的试点，经区政府批准成立的“区人才交流服务卫生分中心”12月份启动。卫生分中心与局属15个事业单位签订协议，建立人事代理关系，已接收并管理代理在职职工2 600余人的人事档案和人事关系；开展系统内人才交流；提供人事改革法规咨询和各项业务服务。为实行全员聘用合同制打下了基础。

调整医疗服务结构，提高资源利用效率。根据本区医疗机构设置规划原则和基层医院功能定位，对地理位置相邻、功能相近体制相同的正大医院与前门医院作出了合并的决定，并于5月份正式合并。

在卫生监督执法体制改革中进一步强化监督执法工作。本区先行一步组建了崇文区卫生局监督所。承担面向社会的综合执法任务。依据有关法律法规的规定，本着机构设置与职能统一的原则，初步确定了区卫生监督所与区疾病控制与预防中心（防疫站）工作职责的分工原则，将卫生监督执法职能与预防保健服务分开，使卫生监督与监测分离。同时补充和调整了公共卫生监督执法人员。首批从局机关、防疫站和基层抽调44人进行了卫生法律法规和专业知识的岗前培训。

**公共卫生与疾病防治**　预防接种。计划免疫四苗全程抽查合格率100%。单苗接种分别为：（正式户口）卡介苗100%，麻疹疫苗98.70%，乙脑疫苗100%，流脑多糖菌苗100%，白喉类毒素96.26%，百白破混合制剂100%。（临时户口）四苗接种均为100%。

传染病管理。甲乙类传染病发病数1 541例，总发病率为369.62/10万，较上年下降7.60%，死亡2例；其中痢疾921例，肝炎153例，发病率分别为220.91/10万和36.70/10万，较上年分别下降了16.19%和6.83%，各死亡1例。性病发病处于上升势头，淋病与梅毒分别为210例和52例，淋病较上年上升5.09%，梅毒上升94.54%。肺结核83例，较上年下降35.44%。新生儿乙肝疫苗接种率99.06%，婴儿乙肝疫苗全程接种完成率99.40%。产妇HBSAGB阳性率为1.59%，HBEAG阳性率30%。开放肠道门诊11个，初急诊9 120人次，其中外地患者1 192人，镜检悬滴率99.86%，外地患者便培养率99.92%。设立11个外环境和58个食品的"02"监测点，分别监测194次和1 080次。疫情提前，自2月开始对水产品和外环境进行监测。紧紧抓住"急性肠道感染"综合防病措施的每一个环节，对12起水产品污染疫情和"急性肠道感染"病人进行调查处理。加强对红桥、天民市场水产品卫生管理和对疫点监督监测，由于措施得力，未发生肠道感染暴发疫情。

结核病防治。新登记结核病人127例，菌阳68例，涂阳35例；其中外地户口62例，菌阳33例，涂阳17例。结核病门诊5 048人次，卡介苗门诊7 891人次。中小学生结核感染监测完成PPD 2 205人次，强阳101人次，预防服药49人次。年内接到疫情卡片437张，其中本区216张，外省市78张，访视347张。确诊结核病人156例。

精神病防治。精神病患者1 521人，患病率4.03‰；其中精神分裂症患者1 346人。年度社区已管理病人1 399人，管理率92.0%。管理病人中慢性期813人，波动期56人。系统治疗876例，占管理病人的62.6%；未治疗病人316例，占22.6%。1 399例病人全部得到监护网的服务，服务3 688人次，随访2 798人次，稳定率82.0%。家访宣传4 696人次，出诊宣传45人次，印发宣传材料562份。门急诊4 160人次，病床73张，出院病人98人次。

脊髓灰质炎强化免疫。第一轮应种儿童2 633人，接种率100%，零剂次儿童248人，接种率100%，其中外省籍儿童2 551人，占总数的96.88%；第二轮应接种2 748人，接种率99.7%，零剂次儿童367人，接种率100%，外省籍儿童1 780人，占应接种人数的64.77%。

食品卫生。从业人员体检率100%，体检21 038人，"五病"患病407人，患病率1.9%；其中肝炎患者402人，占患病总数的98.77%。对各行业3 928户的食品卫生进行监督14 054户次，合格率96.89%。对食品加工销售业监测3 930件，合格3 441件，合格率87.55%；其中加工业529件，合格率98.86%，销售业3 401件，合格率85.79%。食品分类合格率：肉及肉制品78.91%，消毒鲜乳100%，冷食58.3%，豆制品73.35%，保健食品92.3%，调味品90.78%，水产品98.1%，糕点91.2%。食用具消毒监测973件，合格率为83.1%。处罚361起违法案件，罚款金额23.5万元。食物中毒3起，中毒14人。

劳动卫生。30个企业接触有毒有害物质，当年核档数30个，职工11 561人，生产工人7 354人，有毒有害作业点163个，接触人数1 581人。医用X线监测18个单位，监测36台（人）数，初测达标24台（人），持许可证率100%。

公共卫生。年末公共场所885个，职工9 010人，服务员8 156人。从业人员体检6 405人，完成率100%，未检出患病人员。应培训5 257人，完成100%。卫生监督1 138户次，达标率97.20%。新审批公共场所139户，新发卫生许可证117户；复验29户，换发证130户。经常性监测2 317件，合格率95.04%；复核监测4 177件，合格率97.29%；新审批监测652件，合格率97.39%。地下水质检测，枯水期合格率90.48%，丰水期合格率85.71%。高层建筑生活饮用水卫生监督和发证情况：应申报9个单位，已全部申报、监督监测发证。应申请复验67个单位，已申请复验67个单位。监测67次。

消毒灭菌。对各级医院消毒工作进行监督，应监督47个单位，监督覆盖率100%。监督107次，合格率100%。消毒工作检测1 522件，合格率79.4%；其中物体表面涂抹87.7%，灭菌器96.3%，手92.4%，消毒药91.1%，空气28.8%，紫外线灯75.0%。托幼园所消毒建档36个单位，检测602件，合格514件，合格率85.4%。特殊行业鼠密度监测阳性率2.21%，处理消毒疫源地38起。鼠密度年平均0.39%。蚊指数年平均2.6，蝇19.9。

学校卫生。完成对37所学校的经常性卫生监督。按17项指标进行综合评价，全部为基本合格。对9个监测点的小学、中学、中专各三所学校的9 211名学生进行了健康监测的体检9 056人，身高上等者1 639人，下等者352人；体重上等者2 233人，下等者403人；肥胖1 450人；营养不良1 913人；视力不良者4 143人；患龋齿2 567人，已补龋牙3 272个；沙眼475人，矫治100%；贫血阳性558人；蛔虫检验阳性1人，予以投药。

慢性病防治。参加市卫生局开展的八个城区居民高血压测量工程，在街道办事处的配合下全面启动高血压干预活动，辖区内253个居委会均建立了血压测量站，年内测血压62 888人次，血压异常18 267人次，新发现异常3 235人。

**爱国卫生** 继续做好迎接第四次全国城市卫生检查，拆除违法建设，创造优美环境，共拆除居民区占路市场、中小学周边环境及铁路沿线各类违法建设101 717平方米，修整道路54 566平方米。做好全区主要大街、支干路的卫生保洁工作，加强环卫基础设施建设，共投入资金5 763万元，用于购置更换果皮箱、集装桶，维护垃圾楼，翻改建粪管线15座，购置密闭垃圾容器5 000个。下大力量完成了710台茶炉，1 256台大灶，54台浴炉改用清洁燃料的改造任务。区城管大队严格执法，查处无照经营6 346起，取缔露天烧烤、查处道路遗洒等432起，处罚违反“门前三包”责任制单位153个，拆除户外广告135个，清刷残标小广告8 000余张，共罚没款25.05万元。坚持“周末卫生日”、“城市清洁日”等卫生制度，年内开展10次“城市清洁日”，全区共出动40.2万人次，清理绿地162 000平方米，清理街巷2 743条，清运垃圾渣土2 111余吨；修复重点道路隔离带护栏210块，修补道路2 500平方米，铺装25 000平方米。全民动员控制四害，全年开展了3次统一灭鼠、灭蝇和7次统一灭蟑活动，全区共使用灭蟑药2.1吨，烟雾杀虫剂10 232枚，灭鼠药7.5吨，DDV 9.5吨。落实《全国城市卫生检查评比标准》，完善了爱国卫生管理资料，坚持卫生检查评比制度，经过自下而上的评选和深入实际的考核指导，本区已有39 989户居民和2 054个门楼门院被授予“卫生之家”、“卫生楼门院”。

巩固禁烟成果，保证法规发挥实效。结合迎检将禁烟检查贯穿到各项卫生综合检查中，年内统计共监督检查5 878个单位的公共场所，合格5 811个，合格率98%。1 346人及北京南站因违反禁烟《规定》受到罚款处理。5月，在禁烟规定颁布3周年之际，掀起禁烟宣传高潮，共发放宣传品28 000份，禁烟《规定》4 000份。5月13日，区爱卫会邀请区人大代表、政协委员对全区公、检、法系统18个单位落实公共场所禁烟《规定》情况进行了视察。

**妇幼保健** 妇女病普查12 559人。“四病”患病3 126人，患病率26.32%；其中宫颈糜烂1 307例，治疗率96.04%。

围产期管理。本区产妇1 316人，活产数1 317人，建卡1 310人。产前检查1 309人，早检1 190人，早检率90.9%，产后访视率98.3%；住院分娩100%。系统管理1 161人。管理率88.2%，高危产妇183人，住院分娩100%。孕产妇无死亡。出生小于2 500克婴儿37人，死胎死产7人，7天内死亡婴儿5人。围产儿死亡率9.66‰。继续完成全国出生缺陷监测工作的同时，做好北京市关于出生缺陷的监测工作，全年共监测围产儿2 064例，其中出生缺陷22例，发生率10.66‰；本市户口1 229例，缺陷儿13例，发生率10.58‰。缺陷儿疾病分类顺位：骨骼肢体畸形、唇裂与腭裂、先天性心脏病。三所分娩医院调查本市产妇并填写干预实施记录表1 221人，检查率91.81%。

医院产科分娩2 067例，剖腹产969例，占分娩总数的46.8%，产钳术50例，占2.4%，臀产5例。妊高征发生132例，发生率5.9%，其中先兆子痫30例，产后出血47例，贫血65例，心脏病8例。孕产妇死亡1例。围产儿死亡率9.06‰，并发症152例，出生小于2 500克低体重儿47例。注重出生医学证明的管理，依法对出生医学证明及存根的质量进行了质控检查，三所分娩医院填写完整，无错漏项。

医院妇科病人情况：妇科出院病人1 617例，其中生殖器肿瘤病人621例。肿瘤病人中恶性肿瘤82例，子宫内膜异位症、腺肌症123例。

儿童保健。系统管理0—7岁以下儿童13 428人。其中散居儿童6 202人，集体儿童7 226人。定期体检率100%，体检合格率99.2%，对3岁以下儿童4 333人进行佝偻病检查，无患病。体检贫血333人，其中中度26人，3岁以上贫血103人，中度2人。婴儿死亡率4.6‰，新生儿死亡率4.6‰，5岁以下儿童死亡率6.07‰。新生儿管理当年活产1 317人，访视600人，访视率45.0%；回收代访信655件，代管儿215人，高危儿管理92人，管理合格率100%。满月访视796人，增重大于600克776人；满月内母乳喂养515人，母乳喂养率39.1%，混合喂养233人。0—4个月内母乳喂养率82.1%。新生儿听力筛查796人，可疑人数8人。新生儿发病73例，其中先天畸性7例。管理托幼园所38所，传染病发病园所16个，发病107例，其中水痘61例，流行性腮腺炎29例，细菌性痢疾6例，无暴发传染病。

婚前检查。婚检5 540人，检出患病362人，患病率6.5%；其中发现性病9例，对影响婚育的10人给予指导，不宜生育2人，暂缓结婚8人，举办新婚学校300期，接受宣教人数5 528人，宣教率97.17%。

计划生育。施行各项节育手术13 383例，其中人流术7 332例，置宫内节育器1 235例，取节育器1 337例；女性绝育41例，中期引产181例，晚期引产15例。无手术差错。开展药物流产3 342例，其中失败86例，不全流产289例；药物流产随访率54.85%。节育手术并发症1例，发生率0.75/万。参加了计划生育技术所举办的岗位培训班，推广紧急避孕和避孕咨询热线服务专项工作。

**医疗工作** 区属医疗单位门急诊诊疗922 836人次，其中急诊89 672人次，日均门急诊3 538人次。急诊抢救危重病人149人次，抢救成功率89.26%。期末实有病床850张，平均开放病床850张，使用率73.5%，周转次数8.65次/年，病床平均工作日268.3天。入院7 263人次，出院7 355人次，治愈率40.7%，好转率50.5%，病死率5.89%，出院者平均住院天数29.1天。出入院诊断符合率99.09%，住院病人7日确诊率93.14%，临床与病理诊断符合率99.45%，病房危重病人抢救成功率68.4%，院内感染发生率3.68%。手术2 155例，手术前后诊断符合率99.91%，无菌手术1 007例，感染率0.40%。陪护率6.79%。无医疗事故和严重差错发生。

崇文区急救站纳入本市"120"急救网，全年急救站出车3 358人次，抢救病人974人次。

护理工作。特级护理合格率99.08%，一级护理合格率94.23%，考核护理技术操作合格率98.62%，护理文件书写合格率95.79%，急救用品完好率99.88%，消毒隔离合格率99.75%，基础护理合格率94.45%，护理差错发生率0.0012%，陪住率8.17%，褥疮发生率、输液反应率、输血反应率均为0。辖区52名护士参加了1999年度注册考试，及格47人。办理护士首次注册47人。外地调入办理变更注册1人。

实施《中华人民共和国执业医师法》，依法做好辖区内执业医师资格认定及医师执业注册工作。5—9月共举办医师法培训班10期，培训2 029人，医师资格报考174人。

执法情况。查抄非法窝点17处，取缔非法行医19人，没收药品18箱，罚款1 056元，审批医疗广告9家17份。

**社区卫生服务** 全区社区卫生服务覆盖166个居委会，占全区居委会的66.4%，建站12个，成立了天坛、前门两个社区卫生中心，11个站列入全市公费医疗、大病统筹报销定点站。社区门诊诊疗39 504人次，出诊12 853人次，建立健康档案及医疗保健合同437份。按照《北京市社区服务站行业规范服务标准》开展了社区卫生服务达标活动，9个站参加验收，具备规范化服务达标的条件，获得通过。

**药政管理** 贯彻落实国家颁发的《进口药品管理办法》、《药品流通监督管理办法》，规范药品经营和采购行为，进一步强化了药品流通过程的依法经营和监督管理，举办了辖区内经营企业法规学习培训班，150人参加。完成药品经营企业和医院制剂室年检工作，加大了现场抽查，抽查覆盖率46%。全区药品经营企业58个，从业人员1 152人，其中医学技术人员401人，占34.7%。经营场所面积28 986平方米，其中批发企业平均每个达920平方米，零售企业每个平均150平方米。加强外埠药品验证工作，防止假劣药品进入本区，原则上只允许药品的生产单位直接购进药品。年内向国家药品监督管理局函询3次，查出2个批件有涂改伪造现象，其中查出伪造涂改进口药品注册证和进口药品检验报告书各一份，查封"真龙正红花油"1 440瓶；对4个外埠直接采购的不符合有关规定的药品作出不允许购销使用的决定。

监督检查药品经营企业38个（次）、医疗单位31个（次），查出违规行为6件，下达"责令改正通知书"2件，依法立案查处4件，移交上级和有关省卫生厅协查2件，结案2件。没收违法所得2 600元，没收销毁劣药折价11 709元。完成外埠药品验证1 458件，未同意购销4件。新增万元以上设备48台，831.7万元。

**医学教育** 参加进修学习及市区认可项目的学习计13 428人次，参加学历学习的在职人员178人，其中研究生7人，本科生34人，专科生130人。职工继续教育年检合格率91.2%，较上年上升7.64%。

根据社区卫生发展的需要，推荐6人作为全科医师学科带头人培养对象参加市级学习，45人参加区卫生局第二期全科医师培训班，21名学科带头人的培养除1人调出外，按计划完成了培养任务。区卫生学校调整办学思路，作为系统内卫生干部培训基地，逐步实现向职工继续教育过渡。崇文区中医医院在"北京市中医药高等院校教学基地评审"工作中，被评为合格单位。

**科研工作** 立项22项，完成14项；其中中青年科研基金12项，区重点项目2项；申报科研成果4项。开展新业务、新技术50项。发表各级论文117篇，其中国家级刊物29篇。

**红十字会** 加强组织建设，发展红十字会员。全区会员26 900人，较1998年增加0.99%。开展"自救互救"、"备灾救灾"工程，以政府行为成立了机动车驾驶员卫生救护培训领导小组，完成驾驶员救护技能培训14 000人。各医院团体会员单位全方位掌握心肺复苏和创伤包扎技能。以"救助资金"方式搞好"备灾救灾"工作，为多年不遇的地下水崩漏事件中受灾的60多户居民救助2.5万元。

广泛深入开展红十字志愿者社会服务活动，全区持市红会志愿工作者证书76人，全年会员参加各种志愿服务达8 400人，举办大型社会服务活动4次。为孤老送温暖、对精神病人进行走访慰问、对下岗的特困户进行救助共计4.5万元。

献血工作。区47个献血主管部门与区政府签订了《献血工作目标管理责任书》。全区完成献血指标

4 804瓶，区属单位超额120瓶。首次组织了难度较大的个体工商户、外来务工暂住人员参加献血，计367瓶。

**计划财务**　固定资产总额13 810万元，比上年增加73万元，本年新增1 435万元。卫生事业拨款2 265万元（含中医事业费拨款），业务收入14 407万元，业务支出14 565万元，结余2 107万元。集体单位经费拨款125万元，业务收入5 851万元，业务支出5 468万元，结余540万元。加强财政资金的使用效益，规范采购行为，对部分医疗设备实行了政府招标采购。首次招标共涉及13项48台（件）医疗仪器设备，节约资金85.2万元，占计划资金的33%。

公费医疗。全区享受公费医疗单位190个，年平均25 745人，医药费支出4 535万元，其中区属单位186个，医药费支出3 938万元，年人均支出1 875.12元，比上年同期支出增长19.6%。年末区公费医疗办公室移交区社会劳动保障局管理。

**基本建设**　区第四医院5 105平方米综合楼工程年内已竣工并投入使用，工程总投资1 503万元；该院加建一层特诊区282.55平方米的项目正在进行中。完成局属单位燃煤锅炉改造任务，改造17台，投资35万元。（栾永苍）

# 宣　武　区

**概况**　总人口533 394人，有8个街道办事处，区内各级各类卫生事业机构383个，其中科研教学机构14个，三级医院4个，二级医院5个，一级医院9个，专科院所4个，卫生防疫站1个，急救站1个；其他医疗机构345个，其中门诊部11个，诊所、卫生所、医务室320个，街道红十字卫生站14个。

职工2 618人，卫生技术人员2 037人，比上年增加110人，其中医生1 016人，包括西医800人，中医211人，中西医结合5人；护理人员758人。全系统内获高、中级卫生技术职称的683人，比上年增加4人，占全系统卫生技术人员的33.53%，其中主任医（药、护、技）师12人，副主任医（药、护、技）师108人，主治（主管）医（药、护、技）师563人，分别占全系统卫生技术人员总数的0.59%，5.44%，27.60%。

全系统拥有病床8 501张，比上年增加22张，增加率2.66%，市属医院和其他部门所属医院开床30 441张。全区医院共有床位3 894张，比上年增加79张，增加率为2.07%。每千人口拥有病床7.21张，医生5.68人，护士4.93人。

生命统计。出生1 964人，其中男性974人，女性990人，出生率3.49‰，比上年下降2.24%；死亡3 509人，其中男性1 794人，女性1 715人，死亡率6.23‰，因病死亡率623.26/10万。人口自然增长率为－2.74‰。死亡顺位依次为：循环系统疾病，肿瘤，呼吸系统疾病，内分泌营养和代谢疾病，损伤与中毒，消化系统疾病。

**卫生改革**　为增强卫生机构的生机和活力，促进卫生事业的健康发展，把适应计划经济的人事管理体制调整到与社会主义市场经济相配套的人事管理体制上来，把传统的人事管理调整到人才资源的开发上来，在院长负责制的基础上，以全面推行专业技术职务聘任制为重点，进一步搞活用人机制。定员、定编、定岗，实现减员增效；行政管理干部实行聘任制，实行院长负责制，由院长对副职和中层干部实行聘任制，任期内定期考核，真正做到“能者上，平者让，庸者下”，逐步创造一个公平，平等，竞争，择优的用人环境；专业技术人员实行专业技术职务聘任制，克服当前职称管理中的终身制，建立行之有效的竞争机制；把落聘人员安排到其他技术岗位或工人岗位工作。严把“入口”，畅通“出口”，搞好人才资源的开发。

城镇职工基本医疗保险制度改革，随着“低水平，广覆盖”个人帐户和社会统筹相结合的医疗保险制度的推行，医疗机构之间的有序竞争愈加激烈，医、药、保、患四者相互制约的作用增强，医院要主动适应和配合医改，抓好医疗服务过程和各环节的规范化管理，不断规范医疗行为，提高临床诊治技术水平，防范医疗差错和事故的发生。

加强内部经济核算，调整医院收入结构，降低药品收入占医疗服务收入的比例，降低医疗成本。提高医疗质量和效率，继续实施医药费用“总量控制，结构调整”的改革措施，遏制医药费用的过快增长和浪费现象。1999年医药收入控制在19%以内，药品收入控制在14%以内。

**公共卫生与疾病防治**　预防接种。全区0—6岁现管儿童12 606人，建接种卡12 606人，建卡率100%，覆盖率100%。

传染病管理。发生甲乙类传染病13种2 650例，总发病率489.83/10万，其中甲类传染病发生15例，占甲乙类传染病发病总数的0.9%；痢疾1 649例，占甲乙类传染病发病总数的62.23%；肝炎261例，占甲乙类传染病发病总数的9.85%；未发生白喉、百日咳、脊髓灰质炎、狂犬病。

结核病防治管理。门诊病人6 509人次，新发病人232人，比上年增加50人。菌阳监化率95.1%，监化病人完成率100%，治愈率98.8%，查痰合格率为97%，未阴转率1.2%。为30所中学、52所小学做自然感染率调查，受检率97.6%，强阳性率分别为7.7%、1.7%。

新生儿卡介苗接种。全区新生儿活产数2 676人，卡介苗接种2 640人，接种率98.7%。新生儿出生时因各种原因未能接种卡介苗的实行补种，补种新生儿36人，补种率100%；卡介苗接种12周阳转率调查，PPD试验1 402人，阳转率99.5%，未阳转7人，全部补种。

精神卫生保健。全区共管理精神病人2 757人，建立家庭病床48张，门诊治疗6 543人次，住院257人次，病床使用率125.23%，波动期病人171人，全年未发生精神病肇事肇祸。

公共卫生。全区监督公共卫生场所、公共事业单位1 698户次，达标1 429户次，达标率84.2%，其中旅店501户次，达标466户次，达标率93%；理发912户次，达标726户次，达标率79.6%；浴池174户次，达标146户次，达标率83.9%；游泳池19户次，达标16户次，达标率84.2%。1999年公共场所申报154户次，发放卫生许可证154户次，从业人员健康体检1 009个单位9 521人，体检9 330人，体检率98%。公共场所卫生知识培训2 479人。

食品卫生。监督检查食品生产经营单位18 483户次，达标16 019户次，达标率86.67%，其中饮食行业4 960户次，达标4 081户次，达标率83.10%；食品摊贩7 822户次，达标7 305户次，达标率93.39%；集体食堂2 282户次，合格1 786户次，合格率78.26%；食品卫生监测，抽检22类食品5 271件，合格3 579件，合格率67.90%；全区聘任专职食品卫生监督员31人，食品从业人员应体检33 126人，实检33 126人，体检率100%，合格32 299人，体检合格率97.5%。检出患病827人，全部调离原岗位。食品从业人员培训1 972人次。发生食物中毒2起48人，无因食品中毒而死亡的事件发生。

加大对小型餐饮业的卫生执法监督与整顿治理，专门抽出24名专职卫生监督人员，对944家小型餐馆进行整顿治理。重新核发食品卫生许可证437户，转作其他行业28户，变更经营项目19户，停业39户。注销或吊销75户，拆迁53户。本区小型餐馆卫生状况有了校大的改进，从而提高了食品卫生的整体水平。

劳动卫生。全区接触有毒物质21个单位，接触有害作业1 424人。监测7个单位43件，合格42件，合格率97.7%，其中化学毒物监测4厂17件，合格17件，合格率100%；物理监测4厂26件，合格25件，合格率96.2%；应体检17个单位764人，实检764人，体检率100%，合格642人，合格率84%。

放射卫生。全区有医用X光机47台，放射人员73人，对20个单位医用X光机防护进行监督，年监督率100%。

**爱国卫生** 以创建文明卫生城市为目标，围绕庆祝建国50周年和澳门回归等中心工作，以迎接全国城市卫生检查为动力，全面有效地开展了环境治理、除四害、公共场所禁烟和健康教育工作。巩固行之有效的卫生制度，使爱国卫生工作逐步制度化规范化，全年开展了12次城市清洁日和多次卫生清理高潮日，共出动60.5万人次，清理街巷2 209条（次），清运垃圾渣土3万吨，为促进城市环境的改善发挥了重要作用。结合春季灭鼠、灭蟑工作，发动单位、居民集中统一投药，科学规范防治。对854个单位114个居（家）委会的室内外环境卫生，灭鼠、灭蟑、清理蚊蝇孳生地进行了检查指导，全年除四害使用灭鼠药6.2吨，灭蚊蝇药9.3吨，灭蟑药4.5吨，灭蟑烟雾剂22 532枚，消杀面积45.7平方米，消杀单位2 813个（次），各街道系统投资229.3万元，全区四害密度大幅度下降。强化培训，提高技能，共举办不同类型培训班125次，参加培训人数达9 540人次。

抓住迎检契机，争创卫生城市，成立以区长、区委副书记和两位副区长参加的迎检工作领导小组，召开全区党政一把手动员大会，区长与28个委、办、局、街道签订了责任书，使各部门分工明确，责任落实，全力以赴投入迎检，印发《致全区人民的一封信》5万份，印制2期《城市卫生检查》专刊和各类专项宣传品18万份，在虎坊桥建立健康教育科普画廊，悬挂宣传横幅562条，设宣传站120个（次）。组织对全区2 122个单位、215个居（家）委会进行综合性暗查8次。

创建精品街、精品单位，以点带面推动迎检工作，在1998年基础上再创8条精品街，2 000个精品单位。通过以一街创优，带动一片达标，逐步向纵深发展，提高社会单位和居民区卫生院上台阶。9月6—9日，全国城市卫生综合检查团随机检查了本区的城市建设、爱国卫生管理、群众热线六个方面十余个单位的情况，本区在第四次全国城市卫生综合检查中未扣分。

巩固禁烟成果，加强执法检查，扩大无烟范围。本区共有禁烟执法员 79 名，监督员 33 名，单位检查员2 026名，全年共检查各类法定禁烟单位3 450个(次)，对单位会议室、影剧院、大型商场等进行随机抽查，被查 175 个法定场所中合格率达 90%，对问题严重的单位下发“警告限期改正通知书”，全年共处罚 218 人（次），评出无烟单位 16 个，无烟学校 38 所，优秀检查员 15 人。

发展健康教育，提高自我保健意识，注重抓四个结合：健康教育与城市经济发展相结合，与群众文明素质相结合，与卫生防病相结合，与创建国家卫生城市相结合。开展了社区宣传，普及预防保健卫生知识，提高了广大居民群众健康意识和技能，在科普画廊进行了传染病防治、家庭急救、膳食、环境等知识宣传，利用各街道、居委会的宣传橱窗定期更换健教内容，在各居委会、医院开展高血压、合理膳食的知识咨询活动，印制《知识与健康》和其他宣传品 12 万余份发到居民手中。

**妇幼保健** 妇女保健。本区共有孕妇1 583人，建围产保健手册1 583人，产前检查率 99.64%，早孕检查1 700人，早检率 98.26%，活产1 589人，孕产妇死亡 1 人，死于产后 28 天，死因肺栓塞，经过区、市级鉴定为不可避免死亡。

全区产科医院分娩总数3 214人，其中高危分娩1 909人，剖腹产1 662人，围产儿死亡 36 人，围产儿死亡率 10.94‰。对围产儿进行出生缺陷动态监测，全区产科医院共监测围产儿3 334例，出生缺陷儿发生 23 例，出生缺陷发生率为 9.90‰，出生缺陷顺位：肢体畸形，唇腭裂，神经管畸形。

儿童保健。本区 0—6 岁现管儿童11 868人，其中正式户口儿童10 368人，管辖内集体儿童6 594人，散居儿童5 334人，儿童系统管理率 100%。出生新生儿1 675人，访视 631 人，代管 173 人，收回代访信 908 人，新生儿管理率 93.43%。加强母乳喂养的全过程，4 个月母乳喂养率 87.13%。夏季大体检5 334人，其中0—2 岁儿童3 886人，佝偻病患病 1 人，患病率 0.03%；0—6 岁检查5 031人，贫血 101 人，患病率 2%。新生儿死亡 6 人，婴儿死亡 10 人，婴儿死亡率 5.97‰；5 岁以下儿童死亡 12 人，死亡率 7.16‰。3 岁以上儿童4 269人，检查 790 人，患龋齿 258 人，龋齿矫治 128 人，矫治率 49.61%。

全区托幼园所 47 所，其中全托 3 所，卫生保健人员 56 人，有专业职称的 37 人，共有儿童6 534人，检查6 534人，其中贫血 9 人，患龋人数1 449人，龋齿矫治1 078人，矫治率 74.39%。

计划生育管理。共完成各种节育手术总例数 17 979人，其中放环1 499人，取环2 671人，皮下埋植 8 人，输卵管结扎 25 人，人工流产6 420人，药物流产6 743人，引产 465 人，并发症发生 3 人，发生率 2.20/万。

婚前医学检查。应检6 554人，实检6 504人，婚检率 99.24%，检出疾病 395 人，暂缓结婚男 3 人，女 2 人；不宜生育男 2 人，女 16 人。

女工保健。共管理工矿企业 88 个单位，试点厂 6 个，妇女病防治中普查7 572人，实查7 119人，普检率 94.02%，检出妇科常见病4 693人，检出率 65.92%，治疗率 100%；乳腺疾病1 608人，乳腺癌 1 例。

**医疗工作** 局系统医疗单位门诊688 963人次，较上年下降 17.52%；急诊42 808人次，较上年下降 21%；病床使用率 67.91%。检查局系统 10 家医院门诊病历 100 份，总合格率 100%；住院病历 100 份，总合格率 100%；门诊处方1 000张，总合格率 98.2%。

《中华人民共和国执业医师法》5 月份实施，为规范医疗机构和广大医务人员的执业行为，加强监督管理，依法行政，提高本区卫生系统的医疗服务质量，全年举办 4 期讲座，600 余人参加，提高了医师依法执业的意识，并组织辖区内 800 余名医师进行考试。完成辖区内 1998 年毕业的 62 名护士首次执业注册工作。加强社区卫生服务领导，逐步理顺管理体制，区政府把社区卫生服务纳入政府为民办实事的内容，2 次召开社区卫生服务领导小组扩大会，办事处成立社区卫生服务管理中心，从后台走向前台。各医院自己挖掘潜力，使本区 28 个社区站的站址、面积基本落实。28 个站全部通过市级标准和争创市级精神文明站验收。在 4—7 月市行风办的明查暗访中，全部通过规范化达标验收。

局社区卫生服务领导小组出台“基层医院医疗防保机构改革调整试行方案”，提出基层医院向社区卫生服务中心转换，以陶然亭医院为试点，融防、治、保、康、健、教技术指导为一体的站长负责制，网头监督指导制。

陶然亭医院、大栅栏医院、天桥医院在全市率先建立社区卫生服务与三级医院双向转诊制度，形成以友谊医院、宣武医院为中心，分东西两片全面覆盖社区卫生服务中心的双向转诊网络与机制。天桥、大栅栏医院与清华同方集团合作开发，实现居民在家呼叫，医院通过网络可完成定位，调阅病历，从而在第一时间采取最为有效的措施。

社区卫生服务已经开展8年，在全市五个方面走在前面，在全国也属前列，第一个提出三年社区卫生服务覆盖面达100%；第一个在全市开展社区卫生服务站与市级医院双向转诊；第一个社区卫生服务电脑网络进入家庭；第一个在全市率先由街道办事处主任兼街道社区卫生服务中心主任，把社区卫生服务工作纳入街道统一规划、统一管理；第一个实行计生、卫生手拉手，优质服务在社区，为计生工作深入群众建立了扎实的基础，受到群众欢迎，国家及北京市计生委准备在全国、全市推广这一先进经验。

以老年护理为突破口，深入推行整体护理。1999年是国际老人年，普遍开展整体护理工作，收到较好的效果，目前各医院住院病人以老年为主，护理工作尤为重要，继老年病医院后，中医医院、白纸坊医院、天桥医院、回民医院相继成立了老年护理中心或病房，护理工作受到病人和家属的好评，在护理管理上摸索出一些经验。

为保证国庆活动的顺利进行，为配合国庆活动的各种合练和国庆的庆典活动，共完成急救任务40余次，参加171人次，诊疗1 000余人次。

个体办医情况。全区共有个体开业医师43人，其中中医30人，西医13人，医院2个，门诊部7个，诊所12个，全年诊疗13 128人次。

建设文明医院。进一步深化“以病人为中心”的服务观念，深入开展职业道德教育，弘扬服务人民、爱岗敬业、奉献社会的思想和精神，明确“创建达标”的指导思想工作目标、步骤、要求和评比条件、达标措施。成立了领导小组，制定了符合各岗位实际、具有可操作性的标准，突出抓病人感到最不方便的问题和最关心的热点、难点问题。各单位普遍改善就医环境，加大了投入，门诊大厅设立咨询台，提供了轮椅、饮水桶、口杯、电视播放防病知识，在留观室、病房安装空调，改造了门诊大厅，粉刷房屋，更新治疗椅、病床、供氧、呼吸系统等设备；同时推广整体护理，为病房病人送饭、送水到床头，提高了整体服务水平。一些单位开展了竞赛，技术练兵操作比赛，业务知识比赛等，按期召开社会监督员座谈会，及时征求群众意见，边整边改，不断适应医疗服务的要求。

共收到表扬信296封，锦旗76面；拒收红包及礼品近百次，合计人民币3万余元，拾金不昧的事迹多次出现。

医疗设备管理。固定资产增值767万元，其中区财政拨款520万元，购入万元以上医疗器械63台(件)。

**药政管理** 药品经营企业64家，其中批发企业25家，零售专营药店39家。日常监督检查药品经营企业、医疗单位132次，医药单位覆盖面达95%。举办辖区医疗单位主管院长、药剂科主任、药品经营企业负责人、质检负责人法规培训班，84人参加。

贯彻市卫生局关于开展保健药品市场治理整顿工作，召开了辖区药品经营企业和辖区商业网点经理会，进行学习、宣传、动员。8月份对辖区药店、商业、超市进行保健药品专项检查，共出动检查5次，对30家零售单位、13家商业网点进行检查。

坚决打击假劣药品，配合市卫生局查处“痛可宁”、“伟哥”、“氧氟沙星胶囊”、“降糖足贴”等国产假劣药品和“菌必治”、“淋必治”等进口假药，收缴了一批假冒进口药品和大量非法制剂，并全部进行销毁，销毁总值10万元。对北京瑞吉康医药供应处违法经营二类精神药品进行查处。共查处违法案件11起，罚没款共计815 057.20元（其中没收违法所得125 148.00元，罚没款689 909.20元），没收违法药品价值49 021.03元。

对首次购入外省市生产经营的中西成药实行验证制度，全年共验证1 500个品种，不予验证25个品种。

组织辖区麻醉药品、第一类精神药品医师处方权资格培训考核工作，完成1 000余人资格证书培训工作。经过市卫生局的审核，现有750名医师取得资格证书。

**医学教育** 1999年投入教育经费99.3万元，占局职工工资总额的3%，比上年增加11.57%，卫技人员参加继续教育达到25学分的有1 735人，达标率91%。

局培训中心和辖区各医院举办区级认可项目24个，参加1 878人次；举办区级学术讲座25次，参加2 500人次，各单位组织继续自管项目250次。跨世纪培养的16名全科人才开展以临床技能为主的授课，同时参加市级康复、预防心脑血管病、急救医学学习班和区医药卫生学会的全科医学培训班。推荐18名全科医师骨干和8名住院医师参加北京市“全科医学培训工程”的考核，录取全科医生骨干9人，住院医师3人，经过1—3年的培训，将成为新中国第一代全科医师。

陶然亭医院的姚家井社区卫生服务站，回民医院春风小区社区卫生服务站，广外医院三义里社区卫生服务站被批准为北京市全科医师培训基地。

1999年考上研究生3人，本科生27人，大专生46人，自学考试136人，自考毕业17人。系统内参加中、高级提高班422人次，接收进修学习22人，实习生240人，外国留学生80人。

在中华级杂志上发表论文26篇，省市级杂志26

篇，全国专业会议上交流8篇，其中1篇被国际会议录用。

区级立项12项，区科委拨款6万元。

**红十字会** 本区有会员组织68个，会员28 686人，其中成人会员18 017人，青少年会员10 669人，收缴会费58 977元。

广泛开展“博爱在宣武”的多种形式的送温暖活动，发扬人道主义精神，共投资20万元为民办实事，对大栅栏、天桥、陶然亭街道社区中心给予经济、物质上的资助；为广外医院老年人护理中心、白纸坊医院老年人治疗护理中心购置部分医疗设备，改善老年人的住院条件；对散居在社会上的近300名孤老病残、烈军属及特困人群提供物质、精神、服务性的帮助；表彰和奖励区9名残疾运动员；向全区9名百岁老人及部分高龄老人赠送毛毯，组织部分老龄政协委员、归侨侨眷、台胞台属游览南岳庙、中央电视塔；为十几所学校30名特困生举办迎新春茶话会，赠送学习用品和衣物；为因病造成生活困难的5人送去救助款；表彰21名“老有所为”乐于奉献的志愿工作者；先后为因火灾烧毁的牛街、大栅栏、天桥街道9个家庭送去生活用品和救济金；捐资免费为7名贫困白内障患者做复明手术。

举办防灾、备灾、自救互救科普知识的宣传活动，共办培训班16次，受训人员2 500余人次。

献血工作。全区计划献血5 943袋，完成5 589袋，全部为无偿献血，其中区属单位计划2 045袋，完成2 094袋；市属单位计划3 226袋，完成2 743袋；中央单位计划607袋，完成605袋；大专院校计划55袋，完成55袋。

**计划财务** 局系统收入21 580万元，其中财政拨入经费2 468万元（正常经费1 478万元，专项经费990万元），业务收入19 112万元。全年支出21 478万元，其中业务支出20 451万元，专用基金支出1 027万元，收支相抵结余102万元。购入万元以上医疗设备63台（件）。

公费医疗管理。对各医院病历进行审核，共审核万元以上病历600多份，拒报64万元，降低了医疗费用。为切实保证教师医疗费报销，优先保证教师看病，年初拨专款40万元，做为教育系统周转金，以解决特殊教师医疗费的报销。

抽查门诊处方10 000张，其中西药处方5 000张，平均处方值65元，中药处方5 000张，平均处方值52.8元。抽查门诊病历200份，处方与病历符合率99%，抽查住院病历100份，符合率98%。

全区享受公费医疗人数33 774人，其中中央单位9 988人，支出1 713万元，人均支出1 715元；区级单位23 514人，支出3 857万元，人均支出1 640元，比上年同期增长24%；万元以上支出600人，共支出1 610万元；5 000元以上支出1 010人，支出684万元。

**基本建设** 宣武中医医院锅炉房改建竣工519.84平方米。（周 洋）

# 朝 阳 区

**概况** 有22个街道办事处，24个乡，居（家）委会1 237个，村民委员会169个。人口1 476 001人。全区有卫生机构1 232个，其中医疗机构1 204个，科研教学机构28个。有区属卫生机构47个，其中全民36个，集体11个。全区床位10 544张，卫生技术人员25 913人，其中医生8 433人（西医7 226人，中医1 180人，中西医结合27人），护理人员6 445人，其他人员11 035人。全区每千人口平均拥有医生5.7人，卫生技术人员17.6人，床位7.1张。

生命统计。出生7 525人，出生率5.10‰；死亡8 165人，死亡率5.53‰；自然增长率为-0.43‰。因病死亡7 786人，占总死亡数的95.36%。平均期望寿命71.90岁，男69.94岁，女73.97岁。死因顺位前十位为：心脏病，肿瘤，脑血管病，呼吸系统疾病，损伤和中毒，内分泌、营养和代谢及免疫疾病，消化系统疾病，泌尿生殖系统疾病，神经系统病，传染病。

**卫生改革** 实行人事制度改革。首先在垂杨柳医院试行聘用合同制，成立了“朝阳区人才交流中心卫生专业人才分中心”，对试点单位和医学院校毕业生实行人事代理制度，给单位扩大用人自主权，引导人员的合理流动。实行医院财务制度改革，4月份在卫生系统全面执行。开展医疗机构内部管理体制改革，在将台医院实行了引进社会力量按股份合作模式进行合作办医，初见成效。

区政府召开社区卫生服务工作会议。年内新建社区卫生服务站21个，社区卫生服务站总数为60个，37个已通过市政府验收（纳入公费医疗、劳保医疗报销范围)。23个社区卫生服务站参加了首都卫生系统规范化达标活动。建立个人及家庭档案13 874份;签订社区医疗保健服务合同1 207份。

局系统共有经济实体12个。年总销售额为12 112万元,获纯利210万元。

农村卫生工作。全区有乡卫生院16个,其中全民3个,集体13个。有医务人员450人。设村卫生室126个,覆盖率100%;均为村办和乡办。年内核发9个村卫生室《医疗机构执业许可证》。有126个行政村卫生室持有执业许可证。全区23个乡,169个行政村,100%实行了合作医疗制度;农业人口总数192 113人,已有173 557人参加了合作医疗,占农业人口总数的90.34%。完成了市政府下达的1999年行政村与人口覆盖率两个90%的工作目标。

**公共卫生与疾病防治**　预防接种。四苗合格率95.71%,其中卡介苗100%,脊髓灰质炎糖丸97.1%,三联菌苗100%,麻疹疫苗98.57%。四苗及时率91.43%,其中卡介苗98.57%,脊髓灰质炎糖丸94.3%,三联菌苗97.14%,麻疹疫苗97.1%。1月5—6日对0—4岁外地流动人口普服糖丸,服苗22 624人,接种率99.99%。12月5—6日服苗16 355人,接种率98.84%。全年未发生小儿麻痹病例。

传染病管理。全年报告甲乙类传染病5 996例,总发病率为352.71/10万,比上年同期上升22.49%。肝炎发病1 295例,发病率76.18/10万;痢疾发病1 922例,发病率129.78/10万;急性肠道感染20例,发病率1.176/10万,比上年下降68.25%。流行性出血热发病12例,1例死亡。

结核病防治。全区门诊4 670人次,为儿童做结核菌素试验5 763例,其中阳性4 653例,阴性1 110例。预防性投药95例。全年监化治疗菌阳患者41人,其中本地28人,外来人口13人。3月,建立了二级防痨网。新生儿卡介苗接种5 461人,接种率95.37%。

性病防治。全区哨点单位共报告性病4 450例,总发病率为239.02/10万,比上年上升63.78%。其中淋病1 804例,尖锐湿疣1 277例,梅毒477例,非淋菌性尿道炎797例,生殖器疱疹81例,性病性淋巴肉芽肿8例,软下疳4例,艾滋病2例。性病漏报率1.49%。经全国性防中心评审,区皮肤性病防治所达到规化性病门诊的标准。

公共卫生。复验卫生许可证237户次,合格219户次,合格率92.40%。全年共监督3 499户次,合格2 906户次,合格率83.05%。监测562户次14 328件,合格13 985件,合格率97.6%。对自备水源和二次加压供水单位共监督1 980户次,合格1 795户次,合格率90.6%。

食品卫生。全年新审批食品生产经营单位3 790户,其中座店3 434户,车摊356户。全年监督总户次63 905户次,合格59 630户次,合格率93.3%。监督户次比上年减少了2 720户次,合格率比上年上升了2.8%。对各类食品抽查11 516件,合格11 104件,合格率96.4%。进行行政处罚802户次,其中罚款697户次,罚款金额295 180元。餐具消毒监测3 494件,合格3 340件,合格率95.6%。审批卫生许可证3 790户,复验8 825户。对食品从业人员体检93 732人,查出“五病”患者2 195人,全部调离。对饮食从业人员66 632人进行培训,培训率100%。食物中毒2起17人,比1998年减少4起,人数下降113人,发生率1/10万(市控指标<12/10万)。

劳动卫生。全区接触毒害物质单位1 021个,职工总数224 140人,接触毒害物质职工29 844人。监督85户次,其中区级以上企业47户,乡镇企业38户,监督覆盖率分别为39.2%和4.9%。监测毒害作业样品1 747件,合格1 568件,合格率89.7%。对接触毒害作业职工体检135人,高温作业体检1 391人,职工禁忌症患者全部调离。

学校卫生。对学生蛔虫感染率进行调查,共检验大便3 194人,阳性19人,阳性率0.59%。对9所中小学生视力、口腔卫生、营养不良、肥胖进行监测,健康监测9 114人次。

精神病防治。全年门诊5 569人次,建卡管理病人4 404人,收治112人,年平均开设病床70张,病床使用率88%。建立家庭病床74张。精神病防治工作在市卫生局的年终工作检查中名列18个区县之首。

防治狂犬病。全年被动物咬伤门诊6 416人,其中犬咬伤5 689人,其它动物致伤727人。接种狂犬疫苗6 416人,没有发生狂犬病。

地方病管理。对农村自备水源含氟量调查,采样119件,合格119件,合格率100%。

生活饮用水卫生。全区生活饮用水二次加压供水单位996户,其中新审批242个,复验754个。自备水源单位222户,其中新审批4户,复验208户。日常监督96户次,合格92户次,合格率95.8%。日常监测95户,采水样109件,合格率98.6%。

对全区23个乡(除太阳宫为市政管网水)及2个农场150个村和78个乡镇企业425口井进行水源普查,425口水井中有7.76%无井泵房等任何防护措施,存在污染隐患;农村生活饮用水源消毒率仅达2.6%。

迎检及重大政治活动的卫生防病保障工作。在为迎接第四次全国城市卫生检查、迎接建国50周年、迎澳门回归等大型活动中，完成了各项卫生防病保障任务，没有发生食物中毒、传染病暴发和饮水污染事故。在“迎国检”中，朝阳区卫生局荣获“迎国检优秀组织奖”，防疫站荣获“组织奖”。

**妇幼保健** 妇女保健。孕产妇6 235人，建册6 186人，建册率99.2%。全年活产儿6 247人，新生儿访视率93.4%。围产儿死亡52人，死亡率8.3‰。无孕产妇死亡。全区有产科床位268张，母婴同室床位占产科总床位的100%。住院期间母乳喂养率95.4%；0—4个月母乳喂养率86.5%，比上年提高了1.6%。16所医院监测7 958例围产儿，出生缺陷发生78例，发生率9.8‰。新生儿疾病筛查8 467例，送检率为94.9%，疾病发生率3.5/万。

儿童保健。全区有0—6岁儿童50 186人，管理托幼园所203个，入托儿童31 161人。有68个园所发生传染病，发病374例，其中有2所发生暴发，暴发59例，病种以水痘为主。对53 942名儿童进行系统管理，对2 711名儿童进行生长监测。全年儿童体检51 231人，受检率93.2%。婴儿死亡59人，死亡率9.3‰；5岁以下儿童死亡65人，死亡率10.2‰。年内妇幼保健院为202个园所的4 704名保教人员进行体检，体检率98.1%。儿童保健系统管理工作被评为北京市第三名，孕产妇系统管理工作被评为北京市第五名。

生殖保健。年内对19 967人进行婚前医学检查，婚前检查率99.99%。查出婚育疾病患者1 134人，暂缓结婚2人，不宜生育3人。

全年全区做各项计划生育手术65 073例，其中放环8 598例，取环6 450例，输卵管结扎106例，人工流产21 071例，引产1 287例，药物流产27 257例，皮下埋植304例，并发症发生率3.17/万。全区开展计划生育技术服务单位68所，有专业技术人员298名。全区从事助产技术服务的单位17所，人员389名。朝阳区卫生局计划生育工作被区计生委评为标准化管理一级达标单位。

**医疗工作** 全年完成门诊1 710 743人次，急诊237 525人次，急观126 964人次，危重症抢救609人次，区级医院门诊、病房抢救成功率分别为79.64%和79.87%。住院7 243人次，出院7 296人次，区级医院病床使用率63.13%，周转次数12.71次/年，治愈率51.17%，好转率41.35%，死亡率4.13%。住院病人7日确诊率为86.61%，出入院诊断符合率98.86%，临床与病理诊断符合率98.79%，术后死亡率0.16%，手术前后诊断符合率99.13%，无菌手术化脓率0.18%，院内感染发生率2.23%。全年完成高考体检5 268人，征兵体检1 059人，为国庆50周年阅兵女民兵方阵500人体检；办理就近医疗1 459人，办离休干部优诊卡2 175人；处理医疗纠纷64起，答复来信9封；组织医疗事故技术鉴定28起，其中2起定为三级医疗技术事故，有7起上诉北京市卫生局复议。完成辖区内105家新设、补注册医疗机构的实地验收、注册工作。为31家医疗机构变更手续。举办医疗机构法人（负责人）4期402人参加的《中华人民共和国执业医师法》培训班。组织全区9 826名医师进行医师法考试，及格率为99.57%。完成辖区内执业医师983名考试报名、资格审核和实践技能考试工作。

医院等级评审工作。年内金盏卫生院被评为一级甲等卫生院，常营回民医院被评为一级合格医院，南区口腔医院被评为一级甲等医院。

医政监督执法工作。加大了医政监督、管理和执法力度。年内抽查31个医疗机构，并对28个医疗机构的78个协作科室进行了审核、清理。取缔了洼里、立水桥、羊坊等19个地区的无证行医窝点57家，出动人员70人次，车辆14台次，没收大量假药等物品。全年罚没款35 410.10元。年初对北京龙头房地产开发有限公司未经批准擅自扩大诊疗项目，违法任用日籍非卫生技术人员从事医疗卫生工作的违法行为作出行政处罚决定，该公司不服，上诉至朝阳区人民法院及市第二中级人民法院，长达9个月的一审、二审，以本局胜诉告终。这是自《医疗机构管理条例》和《外国医师来华短期行医暂行管理办法》颁布以来，全国第一例因任用未在中国取得行医资格的外籍医师而引发的行政诉讼案。

医疗联合体。全区共有民、社办医疗机构168家，其中医院23家，门诊部12家，诊所133家。有医务人员1 669人。全年门诊315 543人次，开设病床849张，收治病人3 977人次。

献血工作。全区完成献血27 705瓶，全部实现无偿献血。朝阳区卫生系统85人无偿献血，荣获北京市无偿献血先进单位。

精神文明建设。在卫生系统干部、职工中开展邓小平理论、爱国主义、社会公德、职业道德、家庭美德等教育。围绕以病人为中心，在18所医院开展了全程优质服务创建活动；在全系统开展了“创建巾帼文明示范岗”、“青年文明号”、“青年岗位能手”活动，区二院妇产科被评为市级“巾帼文明示范岗”；中医院骨外科荣获市级“青年文明号”称号，防疫站市场科、安华医院病房组、区二院妇产科病房荣获区级“青年文明号”称号；蔡连君等18人被评为区级岗位能手；郑桂荣等10人被评为区级“十佳”医务工作者；太阳宫等5家医院被评为市级行业规范化服务达标单位；三里屯医院被评为北京市卫生系统先进集体，马克敏等23人被评为北京市卫生系统先进个人；垂杨柳医院等7家被评为区级精神文明单位；劲松医院被评为市级精神文明单位；社区卫生服务工作被评为朝阳区宣传战线十件大事之一；宝群尧获得第一届“首都精神文明奖”荣誉称号。全系统全年为病人办实事1 294件；拒收红包169人次，其中上交红包19人次，合计13 934元；收表扬信367封，锦旗、牌匾、镜框76件。年内开展“8所城乡医院手拉手”共建活动。

医疗设备。全年卫生系统医疗设备总投资1 444万元，其中市财政拨款240万元，区财政拨款1 204万元。专用医疗仪器、设备1 584台（件），价值总金额8 160.21万元。

护理工作。区属医疗机构有床位1 470张，护理人员983人，其中副主任护师11人，主管护师137人，护师508人，护士327人。大学本科学历1人，大学专科学历104人，中专学历856人，无专业学历22人。383名护士参加全国护士执业考试，合格301人，合格率90.1%。为64个单位358名护士办理首次护士执业注册，发放执业证书。年内有6 918名护士持有护士执业证书。为辖区66个单位330名护士办理参加2000年全国护士执业考试的报名工作。召开73个单位109名护士长参加的护理工作会议；举办护士长工作手册和护理业务查房记录展评活动；组织42个单位90多名护士长参加的纪念“5·12”国际护士节活动；组织23个单位27名护理部主任、总护士长和手术室护士长参加市卫生局举办的手术室护士长管理研讨会；举办62个单位115名主管护理工作的业务院长、护士长参加的护理管理研讨学习班；举办52个单位94名护士长参加整体护理培训班；组织6所医院10名院感专、兼职人员和护理部主任参观煤炭总医院医院感染管理工作；组织5所区级医院10名院感专职人员和护理部主任参加中美院感控制学习班；组织29所一级医院院长参加市卫生局举办的北京地区医院感染管理院长研修班。全年外出参观、培训、进修学习173人次。护理论文参加国内交流8篇，刊物发表9篇。

**药政管理**　全区有药品经营企业181家，其中年内新开办32家。有批发兼零售企业29家；零售企业152家。有97家医院2 630人申报麻醉药品使用医师资格培训，1 690人参加培训考核，1 628人取得麻醉医师处方权资格证书。药品质量监测，全区完成药品检验1 247件，抽检122件，不合格11件，抽检不合格率9.02%；送检1 125件，不合格20件，送检不合格率1.78%；认定中药饮片3件，不合格1件，不合格率33.33%。年内对全区医、药单位现存药品进行清查，查出存有过期失效药品及超过生产日期5年以上药品的单位共68家，药品批次数为2 322次，总金额约124万元。对这些过期药品已暂控封存，将集中统一销毁。全年立案查处违法案件21起，罚没款303 459.45元，收缴假劣药品折价101 359.30元。

**医学教育**　有46人进入“1050人才培训工程”。全年25个继续教育基地承担区审批的继续教育项目308项，培训37 030人次。举办各种类型培训班16期，培训1 011人次。为社区卫生服务培养全科人才，举办全科医师培训班2期236人；举办社区护理培训班1期85人。学历教育243人，其中研究生5人，本科22人，大专216人。毕业78人，其中大专75人，本科3人。参加护理、中医、中药专业自学高考129人。年内继续教育完成25学分2 641人，占在岗卫技人员总数的95.1%。组织乡村医生资格考试58人，及格40人，办理资格证书40个，中专水平证书8个。区卫校招幼教保健1个班40人，护士2个班71人，乡医1个班26人。毕业护士40人，医务文秘40人，社区医士121人。全年科教经费支出107.7万元。区卫生局年内通过北京市继续医学教育和北京市乡村医生正规化、系统化中等医学教育评估。被市卫生局评为继续医学教育先进单位。区中医医院接收实习生236人，接收来自美国、德国、瑞士等8个国家和地区的留学生38人实习。

**科研工作**　1999年获区科技进步奖10项，95篇论文在杂志上发表或在学术会上交流。评出“卫生局优秀论文基金奖”21篇，其中一等奖2篇，二等奖7篇，三等奖12篇。引进先进医疗技术14项。医学会全年组织学术讲座108场次，18 000人次参加。义诊4次，600人次参加。

**红十字会**　全区有红十字会员50 000人。年内举办5期中小学卫生老师急救员培训班，150人参加；有13名老师参加市会救护师资培训班；各街乡红会举办卫生救护培训班31期2 000人参加；全区有25名持证师资，238名持证急救员。年内为平山遭受洪灾群众募集10万元人民币，25.5吨粮食，价值3万元药品，1万余元衣被，总价值22万元。2个街道为台湾灾民捐款9 955.50元。三里屯医院的20位医护人员和卫生系统的23名共青团员，赴西柏坡开展向老区人民献爱心系列活动，义诊245人次，免费提供价值300元的药品，为西柏坡通家口希望小学捐赠价值5 000元的学习用品及图书，为敬老院10位孤老送去价值1 000元的生活用品和食品。全年开展夏（冬）令营4次，参加活动700人次。开展社会公益活动500次，20 000人次参加。开展社会服务活动150次，

8 000人次参加。年内区会上朝阳有线新闻10次，向朝阳报、北京红会、中国红会、北京日报投稿34篇，区会出《红十字之音》4期，综合信息4期。年内接待来自国际联合会东亚、东南亚15国组成的40人访华团，参观左家庄、团结湖街道的红十字会。

**计划财务** 卫生事业上级拨款3 587.22万元，事业费支出3 587.22万元；差额补助费支出1 592.40万元；业务收入33 782万元，业务支出31 593万元。固定资产总额19 335万元。

公费医疗管理。全区享受公费医疗单位604个，享受人数70 178人。全年公费医疗经费支出7 953万元，比上年的7 682万元增加了271万元，上升幅度为20%。全区年人均开支1 165元，上升幅度20%。其中区属单位享受人数43 211人，年人均开支1 675元，比上年增加277.09元，上升幅度20%。年初驻区的市级享受公费医疗单位66个16 837人交市公费医疗办公室统一管理。坚持实行“总量控制，结构调整”，继续实行公费医疗经费由医院统一管理的办法。加强对大病支出的管理，聘请公费医疗检查监督员3名。年内举办了2期150人参加的公费医疗管理干部培训班。公费医疗办公室投入40余万元，对区38家承担公费医疗管理任务的医疗单位计算机进行更新换代。7月19日，区公费医疗办公室归属朝阳区劳动和社会保障局。

**基本建设** 全年竣工项目5个，总建筑面积16 282平方米，总投资约1 884万元。其中垡头17号楼、18号楼医院及宿舍工程8 622平方米；来广营医院迁建1 830平方米；翻扩建双桥医院300平方米；和平医院门诊楼改造2 460平方米，平房翻建1 770平方米；豆各庄卫生院改造工程1 300平方米。

全年在建项目6个，其中区二院传染病楼扩建工程2 200平方米，区中医医院加层工程882平方米，劲松医院扩建工程830平方米，管庄医院加层840平方米，孙河医院翻建450平方米，黄港医院迁建工程2 700平方米。

完成区防病保健中心工程23 600平方米、六里屯综合医院12 200平方米部分前期工作，并领取到规划许可证。完成左家庄等7个单位污水改造工程，共投资126万元。完成妇幼保健院等6个单位的煤改气工程，投资140万元。对双桥等6个单位进行房屋维修，共投资8.3万元。完成垡头宿舍新房分配、二轮房调配，出售新房122套。年内朝阳区卫生局荣获市计委、市财政局、市卫生局颁发的“北京市三项建设”工作一等奖。（崔美云）

# 海淀区

**概况** 城乡年平均人口1 548 113人，农村人口126 902人。设有22个街道办事处，1 092个居（家）委会，11个乡镇，79个行政村。全区共有医疗卫生单位876个，其中全民单位675个，集体单位201个（社民办医疗单位193个）。区属医疗单位4个。全区卫生技术人员总数15 157人，其中医生6 961人（西医5 744人，中医1 039人，中西结合医178人），护理人员5 026人。区属卫生系统总人数3 549人（乡卫生院675人），其中卫技人员2 791人（乡卫生院528人），包括高级职称217人（乡卫生院4人），中级职称845人（乡卫生院71人），初级职称1 729人（乡卫生院453人）。全区总床位8 863张（其中区属医院床位1 789张），每千人口平均拥有床位5.7张，卫技人员9.8人，医生4.5人，护理人员3.2人。

生命统计。出生7 911人，出生率5.11‰；死亡6 336人，死亡率4.09‰；自然增长率1.02‰。死因顺位依次为：脑血管病，恶性肿瘤，心脏病，呼吸系统疾病，损伤和中毒，内分泌及营养和代谢病，消化系病，泌尿生殖系病，神经系病，精神病。

**卫生改革** 推进卫生监督体制改革是卫生系统三项重点工作之一。上半年，本局成立了卫生监督所和疾病控制与预防中心，撤销了卫生防疫站、卫生防病监督管理所、健康教育所、食品监督办公室、结核病防治所、性病防治所，并进行了业务职能划分。6月，机构调整、人员配制工作就绪，投入正常运行。第三季度启动了下设卫生监督管理站的建设工作，建立了海淀地区、中关村地区、北太平庄地区卫生监督管理站，年底前进入正常运转，使本区的卫生监督执法力度得到进一步加强。

为进一步推进人事干部制度改革，对新成立的卫生监督所和疾病控制与预防中心的所级和科级领导干部实行了竞聘上岗制。第二批试点单位是3家街道医院（北太平庄医院、万寿路医院、青龙桥医院），在全系统范围内招聘副院长。在取得经验的基础上，中关村科技园区医疗集团的3家医院：海淀医院、妇幼保健院、中医医院也先后进行了竞聘院长的工作。人才服务中心的人事代理工作按计划已完成街道医院及妇幼保健院人事代理接收工作。

为适应中关村地区发展的需要，成立了由海淀医院、妇幼保健院、中医医院三家组成的医疗集团，实行理事会制；医疗工作突出各自特色、优势互补；卫生资源重组、合理配置、医疗设备集团内共享；后勤工作实行物业化和社会化统一管理。

在卫生法制建设方面，加大了执法力度，强化了监督检查。全年组织监督执法培训6次，304人次，作出卫生行政处罚508起，罚款504 716元，没收违法所得69 283元。

农村卫生工作。11个乡卫生院共有卫技人员612人，乡村医生274人，村卫生室72个，行政村卫生室覆盖率100%，甲级卫生室占应设行政村卫生室总数的84.72%。全区坚持推行乡村卫生组织一体化管理。解决了贫困地区实行合作医疗问题，全区农村实行合作医疗的行政村80个，乡覆盖率100%，参加合作医疗145 523人，覆盖率91%。实行乡卫生组织一体化管理的村卫生室72个，占村卫生室总数的100%，合作医疗工作经北京市验收，在全市排名第一。

**公共卫生与疾病防治**　计划免疫。全区有地段保健科29个，防保人员295人（含妇幼、精防人员）。全区有0—6岁儿童101 998人，计划免疫调查建卡率100%，四苗接种率100%，其中百日破混合制剂接种率100%，麻疹疫苗接种率100%，脊髓灰质炎疫苗接种率100%，卡介苗接种率100%，流脑接种率100%，乙脑接种率100%。麻疹发病20例，发病率1.29/10万，未发生脊髓灰质炎病例、百日咳病例、破伤风病例、白喉病例，全国儿童预防接种强化免疫（第二轮）服苗接种率98%。

传染病监督管理。开展以预防控制急性肠道感染为重点的传染病监督管理工作，全年共组织各种监督检查1 842户次，限期改进3户次，行政处罚10户次，行政罚款20 100元。其中实施疫情报告监督检查420户次，查出乙类传染病426例，漏报12例，漏报率为2.82%。查出丙类传染病61例，未发现漏报；实施消毒隔离监督检查423户次，对腹泻病门诊监督检查100户次，一次性医疗卫生用品监督检查62户次。

传染病管理。全年法定急性传染病发病率732.11/10万，法定报告甲乙类传染病发病率395.51/10万，其中病毒性肝炎发病1 030例，发病率66.5/10万，病毒性肝炎发病占法定甲乙类传染病的16.82%；细菌性痢疾发病4 488例，发病率289.9/10万，占法定甲乙类传染病的73.7%；肠道门诊初急诊13 910人次。

全区性病发病共836例（其中淋病316例、梅毒76例）。

结核病防治。新建病历344例（外地131例），其中菌阳病人118例（外地54例），经规律抗痨治疗痰菌阴转率100%，监化率85%，新生儿卡介苗接种8 627例，接种率96.8%。

精神病防治。全区精神病人3 784人，患病率2.82‰，其中精神分裂症3 356人，患病率2.5‰，重点病人137人。做好慢性精神病人的社区康复工作，共建卡精神病人3 784人，其中本年新调查建卡60人。

地方病管理。全年碘盐监测460件，合格率94.5%；对轻、重地甲病病区3 668名中、小学生进行调查，生理肿大13个，肿大率0.35%。

公共卫生。全区有各类公共场所1 512个，新审批开业281户，经常性监督检查2 411户次，监督覆盖率159.46%；应监测758户次，实监测60户次，监测覆盖率100%；采样164件，合格率98.17%；从业人员体检15 358人，体检率100%，检出5种传染病39人次，检出率2.53‰，调离率100%。全区有自备井301户，监测305户次，监测305件，合格305件，件数合格率100%，检验7 930项，合格率99.79%；高层建筑二次供水643户，已监督617户，监督率100%，监测采样501件，合格501件，件数合格率100%。

食品卫生。全区食品生产经营单位25 690个，其中集体食堂1 370个，实行监督检查70 296户次，监督达标率129.5%，监督覆盖率273.21%；监测食品11 930件，合格率98.68%，其中几类重点食品监测合格率分别为：肉及肉制品97.92%，消毒鲜乳100%，乳制品100%，冷食94.11%，饮料99.07%，豆制品98.24%，糕点99.50%，调味品100%，酱腌菜100%，各种酒100%。全年审批卫生许可证12 184个，其中集体141户，个体859户。发放冷饮卫生许可证38个（新发放19个）。为87 017名食品从业人员体检，体检率99.61%，合格率98.21%，检出5种传染病1 558例，调离率100%；对从业人员卫生知识培训441期，培训人员33 022人次，发放宣传材料33 547份。食物中毒发生14起，196人。

劳动卫生。全区接触毒害作业工厂155个，接触有毒有害职工4 262人次，监测点285个，合格252个，合格率88.42%；监测采样598件，合格率92.31%。全区应检接触有毒有害作业人员2 213人，实体检1 110人，体检率50.2%，职业病发病3例。

全区有医用X光机155台，应监测147台，监测率100%，合格率65.1%。

学校卫生。小学一年级新生入学体检5 771人次，体检率100%，完全正常1 761人，占30.51%，视力低下989人，龋齿3 393人，沙眼538人；高中毕业生高考体检8 007人，合格8 005人，其中完全合格1 062人，完全合格率13.26%，专业受限6 943人，占68.71%，不合格2人，不合格率0.03%；中学生第二学期视力检查76 331人，视力低下率54.41%，其中对上次视力正常的18 888人进行视力检查，新发病率14.77%，对上次视力不良的26 972人进行视力检查，恢复率5.06%；小学生第二学期视力检查13 900人，视力低下率27.78%，其中对上次视力正常的8 230人进行视力检查，新发病率8.46%，对上次视力不良的2 978人进行视力检查，恢复率16.28%。

**爱国卫生** 共组织4次较大规模的卫生整治活动，全区共有172万余人参加，在17个街道、11个乡设卫生宣传站316处，挂横幅标语849条，出板报348块，发放宣传材料5万余份，卫生宣传咨询15万余人次，举办健康教育、除“四害”培训班3期，638人次。共清除积存垃圾渣土25万吨，清整绿地2.3万平方米，治理蚊蝇孳生地656处。蚊年平均指数18.39，蝇年平均指数20.9。全区11个乡，共有公厕1 326座，其中卫生厕所占76%；农村户厕23 126户，其中卫生户厕占85%。新增加无害化公厕86座，新增无害化户厕51座。

全区共有禁烟执法员12人，监督员103人，检查员44 451人。全年共抽查禁烟场所2 811处，合格率97%。

**妇幼保健** 全区爱婴医院达15所，0—4个月母乳喂养率80.5%，孕产妇保健覆盖率98.9%，孕产妇保健系统管理率79.5%，高危孕产妇管理率100%，孕产妇死亡率29.4/10万，全区18家接产医院全面开展了出生缺陷监测和减少出生缺陷发生的综合干预工作。

儿童保健。儿童保健系统管理率96.57%，新生儿疾病筛查率99.1%，新生儿访视率92.3%，0—2岁佝偻病患病率0.57%，0—6岁儿童贫血患病率2.10%，新生儿死亡率7.95‰，婴儿死亡率9.13‰。5岁以下儿童死亡率10.45‰。5岁以下儿童中重度营养不良患病率0.31%。

计划生育。全区有计生许可证单位66个，药物流产单位34个。查处非法计生单位5家，全区建婚检单位5所，婚检27 073例，婚检率91.3%，疾病检出率7.45%。

**医疗工作** 全年门诊2 031 817人次，急诊143 398人次，急诊抢救1 004人次。住院19 006人次，出院18 706人次；床位使用率78.7%，治愈率66.3%，好转率29.0%，死亡率2.3%。

制定了医疗质量管理计划和加强医院门、急诊抢救及控制院内感染考评措施，组织医疗单位开展了院内感染自查、互查、总结、交流活动，开展了应付突发事件医疗救护演习。同时，社区卫生服务工作也不断向内涵建设、规范化管理发展。2月4日，中关村医院社区卫生服务中心正式启动，探索新的城市社区家庭医生服务模式。自启动以来，共建立了医疗合同350份，建立家庭病床308张。本年度，驻区各医疗单位建立社区卫生服务站8个，区属医疗单位建立社区卫生服务站3个，新成立的社区卫生服务站都通过了市卫生局的验收。全年社区卫生服务站共接诊34 910人次，出诊973人次，建立健康档案3 553份，开展健康教育达4 200人次。

继续实施“卫生下乡”工程，全区19家医院与密云县19家医院、卫生院结成了对口支援单位，按本局统一要求实施了卫生支援计划。组织了大型的义诊卫生咨询活动，为密云县医疗机构安排医师进修6人，专家授课6次，捐献医疗设备150件（折合人民币300 000元）。

护理工作。组织了区属医院第四届护理学术和护理管理论文交流会，共收到论文104篇，评选出优秀论文24篇。在“5·12”护士节前夕，组织区属医院开展评选十佳“优秀护士”活动。

全区共有社会办、民办医疗机构193个，其中医院21家、门诊部22家，诊所150家，从业人员1 369人。全年门诊284 086人次，住院2 094人次。医疗卫生监督执法40人次，罚款及没收药品、器械折合人民币90 000元。

建设文明医院。继续加强行业作风建设，在全系统开展了以“增强服务意识，规范卫生执法，提高为纳税人服务质量”为重点的为纳税人服务年活动，并积极制定了整改措施；全系统共收到表扬信304封，锦旗58面，拒收红包及物品折合人民币23 000余元，发放调查问卷近600份，患者满意度达90%。

海淀妇幼保健院荣获首都文明单位标兵称号，海淀医院、中关村医院、中西医结合医院、清河医院、海淀卫生学校被评为首都文明单位。

医疗设备管理。全系统医疗设备总值95 262 645元，其中万元以上医疗设备990件，84 268 143元；1999年新增万元以上医疗设备108件，12 819 205元。对万元以上大型设备建立了专用设备档案。

**药政管理** 全区共有药品经营批发单位21家，零售单位126家。有制剂许可证的医疗单位19家，批准外埠药品在京销售单位5家。全年共监督检查136个单位，覆盖率81.9%，依法立案查处违法案件28起，共罚没款261 596.14元。

**医学教育** 继续抓好继续教育和毕业后教育工作，接收大专毕业生40人，参加了住院医师规范化培训。培训乡村医生248人，举办各类讲座11次，培训19 200人次。参加学历教育396人，送出进修生66人，接纳进修生482人。海淀卫校招生74人，毕业128人。本系统在职卫生技术人员接受继续教育的人员达96%，经北京市卫生局对本局继续医学教育复评验收，本局被评为1999年北京市卫生系统继续医学教育先进单位。

**科研工作** 全系统共有15项科研成果获区科技进步奖，其中一等奖2项，二等奖4项，三等奖9项。

全系统在国际、国内学术会议、刊物上交流、发表论文37篇，在国家级刊物上发表53篇，在省市级杂志发表60篇。

**红十字会** 全区有红十字基层组织328个，会员50 256人。开展了两次大型宣传、咨询、义诊活动，发放各类宣传材料131 997份，板报宣传画400块，受益者达6万余人次。组织开展了广泛的备灾救灾工作，向湖北省洪山区红十字会送去日方捐款11.4万日元，向河北省等地灾区捐款、捐物达16万余元。对696户孤老病残户进行了救助，并赠送价值14.6万元的慰问品。

**计划财务** 全年卫生事业费上级拨款4 531.7万元，其中卫生事业费2 439.1万元，其它经费2 092.6万元。全系统业务收入35 900万元，业务支出30 800万元。

**基本建设** 完成竣工项目4项：中西医结合医院门诊楼、中关村宿舍楼、海淀医院污水处理站、海淀医院高压氧站，竣工面积15 249.82平方米，投资4 632.2万元；四季青卫生院改造，面积19 575平方米，投资1 500万元，基本竣工，预计2000年6月全部完工。

（李　瑛）

# 丰台区

**概况** 总人口80.9万人，农业户籍人口14.8万人，非农业户籍人口66.1万人。设16个街道办事处，769个居（家）委会，6个乡，81个行政村。截止到1999年9月底，全区有各级各类医疗机构599个，其中卫生部属医院1所，市卫生局属医疗卫生机构2所，驻区中央、市、企事业单位所属医疗机构23所。区属医疗卫生机构28所，乡属卫生院2所，社会办、民办医疗机构32所，个体医72个。卫技人员总数12 837人，总床位5 475张。区属卫技人员1 897人，占全区卫技人员总数的15%；床位1 046张，占全区总床位的19%；每千人口平均拥有医生4.78人，卫技人员15.87人，床位6.76张。

生命统计。出生4 213人，出生率5.25‰。平均期望寿命72.98岁。死因顺位依次为：心脏病，脑血管病，恶性肿瘤，呼吸系统病，内分泌营养和代谢及免疫疾病，损伤和中毒，消化系统疾病，泌尿生殖系统病，传染病。

**卫生改革** 对第四轮（1996—1999年）综合配套改革情况进行了总结和调研，卫生局制定了《关于深化卫生改革的几点意见》、《直属单位领导管理体制改革实施办法》、《直属单位人事制度改革办法》、《直属单位分配制度改革暂行办法》、《直属单位人事争议调解暂行办法》。新的改革方案体现了卫生事业发展要适应社会主义市场经济和服从医改大局，体现了建立新的机制以激发医药卫生改革内部的活力，体现了突出质量、效率与效益综合评价为指导思想。在市卫生局的统一部署下，进行了财务制度改革，实行医药分开核算，固定资产折旧费提取、按新会计制度重新设帐，全系统财务管理达到五个统一，即：帐薄设置统一、收入列支渠道统一、各项提取比例统一、药品、固定资产管理统一、医院门诊收据领用手续统一。推行10万元以上的设备仪器采取向社会公开招标集中购买，共买15种54件医疗设备，投资582.45万元，节约资金90万元。

**公共卫生与疾病防治** 预防接种。0—4岁本地儿童8 902人，脊髓灰质炎疫苗接种率100%，百白破混合剂基础免疫接种率99.96%，麻疹疫苗接种率100%，乙脑疫苗接种率99.67%，加强免疫接种率99.89%，白百破加强免疫接种率100%。在消灭脊髓灰质炎强化免疫日活动中，第一轮投服17 938人，第二轮投服16 246人。已连续17年无脊髓灰质炎病例发生。

传染病管理。全区上报法定传染病15种，总发病9 494例，发病率1 183.67/10万，其中甲乙类传染病11种，发病4 546例，发病率566.78/10万，同比上升5.46%。死亡1例，死亡率0.12/10万。流行性出血热发病 3 例，发病率 0.37/10 万。丙类传染病发病 4 948例，发病率 616.98/10 万。病毒性肝炎发病 515 例，发病率 64.21/10 万。痢疾发病2 552例，发病率 318.27/10 万。急性感染发病 22 例，发病率 2.74/10 万。4—10 月，全区开设肠道门诊 23 个，诊治病人 17 537人次，其中痢疾3 193例。肠炎4 907例，腹泻 9 437例，悬滴率和便培养率均 100%。

结核病防治。本区户口活动性肺结核发病 322 人，发病率 31.2/10 万。菌阳肺结核监化率 95.8%。全年结核门诊4 022人次，发现本市菌阳结核病人 62 例，对 60 人监化管理，监化率 96.8%。全年访视病人1 064人次，监化6 405人次。新生儿卡介苗接种 900 人，接种率 100%，阳性率 88.26%。

地方病管理。根据市站监测方案，用 B 超法检查 80 名学生，其中甲状腺肿大 6 人，肿大率 7.5%，检测尿碘 26 份，结果均在正常范围。对盐库碘盐定量检测 300 份，合格 247 份，合格率 82.3%；对商店碘盐定量检测 300 份，合格 284 份，合格率 94.7%。对屠宰厂从业人员进行布氏病监测 38 人，抽血检查均为阴性。

公共卫生。全区有公共场所经营单位1 337户，经营性卫生监测7 341户次，合格率 89.99%，监督覆盖率 100%。对从业人员体检6 143人，检出澳抗阳性 3 人。共培训2 297人次，全年公共场所共监测16 738 项次，合格16 053项次，合格率 95.91%。

全区生活饮用水二次供水 294 户，末稍水监测 100 件，370 件项，合格 100 件，合格率 100%，换证率 100%。全区共有 23 个游泳场馆，均在开业前办理了卫生许可证。

食品卫生。全区有食品生产经营单位10 940户，其中中小餐馆 923 户，集体食堂1 206户，加工厂 306 户，宾馆、饭店、招待所 580 户，大型副食商场 48 户，批发零售企业3 764户，累计从业人员61 645人。全年共进行监督40 362户次，合格率 72.6%。新发卫生许可证5 467户，复验换证2 393户。监测4 583件。处理人民来信来访 77 件。行政处罚 848 次，罚款 132 080元。注销食品卫生不达标 316 户。按照标准改造重新换发卫生许可证 608 户。对食品从业人员体检 61 645人，体检率 97.6%，检出“五病”人员1 674 人。食品从业人员持证上岗率 90%，全年发生食物中毒 2 起 47 人，无死亡，查明原因率 100%。食物中毒发生率 5.85/10 万。培训食品从业人员54 765人，举办食品卫生法知识培训班 11 期，547 人参加。

劳动卫生。全年经常性监督 54 个企业，发出监督意见书 8 份，监测 79 个工作点样品 252 件。粉尘 66个工作点样品 105 件，噪声 83 个工作点样品 84 件。为特种作业人员体检1 598人，为接触有毒有害从业人员共 49 个单位的2 274人进行体检，因病调离岗位 5 人。

性病防治。全年报告2 242例，其中淋病1 133例，尖锐湿疣 655 例，梅毒 200 例，非淋菌性尿道感染 216 例，生殖疱疹 34 例，软下疳 4 例。全年性病门诊 359 人。对 HIV 高危人群检测1 423件。

学校卫生。全区有学校 204 所，其中小学 118 所，中学 62 所，中技 20 所，高校 4 所，在校生 105 225人。对 11 所学校6 927名学生进行体检，营养不良 872 人，占 12.59%，肥胖1 400人，占 20.21%；视力不良 2 260 人，占 32.63%；龋齿 1 490 人，占 21.51%；贫血 416 人，占实查6 752人的 0.06%；蛔虫 82 人，占实查4 052人的 0.02%。

**爱国卫生** 开展了迎接国庆 50 周年和迎接第四次全国城市卫生综合检查为主线的城市卫生综合整治，清除小广告1 384万张，综合治理了 70 公里铁路沿线的脏乱环境，取缔了废品收购点 12 个。专项治理了学校和医院周边环境。在改造市场设施中，新增垃圾桶4 225个，投放“除四害”药品3 580公斤。除长辛店镇、南苑镇、和义地区外，其它地区全部建设了密闭式垃圾房。全区有 11 个街道基本实现了零件收集密闭化管理。城镇新建和翻改建公厕 104 座，建设密闭式垃圾站 6 座，15 座垃圾楼地坑通市政管线，解决了通污问题，多次组织全区大规模的统一灭蟑、灭鼠投药日活动。区爱卫办下拨各类药品 30 多吨。区商委组织本系统投鼠药 640 公斤，设鼠盒1 880个；环卫系统在垃圾站、公厕投灭蚊蝇药 4 吨；水利系统投鼠药1 000公斤，在沿河道 100 公里范围内消除鼠洞 2 989处，清理蚊蝇孳生地1 530处。各集贸市场新增投药3 480公斤。全年共查1 547个各类有公共场所单位，发出“警告”、限期改正通知书 37 份，处罚个人 300 人次，罚款3 000元。张贴“禁止吸烟”标志1 332 块。

改水改厕。全年区、乡、村、个人共投资 355.61 万元，新建公厕 72 座，改建公厕 70 座。其中卫生式公厕 110 座，无害化公厕 32 座。新建户厕 80 座。改建户厕1 225座。全区有自备水源井 106 个，简易自来水 90 个。有高层建筑供水设施 294 个，监测率 100%，新发卫生许可证 69 个，发证率 100%，监测率 100%。

**妇幼保健** 全区孕产妇3 570人，孕产妇系统管理率 95.76%。孕产妇死亡 1 例。围产儿死亡 22 例，死亡率 6.11‰。早期新生儿死亡 10 例，死亡率 6.11‰。0—4 岁儿童死亡 28 人，死亡率 6.69‰。0—4 个月母乳喂养率 98.27%。

儿童保健。新生儿活产3 586人，新生儿管理覆盖率98.31%。0—6岁儿童系统管理率98.31%，系统管理合格率93.07%。7岁以下儿童32 067人，体检29 852人，体检率93%。全区中度和重度低体重153人，发生率0.51%；中度和重度发育迟缓129人，发生率0.43%；中度和重度消瘦140人，发生率0.47%；佝偻病患病182人，患病率1.54%；贫血患病98人，患病率3.32%；视力不良发生率7.20%，龋齿患病率24.36%，听力可疑异常3人。

女工保健。开展妇女病普查，实查13 449人，普查率90%。妇女病发病率48.59%。查出妇科病5 278人，主要病种有：滴虫性阴道炎164人，治疗144人；宫颈糜烂2 744人，治疗2 340人；二度以上子宫脱垂2人，治疗1人；乳腺癌1人。全区婚检12 401人，婚检率98.2%。在区妇幼保健所婚检9 764人，其中男4 865人，女4 899人，检出患病人数606人，疾病检出率6.21%，其中影响婚育303人。进行婚前宣教9 105人，宣教率93.3%。

计划生育。全年计划生育手术总例数24 060例，其中放环3 262例，取环2 302例，皮下埋植104例，取出127例，输卵管结扎97例，人工流产9 747例，引产508例。全区手术单位均已实行标准化统一管理，建立健全了质量管理登记制度，做到统一病历统一登记，按要求统一填写。手术人员持证上岗。对全区主治医师以上人员122人进行了培训，培训率79%。

**医疗工作**　全区各级各类医疗机构共完成诊疗406.4万人次，门诊299.3万人次，急诊33.2万人次。设有各级各类医院57所（含4所乡卫生院），实有床位5 475张，收住院4.8万人次，出院4.8万人次，区属医院床位使用率63.84%，治愈率50.1%，病死率2.67%。社办医院床位使用率42.48%，治愈率38.10%，病死率2.38%。驻区医院床位使用率63.30%，治愈率60.34%，病死率3.25%。全年共开设家庭病床1 049张。

全区共有县及县以上医院20所，卫生技术人员5 724人。共诊疗317.2万人次，门急诊247.3万人次。实有床位4 066张。收住院4.1万人次，出院4.1万人次。病床使用率63.2%，治愈率58.6%，好转率34.8%，病死率3.23%。部分县级县以上医院，7日确诊率97.7%，病房抢救成功率83.7%，手术诊断符合率99.5%。

医疗管理。重点抓医疗质量基础工作，狠抓病历书写质量。出台了《丰台区病历质量评价标准》。各医院加强自查自纠，丰台医院成立了医疗质量管理小组，并举办优秀病历展览，南苑医院、长辛店医院、铁营医院也相应制定了病历质量管理措施，各医院整体水平有了较大提高。各医院采取不同方式加强医疗安全管理，全系统发生差错和医疗纠纷起数与往年相比有所下降。按照市卫生局的部署，进行医师资格认定、执业医师注册、考试申报，对全区各级各类医疗机构的人员分期分批进行医师法的培训和考试。共设30个考点，97个考场，4 926人参加了考试，合格率达99%。

护理工作。制定了《丰台区实施整体护理工作质量评价标准（试行）》及整体护理病历统一规范表格。在直属二级医院的25个病区中，有12个已开展了整体护理工作，占病区总数的48%。直属4所二级医院及二级试点一级医院的主管院长和护理部主任到兄弟单位进行了参观学习。

社区卫生服务。全区有42所社区卫生服务站，其中新建16所，并全部通过市卫生局、财政局、社会保障局的联合检查验收。被列入市科委科技发展规划的“方庄社区综合性健康示范工程”（1997—1999）顺利通过科研项目验收。铁营医院、方庄第一医院、丰台卫生学校分别为区全科医疗临床实习基地、社区实习基地、继续教育基地。全区的社区卫生服务站为社区居民建立健康档案32 059份，签订家庭保健合同6 865份，总服务达13万人次。为1 000名持有“北京人奔向2000年”健康自助卡的社区居民进行了相应免费服务。

社民办医疗、个体医疗。全区共有社民办医疗机构32个，卫技人员955人，共有床位1 048张。全年诊疗22.6万人次，住院4 016人次。进行了“三基”考试，共参加170人，其中医师110人，护士60人，考试成绩合格率100%。依法关闭非法出租房屋、非法联合办医30个，清退外地不符合要求行医人员32人；对2所医院、1所门诊部、10所诊所停业整顿。

建设文明医院。开展“四争创，树立四个形象”活动。成立了活动领导小组，制定了《卫生系统创建文明行业规范化服务达标意见》，各医院结合本单位实际情况开展了创建活动。根据市卫生局部署，局党委制定并下发了《关于丰台区卫生系统创建文明行业实现规范化服务达标的意见》和《社区卫生服务站规范化服务标准》，卫生局加强检查狠抓落实，经过整改和完善，全区26个社区卫生服务站全部通过市卫生局考核小组验收并达标。铁营医院、卢沟桥医院被评为“四争创，树立四个形象”先进单位；全系统15个单位的50名职工被同时评为先进个人。长辛店医院、大红门医院、方庄医院、妇幼保健所被评为市级文明单位，铁营医院、兴隆中医院、卢沟桥医院、卫生防疫站、卫生学校、方庄幼儿园被评为区级文明单位。

**药政管理** 重点对52家药品经营企业进行了年检，对全区33个有一类精神药品、麻醉药品单位的使用情况进行抽查，对全区82个医药单位的饮片进行专项检查，为11家经营企业验收审核经营资格。积极做好各种举报、投诉的查处，全年立案8起，罚没款4万元，没收药品963种。根据市卫生局“关于开展全市保健品市场专项治理整顿”的工作部署，对全区保健品市场进行检查，共查66个单位，纠正超范围经营27家。完成217个单位的监督，抽检药品945件，不合格率为5.4%。在贯彻执行各项法律、法规中，依法做出行政处罚1 023次，罚款金额18万元，没收非法所得28 172元，责令停产停业18次，吊销执照（许可证）14次，进行其他行政处罚516次。区人大年内视察了关于食品卫生、生活饮用水卫生、放射卫生有关法律法规的贯彻落实情况。

**科研与教育** 共组织申报市、区级科研课题7项，已经获得区级立项4项。全系统共申报市级科研成果2项，申报区科研成果8项，并全部通过初审鉴定。举办了科技论文交流会，共交流论文17篇，利用计算机上网搜集国内外专业信息400余条，被利用专业信息30余条。

区卫生学校完成了护理、检验专业8个班在校学习任务，总计7 413学时。招收新生76人，其中护士43人，检验士33人。

**红十字会** 全区有红十字会员36 579名，基层红会组织290个，全区有红十字卫生站79个。开展扶贫济困、捐资助学活动。春节前区红会慰问了王佐乡、卢沟桥乡特困户及残疾人家庭。在开展“送温暖”活动中，共救助特困、残疾人家庭293户，救助款物总价值126 960元。为长辛店北岗洼小学捐助价值2 000元的体育器材。组织红十字会会员参加北京市第六次社区志愿者服务日活动。在全区215个居民区中开展了活动。

**计划财务** 全年卫生事业上级拨款3 463万元，同比增加15.4%。其中专项拨款1 015万元。全系统业务收入18 008万元，同比增加3 508万元，增长24.2%，人均创收6.8万元；业务支出18 338万元，同比增加4 938万元，增长36.9%。全系统购置各种（类）医疗设备、仪器共896.1万元，同比投入增加40%。对10万元以上大型设备仪器集中采购，共买15种54件，投资582.45万元，节约资金90万元。

**基本建设** 纳入年度计划的防疫站二期工程（建筑面积9 028平方米）、西罗园医院门诊楼（建筑面积2 206平方米）、区妇幼保健院已验收。长辛店医院门诊楼加层（3 800平方米）和丰台医院门诊楼装修竣工，投入使用。完成了7个直属单位取暖锅炉、茶炉、火灶的大气污染治理。 （杨西娜）

# 石景山区

**概况** 全区设8个街道办事处，263个居委会，1个乡，8个行政村，全区常驻人口326 803人。全区有卫生机构209个，其中医院22个，卫生院1个，疗养院2个，门诊部14个，专科防治所（站）4个，卫生防疫机构3个，药品检验机构1个，医学科研机构1个，高等医学教育机构1个，中等医学教育机构2个，其他卫生事业机构2个，诊所及卫生保健所医务室合计156个。全区有卫生技术人员5 170人，其中医生2 231人，护士1 975人；床位3 746张。平均每千人口拥有床位11.46张，其中医院床位9.32张，卫生技术人员15.82人，医生6.83人，护士6.04人。区属卫生机构共17个，卫生技术人员1 002人，其中医生427人，护士398人，其他卫生技术人员177人，床位530张。

生命统计。出生1 512人，出生率4.64‰，死亡1 578人，死亡率4.85‰，自然增长率-0.21‰。因病死亡1 477人，占总死亡率93.61%。平均期望寿命73.99岁，其中男性72.64岁，女性75.53岁。死因顺位（前十位）：恶性肿瘤，脑血管病，心脏病，呼吸系统疾病，损伤与中毒，诊断不明，神经系统疾病，泌尿生殖系统疾病，消化系统疾病，内分泌营养代谢系统疾病。

**卫生改革** 按照石编办［1999］26号文件精神，区卫生局内设机构区公费医疗办公室于1999年6月整建制划归区劳动和社会保障局，人、财、物于1999年6月交接完毕。

为使卫生执法和疾病监测分离，加强行政执法力度，依据国家、市主管部门有关精神并结合区执法工作的实际情况，编制方案，成立体制改革考核小组，积极运作卫生体制改革。

**公共卫生与疾病防治** 预防接种。全区儿童总数12 699人，预防接种建卡数12 699人，建卡率100%，四苗覆盖率99.9%，脊灰合格接种率100%，三联合格接种率100%，麻疹合格接种率100%。

传染病管理。本地人口年平均323 744人，外地人口年平均80 640人，全年法定传染病总发病6 304例，发病率1 558.91/10万。其中甲乙类传染病发病1 433例，发病率411.73/10万；痢疾发病1 118例，发病率321.23/10万；肝炎发病171例，发病率49.13/10万，访视率100%。肠道门诊年报告率100%，抗菌素使用率30.57%，ORS使用率90%。

结核病防治。建立三级防治网9个，全年新发病76例（其中本市41例，外地35例）。治疗76例，监化率100%。新生儿卡介苗接种1 192人，接种率98.8%。

公共卫生。全区有楼堂馆所552个，全年监测367个，采样16 857件，合格率87%，监督2 165户次。体检3 029人，体检率89%；培训3 029人，培训率89%。

饮水卫生。自备井单位25个，水井46个，二次供水单位48个，水箱66个。监督181户次，监督覆盖率162%，监督合格率96%。水质监测点24个，监测36件次，合格34件次，合格率94%。饮水管理人员体检68人，体检率100%。

食品卫生。全区在册食品生产经营单位及个体食品商贩3 871户。其中内部职工食堂482个，饮食服务业453户，批发零售业408户，生产加工业205户（粮油31户，糕点34户，调味品13户，豆制品16户，其他111户），集贸、农贸市场28个，各种食品摊点2 323户。全区有食品行业从业人员19 000人。全区有在岗食品卫生监督人员23人，其中机关5人，聘请区防疫站11人，首钢防疫站7人。

劳动卫生。全区接触毒害物质单位39个，职工17 747人，其中从事有害作业职工4 087人。监测单位10个，监测点62个，监测合格率63%；监督单位10个，监督15户次，覆盖率38.5%，其中粉尘作业点19个，合格9个，合格率47.4%；毒物作业点11个，合格11个，合格率100%。本年度体检1 331人，体检率30.3%，因病调离61人，对300名从业人员进行了卫生知识培训。

学校卫生。中小学生体检5 856人，占总数的99.3%。蛔虫监测3 675人，感染率3.81%，治疗率100%；贫血检查5 876人，患病率8.85%，治疗率100%；龋齿检查5 856人，患龋2 199人，患龋率37.6%，充填率41.5%；视力普查2 624人，近视率44.8%；沙眼检查471人，检出率8.04%，治疗率100%；营养不良检查775人，发病率13.2%。

健康教育。社区健教点8个，开展系列讲座3次，印制宣传品16种、20 500份。

**爱国卫生** 以迎接第四次全国卫生城市检查和建国50周年为中心，使全区的整体卫生水平有了很大提高，取得了在两次全市卫生城模拟检查中分别为近郊区组第二名和城近郊八区第一名的好成绩。在全国卫生检查团检查本区的市容卫生、单位和居民卫生以及健康教育工作时，得到检查团的好评。荣获北京市迎检领导小组颁发的“优秀组织奖”。

**妇幼保健** 妇女保健。产前检查1 302人，检查率100%；产后访视1 147人，访视率88.16%；系统管理率78.09%。产妇1 302人，其中高危产妇378人，住院监护分娩1 302人，无孕产妇死亡。母乳喂养1 025人，母乳喂养率84.9%。

儿童保健。活产婴儿1 301人，婴儿死亡9人，死亡率6.92‰；5岁以下儿童死亡10人，死亡率7.69‰；新生儿访视1 113人，访视率85.5%；0—7岁儿童12 699人，日常监测12 412人，监测率97.7%；出生缺陷监测1 293人，缺陷儿13人，发生率10.05‰。

女工保健。妇女病普查6 036人，患妇女病1 807人，查出癌症2人。婚前检查4 887人，患病308人。

计划生育技术管理。检查验收计划生育手术室17个，培训考核计划生育技术人员108人。

**医疗工作** 区属医疗单位年门诊364 185人次，急诊55 099人次，急诊危重病人抢救成功率81.46%，病房危重病人抢救成功率85.40%。年入院5 796人次，出院5 838人次，病床使用率85.28%，治愈率51.19%，好转率41.33%，病死率3.44%。出入院诊断符合率99.43%，7日确诊率95.86%。

社区医疗。在原有6个社区卫生服务站的基础上，新建社区卫生服务站及中心11个，使全区社区卫生服务站及中心的网点覆盖率达到66%，人口覆盖率达71%。截止1999年底，17个社区卫生服务站和中心共建立了62 329份居民健康档案，门诊278 508人次，出诊8 107人次，建立家庭病床410张，管理高血压病人3 990人，糖尿病病人899人，对居民进行健康教育与培训213场次，医疗咨询35 968人次，使居民健康教育普及率达到80%。

农村合作医疗。全区合作医疗工作人口覆盖率73%，开展合作医疗工作村覆盖率100%。

卫生扶贫。组织辖区内8家医院分别到延庆、门头沟等地开展送医送药和免费咨询工作，派出12个医疗队，诊治患者达1 198人次，指导手术12例，援助医疗设备达4.9万元。

个体办医。全区有个体医33人。

**药政管理** 全区有药品生产厂2户（由市卫生局

直接监督管理），药品经营企业27户（其中批发2户，零售25户）。全年监督检查101户次，药品经营企业监督检查率达100%，门诊部以上医疗单位监督检查率达76%。全年行政处罚共8起，罚没款共计6 996元。

**医学教育** 确定了389项区级继续教育项目，全年共投入继续教育经费33万元。全局应参加继续教育的卫生专业技术人员935人，1999年参加继续教育的卫生专业技术人员935人，其中867人累计达到72学时。有119人次参加了各类进修及学历教育，其中参加进修31人，参加学历教育88人（大本22人，大专66人）。

**科研工作** 开展区级科研课题10项，4项获区科技进步三等奖。

**红十字会** 有会员14 764人，救护队100个，红十字学校6所，红十字卫生站14个，卫生站工作人员23人，治疗52 000人次，126名孤寡老人得到红十字志愿工作者定期的包户服务。

**计划财务** 卫生事业费上级拨款15 618 000万元（其中专款500万元），全额单位业务支出11 539 516元，差额单位业务支出82 974 009元（其中专支23 094 827元），全额单位业务收入9 084 463元，差额单位业务收入75 549 873元。

**基本建设** 新建2 324平方米的区妇幼保健院经过联合验收，于5月开院。建筑面积2 000平方米的石景山医院五里坨门诊楼于10月竣工。

（乔彦云）

# 门头沟区

**概况** 全区有4个街道办事处、1个地区办事处，7个镇，3个乡。城乡人口23.31万人。辖区共有医疗卫生机构152个，卫生技术人员2 493人，其中医生1 511人，护理人员972人，设床位1 996张。区属卫生机构28个，卫生人员1 522人，其中卫技人员1 192人，有床位736张。

生命统计。出生1 483人，出生率6.32‰；死亡1 730人，死亡率7.37‰；自然增长率－1.05‰；因病死亡1 618人，占总死亡率93.53%。死因顺位前十位依次为：心脏病，脑血管病，恶性肿瘤，呼吸系统病，损伤中毒，消化系统病，泌尿生殖系疾病，糖尿病，传染病，先天异常。

**卫生改革** 加强了基层医疗机构领导干部管理，共调整基层领导班子4个，调整领导干部12人，其中新任4人、党政一身兼2人、按期转正1人、免职2人、其它3人。进一步实行减员增效，在1998年裁减临时工83人的基础上，又继续裁减临时工12人，共裁减95人，占临时工总数的53%。深化改革，制定了以“因需设岗、以岗定编，竞争上岗、双向选择，聘约管理、评聘分开，下岗分流、待岗培训，结构工资、以收定支”为主要内容的人事、分配制度改革实施方案，为下一步医疗机构实行综合配套改革奠定了基础。优化结构，调整布局，将永定卫生院精神病房与龙泉医院合并，集中力量，发展特色专科业务。对乡镇卫生院功能重新定位，采取合并不撤点的办法，将中心卫生院与附近小型乡镇卫生院合并，对机构内部的人、财、物进行重新配备，实行统一管理，共享共用，如将大村、田庄卫生院与雁翅中心卫生院合并，实行了统一管理。

农村卫生。继续开展了城乡对口支援活动。区属17个医疗单位分别同西城区医疗单位两两挂钩。年内西城区为本区培训卫生技术人员20人；支援各类设备103件，价值25万元；组织义诊活动11次，诊治病人约4 000人次，帮助开展新医疗项目4个。同时，本区城镇医疗卫生单位继续实施对乡镇卫生院的技术支援。年内共派出21名医务人员分别到各卫生院工作一年，下乡医务人员共诊治病人6 253人次，开展各类手术94例；帮助卫生院开展了计划生育、外科手术、检验、B超、心电图、超声雾化等技术项目，受到当地群众的欢迎。

合作医疗工作。经过充分调查研究，确立了在全区推广以“大病补偿”为特征的“乡办乡管”形式的合作医疗。区政府下发了《门头沟区农村合作医疗实施办法》并在各乡镇抓紧落实。至年末，全区已有141个行政村实行了合作医疗，73 000余人参加。行政村覆盖率88%，人口覆盖率达到86%，基本完成了市政府下达的预定目标。

**公共卫生与疾病防治** 预防接种。为辖区17 268名儿童服苗接种，三苗接种率100%，四苗覆盖率：卡介苗、糖丸、三联、麻疹均达100%。四苗全程100%。儿童计划免疫保偿入保率63%。

传染病管理。法定传染病发病807例，发病率为

335.29/10万，其中痢疾发病258例，发病率107.27/10万，防视率100%；肝炎发病124例，发病率51.34/10万，访视率81%；肠道门诊2 563人次。

结核病防治。结核病三级防治网覆盖率100%。全年新发病29人，监化率100%。受检人数12 909人，涂阳病人数11人，涂阳患病率11/10万。痰菌阴转率100%。新生儿卡介苗接种2 024人，接种率95.8%。

公共卫生。全年纳入卫生监督的公共场所479户，仪器监测3 057件次，采样4 715件，合格率98.3%。

食品卫生。全区共有食品生产经营单位1 587户，其中职工食堂130户。共审批卫生许可证1 329户，其中集体530户，个体799户。冷饮加工厂复验8个。饮食从业人员体检4 668人，合格4 470人，发健康证4 470人，调离198人。办食品卫生学习班29期，有4 703人参加培训。食品卫生监督检查7 300户次，达标率为98.19%，比上年增加了3个百分点；对饮食行业食品卫生实行规范管理达60%以上；食物中毒发生率控制在市规定指标12/10万以内。

劳动卫生。全区接触有毒有害单位457个，职工25 692人，监测16个单位，体检132人，合格123人，合格率93.18%，调离9人。

学校卫生。年内小学体检人数16 068人。中、小学视力检查23 026人，合格率80.03%。口腔卫生共监测22 616人，小学生患龋牙16 023颗，龋均1.0；中学生患龋牙1 223颗，龋均0.19。

**妇幼保健** 通过市级评估验收爱婴医院5所，住院母乳喂养率100%，0—4月婴儿母乳喂养率93%。婚检覆盖率100%，疾病检出率4.83%。残疾儿出生率10.24‰。孕产妇系统管理率86.19%，高危孕产妇管理率100%，孕产妇住院分娩率99.40%。围产儿死亡率16.93‰，新生儿死亡率9.67‰，无新生儿破伤风发生。儿童系统管理率9.53%。婴儿死亡率10.48‰；5岁以下儿童死亡率11.29‰。妇幼保健业务培训45期，其中市级培训班31次，培训500余人；妇女病普查2 974人，普查率5.97%；实施计划生育手术8 463例，无差错事故发生，无手术并发症。

**医疗工作** 以强化医护管理为主要手段，狠抓了医护质量，并有显著提高。除对1998年技术考核标准予以修订外，还制定了有关质量管理的单项考核标准，并加强了日常考核监督。年内，在全系统开展了“五无、五不”活动，即科室达到无事故差错、无纠纷、无违章、无乱收费、无投诉；个人做到不出责任事故、不违章操作、不收礼、不吃请、不发生有损医德医风现象等要求，收到显著效果。全系统各医疗单位没有医疗事故和差错发生。

进一步加强了社区卫生服务，巩固成果，完善各项管理制度。规划建站18个，向市局申报16个，已通过市局验收合格的10个。各医疗单位开展了入户出诊、电话应诊、24小时门诊、节假日门诊、老年门诊、家庭病床等50多项便民利民医疗服务，还建立完善社区居民急救制度并向800名居民发放了急救卡。据统计，全年社区门诊共20 000人次，比上年增加了2.5倍，设家庭病床90张，出诊1 980人次，比上年增加了1.4倍，为居民建健康档案500份。

区属医疗机构全年门诊389 308人次，急诊39 892人次；体检19 157人次；住院5 890人次，病床使用率51.13%；治愈率65.96%，好转率28.01%，死亡率2.19%；平均病床周转7.98次；平均住院日17天。

**药政管理** 坚持国营主渠道进药，严禁假劣药品流入。检验药品487件，合格472件，合格率95.8%；抽验覆盖率61.7%。辖区截止年底共有药品经营企业11家，其中药品批发企业2家。取缔非法游医药贩32起，没收全部药械（药品200余种），价值人民币6 390余元，罚款1 300元。清理过期药品400余个品种，折合人民币40万元，全部停止使用（报市卫生局统一处理）。查处假药23盒，价值人民币3 174元。监督销毁火灾污染的药品213种，价值4万余元。全年专项监督检查187次，检查覆盖率97%。验证外埠药品126件，其中中药饮片不合格2件，不合格率0.16%；中成药、西药均合格。

**医学教育** 在原区卫校基础上，建立了《门头沟区卫生职业教育培训中心》，增加了对本系统内各类人员的培训功能。当年举办各种培训班11个，培训2 500余人次。在市卫生局大力支持下，该中心还集资10余万元，建起了计算机教室。卫生局审批继续教育基地3个及区级认可项目101项；完成全区145名参加全国医师资格考试医师的审验、申报工作；组织本系统初级医护人员960人参加年度医疗“三基”训练；审验继续教育学分登记册1 890份；顺利通过市卫生局对本区1996－1998年继续教育评估检查和乡村医生“两化教育复评”。局医政科被市卫生局评为1999年北京市卫生系统继续教育工作先进科室。

**科研工作** 申报科研项目16项，申报区级科技进步奖2项，组织完成科技周活动，并组织市、区专家医务人员到山区巡回义诊20余次。

**红十字会** 有团体会员单位15个，会员8 182人；为5名山区贫困白内障患者做了免费复明手术；开展募捐活动，组织向贫困山区捐献衣物；开展青少年社会服务活动，注重培养学生的动手能力和卫生保健知识的教育；有4名学生获“北京市百名优秀红十字青少年”的称号。

**计划财务** 卫生事业上级拨款1 917万元，支出1 917万元；差额补助费支出1 917万元，业务收入5 739万元；支出7 583万元。

公费医疗。下半年，公费医疗办公室编制划归劳动和社会保障局管理。

**基本建设** 加强了医疗环境的改善，全年新建、扩建业务用房面积980.42平方米；翻修2 880平方米，绿化美化2 110平方米。 （于 虹）

# 房 山 区

**概况** 全区人口75.2万人，辖12个乡，12个镇，6个地区街道办事处，463个行政村，256个居委会。区属卫生机构45个（含燕山5个），其中全民31个，集体14个；卫生人员3 471人，其中卫技人员2 536人，包括医生1 232人（其中西医1 019人、中医213人），护理人员806人；有床位1 718张。全区（含中央、市属医院）公立卫生机构148个；卫生人员6 208人，其中卫技人员4 642人，包括医生2 112人（西医1 863人、中医247人），护理人员1 723人；有病床3 985张；全区每千人口平均拥有医生2.81人，护理人员2.29人，卫技人员6.17人，医院床位5.30张。

生命统计。出生5 691人，出生率7.60‰；死亡4 846人，死亡率6.4‰；自然增长率1.2‰。因病死亡4 587人，占死亡总数的94.65%。死因顺位前十位依次是：脑血管病，心脏病，呼吸系病，肿瘤，损伤和中毒，内分泌疾病，消化系统疾病，泌尿生殖系统疾病，先天异常，神经系统疾病。

人均期望寿命70.08岁，其中男69.26岁，女72.46岁。

**卫生改革** 全区实行合作医疗的乡镇有28个，行政村440个，人口44.27万人，合作医疗乡镇覆盖率100%，行政村覆盖率95%，人口覆盖率90.3%。精神卫生保健院和周口店中心卫生院重组转制，改革产权制度，创办了多元投资、“大专科、小综合”办院模式。乡村一体化及乡卫生院、村卫生室统一购药在16个乡镇实行，房山、良乡两地社区卫生服务网络基本形成。人事制度改革正式启动，葫芦垡、岳各庄2所卫生院实行院长招聘制。

全区有个体医192家，从业人员192人；有村级医疗网点745个，乡村医生1 082人。

**公共卫生与疾病防治** 预防接种。6岁以下儿童34 784人，建卡率100%，四苗接种率99.9%。

传染病管理。传染病总发病率254.87/10万，其中甲乙类传染病发病率150.80/10万。肠道门诊1 925人次，痢疾患病人数606人，发病率81.38/10万。肝炎患病人数280人，发病率37.33/10万。

结核病防治。区结防所全年共接诊患者3 551人次，确诊肺结核194例，其中传染源66例，非传染源128例。全年访视病人121人次，访视率84%。实施全监短程化疗65例，全监化疗率98.4%，肺结核病人监化完成率89.3%，治愈率98.4%，查痰合格率100%。结核病疫情监测覆盖10乡镇，共监测48 882人，14岁以下人群结核病感染率年平均4%，结核感染人群发病率35/万，说明青少年儿童结核病感染严重。

精神病防治。精神病人监护率90%，为全区58名患者免费供药。精神卫生保健院收治住院病人84人，出院70人，出院病人中痊愈14人，好转55人，死亡1人。

地方病防治。抽样调查8—10岁儿童甲状腺肿大率2.5%，在中小学等重点人群继续普服碘丸。

公共卫生。生活饮用水监督34个单位，监督覆盖率100%，发放卫生许可证34个。公共场所卫生监督3 872件，监督合格率97.44%；从业人员体检1 572人，体检率100%，查出患病并调离32人。

食品卫生。食品生产经营单位7 368户，其中集体食堂434户，新审批发放食品卫生许可证2 976户。复验食品卫生许可证197户。食品从业人员体检15 645人，其中合格15 321人，查出并调离肝炎病毒携带者324人。共举办食品从业人员学习班151期。食品卫生监督9 403户次，监督合格率98.8%，抽检合格率79.3%，无食物中毒事故发生。行政处罚59户次，处罚金额1.26万元。100平方米以下小型餐饮业进行专项整顿，共整顿780家。

劳动卫生。接触有毒有害物质单位68个，职工22 014人，监测65个点，抽样195件，监测覆盖率41%。体检197人，无可疑职业病。

学校卫生。学生体检5 105人，其中中学生2 788人，小学生2 317人。中学生视力低下率23.53%，龋齿患病率9.83%。小学生视力低下率8.8%，龋齿患者率25.03%。

**爱国卫生** 全年开展8次环境综合治理，其中月末清洁日活动6次，组织群众10万人次，清运垃圾5 000余吨，清理垃圾死角200余处，农村改厕2 355户，南韩继等5个村被评为北京市文明卫生村，秋季爱国卫生大检查在10个远郊区县评比并列第一。在28个乡镇开展灭鼠活动，投鼠药12吨。界定禁烟公共场所300个。

**妇幼保健** 妇女病普查30 569人，查出患滴虫性阴道炎319人，宫颈糜烂353人，治疗率99%。孕产妇系统管理率58.28%，高危产妇管理率100%，产前检查率92.11%，住院分娩率95.06%，产后访视率87.77%，无孕产妇死亡。

儿童保健。覆盖率92.81%，系统管理率89.32%。新生儿疾病筛查率90.41%，母乳喂养率95.44%，婴儿死亡率11.37‰，围产儿死亡率17.97‰，出生缺陷6人。0—6岁儿童体检37 956人，查出贫血1 491人，龋齿3 152人，视力低下453人。

婚前检查11 088人，婚检率95.58%；各种节育手术19 468例。

**医疗工作** 门诊409.97万人次，其中区卫生系统151.05万人次（区级医院79.9万人次，中心卫生院44.71万人次，一般卫生院26.38万人次），个体医42.78万人次，村卫生室98.3万人次。区卫生系统急诊92 471人次，急诊留观42 859人次，入院病人44 430人次，出院36 049人次，危重病人抢救6 282人次。区级医院住院治愈率54.72%，好转率38.75%，病死率2.09%，病床周转22.74次，病床使用率64.57%。中心卫生院住院治愈率65.37%，好转率33.68%，病死率0.3%，病床周转31.7次，病床使用率44.07%。一般卫生院住院治愈率68.87%，好转率29.3%，病死率0.12%，病床周转15.88次，病床使用率26.95%。

**药政管理** 药品生产经营企业25个，监督检查270户次，共抽验药品620件，中药饮片合格率80.4%，西药合格率99.05%，中成药合格率98.15%。全年审验药品经营企业25个。举办麻醉药品管理使用人员培训班2次，参加学习人员315余人，药品从业人员体检400人。在全区组织《执业医师法》法规考试，3 000人参加。取缔游医药贩8家，专项整顿非法行医20余次，解决医疗纠纷16起。

**医学教育** 学历教育311人次，在职职工业务培训6 101人次，医务人员进修152人，实习589人。房山卫校在校生899人，年内毕业生255人。

**科研工作** 开展27项科研课题，有12项申报区级科研成果，其中获区级科技成果奖8项，有3项通过市卫生局科技成果鉴定。预防医学研究中心研制的“OUID口服液”获得卫生部健字批号。预防医学学科带头人王砚英被评为北京市50名楷模之一。年内晋升正高职称8人，副高职称14人，中级137人。

**红十字会** 基层组织总数95个，会员22 257名。99复明工程为23名贫困眼盲患者免费实施复明手术。房山城关小学通过北京市百家红十字学校标准验收。通过各种渠道募集善款16.94万元，向贫困地区和灾区捐助款物价值14.48万元。

公民献血11 462人份，超额186人份完成市下达的指标，房山区被评为北京市献血工作达标单位。在区第一医院建立了备用血库。

**计划财务** 卫生事业费上级拨款2 096万元，其中中医事业费148万元，乡镇卫生院差额补助费拨款275万元，卫生事业费总支出2 096万元。业务收入14 922万元，支出14 880万元。公费医疗工作在1999年11月转归劳动和社会保障局管理。

**基本建设** 年内竣工面积5 768平方米，投资910万元，完成防疫站业务楼、崇各庄卫生院、河北卫生院门诊楼建设工程。 （郑树信）

# 通州区

**概况** 全区设4个街道办事处、61个居委会、22个乡（镇）、482个自然村，全区总人口601 219人。卫生机构29个（均为全民），卫生人员总数3 345人（包括中央、市属医院），其中医生1 079人，护理人员837人，总床位1 788张，平均每千人口拥有医生1.8人，卫生技术人员3.9人，床位3.0张。

生命统计。出生3 650人，出生率6.12‰；死亡4 086人，死亡率6.85‰；自然增长率－0.73‰。因病死亡3 870人，占总死亡人数的94.7%。死因顺位前十位依次为：脑血管病，心血管病，恶性肿瘤，呼吸系统疾病，损伤与中毒，诊断不明，内分泌营养代谢及免疫疾病，消化系统病，泌尿生殖系统病，传染病。

**卫生改革** 区医院改革情况。主要从两方面入手，一是提高业务技术水平；二是提高服务质量。首先在以潞河医院为中心的区级医院抓学科建设，培养一批年富力强的学科带头人和业务技术骨干。大胆地引进新技术用于临床，使医院的医疗技术水平不断提高。其次加强区级医院功能建设，突出特色，潞河医院以高、新、尖技术为主，发挥医疗技术中心作用；中医医院以中医和老年康复为重点；妇幼保健院以妇科、产科、儿科为特色；新华医院向社区卫生服务中心和口腔科发展，以满足不同层次患者的需求。三是在农村卫生院开展学术专业组活动，把学习、研讨同临床密切结合，年内举办了多次学术讲座，对提高基层卫生院的医疗技术水平发挥了积极的作用。

辖区内共有医疗机构501个。其中个体医疗机构21个。按级别分：三级1个，二级5个，一级20个，门诊部、卫生所、医务室、卫生站等160个，村卫生室315个；按设置机构分：政府设置的337个，企业设置的136个，社会办的28个；按服务对象分：对内部的135个，对社会的366个。

乡（镇）卫生院15个，均为一级甲等卫生院。村卫生室315个，在岗医生508人，对乡医均实行了正规化管理，做到了百分之百经资格注册考试后合格者聘任上岗。全区共有482个自然村，按初保要求应设村卫生室的为342个村，实际有村卫生室317个，覆盖率92.69%。28个社会办医疗机构，其中全民的7个，私人办的21个。一级医院5个，门诊部3个，诊所19个，医务室1个。

初级卫生保健。根据卫生部和北京市的达标项目标准，区各乡镇均达到了标准要求，下一步的工作是如何巩固和发展已取得的成绩，使“2000年人人享有卫生保健”的标准不断得到提高。

**公共卫生与疾病防治** 预防接种。全区儿童总数3 234人，预防接种建卡3 234人，建卡率100%，儿童计免投保率100%，四苗接种率100%，四苗全程接种率99.83%，已连续15年无野毒株引起的脊髓灰质炎病例发生，四苗覆盖率100%。

传染病管理。1999年全区报告甲乙类传染病11种，1 403例，总发病率233.9/10万，上级下达250/10万，比计划降低16.1点，丙类传染病118.06/10万。肠道门诊3 099人次，其中本地2 404人次，外地695人次，年报告率100%；病毒性肝炎378例，发病率463.43/10万，访视率100%，占总发病率26.9%；痢疾发病815人，发病率135.90/10万，占总发病率的52.12%。

结核病防治。本区已全部建立了区、乡、村（317个村卫生室）三级防痨网，均有专职防痨大夫。年内未发生结核病暴发流行。全年结核病发病45人，其中新发病40人。均进行了全面监督化疗，管理率100%，新生儿卡介苗接种3 234人，接种率100%。

公共卫生。全区共有楼堂管所1 281户，年内采样2 423件，合格2 100件，合格率86.67%。

食品卫生。全区共有食品生产经营单位8 118户，其中，审批许可证新户309户，冷饮许可证29户，复验卫生许可证6户。从业人员1.9万人。年内对其中的5 103户进行了卫生监督检查，占总户数的62.8%，其中合格4 618户，合格率90.5%。监测食品16类、1 421件，合格1 315件，合格率92.5%。餐具效检13 163件，合格6 742件，合格率51.2%。行政处罚174起，其中罚款63起，罚金66 400元，销毁变质食品46起，计2 883公斤，取缔非法经营户65户，吊销卫生许可证4户。除做好日常监督、监测外，本区组织了4次集中执法检查，对农贸市场、学校食堂、小卖部、工地食堂、活动摊车进行了全面的卫生检查，对无照、卫生不合格的进行整改和取缔，大大改善了食品卫生状况。从业人员体检查出“五病”患者105人，均调离岗位。举办食品卫生学习班45期，4 977人参加培训。

劳动卫生。全区接触有毒有害单位231个，职工总数23 292人，实有作业点458个，实测作业点231个，合格点168个；实有人数3 095人，应检1 909人，体检963人，调离17人。

学校卫生。中小学生总数94 023人，监测13 470人，监测率14.33%；合格11 370人，合格率84.41%。检出沙眼2 404人，贫血507人，蛔虫629人，肥胖1 538人，营养不良1 964人，视力低下3 634人。龋齿填充817人，防治率48.78%；氟化物防龋13 000人次。

**爱国卫生** 1999年以迎接建国50年和澳门回归为目标，在全区范围内开展了大规模环境治理活动。治理的重点是卫星城、主要交通干道和各乡镇所在地。清除卫生死角，治理白色污染，拆除违章建筑和乱设的广告牌，美化绿化环境，把爱国卫生运动推向深入，年内狠抓了卫生村的建设，又建成了3个村达到市级卫生村标准（杨家洼、龙旺庄、皇木场），使本区的市级卫生标准村达到12个。组织开展评选“卫生之家”、“卫生楼门（院）”活动，发动居委会和居民大力清理街道、楼道乱堆乱放的物品，使城区50%以上的楼道、院落的卫生面貌有了改观。向20个乡镇发放农民健康教育图书17 000册，各乡镇重点抓了3个村的农户健康知识教育活动，宋庄、大杜社、马桥、次渠和于家务等乡还组织了知识竞赛活动。

进一步开展了除“四害”活动，组织了3次大规模灭鼠活动。第一次在爱国卫生月中重点抓了食品行业的灭鼠，第二次是5月底6月初，为配合全市紧急防病工作发动了一次灭鼠，有效地控制了鼠传疾病在本区的发生，第三次于11月底发动了冬季灭鼠活动。共投放鼠药和灭蚊蝇、灭蟑药20吨，鼠密度控制在农村3%、城口2%以内。

改水改厕。共完成472套污水冲厕装置，建三格式卫生厕所1 814座，完成了年初的2 000套计划。年初市爱委会在宋庄镇召开了北京市改厕现场会，把本区的污水冲厕改造工作向全市推广，先后有天津12个区县，北京市海淀、朝阳等8个区县来现场参观学习。

**妇幼保健** 妇女保健。上级下达指标为孕产妇死亡率控制在20/10万，婴儿死亡率10‰。实际婴儿死亡率7.61‰，比计划减少2.39点，全年无孕产妇死亡病例发生。全区健全了三级妇幼保健网，孕产妇系统管理率达78.64%，早孕建册已达到84%。加强高危妊娠筛查与管理，共筛出高危孕产妇1 372例，管理率达100%。围产儿死亡率13.78‰，母乳喂养率84.75%。

儿童保健。加强婴儿系统管理工作，提高全区儿童系统管理水平。开展0—6岁儿童生命监测工作，0—6岁儿童入保24 846人，入保率100%；实际管理22 371人，体检22 371人，系统管理率及体检率均为94.04%。加强了对集体儿童的系统保健体检工作，全区在园儿童3 048名，实查2 979名，体检率97.7%。

女工保健。全区应查妇女31 596人，实查16 158人，普查率51.14%，查出疾病5 983人，患病率37.03%，治疗率92.14%。加强生殖保健和婚检工作，提高婚检质量，减少出生缺陷。年内全区婚前体检7 373人，婚检率95.53%；检出疾病854人，疾病检出率11.58%。

计划生育。全区共有节育手术单位22个，管理率100%，节育手术并发症1.31/万。

**医疗工作** 全年门诊1 345 232人次，急诊104 386人次，急观35 585人次，危重病人抢救2 467人次，住院28 000人次，出院28 408人次，病床使用率65.3%，治愈率57.02%，好转率31.44%，死亡率1.51%。住院病人7日确诊率97.9%，入出院诊断符合率98.8%。其中，全年共接待外区（县）门诊病人3.2万人次，住院病人2 203人次。

病历质控情况。组织潞河医院、中医医院多年从事病历质量控制的专职人员对农口各单位的病历书写质量进行了一次全面检查指导，针对病历中存在的问题，组织了两次病历知识讲座，同时制订了《各级医院病案管理规定》和《病案检查评分标准》，下发到各医疗单位执行，使全区农口医疗单位病历书写质量有明显提高。年终每个单位随机抽取5份病历考评，甲级病历率达82.7%，消灭了丙级病历。

护理工作。在5月12日护士节期间，组织各医疗单位护理部主任和护士长召开了整体护理工作座谈会。潞河医院、中医医院和妇幼保健院分别介绍了他们开展整体护理工作的经验和体会，与会同志提高了对整体护理工作的认识，意识到护理工作在整个医疗过程中的作用。

建设文明医院。为提高领导干部的思想素质和科学管理水平，举办了两期正副院长培训班，聘请专家授课，交流经验；还在广大医务人员中开展职业道德和行风教育活动，要求各单位成立精神文明建设领导小组，一把手任组长，领导小组负责精神文明建设的宣传、落实和检查工作，有奖有罚。局党委也把精神文明建设纳入到一年两次局属各单位的年度考核工作中，根据制定的标准量化考核，树立“病人在我心中”的服务意识，坚持以病人为中心的服务宗旨，弘扬爱岗敬业、无私奉献的精神，激励广大医务人员全心全意为群众服务的积极性。同时积极开展对医务人员的人生观、价值观教育，使行业作风有明显改进；局属各单位还聘请有各界人士参加的社会监督员，定期召开会议，听取监督员和各界群众对医院工作的意见，充分发挥监督员的监督检查作用，不断改进医疗服务工作，群众的满意度也明显提高。一年来据不完全统计，医务人员拒收现金17 280元，收到锦旗18面，表扬信38封，拒请129次。

医疗设备管理。本区现有800元以上设备2 712台件，总价值9 040.76万元，设备完好使用率98.6%。年内各医疗单位新增万元以上设备158台。

**药政管理** 全区共有药品批发、经营单位47个，其中批发5个，零售38个，保健药品专柜4个。年内对辖区内的医疗机构共进行了1 045户次的监督检查，取缔非法医疗机构45个，执业人员48人，没收药品130余种。药政监督检查了98个单位，其中药品经营单位42个，占42.8%；医疗单位56个，占57.2%。举办药政法规培训班3期，31个单位共358人次参加。查处假劣药5起，罚款7 120.34元。

**医学教育** 共开展继续教育培训项目223个，参加继教学习1 867人，年内学习时间达72学时的1 766人，占94.5%；年内学分达25学分的1 725人，占总人数的92.3%。

为了贯彻落实《北京市乡村医生“九五”规划》，本区对乡医进行了“两化教育”，举办乡医中专班4

个，六科补课班3个，设18门专业课，参加考试人员1 784人次。乡医教育工作考核也纳入到乡镇卫生院目标管理责任制，保证每月脱产学习一天，继教学习册人手一份，每年考试两次，由卫生院组织培训。

1999年度接收研究生4人，本科生34人，专科10人，中专42人，共90人。

年内全系统进修人员182人，其中到区级医院进修52人，到市级医院进修130人。有352人续读大专，28人续读本科。

**科研工作** 卫生系统各医疗单位共发表论文88篇。其中国家级刊物发表58篇，市级刊物发表16篇，申报区级科技进步奖14篇。两个医疗单位召开了论文宣读会，宣读论文50篇，乡镇卫生院也在省市级刊物上发表了论文。

**计划财务** 卫生事业上级拨款1 419.6万元，基建拨款170万元，差额补助支出664万元，业务收入20 341万元，支出21 933万元。

公费医疗改革。1999年9月1日经区长办公会研究决定，公费医疗办公室归社会劳动保障局所属，并迁到车站路办公。

**基本建设** 移址新建的妇幼保健院是北京市重点工程，也是区政府为民办实事的项目之一，于1998年6月动工，1999年11月20日竣工交付使用，建筑面积9 986平方米，总投资1 500万元，开放床位150张。由香港尖沙咀街坊福利会同区政府共同投资兴建的柴厂屯卫生院于1999年6月10日破土动工，1999年11月30日交付使用，总建筑面积1 241平方米，总投资155万元，其中香港尖沙咀街坊会捐赠人民币100万元，区政府及卫生局投资55万元。全区17所乡镇卫生院、防疫站、妇幼保健院改扩建工程，总面积6.5万平方米，总投资5 300万元。受到了国家卫生部、市卫生局、市财政局、市计委等表彰，被评为农村卫生三项建设一等奖。 （李 季）

# 大兴县

**概况** 有14个镇、550个行政村，人口52.37万人，全县共有卫生机构（包括中央、市属）45个，卫生系统职工3 100人，其中卫生技术人员2 490人，包括医生1 235人，护理人员734人；病床总数2 077张；个体办医疗机构43所，全县建村级卫生室293个，村卫生室乡村医生433人。

生命统计。出生4 497人，人口性比值1∶0.988，出生率8.61‰；死亡2 818人，死亡率5.4‰；人口自然增长率3.21‰。人均期望寿命73.92岁。死因前十位依次是：新生儿疾病，脑血管病，心脏病，恶性肿瘤，呼吸系统疾病，损伤和中毒，糖尿病，消化系统疾病，泌尿与生殖系统病，神经系统病。

**卫生改革** 进一步转变职能，强化依法行政，提高工作效率。建立健全内外制约监督机制，大力纠正医疗、药品行业中不正之风，进一步加大卫生行政执法力度。改变管理方式和服务模式。为适应社会医疗保障制度改革的需要，积极推进卫生系统单位内部配套改革，建立新的医疗体制和运行机制，在干部职称、人事制度改革上进行初步尝试，进一步加强内部核算，调整医院内部结构和功能，完善分配制度。

**公共卫生与疾病防治** 在进一步落实计划免疫综合管理措施的同时，重点加强了消灭脊髓灰质炎和控制麻疹、新生儿破伤风工作。制定了消灭脊灰炎月行动计划，全年累计监测30次，未发现AFP病例。每两月一次查漏补种，累计调查2 845村次，321 930户次，105 071名儿童，未查出漏卡、漏种现象。完成了第七次强化免疫，全县共设接种点78个，接种3 535人，接种率99.3%。对麻诊和新生儿破伤风主动监测，全年未出现患病病例。

传染病管理。明确职责、制度措施，强化内部管理。落实目标管理责任制。全县36个医疗单位开设了肠道门诊，接待病人4 806人次，悬滴镜检3 879人，镜检率80.79%；便培养2 966人次，便培养率61.71%；外环境采样监测941件，未检出阳性菌。妥善处理了安定、西红门等3起“流行性出血热”疫情，迅速扑灭瀛海、亦庄两起“02”疫情，未发生蔓延和续发。全年共发生传染病12种，发病957例，总发病率184.8/10万，圆满完成了各项防病控制指标。

结核病防治。全年累计发现结核病人73例，全监化疗73例，监化率100%；试验率、检验率、接种率均达100%，未发生差错事故。

食品卫生。全年开展17次联合检查，累计监督14 502户次，监督覆盖率95.35%；抽检食品2 995件，合格率94.6%；餐具采样444件，合格率78.6%，比上年增加24.94个百分点，同比上升5%。新审发卫生许可证2 014个，复验2 100个；办理健康证8 480个。实施行政处罚644户次，同比增长1.5倍，其中警告18户，责令改正413户，责令公告收回已售食品5户共25公斤，责令停业27户，没收非法所得73户、1 307元，罚款26户、13 850元，取缔违法经营32户。

公共卫生。进一步加强对全县各类公共场所进行经常性监督监测。全年监督1 262户次，采样监测3 801件，清查按摩服务场所125户，罚款23户、1 950元，吊销卫生许可证2户，停业整顿5户。

学校卫生。全县有各类院校113所，在校学生123 748人，监督率5.31%。全年完成学生健康体检43 941人次。中、小学疾病监测情况：视力不良患病率分别为38.5%和25%，贫血患病率分别为6.9%和1.25%，营养不良者分别占20%和25%，龋齿患病率分别是13.5%和31%。

地方病管理。加强了射线卫生防护工作。健全组织，建立档案，举办培训，实施监测。全年累计对75家建设项目立项审批，预防性审查27家，验收竣工企业45家，对有毒有害作业单位158家、共1 696个作业点定期监测，及时发放监督意见书。进一步减少地方病及职业病危害。

**妇幼保健** 加强对医疗单位助产工作的管理，全县共有23个助产单位、187名助产人员取得助产资格。在儿童常规保健基础上，重点加强高危新生儿管理，夺得全市儿保工作第二名。圆满完成生殖保健工作，获得市级综合奖。

全年活产婴儿3 228人，住院分娩率99.5%，孕产妇保健覆盖率97.85%，产后访视率95.79%，孕产妇死亡率为零；围产儿死亡48人，死亡率14.74‰；新生儿访视率96.58%；母乳喂养率98.12%；5岁以下儿童死亡42人，死亡率13.01‰；婴儿死亡29人，死亡率8.98‰；新生儿死亡26人，死亡率7.74‰；出生缺陷发生率5.42‰；婚前保健覆盖率100%，婚检率90.34%，监测及落实节育手术单位管理率100%；计划生育手术15 826例，并发症发生率1.26/万。

**医疗工作** 全年门诊（不包括厂矿医院）病人1 038 118人次，比上年下降10.8%，入院病人17 069人次，出院病人17 154人次，治愈病人12 334人次，治愈率74%；好转3 770人次，好转率23%；未愈361人次，未愈率2%；死亡131人，死亡率0.8%；病床利用率51%，平均床工作日217天，实有病床956张，日平均使用床位677张。全年无责任事故和技术事故发生，群众满意度达92%。为110家村卫生室核发了《医疗机构执业许可证》。

城镇社区卫生服务。通过建立社区卫生服务科，设立社区服务点，利用救护车开展流动医院，面向离退休老干部开设家庭病房，取得了良好的社会效益和经济效益。

坚持依法管理，进一步整顿和规范医疗市场，年内医政执法35次，取缔非法行医摊点47个，没收药品808种，有效遏制了游医药贩的泛滥势头。

农村卫生进一步加强，乡村卫生组织一体化管理有较大进展。进一步完善“两级管理、三级服务”的卫生体系，年末，全县乡村卫生组织一体化管理覆盖率超过80%，村级卫生组织、乡村卫生的服务规范化程度显著提高。

乡镇卫生院建设进一步加强，首次采取政府采购的方式，补充卫生院的仪器设备，配齐了计算机，提高了管理和服务水平。

**药政管理** 进一步完善和推广乡村医生集中供药制度，已实现半数以上乡村医生集中供药。全年供药额420余万元，比上年增加20%。

加强药品监督管理，清理出5年以上过期药品1 490种，折款67.9万元。全年查处药品违法案件32起，没收伪劣药品折款92.7万元，罚款4 560元，查抄了一起波及全国的熊志明特大制售假药案。强化了麻醉药和一类精神药品的管理，实行药品处方权资格证书制度，完成了人员培训考试，有187人领证。

**医学教育** 努力开展在职卫生技术人员的继续教育工作，以县卫生学校为基础基地，增加了中医、防疫站、妇幼保健院和精神病院4个专业教育基地。各学科、各专业带头人为师资队伍，完善了全县继续教育管理网络。全年举办县级认可项目培训班214期次，12 814人次参加培训，取得25学分者占85.2%。

**爱国卫生** 加强防病除害工作，食品卫生状况明显好转，进一步加强环卫市场设施建设，新建公厕10座，半封闭集贸市场3个，购置了撒水车、封闭垃圾运输车等环卫设施，总投资上千万元。加大了对公共场所禁止吸烟的检查执法力度。改水改厕工作取得新的进展，改造厕所3 700座；完成了青云店、沙子营中心水厂的改水工程。

**红十字会** 在“99复明工程”启动后，全县有12名生活困难的白内障患者无偿接受了复明手术。

**计划财务** 卫生事业费1 931万元，比上年增加406万元，增加26.6%。业务收入11 351万元，其中医疗收入4 105万元，比上年增加18%。

**基本建设** 县医院二期病房楼工程年内竣工，建筑面积6 700平米，使该院床位由300张扩大到500张，改善了住院条件。

县中医院二期病房楼和综合服务楼工程完成并投入使用，建筑面积4 600平米，开设病床120张，解决了该院多年来“半个医院”问题，综合服务能力显著提高。

在精神病院农疗基地初具规模的基础上，征地25亩，新建房舍800平米，使康复能力进一步增强。

卫生职工宿舍小区配套用房建设工程竣工，建筑面积1 800平米，完善了小区功能。

乡镇卫生院改造取得新进展，由国际慈善组织“狮子会”香港分会出资65万元援建的大辛庄卫生院业务楼工程，建筑面积1 000平米，在市、县政协的支持下，顺利竣工投入使用。完成了庞各庄、采育、西红门卫生院的改扩建工程，总建筑面积11 200平米；旧宫、瀛海和亦庄卫生院改建工程已开工，建筑面积9 500平米，预计2000年竣工。（崔红梅）

# 昌平区

**概况** 12月26日，昌平撤县设区，由17个镇、5个乡合并为16个镇，总人口421 847人。有各类医疗卫生机构246个，床位4 254张，卫生技术人员4 176人，医生1 858人，护士1 329人，每千人口平均拥有医院床位10.01张，卫技人员9.83人，医生4.37人，护士3.13人。

生命统计。出生3 098人，死亡2 379人。死因顺位依次为：脑血管病，心脏病，恶性肿瘤，呼吸系病，损伤和中毒，诊断不明，内分泌、营养代谢及免疫疾病，消化系病，泌尿、生殖系病，精神病。

**卫生改革** 各医疗卫生单位以加强社区服务工作为重点，努力开发医疗资源，挖掘潜力，增设服务项目，各医疗机构根据本地区情况和群众需求扩大社区服务，已建立社区服务点33个，方便了群众就医。为全面推动医药体制改革，在昌平区医院开展了“医药核算分开”、“医院后勤管理社会化”试点工作。

**公共卫生与疾病防治** 计划免疫。脊髓灰质炎糖丸疫苗接种率99.88%，白百破三联疫苗、麻疹疫苗接种率100%，乙脑疫苗接种率95.8%，白喉97.33%，麻风病100%。麻疹发病10例。

查漏工作调查覆盖面100%，本地儿童未发现漏管漏种，调查外地儿童漏卡11人，漏卡率0.14%，发现漏种32人，漏种率0.41%，漏种主要原因为拒绝接种、计划外生育、外出及其他，对漏种者均已补种。

血清学监测，TOPV免疫成功率监测完成采血80人份；DPT免疫成功率监测完成采血100人份，MV免疫成功率监测完成采血160人份。

传染病管理。全年发生法定传染病2 658例，发病率比上年上升31.15%，其中乙类传染病9种922例，丙类传染病4种1 736例。

在24个乡镇开展了出血热疫苗接种工作，共接种146 296人，接种率34.31%，其中疫点接种率为90%以上，疫点所在乡镇接种率50—70%，3月份后，在全县范围内控制了出血热的发病。

地方病防治。监测碘盐686件，有碘率93.29%，碘含量合格率73.75%。检查轻、重病区学生2 745人，肿大率2.11%。水氟监测采样56件，合格50件，合格率89.29%。

食品卫生。开展各类食品行业监督6 783户，监督覆盖率100%，监督37 598户次，监督达标率88.92%。

对17类食品4 423件进行了监测，合格3 518件，合格率79.54%；对食品用产品监测27件，合格25件；监测餐用具10 092件，合格5 332件，合格率52.83%。

开办50学时食品单位卫生培训班10个，培训经理、厂长、厨师长等食品单位管理人员843人；对新建单位的上岗从业人员开办20学时培训班98个，新上岗从业人员6 321人；在岗人员强化培训21个，培训在岗人员1 132人。

对违法行为的162户食品单位依法进行了行政处罚，其中警告27起，责令改正108起，责令公告收回不合格食品3起共171公斤，责令停止生产经营4起，责令销毁不合格食品1起（2 200公斤），没收违法所得10起，没收金额2 050元，罚款103起，罚款总额97 300元，取缔非法经营12起。

开展食品卫生大检查13次，并依据不同季节对重点食品、重点地区及重点环节进行巡回检查。突击查处取缔食品加工黑窝点5处，提高了散装熟肉、豆制品、调味品等市场食品的卫生合格率。

全区共有909户小型餐饮业经营单位，经复验合格发放卫生许可证784户，占86.25%，注销125户。

公共卫生。公共场所卫生监督监测覆盖率100%，监测采样24 390件，监测件数较上年增加8.22%，合格率98.13%。行政处罚21户次，罚款

5 200元。从业人员体检3 648人，体检率100%；生活饮用水、其他水源水、化妆品监督监测覆盖率均100%。

学校卫生。预防性监督监测83所中小学，其中5所有新建项目；经常性监督监测21校次，完成了市局规定的20%覆盖率指标。对40所中小学及中专学校的全体学生进行了常见病普查和治疗，使用氟保护漆对25 000名小学生进行了龋齿的预防，对16所中小学校进行了学校卫生与健康教育考评验收。

劳动卫生与放射卫生。监督91个企业，监测110厂次，采样576件，合格率73.33%。对全区内有毒有害作业企业的工人1 880人进行职业性健康体检，体检率100%。放射卫生应监督70户，实监督53户，个人剂量监测52个单位130人，监测覆盖率100%。

结核病防治。新发现病人107人，其中菌阳53人，病人管理率100%，菌阳病人监化率98%。新生儿卡介苗接种率100%，卡痕率100%，12周阳转率98.9%。

**爱国卫生** 区政府加大环境整治力度，环境整治大检查共进行了15次，清运杂物、垃圾、渣土1 000余吨，拆除违法建筑6万多平方米，栽树木37.8万株，绿化面积800余亩。投资50余万元，购置清扫车、垃圾清运车各一辆。全年完成无害化厕所1 047户。

共组织大规模灭鼠投药3次，投入鼠药17吨，为保证灭鼠效果，除采取入户逐镇检查外，还组织了灭鼠互查，共检查房间142间，布粉点414块，到位率和覆盖率均在95%以上，有效地控制、降低了全区的鼠密度。

**妇幼保健** 以继续贯彻《母婴保健法》及《九十年代中国儿童发展规划纲要》为中心任务，全年完成婚前体检4 637人，妇科防癌普查2 217人，产前检查2 123人，孕产妇系统管理1 625人，住院分娩2 469人，产后防视2 092人，全区围产儿死亡率9.14‰，孕产妇死亡率80.09/10万，全年完成计划生育手术12 759例。全区0—6岁儿童系统管理率89.72%。

初级卫生保健。昌平区参加农村合作医疗的农业人口23万人，占农业人口总数的91%；实行合作医疗的行政村有292个，占行政村总数的93.2%；合作医疗的两个覆盖率都已达到和超过了市政府下达的任务指标。共落实合作医疗资金87.7万元。自10月份起，对开展农村合作医疗的乡镇全部实行了村卫生室统一处方、统一票证、统一门诊登记、统一报销明细帐的“四统一”，进一步规范了农村合作医疗的管理。

**医疗工作** 全年完成门诊135万人次，床位使用48.7万床日，急诊抢救2 781人次，抢救成功率97.3%。

医政工作以全面贯彻实施《执业医师法》和《医疗机构管理条例》为中心，分13批对辖区246个医疗机构中的2 182名医生进行了培训和考核，合格率达98%以上，有330人参加了执业医师和执业助理医师考试，其中参加实践技能考试的200人中，有159人达到了合格标准，合格率79.6%。

就如何防范医疗纠纷、医疗事故赔偿举办了一、二级医院院长、业务副院长、医务科长学习班，改选、增补了区医疗事故鉴定委员会。鉴定医疗纠纷5起，协调纠纷8起，接待来信来访50人次，均给予了较圆满的答复和解决。

有60人参加护士注册考试，56人达到合格标准，给予了注册。

**药政管理** 药政、药检工作以贯彻、落实、执行《药品管理法》为主，完成359个药品经营企业的验收发证工作，对70人进行了上岗培训，新审批发证13个，对9个医院制剂室进行了验收，7个单位达到了合格标准。对麻醉药品、精神药品加强了管理，并对11个重点单位进行了抽查。全年共查处假劣药8起，行政处罚5.4万元，没收药品价值10万元，并对90个单位的642件中西药品进行抽检，查出不合格药品29件。

**医教与科研** 卫校招收新生170人。举办《执业医师法》、《流行性疾病的预防和诊疗》等专题讲习班，有2 500余名卫生技术人员相继参加了讲座和技术培训。此外，还完成了1999年度42个单位1 116名卫生技术人员继续教育的检查、审核、验收工作。

全系统获得区级科技进步一等奖2项，二等奖3项，三等奖4项，获得局级科技进步一等奖2项，二等奖8项，三等奖16项。

义务献血。计划完成献血任务8 717人次，实际完成8 811人次，实际完成数占计划数的101.1%，超额94人次。连续20年完成献血任务。

接收安置大中专毕业生79人，复转军人5人，招收合同制工人84人，调出调入57人。完成全系统增加职务补贴、离退休人员增加生活补助的手续办理和工作人员年度考核工作，完成全系统千余人的专业技术考核和各类专业技术人员的职称晋升工作。

**红十字会** 调整了红十字会理事，选举了新的会长、专职副会长。根据市红十字会的安排，在“两节”期间为流村镇、崔村镇的22个特困户和敬老院送去了生活用品及慰问金，折合15 000元。在开展99复明工程中，免费为6名白内障患者实施了复明手术。在国庆节前，开展了向南口镇、流村镇、长陵镇、兴寿镇的207名老党员免费送医送药活动。

**基本建设** 区医院新门诊楼已破土动工，完成门诊楼工程土方32 631立方米，完成基础基桩的打桩工作，总投入已达385万元。另外，在市、区政协的协调下，在为昌平兴寿镇争取市政协澳门委员捐赠的100万元人民币的基础上，总共投入250万元，为该镇卫生院兴建了一幢1 200平方米的门诊楼，并为纪念澳门回归祖国，将兴寿镇卫生院更名为“昌澳医院”，此工程已竣工并交付使用。

**计划财务** 以贯彻《医院财务制度》、《医院会计制度》和《事业单位会计制度》为中心，先后组织了3次系统财务人员培训班，确保了新管理制度的顺利实施。在物价管理方面，继续执行“总量控制，结构调整”的改革方针，布置3 726项医疗收费的调整工作，实行了医疗收费明码标价，并设立举报电话，接受社会的监督。完成了昌平区医院、中医医院、沙河医院、北郊医院“双信”单位的年度考核验收工作。

（温俊杰）

# 顺 义 区

**概况** 全区设2个街道办事处，7个地区办事处，12个镇，有17个居委会，422个行政村，537 066人。

全区较具规模的医疗卫生机构有47个，其中社会办、其他部门办医疗卫生机构10个，卫生局所属医疗卫生事业机构37个。全区有医务人员3 660人，其中卫生系统医务人员2 563人，包括医生1 398人，护士（师）710人，有床位1 901张；平均每千人口拥有医生2.60人，卫技人员4.97人，护士1.32人，床位3.54张。

生命统计。全年出生3 388人，出生率6.31‰；死亡3 946人，死亡率7.35‰；自然增长率－1.02‰。因病死亡3 646人，占总死亡人数的92.40%。

死因顺位前十位依次为：脑血管病，心脏病，肿瘤，呼吸系统疾病，损伤和中毒，诊断不明，内分泌疾病，消化系统疾病，泌尿生殖系统疾病，神经系统疾病。人均期望寿命72.15岁。

**卫生改革** 本系统在继续执行院长聘任制、效益工资制和年终考核重点项目一票否决制的同时，系统内部各单位明确各岗位的责、权、利，核定工作量，实行全员逐级聘任制。

全年开展“民主日”活动4次，局机关科级以上领导全部深入基层指导活动的开展，职工听取单位的财务及政务工作报告，提出意见和建议，并监督单位领导工作；单位召开职工代表会、职工大会，设置涉廉经费公开栏，公布6项群众敏感的收支费用，及时采纳职工合理化建议，解决职工提出的问题。“民主日”活动的开展加大了职工民主监督的力度，促进干部廉政勤政，基层信访明显减少，招待费明显下降，职工更加关心医院的建设工作。

全系统积极广泛开展“质量促进、技术练兵”活动，提出“质量为中心，效益是重点”的口号，卫生局制定统一实施方案，召开全系统动员大会，基层单位组织职工学习知识、考核技能、培训技术，掀起比学习、比技术、比服务、比质量的热潮。卫生局加大力度，主管副局长带队深入基层检查、督导工作，对900余名医务人员进行全科医疗知识测评，对基层门、急诊的应急能力进行检查。11月10日，举行了区级5家医院参加的医疗护理知识竞赛。2000年1月，全系统召开总结表彰会，表彰了6个先进科室、15名标兵、40名先进个人。

**公共卫生与疾病防治** 计划免疫。全年进行预防接种建卡率调查296人，建卡率100%，建证率100%，接种率100%，卡证符合率100%。全年对本地人口进行计划免疫预防接种：脊髓灰质炎糖丸疫苗基础免疫应种7 787人，接种率100%；加强免疫应种3 535人，接种3 525人，接种率99.72%。白百破混合疫苗基础免疫应种7 701人，接种率100%；加强免疫应种2 185人，接种率100%。麻疹疫苗基础免疫应种2 377人，接种率100%；加强免疫应种18 140人，接种18 035人，接种率99.42%。流脑多糖疫苗基础免疫应种3 344人。接种3 276人，接种率97.97%；加强免疫应种5 002人，接种4 929人，接种率98.54%。白喉类毒素疫苗加强免疫应种10 204人，接种10 194人，接种率99.90%。计划免疫预防接种覆盖率100%。

成功地对外地人口进行脊髓灰质炎、白百破混合制剂、麻疹3种疫苗的基础和强化免疫预防接种，接种率全部达100%。对外地人口进行流脑多糖疫苗基础免疫应种639人，实种636人，接种率99.53%；强化免疫应种185人，接种率99.45%。

传染病管理。全年甲乙类传染病发病1 361例，发病率251.95/10万。肠道门诊1 555人次，其中痢疾

554例，发病率102.56/10万，占传染病发病总数的25.00%；病毒性肝炎691例，发病率127.92/10万，占传染病发病总数的75.00%。流行性出血热发病4例，发病率0.74/10万。本年度春夏季，甲型肝炎发病人数较多，主管副县长亲自召集有关部委办局研究疫情，制定方案，采取措施，及时迅速有效地进行隔离、检测、治疗、消毒，防止了续发病例的出现。卫生局对有关医务人员进行防病知识培训，有效地控制了疫情蔓延。

结核病防治。全年发现本地菌阳患者104人次，开始监化率达100%，外地菌阳病人8人次，开始监化率62%。对患者继续实行系统管理和不住院全面监督化疗，新发涂阳病人监化率达到92.5%，涂阴监化率86.8%，培阳监化率86.7%。三级防护网紧密连接，正常运作，医护人员积极发挥其作用，对结核病人进行严密的管理与精心的防治，对经济困难户实行减免费治疗，为孤寡老人送医送药。

地方病管理。全年食盐加碘监测800件，合格800件，合格率100%。对69口改水除氟井水进行水含氟量监测，枯水期、丰水期各采样69件次，合格水样分别为67件次，合格率97.10%。

公共卫生。全区有公共场所646户，新审批发证236户，复核换证208户。对应体检从业人员2 386人进行体检，体检率100%。应培训从业人员1 121人，培训率100%。对646户卫生场所实施监督1 654次，达标户次数1 642次，达标率99.3%。全年共处罚6次，其中警告4次、罚款2次，罚款金额400元。

食品卫生。全区实施食品卫生监督6 019户，其中生产经营单位5 489户，职工食堂530户。对食品从业人员体检17 784人次，体检率100%；体检不合格171人，检出率0.96%，全部调离。

职业卫生。全区有害作业企业应检职工5 967人，实检2 230人，检出患病1人，进行治疗，并予以调离。全年实行采样监测604件，合格率89.1%。

学校卫生。全年被检中专、中、小学生7 564人，其中视力低下者1 869人，患龋齿者582人，沙眼可疑者14人，沙眼者189人。活动龋齿者854人，已补龋齿者230人，服驱蛔药52人，沙眼矫治203人，贫血诊疗1 206人。

**爱国卫生** 认真开展“爱国卫生月”、“月末清洁日”、“周末卫生日”活动，清理垃圾渣土1 315吨，检拾“白色污染”12万平方米，居民小区形成垃圾袋装化、绿化、美化、硬化的“四化”规模，农村地区涌现出一批文明村、卫生村，做到村有保洁员、街有垃圾池。完成建造污水处理厂、建设垃圾处理厂、引入天然气、减河污水截流等工程，一期工程日处理垃圾300吨、污水4万吨，完成天然气置换10 000余户，逐步实现餐饮业、食堂燃气化，全年拆除违章建筑3万余平方米，粉刷旧建筑物5 800平方米。6月，政府拨款15万元大力灭鼠，冬季再次掀起灭鼠高潮，使用毒饵30余吨，粘鼠板200余箱，鼠密度及蚊蝇指数均控制在指标之内。在市爱委会春秋季综合大检查中2次获得郊区第一名。完成农村无公害化厕所改装20 000套。有35个单位被评为市级先进单位，40人被评为市级先进工作者，10个村被命名为市级卫生村。

本区改水工作正加紧贷款回收，完成了年度市下达的还款任务。以牛山镇为中心的联村水厂5月正常供水，3月，被评为1998年度北京市绿化美化先进单位。

**妇幼保健** 孕产妇保健覆盖率100%，孕产妇系统管理率93.98%，住院分娩率100%，全年孕产妇死亡1人，死亡率42.11/10万。住院期间母乳喂养率100%，0—4个月母乳喂养率88.01%。儿童系统管理率99.01%，新生儿死亡18人，死亡率7.58‰；婴儿死亡20人，死亡率8.42‰。

**医疗工作** 全年门诊诊疗1 391 493人次，同比上升21.01%；收治住院病人30 006人次，同比下降0.01%，平均住院天数8.59日。急诊51 208人次，急诊观察9 430人次，急诊抢救2 117人次，抢救成功1 970人次，成功率92.01%。病床使用率55.71%，治愈率75.15%。

护理工作。继续进行护理执业考试注册工作，考试平均成绩居全市第三名。继续开展整体护理工作，实行整体护理的病区又增加了5个，到年底已达10个整体护理病区。

文明医院建设。对卫生系统重点单位进行综合满意度调查，平均综合满意度在98%以上。全系统涌现好人好事465件（不完全统计），收到表扬信58封，锦旗14面，牌匾10块。

**药政管理** 本区有药品经营单位20家，制剂1家。年内查处游医药贩19起，取缔非法经营药品摊点15起，没收价值数万元伪劣药品55种。举办学习班2次，培训235人次，及格率100%。本年度对药品从业人员进行体检300余人次，7人不合格，责令其调离原岗位。参与“纠正医药购销中不正之风”工作，全区范围内无药疗事故，系统内部无假药、毒麻药，无滥用，无流失。

**医学教育** 毕业之后上岗之前，本系统各单位全部开展了3—7天的岗前培训工作。通过脱产、函授及自学等不同的学历进修形式，本年度有84名职工获得大学医疗卫生专业毕业证书，1名职工获得大学医疗本科学历证书。卫、护校在招生之前仍需与本局主管科室签订人才供求合同书。本年度新毕业生分配仍采取供求双方见面、双向选择方式。

医师资格考试。全区共有 267 人报名考试，其中包括 15 名部队考生及 17 名个体医，有 195 名考生通过考试，合格率 73.03%；排除部队考生及个体医，全区共有 235 人参考，182 人通过，合格率 77.45%。

继续教育。全年组织高血压防治、药剂、中医传统技术等学习班共 25 期，2 500人参加学习。去上级医院进修 186 人次，考取研究生 10 人，投入继续教育经费 50 余万元，被北京市评为继续教育先进单位，李长荣、李立民被评为继续教育先进管理工作者。

**科研工作**　配合高血压合作管理项目，承担 4 000例高血压患者的基础调查、跟踪随访、效果评价的科研任务，7 篇文章被录用，卫生局 1 篇文章在本市高血压合作管理项目总结大会上作典型发言。全年有医疗卫生科技论文 100 余篇在省市级刊物上发表。被区科委评为“优秀组织工作奖”。

**红十字会**　进一步推进自救互救、备灾救灾、青少年道德教育、解困育才和社会服务 5 项工程；9—11 月，对近万名司机进行了救护培训；全区 12 所中小学 10 万名青少年参加青少年道德教育工程，年初有 2 所中小学获活动荣誉称号；向 8 名品学兼优的特困生发放救助金5 000元；进行社区服务知识宣传和便民利民服务活动，深入基层慰问特困户。

公民献血。辖区内中央、市和区属单位，大专院校、部队人员及辖区全年采血任务9 000袋，实际采血9 061袋，完成任务的 100.68%。

健康教育。本年度政府出资购买发放《居民平衡膳食手册须知》15 000册，各医疗卫生保健单位共发宣传单142 575张，写宣传广播稿件 360 篇，与顺义电视台、顺义广播电台合办节目 55 次。

**计划财务**　全年财政卫生事业费支出3 130万元，卫生事业业务总收入16 585万元，总支出16 946万元。

公费医疗。本区享受公费医疗单位 212 个，年末人员23 140人，年平均22 654人，医疗费实际支出 2 350.3万元，其中财政支出1 590万元，单位和个人负担 760.3 万元。

合作医疗。至 10 月底，参加合作医疗的村有 364 个，覆盖率 86%；农户94 742户，覆盖率 72%；农民 295 747人，覆盖率 72%。

**基本建设**　后沙峪卫生院新建4 000平方米综合楼主体工程竣工，妇幼保健院病房楼新建医疗用房正式使用，旧楼装修工程完工。区医院3 000平方米门诊楼主体工程竣工，卫生防疫站新建综合检验楼房 5 600平方米竣工并投入使用，马坡卫生院新建1 500平方米综合楼竣工，李遂卫生院 700 平方米医技办公用房竣工。　　（傅海浩）

# 平 谷 县

**概况**　有 10 个镇，11 个乡，274 个行政村。人口389 173人。县属卫生机构 34 个，其中全民所有制单位 22 个，集体单位 11 个。共有卫生技术人员1 703人，其中医生 911 人（西医 824，中医 87 人），护理人员 421 人，总床位 960 张，每千人口平均拥有床位 2.4 张，医生 2.28 人，卫技人员 4.37 人。

生命统计。出生2 775人，出生率 7.13‰；死亡 2 359人，死亡率 6.06‰；自然增长率 1.07‰。因病死亡2 131人，占死亡总数的 90.33%。死因顺位前十位依次为：循环系统疾病，肿瘤，损伤和中毒，呼吸系统疾病，诊断不清，消化系统疾病，内分泌系统疾病，神经系统疾病，新生儿疾病，泌尿系统疾病。

**卫生改革**　进行 4 项改革。一是在 20 个基层卫生院实行逐级聘任制。根据本局制定的《院长职务聘任及任期目标责任制的实施意见》，与 20 个基层卫生院院长签订《院长聘任制任期目标责任书》，实行院长聘任制；各院长根据层层聘任原则对副院长进行了聘任，部分单位已完成科室、班组长和医务人员的聘任，并层层签定了任期目标责任制。二是制定平谷县卫生资源配置标准，实行各级医院功能定位定向。把医院规模由高到低划分成 5 个层次，合理确定各级医院发展方向，即：二级医院、中心卫生院、一般综合卫生院、防疫保健型卫生院和社区卫生服务站五个层次，变三级网为五级网络。按各级医院标准实行床位、人员、设备总调配，对重点科室、重点项目进行重点发展，对闲置科室和项目给以取消。三是实施学生分配制度改革。根据“医院按需求、规模、服务面和特殊情况给予适当照顾”的原则，在系统内实行全方位“双向选择”的招聘分配制度，共分配毕业生 98 人，城区 53 人，乡镇 45 人。四是对三产企业管理体制进行改革。与三产企业分别制定承包方案，签定承包合同；对经营困难的企业减免提留，为困难企业职工上养老保险，并把县医疗器械修理所并入县卫生防疫站，隶属防疫站管理，以此带动医修所的发展。

县医院投资120万元，对全院实现了微机网络管理，使管理工作走上科学化轨道，提高了工作效率。

农村卫生。继续巩固完善乡村一体化管理体制。对服从管理的148个村卫生室颁发《医疗机构执业许可证》，向254名乡医发放了聘书；对不服从管理的乡医进行联合执法，共检查农村卫生室77户次，其中，限期改正15户，暂扣乡村医生资格证书5人，没收非法进药价值1万余元。共建卫生室174个，全部纳入一体化管理。1998、1999年初保档案装订归档工作已全部完成，可以随时查阅。强化乡医“两化”教育，对52名乡医实施6门补课教育，6月22日通过市卫生局组织的评估复验。全县共投资50万元建社区卫生服务站51个（城区6个，农村45个），其中10个为高标准站，共外派卫生技术人员130人，建立城乡居民个人健康档案22 000人。在10个乡镇64个行政村推行了大病统筹型合作医疗，已有9万人加入合作医疗。

**公共卫生与疾病防治**　预防接种。全县儿童总数2 329人，儿童预防接种建卡率100%。四苗接种率100%，覆盖率100%，新生儿卡介苗接种率100%。

传染病管理。法定传染病总发病率289.68/10万，甲乙类传染病发病率209.84/10万。其中痢疾274例，发病率70.72/10万；肝炎515例，发病率132.92/10万。传染病个案调查处理率100%。无脊髓灰质炎、狂犬病、艾滋病、流行性出血热和霍乱发生。

结核病防治。共登记肺结核病人47例，发病率12.2/10万。菌阳监化率100%，新生儿卡介苗接种率100%。

精神病防治。在华山、马坊、大兴庄3个卫生院设立精神科门诊，定期出诊，方便偏远地区的病人就医。国庆前共接收公安、民政送来的精神病人54人，并为全县245户特困精神病人进行免费投药。

地方病管理。以预防地方性碘缺乏病、氟斑牙、氟骨症为主。共监测碘盐样品700件，全部合格；水氟采样16件，全部合格；无地方病发生。

公共卫生。本县公共场所167家。卫生监督565户次，合格率100%。对生活饮用水进行水质监测，发放生活饮用水卫生许可证28个，生活饮用水监督141户次，全部达标。

食品卫生。卫生监督8 994户次，合格率97.82%，监督覆盖率100%。食品卫生监测3 178件，合格率98.11%。餐具涂抹2 855件，合格率89.60%。办理食品卫生许可证1 026个。从业人员体检6 333人次，检出“五病”患者47例，检出率0.74%，全部调离。培训从业人员6 333人次，培训率100%，发放食品卫生宣传材料1.5万份。行政处罚14户，罚款5户次，罚金250元，警告9户次。

劳动卫生。有接触毒害物质的单位137个，职工5 375人。完成粉尘监测23件，合格率39.1%。物理因素监测74件，合格率93.2%。完成体检506人。

学校卫生。体检共查11 843人，其中龋齿2 231人，营养不良1 899人，视力不良3 504人，沙眼1 383人，贫血454人，蛔虫40人。

改水工作。投资145万元完成农村新建改水项目5个村，受益人口1 027人；投资79万元完成改建项目4个村，受益人口3 580人；到年底，本县自来水普及率达到98.8%。

**爱国卫生**　集中进行环境整治10次，开展周末卫生大检查14次，清除建筑垃圾3 000吨，杂草16万平米，小广告165 500张，清理楼道堆放物9 800件，清除小炉子3 000多个，拆除广告牌匾35块，拆除私搭乱建房50间，清除店外经营30户。设立垃圾桶1 200个，做到日产日清，共清运垃圾3 600吨。在爱国卫生月和冬季开展两次大规模集中灭鼠，共投鼠药3吨，有效降低了地下管线、畜禽饲养场等重点部位的鼠密度。采取组织专业灭蝇队等多种方法消灭蚊蝇，蚊蝇密度比上年有不同程度下降。

改厕情况。投资8万元对原有8座公厕进行装修，投资15万元新建二类公厕1座，共改造农户厕所10 500座，其中无害化厕所10 205座。

**妇幼保健**　共有产妇2 326人，活产2 329人，孕产妇系统管理1 644人，系统管理率70.68%。住院分娩2 300人，住院分娩率98%。产后访视2 075人，访视率89.21%。发现高危孕妇321人，高危管理率100%。对2家新申请的助产单位颁发了“母婴保健技术服务执业许可证”。全县共有14家助产单位，其中二级助产单位3个，一级助产单位11个。

儿童保健。新生儿访视率92.8%。围产儿死亡18例，死亡率7.72‰，比上年下降5‰。母乳喂养率81.1%。保健系统管理率97.1%。婴儿死亡率10.73‰，5岁以下儿童死亡率14.17‰。新生儿疾病筛查率87%，采血合格率100%。

婚前保健。婚前检查4 268人，婚检率96%。婚前宣教率100%。

计划生育。施行计划生育手术8 683例，其中人流1 272例，取环1 613例，放环3 392例，药物流产2 104例，中引242例，女绝30例，皮埋30例。计划生育手术并发症发生率1.57‰。

女工保健。妇女病普查6 642人，发病人数2 002人，发病率30.14%。前5位疾病分别为宫颈糜烂，阴道炎，乳腺增生，附件炎，子宫肌瘤。

**医疗工作** 门诊958 577人次，急诊41 649人次，急诊抢救成功率91.42%，住院22 564人次，出院22 389人次，床位使用率平均为73.70%，治愈率64.61%，好转率33.45%，死亡率0.84%。二级甲等医院住院患者7日确诊率98.22%，入出院诊断符合率99.62%，甲级病历率达85%以上。

护理工作。在本县较大规模的卫生院开展了整体护理。县医院整体护理发展到10个病区，334张病床，占全院总床位的81.46%；县中医院在全院59张床位开展了整体护理，达到了开设病床的68.75%。有16人参加全国护士执业考试，合格11人，合格率68.75%，为11名合格人员办理了首次注册。

精神文明建设。继续开展了争优创先活动，对“百优十佳”服务标兵进行表彰，并向7个单位授予精神文明建设先进单位流动锦旗；行风建设坚持实行首长负责制，通过“一把手抓两手”、“抓院长、院长抓”和健全内外监督约束机制来推动行风建设；县医院积极主动落实特困户医疗优惠措施，对持卫生局发放的医疗优惠卡的病人做CT、彩超等辅助检查均减半收费。县医院、二院、精神病院等都设立简易门诊、老年门诊。县城几家医院在城区建立了6个社区卫生服务站，医务人员上门为居民建立健康档案，无偿体检，并设立了家庭病床；县医院建立急诊抢救绿色通道，安排导医小姐，对急重症病人先抢救后收费。县防疫站投资13万元改造伙房，杜绝监督员下乡吃拿卡要，并进一步简化办证手续；平谷镇、英城、夏各庄、山东庄等卫生院免费接送病人等。共为患者献爱心、为社会做好事11 000余件，收到表扬信百余封，牌匾20余块，锦旗16面。拒收患者、群众赠送钱物1万余元，谢绝群众请吃达300余次。

**药政管理** 有药品生产企业2个，经营单位27个（其中批发1个，零售26个）。组织药品检查4次，共12人参加。药品经营单位与医疗单位检查覆盖率80%，为24个无专业技术职称人员举办了法规学习班。全年立案1件，罚款500元。出动执法人员134人次，查处游医药贩87起123人次，没收药品折款4.1万元。共抽检药品240件，不合格率6.8%。

**医学教育** 共请市级有关专家授课30人次210学时。送市、县级医院进修50人，举办各种继续教育培训班60期1 760学时，培训率99.8%，培训合格率99.75%。完成大专学历教育112人，参加72学时培训的卫生技术人员1 693人，占应参加人数的99.41%，取得25学分的卫生技术人员1 693人，占99.41%。共接收大、中专毕业生101人，其中大学本科14人，大学专科14人，中专73人，并对毕业生进行上岗前培训。

**科研工作** 召开了第三届学术论文交流年会，共收到论文351篇，会上交流36篇。其中有24篇论文在全国发表，4篇论文在全国论文交流会上交流。立县级科研项目9项，均已通过专家组鉴定，其中获县二等奖3项，三等奖6项。科研工作带动了医疗技术的提高，县医院肿瘤介入疗法由原来单纯治疗肝癌发展到用于肺癌、脑肿瘤、宫颈癌的术后治疗；静脉溶栓由原来单纯治疗心梗发展到治疗不稳定心绞痛及脑梗塞；妇科剖腹产采用新术式，缩短了手术时间，减少了产妇痛苦；内窥镜得到广泛应用，在治疗疾病方面处于同等医院领先水平；平谷镇卫生院经过多年研究，在治疗乙肝方面独具特色。

**红十字会** 有基层组织135个，会员2.3万人，占全县人口的5%，培训救护人员2 000人，其中司机880人，学生1 120人。共投入7万元救助本县患病户、特困户50户。开展免费白内障手术14例。为本县贫困户共募捐款物1.7万元。

献血工作。全年完成6 028袋，全部无偿献血，被市政府评为献血工作达标单位。

**计划财务** 卫生事业上级拨款1 649万元，支出1 649万元，差额补助费支出201万元。业务收入8 862万元，业务支出10 057万元，中医事业费支出783万元，固定资产总值7 800万元。

**基本建设** 共投资935万元，总建筑面积15 350平方米，其中妇幼保健院维修工程2 500平方米，70万元；城关卫生院病房楼工程建筑面积1 200平方米，95万元；县第二医院宿舍、办公楼工程建筑面积1 650平方米，120万元；血站改造工程15万元；中医院伙房投资35万元。均已投入使用。此外县医院病房楼投资600万元。共购置万元以上设备50件，总投资516万元。

（刘俊成）

# 怀 柔 县

**概况**　有15个乡镇，28个行政村，1个办事处，总人口265 215人。其中常住人口262 699人，农业人口190 021人。全县医疗机构28个，其中卫生系统25个（有县级综合医院2个，中医院1个，肛肠医院1个，精神康复医院1个，雁栖医院1个，妇幼保健院1个，防病中心1个，药检所1个，献血办公室1个，爱卫会办公室1个，红十字会办公室1个，合作医疗办公室1个，中等医学教育机构1个及乡镇卫生院11个），企事业医疗机构综合医院3个，卫生保健所1个，企事业医疗单位（包括卫生所、医务室、卫生室）115个。全县卫生系统职工1 595人，卫生技术人员1 435人，其中正高17人，副高64人，中级371人，初级983人。西医511人，中医69人，中西医结合3人，护理人员362人，其他卫生技术人员200人。企事业单位医疗卫生技术人员171人。全县开设病床1 009张，卫生部门773张，企事业单位236张。每千人口拥有病床3.8张，卫生技术人员6.1人。

死因顺位前十位依次为：循环系统疾病，肿瘤，呼吸系统疾病，损伤及中毒，诊断不明，消化系统疾病，内分泌、营养代谢及免疫疾病，泌尿及生殖系统疾病，传染病，神经系统疾病。

精神文明建设。卫生局党委加大了精神文明建设的工作力度，重点开展内抓素质、外树形象教育。继续在全系统开展“两学三优”活动，开展讲文明、树新风，争当优秀医务工作者，争创文明单位、文明医院、文明服务窗口活动，开展向模范人物赵雪芳、李素丽、王忠诚同志学习等一系列宣传教育活动。在活动中开展服务找差距大讨论，使全体医务人员真正树立良好的敬业精神和全心全意为人民服务的思想。在各项活动中，中医医院被评为北京市精神文明单位标兵，碾子乡卫生院被评为北京市精神文明先进单位。县卫生局获得怀柔县精神文明建设先进单位称号，并有19个单位被评为怀柔县精神文明单位。加强卫生系统的行业作风建设，制定卫生系统医务人员违反职业道德下岗规定及行风建设12条具体规定。

改革人事与毕业生分配制度。为适应人事制度改革与发展的需要，有利于人才的合理流动，毕业生分配实行以供需见面、双向选择为内容的市场调节方式，将毕业生推向人才市场。实行二级甲等医院医务人员晋升专业技术职称前，下基层卫生院服务制度，支援山区医疗卫生工作。

**公共卫生与疾病防治**　计划免疫。全县疫苗（四苗）监测人数181人，成功人数175人，成功率96.69%。对317个点300名适龄儿童流脑、乙脑抽检验收，流脑146人，乙脑155人，建卡建证率100%，卡证符合率94.7%。做好常规接种工作的同时，加强了查漏补种工作。全县进行了5次大规模调查，共查儿童65 654人，查出漏种46人次，补种46人次，调查外地流动儿童51 785人次，漏卡35人次，补卡35人次，漏种94人次，补种89人次。1月5—6日和12月5—6日，开展两次大规模脊灰强化免疫活动。适龄儿童接种率达100%。

环境卫生。以公共场所、生活饮用水和化妆品卫生为重点，认真贯彻相关条例。公共场所从业人员健康检查2 172人次，体检率100%，并全部参加培训。全县在册公共场所6类14种613户，新审批、发证214户，复核184户，换发证184户。新审批监测295件，合格281件，合格率95.3%；复核卫生许可证监测2 122件，合格率95.5%；经常性监测1 911件，合格率94.6%。接受处罚25户，罚款3 570元。

全年完成集中式供水监测28件，检测率65.1%；监测地表水枯水期、丰水期12件，合格率100%。

地方病防治。继续以碘缺乏病、地方性氟中毒、大骨节病、布氏杆菌病防治为主。全年碘盐监测盐库300件，合格率65.3%；零售单位300件，合格率65%；居民用户100件，合格率81%。氟斑牙监测440人，着色型55人；大骨节病检测299人，阳性率8.03%；布氏杆菌监测男女各299人，均为阴性。

消毒、劳动卫生和职业病防治。消毒工作以医疗机构和托幼机构消毒管理为重点，开展了病媒昆虫危害和鼠密度调查工作。检查医疗机构消毒工作771件，合格639件，合格率82.8%；完成托幼机构消毒监督790件，合格766件，合格率96.8%。粉尘作业检查418人，放射人员体检67人，未发现职业病。

传染病管理。预防和控制甲乙类传染病，加强急性肠道传染、病毒性肝炎、流行性出血热等急性传染病的防治工作。全县共发生法定传染病6种，乙类传染病4种，丙类传染病2种，共计986例，发病率348.07/10万。其中肝炎病发病269例，发病率为94.96/10万，死亡1例，死亡率0.18%。4月，县部分中小学甲肝多发暴发137例，由此，在全县范围内对易感人群注射甲肝疫苗50 510人。对新生儿、婴儿、乙肝HBAg阳性者配偶注射乙肝疫苗1 777人次，注射流感疫苗4 099人份。夏季开设肠道门诊专室6个，专台12个，医护人员156人。开展外环境监测取样624件。

结核病防治。新登结核43例，涂阳22例，新发病例42例，查痰率100%，监化率100%；涂阳26例，转阴率100%，治愈率100%；年底登记肺结核8例，涂阳7例。

食品卫生。全县共有食品生产经营单位4 173户，从业人员10 005人，年内新审批验收核发卫生许可证1 732户，复核换发证1 006户。完成食品从业体检10 063人次，合格率90.8%，抽样监测1 451件，合格率89.1%。消毒监测2 006件，合格率90%。重点行业突击检查、早查、夜查共30余次，与相关部门开展联合执法46次。处理各种违法案件155起，罚金34 675元。有效地控制了食品污染和食物中毒事故的发生。

**爱国卫生** 坚持“门前三包”。90%单位室内外环境整洁，绿化、美化达标。86%的单位内部实行了垃圾袋装，垃圾收集和厕所卫生有专人管理。确定了以环境综合治理为重点的9项工程。在治理环境活动中，全县出动3万余人次，出动车辆400台次，清理卫生死角、旅游沿线及城乡结合部的白色污染60处，160万平方米。

搞好居民区治理，5—9月先后组织清理乱堆物料、拆除私搭乱建。

农村爱国卫生工作以改厕为重点，全县农户改一套污水冲厕县里补助35元，乡（镇）补助35元；村里每改一座公厕，县里将补助2 000元。农村已有84%的厕所达到规定的卫生标准。

健康教育行动在全县普遍展开，县财政每年拨3—5万元健康教育经费，在资金上给予保障，县爱卫会、健康教育所、县广播电视局联合举办卫生健康知识专栏在电视台或广播台每周定期播出。各乡、村定期利用广播专栏、板报宣传卫生知识。在中小学校进行健康教育，开课率100%，并分别于5月和9月对中小学校主管校长、卫生教师、校医进行了业务知识培训。对200名学生问卷调查显示，培训前卫生知识知晓率72.6%，卫生行为正确率56%，培训后分别达到90.8%，82.4%。达到了国家卫生县的标准。

全年3次在全县范围内开展了大规模统一灭鼠活动，使用鼠药11吨，粘鼠板1 300块，年均鼠密度0.83%。

**妇幼保健** 孕产妇管理。分娩1 988人，活产1 974人，产前检查率76.7%，早孕检查率46.9%，产后访视率74.6%，系统管理率41.4%。高危孕产妇管理433人，监护分娩率100%。孕产妇死亡率50.65/10万，围产儿死亡23人，围产儿死亡率11.57‰，其中出生缺陷8人，发生率8.98‰，脐带因素4人，早产低体重4人，其它7人。

女工保健及婚前医学检查。1994—1998年15—49岁女性死因调查分析，结果表明：5年年平均死亡率为109.20/10万，明显高于北京市城区、郊区死亡率。婚前医学检查3 007人，开展了新婚宣教工作。

节育手术11 640例，其中放环3 615例，取环2 598例，人流3 316例，药流1 727例，节育手术并发症2例，节育手术并发症发生率为2.02/万，无差错事故发生。

儿童保健。儿童保健系统管理率96.46%，覆盖率95.58%，新生儿疾病筛查率96%，新生儿死亡率6.08‰，比1998年同期（8.4‰）下降了27%，0—4个月婴儿母乳喂养率89.64%。

性病门诊工作。共收治性病病人641例，其中淋球菌性阴道炎69例，尖锐湿疣240例，非淋球性阴道炎108例，梅毒21例，软下疳1例，传染疣1例。

积极开展妇女病普查普治，全县妇女病普查5 717人，普查率68%。

**医疗工作** 门诊量831 264人次，比上年提高了4.33%。其中局直单位门诊601 256人次，占全县医疗单位的72.33%。全县卫生系统开设病床733张，收治病人14 258人次，住院日171 845天，病床使用率60.91%，病床周转18.45次。抢救危重病人858人次，抢救成功率90.33%。医疗单位健康体检39 334人次。农村卫生室门诊470 965人次，与上年同比下降10.03%。

医疗工作围绕“一个中心”，抓住“两个重点”，强化“三项管理”。“一个中心”就是树立以病人为中心的服务意识。“两个重点”就是重点抓急诊工作，重点抓贯彻《医疗机构管理条例》及《中华人民共和国执业医师法》。强化“三项管理”，加强医疗质量、医疗安全及医疗秩序的管理。对医务人员进行培训、考试、岗位练兵，提高医疗服务质量。重点加强对医院感染工作的管理，制订各项管理制度。广泛开展整体护理工作，县第一医院由原来的1个病区发展到6个病区。

合作医疗。1999年有15个乡镇、257个行政村、158 764人实行了多种合作医疗形式和保险机制，覆盖率分别为100%、96%、91.44%，有103 865人参加大病统筹。为了鼓励农民参加合作医疗、大病统筹，市政府给每人补贴1元，县政府补贴2元，个人只需交

6元，就可以享受一次住院费3 000元（含）—10 000元的手术费、治疗费、西药费、中药费、中成药费5项之合的20%；一次住院费在10 000元（含）以上的报2 000元。

初级卫生保健。合理解决乡村医生报酬，稳定乡村医生队伍。争创甲级卫生室，目前全县共有甲级卫生室247个，占行政村总数的85.8%。

**药政管理** 加大执法力度，进一步整顿本县医药市场。检查医疗点、药品经营单位62个，取缔非法行医8起、非法制剂点5处，没收非法制剂83瓶（盒），伪劣药品21种，价值10 000余元，收缴罚没款5 000余元。清查过期失效和5年以上无效期药品、销毁过期失效药品2种，价值321元，查出假淋必治100盒，价值6 540元，封存5年以上无效期药品642种，价值165 000余元，从而保证了临床用药质量。

加强毒麻精神药品的管理。对21个医疗单位中155名欲取得麻醉药品处方权的医生进行了培训。

检验外埠进怀药品1 043件，不合格175件，不合格率16.8%。其中西药制剂278件，占19.19%；中成药及饮片785件，占15.5%。

**医学教育** 审批下发了继续教育认可项目105项，完成105项，培训6 000人次。有23人参加住院医师规范化培训，参加短训班、高研班58人。

人才培养。县直各单位对定向培养对象进行重点培养，培养率达90%。安排县内进修10人，送市级医院进修39人。参加大专学习136人，年内在职考入大专85人。

接收毕业生41人，其中首都医科大学1人，煤炭医学院1人，顺义医专8人，联大中医药学院1人，卫生学校25人，中医学校5人，护士8人。

**科研工作** 卫生局向县科委申报科学实验项目5项，获准立项3项。获县级科技进步奖8项，申报市级科技进步奖1项，获市中医管理局奖2项。

医药卫生学会活动。举办学术讲座17次，聘请9个市级医院19名专家教授讲课。卫生系统各单位共发表论文36篇，其中国家级12篇，省市级24篇，学术交流31篇，征集医学文稿40篇，编辑医药信息2期。

**红十字会** 完成13个团体会员单位重新换证登记及颁发证书工作，会员换站换证8 759人，会费收缴达100%。发展会员1 456人，比上年增长6.6%。举办一期备灾救灾和会务知识培训班，有60余名干部参加了培训。“佳节送温暖”共筹措救助资金15 000余元，慰问15个乡镇100户孤、老、病、残及部分城镇下岗特困户。红十字会救助怀柔灾后特困家庭19万斤面粉，有7个乡镇3 000户12 000余人得到救助。县红十字会用于救助投入21 000元。“99复明工程”邀请市红十字会朝阳光明眼科诊所为本县23个贫困的白内障患者检查眼疾，7名合格者进行了手术治疗。县红十字会成立志愿工作者委员会，现有志愿工作者92人，其中持有市会志愿者证书51人。

**计划财务** 完成业务收入9 099.4万元，比上年同期增长10.8%。药品收入4 928.2万元，比上年同期增长15.9%；药品收入占总收入的54.2%，比上年同期增加1.3个百分点。争取各种专项资金552.7万元，为全系统21个单位不同程度地解决了医疗设备购置、维修等问题。

公费医疗。公费医疗1999年7月正式归入劳动社会保障局。1—6月份享受公费医疗单位165个，累计享受人数85 235人，比上年同期增加133人，增幅1%。实际支出累计425万元，人均支出299元，降幅1.3%。

卫生系统大病统筹。全系统单位参保率、人员参保率、基金收缴率均达到100%。筹集大病医疗保险基金的比例是：单位负担职工工资总额的2%，个人负担工资总额的0.5%，从公费医疗指标中提取10%，三项做为卫生系统大病统筹医疗保险基金。

公费医疗的预算资金450万元，定额指标：中央单位为年人均220元，县属在职年人均220元，退休年人均630元，离休人员年人均2 000元，乡二残人员年人均1 520元。

**基本建设** 由美籍华人张家华先生捐资65万元，市、县各拨20万元建设的精神康复医院竣工，建筑面积1 250平方米，获得北京市“农村卫生三项建设”一等奖。（秦君萍）

# 密云县

**概况** 有12个镇、7个乡、347个行政村。总人口42.5万人。

县卫生局所属医疗卫生单位38个，其中全民单位28个，集体单位9个，行政机关1个。职工2 417

人，其中卫生技术人员1 927人，医生1 054人，护理人员537人。开设床位963张。每千人口拥有卫技人员4.53人，医生2.48人，护理人员1.26人，床位2.27张。

生命统计。出生4 288人，出生率10.05‰；死亡2 587人，死亡率6.06‰；因病死亡2 269人，占总死亡人数的87.71%；人口自然增长率3.99‰。平均期望寿命72.15岁，其中男69.64岁，女75.06岁。死因顺位前十位依次是：脑血管病，肿瘤，呼吸系统疾病，损伤和中毒等外部原因，心脏病，消化系统疾病，泌尿生殖系统疾病，内分泌营养代谢及免疫疾病，失无异常，传染病。

**卫生改革** 完善和规范了综合目标管理内容，制定实施了《综合目标管理工作规范要点》和双百分《综合目标管理工作考核办法》。研究批准了中医院人事分配制度改革试点配套方案，正在稳步实施。借鉴温州地区经验，提出了在本县试行股份合作制改革试点方案。完成了新一轮院（站、所、校）长的聘任工作，并与局长签定了3年任期目标责任书。制定并实行了二级医疗机构、职能部门对口重点扶持基层医疗卫生工作制度。局机关加强宏观调控，逐步完善规范化管理，各项工作全面纳入目标责任制管理。

农村卫生工作。有个体办医20家，厂矿医务室50家。村卫生室322所，覆盖率93.1%，其中甲级卫生室113所，占35.1%；合格卫生室209所，占64.9%。乡村卫生组织一体化管理及农村合作医疗得到巩固、完善、发展。

社区卫生服务。建立了县医院、中医院、穆家峪卫生院3个社区卫生服务中心，建立了西果园小区社区卫生服务站，向深入居民家庭开展规范全面的医疗保健服务走出了第一步。

健康教育。全县社区健教示范点12个。建立了社区健教人口数据库，并对人员情况进行了统计分析。开展了全县中小学校健教课，开课率为87.1%。全县使用健教处方141种。发放各种宣传材料50 000余份。

精神卫生。对1 250名重病人实行建卡管理。开展2次大型宣传活动，发放宣传材料4 000余份。

**公共卫生与疾病防治** 预防接种。7岁以下儿童4 288人，建证建卡率100%，证卡符合率99.05%，儿童计划免疫保偿制投保4 247人，投保率99.42%。四苗全程合格率99.05%，及时率99.05%。单苗接种率分别为：卡介苗100%，脊髓灰质炎99.98%，百白破99.98%，麻疹99.90%，与计免相关的疾病无病例发生。

传染病管理。无甲类传染病发生。乙类传染病总发病922例，总发病率213.33/10万。流行性出血热1例，发病率0.23%/10万，病毒性肝炎198例，发病率45.81/10万，其中甲肝98例，乙肝58例，丙肝4例，未分型38例。针对部分小学校发生甲肝疫情，卫生防疫部门及时采取综合性防疫措施，使疫情得到了有效的控制，调查处理率100%，无死亡病例。新生儿乙肝疫苗接种率99.88%，学龄前儿童乙肝疫苗接种率99.96%。猩红热18例，发病率4.17/10万。淋病80例，发病率18.51/10万。细菌性痢疾503例，发病率116.39/10万。肺结核122例，发病率28.23/10万。丙类传染病总发病723例，发病率167.29/10万，其中肠炎688例，发病率159.19/10万；风疹4例，发病率0.93/10万；流行性腮腺炎31例，发病率7.17/10万；肠道门诊监督检查覆盖率100%，共接诊1 879例，悬检率97.71%，培养率47.58%。

地方病管理。碘盐监测700件，有碘率98.86%，合格率73.14%。无地方性甲状腺肿发病。配合市站完成了河南寨中心小学8—10岁儿童的甲状腺肿大的监测工作。完成特需人群补碘21 097人，补碘率97.99%，开展氟斑牙调查132人，调查率99.25%。

公共卫生。有公共场所单位470家。监督1 053户次，监督覆盖率224.04%，合格率93.05%，监测取样17 902件，合格率95.94%，监测覆盖率100%。

食品卫生。有各类食品制售生产经营单位4 659户，从业人员11 905人。监测16 676户次，监督覆盖率100%，合格率89.52%。从业人员体检率98.5%。“五病”患者检出341人，检出率2.86%，调离及时率100%。新审批发证2 061个，复验换证1 340个。年内，共举办各类培训班120期，培训6 540人。依法查处各类违法案件137起，无食物中毒发生。圆满完成了国庆50周年庆典活动的卫生保障任务。

劳动卫生。对县以上41家工业企业单位监督覆盖率100%，乡镇企业64家，监督覆盖率51.56%，完成22个企业单位作业环境有毒物检测，完成32个企业有害作业人员体检3 045人。完成北京富泰革基布有限公司及北京富特盘式电机公司两个企业的职业卫生典型企业试点建设，并通过市所监督检查验收。

学校卫生。有中小学生61 961人。健康监测9 592人，监测结果：视力低下率32.58%，龋齿患病率16.64%，营养不良率21.7%，肥胖率11.83%，贫血患病率7.9%，沙眼患病率8.93%，蛔虫感染率2.54%。

**爱国卫生** 围绕建设文明卫生城市、迎接建国50周年、澳门回归这个中心，采取城区环境管治结合、单位卫生创建达标、农村卫生突出改厕，将大环境综合整治与爱国卫生月、月末清洁日、周末卫生日活动有机结合，使全县环境面貌明显改观。改户厕10 542所、公厕4所。改水受益314 099人，安全卫生水普及率97.4%。

**妇幼保健** 对19所从事助产工作的单位进行评估考核，均达相应标准。制定实施了降低两死率干预措施，县乡两级接产医院、卫生院建立了以主管院长为组长、妇产科业务人员为主体、内外各科业务骨干参加的产科危重病抢救小组，健全完善了管理网络，促进了妇幼保健工作水平不断提高。

妇女保健。孕产妇3 319人，管理覆盖率98.98%，系统管理率79.69%，高危孕产妇547人，管理率100%，产妇住院分娩率97.23%，早孕检查率86.68%，产后访视率94.18%。0—4月母乳喂养率94.7%，围产儿死亡40例，死亡率11.94‰，孕产妇死亡率30/10万。

儿童保健。0—6岁儿童28 175人，保健覆盖率100%，系统管理率83%。大面积体检率89.9%，新生儿访视率85%，新生儿疾病筛查率96.3%。0—4岁儿童ARI标准病例监测、临床病例监测覆盖率100%；5岁以下儿童死亡48例，死亡率14.4‰；婴儿死亡37例，死亡率11.1‰。

女工保健。15岁以上妇女172 009人，育龄妇女107 619人。妇女病普查38个单位、17个行政村共18 929人，普查率80%，检出患病4 899例，“四病”治疗率100%。

婚检工作。婚检4 822人，检出异常558人，检出疾病256人，暂缓结婚男16人、女8人，婚前保健率96%。

计划生育。计划生育手术11 484例，无差错事故发生。

**医疗工作** 门诊950 940人次，急诊39 317人次，住院14 280人次，出院14 560人次，平均住院天数11.25天，平均床位使用率47.99%，治愈好转率95.41%，死亡率1.1%，危重病人抢救1 675例，抢救成功率90.62%，入出院诊断符合率97.31%。

医疗质量管理。一是突出抓各项规章制度的健全落实，做到各项工作有章可循，各种医疗行为规范。二是门急诊病房强化基础和环节质量管理，门诊处方书写合格率达98%，病历书写合格率100%，二级医院18个病区全部实行了三级医师负责制。三是医疗安全责任制体现层级负责、责任到人。四是两奖工作进一步完善，申报评审注重质量。五是着力抓好护理管理，年内新增开6个整体护理病房，全程服务质量显著提高。

医政工作。加强医疗机构和医护人员的法制管理，依法查处非法行医6起，新批医疗机构4家，对33名新护士进行注册，纠正护理人员非法执业11人，举办《执业医师法》培训2期。

建设文明单位。局机关、县二院、河南寨、巨各庄、穆家峪、新城子、石城卫生院7家单位通过县文明办初验；卫生防疫站通过市级文明单位复验；中医院首次申报市级文明单位并通过县文明办初验；6月，系统文明行业争创工作通过县文明办验收，被评为文明达标行业。1998年卫生系统政研会工作被北京市委评为思想政治工作先进单位。县医院朱润祥被评为全国卫生系统先进工作者。县医院朱润祥、张凤侠，中医院王秉昆，防疫站葛长荣，穆家峪刘长元5人被北京市卫生局、北京市人事局评为北京市卫生系统先进个人。全系统职工道德素质、文明程度、整体形象明显提高，年内收到表扬信30封，锦旗、镜匾21面，拒吃请221人次，拒收款额10 300元，社会调查问卷综合满意度达94.6%。

**医学教育** 健全完善了副主任医师以上人员带教制度，69名副主任医师以上人员与带教对象签订了带教责任书。年内共举办各类讲座189次，涉及26个专业、1 889人次，学分制考核合格率达98.72%。送市进修43人，涉级专业14个。考取西医大专85人，电教中专80人，成人自学考试大专毕业17人，其中护理14人，中医3人。北京职工医学院农村医疗专业毕业生1998年55人，1999年62人。

**科研工作** 全系统专业技术人员共撰写专业论文449篇，其中国家级刊登19篇，省市级刊登39篇。

**药政管理** 全县药品经营单位4家（批发企业1家，零售企业3家），医院制剂室3家。监督检查542户次，覆盖率80%，抽送检药品287件，不合格率13.2%。对查出的41种价值9 737元假冒伪劣药品依法分别给予警告、没收、销毁等处理，取缔非法药贩2起30人次。

**红十字会** 有基层红十字会组织56个、会员17 666人。年内共筹措资金1.3万元救助特困户、特困生。组织北京眼科专家为全县109名贫困眼病患者免费进行体检，为16名白内障患者进行免费手术。开展大型宣传和社会服务活动6次，发放各种宣传材料53 000份。

献血工作。完成公民义务献血5 641袋，全部为无偿献血，年内无血源性疾患发生。

**计划财务** 县财政拨款1 926万元，其中差额补助1 341万元，专项拨款585万元。

全系统业务收入12 088万元，其中医疗收入3 956万元，药品收入5 687万元。

公费医疗管理。开展医疗保险调查230个行政事业单位，按时完成市局下达的任务。1月1日起公费医疗办公室机构及人员列入劳动社会保障局。

审计工作。二级单位内审面达100%，全系统内审面达30%，对4名干部进行了离任审计。

**基本建设** 县医院1.1万平方米新病房楼8月投入使用。年内投资140万元修缮全系统各单位房屋设施12 000平方米，为病人安装空调20台，绿化环境4 300平方米。投资391万元，为县医院、中医院、滨阳医院、输血站等单位配备X光机、彩超、酶标仪、救护车等共49台（件）。 （王大香）

# 延 庆 县

**概况** 全县有10个乡、8个镇、405个自然村行政村，271 866人。全县有医疗卫生机构32个，其中全民所有制14个，集体所有制17个，自收自支1个。卫生系统有职工1 540人，其中专业技术人员1 243人，包括西医531人，中医107人，中西医结合5人，中药49人，西药60人，检验79人，护理人员365人，技师27人，技士18人，技术人员47人，初级卫技2人，管理人员58人，工勤192人。主任医师11人，副主任医师72人，主治医师级392人。有病床795张。每千人口平均拥有医生2.37人，卫技人员4.57人，床位2.92张。

生命统计。出生1 820人，出生率6.70‰，死亡率5.60‰，自然增长率1.10‰。人均期望寿命74.34岁，其中男性72.81岁，女性76.04岁。死因顺位前十位为：脑血管病，呼吸系统疾病，心脏病，恶性肿瘤，损伤和中毒，诊断不明，内分泌营养代谢性疾病，消化系统疾病，泌尿生殖系统疾病，其它疾病。

**公共卫生与疾病防治** 预防接种。开展计免四苗、流脑、乙脑、白类等7种疫苗接种49 311人次，接种率98.40%。组织实施两轮强化服苗442人，投服率100%，主动监测14 692人。

传染病管理。1999年法定传染病14种516例，发病率189.80/10万。其中发生乙类传染病10种450例，发病率165.52/10万，丙类4种66例，未发生甲类传染病及死亡病例。3月，本县连续发生流行性出血热11例，疫情发生后专业人员组成疫情处理小分队及时奔赴现场进行调查处理，落实防疫措施，接种出血热疫苗11 729人。因措施得力疫情得到有效控制。“02”病防治，按时开放肠道门诊，开诊前组织举办基层防保医生及检验人员专业培训班2期，培训65人。开诊后监督检查2次。根据霍乱处理常规进行外环境监测131件，食品监测1 050件，检出霍乱弧菌1件，及时处理，未发生霍乱病。

肝炎防治。共报告病毒性肝炎97例，确诊65例，其中甲肝28例，乙肝23例，丙肝2例，戊肝1例，未分型11例，发病率23.91/万。新生儿接种乙肝疫苗2 648人，接种率98.95%，接种甲肝疫苗1 406人。流感防治，开展流感疫苗接种2 465人。鼠疫监测，5月、8月，在康庄、张山营、延庆镇等地捕捉野鼠61只，家鼠41只，经监测未发生阳性结果。

地方病管理。碘缺乏病防治，1—12月采样700件，进行食盐含碘量监测，合格率93.00%。地氟病监测，4月、9月对本县29个高氟改水村水氟含量监测，2次各采样30件，分别有胡家营（2次）、谷家营（丰水期）2个村超标。

消杀灭工作。对各级医疗卫生机构、托幼园所卫生监督125户次，卫生学监测884件，合格711件，合格率80.4%。对一次性卫生用品、消毒药械销售行业监督检查40户次。对蝇、蚊、鼠等进行常规监测，其密度分别为14.48%、9.61%和4.61%。外环境消毒12起。

食品卫生。为迎接建国50周年和保证万国邮联代表团在延庆的饮食安全，杜绝食物中毒重大事件的发生，全面加强了食品卫生执法工作。5月24—29日是全市食品卫生宣传周，主管县长、卫生局长亲自参加了街头宣传，咨询群众上千人，发放宣传材料1万多份。还几次对中心市场、小丰营村、南菜园、高塔路等重点地区进行检查，解决难点问题。对353家中小餐馆进行了整顿。本县有食品生产经营单位3 897户，从业人员8 940多人，卫生监督检查8 765户次，合格8 051户次，合格率91.85%。依法处罚112户，其中罚款9户17 280元，取缔1户，责令改正47户，责令销毁违禁食品55户885千克。抽查各类食品849件，合格573件，合格率83.9%。进行从业人员健康检查5 814人，培训5 046人。对74人体检不合格者全部调离，全年未发生食物中毒。

环境卫生。对城镇集中式供水末梢水监测采样180件，获640个监测数据，合格557个，合格率87.03%。本县有各类公共场所559户，卫生监督574户次。对重点行业如旅店、理发、美容业、浴池等及重点地区公共场所监督覆盖率达200%，卫生监测7 806件，合格7 678件，合格率98.36%。

劳动卫生。对本县108家企业进行卫生监督，监督率100%，对有毒有害企业卫生监测并发放卫生监督意见书24份。定期对从业人员健康检查812人，查出各种异常274人次，及时将体检结果反馈给有关单位。

学校卫生。对“三中三小”及职高、师范学校等10所大中小学校进行常见病监测工作。监测学生5 472人，查出6种常见病数据。对学生肠道蠕虫感染状况调查26所学校12 267人，阳性率0.28%。

结核病防治工作。在中小学生等人群中开展结核病筛查工作，新发现病人55例，均采用世界最佳治疗方案用药，监化率100%。

**妇幼保健** 围产保健。全年有孕产妇1 854人，建卡1 808人，建卡率97.5%；系统管理1 374人，系统管理率74.1%；早管1 439人，早管率77.6%；产后访视1 718人，访视率92.7%；产前检查1 734人，新法接生率100%，其中住院分娩1 761人，住院分娩率95%。

计划生育。全县开展计划生育手术7 020例，其中放环2 018例，取环1 459例，人工流产2 877例，中引125例，药物流产500例，皮埋39例。筛查高危孕产妇295例，高危管理率100%，高危住院分娩率100%。在所有产妇中，剖腹产286例，剖腹产率15.4%，产后出血9人，发生率0.485%，新生儿窒息66人，发生率35.71‰。低体重儿43例，发生率2.3%。早产12例，发生率6.5‰，孕产妇死亡为零。

儿童保健。活产1 848人，管理1 732人，管理率93.7%，筛查出高危儿172例，高危儿管理率100%。新生儿喂养记录1 716人，母乳喂养1 560人，满月母乳喂养率90.9%。儿童系统管理。全县有0—2岁儿童5 357人，管理5 127人，管理率95.7%；合格人数4 797人，合格管理率93.6%；0—6岁儿童大体检应查12 833人，实查11 335人，体检率88.3%。4个月母乳喂养率85.4%，龋齿检查6 445人，患龋齿846人，龋齿患病率13.1%；佝偻病32人，患病率0.65%；贫血患病率3.2%。体弱儿管理。共查出体弱儿432人，管理432人，管理率100%，其中活动期佝偻病32人，体重增长不良68人，贫血305人。生命监测。全年新生儿死亡15例，死亡率8.1‰；婴儿死亡17例，死亡率9.2‰；5岁以下儿童死亡19例，死亡率10.3‰。出生缺陷监测。在本县6个接生单位实施出生缺陷监测，新婚妇女投服斯利安率98.1%，出生监测2 002人，其中畸形11人，发生率5.49‰。婚前检查3 335人，检出疾病263人，疾病检出率7.9%。

**医疗工作** 全年门诊60万人次，出入院13 000多人次，平均住院日14.45天。召开全县个体开业医会，学习医师法，增强了全体医生依法行医、合法行医的法律意识。按照《执业医师法》和《医疗机构管理条例》，先后8次对延庆镇、下屯、康庄、西二道河、永宁、旧县、张山营等乡镇及沿线乡镇医疗点突击检查，取缔2家无照牙科诊所，依法没收医疗器械。甲级病历85%，不合格处方5%以下，护理质量检查平均87分。开展社区卫生服务。县医院在石河营小区、川北小区，中医院在新兴小区、双路小区，中医门诊部在东外小区开设了社区卫生服务中心。县医院购进各种设备40多台（件），引进脑出血引流术、心脏介入疗法，填补了本县医疗技术的空白。康庄镇医院引进了血液稀释疗法，半年收治病人400多例。

精神文明建设。广泛开展卫生保健、健康教育宣传活动，增加广大群众的科学卫生知识。在全县范围内开展“百名医学专家健康咨询活动”，送健康观念、送医疗服务、送科学健身给每一位百姓，让群众懂得科学健康文明的保健知识，走上健康之路。为开展好这项活动，卫生局成立了领导小组，制订了实施方案，咨询活动当天就接待群众700多人次，发放《登上健康快车》、《心脏病预防与保健》、《高血压防治手册》等10多种宣传材料3 500多份。还开展了艾滋病防治、精神病防治、献血知识等8次上街宣传，制做宣传画板34块，发放少年画报17期1 800多本，播电视新闻39条，播送广播稿20多篇，发放宣传材料7万多张，普及提高了群众的科学卫生健身知识。开展了“五月鲜花”歌咏比赛、迎“七．一”演讲比赛、庆国庆太极拳表演赛、迎澳门回归长跑越野赛等。还在广大医务人员中开展了向先进模范人物吴登云、王忠诚学习，争当首都优秀医务工作者的活动。县医院提出了改正行业作风的8项措施，加强了绿色通道服务便民意识，设立了委屈奖、举报奖和文明行医奖，得到县行风评议组的高度好评。县医院急诊室被团市委授予“青年文明号”，团支部被授予“红旗支部”，妇产科被全国妇联授予“巾帼文明示范岗”。妇幼保健院和防疫站经市语言文字委员会验收被评为“语言文字规范达标单位”。延庆县卫生局被县委、县政府评为1999年度先进单位。

**医学教育** 有100余名医护人员考入北京职工医学院，100余人参加自学中医、护理大专学习，50余人参加计算机等级考试，20余人进行英语辅导班学习，97人到市区对口协作医院或县级医院进修学习。县医院首次开展了科技论文颁奖会，收到论文73篇，其中刊登在国家级刊物上有12篇，刊登在省市级刊物论文22篇，地方性论文交流39篇。对优秀论文进行了奖励。经考试评审答辩有6人晋升主任医师，15人晋升副主任医师。78人晋升主治医、药、护级医师。对全县1 089名（包括离退休、厂矿学校及驻延部队等）医务人员进行了考试，参考率99%。有100多人参加了全国执业医师考试。

**药政管理** 本年检查药品2 055件，查出不合格药品402件，检查366个单位，对查出的假伪劣药采取没收销毁。开展“放心药房”活动，强化了监督，对全县28个医疗和药品经营单位进行了专项检查，查出无有效标识和过期药品112种，价值8万余元。对全县药品经营单位负责人进行《药品管理法》等法律法规的学习培训，对100多名主治医师以上医务人员进行麻醉药知识考试，合格者方有权处方使用麻醉药品。

**基本建设** 投资150万元建成1 200平方米的康庄镇医院病房楼和500多平方米的生活用房，投资155万元建成1 700平方米的县第二医院门诊楼及辅助设施。为妇幼保健院、卫生防疫站投资170万元购置开业前的仪器设备。5—8月，县卫生防疫站、妇幼保健院、县医院综合病房楼先后投入使用。

**红十字、公费医疗、献血工作** 红十字会多次组织医务人员下乡为贫困群众义诊送医送药，为2名白内障患者免费手术。还配合市红十字会医疗队在本县大庄科、四海、千家店、沈家营等乡镇义诊，为238名老党员体检，为当地医院和群众捐赠价值约6万元的药品、物品。

公费医疗。积极配合市卫生局开展职工医疗保险制度改革方案调查摸底工作，做好2000年公费医疗保险过渡工作，保证工作的连续性。

献血工作。本年任务4 052瓶（包括驻延部队、市属企业）按时完成，保证了临床用血的数量和质量。（吴玉联）

# 卫生部直属医院卫生工作

## 北京医院

（东单大华路1号）

邮编：100730　电话：65132266（总机）

E-mail：mash@cdm.imicams.ac.cn

**事业概况**　医院现有病床900张，人员2 329人，包括医生498人，护士805人，技术人员481人，行政人员182人，后勤人员363人。其中正、副主任医师和相应职称的高级医务人员220余人。有35个临床和医技科室，15个临床实验室和20多个职能处室。在承担高级干部医疗保健任务的同时，还承担着全国及本市居民的医疗及预防工作。

医院装备有许多大型医疗设备和精密贵重仪器，如核磁共振扫描仪、X-CT、UF-CT、ECT、心血管数字减影造影机、电子直线加速器、彩色超声扫描机、彩色超声心动图机、电脑控制血液透析机、数字X光机、大型自动生化分析仪、流式细胞仪、快速细菌鉴定仪、X-刀以及先进的监护系统、全自动血库系统等。

卫生部北京老年医学研究所、卫生部临床检验中心、北京医院护士学校、卫生部北京医院东方日语培训中心、北京医科大学第五临床医学院均设在这里。

**医疗工作**　医院严格执行各项规章制度和医疗常规，认真抓好各科的三级查房、抢救工作、死亡病例讨论、术前讨论、会诊等制度；进一步提高病历质量，加强环节病历质量检查，聘请老专家每天抽查终末病历；加强院内感染控制，尤其是对手术室、消毒供应中心、导管室、产房、各级监护室等重要部门的细菌监测；积极鼓励各科室开展新技术、新疗法。

全年门诊75万人次，日均门诊2 672人次，急诊35 742人次，住院10 611人次，手术6 827人次，病床使用率94.1%，病床周转率16，平均住院日20.8天，出入院诊断符合率98.5%，手术前后诊断符合率99.4%。1999年病房抢救529人次，抢救成功率74.5%。

1999年共获新技术奖12项，其中一等奖2项，二等奖3项，三等奖7项。杨杰孚开展的“心房扑动及顽固性早搏射频消融术”、甄文俊开展的“心脏不停跳冠脉搭桥术”获一等奖；李高峰、于治国、路奎元、宋海涛、黄魏宁、常建民、黄美雄、张永春、张毅、孙铁英等开展的新技术分别获二等奖和三等奖。

**护理工作**　护理部在加强职业道德教育、强化服务意识和职业形象培养的同时，进一步落实以病人为中心，深入开展整体护理，进一步完善护理人员分层次使用工作，提高了护士工作的责任心，激发了护士的学习热情，解决了基础护理到位的问题，提高了病人的满意度。

在人才培养工作中，护理部继续加强继续教育，提高护理队伍的整体素质，使本院护士继续教育达标率达到96.5%；重视护士基本功训练与专科技能训练相结合，加强岗位练兵，不断提高护理观察能力、综合评判能力及护理技术操作技能，以适应专科发展需求；继续鼓励护士自学成才，全年共有55人考取了护理业大专；完成了全国各地医院来院进修人员64人次的培训工作。

全院护理年会共收到稿件79篇，17篇在大会上宣读；在全国大会共交流论文72篇。

**科研工作** 在研的院外课题共94项，其中国家级29项，部级55项。院外基金中标24项，共获经费130.9万元，其中李果珍、杨泽、李怡获攀登计划和国家自然科学基金。科研处每年进行中期检查或年终检查，以保证院外课题保质按时结题。院级课题共申报129项，经初审，参加终审答辩98项，批准立项63项。在科研成果方面，许贤豪、黎健、叶应妩的课题获卫生部科技进步二等奖或三等奖；凌锋、刘俊达、何青、何慧德等人的课题分别获北京市科委、辽宁省科委、总后卫生部二等奖或三等奖；张铁梅等22人获局级成果奖；许宏涛等11人获新技术奖。1998年评出论文奖370篇。

**教育工作** 医院除完成了正常的本科生教学工作、继续医学教育工作外，还加强了住院医师的培养工作，决定从1999年的毕业生开始，正式纳入到北京医科大学住院医师规范化培训之中，对1996年—1998年毕业的住院医师规范化培训参照北医大培训方案，作为试点进行培养。本院还与山东医科大学、北京医科大学达成了联合培养研究生的协议，拓宽了研究生培养渠道。

全年本院共接受7所高等医学院校82名本科生和10名留学生的学习和实习任务；招收硕士生7名，博士生3名。

**国际交流** 医院先后同澳大利亚、日本、韩国、美国、丹麦、加拿大的院校建立了友好关系，增进了友谊，促进了交流。1999年共派出了100人次出国学习或短期出国访问，有近百人次进行了学术交流。共接待来自23个国家、地区和组织的团组86个，406人次，进行学术交流50次，其中国家元首及部长级代表团4个。

此外，外事处同人事处、医务处等科室共同制订了医务人员相应的出国规定，进一步完善了外事工作相关的规定制度；会同科研处、人事处、医务处、教育处、护理部等单位举行了两次出国人员出国前教育；开始了计算机的数据输入，初步完成了1998—1999年外事派出及接待档案的输入工作，储存了646人次出国信息和190个团组来访信息。

**改革与管理** 本年度医院决定试行科室成本核算。机构人事制度、后勤改革同样是医疗机构配套改革的重要内容。成立了医院机构改革领导小组，在对多家医院进行考察和调研的基础上，形成了医院机构和人事制度改革的目标、思路和具体方案。还加大了审计力度，明确了关于医疗设备采购管理的有关规定，加强了对药品和试剂采购的监控。

许多处室不断地强化科学管理，增强服务意识，提高工作效率，如信息处解决了计算机2000年问题，完成了门诊收费和住院病人管理系统服务器的系统升级和全院155台单机的检测；外事处进一步健全了有关外事管理的规章制度。

**精神文明建设** 医院通过开展“创建文明行业，实现规范化服务达标”活动，实行了一系列方便患者就医的措施，提高了医疗质量和服务水平。为了庆祝建国50周年，喜迎澳门回归祖国，本院举办了首届文化艺术节。工会配合医院中心工作，积极开展各种文体活动，丰富职工的文化生活。坚持对团员青年进行政治思想教育，弘扬爱国主义精神。认真做好社会治安综合治理工作。积极参加社会公益活动。

1999年，医院的计划生育、无偿献血、绿化美化等工作都达到了文明单位的标准和要求。获中央国家机关精神文明单位和首都精神文明单位称号。共有95名职工无偿献血。王建业任东城区第十二届人大代表。

（李　晶）

# 中日友好医院

（朝阳区樱花东街1号）

邮编：100029　电话：64221122（总机）

**事业概况** 开放病床1 300张，其中中医病床400张。职工2 799人，其中卫生技术人员2 299人，包括副主任医师以上（含相当职称，下同）389人，主治医师596人，医师1 314人，护士810人。

**医疗工作** 门诊663 629人次，其中外籍人员和华侨24 728人次，日门诊量2 379人次。急诊88 324人次，急诊抢救1 145人次，抢救成功率86.81%。新生儿死亡率12.4‰，围产儿死亡率8.2‰，孕产妇死亡率0。

出院患者18 810人次，床位使用率91.1%，床位周转次数14.5，治愈好转率94.18%，入出院诊断符合率99.00%，入院7日确诊率99.48%。手术12 536例，其中门诊手术5 697例，住院手术6 839例。

中日友好医院是国内外重大会议、活动的保健医院之一。1999年，医院办理高干保健419人，参加各种会议、活动保健25次，共派出医疗保健组70余人次，圆满地完成了各会议（包括人代会、政协会）及活动的医疗保健任务；根据中组部和卫生部保健局的安排，为在京享受住院医疗照顾专家（副部级）205人进行了体检。

为支援"老少边穷"地区医疗事业的发展，扩大医院影响，开展了远程医疗服务，目前已与全国8个地区开通了远程医疗会诊工程（最远为新疆库尔勒地区），1999年共组织会诊29次，取得了良好的社会效益。医院在全国各地建立11个血液净化分部，并与12家各级医疗机构建立了对口支援协作关系。

医院将医疗工作重点放在了抓基础、抓规范上，进一步完善24小时住院医师负责制，严格执行三级查房制度，先后出台了关于医师值班交接班的暂行规定和关于进一步加强疑难病例讨论会诊的暂行规定。进一步加强了院长行政查房，全面了解临床医教研情况，对一些急需解决的问题通过现场办公及时解决，提高了工作效率。

在加强重点学科建设方面，注重发挥中西医结合优势，形成了以中西医结合治疗心脑血管疾病、中西医结合治疗肿瘤为代表的中西医结合医疗特色。进一步完善了"国际医疗部"、"友好血液净化中心"、"口腔中心"等多样化特需医疗服务，以满足广大患者不同层次的医疗保健需求，取得了较好的社会效益和经济效益。

成立了深化医院改革领导小组，下设5个专题工作组。根据卫生部《关于深化城镇医疗机构改革的若干意见（草案）》，本着"思想要积极，步骤要稳妥，措施要得力，效果要明显"的原则，开展调查研究，召开各种座谈会40余次，400余人次参加，发放调查问卷900份，并先后到北京8所大型综合性医院和上海、武汉、山东、天津等地14所医院以及香港进行调研考察，形成了较系统较全面的中日友好医院深化改革整体方案（草案），为医院的改革与发展奠定了坚实的基础。

医院成立了信息化建设专题工作组，完成了计算机应用系统需求、计算机网络系统需求和计算机应用标准等一系列基础性数据、资料。同时，针对Y2K问题，制定了应急方案，保证了医院计算机2000年问题的平稳过渡，受到卫生部及北京市卫生局的高度评价。

**护理工作** 进一步加强精神文明及行风建设，提高护士服务意识和护理服务质量。护理部将评选"文明护士站"、"精神文明窗口"工作与护理质量控制工作相结合，采取单项否决，全年共评出13个"文明护士站"、2个"精神文明窗口"。

结合北京地区三级医院规范服务达标工作，护理部针对规范服务标准，制定了详细的达标计划，将工作分为宣传、实施、自查三个阶段进行，取得了满意的效果。

成立了护理部管理委员会，举办护士长培训3期，通过提高护士长管理水平及整体素质，来推动护理工作发展。

不断提高整体护理水平，改进护理管理措施，推行一级护理床头巡视记录单及输液巡视记录卡制度，有效提高了护理质量，目前全院实行整体化护理的病区已达到50%。

**医学教育** 进一步规范住院医师考核制度，首次参加北京医科大学的住院医师培养考核。参加继续医学教育793人，各类继续教育项目94项，其中国家级项目7项，部级项目29项。举办国家级继续医学教育项目培训班17期，参加人员600余人。

接受来自北京医科大学、北京中医药大学、中国医科大学、天津医科大学等医学院校的生产实习学生271人，临床教学学生197人；接受全国各地进修生432人，留学生236人次。9人受聘北京医科大学副教授，9人被评为北京医科大学优秀教师。

新增硕士学位点5个，新增博士导师2人。医院招收研究生18人，博士生6人；毕业11名研究生；授予硕士学位33名。选派18人参加协和医院、北京医科大学、北京中医药大学的研究生课程学习。

**科研工作** 承担部级以上课题29项，获奖7项，其中"中国Machado－Joseph病临床病理及分子生物学研究"为医院首次获得国家级科技进步二等奖。国家药物科学研究基金中标2项。申报人事部、教育部留学回国人员科研资助基金项目16项，中标9项，日本金泽医科大学项目中标2项，引进国外专家项目5项。

参加全国性专业会议125人次，向各专业杂志投稿473篇，正式发表78篇，会议论文179篇。1999年青年医师论文报告会报告论文7篇。管理论文报告会报告论文8篇，其中3篇获优秀论文奖。

**国际交流** 选派出国留学人员14人，留学回国人员9人；接待来自日本、欧美等国以及港澳台地区的来访团组共计149个，来访人数1 726人次，授予2名日本专家名誉教授称号；签署对外合作协议7份，举办国际会议4次；接待日本日中医学会10人次、日本JICA长期专家2人。

**精神文明建设** 根据国务院要求，卫生部党组统一部署，医院"三讲"教育工作从8月13日开始，历时106天，经思想发动、学习提高、自我剖析、听取意见、交流思想，开展批评，认真整改，巩固成果四个阶段，基本达到了卫生部的要求。院党政领导班子针对群众反映比较集中的问题和剖析党性党风方面的突出问题，制定了《中日友好医院“三讲”教育整改方案》，坚持边整边改，重视建章立制，进一步发挥职代会的作用。

开展了首都卫生系统创建文明行业规范化服务达标活动，成立了纠正医药购销不正之风工作小组，制定了《中日友好医院关于纠正医药购销活动中不正之风工作的实施意见》，同时下发了《个人在购销药品中收受回扣或开方提成等问题的自查表》，在全院范围内认真开展自查自纠和宣传教育工作。积极参加“以病人为中心，优质服务百佳医院”的活动，为患者办实事，继续开放星期六半天门诊，增加节日门诊11天，进行大型义诊6次，诊治1 800余人次。

1999年，北京市卫生局授予中日友好医院“表彰建国50周年医疗保障工作奖牌”，获得朝阳区精神文明共建先进单位、朝阳区计划生育先进集体、朝阳区卫生防病工作先进单位、北京市献血先进单位、北京市绿化美化先进单位、北京市计划生育红旗单位等称号，被卫生部授予“全国百佳医院”，中央文明委授予的“全国精神文明建设先进单位”及首都文明办授予的“首都创建文明行业活动示范点”，连续5年被评为“中央国家机关文明单位标兵”和“首都文明单位标兵”，获得了“五连冠”奖杯。

**后勤工作**　1999年，医院行政后勤系统由传统的单一行政管理向经营管理过渡，建立起多样化、多功能、高效率的“以病人为中心”的后勤服务模式，为临床一线做好后勤保障和服务。

为探索医院后勤服务社会化，医院成立了集中采购中心，对除药品和大型医疗设备以外的物资实行集中采购，统一管理，降低成本，节约开支，增加采购工作的透明度，加强监督的力度。

为进一步拓宽医疗服务范围，改善医院医、教、研配套设施，医院启动了临街综合服务楼工程。医院与中国牧工商集团总公司合作建设老年康复中心也取得了突破性进展。医院泰德制药有限公司通过了GMP论证，产品销售额逐年增加。

为迎接建国50周年大庆，后勤职工美化院区环境，清理卫生死角，为广大患者创造更加优美、清洁、舒适的就医环境。在全国卫生城市大检查中，代表朝阳区接受检查，受到检查团和北京市政府的好评，连续9年被评为市级花园式单位。（颜祥建）

# 北京医科大学及附属医院卫生工作

## 北京医科大学

（海淀区学院路38号）

邮编：100083　电话：62092000（总机）

**事业概况**　教职工10 905人，包括中国科学院院士7人，中国工程院院士2人；教师总数3 680人，从事管理工作的有948人（含兼职）。全校教职工中，具有专业技术职务的有9 187人，其中教授（含相应职称，下同）647人，副教授1 074人，讲师3 200人，助教4 266人（高、中、初级专业技术职务人员中均含专、兼职及管理人员）；工勤人员1 304人。

**机构设置**　该校设有的院、系（部）：研究生院，基础医学院，药学院，公共卫生学院，护理学院，社会科学与人文科学教学部，外语部，第一临床医学院（北大医院），第二临床医学院（人民医院），第三临床医学院（第三医院），口腔医学院（口腔医院），精神卫生研究所（第六医院），临床肿瘤学院（北京市肿瘤防治研究所，双管）。

该校的教学医院、所、站：北京医科大学第四临床医学院（北京积水潭医院），北京医科大学第五临床医学院（北京医院），北京医科大学中日友好临床医学院（中日友好医院），北京邮电医院，北京地坛医院，北京房山区卫生防疫站，首都儿科研究所，北京燕山石油化工公司职工医院。

党政管理机构：党委办公室、校长办公室（合署办公），宣传部，组织部，机关党委，统战部，纪检、监察（合署办公），党校，老干部处，保卫处，武装部，工会，团委，后勤部，校产业党总支；人事处，教育处，科研处，医务处，外事处，留学生办公室，审计室，校办产业办公室，研究生院综合处，研究生院培养处，研究生院招生分配处，研究生院学位办公室，计财处，后勤部。

校直属其它机构：北京医科大学、中国协和医科大学联合出版社，信息中心，医药卫生分析中心，图书馆，档案馆，实验动物部，电化教育中心，医学教育研究所（医学教育发展中心），药物依赖研究所，心血管（基础）研究所，学报编辑部，校报编辑部，校医院，印刷厂，实验药厂，校办产业，饮食服务中心，居民家属委员会，劳动服务公司等。

**教学工作**　该校本科生教育设有12个专业：基础医学、临床医学、口腔医学、预防医学、卫生事业管理、妇幼卫生、精神卫生、医学检验、护理、药学、药物化学、药理等专业；专科设有医学实验技术、药学、口腔修复等专业；学制为3、4、5、7年。成人夜大学教育主要为北京地区培养人才，设有临床医学、药剂、医学检验等专业，有大专学历教育和大专升本科教育。继续教育以具有大学本科学历后的成人教育为重点，负责全校住院医师的规范化培训及接收国内外高层次人才的进修培训。1999年，该校录取本专科生809人，其中7年制新生90人，本科生559人（包括港澳台联考生3人、台湾籍插班生3人），专科生160人；本科生比上年增加10%，专科生比上年增加65.6%；录取研究生444人，其中硕士研究生249人，比上年增加17.4%，博士研究生195人，比上年增加9.6%；还录取了来自12个国家的19名留学生。1999年，该校共有毕业生876人，其中研究生288人，本科生、专科生576人，留学生12人。全年共向各类人员授予学位943人，其中授予博士学位

142人，授予硕士学位170人，授予学士学位631人。

学校承担教学的单位有：

基础医学院：有中科院院士3人，博士生导师35人，硕士生导师55人。该学院有生理学系（国家重点学科点，卫生部重点实验室），解剖学系，组织学与胚胎学系（国家重点学科点），生物化学与分子生物学系，免疫学系（国家重点实验室），生物物理学系（国家重点学科点），病理学系，药理学系，细胞生物学教研室，病理生理学教研室，微生物学系，生物医学工程学系，生物遗传学教研室，寄生虫学教研室，放射医学基础教研室，中西医结合教研室，体育教研室。其中，博士点、博士后流动站10个，硕士点16个。该学院的基础医学研究所具有代表性的重点学科：生理学，病理学，组织学与胚胎学，生物物理学。承担全校12个专业约3 000人的普通基础课和医学基础课的教学任务，完成了36个班学生的注册任务。录取研究生71人，其中博士生36人，硕士生35人。接收进修生238人。毕业研究生授予学位55人，其中博士学位26人，硕士学位29人；增列8名博士生导师。该学院获准科技项目及经费：自然科学基金9项，215万元；教育部博士点科学基金6项，24万元；教育部留学回国人员科研基金1项，4万元；卫生部优秀青年科技人才基金2项，6万元；"九五"攻关项目追加经费1项，15万元；计划生育委员会项目1项，60万元；国际资助与合作项目1项，32万元；国内科研合作项目9项，60万元。该院获科技成果奖5项，其中国家自然科学二等奖1项；国家科研进步二等奖1项，三等奖1项；北京市科技进步二等奖1项，三等奖1项。该院科技论文发表数：国际刊物22篇，全国刊物258篇，国际会议12篇，国内会议31篇，文献综述28篇，专著18本。出国留学（3个月以上）11人次，出国开会、短访、考察44人次，邀请外宾来访2人次。为落实世界银行贷款项目，该学院建立了"生物医学实验教学中心"。该学院共承担了教育部"高等医药院校面向21世纪教学内容和课程体系改革项目"中的3个课题，其中"生理学课程改革"和"更新知识，探索分子生物学课程教学新途径"2项被列入重点课题，并通过结题鉴定。

药学院：有院士2人，博士导师17人，硕士导师33人。负责全校各专业的无机化学、有机化学、分析化学、仪器分析、物理化学和本院专业课程的教学工作。组织国家级继续教育1项，卫生部备案项目1项，自办研修班3次，组织协管培训班4次。1999年，该学院招收各类学生共298人，其中本科生136人，专科生38人，夜大专科生83人；录取研究生41人（博士生13人，硕士生28人）。毕业学生197人，其中博士生13人，硕士生10人，本科生105人，专科生28人，夜大专科生41人。博士后入站5人，5名博士后工作期满出站。获准各类基金资助项目40项，经费207.5万元。发表科技论文234篇，其中国际57篇，国内177篇；出版著作（含主编、参编、专著、译著）21部。该学院1998年发表的科技论文被SCI收录的共21篇，被引用的18篇，居全校第2位。全年接待美国、英国、法国、日本、德国、越南、泰国、南斯拉夫等国家访问学者75人，共计25次，讲学37次。该学院的药化、药剂两学科先后被国家教委批准为高等学校特聘教授岗位。该校利用世界银行贷款在该学院建立"基础化学实验教学中心"，按世界银行环保要求对无机、有机、物化的本科生实验室进行了改造，分析化学实验室的改造工程正在进行中。进一步对研究生教育进行改革，硕士生扩大招生名额，研究生入学不指定导师，半年后师生之间双向选择，一年后进行综合考试，成绩优秀的进入硕博连读，及格的攻读硕士，不及格的淘汰。在培养上为扩大硕士生的知识面，开设了药学综合实验课程。1人获得何梁何利基金科技与进步奖；1人获得全国百篇优秀博士论文奖；1人获得"国家人事部中青年突出贡献专家"，1人获得"国家杰出青年科学基金"资助。学生办公室获得1999年卫生部德育先进集体奖；1人获得"全国三好学生"称号。

公共卫生学院：主要承担公共卫生学院预防医学专业、妇幼卫生专业及卫生事业管理专业的专业课教学任务，此外还承担了预防医学函授班的专业课教学及非预防医学专业的预防医学课程的教学工作。1999年，招收本科生69人，预防医学函授大专生330人，录取研究生36人，其中硕士29人，博士7人。各类专业不同层次的毕业生共计389人，其中博士生4人，硕士生20人，本科生68人，大专生297人。共举办了6个国家级和校级继续教育学习班，培训学员200人。申请中标的国家级课题3项，获奖课题2个，分别是北京市三等奖和卫生部三等奖。共发表科技论文340篇，其中发表在国外杂志17篇，全国性学术杂志228篇，地方性杂志2篇，国际会议48篇，国内会议29篇，专著译著11本。出国进修学习7人次，出国考察、参加国际会议65人次；接待国外来访者34人次。营养与食品卫生系所属的"北京医科大学营养与健康食品检测中心"经国家级计量认证，综合评定为优良。5月11日，在日本举行的第31届亚太地区公共卫生科学理事会上，学院院长李立明教授当选为新一届理事会的第一副主席。

护理学院：7月，由该校高级护理系与卫生学校组建成护理学院。该学院已开展硕士、本科、大专及中专4个层次，7个轨道的护理专业教学。主要承担护理临床课教学，包括《护理学基础》、《内科护理学》、《外科护理学》、《妇产科护理学》、《儿科护理学》、《护理管理学》、《护理科研》、《护理药理学》、《护理伦理学》、《护理教育》、《护理评估》、《社区护理》、《传染病护理学》等课程。1999年，该学院招收各类学生217人，其中硕士研究生2人，本科生34人，护理专科生100人，夜大专科生55人，夜大专升本26人，目前在校生共1 100人。在职护士继续教育基地完成800余人次的护士注册学分培训任务，接收进修生60人，JNFF师资班第二期，培训学员22人。主编“九五”国家重点本科教材3本，主编中央电大大专教材及辅导教材12本，主编全国高等教育自学考试教材3本，参编全国大专教育规范教材4本。该学院与世界十余个国家及港、澳、台地区有着良好的交往合作关系，已先后与美国HOPE基金会、中华医学基金会（CMB）等国际组织保持着良好的合作关系，并与美国Michigan大学护理学院、瑞典Ersta大学护理学院及香港理工大学医疗科学学系建立了姊妹学校关系，共同努力促进中国及国际护理专业的发展与交流。

社会科学与人文科学教学部：负责全校本科生、研究生的马克思主义哲学、政治经济学资本主义部分、中国社会主义建设、中国革命史、医学辩证法、医学伦理学、医学心理学、医学史等课程的教学任务，开设社会科学、人文科学选修课程。该部担任全校的研究生、本科生、专科生、进修生、留学生的教学任务；市委党校北医大分部经济管理、行政管理专业的本科生与大专生的招生与教学工作。继续开展教学改革，参加2次国内的“两课”改革经验交流会议；修改了各门课程的教学大纲，为该校的本科生开设必修或选修课程共20门，1 740学时；巩固和完善了市委党校北医大分校的大专、本科生走读教学工作，于12月9日完成了市委党校北医大分部98级大专生24人，本科生15人，99级大专生41人，本科生15人的二次评估达标工作；开展并参与了继续教育工作，巩固和充实了现有的3个硕士点、1个博士点，为该校的硕士生、博士生开设了4门课程，共450学时；该部招收7名进修生，举办心理治疗培训班3次，邀请5名外宾讲学，共培训学员200人；参与继续教育学院组织的编写教材和医师职业资格考试辅导工作。该部新开科研课题6项，正在进行的科研课题7项，完成科研课题4项。发表学术论文65篇，科普文章25篇；参加完成专著9部，科普著作3部，译著1部（其中含参编教材2部，编写教学工具书8部），应邀参加电视台、电台关于学术或科普教育的专访25人次。出国参加国际性或校际间的学术讨论会11人次，出国考察科研项目2人次；召开1次国际性医学伦理学学术讨论会；参加国内各种学术研讨会共42人次。5月，在京召开了中美医学伦理学比较国际研讨会，参加会议人员150人左右；召开了全国医学院校马克思主义理论课教学研讨会。

外语教学部：负责全校1 500名学生的英语教学任务，其中本科生29个班，860人；专科生6个班，200人；博士生5个班，280人；硕士生7个班，400人；另外还有日语、德语6个班。举办初级、中级、高级职称考试辅导班各1个，参加人数共310多人。开设5门选修课，分别是英美文学、英语口语、6级测试、日语及德语。选修英美文学、高级口语及6级测试的学生达100多人。在1998年教学改革的基础上，进一步搞了教学改革的各种研究与实验，设制了两个多媒体实验班，让学生利用多媒体语言实验室学习大学英语，另两个班由教师面授学习，然后把这两组学生的学生成绩做比较，以便为今后的教学改革提供可靠依据。编辑出版了3本书：《医务人员高级英语》、《研究生精读课本》上册及教师用书；发表论文13篇。由中华医学基金会资助的医学英语写作与编辑的项目已进入第5年。编辑班第3期正式学员12人，编外生6人，来自全国各地，主要培训医学英语编辑；写作班已招收第4期学员共64人，培养医学专业人员能够用英语写医学专业论文并与国外交流，本期学员共写论文45篇。为了达到学生英语学习5年不断线，医学学生在学完基础英语后的后继英语学习与专业结合更密切的目的，另外为帮助医务人员提高英语语言能力，提高专业英语的表达能力，同时也为了与全国其它5所医学院校资源互补，共同发展网络医学包括医学英语教育之目的，该部曾于1998年决定开发网上英语教学，并做了大量准备工作。1999年，这项由CMB赞助、该部参与的北京医科大学医学教育建设工作已正式启动。该部现已做出的网页主要内容包括：中英文对照的医学新闻及病例报告，医学英语词汇等。为了进一步培养医务人员的高级英语写作能力，该部筹划并开始在北医大第二附属医院开办英语医学论文写作班，由该部外籍教师与中国教师合作教学。

1999年，北京医科大学校本部图书馆预购中文图书912种，验收973种，2 650册；预订外文图书529种，验收490种，497册；预订中文期刊658种，验收5 062册，装订945册；预订外文期刊594种，验收4 158册，装订2 508册；交换期刊852件，接受赠书1 100余种，加工素质教育图书1 580册，录入数据

546条，检索数据572条，修改数据657条；分编中文图书952种，2 582册；分编外文图书637种，660册；录音带141种，609盘；中文图书回溯建库5 450种；完成查新课题9项，光盘检索及Internet检索2 000多项课题，定题服务7项；为《中文科技资料目录》翻译4种期刊的题录；完成了研究生、本科生、进修生等近千人的医学文献检索课教学任务；利用周六、周日举办计算机光盘检索培训班培训校内外人员共200多人；接待校外读者900多人次，代为复制期刊资料4 300篇；全馆计算机办理对外借还书刊147 667册。1月，该馆制定了《CALIS（中国高等教育文献保障体系）全国医药学科信息中心建设方案》；5月，校长办公会通过；7月，该馆在南京大学召开的CALIS现场会上进行了工作汇报；11月，在上海举行的卫生部图协年会上介绍了CALIS及全国医学文献信息中心的进展情况。4月，与上海医科大学、第四军医大学共同开始研制高等医药院校重点学科导航，于10月份在该校“211工程”重点学科导航上网试运行，先后参与《中文现刊目次库》、《研究生论文库》建设。5月，该馆完成了电源增容和机房扩建改造，年底前CALIS管理中心向该馆投入了145万元的硬件设备：1台IBM交换机，2台SUN 3500服务器，磁盘阵列及2台UPS，学校配套经费支持的2台DELL服务器、光盘库和光盘塔及有关软件已基本到位，使该馆初步具备了对广大读者提供服务的能力。自动化、网络化工作健康发展，相继开展了读者查询系统、网上预约续借、中文期刊电子版阅览、新书预报等服务项目。6月，该馆接受了“211工程”中期验收并获得好评。为了提高工作人员业务水平，馆领导提出了计算机等级考试的要求，规定1950年以后出生的工作人员必须在1年半内通过全国计算机等级考试，有24人通过全国计算机等级考试一级考试，1人通过二级考试。根据CALIS项目的要求，该馆工作人员先后参加了联合编目培训、学位论文、会议论文培训、中文现刊目次库软件培训及馆际互借培训。为鼓励工作人员参加业务学习，发表论文，该馆制定了参加学术会议、论文版面费及学历教育的相应管理办法。该馆开始启动与该校附属医院的文献信息资源共享，12月，召开了北京医科大学文献信息资源共享工作会议，该馆在会上介绍了CALIS及全国医学文献信息中心进展，北医大系统资源共享的意见，演示了该校图书馆文献信息资源检索利用的方法。开展了中国高校图工委下达的几项科研任务：《中文核心期刊要目总览》医药卫生篇第3版的工作，《国外核心期刊总览》临床医学、药学篇，各类研制工作已出结果，3个重点学科外文期刊利用调查分析的初稿基本完成。筹措经费6万余元建立了音乐欣赏室，并邀请专家为学生开办音乐欣赏讲座。再一次延长了图书流通部、期刊流通部的开馆时间，中午不闭馆。承办的会议有：3月，举办了《中国学术期刊（光盘版）专题文献数据库》演示学术活动；4月，举办了LIPPINCOTT WILLAMS&WILKINS公司向解放军医学图书馆、协和医科大学图书馆赠书仪式；12月，承办了由卫生部医学信息委员会主持的北京地区查新咨询研讨会。

**科研工作**　1月，经过卫生部、国家中医药管理局部局属学校德育工作的检查、评估，该校被评为部局属德育工作先进学校。4月，该校行政管理系统实行办公自动化。由于近10年来在全校范围内实施了控烟措施，9月，该校获得德国医学会颁发的“歌德无烟奖”。10月，在中国科技信息研究所举办的’99中国科技论文统计结果新闻发布会上公布的结果表明，该校1998年度发表的科技论文在全国各综合院校中排名第11位，在全国医学院校中排名第1位。该校获得的国家自然科学基金数额在全国医学院校中位于第3位。荣获1998年北京市海淀区“抗洪捐赠先进集体”称号。1999年，该校研究生院被教育部、国务院学位委员会评为全国学位与研究生教育管理工作先进集体。11月，该校在北京市高校中率先获得中国工商银行第一笔大学生公寓贷款5 000万元，计划利用此笔贷款在两年内建造学生公寓2 400平方米。

**后勤工作**　1月，撤销总务处、基建处、居民管理处，成立后勤部，后勤部下设19个实体。1月，后勤部饮食服务中心自筹资金并利用部分贷款共投入130万元，由原职工食堂装修而成的“时缘餐厅”正式开业。将201校园卡公用电话在城内3个学生宿舍区全部安装调试完毕。在基本建设管理中心、城内学生服务中心、博士苑宾馆3个实体人事管理改革试点经验的基础上，后勤部在各实体全面实行人事管理改革。大体分为6个步骤，即：各实体严格区分关键岗位和一般岗位，建立实体核心组；核心组提出人事改革方案；做好思想发动工作；重新划分岗位任务，核定岗位职工人数；制定实体人事改革方案；与职工签定岗位聘书。5月10日，草岚子学生宿舍区自来水外管线增压工程竣工，结束了该宿舍区用水高峰缺水的历史，解决了学校20多年的一大难题。后勤部人事改革全面启动实施，严格区分关键岗位与一般岗位，定岗定职，优化配置，分流转岗；坚持以工作任务为主线，以改革为方向；严格区分岗位与岗位任务；严格区分下岗与按任务分配等。后勤部人事改革分5个阶段进行：确定人事改革方案；签岗位聘书，落实临时工减员方案；公开招聘；岗前培训；交接上岗。该校7号筒子楼改造工程竣工，6月全面完成入住工作，入住73户。该校6号筒子楼异地新建工程于7月1日开工，建筑面积8 544平方米。该校城内羊肉胡同学生宿舍“煤改油”供暖锅炉改造工程于11月上旬全面竣工。该校“211”工程重点建设中的5号学生宿舍楼工程，获取中国工商银行北京市分行的5 000万元贷款。建成后的学生公寓建筑面积23 428平方米，计划2000年全面开工。25号教工住宅楼1998年8月开工，1999年11月30日竣工，12月23日经海淀区建筑工程质量监督站验收合格达到设计标准，质量优良。

（王荣丽　李　颖　阎学勤　梁延捷　张建荣　尚少梅　周惠敏　靳　华　马世慧）

# 北京医科大学第一医院

（西城区西什库大街8号）

邮编：100034　电话：66171122（总机）

**事业概况**　职工2 537人，其中卫生技术人员2 061人，包括教授（含相应职称，下同）148人，副教授223人，主治医师722人，住院医师1 070人；护理人员882人，党政管理人员（含技术职称人员）155人；工勤人员328人。

**机构设置**　该院设有心血管内科、肾脏内科、消化内科、呼吸内科、血液内科、内分泌内科、老年病科、普外科、骨科、心外科、胸外科、烧伤整形科、泌尿外科、麻醉科、妇产科、小儿内科（含小儿神经、小儿肾脏、小儿血液、新生儿专业）、小儿外科、神经内科、神经外科、感染疾病科、眼科、小儿眼科、耳鼻咽喉－头颈外科、皮肤性病科、中医针灸科、中西医结合科、急诊科、心理门诊、放化疗病房、口腔科等29个临床科室，设有医学影像科、放射治疗科、核医学科、检验科、病理科、物理医学康复科、药剂科、输血科、健康教育及感染管理科、营养部、统计编目及病案室、预防保健科等12个医技科室；设有临床医学、泌尿外科、临床药理、肾脏疾病、中西医结合、心血管疾病、儿童视觉保护、妇儿保健、人工晶体技术、真菌和真菌病等11个研究所与研究中心，5个所下设26个研究室；卫生部肾脏疾病重点实验室、全国儿童弱视斜视防治中心也设在该院。行政管理和党群机构设有院长办公室、党团工会联合办公室、人事处、保卫处、医务处、门诊部、护理部、教学办公室、科研办公室、财务处、仪器设备处、总务处、基建办公室、改革办公室、产业办公室、审监纪联合办公室、离退休办公室等21个职能处（科）室。

**医疗工作**　全年门急诊1 017 662人次，其中急诊73 275人次，收治病人23 934人次，比上年增加1 019人，住院手术10 825例，危重抢救成功率72.2%，床位使用率86.4%，床位周转次数20.9次，平均住院日从上年的15.4天下降为15.2天，入出院诊断符合率98.7%，手术前后诊断符合率99%，临床与病理诊断符合率98.5%，无菌伤口甲级愈合率98.1%，院内感染发生率2.9%，陪护0.6%，较上年下降5.7%。特需门诊增加到26个专业共50名专家参加，共接诊病人1 224人次。与市立二院建立了协作关系，将分院迁至城里，扩至床位54张，远程医疗服务截止11月底，病人约有370例。

改造一部门诊用房，增加面积674平方米；投资1 158万元安装了一部中央空调；改造原药理楼，急诊用房面积增加1 300平方米，扩充急诊病床39张；改善了肠道门诊，扩大了泌尿科诊室，设立离休干部诊室等；在一部设立了小儿中医、皮科、眼科、康复门诊等，初步实现儿科门诊一体化。

落实各项制度，规范医疗行为。坚持病历检查制度，重点检查三级医师查房，危重病人抢救及治疗、用药是否及时、合理、有效以及无菌操作等。门诊实行疑难病例会诊制度，加强了三次确诊率的管理，强化并扩大了特需门诊，增加小儿内科、胸部疑难病会诊中心。

开展新技术的开发与应用，使其在国内保持领先地位：小儿科与心内科合作为出生仅6个月的患儿安装了目前在国内体积最小的心脏起搏器，这是我国目前接受安装起搏器的最小患儿；心外科为一巨大室外缺损合并动脉导管未闭、继发性重度肺动脉高血压患儿实施缺损修补手术获得成功；心外科接受一种新型的手术治疗——腹主动脉瘤隔离术；泌尿外科、心外科、普外及麻醉科密切合作，成功地为一例巨大左肾上腺肿瘤、瘤栓侵入下腔静脉的患者进行了手术；胸外科开展的胸腔镜，普外科和妇科开展的腹腔镜等微创手术都在国内率先开展，至今仍保持领先地位。

加强临床学科建设，先后将皮肤科更名为皮肤性病科，耳鼻喉科更名为耳鼻咽喉——头颈外科，建立了肾移植医疗小组。重新调整了医院质量管理委员会，调整了药事管理委员会、医院感染管理委员会、病案管理委员会等组成人员，修订了工作条例，明确了各委员会的职责。重申医院物价制度，成立了物价检查领导小组，对全院各科的物价工作进行了检查，对发现的问题及时进行纠正和处理。制订针对计算机2000年问题（Y2K）工作计划，实施应急方案和全院应急指挥系统；通过了卫生部、北医大等上级单位的检查或暗查。分层次、全方位地开展了整体护理工作，促进了病房整体护理的规范化。

**教学工作** 完成了76名学生的毕业分配派遣工作，保送研究生8人，考取研究生3人。95级5年制41人进入生产实习阶段；96级7年制59人结束桥梁课进入系统课教学；93级7年制31人经住院医师培训，第一年转正考核全部合格进入第7年培养；94级7年制46人完成生产实习，经硕士资格考试合格后，全部进入硕士培养阶段；95、96级7年制分别进入生产实习和系统课教学。在读研究生258人，其中临床技能研究生191人，实验研究生67人，博士后5人。授予了4名博士学位，12名硕士学位，有1名博士后研究生出站。继续完善教学改革工作，完成了34项教学改革工作立项的申请，同时参加了北医大临床专业教学委员会修改教学计划、教学大纲、实习指导、外语和检验专业的教改工作。为了提高年轻教师的讲课质量，举行了青年教师讲课比赛，并评出一、二、三等奖各1名。

**科研工作** 投资2 300多万元、面积6 500多平方米的科研楼完成搬迁并投入使用。情报检索系统的计算机联网工作已经完成。组织申报部委级课题共74项，中标18项，中标率24.3%，其中包括国家自然科学基金43项；北京市自然科学基金11项；国家教育部博士点基金10项，国家教育部优秀青年基金1项，国家教育部归国启动基金5项，跨世纪人才基金2项，国家人类基金组1项，中华医学基金1项。获国家科技进步三等奖1项，卫生部科技进步三等奖5项，北京市科技进步一等奖2项，二等奖1项。据中国科技信息研究所承担的1998年中国科技人员在国内发表论文数量和论文被引用情况的统计报道，该院在全国医疗机构科技论文统计排名居第5位，论文引用次数同样居全国医疗机构第5位。发表论文661篇；参加国际学术会议109人次，该院主办及主持的国际会议6次，参加国内会议255人次，主办全国性大会12次。

**改革与管理** 首先抓好院级领导班子的自身建设，新班子上任后的第一件事就是学习《中共领导干部廉洁从政若干准则（试行）》，院领导要求每一个领导成员遵守“约法三章”。第二，对职能处室机构进行了调整，撤销功能重叠的3个办公室，确定部分处室联合办公；职能处室领导的人数及聘期暂定为一年；免去正处长2人，副处长5人。第三，对临床医技科室的领导班子进行了调整，涉及24个临床和医技科室70余人。第四，职能处室定岗定编。第五，加大对科室主任在岗情况的检查力度。

**精神文明建设** 继续完善各种服务设施，在门诊大厅设立了触摸屏，设有专家门诊指南、挂号就诊程序、正常值对照、药品价格目录、检查收费标准等，指导病人就医，接受病人监督。制作了“文明服务10条标准”塑封卡，职工每人一卡，上岗佩带。开展规范化服务，促进窗口文明建设。7月，泌尿科病房获得“全国青年文明号”称号，团委被团中央首批授予“全国五四红旗团委创建单位”称号。利用媒介广泛宣传医院优势，争取更大的医疗发展空间。“六一”儿童节前夕，该院召开了“六一”献爱心新闻发布会，全方位地向社会介绍了该院儿科系列疾病防与治的专业特色和优势，当天，前来医院咨询的儿童家长达1 300余人次。该院还在北医大信息网中建立了网页；通过卫生部金卫医疗网站，建立了以国内或因特网形式均可查阅的北大医院网页，并完成了域名注册。

受卫生部和北医大委托，5月该院派出了由15人组成的赴壤塘国家医疗队，开展了大量工作，受到当地党政机关和群众的欢迎，被称为“北京最好的医疗队”。参加国庆50周年庆典活动的现场医疗服务队，圆满完成了任务，受到有关部门的表彰。参加北京市残联组织的“视觉第一中国行动”医疗队，深受患者欢迎。

**国际交流** 接待了来自美国、英国、法国、日本、德国、香港等17个国家和地区的370名专家、学者讲学、考察和学术交流。派出126人次赴国外参观、考察、讲学，5人出国留学，8人学成归国。

**基本建设** 改革的重点工作之一是对科室实行成本核算试点工作。到目前为止，已有9个科室（儿科、普外科、骨科、胸外科、皮科、小儿眼科、核医学、外科监护室、输血科）成为第一批试点科室。该院二部改造扩建工程即二部、外科病房楼及其附属设施工程，已经北医大、卫生部和国家计委批准，总面积61 977平方米，总投资4.41亿元，其中该院自筹3 100万元，初步计划及工程概算已获得国家计委批准，开工前期的各项准备工作已经完成。

（关力达　王李红）

# 北京医科大学人民医院

（西城区西直门南大街11号）

邮编：100044　　电话：68314422（总机）

**事业概况**　职工2 138人，其中卫生技术人员1 584人，包括主任医师79人，副主任医师172人，其他系列高级职称23人，主治医师246人，医师110人；主管护师110人，护师330人，护士263人；技术系列517人；行政后勤人员288人。

**机构设置**　该院设有心血管内科、消化内科、呼吸内科、肝炎科、神经内科、内分泌科、老年病科、免疫内科、肾脏内科、内科监护、普外科、骨神经科、骨肿瘤科、骨关节科、心脏外科、胸外科、乳腺外科、脑外科、泌尿外科、内镜外科、外科重症监护科、麻醉科、妇科、产科、计划生育科、儿科、眼科、耳鼻咽喉科、皮肤科、口腔科、中医科、针灸康复科、急诊科等34个临床科室；设有医学影像科、放射治疗科、核医学科、检验科、病理科、输血科、药剂科、健康教育及感染管理科、营养膳食科、统计室、病案室、医学信息科、中心实验室等13个医技科室；设有血液病研究所、肝病研究所、心血管病研究所、碎石技术研究所、关节病诊疗研究中心、乳腺病防治中心、肝炎试剂中心、病理会诊中心及为医疗、教学、科研服务的行政职能处室18个。新建了骨创伤科、热疗病房、物业管理办公室。取消了原有的保健科、遗传科、优生优育胎教中心，并对引航高科技中心做了调整。

**医疗工作**　门诊968 458人次，急诊101 150人次，住院22 674人次，出院22 726人次，手术7 228例，抢救危重病人4 566人次，抢救成功率90.6%，床位周转次数21.7次，治愈率56.2%，平均住院日16.5天。

开展新技术、新疗法，多渠道、全方位为病人服务。在何申戌教授主持下，我国自行研制的第一台高能聚焦超声肿瘤治疗仪通过国家药品监督管理局组织的专家复评，进入临床应用阶段，对于机载B超探察出的实体瘤有明显疗效，已治疗160余例病人，为治疗癌症病人又开辟了一条新的道路。内镜外科王永光教授在北京市率先开展了结肠液疗工作，通过局部灌洗药物，治疗结肠的炎症病变、肝昏迷、轻度肾衰，病人通过灌肠治疗可改善症状，长期便秘患者通过液体治疗也有一定的保健美容作用。

承担了全国人大、政协、国家民委、全国音协、蒙特利尔签约协会等国家一级会议医疗保健和大型国际赛事活动的医疗保健工作，如国际汽车拉力赛、国际马拉松邀请赛，并参加了残联组织的赴内蒙古“视觉第一复明行动”、“健康快车”医疗队，北京市卫生局组织的“国庆50周年医疗队”、“科技扶贫”等活动，共派出22支医疗队，得到好评。

不断改变医疗模式，建立新型医患关系，努力做患者的知心朋友。呼吸科举办了“让每位哮喘朋友明天生活得更美好”哮喘病人联谊会。糖尿病中心、高血压宣教中心、免疫科风湿患者俱乐部、妇科、神经内科等科室每月都为患者举办义务讲座，通过有针对性的科普讲座、咨询、座谈等形式与患者沟通，把科普知识寓教其中，鼓励患者自觉地同病魔做斗争，树立战胜疾病的信心，从而达到防病治病的目的。全年共举办讲座26期，6 000余人参加了学习。

**护理工作**　扩大整体护理病房数，建立质控标准，使整体护理朝着更宽、更深的方向发展。该院在原有11个整体护理病房的基础上，向全院35个病房全面展开。其中骨关节病房和妇科病房被评为“北医大整体护理模式病房”。举办3期整体护理学习班，接待参观学习649人次。该院鼓励护士钻研业务，有所创造。“5·12护士节”前夕，评出5项护理技术革新奖（多功能治疗车、新式雾化吸入装置、多袋输血新方法、加测尿新装置、多功能绿色操作台），在护士大会上交流。此外，护理部定期向患者发放征求意见表，共计6 177份，满意率97.65%，在综合检查方面，整体护理病人效果评价、消毒隔离评价、护理技术操作评价、无菌物品灭菌率、病房管理评价合格率均达100%，抢救物品合格率99.6%。

**教学工作**　完成了桥梁课、系统课、中小科、生产实习以及定科实习5个阶段及7年制二级学科培养11个班254名学生的教学任务。举办中青年教师讲课比赛，有效地将中英文混合授课、讲课与讨论相结合的教学模式和现代化的教学设备运用到授课当中，收到良好效果。毕业研究生52人，其中博士研究生30人，硕士研究生22人，并有1人获得北医大毕业博士生优秀论文一等奖，2人获得三等奖。贯彻落实《中华人民共和国执业医师法》，49名考生均取得技能考试合格证。为提高全院医师的理论水平和临床实践能力，每周三请专家进行专题报告和讲座，每月一次英文病历讨论。此外，全年还承担503名进修医师的培养，除日常的学习外，每周安排1次学术活动，1次全院大讲课，并为他们开办“进修医师计算机培训班”和“英语学习班”，深得进修医师的好评。

**科研工作** 承担科研课题22项，其中“九五”攻关项目3项，国家“863”计划1项，卫生部产业化前期准备项目1项，国家自然科学基金4项，卫生部青年科学研究项目1项，教育部回国人员启动基金1项，北京市科委科技项目1项，北京市自然科学基金1项，其它3项。科研成果共10项，其中北京市科学技术二等奖1项，三等奖1项，北京市科技进步奖5项，陈嘉庚奖1项，国际交流项目——引进国外技术管理人才2项。在各类杂志上发表论文390篇，出版著作7部。为活跃医院学术气氛，组织青年科研沙龙、英语沙龙。该院转变观念，就科研成果早日进入市场做了初步尝试。在新的科研楼启用过程中，改变以往画圈占地“小作坊”式的科研格局，以全局利益为重，明确实验空间有偿使用原则，最大限度地利用科研设施，使有限资源得以充分利用。

**国际交流** 派出113人次参加各类国际会议，发表论文20篇，10人次出国参加技术培训，18人次参观访问，4人次科研合作。接待来访专家167人次，组织国际学术活动23次。院领导为了开展肝移植，多次邀请澳大利亚国家肝移植中心专家Sheil教授等来院参观访问，并做了“肝炎及肿瘤病人肝移植问题”学术报告，澳方还接收该院的青年学者赴澳学习。

**体制改革与管理** 精简机构，提高办事效率。7月，对职能部门进行了机构调整，调整后的医务处与门诊部合并为新的医务处，负责医院全面的医疗工作，党委办公室和院长办公室合署办公。1999年是该院机构实施“医药分开核算，分别管理”暂行办法的第一年，其目的是规范医疗行为，促进医院收入结构的调整，优化补偿机制，控制医药费用过快增长，降低药品收入在医院收入中所占的比重。在严格执行办法的过程中，在对医疗成本和药品成本分别进行核算的基础上，与“总控”指标有机地结合起来，既保证了医院收入的合理组成，又掌握了不超出“总控”指标的要求。建立了保密制度，健全保密工作。

**精神文明建设** 为配合北京市行业文明服务达标活动，做好行业建设，院党委采取一系列措施，收到了一定成效。4月，北京市卫生局行业达标检查组到该院检查文明服务工作，取得95分的好成绩。8月，北京市行业达标组对该院进行了明查暗访，对该院的医院管理、医疗技术、文明服务等方面的工作给予了较高的评价。9月8日，《人民日报》以“北医大人民医院注重医德医风建设”为题目做了相关报导。2月，在挂号处、收费处、中药房、西药房、住院处等窗口部门开展了文明服务互查活动，检查各部门人员落实工作规范的情况，并予以打分。3月，由党委办公室、医务处、护理部、门诊部等处室联合组织开展了评选“综合达标科室”的活动。4月，向全院发放选票，开展第7届“最佳护士小姐”的评选活动。定期到病房和门诊发放“住院病人征询意见表”和“门诊病人征询意见表”，对医生、护士及其他工作人员的服务态度和服务质量进行调查，并做好数据分析，及时反馈。将人民来信每月整理一次，以“选编”或“摘登”的形式在《医德医风简报》上刊登。设“北医大人民医院来访患者反映工作人员服务态度问题登记表”，对病人的投诉详细登记，并酌情扣除奖金或进行批评教育。每周刊出《简报》和《医德医风简报》，在全院起到了很好的宣传作用。截止目前，简报已出版491期，医德医风简报383期。7月，以著名医学专家钟惠澜、伍连德命名的讲堂揭幕，意在激励年轻学子向老一辈科学家学习，弘扬敬业精神。

**后勤与基建** 4月，卫生部机关办公楼及医院科教楼落成投入使用。根据卫生部的要求，该院承担通用设施运行、设备维修、人员就餐、卫生保洁和安全保卫等行政后勤工作。为此，医院以总务和保卫部门为主，成立了卫生部办公楼及医院科教楼物业管理办公室。装修后的职工餐厅整洁舒适，彻底改变了医院没有正式餐厅的状况，配备完善的餐厅给了职工家的感觉。全院职工统一使用就餐卡，就餐过程快捷有序，同时为卫生部局级干部和职工就餐提供服务，以其丰富的食物，可口的佳肴获得了部领导及职工的好评。顺利完成了锅炉房、洗衣房、热力站搬迁工作，经过短期精心设计安装调试，正常运转，保证了医院工作的顺利进行。完成了小西天宿舍楼采暖燃煤改燃油锅炉改造工作。建立医院单身职工及研究生宿舍，实行公寓化管理，并配套了相应的服务。物资供应部门为科教楼实验室、图书馆及餐厅配齐了各种形式的家具，做到不同场所不同家具配置标准。根据产计科病人的特点，按照现代病房装修的设计思路，完成了产计科病房的装修。在尽量不影响科室收入的情况下，使病房装修后达到了整洁、温馨、美观、实用。

（李　晶）

# 北京医科大学第三医院

（海淀区花园北路49号）
邮编：100083　电话：62017691（总机）

**事业概况**　职工1 701人，其中卫生技术人员1 330人，包括教授（主任医师、研究员）99人，副教授（副主任医师、副研究员）166人，主治医师（讲师、助理研究员）187人，住院医师（助教、研究实习员）186人；护理人员577人；医技人员与药剂人员、其他技术人员等283人；党政管理人员（含技术职称人员）211人；工人160人。

**机构设置**　设有内科、外科、妇产科、妇女保健科、儿科、儿童保健科、眼科、耳鼻喉科、口腔科、皮肤科、医疗美容科、传染科、肿瘤化疗科、急诊医学科、康复医学科、运动医学科、职业病科、麻醉科、预防保健科、医学检验科、病理科、医学影像科、中医科等23个临床科室；行政管理和党群机构设有院办公室、党委办公室、人事处、保卫处、医务处、门诊部、护理部、教学办公室、研究生办公室、科研办公室、财务处、医学工程处、总务处、基建办公室、改革办公室、监察室、审计室、离退休办公室、外事办公室等19个职能处（科）室和工会办公室、团委办公室。现有5个研究所、5个研究中心和9个研究室；4个重点学科，其中国家级重点学科2个，“211”工程重点学科2个。

**医疗工作**　病床编制1 025张，实际开设864张。有重症监护病房（ICU）4个，中心手术部1个。全年入院17 330人次，出院17 330人次；门诊1 089 617人次，平均日门诊4 500人次；急诊117 627人次；住院病人手术6 920人次；平均住院日17.4天，病床周转次数20.8（次/年），危重病人病房抢救成功率80%。该院是接受全市公费医疗最多的医院之一，大病统筹单位1 492个，268 829余人。投入100万元进行了环境改造。6月，对骨科、神经外科、妇产科、职业病科和肿瘤化疗与放射病科病房和病床进行了调整。7月，对住院处、门诊药房、收费处和挂号处进行了改造，改建后的窗口拉近了医患之间的距离，便于患者监督医务人员工作，提高服务质量。该院第二门诊部为满足小区居民的需求，开设了口腔门诊和计划生育手术；护理人员分别安排回院轮训，强化基本功，提高综合能力。

进一步完善了有关方面的规章制度，使任务明确，责任到人，严格把关，有奖有罚，赏罚分明，促进了整个医疗工作的发展：编印《北京医科大学第三医院医德医风手册》，制定有关医德医风建设的规定；编印《住院病人指南》，使住院病人了解医院概况和有关规定。健全临床、医技科室相互评价的制度，为减少检验、检查的预约时间提供保证。明确规定外科各个科室的手术台数及开台时间不得超过上午8点45分。制定了急症病人住院与科室空床的调配制度。聘请院外监督员，及时听取反馈意见，推动医院精神文明建设。为加强医院的规范化管理，提高医生的责任意识，从4月1日开始，正式启用该院医务人员印章，取消了进修医生的处方权。制定有关门诊处方、检验单、检查申请单等书写要求，明确规定处罚标准。制定和完善平均住院日及危重、疑难病人住院系数的评分与奖金分配挂钩关系。加强病历质量管理，进一步明确病历质量的检查结果与科室奖金挂钩。精神文明领导小组采取多种形式开展“优质服务，廉洁行医”等活动，及时检查，及时通报，每月召开一次会议，对反映出来的医德医风问题，在认真调查、核实的基础上，做出通报批评、扣发奖金等相应处理，对表现突出的医护人员给予书面和物质奖励。

根据卫生部在《医疗机构设置规划指导原则》中明确提出的，要充分利用现有医疗、预防、保健资源，加强发展社区卫生服务的指导原则，对预防保健科的机构和功能进行了重新调整，医院感染办公室和计划生育办公室从预防保健科分出来，分别划归医务处和院长办公室管理。强调预防保健科要突出社区保健功能，加强队伍建设，占领社区医疗保健市场。信息管理中心与有关部门通力合作，医院计算机网络建设取得可喜成绩：门诊划价收费程序全面启用；启用新的财务运行程序；病房医嘱上线工作基本完成，为规范收费、堵塞漏洞、对医疗保险的全面实施打下了坚实的基础；医学情报检索系统正式启用；举办医嘱上线培训班，培训护士200余人。1999年，该院门诊量、急诊量仍然保持着较高的水平；住院病人、手术病人比过去增加；医疗纠纷减少；该院平均住院日达到医院在年初提出的17.5天的目标。

**科研工作**　顺利完成了研究生的培养计划。对全院各学科发展的方向、计划、梯队建设进行了调研；对筹建北京医科大学第三医院国家药物临床研究基地作了大量工作；加强了科研用房的有偿和滚动使用；积极推广循证医学。1999年，该院获得国家自然科学基金、教育部博士点基金、教育部回国人员启动基金和“863”高科技基金等资助13项，累计金额134万元，横向经费46万元。获各类科研成果6项，其中卫生部科技进步三等奖2项，国家体育总局体育科技进步奖2项（一等奖1项、二等奖1项），北京市科技进步三等奖1项，中医药科技进步三等奖1项。该院运动医学专家曲绵域教授荣获“全国百名优秀医生”称号。全年发表论文197篇，据1998年度中国科技论文统计与分析新闻发布会提供的资料，该院在全国医疗机构发表论文排名第16位，论文被引用排名第11位。

**教学工作** 承担了13个不同专业班、129名本科生的教学任务，共有206名教师给学生授课。曲绵域教授荣获北京医科大学“桃李奖”，杜秉华被评为卫生部德育教育先进工作者，乔杰获得北京市高等学校中青年教师讲课比赛三等奖，放射科获得北京医科大学教学先进集体三等奖。教学办公室举办了中青年教师讲课比赛，有20位中青年教师参赛。通过比赛，增强了教学意识和育人观念，提高了使命感、责任感和荣誉感，强化了临床理论课教学工作的规范化。本年度，共有9位教师利用多媒体进行了专业理论课教学，受到学生的广泛好评。

**后勤工作** 后勤部门紧紧围绕医院的中心工作，坚持后勤为前勤服务的宗旨，较好地完成了大量、繁杂的后勤保障任务。总务处加强了改革力度，带动了各项工作的开展。首先是总务系统实行岗位聘任制，先后有3名职工待聘、转岗和解聘，在职工中产生了强烈的震动，从制度上打破了以往干与不干一个样，干好干坏一个样，吃大锅饭的现象。在日常维修总调度制和有偿服务制的基础上，组建了维修中心，撤走两个常驻包工队，充分调动了该院职工的积极性，使医院维修工作迈上新台阶。此外，总务处还在卫生承包和托儿所服务社会化方面进行了大胆的尝试。制定了《北京医科大学第三医院总体规划方案》，同时继续进行医院基础设施改造和基本建设；现代化天燃气锅炉投入运行；电力增容改造工程即将完工；眼科中心楼工程已开工建设；外科楼项目已开始申报。为保证医疗、教学、科研工作的顺利开展，该院医学工程处共购置设备1 303台（件）；在后勤部门的协助下，安装空调563台；完成CCU监护系统的规划及安装工程，并进行人员操作培训；为保障设备正常运转，开展设备的日常维修工作，维修故障设备2 160台（件）；为节约开支，积极开展引进的大型仪器的免税申请，共有12台（件）仪器设备获免税待遇，免税金额达359万元；举办全院性呼吸机讲座，以呼吸机原理、使用程序、呼吸机保养和故障排除为内容对全院大夫进行培训。

**医院管理与改革** 授予曲绵域、李凤鸣、张丽珠、陈明哲和党耕町5位教授“北京医科大学第三医院有突出贡献专家”的荣誉称号。从1999年开始，医院每年拨款100万元作为人才培养基金，人事处制定了《优秀中青年出国留学专项基金管理规定》和《优秀留学回国人员科研启动基金使用规定》，为营造优秀人才脱颖而出创造了一定的条件。1999年计划资助9人出国进修，9人均已联系到进修单位，4人已成行。10月，9位优秀留学回国人员申报科研启动基金，8人获得1－3万元的资助。在加强公派出国工作的同时，注重选派优秀青年医师到国内先进单位进行培训，先后派人到阜外医院进修心脏电生理、到上海进修耳鼻喉外科。人事处与医务处合作选拔8名优秀住院医师攻读博士学位。

行政领导班子、党委、纪委、职代会、工会、职能处室、科室、党支部分别进行了换届改选，一大批年富力强、热心医院工作的中青年骨干走上领导岗位。在处级换届过程中，党委办公室、院长办公室合署办公，医务处、门诊部合并为医务处。顺利完成了医院职能处室负责人及临床医技科室干部的任免工作。其中，职能处室新任处长6人，新任干部平均年龄下降8岁，学历层次有所提高。为了提高各级干部的政治素质和实际工作能力，让新任同志能尽快适应工作需要，在8月、9月、10月和12月，医院分别举办了工会、职代会干部、处长、科主任和支部书记学习班。

党委、工会、团委加强了医院文化建设，增强了凝聚力，强化医务人员爱岗敬业精神，展示全院职工团结向上的精神风貌；狠抓医德医风建设，努力塑造医院良好的社会形象。成立了职工合唱团，成功举办了医院第21届田径运动会、庆祝建国50周年文艺演出、“爱祖国、爱医院、迎澳门回归”知识竞赛和“庆澳门回归，迎千禧之年”联欢会。在北京医科大学第38届田径运动会上，该院取得了团体总分第一的好成绩。（张　文）

# 北京医科大学口腔医学院

（海淀区白石桥路36号）
邮编：100081　　电话：62779977（总机）

**事业概况** 职工805人，其中医疗人员652人，包括主任医师54人，副主任医师91人，主治医师239人，住院医师231人，护理系列168人，药技系列11人，检验系列8人，医技系列126人，工程技术系列5人，研究编制系列47人；具有研究生学历者159人，其中博士学位77人，硕士学位82人；行政管理人员56人，工人（含技工）106人。

**机构设置** 临床科室14个：口腔颌面外科、口腔麻醉科、口腔正畸科、牙周科、牙体牙髓科、儿童牙科、中医粘膜科、口腔修复科、口腔预防保健科、口腔特诊科、口腔综合治疗科、口腔种植科、口腔急诊室、口腔医院门诊部；医技科室11个：口腔病理科、口腔放射科、魏公村口腔义齿加工中心、北太平庄义齿加工中心、药剂科、检验科、口腔理疗科、病案统计科、注射室、供应室、绘图室。口腔医学教研室10个：口腔组织病理教研室、口腔解剖生理教研室、口腔生物教研室、口腔材料理工教研室、口腔放射教研室、口腔内科教研室、口腔颌面外科教研室、口腔修复教研室、口腔正畸教研室、口腔预防教研室；口腔医疗医学中心5个：正颌外科中心、唇腭裂治疗中心、颞下颌关节病诊治中心、口腔颌面创伤研究中心及颅面生长发育研究中心。行政后勤职能处室11个，经国家教委批准的重点学科1个（口腔学科），包括口腔病理研究室、口腔颌面外科及口腔正畸科。挂靠单位4个：中华口腔医学会、全国牙病防治指导小组、卫生部口腔医学计算机应用工程技术研究中心、中北医疗保健科技公司。

**医疗工作** 承担30个合同单位的医疗工作。全年门诊599 027人次，日均门诊2 377人次；急诊32 714人次，其中危重症抢救4人，抢救成功率83.3%；住院患者1 891人，出院患者1 913人，床位使用率85.3%，治疗有效率93.7%，死亡率0.1%，椅位使用率87.0%。全年共开展新技术、新疗法37项，其中重点项目10项，二级项目8项，普通项目19项；完成1999年度临床新技术新疗法项目终期评审37项，其中一等奖1项，二等奖2项，三等奖2项及鼓励奖3项。5月1日，《中华人民共和国执业医师法》正式实施，受北京市卫生局医师资格考试委员会委托，该院作为北京市指定考点于10月16—17日承接了北京地区9个区县71所医疗机构114名考生，有110名考生获得通过。配合北京市卫生局、北京市药学会举办“麻醉药品、第一类精神类药品处方权资格证书”培训班3期，培训学员471人。本院46名医师通过考试。继续向北京市评审委员会申报三甲医院材料；继续实施“总控”管理。

**科研工作** 本年度科研成果获卫生部科技进步三等奖1项，中华口腔医学会青年医师优秀论文二等奖2篇，三等奖4篇。外投论文276篇，其中学术期刊发表161篇，包括国内刊147篇，国外刊14篇，SCI收录论文10篇，论文被引用8篇16次；参加国内学术会议报告论文75篇，国内国际学术会议报告论文28篇，出国参加学术会议报告论文12篇。召开口腔医学院第五次学术年会。执行国引办项目10项。

建立了口腔医学院信息主机房，并首次在该院布线建网。年底，医院管理软件系统的门诊收费模块上网运行。

**医学教育** 在读研究生86人，其中博士生40人，硕士生44人，博士后2人。毕业研究生20人，其中博士生15人，硕士生5人。毕业92级7年制学、硕连读生11人，94级5年制本科生40人。

**后勤工作** 进行了电话室线路扩容工程，完成门诊楼、病房楼400对电话电缆的更换工作；配电室增容改造工作完成土建及内部装修工作；完成了大慧寺、百草园宿舍楼及翠花街、前帽平房宿舍近15 000平方米、300余户职工家庭的危电改造和电表的置换工作；完成了锅炉房操作控制室扩建及内部装修工程；种植科、特诊科、颞颌关节病诊治中心扩建工程，改扩建面积550平方米，改善就诊环境1 631平方米。

（韩　平）

# 北京医科大学第六医院
# 北京医科大学精神卫生研究所

（海淀区花园北路51号）
邮编：100083　　电话：62091936

**事业概况**　职工260人，其中卫生技术人员207人，占总人数的80%，包括正高职称14人，副高职称23人，主治医师67人，医师、护师、技师61人；护士、技士、检验员42人；行政人员24人；工勤人员29人，占总人数的20%。

**机构设置**　临床科室设有普通一科、普通二科、司法鉴定科、老年科、临床心理科、儿童科、康复科、特诊科、门诊部、药剂科、检验科、营养部、中西医治疗室、脑电图室、心电B超室、病案室、住院处。研究系统设有精神生化研究室、电生理研究室、临床精神药理研究室、司法精神病学研究室、儿童精神病学研究室、老年精神病学研究室、图书情报室、计算机室。行政部门设有院长办公室、人保处、医务处、护理部、科教办公室、总务处、计财处、监察审计室、精神卫生系办公室、信息科。党群部门设有党委办公室、工会、团总支。《中国心理卫生杂志》编辑部挂靠该院。

**医疗工作**　根据北京市卫生局的统一布置，以创建文明行业实现规范化服务为龙头，坚持以病人为中心，改善服务态度，提高服务质量，采取多种便民措施，以此带动了各项工作的更好开展。全年门诊67 279人次，日均门诊265.9人次；急诊90人次；入院病人910人次，出院病人912人次，出院患者平均住院日74天；床位使用率95.6%；治愈好转率91.6%，死亡率0.3%；出诊73人次，外院会诊227人次，疑难病例讨论6人次，病床周转次数4.6。

**护理工作**　在抓好基础护理工作的同时，以创建文明行业实现规范化服务为锲机，进一步改善服务态度，提高护理水平，一切以病人为中心，杜绝重大差错事故的发生。病人满意度调查91.2%，病房管理合格率95.8%，基础护理合格率96%，技术操作达标率92.3%，专科安全护理合格率98.1%，整体护理病人效果合格率96.4%，责任制护理合格率93.6%，5种表格书写合格率95.5%，急救物品完好率97.8%，特级、一级护理合格率84.1%，理论考试达标率84.1%，控制感染合格率97.3%。

**科研工作**　获得国家级重点课题5项，经费120万元，其中国家高新技术基础研究重点课题（973）1项，国家高新技术发展研究（863）1项，国家高新技术发展研究青年基金（863）1项，国家新药重点课题研究基金1项，国家自然科学基金1项；获得卫生部基金1项，经费150万元；合计经费270万元。1999年的中国七地区精神疾病与精神残疾的流行学调查，获卫生部三等奖。发表论文34篇，举办较大规模的讲习班和学术会议36次。

**医学教育**　完成医疗系95级（5年制、7年制）6个班、共3轮的教学任务，完成96级预防医学及妇幼2个班的教学任务，完成95级护理系的教学任务和94级精卫系学生的生产实习课程及毕业考试、分配工作。全年共招收研究生13人，其中博士生6人，硕士生4人，在职3人，在学研究生达33人。全年招收进修生79人。同时，有109名在职职工接受了继续教育的学习与培训，完成率达到100%。

**国际交流**　接待了24批111名外宾的参观访问活动；共派出国访问、参加学术会议24人；举办了4次世界卫生组织的专题讲习班，参加代表人数250余人，获得资助经费37 100美元；聘请了日本横滨相原病院院长吉田胜明博士为该院的名誉顾问。

**管理与后勤工作**　公开聘任科室主任，实行由个人自荐、竞选报告、民意测验等程序，打破了以往直接由院长任命的旧模式，真正实行科主任负责制。积极筹办了院内计算机网络化的管理。为了进一步改善病人的就医环境，在一楼、二楼门诊及各个病区安装中央空调并正式投入使用，同时，该院还解决了500千瓦的电力增容工作。　　（李玲莉）

# 市属院（所、中心、站、校）卫生工作

## 北京友谊医院
## 北京市临床医学研究所

（宣武区永安路95号）
邮编：100050　电话：63014411（总机）

**事业概况**　职工2 151人，其中卫生技术人员1 565人，包括主任医师101人，副主任医师160人，主治医师355人，医（护）师（士）965人（以上均含相应职称）；其他技术人员182人，行政人员109人，工勤人员294人。

**机构设置**　声像宣传室与预防保健科的健康教育组合并为宣传教育科；肿瘤放疗科和核医学科合并为核医学科；改革办公室更名为经济管理办公室；建立了医疗保健中心，设病床31张；成立了审计处。

**医疗工作**　门诊患者899 573人次，急诊患者166 774人次，日平均门、急诊4 214人次；抢救危重病人1 632人次，抢救成功率77.4%；孕产妇死亡率0，新生儿死亡率1.24‰，围产儿死亡率8.9‰；住院患者17 544人次，出院患者17 539人次，病床使用率94%，病床周转率21.11，床位工作日343.8天，平均住院日16.05天，治愈率58.2%，死亡率2.46%；入出院诊断符合率99.36%，7日确诊率96.84%。

全年完成手术22 301台，其中大手术3 448台，包括肾移植手术近200余例。开展新技术、新疗法9项，呼吸睡眠诊治中心挂牌成立。肾内科开展持续床旁血滤治疗；普外科将“限制性门腔静脉分流和肝动脉强化灌注术”应用于临床，腹腔镜胆囊切除（LC）成为胆囊切除首选术式；骨科多次行双髋或双膝关节置换术；神外科经翼点入路成功夹闭大脑中动脉瘤，显微手术治疗听神经瘤、三叉神经痛、动脉瘤、脊髓肿瘤等17例；皮科增加了“激光治疗尖锐湿疣”的新疗法；CT室配合放疗科开展全身三维立体定向放射治疗技术。

坚持院长行政查房，全年查房17次。为落实《执业医师法》，对全院600多名医师进行了培训和考试。贯彻实施《献血法》，开展成分输血、自体输血，比上年节约用血45%。修订了《病历书写规范》和《丙级病历标准与处罚措施》，加大处方和病历的检查力度，使门诊病历优良率达98.1%，处方合格率92.8%。

为满足干部、外宾及其他高层次医疗服务的需要，医院成立了医疗保健中心。自6月28日运营以来，共接待门诊病人1 595人次，住院病人155人次，急诊172人次。先后与驻区4家社区医院签订了双向转诊协议，在北京率先建立了“大病进医院，小病到社区”的连续性医疗服务新模式。

坚持预防为主。“人人健康学校”开办讲座46次，参加者4 000多人次。作为全市首家儿童保健机构的“儿童健康中心”，常年提供育儿咨询。在全国城市卫生大检查中，多项工作受到抽检，结果满意，受到市、区卫生局的表扬。

**护理工作**　“以病人为中心”的系统化整体护理工作全面铺开，加强对危重病人和大手术病人的看护，定期评估；对病人做好健康宣教；扩大外送护工队伍，安全周到地护送病人做检查、治疗、化验。加强护理三级指挥系统的建设，对护士长实行量化管理，加强考核。举办护士长理论及管理学习班，并继续选送10名护士长赴香港学习，提高护理水平。1999年整体护理合格率97.5%，护理技术操作合格率97.63%，5种护理表格书写合格率97.95%，消毒隔离合格率99.16%，急救用品完好率98.89%。在全国护理杂志上发表论文23篇，出版护理论文专刊1册。

**科研工作** 全年承担科研课题28项，其中20项获资助。消化内科、感染急救医学被列为重点学科，影像诊断、临床麻醉被重点扶植，此4项共获资助资金380万元。中医科被北京市中医管理局批准为“示范中医科”。临床药理基地接受新药观察159项。心内科首次参加了国际多中心协作研究的VSLSS试验。

1999年接收博士生7名，硕士生17名，是历届招生人数最多的一年。最后一批10名院内研究生合格毕业。实行院内研究生历时9年，共有8批89人毕业。贾保祥、翁小满、张忠涛、严松彪入选“1999年北京市跨世纪优秀人才工程”，获得市科干局的支持与资助。一年来共发表论文551篇，其中发表在国际杂志上15篇，国家级86篇，省级及其他341篇。专著26篇，著书3册，译著1部，译文10篇。论文总数比上年增长52.1%。在市卫生局系统青年优秀论文评比中，有18篇获奖，占获奖论文总数的37.5%，为第一名。

医院投资130多万元，用于购置图书和改造图书馆自动化管理系统。《友谊医刊》更名为《友谊医学》，为其成为公开发行刊物打下基础。

**医学教育** 遵循教学管理抓规范、教学质量抓培养、教学改革抓试点的总体思路，努力提高教学水平。实行教学例会制度，医院各级领导亲自参加教学行政查房。成立了教育督导组，对5项34人次的教学进行评估。在教改教研工作中，本院获得教学成果一等奖2项，二等奖3项，三等奖3项。圆满完成了96级、95级、94级三个年级共162名本科生的临床教学任务。医院被指定为全科医生培训基地。

医院积极支持在职人员的继续教育。目前在读大专以上学历143人，参加各类短期学习班70人次，参加全国、全市学术会议236人次，举办院内学术讲座36次。根据加强“三基”训练的原则，对住院医规范完善5年考核办法，更加注重基本功和技术水平的提高。消化内科主办了全国消化内镜与消化疾病进展学习班的国家级继续教育项目，来自全国20个省市的80多名消化内科专家参加，并通过金卫网向全国直播。本院被评为市卫生局继续医学教育先进单位。

**国际交流** 一年来接待来自14个国家和地区的医学专家进行学术讲座及访问、考察、参观共25批132人次。办理公派出国、参加学术会议、考察、访问、培训等74批103人次。骨科又一次主办了全国人工髋关节高级研修班，来自7个国家和地区的20位骨科专家和国内各大医院50多名学员参加。

**体制改革与管理** 深化人事分配制度的改革。按干部四化标准和德才兼备原则选聘干部，严格执行干部考核上岗制度。全院共聘中层干部正副职98名，其中男56名，女42名，平均年龄49.6岁，比聘任前下降6岁。实行中层干部目标管理责任制和专业技术人员的聘用制、工勤人员聘用合同制。完成了机构调整，合并3个科室，缩减编制10%。分配上打破大锅饭，按苦累脏险差、科研、急救等12项评比内容，年中出台了采用两个系数系列的奖金分配制度改革方案。本院机构人事分配制度的改革工作，在上半年通过了市卫生局、市人事局、市财政局的验收。

为促进学科建设，医院向社会公开招聘学科带头人及技术骨干。与外单位开展医疗协作11项，既满足了病人需要，增加了医院收入，又可填补医疗新技术的空白。对食堂进行改革，实行了承包制。

医院的总收入比上年增长16.45%，总支出比上年增长11.79%。职工人均月收入比上年提高33.83%。继续实施“总量控制，结构调整”的改革方案。确定新的经济增长点，坚持动态管理，保证了总控指标的顺利完成。做好公费医疗及大病统筹工作，连续7年经费支出控制在上级拨款的指标内，再次受到市公疗办公室的奖励。

医院信息化建设有重大发展。经充分调研，完成了“友谊医院信息化方案”，前期综合布线工程现已开工。远程医疗会诊系统已建立并正常运转。更新了电脑导医系统。协助市劳动保障局医保中心开发了“医疗费用事前审核系统”，并成为该中心首家定点医院。

**后勤工作** 后勤工作服务于临床。被服库将枕芯、枕套、被褥等用品更换为睛纶棉制品，定期清洗消毒，减少了交叉感染的因素；为改善门诊患者夏季就医环境，安装空调285台；新增指路牌、标志牌276个，增加轮椅推车3辆，新装磁卡电话30部，360个病室都装上201电话。改造抽水马桶200套，更换了100多个脚踏冲水开关。坚持对卫生和绿化的管理，连续17年被市政府授予“花园式医院”、“卫生先进单位”。

完成了新宿舍楼、建欣园小区和院内二轮房的分配，共有520户职工喜迁新居。优先解决了博士、硕士、科技新星、中青年临床科技骨干的住房问题。为购买新房，医院又投资720万元。

**精神文明建设** 全面开展规范化服务达标工作。从提高认识入手，全院2 106名职工参加了15学时的培训，并对进修生、护工、临时工、保安员进行了培训。院领导分工到科，责任到人，分别带队检查。召开“医疗合同单位代表座谈会”、“社会监督员座谈会”，邀请社会监督员和局检查组暗访。坚持病人满意度调查，全年医院发放调查问卷共1 500张，病人满意度在95.8%。为病人办实事。协调解决了住院病人的出院带药问题，变病人家属跑为医护人员跑；率先实现了病人出院当天即可得到登记住院费用的明细账单；营养部打破多年一贯制，将病人中、晚餐时间分别延至11：30、17：45；泌尿外科增加了门诊时间；扩大了散在个人体检范围；导医服务于各个楼层，印制了简易指路卡，方便患者。经市卫生局检查，医院综合满意率95%，综合得分96分，暗访门诊病人满意度100%，被评为1999年度北京市卫生系统先进集体。

连续第16年被评为“首都文明单位”。消化内科俞力参加赴疆医疗队。圆满完成了建国50周年国庆活动、澳门回归和中华世纪坛迎千年医疗救护的任务。

以建国50周年、澳门回归为契机，组织征文、演讲、艺术展览、体育比赛、文艺演出等活动，激发职工爱党爱国激情。努力建设医院文化，弘扬友谊精神，利用院庆举办文化周活动。宣传教育全体党员、职工充分认识法轮功组织的危害和实质，落实了对法轮功练习者的帮教责任制。工会抓民主管理，召开职代会，参与职工食堂的改革。团委积极推进“青年文明号”、“青年岗位能手”活动，并引导青年参加社会公益活动，被评为市级“红旗团委”，全国“五四”红旗团委创建单位。急诊科被团中央、卫生部命名为“青年文明号”。

加强宣传工作。《友谊通讯》创刊发行。30余家新闻单位采用本院新闻稿件380余篇次，新闻照片42幅，电视台播出本院录制的新闻12条，与中央电视台、市卫生局联合摄制的反映李桓英教授先进事迹的电视专题片《水晶心》获市卫生局第八届“杏林杯”电视片汇映一等奖。 （王志奇）

# 北京同仁医院

（东城区崇内大街2号）

邮编：100730　　电话：65129911（总机）

E-mail：readtr@rol.cn.net

**事业概况** 职工2 082人（含眼科研究所和耳鼻咽喉科研究所），其中卫生技术人员1 774人，包括正高级职称79人，副高级职称185人，中级职称505人，初级职称（师、士）1 005人；行政人员169人（其中有技术职称者108人），工勤人员247人。

**机构设置** 12月，经北京市卫生局批准，北京市耳鼻咽喉科会诊中心成立；年内正式成立神经外科。

**医疗工作** 开放病床848张。万元以上医疗设备887台，其中本年度新购置101台。全年门诊病人947 595人次，平均日门诊3 731人次；全年急诊75 728人次，平均日急诊207人次，急诊危重症抢救346人次，抢救成功率91.62%；孕产妇死亡率0，新生儿死亡率10.45‰，围产儿死亡率11.94‰。住院患者15 298人次，出院患者15 306人次，床位使用率94.38%，床位周转次数20.35次/年，治愈好转率94.38%，死亡率1.06%，入出院诊断符合率99.59%，7日确诊率97.37%，手术患者12 180人次，其中大手术6 950人次。

以高新技术创一流，保持重点学科在同行中的领先地位是医院的重要策略。眼科积极开展新技术、新项目，引进国际先进仪器设备，建立了由国际眼病诊疗中心、白内障治疗中心、屈光矫治中心、激光诊治中心和验光配镜中心等部门组成的眼科医疗服务体系，使难治性青光眼、视网膜脱离、复杂眼外伤等疑难眼病的治疗水平不断提高。耳鼻咽喉科注重加强科所结合，不断提高综合实力，建立了由鼻内窥镜诊疗中心、鼻眼相关疾病诊疗中心、临床听力学中心和睡眠呼吸监测中心等部门组成的耳鼻咽喉科医疗服务体系；在耳显微外科的中外耳畸形手术、耳神经外科的人工电子耳蜗植入术、听神经瘤手术，鼻科的鼻窦炎和鼻息肉内窥镜治疗，咽喉科的喉显微手术和气管异物的诊治、头颈外科等方面，显示出雄厚实力，成功地将内窥镜技术应用于颅底手术，迈进了世界先进行列。医院既重视重点学科建设，又注重努力创造条件支持发展其它学科，如血液内科在异体同基因干细胞移植治疗重症血液病方面，取得突破性进展；外科开展30项新技术，突破了历史最高记录，其中神经外科与眼外伤科合作，做经颅神经管减压术60余例，达到国内、国际先进水平，胰岛细胞移植技术在北京市处于领先水平；放射科在五官科影像学方面居国内先进水平等。

在“科技、文化、卫生”三下乡活动中，派遣优秀医护人员参加医疗下乡和青年志愿等医疗扶贫活动；多次奔赴老少边穷地区，如前往国家级贫困县内蒙古宁城地区，为当地群众开展义诊、诊治疾病等；多次开动“眼科防盲手术车”到郊区开展手术，受到群众欢迎。在面向社会进行健康教育方面，派出医护人员320人次，举办各种义诊、咨询活动19次，接待群众近5 000人次。利用“爱眼日”的有利时机，进行大规模的眼保健知识宣传，产生了广泛的影响。

**护理工作** 开展整体护理近4年来，深入贯彻以病人为中心的服务方针，坚持按照三级甲等医院的标准严格管理，强化主动的服务意识，重视临床操作技能培训，重视护士队伍的继续教育工作，形成了努力工作、勤奋学习的良好风气，有效地提高了医疗护理质量。本年度，在规范化服务达标、争创全国百佳医院、城市卫生综合检查等系列活动中，医院护理工作通过严格评比，受到同行和上级机关的好评，病人满意率达到99.14%。

**科研工作** 科研立项13项（其中国家级1项、部级2项、市级2项、局级8项），共获经费48.5万元；申报科技成果20项，经初评被推荐市科技进步奖14项（其中特等奖1项、一等奖1项、二等奖1项、三等奖11项）。全年投寄学术论文426篇，公开发表261篇；参加全国或地方性学术会议162人次。作为北京市高科技实验室的“北京眼耳鼻咽喉疾病研究中心”通过了专家论证，该研究中心共获得1 300万元的资金支持（其中市科委700万元、市卫生局200万元、医院400万元）。另外，眼、耳鼻咽喉学科和内科糖尿病专业及麻醉科也获得了共185万元的资金资助。

**医学教育** 有计划地培养各学科带头人和专业技术骨干，鼓励和支持年轻人报考研究生，研究生人数逐年增加，目前，在读人数61人，毕业23人。医院所承担的首都医科大学医学四系的临床教学任务，成绩显著，在首医大系统本科生统考中，连续第六年获得第一，在北京市卫生系统医学继续教育评估中获得优秀成绩。

全年职工外出进修、学习719人次；接收进修人员136人（其中本市31人，外省市105人）。

**国际交流** 积极开展对外交流，努力寻求合作机会，通过各种渠道积极创造条件，有计划地输送中青年医护人员到国外进修学习，加快人才培养，是本年度医院外事工作的重点。1999年医院公派出国55人次（其中考察访问10人次、参加国际会议26人次、进修培训15人次、其他4人次）。全年接待参观访问的外宾30批454人次，着重在眼科、耳鼻咽喉科和社区医疗等领域进行了深入交流；协助卫生部国际交流中心举办了有600多名国内外专家出席的“国际防盲会议”；此外，医院长期与中国中医研究院、针灸研究所合作，承担外宾及台湾同胞的针灸教学任务，共接待来自英、美、法、日、德等国家和地区的72位学员来医院针灸科实习。

**体制改革与管理** 医院作为北京市卫生局人事制度改革第二批试点单位之一，年内进行了如下改革：强化编制管理、调整机构、精简干部、严格考核、层层聘任、改革分配制度、规范分配行为等。改革使医院逐步形成能上能下、竞争上岗、多劳多得的新机制。

深入开展管理研究，努力建立以病人为中心、富有生机的新的管理体制和运行机制。为了不断提高管理者的能力和水平，年内先后组织三批近20人次到外省市医院进行关于机构人事制度改革、后勤管理社会化、科研管理体制、人才培养、分配制度等方面的学习、考察，分别撰写了考察报告。召开了医院中层以上干部参加的第13次改革研讨会，对医院下一步的改革进行了更深入、更有针对性的讨论。先后派管理人员参加市、全国培训班或学术会议30余人次。年内完成管理论文近30篇，其中参加国际和全国性会议交流10篇，在国家级刊物上发表4篇。

**后勤与基建** 后勤部门紧紧围绕医院中心工作、努力增强为医院一线服务的思想意识，年内圆满完成了高压配电室增容改造任务，在近50年罕见的连续高达40℃以上高温天气下，后勤职工发扬连续作战的精神，短时间内安装空调191台，为酷暑中的患者送去了清凉。为探索后勤改革新路，医院在职工食堂实行了承包制，引入竞争机制，工作人员积极性大大提高，饭菜种类达30多种，确实改善了职工生活。

近年来，为了改善医疗环境，医院已投资3 300万元。年内又腾空、改造两层行政办公楼，建立了连接三楼眼科门诊的“连廊”，为眼科增加了1 500平米的医疗用房，这对于规范就医流程、缓解病人看病难、提高医院竞争力起到了积极作用。

1999年是治安保卫任务最繁重的一年。消防工作又是保卫工作的重点，保卫部门进一步完善各项制度，加强消防设施建设，重视常规安全检查，确保了医院的安全运行。在建国50周年庆典活动期间，保卫部门克服了医院地理位置特殊、治安环境差等治安管理方面的困难，出色完成了安全保卫任务，被北京市公安局授予集体三等功。

**精神文明建设** 坚持思想政治工作常抓不懈。根据不同岗位，深入进行职业道德、纪律、责任教育，举办礼仪培训和心理学讲座，将规范化服务教育作为新职工岗前教育的重要内容，结合《医师法》的出台，举办《医师法》讲座及知识答卷，使职工进一步明确作为一名医务工作者的责任。继续开展规范化服务达标工作，多次组织各种有意义的参观展览，以强化职工立足本职、优质服务的思想。工会在加强民主管理、关心职工生活、维护职工权益等方面，发挥了其纽带和支柱作用。共青团工作也开展得有声有色，院团委连年荣获市级和局级“红旗团委”称号。

1999年医院荣获全国百佳医院称号（1997—1998年度）；被评为全国民族团结进步模范单位；连续第二年被评为全国模范职工之家；连续第13次完成无偿献血任务；被确定为北京市规范化服务达标示范单位。此外医院的人事、财务、设备管理和监察、审计、大病统筹公费医疗管理、离退休、计划生育等各项工作均取得新成绩，医院连续第7年被评为“首都文明单位”。（明 朗）

# 北京积水潭医院
# 北京市创伤骨科研究所
# 北京医科大学第四临床医学院

（西城区新街口东街31号）

邮政编码：100035　　电话：66167631（总机）

E-mail：jyyb@public.east.cn.net

**事业概况** 职工1 791人，其中专业技术岗位1 491人，占职工总数的83.25%；管理岗位93人，占5.2%；工勤岗位207人，占11.56%。在卫生专业技术人员中，正高职称48人，副高职称136人，中级职称358人。在教学职称中，教授13人，副教授25人。

在基本不停诊的情况下，开始了建院以来最大规模的门诊和病房全方位的装修改造工程，总投资2 300万元，使就医环境根本变化，也改善了医务人员的工作条件。

**机构设置** 临床科室18个：创伤骨科、手外科、矫形骨科、脊柱外科、小儿骨科、骨肿瘤科、烧伤科、内科（亚科5个：心脏内分泌科、呼吸肾病科、消化血液科、神经内科、干部保健科）、外科（亚科2个：普外科、泌尿外科）、妇产科、ICU病房、眼科、耳鼻喉科、口腔科、皮肤性病科、传统医学科（由中医科、中医正骨科、针灸科合并）、预防保健科、友谊宾馆外宾门诊部。医技科室14个：检验科、放射科、药剂科、中药房、病理科、手麻科、高压氧科、超声波室、内窥镜室、物理康复科、病案室、营养科、医疗设备科、电教科。创伤骨科研究所设部门16个：研究所办公室、重点室基础部一、重点室基础部二、重点室基础部三、重点室临床部、放射病理研究室、基因诊断研究室、骨移植实验室、骨库、皮库、核医学科、肌电图室、中西医结合研究室、动物实验室、情报室、图书馆。职能处室19个：党委办公室、院部办公室、人事处、科教处、医务部、护理部、医疗保险管理办公室、纪检审计办公室、离退休办公室、工会、团委、保卫处、总务处、基建处、财务处、教学办公室、北医大学办、服务公司、派出所。

**医疗工作** 设置病床950张。门诊病人484 231人次，急诊病人84 731人次，危重病人抢救成功率97.1%。出院总数15 262人次，病床使用率92.5%；病床周转率16.1次；平均住院日21天。全年手术16 756例（其中常规手术4 525例，急诊手术6 253例，点名手术4 453例，加班手术1 525例）。

手外科陈山林、朱伟为主的年轻医生，为一位10指离断的病人一次再植成功，是北京市第二例、也是本院第二例（1994年首例接活离断10指手术）、全国第7例10指离断再植术，为医院赢得荣誉。由烧伤科、手外科、矫形骨科等通力合作，为一位公安部英模实施带感染创面复合组织缺损的大网膜、肌腱、骨关节一次性修复及功能重建的复杂大手术，并获得成功，受到公安部及当地群众的好评。按上级指示组派全国九届人大二次会议医疗组，组派“1999 国际旅游文化节”医疗组、民运会医疗组、国庆医疗组、澳门回归庆典医疗组共 8 批，54 人次，均圆满完成医疗保健服务任务。继续承担内蒙古赤峰对口支援的医疗工作，派出 12 人次。

开展的新手术、新技术：小儿骨科完成了“重复取皮技术在儿童大面积皮肤剥脱伤治疗中的应用”；创伤骨科开展了“指浅屈肌移位重建屈肘关节功能”和“前交叉韧带重建的精确定位及实验研究”；手外科进行了“逆行的外踝后外侧筋膜皮瓣移位修复足部软组织缺损”和“尺、桡骨远端解剖变异与月骨缺血性坏死关系的研究”；烧伤科开展了“应用皮肤软组织扩张术的研究”等等，均取得相应的成果。

北京市卫生局开展首都卫生系统创建精神文明行业实现规范化服务达标活动，为医院的服务提出更高的要求，“以病人满意为中心”。医院将这项工作贯穿全年，成立了以院领导为首的服务达标领导小组，加大管理力度；职能部门深入临床一线，落实十条标准，督促检查，限期整改，于 10 月份通过了北京市行业规范服务达标的考核验收。同时，为提高医疗质量、方便病人就医做了些实事：加强门急诊工作，调整门急诊出诊医师的技术力量，主治医师以上职称的出诊医师占 89.2%，本院医生出诊占 99%。门诊工作量的 38.5%由主任医师接诊，36.2%由主治医师接诊，25.3%由住院医师接诊，保证了为病人提供优质的服务。在门诊大厅增设了“值班主任”，进行导医和咨询活动；开设门诊电话、网上预约挂号，出版了《北京积水潭医院就医指南》。妇产科每两周举办一次“孕妇卫生保健知识讲座”，深受欢迎。在门诊药房前用电脑显示屏公布常用药品的价目表，做到药价公开，使病人放心用药。成立 ICU，为重症及手术后病人提供监护，提高医院整体抢救水平。

**护理工作** 护理部组织全院各病房成立了护理教研组。主要参与科内的业务查房，协助护士长做好质控工作；并组织互查，对护理质量的提高起到了促进作用。加强质量控制，对全院 692 人次进行 14 项操作考核；理论考试 4 次，参加 838 人次；病房质控检查 824 科次，门诊 440 科次。全年进行病人满意度调查 4 次，满意度为 97%。

参加北京市护士继续教育评估工作，修订和完善了有关制度，促进了继续教育工作。全年投稿 31 篇，其中有 26 篇在全国学术会议上交流；累计护士外出学习 57 人次；此外，护师以上职称的部分同志进修了北京护理学会的继续教育课程。有 8 人担任中华护理学会和北京分会的学术工作，均圆满完成任务。

**科研工作** 申报并通过北京市卫生局科技成果评审 3 项，其中市级二等奖 1 项，三等奖 2 项。举办医院第八届科技周活动，组稿 61 篇，大会发言 39 人，参加科技周活动人数约 750 人次。成立继续教育委员会，荣国威院长任主席；各科室设有继续教育领导小组。通过这一途径培养高质量的跨世纪人才，且做为晋升技术职称的一项指标。拨款 15 万元建立“手外科青年科技基金”。

科教处与创伤骨科研究所共同负责招收培养市科研机构国家定向统招硕士研究生。同时出资培养在职研究生，目前分别在协和医科大学、北京医科大学、首都医科大学就读硕士学位。

全年组织院内学术活动 20 次，外出参加学术会议 117 人次；外出参加进修培训学习 198 人次。发表文章 94 篇，其中中华牌杂志 59 篇。出版专著 8 部，即《手外科学》（第二版）、《性传播疾病诊断与药物治疗》、《前列腺增生症》、《国家非处方药小病自己诊断》、《国家非处方药家庭应用指南》、《骨质疏松症诊断与治疗指南》、《膝关节外科的基础和临床》及《烧伤科手术集》（光盘）。

**教学工作** 加强教学管理，提高教学质量和授课水平，改善学生学习及住宿条件，顺利通过北京医科大学教学基地评估工作。被北京医科大学评出 18 名优秀教师和 1 个先进集体。

**后勤工作** 在医院建设和改善环境等方面，后勤部门发挥了充分的作用，取得了显著成效。门诊大楼进行全面装修，大厅内安装电子显示屏及健教闭路电视系统；增设了一部电梯；诊室安装空调、更新办公桌椅；规范门诊标示牌。扩建装修门诊楼卫生间 12 间，根本改善了卫生条件。有计划地进行病房的装修，重点改造了卫生间和空调设备；全年完成了三层干部病房、神内病房、烧伤病房、CCU 与 ICU 病房及检验科的装修改造；并为干部病房安装整体浴室，更新病床、家具。新建垃圾楼一座，彻底改变医院北门的环境。实施锅炉房改造，更换暖气、热水系统。

**国际交流** 申报出访 32 批次，44 人出访，其中参加国际学术会议 25 人次，进修培训 11 人次。接待国际友人来访 5 批次 41 人。4 月，中华医学会北京分会和北京积水潭医院联合主办“1999 年全国髋关节外科进展学习班”。来自美国、英国、瑞典、澳大利亚等国的 5 位骨科专家，以及来自全国各地的骨科医生共同参加了会议。中外骨科专家的 18 篇学术论文在会上交流，并进行髋关节手术示范 2 例。

**精神文明建设** 继续贯彻党的十五大精神，进一步深化医疗卫生改革，完成机构与人事分配制度改革，本着紧缩编制、强化聘任、转换机制，提高效益的精神，调整机构、完善功能、优胜劣汰、提高质量，圆满通过北京市卫生局的考核验收。

采取多种形式庆祝建国50周年，以此对全体职工进行爱国主义教育，全院上下为内蒙古贫困地区捐献衣被20 000余件。医院参加北京市卫生局第八届杏林杯电视汇映，《创伤在这里愈合》获一等奖。本院第四次荣获“首都精神文明标兵单位”称号。

（黄　鸣）

# 北京安贞医院
# 北京市心肺血管疾病研究所

（朝阳区安贞里）

邮编：100029　　电话：64212431（总机）

**事业概况**　职工1 570人，其中卫生技术人员1 329人，包括主任医师45人，副主任医师143人，中级职称345人，初级职称796人；未聘人员40人，行政后勤人员201人。

经北京市科委、市卫生局讨论后批准，3月25日在北京安贞医院建立北京市心肺血管疾病研究实验室。

截止年底，医院有各种医疗设备1 760台，其中10万元以上设备176台，总价值90 543 779.84元。

**医疗工作**　门诊437 292人次，急诊48 660人次；收治住院病人8 731人次，出院病人8 731人次，出入院病人分别比上年增长4.51%和4.43%；年平均开放病床624张，病床使用率87.54%。门急诊抢救病人1 124人次，抢救成功率82.03%，抢救住院病人1 498人次，抢救成功率87.7%；孕产妇死亡率0；新生儿死亡率4‰，围产儿死亡率9‰。

全年住院病人手术3 962例，其中心脏手术1 803例（心脏体外循环手术1 563例，冠状动脉搭桥361例），手术死亡率4%。

认真执行中华人民共和国献血法，积极开展自体血液回输，全面降低手术用血量，在全年手术增加的情况下，用血量比上年同期大幅度下降，受到有关部门表扬。

全年开展新技术、新项目、新疗法75项，其中心脏内科开展的冠状动脉内旋切技术治疗冠状动脉狭窄、安装最新型三腔起搏器、治疗肥厚梗阻性心肌病的消融治疗；心脏外科开展的对升主动脉瘤样扩张并主动脉返流患者进行新术式Robicen术，主动脉夹层动脉瘤的介入治疗及器械配制；呼吸科开展的应用多导生理监测仪及CPAP呼吸机诊断治疗睡眠障碍；血管科开展的周围血管的介入性治疗；心儿科开展的部分先心病介入性治疗和应用大剂量免疫球蛋白静点冲击治疗扩张性心肌病、重症心肌炎等都取得良好的治疗效果。

继续开展医疗、文化、科技三下乡活动，全年赴怀柔县为群众治病648人次，查体446人次，开展各种手术78例，赠送医疗设备和物品价值3万余元，受到当地群众和上级医疗部门好评。

**护理工作**　开展以提高护理质量为重点的规范化服务达标活动，坚持以病人为中心的系统化整体护理，不断完善三级护理责任制，并采取各种方式和方法，对护理人员分层次进行护理知识更新培训。使医院的整体护理水平有一定提高，各项护理考核指标分别为：技术操作合格率95.44%，消毒隔离合格率98.79%，表格书写合格率98.8%，急救物品合格率99.6%，基础护理合格率97.49%，病人满意度调查：服务态度满意率90.26%，服务质量满意率90.32%，环境满意率94.59%。

**人群防治和保健**　坚持以医院为中心不断扩大社区医疗服务的方针，对朝阳区安贞里、安华里地区高血压、心脏病、传染病进行深入摸底调查，广泛开展社区健康教育活动。该院将人群防治科与人群防治研究室合并，扩大了医疗服务范围，在原开展的流行病调查和重点疾病预防的基础上，加强了对社区医疗服务的管理，设立家庭病床、红医站，并逐步开展就近出诊，使医院的社区医疗服务不断完善。

继续坚持做好首都“爱心护心”工程，面向全市开展以预防保健为内容的健康科普知识讲座，全年授课43期，听众达7 500余人次，此项活动深受社会各界人士的好评，并得到上级卫生行政部门的肯定。

**科研工作**　1999年经初评获科研成果6项；其中市级3项，局级3项。在研课题71项，其中国家

"九五"攻关课题6项，国家自然科学基金、卫生部课题4项，市级科研项目39项，其它课题22项。

加强对重点学科建设，申请建立北京市心肺血管疾病研究室，集中开展对冠心病的病因、诊断治疗与预防的研究。

大器官移植成果显著，心脏移植、肺移植已做为医疗常规手术开展。

全年在各类杂志发表论文119篇，待发表论文299篇，会议征文124篇。

**医学教育** 医学教育面向21世纪培养高级医学人才，注重加大对教学的投入，转变传统的教学观念。1999年在院学生共4个班149人。为改善教学条件，医院投入300万元对教学楼进行改造，新增教学面积920平方米，对电化教学、闭路电视系统重新进行安装调试，对计算机教学网络系统重组，从根本上改变原有教学条件，使教学工作上新台阶。

职工在职继续教育完成443人医学教育学分注册和临床教学评估。共申报25个临床科室为住院医师培训基地。其中"中美冠心病培训中心"为国家项目，麻醉学提高班为市级项目。全年选送外院学习、进修107人次；举办各类国际、国内学习班4次，临床讲座46期，组织北京市各区县心血管病预防保健师资培训140人次。

全年新招收博士后1人，博士研究生1人。在读博士研究生4人，硕士研究生5人，在职申请学位2人。毕业博士研究生1人，硕士研究生2人。接收全国各地进修医生137人，护士71人。

**国际交流** 全年接待来自美国、意大利等国家地区医学专家21批152人次，外派出国考察、进修32批40人次，并组织了以张兆光院长为组长的赴美国哈佛大学医学院考察交流活动，促进了中美冠心病培训中心良好运转。

**体制改革与管理** 认真贯彻市政府和市卫生局关于机构和人事制度改革的各项指示精神，根据医院工作实际，紧缩编制，实行全员聘任制，按需设岗，逐级聘任，共缩减临床科室8个，减少中层干部14个，清退临时工109人，并对部分人员进行分流。6月30日，通过北京市人事局、财政局、卫生局联合验收。

注重改革内部运行机制，加强宏观控制和微观调整，制定了《岗位责任制执行情况考核办法》，成立院科二级考核小组，完善考核标准，并以百分制形式制定对精神文明、医疗质量、护理质量、科研教学、人才培养等方面50余条考核指标，有效地促进医院管理工作和医疗业务的发展。

**精神文明建设** 始终把精神文明建设做为重要任务来抓，深入进行爱院敬业规范化服务达标教育，开展以病人为中心，文明优质服务活动，以北京地区三级医院规范化服务标准为准则，规范全院职工的行为规范。

从方便病人就医出发积极改善就医环境，投入大量资金，对门诊楼各项设施进行改造，安装集中空调，增加候诊椅，改进门诊收费系统，为病人提供了良好的环境和方便、快捷、周到的服务条件。

**信息管理** 根据信息化管理的需求，完善和充实院内信息管理机构，并讨论、研究全院各科室医疗管理软件的开发研制工作，先后完成"住院病人体外循环手术分类统计"、"医院死亡病例分类"、"导管室工作量汇总统计"、"全院医务工作汇总统计"、"门诊病例分类统计"等软件的开发，并得到良好的应用。

为扩大医院的影响，医院先后加入中华医学基金会网络会诊中心、卫生部金卫网、中国医院信息网、中华医院管理信息网、中国国际网络传讯网（国中网），并就心脏血管等8个专业与国内包括青海、四川、海南等7个省市医院开展网上会诊。

信息管理还就Y2K（计算机2000年问题）对全院医疗仪器、计算机进行检查，确保顺利进入2000年。

**后勤工作** 贯彻为一线服务的原则，紧密围绕医院中心工作不断完善内部的改革，在继续后勤管理承包制的基础上，筹建物业管理公司，开始探索医院后勤社会化路子。

投入巨资分别对陈旧的医疗设施进行更新改造，其中投资1 000万元新建2 660平方米急诊楼；投资1 220万元安装门诊和病房楼集中空调，投资500万元完成门诊楼内设施改造，投资300万元完成教学楼加层和改造工程。同时对包括地下管线、锅炉监护、软水处理等基础设施进行改造。

经上级考核验收，继续保持物价、计量双信单位和卫生、绿化先进单位称号。 （崔卫东）

# 北京红十字朝阳医院

（朝阳区白家庄路8号）

邮编：100020　　电话：65007755（总机）

**事业概况**　职工1 949人，其中卫生技术人员1 490人，包括主任医师48人（含相应职称，下同），副主任医师130人，主治医师389人，医师753人，护士283人；行政工勤人员459人。

**机构设置**　本年度成立了血管外科、输血科、生殖医学中心。

**医疗工作**　全年门诊911 744人次，急诊81 368人次，急诊重症抢救1 992人次，抢救成功率92.92%，孕产妇死亡率0，新生儿死亡率0.19%，围产儿死亡率0.56%。住院患者18 462人次，出院患者17 334人次，病床使用率94.78%，治愈率56.78%，好转率35.43%，死亡率3.02%。手术6 992例，其中大手术2 970例，主要包括：肝移植、甲状腺癌根治术、胆囊切除+胆总管探查术、坏死性胰腺炎病灶清除术、乙状结肠膀胱扩张术，肾移植全年达307例。

全年开展新技术、新业务：移植肾动脉成形术和溶栓治疗、消化道压力测定及24小时食道PH值监测、立体定向高分次治疗脑肿瘤及脑血管畸形、子宫内膜剥离术热球、麦玛通乳腺超声活检系统的临床应用等。

**护理工作**　年初成立护理督导中心，对全院护理质量、护理管理进行全面检查和督促指导，共检查1 481个单元，一级护理病人1 250人次，消毒隔离物品4 294件，急救物品3 554件。共完成3例肝移植，307例肾移植，7例胰肾移植，203例冠脉搭桥等大型手术配合及护理；完成7例自体外周血干细胞移植，1 446例危重症患者的抢救护理。对全院护理综合质量全面考核，住院病人满意度97.28%，门诊病人满意度95%，一级护理合格率96.8%，护理文件书写合格率98.7%，消毒隔离合格率97.63%，护理技术操作合格率100%。

**教育工作**　开展面向21世纪教育思想观念大讨论，进一步强化意识、转变观念、加强建设、提高质量。1999年招收博士后研究人员6人，博士研究生6人，硕士研究生17人；10名和4名在职人员分别参加首医硕士学位和博士学位进修班。本院成为北京市全科医师培训基地之一，按照“培训大纲”的要求，接受市卫生局检查，教育处被评为先进单位。1999年北京护校与美国圣地亚哥州立大学健康人类服务学院交换访问学者，选送1名教师赴美学习1年。本院教育处“临床课部分课程结构改革”获首都医科大学教学成功一等奖，核医学科获2项首医优秀教材二等奖，放射科获多媒体教学教材评比二等奖1项、三等奖1项。

**科研工作**　北京市呼吸病研究所、本院心脏中心和泌尿外科再次通过北京市卫生重点学科评审，并分别获经费75万元、50万元和25万元；本院高压氧医学专业和基础医学研究中心被批准为北京市卫生重点扶植学科，并分别获经费50万元和20万元。

1998年，本院获奖科研成果在北京市卫生系统名列第一名；获卫生部、北京市及市卫生局科技成果奖16项，奖金43 800元。

以高居忠教授为首的科研小组完成了成人胰岛细胞的分离、纯化、活性检测等实验室工作，建立成人胰岛细胞库，达到国际先进、国内领先水平。

本院与市科委、市科协和市卫生局共同举办第三期全国穿刺治疗颅内血肿技术培训班，共有26个省市的150余人参加。

**国际交流**　全年接待美国、德国、日本、加拿大、韩国等21个国家和地区的代表团26个，142人。

由本院举办的“首届北京国际器官移植研讨会”2月7日在人民大会堂召开。世界著名的John J Fung及40余位国际友人与会，本院高居忠院长和管德林教授发表了死后无偿捐献器官的倡议书。

10月23日，近千名中外专家、学者出席了在北京开幕的“第十届长城国际心脏病学会议”。

**体制改革与管理**　在清产核资的基础上，全院进一步完善成本核算工作，对临床和部分辅助科室实行以经济核算为基础的管理方式，加强对科室收入、支出的控制和管理，增强了职工的成本意识。

充分发挥现有资源利用效率，努力开展新的业务项目，缩短检查预约时间，降低成本，加快回收速度。

“住院病人收费系统”网络工程全面展开，网络布线130多点，开展培训工作，收费和化价人员合二为一，彻底解决了病人重复排队的老问题。

进一步为群众办实事，如：增加手术用床至15张；重建呼吸ICU，为重症呼吸系统疾病患者的抢救、治疗提供可靠技术保障；建造1 600平方米的急诊新楼，内部设施和功能达国际水平；装修高压氧病房，扩大专业业务；确定单病种收费管理承诺等。

**精神文明建设** 积极参加首都卫生系统开展“创建文明行业，规范化服务达标”活动。科主任与院长签订“达标协议书”，并将达标要求的十项内容做成卡片发给职工熟悉掌握。活动期间接受市委宣传部何卓新副部长、市卫生局朱宗涵局长、史炳忠副局长等领导和部分社会监督员的检查和“双休日”的暗访，得到充分肯定。

1999年本院接受市总工会、市卫生局复验市级模范“职工之家”，得到上级的肯定。普外科获“全国职工模范小家”称号，心脏外科获市级爱国立功竞赛先进集体。高居忠院长被中华医院管理杂志社、健康报社评为全国卫生系统优秀院长和全国卫生系统先进工作者，翁心植院士获1999年何梁何利基金医学药学奖，胡大一教授获得市级精神文明奖章，管德林教授被评为市宣传卫生系统职业道德先进个人，贾三庆、毕维杰获市级爱国立功竞赛标兵。

本院获“首都文明单位”和“北京市卫生系统先进单位”称号。

1999年共发出满意度调查问卷1 892份，门诊病人基本满意率90%，住院病人基本满意率97%，优良率91%，出院病人综合满意率94.5%。

**后勤工作** 按照市政府精神，坚决执行收支两条线的部署，经过自查和上级检查，符号文件要求。

为理顺物资的进院渠道，采取招商采购，做到货比三家，避免个人行为。

1999年院内各种基建工程40余项，主要有：急诊楼扩建1 667平方米，高压氧病房装修1 339平方米，康复楼装修920平方米，皮肤科装修710平方米，锅炉房装修583平方米等。（乔 伟）

# 北京天坛医院

（崇文区天坛西里6号）

邮编：100050 电话：67016611（总机）

**事业概况** 职工2 058人（含北京市神经外科研究所），其中卫生技术人员1 561人，包括主任医师56人，副主任医师149人，主治医师219人，医师116人，护士771人；行政人员177人，工勤人员273人。设病床800张。万元以上设备578台（件），其中本年度新购置106台（件）。

**机构设置** 将医院感染办公室、病案室、统计室、挂号室合并成立了病案统计科；合并药库、总务库、器械库成立了综合采购部。

**医疗工作** 门诊549 892人次，急诊52 548人次，日平均门诊2 344人次，急诊危重症抢救1 133人次，抢救成功率87.03%。人院患者13 832人次，出院患者13 795人次，床位使用率82.48%；床位周转17.24次，出入院诊断符合率99.76%，7日确诊率92.31%。全年手术6 551例，主要包括脑干手术、脑血管畸形手术、脑动脉瘤手术、颅内巨大肿瘤手术等。

开展新技术、新疗法及新项目5种：乳腺神经及部分血管离断术；肺功能诊断系统；放射科、妇科乳腺钼靶照片（CR）；妇科无痛人流；低功率双极电凝热灼技术治疗癫痫。

**护理工作** 不断更新管理观念，继续巩固和加强了整体护理工作。建立整体护理病房13个，占全院病房总数的44.8%。调整了护理质量的检查内容和评分标准，围绕“以病人为中心”增加了新内容，修改了健康教育计划，制定了宣教的具体内容。为提高整体护理病历书写能力举办了护理病历书写培训班。本年度共有4 108人次参加了护理学继续教育。

**预防保健工作** 圆满地完成了各项社会医疗保健任务。共派出院前抢救小分队6次137人次。咨询义诊13次，参与专家111人次，发放宣传材料9 500余份。在执行国庆50周年庆典活动医疗救护任务中，本院医疗队得到了北京市50周年国庆指挥部的表彰。积极拓宽医疗市场，面向社会开展各项医疗服务，全年为病人服务4 480次，涉及北京6个城镇郊区，建立家庭病床474张。社区传染病防治管理率100%，访视及时率100%、合格率100%，疫源地消毒、宣教率100%，坚持门诊日志检查制度，查出甲、乙类传染病710例，无一漏报。脊灰糖丸、麻疹、乙脑疫苗接种率100%，三联接种率99%，共2 401人次。完成妇幼保健工作，精神病防治社区管理率87%，并完成了重大节日、会议重点病人的监管。被评为崇文区健康教育先进单位。

**科研工作** 全年科研课题102项，本年度结题21项，目前在研课题81项，其中承担上级科研课题45项，院青年科研课题21项，院临床学科重点项目15项。全年共申请各类基金25项，获得资助课题15项，中标率60%，获得各类科研基金229.5万元，1999年度院临床学科重点项目资助520万元。戴建平教授负责的科研课题“脑血管病的预防、诊断、治疗研究”、王保国主任医师负责的“临床麻醉学研究”获得了北京卫生重点学科项目，赵继宗教授负责的“脑底异常血管网病的分子机理研究”获得了国家自然科学基金的资助。

1998年共获得科研成果9项，赵继宗教授完成的“动脉瘤体切除和载瘤动脉重建”获得了卫生部科技进步三等奖，罗世祺教授完成的“下丘脑错构瘤的临床研究”获北京市科技进步三等奖，其它7项均为北京市卫生局科技成果奖。

全年共发表论文273篇，有12篇被评为科技优秀论文。主编和参编著作11部。

**教学工作** 全年继续承担了首医大医疗五系、口腔医学系、夜大医学专业共计241人、北京护校天坛医院分校142人的教学工作；同时录取了博士生5人，硕士生14人；有13名硕士生通过了答辩，获得了硕士学位。完成了20名医生在职教育，全年接收全国各地来院进修学习147人。

《临床主干教学CAI电子教材》研究获得了卫生部的资助。对教学课程进度、教师档案实行了计算机管理。加强了教师岗位质量管理，颁发了上岗证书。顺利通过了市卫生局组织的继续教育评估检查，被评为市卫生局继续教育先进单位。请外籍教师，举办英语学习班5期130余人次，提高了业务人员英语水平。举办各类学术讲座20次，2 400人次参加。

**国际交流** 接待来自美国、古巴、瑞士、德国、日本等国家的医疗专业人员和医院管理人员168人，同时本院派出30人次赴美国、日本、法国、奥地利、德国、比利时、香港等国家和地区进行考察和学术交流。

**体制改革与管理** 继续开展“以病人为中心”的医疗服务改革。成立病案统计科后，病案管理工作得到加强，减少了病历丢失，提高了工作效率，方便了来院就医的患者。在原有电话预约、电脑挂号的基础上，又开通了市卫生局“一卡通”全市联网的电话电脑预约挂号。成立后的综合采购部，加强了医院物资采购管理和库房管理，规范了采购行为，减少了医院库存积压资金。为加强信息工程建设，医院将投资建立医院信息系统，运用现代化手段和方法管理医院。认真做好下岗职工的转岗再就业工作，积极开展新工作，拓宽就业渠道。医院成立了护理中心、咖啡厅、自费药房等，为待岗职工增加就业机会。全院70多名职工顺利地进行了转岗，待岗的30名职工中，已有8人走上了新的工作岗位。

**精神文明建设** 组织全院职工认真学习邓小平理论，进行了以贯彻十五大精神、加强法制教育、形势教育为重点的双学培训，加强首都卫生系统文明服务两个规范教育，提高了全院干部和职工的素质。广大团员充分发挥了生力军和突击队的作用，工作上取得了突出的成绩，被市卫生局评为红旗团委。神经内科二病房被评为“全国精神文明号”，神经外科三病房获得市级“青年文明号”。

本院王忠诚事迹报告团先后在北京市和全国各地汇报51场。全年共收到表扬信73件，锦旗38面，牌匾4块。

本年度获得“首都精神文明单位标兵”、“首都创建文明行业示范点”、“全国精神文明先进单位”、“全国百佳医院”、“北京市无偿献血先进单位”、“北京市卫生系统先进集体”等光荣称号。

继续对口支援贵阳少数民族地区、内蒙古赤峰地区、广东省珠海市医疗中心、福建省泉州市第一医院、鞍山市中心医院和本市大兴县医院、房山区史家营乡的医疗工作。组织了援藏医疗队，圆满地完成了援藏任务。

**后勤工作** 加强后勤管理，完成支持保障工作，保证医疗工作正常开展。完成了锅炉房煤改气工程，锅炉供暖工作再次获得供暖先进单位称号，并在北京市供暖、节能、减污示范系统中取得显著成绩，获先进奖。继续开展医院基础建设，改造装修了部分病房、职工单身公寓、医院会议厅等。新建高压氧舱。

（章兰云）

# 首都医科大学宣武医院
# 北京老年病医疗研究中心

（宣武区长椿街45号）
邮编：100053　　电话：63013355（总机）

**事业概况**　职工1 845人，其中卫生技术人员1 566人，包括主任医师（含相应职称，下同）52人，副主任医师146人，主治医师403人，医师323人，护士650人；行政后勤人员311人。

以达标工作为标准，规范医疗工作。制定《宣武医院关于开展创建文明行业实现规范化服务达标，暨加强职业道德行业作风建设，争创十佳百优活动的意见》，全面开展规范化服务达标工作。1999年被评为全国卫生系统先进集体。

开展冠脉搭桥手术治疗不稳定性心绞痛等缺血性心脏病及异体肾移植术治疗肾功能不全，获得成功，填补了医院空白。

发展社区医疗，率先建立双向转诊制度，目前已与宣武区28个社区和丰台区3家医院开展互相转诊、专家出诊工作。

1999年是国际老年人年，4月7日是国际老年人日，医院组织了老年日义诊，印发了老年常见病系列健康教育材料，开展为福利院老人服务活动，开设了老年痴呆病网上咨询服务。医院成立了老年记忆障碍诊断治疗中心、脑缺血性疾病诊断治疗中心、医学影像学研究中心，开展基础与临床工作。

通过北京市财政局、人事局、卫生局考评组关于医院人事制度、分配制度改革验收。分流人员130人。将审计室与财务处分离，制定《首都医科大学宣武医院内部审计工作制度》和《基本建设及维修工程内部审计规程》。

**医疗工作**　以三甲医院指标为标准，不断提高医疗质量。1999年平均住院日缩短1.76天，达16.93天，创造了近10年以来的最好水平。

坚持病历质量检查三级管理，病历甲级率明显提高，达到99.9%，建立了门诊标准病历。全年门诊762 621人次，急诊111 191人次，急诊留观30 577人次，入院14 569人次。病房手术10 584例，比上年增加1 451例。院内感染发生率6.00%，比1998年下降1.61%。

贯彻落实《中华人民共和国职业医师法》，组织相关人员进行法规学习、考试及阅卷评分工作，并进行专业实践技能和医学综合笔试的考试。修订规章制度14项，规范服务行为。规范药品管理。1999年将购药主渠道集中到27家。修订了《宣武医院医疗纠纷处理办法》。

**护理工作**　全面开展整体护理工作，在先期开展8个整体护理病房的基础上，又扩大开展了10个整体护理病房，走在全市整体护理工作的前列。

**医学教育**　完成3个系9个班415名学生的带教任务，本院带教的医学一系95级学生在首都医科大学组织的六系联考中取得了理论考试第三名、技能考核心电图第二名、放射诊断学第二名的好成绩。制定下发了《宣武医院临床教师管理办法》和《宣武医院课堂教学管理办法》等规章，从制度上完善教学管理。组织教学管理干部培训11次，进行青年师资大奖赛，从师资能力和水平的提高上完善教学质量。开展全院职工教育，共组织全院性业务学习69次；举办短期学习班7类8期；83%的中级以上职称的专业技术人员参加学习。成功举办“全国第二期神经病理学习班”。招收博士生6人、硕士生15人。在已有3名博士后人员基础上，又招收2名博士后人员，1997年进站的博士后进行了出站答辩。为适应社区医疗市场的需求，医院开始全科医师培养工作，被正式定为“北京市全科医师培训工程实习基地”。第一批全科医师10人已入院实习。

**科研工作**　医院承担上级课题总计68项。1999年共申报上级课题40项，获准23项。院级课题总计43项。申报科研成果7项，5项通过专家鉴定，初评为北京市科技进步二等奖1项，三等奖4项。申报著作奖1项。

全年共发表及参加学术会议交流论文385篇，其中国内一类杂志103篇，二类杂志118篇，国外杂志4篇；国际学术会议23篇，全国及地方学术会议137篇。专著18册，医院影像医学部申请了北京市卫生重点学科扶植项目“医学影像分析与比较影像分析”，获得批准。

**国际交流** 公派出国参加国际会议共38人次，接待来访外宾17批，197人次。“北京—东京友好交流项目”接待日本外宾一行5人来访。首次与韩国青州老人医院开展了对等学术交流活动，与韩国青州老人医院签署了学术交流协议书。承接香港中文大学部分医学临床、药剂专业大学学生来院社会实践。

授予卡洛林·坦纳（美国）首都医科大学客座教授；迪克·斯威伯（荷兰）首都医科大学客座教授；中野富夫（日本）首都医科大学名誉教授。

**精神文明建设** 配合规范化服务达标工作，组织“实现达标，迎接国庆综艺演出”。派出医疗队60余人次，承担国庆50周年、澳门回归等庆典活动的彩排、游园等大型活动的医疗保健任务。参加北京市组织“视觉第一中国行动”赴内蒙古赤峰，完成复明手术137例。档案管理工作通过国家二级评审。医院再次被评为绿化工作红旗单位、爱国卫生先进单位。

**基本建设** 完成五楼手术室改造，改造后的手术室采用国际上先进的全新风净化送风系统，共计7间局部净化手术间。完成实验动物室新建工程，成为北京市第一家达到国家SPF级实验动物室标准的医院实验动物室。完成教学楼内外装修工程和集中空调。完成35台自动燃油燃气开水炉的安装，成为北京市卫生系统中第一所保证病人24小时开水热水供应的医院。增加公用电话10部，门诊病房9部电梯全部安装语音报站系统。将厕所洁具全部改为脚踏式冲水器。完成配电室改造工程，更换1 000千伏安变压器2台，高低压配电柜35面。完成南区病房楼外墙加固和基础加固工程。完成南区病房楼联廊上接建六层及七层机房500平方米。完成老年病房楼、PET、计算机中心、脑电图室、南病房配电室、五楼手术室、中心配电室防雷系统工程。

（刘余杰）

# 北京中医医院

（东城区美术馆后街23号）

邮编：100010 电话：64016677（总机）

**事业概况** 职工1 264人，其中医技人员1 057人，包括主任医师（含相应职称，下同）54人，副主任医师90人，主治医师229人，医师684人；行政人员49人，后勤人员158人。

**机构设置** 未进行大的调整，仍保持了28个临床科室、一个北京市中医研究所、一个全国皮肤病中医诊疗中心、两个北京市中医重点专科、一所小汤山住院二部的设置。1999年医院设病床502张，新购入万元以上医疗设备78件，价值1 170余万元。

**医疗工作** 门诊患者614 130人次，比1998年下降5.6个百分点；急诊患者17 190人次，比上年下降21.99个百分点；住院患者6 046人次，比上年增加15.3个百分点；病床使用率76.07%，比上年下降2.09个百分点；病床周转率10.46次/床，比上年增加了0.06个百分点；平均住院日26.82天，比上年减少了0.98天；治愈率35.88%，比上年下降了3.82个百分点；好转率57.76%，比上年增加了4.05个百分点；急诊抢救危重病人385人次，抢救成功率94.3%。

1999年医院围绕创建优质服务“百佳医院”、创建规范化服务达标单位的中心工作，进一步充实了各项管理制度，实行规范化强化管理，从改善患者就医条件入手，突出一切以病人为中心的服务意识，进行了大量的工作。开通了病人预约挂号“一卡通”，投资20多万元增置了20台中药煎药机，为门诊患者提供快捷、方便的服务。医院将最好的会议室改为手术患者候术室。在门诊、急诊安装了空调、壁扇，改造了卫生间，粉刷了墙壁，为患者提供了整洁、舒适、优美的就医环境。

坚持长期开办方便门诊，为长期看病的老病号开复查检验单、抄药方、进行医疗咨询，优质、快捷、便利的医疗服务方式深受患者好评。医技科室提高工作效率，造影、拍片改为当日出结果，夜班急诊立等可取，迅速为临床一线提供检查数据。投资上百万元为各病区安装了扶手、投币式电话，增加了卫生间。

为提高电梯运行速度，为病人提供快捷服务，医院规定门诊电梯只上到四层，五、六层的工作人员、机关干部步行走楼梯上楼。

院领导坚持每月进行行政查房，院规范化达标领导小组每月检查规范化服务执行情况，院爱卫会每月进行环境卫生评比，医务处、门诊部经常抽查病房，护理部大力推广了整体护理病房，科教处定期举办各种培训、讲座。1999年抽查门诊病历1 778份，甲级病历达100%；检查消毒隔离30次；传染病漏报率为

0；病房抽检病历 515 份，甲级率 93.8%；发放调查表 400 份，患者满意度 95.4%。

1999 年医院再次被评为首都精神文明单位、计量管理工作先进单位，被评为全国“百佳医院”、规范化服务达标单位、爱国卫生先进单位、健康促进工作优秀医院、综合治理先进单位。

在做好院内建设的同时，也大力加强了对外宣传和上门服务工作的力度。1999 年派出 55 人次与北京人民广播电台合作，播出《杏林医话》栏目，还播出了本院专家介绍、出诊时间、专科、专药介绍共计 300 余次，与中央电视台《中华医药》、《健康之路》，北京电视台《北京新闻》、《晚间新闻》等栏目合作，播出新闻 16 次、科普专题 20 余次，在各大报刊上刊登了医院新闻、科普文章等 120 余篇，收到了良好的反响。坚持走出医院、扩大服务的方针，1999 年到患者家中上门服务22 190余人次，举办院内外大型宣传咨询活动 16 次，到远郊区县义诊、支援十余次，树立了良好的医院形象。

**护理工作** 围绕“以病人为中心，转变观念，提供优质服务，完善和健全中医护理程序及内涵”展开工作。工作中以贯彻北京市卫生局行业达标为主题，以“三基”训练为基础，力求进一步提高护士素质、护理质量。首先完善了护士长量化考核制度，提高了管理的科学性；其次对全院的护理工作制度进行修改、补充、完善。协助完成了国家中医药管理局《中医护理常规、技术操作规程》一书中“护理工作制度、各级护理人员岗位职责、护理工作质量标准”的编写，还参与完成了《护士手册》和《中医临床护理常规》两书的编写，使中医护理工作有章可依、有案可查。

护理部对全院护士分层次，根据不同的培养目标时行了培训，举办了各种讲座 16 次，护士听课人数达1 862人次，并对 269 人次进行了基础理论考试，对 267 人次进行了技术操作考试，既完成了护士继续教育计划，又切实提高了护士们临床护理的水平。在区卫生局护士继续教育工作验收检查中获得好评。

在临床护理工作上，护理部认真总结了 1998 年开展整体护理的 4 个试点病区的经验，1999 年又开设了 3 个病区。整体护理的推广，训练了队伍，亲近了病人，加强了卫生宣教，促进了患者积极配合治疗，提高了医护配合水平，加深了临床与各部门之间的理解和协调，医患满意，工作到位，年底发放了 234 份病人满意度调查，患者满意度达到 99.15%。

**科研工作** 1999 年医院共承担各级科研课题 41 项，其中国家攻关课题 1 项，北京市科技合同 2 项，北京市科技新星计划 2 项，北京市中医管理局基金课题 23 项，北京市科干局青年技术骨干培养基金 12 项，北京市卫生局基金课题 1 项，与外单位合作项目 4 项（其中 1 项攻关课题、1 项自然科学基金项目、2 项市科委课题）。另外，还有十余项上年遗留的正在进行中的课题。1999 年医院共申报各项成果 16 项，其中国家中医药管理局成果 1 项、专著奖 3 项，申报北京市科技进步奖 3 项，申报北京市中医管理局科技成果奖 4 项、专著奖 6 项。以上申报的各奖项因评奖工作尚未完全结束，目前仅知“腹腔镜与中药结合治疗卵巢子宫内膜囊肿的临床观察及实验研究”获国家局科技进步三等奖；《中医肿瘤学》、《中医胃肠病学》获国家局科技专著三等奖；“中药益肾温脉胶囊对下肢静脉血栓后综合征的临床观察与实验研究”、“凉血活血汤治疗进行期银屑病的临床及实验研究”、“固本抑瘤Ⅱ号抗肿瘤的研究”、“针刺益气活血法治疗急性中风临床研究”获市科委科技进步奖和市中医管理局科技成果奖（奖项等级尚未公布）；《心率失常中医诊治》、《贺氏针灸三通法》、《中医肿瘤学》、《中医胃肠病学》、《中华肛肠病学图谱》、《中医治疗强直性脊柱炎》获市中医管理局专著奖（等级尚未公布）。另外，院属研究所的课题“化积膜的研制及临床与实验研究”也获得市科委科技进步奖（等级尚未公布）。

对全院的论文进行了收集、整理、评选等工作。共收集论文 758 篇，推荐其中 5 篇论文参加了市卫生局“第七届优秀青年科技论文”评选，推荐 6 篇论文参加了市科协“第五届北京市青年优秀科技论文”评选，并对评出的 63 篇优秀论文给予了表彰和奖励。

**教育工作** 医院在以往的教学任务基础上，接收了中医药大学的实习生，使临床实习带教任务增加了 1/3。全年共完成讲课任务 804 学时，见习 184 学时，接收实习 674 人次，阶段实习 15 人次。为加强教学质量监控，1999 年医院开展了课堂教学质量评估工作，对教师的课堂教学进行量化评定，评出最佳予以奖励。教师节时全院评出了 3 个优秀教研室、10 名先进教师并给予了重奖。

1999 年，临床教学基地评审第一次在全国开展，评审的范围广泛，除教学工作外，还包括了医院条件、科室设置、医疗质量等。此项工作也成为了医院教学工作的重点，科教处带领有关人员加班加点，按照评审的 34 项指标，积极准备，逐一落实，圆满地通过了评审。

在职工继续教育工作中，医院开办了统计学、科研设计方法、文献检索、英语、计算机等学习班，举办了各种专业讲座数十期，并对多年来医院继续教育工作进行了总结，写出了《学分制是中医临床住院医师规范化培训的有效途径》一文，刊登在《北京中医药科技动态》上，受到了有关专家和领导的肯定。

**预防保健工作** 医院制定了完善的岗位责任制度和规范化服务要求。预防保健科严格执行了传染病报告管理制度和传染病预防工作要求，经常深入管片内各部门、单位和住户家中进行宣传、检查，落实预防工作，保证了医院所辖地段全年无传染病的续发和暴发。全年深入辖区访问、宣传43 688人次，受益67 269人次。为所辖地区儿童发放、接种、喂服各种疫苗5 300人次，举办健教人员学习班14期，发放了27 000余件宣传材料，制作了104块宣传展板，圆满地完成了计划免疫工作和健教宣传科普工作，被评为健康促进工作优秀医院。

**国际交流** 接待了来自日本、美国、英国、德国、法国、瑞典、丹麦、挪威、芬兰、以色列、瑞士、新加坡、贝宁、西班牙、韩国、加拿大等17个国家和地区的来宾100多批2 038人次的参观、座谈、学习、交流，接待安排英、法、美、德、日、加、韩等国学员进修学习10余批，共计177人次。5月，北京市新技术产业周举行，医院被选定为首都5个科技旅游景点之一。1999年扩大对外交流，医院增加了半日中医专题讲座，仅3个月就有600多名德国医生听了讲座，有些医生参观听讲后主动放弃了后几天的旅游安排，留下时间在医院继续学习。美国民间大使组织（PEOPLE－PEOPLE）也组织了100多名美国专业医师、护士参加了医院的系列专业交流。完成了接待贝宁卫生部长、新加坡卫生部长、基辅市市长夫人、越南卫生代表团等上级布置的政治性接待任务。向日本、瑞士、法国、香港等国家和地区派出了19人次参加国际会议、基础研究合作、会诊等。外事工作共为医院创收120多万元人民币，取得了良好经济效益，促进了中医传统文化的世界性交流。

**精神文明建设** 在1999年争创“百佳医院”、“规范化服务达标单位”的工作中，提出首先要转变观念，从“以医疗工作为中心”转变到“以病人为中心”上，一切从病人利益出发，简化医疗环节流程，提高工作效率，为患者提供全程优质服务。对全院职工始终贯彻“讲正气、讲学习、讲政治、敬业爱岗、奉献社会”的思想教育，先后请到孙茂芳、熊永强、王忠诚、李桓英等全国劳动模范、先进工作者来院做报告，请名老中医周成大夫给团员、青年讲“全心全意为人民服务，待病人似亲人”，组织了医务人员多次为公安干警、偏远山区、福利院老人义诊、查体，选派了青年骨干参加“健康之路”太行行、京九行、遵义行，选派了优秀医疗骨干援藏、援疆，设立了医院“以病人为中心见实效奖励基金”，提高了全院职工的思想素质，使一切为病人成为每个职工的自觉行动，收到了良好的社会效果。全年共收到患者表扬信100余封，锦旗8面，多人多次归还患者遗失的现金、存折、信用卡、失物、有价证券等，为医院赢得了荣誉。医院职工多次为贫困地区、灾区、贫困母亲、希望工程捐衣捐款。职工平时拿出自己的钱物帮助患者解决一时之需更是层出不穷。连续第八年被评为首都精神文明单位。

1999年医院领导班子进行了较大的调整，李乾构院长、张志真副院长、丁瑞副院长因年龄因素，先后光荣卸任，离开医院一线领导岗位。王莒生副院长接任北京中医医院第六任院长，同时成为北京中医医院历史上第一位女院长。陈誩被任命为北京中医医院副院长。

医院重点进行了人事分配制度的改革工作，全院反复动员，认真学习，吸取各方面经验，在短短的半年时间里，基本完成了精简人员重新核定各部门编制、削减医院临时工、调整分配制度及各科室浮动计劳工资分配方案等大量工作，充分调动了临床一线工作人员的积极性，改革工作正在稳步而有成效地向前发展。

全年业务收入1.69亿元，比1998年增长了4.3个百分点，受到市、区、局及有关部门的各种表彰18项。

（王 天）

# 中国预防医学科学院北京地坛医院
# 北京市卫生局病毒传染病防治研究中心
# 北京市艾滋病临床研究中心

（安外大街地坛公园13号）
邮编：100013　　电话：64222085

**事业概况**　职工638人，其中专业技术人员525人，包括正高职称10人，副高职称28人，中级职称125人，初级职称362人；行政后勤人员113人。

**机构设置**　设有床位500张，门诊24小时开放，承担除结核病以外的34种法定传染病的诊治。共有9个临床科室（12个病区）。15个医技科室：检验科、研究室、药剂科、放射科、介入科、病理科、物理诊断科、血液透析室、胃镜室、供应室、消毒科、保健科、医疗器械科、营养科、手术室，其中介入科为新建科室。在三病区开设了经济病房，门、急诊部开设了简易病房，满足低收入患者的基本医疗需求。设13个职能科室。该院还设有北京地坛医院龙安经贸公司。

北京市卫生局病毒传染病防治研究中心、北京市艾滋病临床研究中心设在本院。9月，华北地区中国——欧盟性病艾滋病防治合作项目国家级区域性培训中心在该院挂牌。举办了第1期性病艾滋病实验室诊断培训班。

**医疗工作**　1999年接待门、急诊患者67 331人次（含专家门诊），较上年提高13.44%；住院患者4 080人次，较上年上升7.71%；床位使用率60.57%，较上年下降0.99%；床位周转率8.15，较上年上升0.59；平均住院日26.89天，较上年缩短2.69天；治愈好转率89.57%，与上年基本持平，死亡率5.05%，较上年下降0.82%；尸解率9.79%，较上年下降2.71%；全院手术472人次，与上年基本相同；抢救成功率80.99%，较上年提高2.92%。

医疗工作严格按照三甲医院的要求进行管理，严格执行门诊首诊负责制。对门诊病历及处方定期检查，合格率达到95%，处方合格率96%。

坚持三级查房制度，抓好疑难危重病例管理。从制度上严格要求，订出查房标准，要求各级医师按时、按质认真查房。为保证5天工作制的查房制度，规定节假日住院的新病人，由住院总医师查房，危重病人应由二线、三线医师查房，病区值班医师做记录，危重病人需要做的检查，医技科定积极配合。保证病人在节假日也能得到及时、连续的抢救治疗，未发生过医疗差错及事故。

医务科抓紧对危重、疑难病例管理，各科室及时上报危重病人，医务科接到通知后，及时到各病区查看病人情况，组织院内专家会诊，共组织院内专家会诊12人次，需要请外院会诊的，及时联系会诊医院，保证病人的诊断治疗。组织院内疑难病例讨论4次，分别为钩端螺旋病、恶性疟疾、慢重肝、急性淋巴细胞性白血病。通过讨论大家开阔了视野，增长了知识，改变了以往只局限于传染病狭窄的范畴。

继续严抓病案管理。严格按照该院的《病历书写规范》要求。坚持多层次病历检查，仍然坚持派一名主治医师在病案室检查每月全院的出院病历，不合格的病历不上病案架。医务科每月抽查90—100份，发现问题及时解决。通过逐级把关、严格要求，甲级病案率达到95%，未发生丙级病历。组织病历展览一次，展出病历28份，展出时间5周。采取各病区自行推荐优秀病历4—5份，全院医师参加评估、打分，并指出病历存在问题。展出结束后，召开主治医师以上人员进行总结，评出5份优秀病历，给予了物质奖励。

加强医疗质量的管理。召开医疗质量会议12次，通报各科医疗工作情况，各区病历存在问题，疫情报告及报告卡中存在问题，医德医风中存在的问题，反馈医疗质量情况，同时提出改进措施。每月定期检查病房各种登记本，如医生值班记录本，有记录不全的要求及时补齐。

在卫生防病方面，组织全院《传染病防治法》、《流行性出血热》的培训。接受东城区防疫站对疫情报告、疫情卡片检查4次，未发生漏报、迟发现象。每月定期检查门诊日志及疫情卡片，发现问题及时解决，未发现漏报现象。

全年共接待转诊转院 317 人次，外出会诊 113 人次。请外院会诊 132 人次。

**护理工作** 坚持护理质控工作，每月一次百分考核、质量大检查，坚持三基训练，技术操作 19 项和护理理论知识考试每月一次。坚持对重点科（婴儿室、手术室、门急诊部）的检查，并增加对性病、艾滋病门诊、透析室、胃镜室的护理质量检查。

96%的护士达到继续教育标准，完成 25 学分、72 学时，经过市卫生局、东城区继续教育委员会审核验收，学分登记工作连续 3 年获继续教育达标先进单位证书。

积极扩大对外交流。11 月，与美国耶鲁大学护理专家就艾滋病护理进行交流座谈。护理部参加北京护理学会组织的东南亚护理管理考察。1 人参加卫生部广西南宁艾滋病全国培训班，1 篇文章做大会发言。两篇文章参加全国传染病护理交流会大会发言。

加强对护理人员的培训工作。针对医院近年开展的食道静脉套扎术、介入治疗、性病、艾滋病治疗等，组织 6 次护士学术讲座，补充护理工作新知识。组织主管护师参加东城区继续教育二级学分学习班，4 名护士长参加首都医科大学组织的整体护理学习班。1 名护士长参加手术室护士长学习班。11 月，3 人参加了中华护理学会在北京举行的全国传染病护理论文交流会。全体护士长参加北医举办的法律知识及卫生经济学习班等。5 名护士通过自学考试，取得护理大专学历。

**公费医疗、大病统筹** 继续完善、修订各项规定，要求公费医疗、大病统筹病人必须建立病历。严格大额处方的管理，对 500 元以上处方有严格的审批制度，出院带药及门诊开药由一个月量改为半个月量。对标有“特”、“适”、“★”字药品严格管理，对不按规定执行者及时与科室及个人联系。执行医药费控制在总费用的 55%，急黄肝费用控制在5 000元左右，两项指标均达到了要求。4 月，接管本院职工公费医疗工作，两次修改职工公费医疗管理制度，费用控制在市级管理规定的考核范围内。1999 年支出与上级拨款及大病补助款相比，略有节余，受到市管理部门的奖励。接待上级主管公费医疗办 3 万元以上大额病历检查 28 人次，做各种费用明细单2 491份。

**教学工作** 完成北医 95 级预防医学系教学实习 48 人，分两批，每批实习 3 周。接收临床医学系、妇幼系教学见习共 8 批，207 人，每批见习时间 10 个单元。接收北京中医药大学中医系 5 年制临床见习 80 人，7 年制 20 人，共 120 人，8 个单元 16 学时。接收首都医科大学临床医学系、公卫系临床见习 130 人，8 个单元 16 学时。几位主任医师还担任了北医三院医学系传染病临床课教学工作，共 30 个学时 7 讲。为预防医学系教学实习完成 5 个专题讲座。3 名主治医师被选派担任联大中医药学院、京华大学、朝阳卫校的讲课任务，共 250 学时，听讲人数 200 人。

实施继续教育制度，严格按照实施细则要求审核学分，1999 年应参加继续教育 87 人（其中中级职称 63 人，高级职称 24 人），实际参加 81 人（中级 57 人，高级 24 人），占应参加人数的 93%。全年完成 72 学时、25 学分 78 人，占应参加人数的 96%。55 人外出参加各种专题学习班和提高班，其中中级职称 3 人，高级职称 19 人。组织院内学术讲座，聘请外院专家专题讲座共 37 讲。4 名高年住院医师到协和医院内科进修。1 名主治医师赴浙江医科大学攻读临床博士学位。

全国各地来院进修医师 19 人，其中主治医师以上 14 人。接收短期参观学习 5 人。

接受北京市继续教育委员会专家一行 6 人检查继续教育工作，专家分别对继续教育的管理、规章制度、学分授予和完成学分情况进行评估。专家对该项工作给予肯定，评审合格。

20 人参加了与罗氏医药公司联合举办的英语口语提高班。

53 人参加住院医师规范化培训，其中本科生 49 人，专科生 4 人。6 人顺利完成第一年转正定级，1 人因考试、考核不合格延期转正。参加公共必修课学习，10 人完成文献检索学习，考试成绩合格；9 人完成医学统计学习，考试成绩合格；15 人参加医学外语考试。9 名医师在院内医技科室轮转。3 人被派往北大一院内科轮转 1 年。开展院内住院医师培训，心电图讲课 8 讲，16 学时；放射科读片 2 讲，4 学时。2 名住院医师参加在职研究生学习，已完成前期理论学习，进入临床课题研究阶段。

全年全院外出学习 232 人次，总费用68 170元，比 1998 年增加28 644元，增加 42%。

**科研工作** 年初医院召开科研工作会及科技骨干座谈会，广泛听取意见，集思广益，确立了今后重点研究项目：生物人工肝支持系统的研究，申报了北京市卫生局重点课题，与北京佑安医院共同申报了市卫生局肝炎重点学科，并已通过批准立项。其它申报的课题还有卫生部艾滋病防治项目 1 项，北京市自然科学基金课题 1 项，国家中医药管理局科研基金课题 1 项。已立项课题共有 11 项，其中国家“九五”攻关课题 1 项，市科委合同项目 1 项，北京市卫生局课题 5 项，院级课题 3 项。

2 项课题完成后申报了市卫生局科技成果，其中“输血传播病毒（TTV）的基因诊断及临床病理特征的研究”通过初评。另2项成果获北京市职工技协科技成果奖。

全年外投论文70篇，发表论文40篇，发表率57.14%，其中全国性杂志31篇，地方性杂志6篇，国际性杂志3篇。

新药临床试验6项，其中二期临床4项，三期临床2项。

全年外出参加各类学术会议29次，61人次，其中国际会议19人次（论文8篇），国内会议42人次，包括全国性会议40人次（论文38篇），地方性会议2人次。大会发言3人。

**健康教育** 重新制订了1998—2000年健康促进工作的规划目标，并加强了健康促进专业机构的建立，协调咨询委员会定期研讨工作。每季开展专、兼职人员的业务培训，培训率达100%。全员培训达到上级要求，健康知识问卷测试知晓率达到94%。

门诊、病房统一制订了健教宣传板。参加10余次各类健康咨询活动。配合中科院预防科学研究院制作了大型宣传禁烟工作的宣传板。

艾滋病俱乐部——红丝带之家定期为艾滋病患者、感染者、家属举行活动，传播相关知识，提供心理支持。

与北京市性病艾滋病防治协会合作拍摄了《健康总动员》录像片，宣传预防艾滋病、性病知识，在中央电视台、中国教育台播放。全年在各类报刊上发表科普文章12篇。

**改革与管理** 巩固上年人事制度改革的成果，继续深化机构人事制度改革，遵循紧缩编制、减员增效的原则，严格控制人员编制，严把人员入口关。强化各级人员聘任制管理。仍实行中层干部目标管理责任制、专业人员技术职务聘任制、工勤人员聘用合同制。继续实行“医疗、护理、医技、后勤质量控制百分考核条例”、二级核算制。11月，在临床七病区实行住院处、药房、病房电脑联网，为全院电脑化管理打下基础。

继续加强民主管理、民主监督机制。职工代表大会审议通过医院年度工作计划、院领导述职报告。

**国际交流** 继续与澳大利亚悉尼阿尔宾街中心保持联系，对方派遣1名专家来院讲授艾滋病知识。通过市引智办邀请一美国专家来院讲课。医院选派1名医师到美国阿伦·戴蒙中心进行艾滋病诊断、治疗方面的培训。西班牙学者来院洽谈合作意向。加拿大学者吴炯教授受聘为该院顾问，并来院讲课。完成美国教育发展学院合作开展的“妇女健康研究”美方专家来京培训考察的接待工作。全年共接待外籍来宾（美国、朝鲜等国）15人次。

**精神文明建设** 加强各级干部的理论学习，举办中层干部学习班2期，党员“双学”培训超过40学时，组织党员、干部理论学习报告会6次。开展各种形式的职工思想教育活动。

围绕迎接建国50年大庆和迎澳门回归开展了系列活动，组织职工收看《共和国之旗》的电影，参观了《辉煌的五十年成就展览》和农业高科技园区锦绣大地；开展了《我谈改革20年》、《我和共和国》征文活动等。

工会、共青团紧紧围绕医院中心工作开展活动，寓教于乐。开展达标创优活动，群众文体活动，健身操、健美操比赛，外语口语竞赛等。

为纪念“5.12”护士节开展了“护士风采”演讲比赛，外科医师李志鹏参加了北京市卫生系统创文明行业、迎50年大庆职工演讲比赛，获比赛一等奖。共青团继续开展了争创“青年文明号”和“青年岗位能手”活动，药剂科团支部再次被评为市级“青年文明号”，李秀兰获“北京市青年岗位能手”称号。

全年完成无偿献血任务。1999年度获北京市献血先进单位荣誉。

每季召开病人组长会议，征求对医院综合服务的意见。每季进行住院病人、门诊病人满意度调查，满意率达95%以上。全年未发现收受病人红包现象。

根据市卫生局的要求开展创建文明行业，实现规范化服务达标工作，召开2次全院动员大会，班组长以上干部会9次，科主任专题研究会5次，举办中层干部学习班1期，全院职工学习5次，培训时间达10学时，培训率95.62%。认真落实“两个规范”要求，职能部门每月分组进行检查。

积极扩展医疗服务项目、拓宽业务范围，满足不同层次患者需求，医院成立了特需病房、特需门诊，并为满足低收入患者的医疗需求开设了简易病房、经济病房。

坚持为病人办10件实事，安装了IC卡电话，B超室提前上班减少病人等候时间，营养室改变几十年的作息时间，分为夏季作息时间、冬季作息时间，以适合病人冬夏两季节不同的作息习惯等等。

在市规范化服务达标检查中，受到检查人员一致好评。并被多家新闻媒介宣传报道。

1999年荣获北京市精神文明建设先进单位。

**基建与后勤** 投资70万元进行污水改造工程，投资120万元进行3 000米的热水管线工程，使热水管线由地下走线改为地上明线。配合医院达标工作对4个病区进行了重新室内装修。投资15万元进行多功能厅顶部装修，消除了火灾隐患。

营养室不但根据病人需要调整了夏季作息时间，

也增开了夜餐服务，增加具有一定辅助治疗作用的药粥、牛奶、鸡蛋等。

电话室对全院电话进行了监控，部分电话实行锁零，减少了话费支出，全年共节省话费9 600余元。

电工室对老病区进行了插座更新，更换了照明用灯、几百米老化电线。

全年新增绿地600平米。连续13年获得北京市花园市单位称号。

8月，多次接受和平里街道办事处爱卫会、东城区爱卫会、北京市爱卫会全国卫生城市大检查的模拟检查。11月，东城区精神文明建设委员会就本院在争创“全国精神文明建设工作先进城区”活动中的成绩，授予“贡献奖”。（陈明莲）

# 北京佑安医院
# 北京市肝炎研究所
# 北京市性病防治所

（丰台区右安门外西头条8号）

邮编：100054　　电话：63292211（总机）

北京佑安医院（原北京第二传染病医院）是一所以诊治传染病疑难重症为主的医疗、教学、科研、预防、保健相结合的，具有综合服务功能的多学科的市级专科医院。北京市肝炎研究所、北京市性病防治所设在本院。是首都医科大学传染病临床教学医院，研究生临床培训基地，担负着卫生部全国传染病医师进修培训任务，是三级甲等医院。

**事业概况**　职工785人，其中专业技术人员628人，占职工总数的80%，包括主任医师13人，副主任医师48人，主治医师（含主管护师、技师、助理研究员）155人，护士（含初级医疗、医技人员）238人；行政人员32人，工勤人员83人。开放床位550张。万元以上医疗设备128件（套）。

**改革与管理**　上半年进行了机构与人事制度改革工作，建立了以提高医疗质量，改善服务态度，加强医院管理，提高工作效率为目地的改革计划、方案、管理办法、实施细则等。坚持了核编定岗、精简职数、调整机构、精简高效的原则。在内部结构工资分配制度的改革中，坚持确保医疗质量，服务质量不断提高，努力挖潜，控制浪费，增收节支。在技术劳务工资分配上坚持“四个倾斜”的原则，使分配制度趋于合理。这次改革将原有的15个职能科室精简为10个，行政人员由原来的43人精简到32人，减少临时工52.7%，仅此一项每年可节约经费40.2万元。医院的机构与人事制度改革工作，在市卫生局、人事局、财政局的阶段性工作验收中，得到充分肯定，卫生局就本院的改革情况在卫生信息中进行了专题报道。

**医疗工作**　门诊病人44 152人次，平均日门诊113人次；急诊病人426人次，急诊危重抢救38人次，抢救成功率4.25%；全年入院病人3 248人次，出院病人3 112人次，床位使用率59.7%，出入院诊断符合率99.2%，7日确诊率97.8%，院感率2.4%。完成了地段保健、预防接种、计划生育等项工作。进一步完善了护理管理体系，建立了护理管理组、质控组、操作组、科研组。提高了护理管理力度。在继续开展的整体护理工作中，病人得到了全方位的服务，病人对护士满意度达到99%以上。为提高门急诊质量和为患者提供优质服务，医院增加了副主任医师出专家门诊，坚持节假日专家门诊不间断服务。开展了肝病治疗仪、肾透析、白细胞增长仪、肿瘤定性仪肿瘤标志物检测、前SI抗体检测、脾栓塞、TIPS、电子胃镜等新技术新疗法的服务。提高了诊断与治疗水平。手术室护士长于新秋被评为北京市宣传卫生系统职业道德先进个人、全国先进女职工。徐莲芝、福燕、刘惠被评为全国预防与控制艾滋病先进个人。

**科研工作**　医院为支持科研拨出配套资金，鼓励多出成果，获得资助课题4项，获得资助54万元。“病毒性肝炎组织中发斯抗原表达的相关性研究及其临床意义”初评为市级二等奖，“TT病毒在肝炎患者中的感染状况及临床意义探讨”初评为市级一等奖，“TT病毒感染的致病性研究”初评为市级二等奖，“6 676例各型病毒性肝炎内镜诊断与治疗的研究”初评为市级三等奖。

北京市肝炎研究所与医院同步完成了机构与人事制度改革工作，配合医院临床常规检测 14 项，检测标本5 014份，开展新的检测 2 项。开展研究课题 9 项，新上局级课题 1 项，协作研究课题 6 项。在进行科研及完成临床检测的同时，指导 3 名硕士研究生在分子生物室进行研究实习。为本院博士和临床医师在所内实验室轮转学习提供了条件。

北京市性病防治所年内完成了性病的防治、监测、流行病调查、宣传培训工作。经过改革，调整了领导力量，加强了管理，使得性防所的管理、业务、科研等工作有了显著的提高。

**精神文明建设** 围绕规范化服务达标、行业作风建设重点工作，与医院的各项工作有机地结合在一起，坚持了"两手抓、两手都要硬"的原则。医院在综合治理、交通安全、计划生育、无偿献血等项工作中连续获得市级和区级先进称号。

**后勤管理与基本建设** 后勤的改革以机构与人事制度改革为契机，在减少临时工 52% 的情况下，合理调配，安排转岗人员 2 名。在医院基建施工的配套设施建设中，后勤各班组积极配合，在完成后勤保障各项工作的同时，积极探索后勤社会化服务的出路。医院新建病房手术楼工程在市政府、市卫生局的关心支持下，工程进展顺利，各项配套设施正在加紧施工。

（谢建华）

# 北京妇产医院

（东城区北池子大街骑河楼 17 号）

邮编：100006　　电话：65250731（总机）

E-mail：ogh@163.bj.com

**事业概况** 职工 841 人，其中卫生技术人员 640 人，包括高级职称（含中西医、护理、药剂、检验、放射等技术人员，下同）18 人，副高级职称 63 人，中级职称 139 人，初级职称 379 人，其他卫生技术人员 40 人；行政人员 77 人，工勤人员 124 人。

占地面积16 814平方米，总建筑面积25 893平方米，其中业务用房14 278平方米。开放病床 364 张，其中母婴同室床、家庭化病床 75 张，高危新生儿病床 50 张。本年度固定资产总值4 878.47万元，仪器设备总值2 994.81万元。投资1 000余万元购置大型医疗仪器设备，有双能骨密度仪、三维彩色超声波诊断仪、基础代谢分析仪、全自动化学发光免疫分析仪、电脑阴道镜诊断系统、全自动血球计数仪、胎心监护仪等。

**医疗工作** 全年门诊205 304人次，急诊5 511人次，日平均门诊 817.94 人次，日平均急诊 15.10 人次。危重病人抢救 24 人次，抢救成功率 91.67%。

出院患者8 407人次，分娩总数3 407人，分娩婴儿3 482人。出院患者平均住院日 12.98 天，实际病床使用率 89.93%，平均病床周转率 23.10 次。住院患者治愈率 84.75%，好转率 13.12%，治愈好转率 97.87%。入院 7 日确诊率 98.68%，门诊与出院诊断符合率 99.75%，入院与出院诊断符合率 99.90%，临床与病理诊断符合率 100%，无菌手术切口甲级愈合率 99.53%。

全年手术21 826例，其中住院手术6 294例，门诊手术15 532例。坚持爱婴医院标准，院内纯母乳喂养率 95%，早吸吮率 94.5%，母婴同室率 95%。孕产妇死亡率 3.2‰；新生儿死亡率 7.34‰，纠正后 1.45‰；围产儿死亡率 7.02‰，纠正后 5.58‰（"纠正"指产妇从未在医院做产前检查，入院时已胎死宫内等非医疗因素）。

突出妇产专科特色，积极开展医疗新技术和新项目，如：新生儿听力筛查使 25 个有不同程度听力问题的新生儿得到及时治疗；新生儿抚触对新生儿的身心健康起到促进作用；积极推广全程陪伴分娩（丈夫陪产）项目；腹腔镜下各种妇科手术技术不断提高，除囊肿剔除术、输卵管整形术、子宫肌瘤剔除术外，已经能够较娴熟地进行全子宫切除术；计划生育开展宫腔镜下插管通液术和宫腔镜诊疗业务，增加宫内节育器种类。

引进新仪器同时测定全套内分泌化验，精确检查指标，缩短检查时间；病理彩色图像分析系统的使用有利于各种数据的测量和免疫组化染色结果的分析，提高了病理诊断水平；新柏氏超薄细胞学系统比传统细胞学涂片敏感度有很大提高，增加阳性检出率；钼钯乳腺 X 光机可诊断早期乳腺病变，在控制乳腺疾病的发展上起到积极作用。医院成立"生殖医学中心"即试管婴儿中心，完成基建工程和设备安装，已开始接收门诊病人。引进中国第一套针对中国妇女的绝经相关疾病诊治专家指导系统及相关辅助硬件设备：人体代谢仪，肌肉功能分析仪，骨密度仪，门诊开始接收病人。

为方便病人就医，采取了一系列措施。通过互联网与北京市卫生局的卫生信息网连接，实现网上预约挂号，即北京市医院预约挂号“一卡通”，病人可用一张卡在北京24家医院预约挂号。院内9个病房及手术室和产房全部联网，加强了管理，减少漏费。检验中心开展一些快速检测项目，减少病人等候时间。中药房购置煎药机，开展代客煎药服务项目。

**护理工作** 全年举办产科实用护理和新生儿抚触共3期全国性护理学习班，接受全国40余名护士进修学习。护理质量常抓不懈，坚持检查制度，护士长自查、互查、夜查及护理部检查约200次，进行日常护理技术操作考核和比赛，全院护理操作合格率大于95%。严格消毒隔离制度，各项消毒隔离到位率达100%。坚持每月对住院和门诊病人各100人进行问卷调查，全年平均满意度达95%，优良率达90%。继续贯彻整体护理意识，全部病房采用整体护理模式护理病人，住院病人健康教育率达100%。全年无严重差错发生，无输血、输液热源反应，无护理纠纷。

**科研工作** 新开课题19项，经学委会评审通过15项。有2项新开课题3次申报各级各类课题，中标2项。1999年经初评获科研成果奖3项，张巍等的“新生儿听力筛查的可行性研究”初评为北京市科技进步二等奖；吴连方等人的“妊娠糖尿病系统管理的评估与展望”、黄醒华等的“围产期重症RH溶血症的系统管理”初评为北京市科技进步三等奖。

医院1998年度年会暨第八届中青年论文报告会报告论文11篇，评选出优秀论文1篇，给予表彰和奖励。截止12月8日，在各级各类期刊上发表论文45篇。图书情报资料室提供网上现代医学信息情报检索，开展全文资料查找服务和网络咨询服务。还可提供《中国学术期刊光盘版》中医药卫生专辑全文检索和整刊检索。

为防范计算机2000年问题，检测全院90多台PC机中20多台存在千年问题，更换了主板；临近2000年时，成立了由院、科领导和技术小组组成的应急指挥部，制订了应急方案，业务部门、后勤部门都做好了充分的准备，全院实现了2000年平稳过渡，没有发生计算机2000年问题。

**医学教育** 学校教育方面，3名研究生、2名在职研究生和32名北京高等医学专科学校96级妇产科大专班学生毕业。教学管理逐步达到制度化、规范化和科学化，在市高教局、市卫生局联合组织的高等医学院校教学基地评审中总成绩名列第一，取得合格基地资格。投入教育经费10.3余万元，330人次参加院外继续教育培训，在市卫生局继续教育评审中获得继续教育先进单位称号。加强对住院医师规范化培训的考核制度及管理力度，12名5年以上住院医师按要求修满500学分，获取卫生部住院医师规范化培训合格证书，2名3年住院医师完成第一阶段培训，获得卫生局第一阶段培训合格证书。

**预防保健** 以预防为主进行宣传教育，管片内的集体单位、小学及托幼园所无传染病暴发及续发情况。在卫生防病、计划免疫、儿童保健、妇女保健、健康教育等五方面完成大量工作，各种免疫接种1 990人次，计划免疫漏种入户调查20 043户次，调查儿童390名，无漏管漏种儿童，强化免疫服苗、接种率100%，预防接种卡证符合率100%；健康儿童体检771人次；饮副食人员健康体检355人次，防病巡视274户次；妇女防癌普查和乳腺普查共2 700人次，孕产妇产后访视56人次；听健康教育讲课600人次。

**国际交流** 共派出30人次分别赴国外学习、进修、考察、参加学术会议。接待美国、德国、丹麦、瑞典等国家17批234人次来院参观访问及座谈，其中参观针麻剖腹产手术的7批158人次。

**后勤工作** 保证通讯、交通、维修、洗衣、供暖及水、电、气及物资供应等全方位的后勤服务。1998年锅炉房煤改气工程完成后保证了1999年的供气、供暖和供水。对全院热水系统进行初步改造，更换热水罐和主管线，提高供热水能力两倍多。改善就诊条件，完成试管婴儿试验室及附属配套房屋装修工程，粉刷改造12间门诊、急诊、病房和480平方米卫生间、盥洗室，装修粉刷160平方米教室、实验室；为全院新增空调60台；更新430盏吸顶灯；房改工作不断深入，进行全院职工住房情况调查，为购房职工办理产权手续等。

**基本建设** 位于朝阳区六里屯的“北京妇婴保健医疗中心”工程作为市建委国庆50周年献礼项目，已完成第一期工程的病房、医技楼内外装修，并通过了妇婴中心、监理公司、设计院及施工单位四方联合的初步验收。副市长汪光焘率市计委、市建委等领导到工地视察，听取陈宝英院长有关工程进展情况的汇报。

**精神文明建设** 响应市委市政府号召开展卫生系统创文明服务行业规范化服务达标活动，党政工团齐抓共管，制订计划，层层动员，对全院每位职工进行《首都卫生系统文明服务规范》的宣传教育并进行自查互查。以庆祝建国50周年、建院40周年和迎接澳门回归为契机进行爱国主义教育和革命传统教育。

妇科八病房第5次被团市委和市卫生局团委评为

“北京市青年文明岗”。产科主任黄醒华被评为“首都妇幼保健杰出代表”，北京电视台、《北京青年报》及《北京晚报》等多家新闻单位报道了她的先进事迹，号召妇幼保健工作者向她学习。

（吴全凤　于　延）

## 北京儿童医院

（西城区南礼士路56号）

邮编：100045　　电话：68528401（总机）

**事业概况**　职工1 657人，其中专业技术人员1 346人，包括卫生技术人员1 308人（正高职称60人、副高职称144人、中级职称315人、初级职称789人），其他技术人员38人；行政管理人员129人，工人182人。

**机构设置**　共有床位712张，设有病房23个，其中内科8个，外科6个，中医科（中西医结合科）2个，血液中心4个，五官和皮科1个，急救中心设有PICU和NICU病房。另有内分泌、遗传、心功能、肾脏病、消化功能、血液病、危重病、外科实验、药理9个临床专业实验室。院属北京市儿科研究所设有微生物、遗传、免疫、病毒、结缔组织、呼吸功能、营养7个研究室和放免中心。该所以儿科免疫学为重点，紧密结合临床开展科研工作。

**医疗工作**　门诊1 050 699人次，日均门诊2 878人次，其中急诊59 348人次，抢救成功率99.3%。住院患者14 008人次，7日确诊率91.5%，出入院诊断符合率100%，治愈率61.2%，好转率32.9%，死亡率1%，住院病人抢救成功率87.4%。床位使用率84.9%，周转率20.3次/年/床。全年手术6 778人次。院内会诊20次，院外会诊83人次。

开展新业务、新方法28项：内科从9月开始开展新生儿高压氧舱治疗，3个月共治疗患儿222人次，均收到良好效果。内科结缔组织专业开展幼年类风湿性关节炎、强直性脊柱炎的关节功能训练与药物治疗相结合的方法，收到显著疗效。急救中心采用丙球蛋白冲击法治疗重症感染休克，应用高频震荡通气治疗新生儿难治性呼衰，均取得成功。外科采用国外先进方法，用腹腔镜开展外科手术100例，其中采用soave’s根治术治疗巨结肠17例，效果良好，此项手术国内尚无报道。心外科成功地为1名出生仅8天、心脏3处畸形的患儿实施矫治术，达到国内领先水平。根据社会需求，医院成立了心理门诊和体检门诊，增加了感染专业和内科消化专业。

**护理工作**　输液398 451人次，输血5 539人次，取血66 496人次，抢救4 892人次，肌肉注射69 672人次，静脉推注203 144人次，皮试25 206人次，重病人护理19 809人次，各种穿刺31 999人次，心电监测129 715人次，换药43 779人次，雾化107 456人次，各种引流16 749人次，气切护理322人次，其它治疗486 917人次，各种手术14 873人次，使用留置针84 213人次。全年护理达标合格率依次为：护理技术操作合格率97.81%，比上年增长0.11%；护理文件书写合格率97.3%，比上年增长0.55%；消毒隔离合格率99.4%，比上年增长0.03%；基础护理合格率96.7%，比上年增长1.13%。手术室在市卫生局组织的大检查中受到表扬。

护理部加强了对全院护士长的业务考核和管理知识的考核，临床各科建立了护理业务查房制度，不仅提高了理论知识，而且能够及时总结护理工作的经验和不足。门诊部组织全科护士每月一次业务学习，急救室派出多名护士到麻醉科学习气管插管技术，不断提高抢救水平。护理部全年组织继续教育讲课20次，3 821人次参加，选送参加国内外新业务、新技术学习、培训、进修等10人。

**科研工作**　科研工作的重点仍向重点学科的发展和国家攻关课题倾斜，成立了重点学科管理小组，制定了重点学科经费使用管理办法，加大了对青年科技骨干培养的力度，扩大了研究生的招生，加强了对高科技人员的培养。定期考核科研工作进度，对科研项目实施全过程、最终结案的一条线效应管理。全年共有11项科研课题中标，获科研资助27.5万元。血液、急救、儿外科获重点学科资助共计250万元。医院主持“九五”攻关项目“B族链球菌的研究”进展顺利。6月1日，本院与中国预防医学科学院合作成立“北京儿童细菌性疾病研究中心”，开展儿童细菌性疾病的研究。全年上报科研成果8项，经专家鉴定初评获市级奖7项。招收研究生14名，其中博士生5名，硕士生9名。选送在职读学位10名，其中博士3名，硕士7名。全院共发表论文125篇，其中国外期刊2篇，国家一级杂志80篇，国家二级杂志43篇，获奖论文4篇。

**医学教育** 新建教学管理制度3项，使教学工作进一步规范化。继续教育工作通过了卫生局专家组组织的继续医学教育评估检查，被评为北京市卫生局继续教育先进集体。开展了医学信息交流活动，平均每月一次，累计参加人数1 000余人次。在原有3项备案项目的基础上，又申报了7项国家级继续教育项目，已有5项获得批准。全年医院各级人员参加全国性学术会议116人次，参加各类高研班、主治医提高班、短期培训班81人次，选派全脱产外语学习7人次，并组织对上年度学成人员进行口试、听力、笔试考核，合格率100%。举办计算机等级考试前辅导班1期，30人参加了培训。接受进修医师131人，进修护士40人，护校实习学生80人。

**国际交流** 共接待19个国家和地区的外宾67批，411人次。其中外宾讲课18次，听课650余人次。公派出国64批75人次，其中进修学习16人，访问、考察9人，参加国际会议46人，读学位1人，参加培训3人，劳务1人。重要的外事活动有：与香港大学玛丽医院签署了"培训培训者"项目计划协议；继续与俄罗斯、瑞典、芬兰、美国、韩国、德国、香港、意大利等合作的项目有11项；在北京市召开的太平洋国际小儿外科学会第32届年会上，张金哲教授为承办人，潘少川教授为大会主席；在荷兰阿姆斯特丹第22届国际儿科学会理事国会议上，江载芳教授代表中华医学会儿科分会，申办2001年第23届世界儿科大会在中国北京召开获成功，在卫生部和中华医学会及国际儿科大会执委会的帮助下组织了23届国际儿科大会筹委会；接待了约旦大使和夫人来院参观；2月，杨永弘研究员代表我国参加世界卫生组织在日内瓦召开的关于肺炎链球菌和流感嗜血杆菌疫苗方面的专家研讨会。

医院还接待了市外办、公安局、外事处有关人员来本院进行外国专家资格认可审核工作，并顺利通过。

**机构改革与管理** 根据儿童疾病谱的变化，适时进行专业调整：6月1日，成立"血液中心"和"中国预防医学科学院北京儿童医院细菌疾病合作中心"，其中血液中心设床100张。撤销传染科。在内科新建了消化专业病房和感染专业病房。随着后勤社会化服务的推动，经过反复调研分析，撤销了幼儿园。成立了审计处，加强了医院对财务的监督审计。合理安排了177人的转岗工作，除名5人。人事处重新修订《北京儿童医院人员编制草案》，加强对职称职数管理，严格职称申报条件，规范了职称申报程序，新建和完善人事管理制度10项。通过调整机构、转岗分流，严格执行离退休、延退的有关政策，以及拓宽人员出口、严把人员入口等项措施，使医院职工总数较上年同期减少35人。

**后勤与基建** 在提高保障服务水平和加强服务质量管理方面加大了力度。首先加强了检查制度，采取总务处检查与后勤行政值班检查相结合的方法，将检查结果在处务会上通报分析。另外，根据班组工作的实际，总务处设计并实行了设备运行记录单，以此作为对职工工作考核的依据，提高了全处职工的岗位责任意识。为方便临床，总务库房开展了物资下送工作。洗衣房实行社会化服务后，已完成各环节上的整合。完成的基础设施改造工程主要有：天然气锅炉正式运行使用；电话室1 000门程控机安装调试，正式投入使用；西门天然气管线路面恢复土建工程；家属宿舍7—9门暖气及上下水管线更新改造工程；污水改造、蒸馏器改造；专家门诊一、二层专修改造；血液中心病房装修改造以及急救楼消防系统改造、造影室改造等项工程。全年完成改造工程67项，共投资1 200万元。

**精神文明建设** 行风建设紧紧围绕行风达标活动展开，医院和各科室成立了规范化服务领导小组，制定了行风规范达标工作计划，宣传覆盖面95%以上。党委开展了一系列行之有效的教育活动；团委向全院团员青年发出"实现规范化服务达标，争当跨世纪优秀青年"倡议书；护理部印制了《北京儿童医院护理规范化服务标准》的小册子，发到临床护士手中；中医科组织编排了规范化达标小品表演；传染科举办了"以病人为中心，从我做起，人人达标"先进人物演讲会；门诊部作为医院的窗口单位，要求职工必须文明、礼貌、端庄上岗；医院还组织了院科两级检查小组，先后检查近百次，使规范化服务达标活动深入人心。

1999年是医院创始人、中国儿科医学奠基人、科学院院士诸福棠教授诞辰100周年，医院组织了系列纪念活动，使全体职工受到一次医院传统教育，进一步弘扬了"公慈勤和"的院训精神。

"六一"院庆，医院围绕"为病人办实事"的主题开展了系列活动。开展了大型咨询活动，近20名儿科著名专家教授为患儿进行了义务咨询，接待咨询近千人；举办大型义诊活动，将"六一"当天收入的2万元诊疗费全部捐献给北京市儿童福利院；对当天前来就诊的患儿全部免收挂号费；为满足社会需求，正式开通咨询热线。为了使医院的行风建设和规范化服务的着眼点和落脚点真正放在"以病人为中心"为患者办实事上来，全院各科室克服困难，想方设法改进工作，为病人提供各种检查和治疗上的方便，涌现出不少好人好事。一年来据不完全统计，全院共收到表扬信86封，锦旗42面；拒收红包218次，价值约98 400余元。

（杨莉香　杨晓宪）

# 北京口腔医院

（崇文区天坛西里4号）

电话：67013355　　邮编：100050

**事业概况**　职工619人，其中卫生技术人员461人，包括主任医师（含相应职称，下同）13人，副主任医师52人，主治医师173人，初级职称223人；行政及工勤人员158人。设有临床科室12个，医技科室9个，治疗中心3个，病床80张，口腔治疗椅213台；有万元以上设备307台，其中本年度新购置56台。

**机构人事制度改革**　本院自1998年11月开始了机构人事制度改革，经过半年多的努力，于1999年6月18日通过了市卫生局、市人事局、市财政局的联合验收。根据市卫生局改革的总体目标，按照本院的实际情况，先后制定了一系列改革的规章制度、管理办法和配套措施，共计25项。调整、精减了内部机构，将原有的14个职能科室精减为11个；落实定岗定员，将全院编制总数从697人压缩至627人，完成了缩编10%的指标；清理、清退临时工39人，超额完成了缩减临时工50%的指标。改革用人制度，实行全员聘任制，优化用人机制。医院深化结构工资制度改革，在技术劳务浮动工资的分配上，打破平均主义的分配形式，充分体现劳动、技术、成果和管理因素参与的分配原则，实施“四个倾斜”的分配政策，进一步调动了广大职工的积极性。

**医疗工作**　全年门诊298 641人次，急诊11 974人次，日平均门诊1 145人次；收住院615人次，手术666人次；床位使用率40.42%，治愈好转率99.96%，死亡率0；出入院诊断符合率91.9%，7日确诊率82.57%。

为了方便患者就医，本院采取了以下举措：方便病人挂号，采取分楼层挂号，并开设了电话预约和网上挂号；将急诊室改为急诊科，配备了人力，增添了设备，扩大了急诊范围，24小时全天候为患者服务；每周一至周四下午4—8点，开设了晚间门诊；扩大了双休日门诊量，尽量满足患者利用休息日看牙的需求。

主要开展了以下新技术、新疗法：热塑根管充填，用贵金属进行义齿修复，前牙拔除后即刻义齿修复，引进激光照射消除急性炎症，扩大了心电监护拔牙数量，为外伤儿童折断门牙做保护根髓的活髓切断术，开展正颌外科手术并降低了唇腭裂手术年龄。

**护理工作**　通过开展规范化服务达标工作，加强护理管理，提高护士队伍整体素质，护理部按达标十条标准，针对护理工作特点，制定了检查表，组织定期和不定期的抽查。病房开展了以病人为中心的整体护理，调整了各班次，加强了护理班的力量，使护理人员相对固定，为住院病人提供更优质、细致、周到的服务。在国际护士节，举办护理人员仪表、着装、礼仪表演赛，指导和提高护理人员在日常工作中的行为规范。为防止交叉感染，本院实行了一人一机头一消毒制。全年有4篇护理论文在《北京口腔医学》杂志上发表，参加全国口腔护理学术会议交流6篇。有2人承担了国家级继续教育的讲课任务；有103名护理人员完成了1999年继续教育。

**科研工作**　全年开题53项，其中10项市级项目；初评获北京市科技进步二等奖2项，三等奖2项。口腔正畸科申请项目“发展口腔正畸医疗事业，为千百万牙颌畸形患者服务——牙颌畸形的诊断、治疗及发病机理的临床及分子生物研究”被批准为北京市重点学科。本院投资筹建了“基因治疗分子生物实验室”，为分子生物学研究提供了基地。改建后的实验动物楼获得了北京市科委颁发的实验动物环境、设施一、二级合格证书。本院制订了科研管理条例，明确了科研课题负责人制，引进国际上先进的管理经验，采取激励政策，提高了医务人员搞科学研究的积极性。为加强院内学术交流，增强学习氛围，每月以研究所为基础举办学术交流会及讲座，内容包括口腔医学新动态、科研工作介绍、开题报告等。在国际杂志上发表英文论文4篇，国内杂志及会议发表论文100篇，参加编写专著10部，主编3部。

**医学教育**　首医大口腔医学系从建系初期只承担大学本科和口腔中专的教学工作，发展至今，已从事10个不同层次的教学任务，培养各个层次的口腔医学人才，包括博士、硕士、大学本科、大专、成人大本、成人大专、毕业后教育、继续教育、进修教育及口腔中专教育。目前，在读博士5人，在读硕士15人，在读本科生106人。毕业后教育24人，接收进修生115人。全年共举办继续教育讲座18次，有1 800人次参加，被评为合格继续医学教育基地。另外，本院投资建成了多媒体教室，增加了日本进口仿头模等教学设备及教具；举办了青年教师讲课比赛，旨在提高医学教育水平。

**国际交流** 接待参观、访问、交流的外宾28批，共228人次，邀请外国专家讲学11次，请美国、荷兰、日本知名教授主讲，举办了“涎腺基因治疗学习班”、“口腔正畸新技术学习班”和“新一代植牙技术——Piocomp系统学习班”。并与美国国立卫生院、荷兰口腔植牙中心开展了国际合作课题。全年公派出国访问、讲学、考察、研修8人次。

**后勤与基建** 改善就医环境，保证医疗一线的需要是后勤与基建部门的工作重点。1999年主要做了以下几方面工作：改建正畸中心；装修了特诊科；为所有诊室安装了空调；对门诊楼内厕所进行了改造，更新了候诊椅，安装了电热水器和公用电话；在门诊大厅安装了电子导医显示屏，随时为患者介绍医院基本情况并提供就医指南；本院在改善就医环境的同时，还改善办公条件和提供了职工娱乐场所：改造了行政办公楼，装修了科研报告厅，修建了多功能厅。

**精神文明建设** 在“规范化服务达标”工作中，对全院职工进行了深入的职业道德教育，引导广大医务人员弘扬白求恩精神，主要学习了《中华人民共和国执业医师法》、《医德规范》、《各岗位文明服务规范》。医院围绕建国50周年大庆、澳门回归、喜迎新千年等大型活动，举办了图片展、知识问答，组织全院职工照集体合影，激励大家爱国、爱院、敬业、团结、进取。1999年，本院被上级有关部门评为首都卫生系统文明单位、北京市爱国卫生先进单位、北京市公民无偿献血先进单位、北京市离退休干部先进党支部、全国牙防工作先进单位、北京市卫生局及天坛街道计划生育先进单位和北京市绿化工作花园式单位。

（陈亚俐）

# 北京安定医院

（西城区德胜门外安康胡同5号）

邮编：100088　电话：62011740（总机）

**事业概况** 职工756人，其中卫生技术人员527人，包括主任医师（含相应职称，下同）12人，副主任医师45人，主治医师152人，医师226人，护士137人；行政后勤人员163人。

**机构设置** 年初，在机构调整中将医务科和教育科合并为医教科。

**医疗工作** 全年共入院病人2 135人次，出院病人2 107人次，床位使用率101.15%，床位周转2.63次，全年门诊119 041人次，外出接诊218人次，家庭出诊181次，去外院会诊241次。

通过落实病区主任责任制、各级医师查房制度和岗位责任制及全员聘任制、《执业医师法》等院内外有关规章制度，增强了医务人员的责任心，提高了病区的整体管理水平，控制了差错事故的发生，减少了医疗纠纷。全年专家查房468次，老专家全院教学、疑难病症查房6次，高质量的专家查房对提高医院的整体医疗水平、加速岗位成才起到了重要作用。

**护理工作** 通过强化落实医疗安全，改善服务态度，严格落实规章制度，各级护理质量必须保持“三甲”标准等要求和狠抓青年护士的“三基”、“三严”等环节，促进了护理水平的整体提高。4月，完成了3个模式病房的启动，至此完成了“三甲”医院模式病房达到30%的指标，年底通过对5个模式病房的全面检查考核，发现护理人员的服务观念在不断转变，变以“疾病为中心”为以“病人为中心”，摆正了自己的服务角色。通过整体护理的开展，病人及家属的满意度提高了，一级护理合格率达100%，真正把时间还给了护士，把护士还给了病人。

**科研工作** 结合1999年科研规化和临床、教学、科研型医院的特点，全面启动了6个重点学科组，为多出人才、快出人才，学科组不断吸收青年科技人员参加到科研项目研究中，使他们在具有丰富临床工作的基础上，不断提高科研能力和水平。全年立项18项，经初评获市卫生局科技进步奖4项，成为临床精神病学科建设牵头单位。做为卫生部新药临床试验基地，圆满完成4种新药的临床验证工作。科研实验室积极建立新的检测方法，增加新测项目为临床服务。

**医学教育** 圆满完成首医大和协和医科大学的教

学工作，经市卫生局专家组严格检查，医院的继续教育工作获得满分，被评为市级教育系统先进单位。全国第18期主治医师进修班继续举办，24名临床进修医师来院学习。

**国际交流** 共接待来自美国、阿根廷、香港等6个国家和地区的来宾96人。派出24人前往11个国家和地区参观学习和参会。2名青年医师去英国和美国深造的手续正在办理中，院课题组在香港嘉道理基金会的资助下，继续进行课题研究工作。

**改革与管理** 年底，院党委书记连金萍调北京市卫生防疫站工作，贾秀云接任院党委书记职务。医院实现了全员聘任，这标志着新的人事制度的建立，是加强医院内部管理的关键一步。全院共应聘733人，解除聘干10人，离岗待聘2人，缓聘7人，待分流5人。重新修订了医院管理制度及劳务技术工资分配方案，并充分体现市卫生局“四个倾斜”的原则。

**后勤工作** 坚持为临床服务、为一线服务的原则，后勤部门坚持做到下修、下收、下送，以满足临床一线的需要。总务、财务、审计等部门对全院资产进行了清查核算，确保帐目实物相对应。10月，进行了电话虚拟网工程，本着方便、节约的原则，扩大了安装范围，增加了门数，方便了科室。财务工作本着降低成本、减少开支、进一步压缩非业务性开支的原则，合理安排资金，使锅炉置换、门诊楼改造、大型仪器购买、电话虚拟网工程、安全保卫监测系统等资金全部落实，科研经费、人才培养经费等全部到位。

**基本建设** 完成了行政办公楼各办公室及客房的粉刷工程630平方米、神经症病房的风扇工程及宣传栏的改造。为改善职工就餐环境，改建了职工食堂。对住院部及职工住房共21间进行挑顶翻修，并对修缮后的病房进行内装修，改善了分部病人的住院环境。

**精神文明建设** 立足于精神病专科医院职业道德特点，在科学的内涵建设上下功夫，以“和谐、奉献、严谨、创新”的医院精神，鼓舞、调动广大干部职工的积极性、创造性，增强了干部职工的凝聚力及主人翁责任感，从年初开始，医院开展了全程优质爱心服务活动，全院干部和职工以极大的热情，从不同角度和侧面向医院提出了全程优质爱心服务活动建议567份。各级医生的早查房晚巡视，护理人员的自评、考评和病人打分的量化管理，工娱疗新增加的病人电脑培训和健身操系列等均得到病人和家属的好评。市卫生局金大鹏副局长参加了全市范围内的“安定医院杨森杯技能大赛”后，对医院的工作给予了充分肯定，并对工娱疗工作予以资助。医院投资150万元对门急诊进行硬件改造，安装了中央空调，更换了门诊大厅显示屏，为病人创造了一个冬暖夏凉、整洁有序的就医环境，此外，窗口部门想方设法为病人提供便利，缩短办理手续时间，出售IC卡，为老年人准备花镜、轮椅等。据不完全统计仅医生就拒收红包16次，人民币13 800元及金笔、首饰等。

在全市规范化达标检查中，医院的工作受到各检查组及局领导的好评，北京市4个检查组、多家新闻媒体及局领导在本院召开了现场会。

医院再次荣获首都卫生系统精神文明先进单位和北京市卫生系统先进集体，交通安全、爱国卫生、绿化环境、计划生育、献血、综合治理等项工作仍保持了多年的市、区级先进称号，医院档案管理进入国家二级。 （海惠知）

# 北京回龙观医院

（德胜门外回龙观）

邮编：100096　　电话：62715511

**事业概况** 职工949人，其中卫生技术人员693人，包括主任医师（含相应职称，下同）14人，副主任医师31人，主治医师123人，医师、护士525人；其它专业技术人员96人，行政后勤人员160人。

加入北京市卫生系统首批电话网上专家挂号一卡通业务。

**医疗工作** 结合《医师法》，落实了医疗常规制度，实施检查监督措施，重点抓好病历质量和查房制度，坚持科主任参加病区医疗质量检查，内容包括住院病历、医嘱、处方。同时做好医护联合查房，对重点病人、躯体合并症的病人共同讨论病人的医护问题。为提高临床医师业务水平，举办了心梗、消化道出血诊治、临检、抗精神病药物药理应用、院感抗生素药理应用、心理CT等内容的业务学习共计18次，参加中华医学会学习10次，全院病例讨论4次，组织全院医师学习《医师法》，对1997年、1998年毕业的医师进行临床基本技能考核，组织全院医师进行专业知识及相关知识考试，病历规范化书写有了明显提高，出院病历甲级病案率98.74%。

拥有住院床位1 369张，在市内设有门诊部，院区门诊设有观察床，24小时值班。全年门诊病人26 088人次，入院病人1 053人次，出院病人1 134人次，治愈率24.25%，好转率68.92%，无效率4.26%，死亡率2.66%。全年司法鉴定案例141人次，其中在法医中心鉴定58例，院内鉴定83例。

新开展了血液流变学检验、高密度脂蛋白胆固醇、低密度脂蛋白胆固醇检验项目，从11月1日起正式增添了血培养、便培养、脓培养等检验项目。

**护理工作** 加强职业道德教育，提高护理质量，重视护理队伍的整体素质，配合"创文明行业，规范化服务达标"活动，积极组织全院护士学习《护士法》和两个《规范》，考试合格方可上岗。学习精神科护理哲理，进一步推广以病人为中心的整体护理，掌握与病人交流的技巧，为提高病人的自理能力及对疾病认识的能力，开展精神病的预防、家庭护理等方面的知识讲座。在日常工作中，加强安全管理，为使每位护士能够了解重点病人动态，在病人床头设有不同的标记，让每位护士做到心中有数。为了提高护理质量，注重发挥护士长和主班的作用，护理部每周召开例会，反馈上周的护理情况，布置本周工作要求，定期检查护理质量，对护理工作中的薄弱环节进行专题讨论。

为了提高护理人员的业务技能，进行了专业技术培训和操作考试，全年理论讲课20次，考试2次，重点是基础护理，如各种注射、鼻饲、冷热应用、灌肠、吸痰、导尿等，参加考试3 000人次，还请美籍专家毕曼丽女士给护士讲授交流技巧，结合临床工作在毕曼丽女士的指导下完成了精神科整体护理的模式。

护理工作的另一项重点任务是医院感染控制。年初，制定了各科感染控制制度，形成了医院感染管理三级网络。将监测医院感染的数据统计分类反馈给临床，严格控制消毒药液的使用，如消毒时间、温度、酸碱度、有机物等。防疫部门对本院多次抽查，消毒剂的使用合格率100%。在隔离制度的落实中，切断病源，切断微生物的传播途径，传染区的物品必须先消毒再出区，还对医院卫生学监测、抗菌药物合理使用、一次性医疗用品及污物严格管理，以保证医疗工作正常进行。

**科研工作** 加大科学研究的力度，临床心理科被列入北京市的重点扶持学科，进一步促进临床心理科学的发展，培养心理人才，提高科研水平。全年新开科研课题8项，有1项获青年科学基金，1项获市科技骨干基金；结题科研中有3项通过市卫生局评审，申报市科委科技成果奖。有70余篇论著在国内外刊物上公开发表。

**教学工作** 鼓励职工参加各类在职教育，全年参加自学考试114人次，参加学历教育13人，其中大专8人，本科4人，硕士研究生1人；进行短期培训94人次，举办了1期国家级继续教育项目："中国——加拿大临床老年医学讲习班"；市级继续教育项目"心理CT远程网络系统培训班"2期；正在筹备2000年举办的第二届中美精神病学术会暨第三届中华医学会精神科学术年会。为了给社会培养更多人才，该院还为北京大学心理系、法律系学生提供临床见习。3月，成为中国科学院心理研究所临床心理学教学医院，市卫生局对医院的继续教育给予了肯定，该院被评为继续教育先进单位。

**国际交流** 加强国际交流，充分引进外智。该院鼓励专业技术人员通过各种途径到国外进修、学习、学术交流等，更多地吸收国外的先进知识和管理经验。全年共派出专业技术人员到香港、国外参加国际会议、培训等12次20人，接待外宾来访5次49人。聘请外国专家来院讲课，继续做好国际合作的研究课题，继续聘请加拿大医学专家费立鹏及夫人毕曼丽来院工作。费立鹏先生荣获北京市政府颁发的"长城友谊奖"。随着老年化社会的到来，老年精神医学和精神心理康复医学研究和发展越来越受到广泛关注，于4月9—11日，医院与加拿大共同举办了"中国——加拿大临床老年精神病"讲习班。与泰国卫生部精神卫生司加深了友好关系，互派专业技术人员进行学术交流。

**体制改革** 在不断深化人事分配制度改革中，认真贯彻"总量控制，结构调整"的改革措施，拓宽医疗市场，挖掘内部潜力，实行二级核算。该院积极探索成本核算模式，在全院内实行聘任制，竞争上岗。

**精神文明建设** "创文明行业，规范化服务达标"活动贯穿全院各项工作中。医院开办了"以病人为中心"专题系列讲座，在全院干部职工中开展爱国主义教育、集体主义教育和社会主义教育；开展了医学伦理学教育和职业责任、职业道德教育；学习了《中华人民共和国执业医师法》、《中华人民共和国护士注册法》、两个《规范》及医院规章制度，以20个窗口为重点，结合岗位职责分别对各类人员进行培训，使规范化服务做到人人知晓。为改善病人就医环境，全院更新了规范的路牌、标志，增开卫生宣传教育专栏。重新规划、装修院区门诊，增设病人探视室，扩大了探视场所。为了方便病人家属探视，为他们提供免费班车，增加探视时间，并在服务台设置冷热饮水机。医护人员实行挂牌上岗，使用文明用语，增加收费的透明度。公开收费标准，使病人在医院有“到家了”的感觉。

**后勤工作** 总务科认真做好水、电、气、暖及各项物资的供应工作，班组改组后，维修班主动上门服务，及时修理，避免了互相扯皮、推诿等现象；为了改善病人住院条件和医院环境，对全院病房楼的窗户及木器家具进行维修，增加职工和病人的洗澡时间和次数；洗衣房坚持到病区收送单子、被套；理发室每日到病房内为病人理发；幼儿园为迎接新生入园，自己动手粉刷大玩具、墙壁，油漆桌椅，节约资金1万元。

**基建工作** 三科病房楼一期工程已基本完工，即将投入使用。改造了第二传达室大门，安装了电动门，拓宽院区主路，安装路灯、路椅，铺设绿地、草坪。更新高压锅炉1台。改造院区门诊及住院处、会计室窗口。更新电话设备，改善了病人的医疗环境。建成职工住宅楼1栋。自己动手改造家属区1、2号楼电线线路，为医院节约开支。（彭守文）

# 北京胸科医院

（海淀区温泉138号）

邮编：100095　电话：62456644（总机）

**事业概况** 职工614人，其中卫生技术人员472人，包括主任医师（含相应职称，下同）13人，副主任医师28人，主治医师86人，医师209人，护士136人；行政后勤142人。

**医疗工作** 专科门诊3 274人次，综合门诊33 466人次，其中急诊患者1 595人次，日平均门诊152人次，急诊危重症抢救286人次，抢救成功率93.4%，ICU病房抢救成功率85.7%，全年共收治患者2 031人次，出院患者2 102人次，病床周转率3.5次/床，床位使用率56.8%，入出院诊断符合率99.9%，全院手术213例。

医院围绕文明行业规范化服务达标工作，狠抓医疗质量管理，进一步规范了三级查房、病案讨论，院内、院外会诊等医疗制度。加强了“三基”培训，全年甲级病历达99.49%，杜绝了丙级，无重大医疗事故发生。

不断开展新技术、新项目，普外科开展了疝环充填式无张力疝修补术，结肠一期切除吻合术，乳腺癌改良根除术；放射科开展了支气管狭窄球囊扩张术，CT导向肾活检，输卵管造影等多项新手术及新疗法。

为了解除高血压、高血脂、肝炎等患者的痛苦，引进了肝病治疗仪、脉冲磁疗仪、骨关节病治疗仪，并开展了相应的治疗项目。

**护理工作** 深入开展了“一个中心，四项达标”活动，即在全院开展了以病人为中心，各项基本操作规程达标。经过初赛和决赛，共考核980人次，118名护士对全能决赛的三项操作进行了观摩学习，使护理质量有了明显提高。护理部根据平时检查中存在的问题，重新修订了考核内容、扣罚措施等，使护理质控更加透明，有据可依。由于完善了护理管理机制，狠抓了护理质量到位率，消毒隔离合格率99%，护理表格合格率97%，重病护理合格率98%，操作合格率90%。在原有基础上继续深化整体护理。

**科研与教学** 建立了继续教育考核表制度，完成了“结核性脑膜炎的诊断与治疗”和“肺部疾病CT诊断”两个市级认可项目的申报工作，承办了放射专业、物理诊断及心电图三个基层医学专业人员培训班，并接收河北医科大学首批医疗系毕业生来院实习。为了提高护理队伍的整体素质，首次举办了护理大专考前辅导班。派出进修10人，定向培养心血管、呼吸、消化、骨科方面的人才。

**精神文明建设** 行风建设常抓不懈，全年收到表扬信35封，锦旗13面；拒收现金3 000元，拒收红包2个，拒收实物折款1 350元。制作了科室牌、指示牌、平面图、广告栏、就医指南等医院标志123块。吴殷、兰燕忠、李金红、田蓉4人获北京市卫生系统先进个人。

**改革与管理** 北京市人事局、财政局、卫生局三局检查团顺利地通过了医院人事制度改革，在此期间，狠抓中层干部培训，不断提高管理队伍素质，并出台418条考核条例，实行不定期检查，全年检查96人次，考核结果实行四挂钩，加大了管理力度。

**后勤工作** 为了开源节流，严把各项支出，后勤实行了内部支票管理办法。办公费、印刷品、购煤款及其他材料支出减少23.8万元，制作并更换床垫600个，更换病床150张，在全院安装节水笼头、莲花喷头、磁卡电话等。污物站全年处理全市30余家医疗单位垃圾100余吨，制作塑料袋30 000个，创造了较好地社会效益和经济效益。汽车队安全行驶28 817公里，节油5 949升，被评为海淀区安全先进单位。

综合治理成绩显著，顺利解决了计算机2000年问题，在市医保中心大病统筹定点单位的联审互查工作中本院以121的高分（满分125）被评为海淀区公费医疗管理先进单位，获二等奖。

档案室12月23日通过了北京市档案局、卫生局的联合验收，档案管理达国家二级标准。

**基本建设** 完成了五、九病区的翻修、改造工程，职工8号宿舍楼也破土动工，2 000平方米的新门急诊楼工程的前期工作正在进行中。（王军娜）

## 北京小汤山医院

（昌平县小汤山镇）

邮编：102211　电话（总机）：61782048

**事业概况** 职工293人，其中卫生技术人员135人，包括主任医师2人，副主任医师8人，主治、主管医（药、技、护）师26人，医（药、技、护）师78人，护士15人；行政人员25人，后勤人员118人。开放床位400张，万元以上医疗设备17台。

**医疗工作** 根据北京市卫生局《关于实行医疗质量与医疗安全管理责任制》和《关于进一步加强重大抢救报告制度的紧急通知》精神，重新审定了医院医疗事故差错管理规定，购买发放了耳聋性药物手册并做了有效宣传，杜绝了药物性耳聋的发生。医院成立了重大疾病抢救领导小组，制订并落实了有关制度，继续坚持医疗三级查房制度以及疑难病例和死亡病例讨论制度，做到发现问题及时纠正。

全年门诊病人7 811人次，急诊病人34人次，日平均门诊31人次，急诊抢救危重病人5人次，抢救成功率80%，住院患者219人次，出院患者242人次，床位使用率11.64%，床位周转次数0.61次，治愈率9.09%，好转率60.74%，死亡率2.26%，住院诊断合格率100%，7日确诊率100%。

**护理工作** 狠抓基础理论的学习和技术操作技能的提高，结合医院护理操作少的特点，每月进行一项护理技术操作考核。全年考核11次共计62人次，达标率98.38%。加强监督机制，坚持护理部不定期查房制度，努力提高护理文书书写质量，积极完成继续教育组织管理工作。全年组织市级认可项目的学习18次，聘外单位教授讲课1次，院内授课10次。完成继续教育学分48人，占全院护士的97.95%，护理技术操作合格率97.15%，一级护理合格率97.51%，特级护理合格率100%，护理文件书写合格率95.76%，消毒隔离合格率99.91%，急救用品完好率100%。

**科研与教育** 全年发表论文4篇，分别在《实用综合医学》、《临床荟萃》等杂志上发表。为贯彻落实《中华人民共和国执业医师法》，组织医师参加北京市卫生局组织的培训班，65人参加了市、院两级考试。全年组织学术讲座及各种讲课19次，参加市级以上培训12人，进修学习1人。8月，在北京市卫生局组织的继续教育评估工作中，医院继续教育通过验收。

为配合市卫生局Y2K领导小组的工作，医院成立了Y2K工作领导小组，院领导担任组长，下设办公室，具体工作明确分工，使医院在11月底前解决了全院计算机及嵌入式医疗设备的Y2K问题。

**国际交流** 全年接待来自日本、泰国的客人3批次，共311人，增进了同这些国家的交流。

**改革与管理** 不断深化医院内部改革，进一步完善奖金分配制度，结合医院实际情况，对部分科室和班组的奖金进行微调；强化考勤考纪，党员干部以身作则，敢抓敢管并取得一定效果。医疗方面：精减机构，合并神经内科和皮肤科，辞退外聘护士，部分护士经过培训后转岗。人事方面：完成11名士晋师，6名初晋中，1名中晋高专业技术人员评聘工作；完成离退休及在职人员人均补贴增资工作和调整在册职工工资标准的工作；为职工办理失业保险并按上级要求将合同制工人的养老保险从宣武区社保中心转到昌平区社保中心。后勤方面：完成了全院职工住房公积金的造册和办理工作，在内部管理上取消个别班组，辞退一部分临时工，并将保留下来的临时工集中统一管理，为院节省了开支；为节省话费支出，安装了电脑计费管理系统，加强了对全院范围内的办公电话的管理、监督，宏观控制通讯费用的支出。

发挥自身优势努力开拓创收渠道：为节省人力、物力，便于开展工作，四区健疗部划规五区康复部统一管理，人员统一调配使用，收到很好的成效。全年共接待来宾22 867人次，其中散客9 971人次，团体9 846人次，疗养病人2 739人次，并在11—12月接待市委离退休老干部工作中做出了突出成绩，受到市和局领导的表扬。

**精神文明建设**　开展以岗位为窗口，以病人为中心，改进服务态度提高服务质量的竞赛活动。号召职工继续以李桓英、王忠诚为榜样，认真学习吴登云的先进事迹，组织职工开展“百日无差错，为病人做百件好事”活动。全年收到表扬信6封，锦旗2面；拒收病人现金及支票共计6 500元。全年未发生医疗差错和医疗纠纷。

在庆祝祖国50周年华诞和澳门回归盛典之际，院工会和团委分别组织职工进行了歌咏比赛和澳门回归知识竞赛，激发了广大干部职工的爱国热情，鼓舞了干劲。

**后勤与基建**　完成对四区前荷花池的改造装饰工程、五区庭院旱冰场工程和周围环境的整治工作，完成五区二楼阳台地面的改造和屋面防水工程，宿舍区二、三号楼屋面防水检修工程。为确保冬季按时供暖，在经济条件不景气的情况下，修旧利废，完成对医院室外供暖管道主管线1 500米的大修任务。全年共疏通下水道1 500米，更换其它各种水管400米，检修暖气105组，修水泵23台次，检修锅炉17台次，在年终的锅炉年检中均为合格。木、瓦、水电等各班组为确保医院工作的正常运转付出了艰辛的劳动，使医院工作得以顺利进行。

园林绿化美化环境扦插花卉7 700多株，移植花卉2 650株，修剪绿篱1 200平方米，灌木400株，节日组字25平方米，种花坪1 000多平方米，保住了花园式单位的称号。汽车班全安行车14万公里，节油1 500升，圆满完成了全院的用车任务。

（张　梅）

# 北京肿瘤医院
# 北京市肿瘤防治研究所
# 北京医科大学临床肿瘤学院

（院：海淀区阜成路52号）
邮编：100036　电话：88121122（总机）

（所：西城区大红罗厂街1号）
邮编：100034　电话：66171122（总机）

**事业概况**　职工706人，其中专业技术人员606人，包括正高职41人，副高职44人，中级职称199人，初级职称305人，未定级17人；行政管理人员14人，工勤人员84人。

**医疗工作**　开放病床414张，门诊61 859人次，急诊2 964人次，住院3 834人次，出院3 704人次，病床使用率90%，治愈率45.7%，好转率38.6%，死亡率7.7%，出入院诊断符合率97.8%；手术1 819台次，其中大手术1 122台次，小手术240台次，门诊手术457台次。

面对城镇职工医疗保险制度即将出台和医疗市场的激烈竞争，该院把降低单病种费用作为工作重点，通过不同形式的教育，强化全体员工对降低单病种费用的必要性、紧迫性的认识。缩短了平均住院日；改变综合治疗的统计方法，对单病种病人专门编号、专门统计；降低药费比例，合理用药；在保证医疗质量的前提下，采取降低医疗成本等一系列措施，使该院单病种费用下降30%左右。随着单病种费用的降低，平均住院日减少，周转率增加，住院人次也随之增加。医疗收入中药费比例下降6个百分点，每百元医疗收入支付卫生材料费比1998年减少5.5元（1999年21.2元），不但使单病种费用降低，同时也减轻了患者的负担。

借市卫生局“创文明行业规范化服务达标活动”的契机，紧紧围绕文明达标的“十条标准”和“三优”（优美的环境、优良的秩序、优质的服务）的要求，树立“以病人为中心”的观念，进一步提高医疗技术质量，改善环境和服务态度，对各级人员进行了以“两个规范”、“十条标准”、“执业医师法”为主要内容的职业道德、职业责任、职业纪律的教育，全面提高了医院的整体水平，顺利通过了北京市文明达标联合检查小组的验收。

继续强化医疗质量管理，防范医疗纠纷。医务处两次开展全院应急能力的抽查，提高各科室的应急意识，考查各科室应急能力。为提高全院人员的业务素质，提高诊治水平，医务处与各大科主任共同确定了教学查房制度，并结合临床实际，举办了10次学术报告和全院病例讨论。

**护理工作** 深入开展整体化护理，内二病房经北医大系统检查评估，被授为“北医大整体护理模式病房”称号。

加强护理工作的检查与监督工作，提高护理质量。1999年，除护理部检查护理质量外，又增加了护士长对各病区的互查，增进各科相互了解、相互学习。另外，继续坚持每月考核，并与奖金挂钩，对不遵守劳动纪律，多记费或因服务态度引起纠纷或病人有意见，均予扣分。对积极开展整体护理或检查中成绩优异的病区给予加分奖励。

积极开展护理新业务、新技术：推广全密闭输液，护理部组织护士练习并组织了全院护士密闭输液知识与操作比赛。一次性输液泵的应用，使化疗用药时间更准确。协助药房开展静脉高营养配制，成立了全院集中配制室，逐步承担全院高营养配制任务。

**科研工作** 继续组织申报课题，国家教委课题中标2项，国家自然科学基金课题中标1项，北京市自然科学基金课题中标1项，太极基金课题中标1项，科干局课题中标1项。北京市卫生重点学科“胃癌防治中心”（经费120万元）和重点扶持学科“影像介入治疗中心”（经费30万元）已立项并拨款。

申报成果3项，1项被初评为北京市科技进步一等奖，2项被初评为北京市科技进步二等奖。该院在1998年度市属科研院所“九五”改革与发展工作评比中荣获二等奖。

**教育工作** 招收研究生24人，毕业研究生5人，其中博士研究生2人，硕士研究生3人。该院加强住院医师规范化培训及在职人员继续医学教育，组织15名住院医师参加首届全国执业医师资格考试，全部通过了实践技能考试；组织院内学术活动14次，举办国家级继续医学教育项目学习班3个。

进一步提高行政管理人员素质，利用业余时间对60余名行政管理干部进行国家计算机等级 windows 一级考试培训，行政管理人员有90%学会了使用计算机。

**体制改革与管理** 推行了机构、人事分配制度改革。本着精简、高效的原则，中层干部由21人减至16人，将原有的12个职能处室合并为10个。党、院办合署办公；医务处、门诊部合并，将病案挂号、职工公疗、大病统筹、进修医生管理统归医务处。扩大后勤社会化服务范围，基建房管处的动力、维修部分与行政脱钩，实行内部公司化管理。缩编、减员、裁减临时工，并将临时工纳入编制内管理，清退临时工120人，精简比例为51.3%，年节约金额约170万元。完成了市卫生局要求的减编10%、减少临时工50%的硬指标。

实行全员聘任制，建立起一个竞争、高效、能上、能下，充满生机与活力的用人机制。对人数众多、服务涉及面广的护理人员作为重点先行聘任，对于高层人才，改善用人环境；在低年资护理人员中大量使用合同护士。为吸引人才、留住人才，对骨干人员与流动层人员实行不同的聘期和分配标准，以达到稳定骨干层。通过聘任，全院高聘1人，未聘及转岗35人，使竞争聘任的用人机制走向良性循环。对院内学科人才资源紧缺的科室加大人才引进力度。改变用人机制，对新招收的10名毕业生全部实行了人事代理。

奖金分配改革实行以完成工作量和经济收入为主要考核指标的分配制度，奖金与编制挂钩，做到减员不减编、减人不减奖金的分配制度，在分配方案中体现“四个倾斜”。

该院机构、人事制度改革于7月经市卫生局、人事局、财政局验收合格，并实行新的奖金分配制度。

**党风廉政建设** 党委与纪委一起制定了《党风廉政建设责任制》，并组织了各级干部进行学习。于6月底组织了院级领导的廉洁自律民主生活会。

充分发挥共青团作用，做好推优入党工作，共有20余名团员骨干和先进青年向所在支部党组织递交了《入党申请书》。

**行政后勤工作** 进一步实现后勤社会化管理，在已实现食堂、卫生保洁工作社会化的基础上，又将洗衣工作移到卫生局洗涤中心，减少10余名洗涤工人。废弃物焚烧工作在取消医院小焚烧炉后，已与温泉焚烧中心达成协议，既解决了空气污染问题，又节约了费用。（章　玉）

# 北京市结核病胸部肿瘤研究所
# 北京胸部肿瘤结核病医院

（通州区北马场）
邮编：101149　电话：69543261（总机）

**事业概况**　职工 797 人，其中专业技术人员 643 人，包括主任医师（含相应职称，下同）26 人，副主任医师 52 人，主治医师 157 人，医师 290 人，护士 94 人，未定级 15 人；行政、后勤人员 163 人。

**医院特色**　设有病床 533 张，是以诊治胸部肿瘤、结核病、骨肿瘤、骨结核为特色的三级甲等专科医院。具备胸部肿瘤、结核病诊断治疗的全套设备和手段，胸部疑难重症的确诊率达 90% 以上，成功地开展了肿瘤的一条龙治疗，完成肺癌手术6 000余例，治愈率达国内一流水平，结核病的治疗效果达国际一流水平。

**医疗工作**　门诊患者37 056人次，急诊 772 人次，抢救 765 人次，抢救成功率 98.5%。全年收治住院病人2 863人次，出院病人2 894人次；完成手术 645 例，较上年度增长 10%；床位使用率 79.4%，7 日确诊率 83.73%，平均住院日 47.8 天；住院病人治愈好转率 75.4%，出入院诊断符合率 98.47%；手术前后诊断符合率 95.19%；临床与病理诊断符合率 94.5%，住院病人抢救成功率 73.7%。

以病人为中心，在创建文明行业、实现规范服务达标活动中做了以下工作：新建门诊大楼3 600平方米，2000 年 8 月 1 日正式使用；对现病区各病房进行了全面改造，安装了空调，并装备了带卫生间设施较好的单人病房，以满足不同层次的病人需求；门诊开展计算机网落预约挂号，并设门诊咨询台、咨询电话、值班主任，以指导门诊病人就医；门诊部成立了专家会诊组，遇有疑难病例及时组织会诊，提高门诊诊断、治疗水平，减轻了病人负担；在全院各病区开展以病人为中心的整体护理，定期为病员举办营养讲座，并开展治疗膳食；开展规范化服务，推行文明用语，在院内各种告示牌中取消“严禁”，代以之“请勿”二字；投资 800 万元购置了先进检查仪器，麻醉监护系统，贝克曼通用Ⅱ型高压液相色谱仪，鸟牌 8400 STⅢ呼吸机，美国 PQ 5000 CT 扫描仪，全自动生化仪，高频电刀，梅里埃 ATB 半自动细菌检测仪等。

**科研工作**　在研课题 51 项，其中上年接转课题 12 项，新立课题 24 项，研究生课题 15 项。有 8 项课题得到了不同程度的经费资助，市基金课题 1 项，卫生部课题 1 项，科干局课题 2 项，局留学回国人员基金课题 1 项，局预防科研基金 2 项。中心项目课题 16 项。

继 1998 年被批准为“结核病北京市扶植学科”和“肺癌研究北京市重点学科”之后，1999 年建立了北京市高技术实验室——北京肿瘤分子生物学实验室肺癌分室。

**防治工作**　利用报纸、广播、宣传册的形式向公众进行结核病防治重要性的宣传，通过中央人民广播电台专家热线向全国听众介绍我国结核病防治现状和防治知识，在中央人民广播电台的医药咨询台开办“结核病防治专家谈”栏目连续 10 次。在北京人民广播电台举办结核病及胸部肿瘤讲座 52 期，在中国教育电视台讲座 1 次。参加了北京市肿瘤学会举办的大型义诊咨询活动。

在全国范围内开展了“中国结核病耐药性监测”，在 WHO 支持下完成了监测病人结果分析，筹备进行 2000 年全国结核病流行病学抽样调查，第四次流调试点工作于 10 月份在河北省三河市进行。作为卫生部结核病控制中心，组织部分省、自治区、直辖市 20 余名结核病防治专家对 1991 年版的《全国结核病防治工作手册》进行了修改与补充，新修订的《全国结核病防治手册》囊括 12 篇内容，约 10 万字，将于 2000 年初出版发行，该手册将对各级结核病防治机构和医疗卫生机构的医务人员实施结核病防治技术规程提供依据，并对结核病诊断、治疗和管理工作提供可靠的参考。

**人才培养**　抓紧和重视研究生培养工作。招收博士研究生 1 人，硕士研究生 5 人；现有在读研究生 26 人，其中硕士研究生 13 人，博士研究生 5 人，在职研究生 8 人。加强对医务人员的继续教育工作，对临床住院医师实行规范化培训和住院医师答辩制度，参加论文答辩的住院医师 11 人。组织申报 2000 年国家继续教育认可项目4项：肺结核诊断新进展；血管外科在胸部肿瘤手术治疗中的应用；结核病控制培训班；《结核病防治工作手册》师资培训班。

为专业技术人员举办各种学术讲座25次，其中院内讲座21次，外请专家讲座4次，2 606人次参加。

积极支持基层及边远地区的卫生工作，免费接收贵阳肺科医院、内蒙古赤峰市第五医院医师、护士来所进修10人，先后派4位副主任医师赴两院进行手术、讲学、义诊、咨询，完成手术26例，讲课20余次。

4月，为全国26个省举办了为期10天的“结核病细菌学实验室技术人员培训班”，有29名实验室人员参加了标准化实验室操作技术细菌学诊断培训，为2000年流调的实验室检查奠定了良好的基础。

**国际交流** 先后派出23人赴美国、日本、韩国、奥地利等8个国家考察、培训及参加国际会议，其中14人参加国际会议，发表论文10余篇。接待美国、韩国、圭亚那、菲律宾、越南等6个国家及WHO官员学者10批40人，其中6批29人来该所进修学习。

**后勤工作** 强化后勤为一线服务，管理为全院服务，做到优质、高效、低耗为临床一线办实事。在夏季到来之前为病房全部安装了空调，并将病床被褥、床头桌全部进行了更换、修理，为病人创造了一个较舒适的住院环境。

行政管理部门配合“创文明行业，实现规范化服务达标活动”建立了值班主任制度，及时解决病房、门诊出现的问题，发挥积极的协调作用。

为调动职工的积极性，年内为120户职工解决和调整了住房。

**体制改革** 在1998年人事机构改革的基础上，加大改革力度，以适应医疗市场的变化。医院开始启用保洁公司承包病区卫生，职工食堂实现了全额承包，完善二级核算，鼓励修旧制度，对库存物资进行修整再利用，节省资金近50万元。

**精神文明建设** 创建文明行业，实现规范化服务达标，全所职工做到了两个《规范》人手一册，分期分批进行培训，参训率达90%，在卫生系统行业达标考评抽查中，住院病人问卷调查满意度100%，综合评分满意度98%。

在国庆节前夕，全所职工参观了建国50周年成就展，举办了迎国庆50周年歌咏比赛。全所职工涌跃参加公民无偿献血，第六年被评为首都无偿献血先进单位。第十四次被评为首都文明单位。

（陈德娥）

# 首都儿科研究所

（朝阳区雅宝路2号）

邮编：100020　电话：65127766（总机）

**事业概况** 职工841人，其中科研、卫生技术人员743人，包括研究员、主任医师、主任护师28人，副研究员、副主任医师、副主任技师84人，中级卫生技术人员178人，初级卫生技术人员453人；行政人员13人，工勤人员85人。

医院编制床位248张，因新门诊楼工程将于2000年上半年开工，年底前已拆除6 000平方米老门诊和内9病房，现有8个病房，其中内科6个，外科2个。1999年新购置万元以上设备25台，价值91.5万元，其中包括：小儿纤维喉镜、麻醉监护仪、多参数监护仪、血球计数仪等。

**科研工作** 在研课题106项，项目经费总计1 680.2万元，其中部、市级以上课题55项，局级课题15项。新开部市级以上课题19项，课题合同金额275万元。本年度录取硕士研究生2人、博士生2人，毕业研究生2人。研究所1998年获100万元资助的市重点学科扶植项目“与人类疾病相关基因的研究”，1999年度顺利通过了市卫生局和市财政局的考核和专家的阶段性鉴定，并在全国儿科界率先建立了完整的基因检测技术体系。有2项与市儿童医院合作的课题入选北京市重点学科，共获经费资助65万元。流行病研究室在卫生部基层卫生与妇幼司和联合国儿童基金会的共同支持下，启动“中国儿童维生素A缺乏及贫血情况调查”项目，获资助经费85万元。临床科研工作也有较大起色，神经科与日本金泽大学生命科学研究所合作，对中国北方地区儿童遗传代谢病进行筛查与诊断。此项工作在我国是开创性的，有关的阶段性研究结果报告在日本同行中引起震动。市科委与市卫生局联合支持的北京市感染与免疫中心实验室，在续建的第2年仍突出儿科呼吸道与肠道感染的研究特色，坚持临床与基础研究相结合。年末，得知河南某县有喘弊性肺炎暴发流行的信息后，该室的研究人员与临床专家立即奔赴发病现场指导救治，采集标本，及时为当地医院提供了病原学诊断及治疗方案。研究所承担的一些重大课题进展良好，如流感病毒的分子流行病学的抗原与基因变异研究，受到了国外同行的关注，也得到国家科技部门的支持。目前该所通过对疾病相关基因的研究和儿科感染性疾病病原的分子生物学研究，已在全国形成了一定的分子医学技术优势。

**医疗工作** 附属医院门诊541 452人次，急诊病人26 559人次，日平均门急诊2 221.4人次。急诊抢救436人次，成功率96.79%。入院病人4 863人次，出院病人4 834人次，病床使用率61.27%，床位周转次数23.42，治愈率69.44%，好转率26.38%，病死率0.59%，入出院诊断符合率96.57%，7日确诊率96.26%，住院病人抢救成功率97.71%，住院手术741例。外科开展了人工膜覆盖Ⅱ期修补巨大脐膨出与腹壁裂、食管裂孔疝BELSY等8项高风险的复杂的新手术。

附属医院坚持以病人为中心，深入开展了“创建文明行业，实现规范化服务达标活动”，努力提高医疗质量和服务态度。注意发展特色专业，组建了血液科、急诊科。积极探索适应群众需求的医疗保健服务新模式，满足不同层次病人的需求，扩大了特需专家门诊，改善了诊室条件，使挂号、诊病、检验、留观、收费等多项服务集中在一个区域，还增加了有特色的专家及专业范围，极大方便了患儿就医。设在月坛南街的专家门诊部增加了新的医疗项目，如：口腔正畸、眼科OK眼镜、皮科激光治疗、神经科多动症诊治等。医院还积极开展院外保健服务，成立了院外医疗部，与房山、密云、延庆、平谷、门头沟等十余家妇幼保健院开展了医疗合作，解决了郊区县孩子看专家难的问题，使一些疑难重症得到及时治疗。专家们除定期出诊、查房、会诊，还积极培训当地医务人员，帮助他们建立了新生儿病房、重症监护病房，开辟了一条条儿童生命的绿色通道。在顺义的万科城市花园建立了社区儿童保健网，为那里的1 000多住户的儿童开展保健服务，

**医学教育** 首次召开了研究所教育教学工作会议，制定了适合该所发展的人才培养计划及教育经费使用的有关规定，增加了教育经费的投入，由每年20万元提高到25万元。医院作为北京医科大学及北京高等医学专科学校的教学医院，完成了北医大第四临床医学院临床医学专业6批48人的儿科毕业实习任务，承担了24名北京医专学生的临床教学和实习任务。继续执行“住院医师五年学分制度”，有9人取得合格证书。对新分配来的大、中专学生举办岗前培训班。全年晋升高级职称9人，中级职称18人。全所共举办大型学术讲座8次，参加国内学术会议、进修和培训班197人次。1999年国家颁布《职业医师法》后，该院组织了医师法考试，参加考试的183名医师全部通过。

**护理工作** 进一步加强护理质控管理，开展“以病人为中心”的整体化护理，通过落实三级查房制度，提高了护士对病历的分析能力。护理部对护理病历书写方式及内容进行改进，制定了切实可行的整体护理综合评价标准。积极开展新业务、新技术，全面实行密闭式静脉输液，提高了护理质量。坚持每月护理质控抽查，月、季度评比，全年护理技术操作考核527人次，平均93.8分；护理理论考试1 002人次，平均成绩89.8分。本年度完成护理科研课题1项，收到护理论文25篇，其中4篇参加全国儿科护理学术会议，1篇在国际护理学术大会宣读。完成继续护理教育市级认可项目1项、区级认可项目5项。参加护理继续教育207人，合格203人，合格率98.7%。全年护士外出参加各类新技术、新业务、外语及管理学习班37人次，参加自学考试（护理大专）105人，续本科学习5人。病人家长对护士服务态度及服务质量满意率分别为94%和96.9%。

**国际交流** 共接待美国、加拿大、日本等国外宾10批30人次，公派出国参加学术会议、考察和进修人员43人次。该所坚持做好出国人员管理工作，吸引高层次中青年专业人才回国，本年度又有5位在国外学习的同志回所工作。为发挥归国人员的作用，该所积极为其中2人争取到留学归国人员启动基金4万元。归国人员承担的WHO急性呼吸道感染控制合作中心“中国儿童疾病综合管理”项目，是WHO和U-NICEF共同推出的旨在降低5岁以下儿童死亡的一项重大策略，该项目获课题经费20万美元，目前，该项目正在实施中。

**基本建设** 完成了新配电室的建设，使多年的重点防火隐患即将彻底解除；完成了2 400平方米的科研楼扩建工程，为开设临时门急诊提供了基本条件；改造了1 500平方米的临时门急诊用房，并进行了与临时门急诊有关的配套工程500平方米；设在月坛南街的专家门诊部扩建了门诊大厅，增加面积575平方米。12月30日，举行了11 000平方米的新门诊楼工程奠基典礼。刘敬民副市长、朱宗涵局长、林佳楣老司长、胡亚美院士等领导及部分专家、职工代表参加了奠基仪式，新门诊楼的建立将会大大方便北京市儿童、特别是东部地区儿童就医。

**精神文明建设** 始终坚持两个文明一起抓，进一步深化改革，加强管理。1999年第8次获得市属科研

院所“改革与发展”一等奖，第7次获得“首都文明单位”称号，被评为北京市对外先进参观单位、北京市无偿献血先进单位，北京市质控评比先进单位、北京市卫生系统继续医学教育先进单位、北京市卫生系统医学统计报表先进单位、所团委被评为局“达标创优红旗团委”，ICU病房再次被认定为市级“青年文明号”，收费处被授予市级“青年文明号”，连续10次获朝阳区计划生育先进单位，连续6次被评为朝阳区交通安全先进单位。附属医院全年共收到表扬信45封，锦旗10面。门诊病人和住院病人满意率调查分别达到97.6%和94.51%，全年未发现收受“红包”的现象，据不完全统计，有11人拒收“红包”，金额达5 000余元。 （胡　爽）

# 北京市中医研究所

（东城区美术馆后街23号）

邮编：100010　　电话：64011391

**事业概况**　职工42人，其中科技人员40人，包括研究员（主任医、技、药师）8人；副研究员（副主任技、药师）5人，助理研究员（主管技、药师）16人，研究实习员（技师）11人；工人2人。

**科研工作**　共承担各级科研课题13项，其中国家中医药管理局青年基金课题1项，北京市自然基金课题3项，北京市卫生局及北京市中医管理局课题9项。1999年初评获国家中医药管理局中医药科技进步三等奖2项，北京市科技进步三等奖1项。申报北京市卫生局重点学科项目“脾胃病的诊治及脾胃学说应用的研究”已中标，获得资助100万元。脾胃重点实验室的筹建工作正在积极进行。在一类学术刊物上发表论文16篇，发表学术会议论文4篇。与北京市中医管理局继续合办《北京中医药科教动态》。积极进行等级实验室的申报工作。

**教育工作**　本所入选新星计划2人，1人于5月从国外进修回国，1人于10月赴国外进修学习。招收硕士研究生4人，95级4名研究生顺利通过论文答辩，获得硕士学位。 （舒　琪）

# 北京市劳动卫生职业病防治研究所

（朝阳区东大桥北白家庄）

邮编：100020　　电话：65071461（总机）

**事业概况**　职工179人，其中业务、管理人员156人，占职工总数的87.15%；总务后勤人员23人，占职工总数的85%。在业务管理人员中，具有专业技术职称的147人，占业务管理人员的94.23%，其中高级职称（含正、副研究员）37人，占专业技术人员的25.17%；中级职称57人，占专业技术人员的38.78%；初级职称52人，占专业技术人员的35.37%。在各级研究系列职称中，含相应的医疗、护理、技术等系列职称。

**科研工作**　共承担各级课题18项，其中部级课题5项，北京市青年骨干培养基金项目2项，市卫生局课题5项，所级自选课题6项。

全年在国内外学术杂志上发表学术论文29篇，参加国内外学术交流论文16篇，参加本所学术年会交流论文29篇。

**预防工作**　职业卫生监督。预防性职业卫生监督预审82项，职业卫生监督验收70项。对企业开展了经常性卫生监督，监督率达到100%。对市级以上企业进行了贯彻《北京市职业病防治卫生监督条例》执法检查，并对有害作业企业管理人员培训450余人次。急性中毒事故处理率100%。进行行政处罚2起，其中一起罚款1 000元，一起警告。

职业卫生管理。对建工、电子两个工业系统的职防机构承担的有害因素监测和职业性健康检查工作进行了复核。组织指导区县卫生防疫站建立了37个职业卫生管理典型企业。在全市进行了职业病报告计算机联网。对全市有害作业企业进行了摸底调查。对各区县卫生防疫站有害因素监测和职业性健康检查能力进行了质量考核。

有害因素监测。监测作业点3 856个，监测毒物样品18 768个。

职业性健康检查。职业体检17 887人次，拍摄胸大片4 800张，胸小片4 795张。

全年共调查处理急性职业中毒7起，中度29例，其中死亡4例。

**医疗工作** 职业病科病房收治病人283人次，门诊1 558人次，急诊170人次，进行职业病会诊、鉴定300人次。

**教育培训工作** 举办了第十七届全国职业医师进修班，共收5名学员。有3名业务骨干分别前往日本、美国、澳大利亚进修。

作为全国职业病临床医师进修基地，接受4名来自山东、湖北、江苏、安徽人员进修；接受2名来自内蒙的人员进修检测；接受来自本市的短期进修多人次。

**体制改革与管理** 所长办公会确立了奋斗目标，增强实力，争创一流。建立激励机制，狠抓薄弱环节。为此采取了适应市场要求，调整组织结构；选拔新干部；建立管理体系；建立岗位责任制；鼓励争优创先任期目标责任制；推行目标管理；内强素质，外树形象；扩大知名度，关心职工生活，振奋集体主义精神等措施。

通过了北京市建设项目职业危害预评价机构资质认证，对14个项目进行了预评价，对64个建设项目进行了验收评价。建立了北京市民用化学品安全质量监督检验站，并通过北京市技术监督局的验收。通过了北京市继续医学教育评估，本所业务办公室荣获北京市卫生局医学继续教育工作先进集体和先进个人的奖励。该所获得北京市科委、北京市实验动物管委会和北京市医学试验动物管委会首批颁发的清洁级二级动物实验设施与条件合格证书。进行机构调整，适应市场服务需求，鼓励开发新的领域。实行内部所长任期目标责任制和目标管理体制，聘任一批事业心强、有敬业爱所精神、肯于吃苦的新干部充实中层领导力量。建立岗位责任制，全员聘任制和立功授奖制度。建立新的分配制度，向创新、创优活动倾斜，提出尊严基于实力、实干创造效益的口号。关心职工生活，发挥主人翁作用，活跃职工文化生活。

**后勤工作** 财务科加强内部管理，严格把关，在总务科等部门协助下为本所节约了大量资金。本年度，仪器装备得到改善。更新设备、专用设备购置费较1998年同期有所增加。

**精神文明建设** 在全所业务工作开展的同时，在职工中继续进行爱国主义、社会主义和集体主义的教育。在迎接中华人民共和国建国50周年之际，组织职工开展座谈会、文艺汇演、联欢会等丰富多彩的文娱活动。喜迎澳门回归，在全所职工中开展征文活动，评选出优秀作品并获奖，党办获优秀组织奖。有关领导和专家通过BTV《北京热线》栏目进行“家装建材毒性及对人体健康影响”的咨询，同时利用报刊等媒体进行科普宣传。充分发挥职工代表大会的作用，加强民主管理，民主评议干部，培训职工代表，增强他们的参政、议政能力。本所获地区、卫生局计划生育先进单位、地区交通安全先进单位称号。

**国际交流** 与美国哥伦比亚大学公共卫生学院多次进行学术交流，与日本劳灾病院进行合作。

（蔡正宜）

# 北京市耳鼻咽喉科研究所

（东城区崇内大街后沟胡同17号）

邮编：100005　　电话：65288432

E－mail：bjsent@public3.bta.net.cn

**事业概况** 职工41人，包括研究员（主任医师）2人，副研究员（副主任医师）9人，助理研究员（主管技师、主治医师）19人，研究实习员（住院医师、技师）3人，技士3人，行政、科研管理人员2人，技术开发人员3人。

为推动学科建设全面发展，研究所工作以临床发展的优势学科为依托，在科所结合、基础与临床结合的方面发挥更大作用。为进一步适应临床学科发展，促进研究所与临床各个三级学科的紧密结合，突出研究特色迈出可喜的一步。

**科研工作** 在研课题20项，其中国家级课题2项，部、市级课题9项，局级课题9项。上级及协作单位共拨款40余万元，目前该所课题研究经费已达到150余万元。

申报市级科技成果4项，初评全部通过。申报北京市重点学科、高技术研究室，获上级有关部门批准。

**医学教育** 抓好博士后流动站管理工作，注意培养高层次专业人才，为加快人才梯队培养建设，招收博士生1人，硕士生6人。毕业博士生2人，硕士生3人。目前在站工作学习博士后2人，博士生9人，硕士生10人。北京市科技新星3人。选派2名青年科技骨干到国外学习深造。派出20人参加全国各种耳鼻咽喉科专业学术会议8次。举办科技应用推广学习班5次，学员200人次。

**国际交流** 为了扩大对外交流与影响，与澳大利亚国家听力中心合作筹办首都医科大学生物医学系听力学专业，2000年预计招收学生6人。

**体制改革与管理** 在原有10个研究室的基础上进行了调整，建立了与临床发展紧密结合的3个研究部，即：基础部、临床应用部和行政部，对原有研究室的研究方向进行进一步调整，建立了部主任领导课题组与临床实际需要紧密结合的课题申请与承担的临床、基础结合的新局面。基础部以耳鼻咽喉—头颈外科解剖、头颈肿瘤免疫、基因诊断、病理研究主要服务于临床鼻科、喉科、头颈外科和耳神经外科等；临床应用部注重发挥听力筛选和普查结合临床听力学中心将重度神经性聋为研究方向进行集诊断、治疗与康复为一体的综合研究中心。行政部的建立集研究所的建设、后勤服务为一体，为研究所科研业务的实施提供了保证。

**医学信息** 继续办好《国外医学耳鼻咽喉科分册》、《中国医学文摘耳鼻咽喉科学》和《耳鼻咽喉—头颈外科》杂志，全年出版18期杂志，共168万字，传递国内外本学科专业信息量2 000余条。1999年该所3本杂志共发行6万余册。

**后勤与基建** 努力改善科技人员工作环境，重新装修改造实验室、办公室，改造研究所周围环境绿地。办公室主动为科研工作服务，做好后勤保障工作，各科室进一步完善了规章制度及工作职责。

**精神文明建设** 科技扶贫，到内蒙古宁城县义诊、咨询，并将所内闲置不用的一些仪器设备、家具等无偿捐赠给宁城县医院。有2人义务献血。

（甄　勇）

## 北京市眼科研究所

（东城区崇内大街后沟胡同17号）

邮编：100005　　电话：65125617

**事业概况** 职工59人，其中科技人员56人，包括研究员（教授、主任医师）14人，副研究员（副主任医师）10人，助理研究员（主治医师、主管技师）23人，研究实习员（住院医师、技师）9人；其他人员3人。

围绕常见致盲眼病的临床基础研究，保持本所研究特色和优势。随着现代科学的飞速发展，建立一个集医疗、科研、教学为一体的现代化的眼科高技术实验中心已迫在眉睫。继1998年本所被确定为北京市卫生局优势重点学科之后，1999年继续申请建立北京市眼科高技术实验中心，通过了市科委主持召开的专家论证会，资金已到位。

**科研与教育** 研究课题共24项，其中新开课题11项，延续课题13项。国家级课题1项，市级课题8项，卫生部课题1项，局级课题14项。发表论文34篇，其中国家级杂志发表25篇，专著1本。在学术会议获优秀论文奖3篇。举办小切口超声乳化白内障摘除培训学习班2期。本所主办的国家级杂志《国外医学眼科学分册》、《中国医学文摘眼科学》及《眼科》按期发行，该编辑部力求全面、迅速、准确地向全国眼科工作者提供本学科的新信息，为眼科临床、教学和科研服务。现有2种期刊加入中国科技信息研究所万方数据网络中心的chinaInfo网络资源系统。出站博士后1人，毕业博士生1人。为加强重点学科的建设，根据本所研究的特点和优势，对中青年技术骨干进行重点培养，并通过选拔、竞争确定了角膜病、青光眼、白内障、药理等方面的实验学科技术骨干。组建完善了基础、临床两个实验室，为科研奠定了良好的基础。

**国际交流** 出席参加国际会议20余人次，接待来所参观、交流、讲座外宾5人次；9月，协助卫生部在北京成功地举办了国际防盲协会第六届大会。世界卫生组织再次确定本所为世界卫生组织防盲合作中心，任期4年。

**精神文明建设** 认真贯彻、落实上级领导要求，抓好两个精神文明建设，加强职工的职业道德、社会道德的教育。全体职工以做好本职工作、以病人为中心、文明优质服务为己任，圆满完成上级交给的各项任务。1999年是"国际老人年"，"6.6"爱眼日活动期间，本所防盲室组织全市8个远郊区县，挑选了20名贫困的老年白内障患者，为其施行了白内障手术；并在此期间开展了大型爱眼日的咨询活动，发放宣传材料2万余份。 （张 琼）

# 北京市神经外科研究所

（崇文区天坛西里6号）

邮编：100050 电话：67022105

**事业概况** 职工170人，其中科技人员154人，包括研究员、教授、主任医师13人，副研究员、副教授、副主任医师、副主任技师29人，助理研究员、主治医、主管技师55人，研究实习员、医师、技士57人；行政及后勤人员16人。

**医疗工作** 设有科研、医疗科室16个，行政科研管理及挂靠科室8个。神经放射做各种检查45 384人次。电生理室共检查和监测病人7 215人次，完成和参与课题4项。神经病理室常规病理检查2 288例，术中病理诊断1 061例，比上年增加15.7%，与常规病理比较准确率>98%，全国会诊90余例，会诊报告准确无误。目前可从事免疫组化诊断30多种。全年免疫组化2 358例，制片、染色7 458片。细胞室为手术病人保存骨瓣113例，免疫组化检测228例，做神经内窥镜手术90例。市防办开办血压测量员培训班60期，按每个居委会1人，共培训血压测量员3 000人，入户发放宣传材料150万份，测量血压15万人次。8月，在地坛公园组织大型咨询活动，接待1 000余人，发放宣传材料2 000余份。举办了第9次全市脑血管病防治培训班，培训来自18个区县的医生70余人。建立了网站，通过网络宣传高血压、脑血管病防治知识。神经流行病学室每周一由吴升平副主任医师在脑血管病门诊出诊，全年诊疗550余人。电镜室完成电镜活检标本188例，制备切片716张，扩印电镜照片1 290张。内分泌室测定术前、术后病人抗利尿激素60人次，Ka、Na、Cl 96人次。介入神经放射室完成介入治疗190例次，放、化疗80余人次。伽玛刀中心治疗病人599人次，随诊病人419人次，随访500多人次。开展远程会诊195次。

**科研与教学** 申报科研成果8项，其中"脑干结构和功能的应用基础研究及临床意义"、"CT灌注成像在脑内缺血性疾病中的应用"、"颅底外科手术入路显微解剖与临床研究"被初评为市科技进步一等奖。申报并获得资助国家级、部市级各项基金项目12项，争取经费53万元。

王忠诚奖励基金评选活动中，江涛获一等奖，方向华、刘翔获二等奖，詹炯获三等奖，张绍东获鼓励奖。

出版著作4部：《名医名家谈脑血管病》由王忠诚院士主编，《脊柱脊髓疾患》第二主编赵雅度教授，《颅底外科手术学》译著主编于春江主任医师。发表论文114篇：会议论文25篇，其中国际10篇，国内15篇；杂志论文89篇，其中国际7篇，中华牌34篇，其他42篇。中华神经外科杂志编辑部全年发行杂志5万余册。

朱明旺、江涛的北京市科技新星课题计划5年时间完成。2项课题市科委拨给资金50.2万元，加上自筹35.1万元，共筹资金85.3万元。

博士后流动站招收博士后研究人员4人。2名博士、3名硕士及1名代培硕士生进行了毕业答辩，全部通过。在培博士7人，硕士7人，未出站博士后4人。

各科室共培养全国各地进修人员52人。协助中华医学会组织4次讲座。重点实验室举办了第二期全国颅底显微学习班，参加培训近百人。

在王忠诚院士主持下，中华医学会神经外科分会4月份召开常委会，决定成立青年神经外科学组，任务就是定期召开青年神经外科会议，研究国内、外神经外科发展信息，加强与国际神经外科组织的学术交流，提高我国年轻神经外科医生的学术水平。

组织国内各种座谈会及学术交流会议18次，参加会议1 200余人次。授课130学时。该所荣获北京市科委1998年度改革与发展二等奖。

**国际交流** 国际交流17次。王忠诚院士在日本"颅底外科第十一届学术年会"上做了精彩的报告，并到意大利、西班牙进行学术考查与交流。王贵怀参加丹麦欧洲第十一届神经外科大会，高之宪11月参加美国胶质瘤综合治疗会议，刘翔参加了亚太第三届神经放射学年会和85届北美放射学年会并做大会发言。9月，吴中学副所长赴新加坡参加世界介入神经放射学术交流会，并在大会发言。李佑祥到美国3家著名的介入治疗中心进行了为期3个月的进修学习。

**精神文明建设** 王忠诚院士荣获“首都楷模”光荣称号，受到江泽民总书记等中央首长的接见，并光荣出席建国50周年国庆观礼。完成献血任务。发展新党员2人。王忠诚事迹报告团报告近60场，社会反响强烈。

**后勤工作** 学术报告厅进行了维修改造，科研办公楼进行整体内部粉刷。司机班安全行车11万公里。

（张继存）

# 北京市儿科研究所

（西城区南礼士路56号）
邮编：100045　　电话：68528401－215

**事业概况** 职工66人，其中主任医师（教授、研究员）8人，副主任医师（副教授、副研究员、副主任技师、高级政工师）11人，主治医师（助理研究员、主管技师）21人，医师（研究实习员、技师、护师）25人；无职称行政人员1人。

**科研工作** 共中标7项课题，其中部级课题1项，其余均为局级课题，加上尚未完成的课题共18项，年底已有3项结题。主持的国家“九五”攻关项目“GBS研究”顺利进行。

在读研究生共14人，其中博士生4人，硕士生10人；毕业3人，其中2名博士生孔晓慧和赵顺英留所工作。

发表论文40篇，其中中华杂志刊登22篇，国外杂志3篇。

**国际交流** 与美国疾病控制中心（CDC）已完成3年的合作；中国儿童肺炎的病因学研究和与瑞典合作的细菌学方面SID项目进展顺利；与俄罗斯合作的GBS分子生物学研究和与韩国ANSORP合作的常见细菌耐药性检测和亚洲网络正在进行；正在申请与芬兰在百日咳方面的合作。本所教授与国外学术组织保持着广泛的联系和交流，2月，杨永弘代表我国参加WHO疫苗问题的专家会议。江载芳、何晓琥、丁宗一等教授正在筹办第23届世界儿科大会，并为此多次出国访问。江载芳获第一届澳大利亚——中国理事会奖。

**医疗及检测工作** 6月，以微生物室为基础，建立了“中国预防医学科学院北京儿童医院细菌疾病合作中心”，杨永弘副所长任中心主任，目前正在申报科研项目和寻找国际合作。有关专家参加呼吸、结缔组织病、免疫、营养门诊和病房会诊工作。

各室开展的临床检测工作，为病房、门诊和科研提供了可靠的诊断依据，全年共完成临床检测111 400余人次。

（马　萍）

# 北京热带医学研究所

（宣武区永安路95号）
邮编：100050　　电话：63014411—3552

**事业概况** 1999年底全所职工已精减至31人。所内进行了科室结构调整，现设有科研室、临床室、麻风室、办公室。技术人员结构定比为：正高5人，副高6人，中级医务人员11人；专业技术人员的学历均须达到大专以上水平。

在深化改革中，本所的定位是“立足北京，面向全国，接轨世界”，专业发展方向要突出“全球性、超前性、实用性”。

**科研工作** 初评获北京市科技进步一等奖1项，二等奖2项，三等奖1项。共发表论文12篇，译文6篇，参加编写专著3部。培养硕士研究生2名。派中、青年科技骨干出国研修2名。本所1999年制定的科研重点：建立免疫功能低下病人机会性感染（主要系指寄生虫和病毒感染）实验室；筹建北京市少见或罕见感染性疾病诊断实验室；新发现的病原体——大肠杆菌 O157:H7 的实验与临床研究。

**临床工作** 承担北京友谊医院肠道门诊工作，共诊治病人4 123人次（比上年增加 9.4%），确诊 02 病人 8 名，O139 病人 1 名。在全国卫生城市评比、50 年大庆以及本市三级甲等医院规范达标等多次检查中，市、区防疫站对医院肠道门诊的各项工作均予以表扬。

本年度诊治了 5 例我国北方地区首次发现的广州管圆线虫病人。在无先例可循的情况下，成功地救治了其中 2 例危重患者，并取得了国内缺如的珍贵临床资料。

**质量管理** 重点抓了全面质量管理：在所内进行了科室结构和中层干部调整；对所内全部仪器设备进行清点核查；重新修订了所内各类人员（干部及技术人员）的岗位责任制；进一步完善了《热研所科研工作管理条例》；加强办公室的工作职能，逐步实现以计算机为主的现代化管理；开展有利于职工身心健康的文体和公益活动，增强职工的集体观念和爱所意识。

（甘绍伯）

# 北京市药品检验所

（西城区新街口水车胡同 13 号）

邮编：100035　　电话：66186661（总机）

**事业概况** 职工 173 人，其中专业技术人员 134 人，包括主任药师 13 人，副主任药师 23 人，主管药师 55 人，药师 26 人，药士 5 人；行政人员 10 人，其他专业技术人员 12 人，工人 29 人。

该所的主要任务是在市卫生局的领导下，执行国家对药品质量进行监督、检验的法定性机构，负责对整个北京地区的药品生产厂家、药品经营和药品使用单位的药品质量进行监督、检验和案件的调查取证工作。

1999 年购置仪器设备 318 万元，其中万元以上仪器设备 35 台，5 万元以上 10 台，购置计算机 28 台，打印机 30 台，安装空调 58 台。

**药品检验工作** 完成检品6 028件，其中抽验1 006件，送验2 956件，进口检验2 066件。检品总数比上年同期增长了 4.4%，在抽验的1 006件品种中，不合格 70 件，不合格率 7%。进口检验2 066个品种中，不合格 31 件，不合格率 2%。送检2 956件中，首批验证 137 件，进京销售1 026件，临床验证 65 件，技术协作 255 件，其他1 473件，不合格 315 件，不合格率 11%。全年完成进口药品质量复核 120 个品种、221 批。

**医院制剂评审工作** 全年评审老制剂 648 件、新制剂 8 件，此项工作共累计整顿法定制剂7 800件、非法定制剂2 100件。

**新药评审工作** 全年共收审 438 个品种，其中新药 127 个（二类 33 个、三类 10 个、四类 83 个、五类 1 个），仿制 19 个，技术转让 15 个，试生产、试行标准转让 31 个，其他（修改质量标准、增加规格、修改使用说明书、药典部颁标准换号等）95 个，中药品种保护 16 个，完成 257 个西药地方标准品种的再评审工作，并将结果上报国家药典委员会。

**科研工作** 共鉴定各类科研技术协作合同 188 项，完成 173 项。申报科研成果西药 4 项、中药 1 项，其中申报市级科技进步二等奖 2 项；局级技术改进二等奖 2 项，三等奖 1 项。全年发表论文 48 篇。

**教育工作** 全年对外举办学术活动 4 期（抗生素、化学、药理、中药）。所内举办学术讲座 12 次，脱产外出学习 5 人次，业余学习 9 人次。出国考察 13 人次。

**体制改革与管理** 上半年根据市卫生系统进行机构人事制度改革的总体方案，结合本所的工作特点，紧缩编制，转换机制，推行聘任制，逐步建立起有利于竞争、充满活力、能上能下、人才辈出、有利于药检事业发展的人员管理机制，整套的改革方案和一系列配套措施通过了市人事局、财政局和卫生局的验收，现已实施。

**后勤工作** 按照实验动物管理委员会实验动物的管理要求，完成了动物房的三期改造工程。

（赵忠民　秦　军）

# 北京市卫生局临床药学研究所
# 北京市中药综合研究所

（西城区新街口水车胡同13号）
邮编：100035　　电话：66124447

**事业概况**　职工46人，其中专业技术人员42人，包括研究员及主任药师5人，副研究员及副主任药师8人，主管药师（含相应职称，下同）14人，药师8人，药士7人；其他人员和工人4人。

**科研工作**　进行科研课题8项，其中市级1项，局级6项（包括新药开发项目1项），局青年课题1项。争取经费近40万元。签定"芪参口服液研究"等横向协作项目12项，年内完成8项，创收90多万元。全年发表论文及各类文章16篇，投出论文5篇。该所主办的《北京临床药学》杂志继续编辑出版，全年发行2 000多册。

**教育工作**　代培进修实习人员4人。

**改革工作**　该所1999年出台新的改革方案，科研业务人员以课题组为单位承包，有能力的自定项目，自己创收，除自付工资外，每年上缴固定收入；能力和条件稍欠者，承包自选课题，自付工资；没有能力自行开题的，可以应聘进入承包课题组，或接受小型分课题，由所里支付工资。通过这一改革，使科研业务人员主动性、积极性和责任性大大增强，变"要我干"为"我要干"，对能干者是激励，对稍欠者也是一种勉励和鞭策。管理和服务性科室在改革尚未完全到位的情况下，初步实行了减人增效，力求压缩编制，提高工作效率。

**精神文明建设**　该所在党支部领导下，工会组织积极配合，年内组织党员、职工开展了多项有意义的政治教育活动。如学习邓小平理论，参观50年光辉成就展，参观北京锦绣大地农业观光园等。在秋季募捐衣物捐献内蒙贫困山区活动中，广大职工积极踊跃，共捐献近200件衣物。1999年该所被评为地区交通安全管理先进单位，安全创建工作达标单位。有2人获得奖励升级，1人被评为北京市卫生系统先进个人。　（张健琨）

# 北京结核病控制研究所

（西城区新街口东光胡同5号）
邮编：100035　　电话：62252650

**事业概况**　职工89人，其中专业技术人员76人，包括主任医师3人，副主任医师5人，中级专业技术人员22人，初级专业技术人员37人；行政后勤人员22人。

**结核病控制工作**　深入学习和贯彻李岚清副总理对结核病控制工作的指示精神，结合北京市实际进一步完善了结核病控制对策，加强了结核病的法规管理。促进结核病控制工作的持续发展，防止结核病在本市回升，继续保持本市结核病控制工作在全国的领先地位。市卫生局召开了由各区、县主管局长、防保科长、各结防所所长参加的全市结核病工作会议。总结了建国50年来北京市结核病控制工作的成就和经验，分析了本市目前的形势和面临的挑战，布置了1999年全市结核病控制工作要点。3月25日，刘敬民副市长到本所视察，对本市结核病控制工作给予很高的评价，同时对下一步工作做了重要指示。为加强本市肺结核病的归口管理工作，市卫生局转发了《关于进一步做好结核病防治工作的通知》（京卫防字[1999]15号）和《关于组织检查肺结核病人归口管理工作的通知》（京卫防字[1999]18号），并组织北京结核病控制研究所、北京市卫生管理监督所共同组成检查组，抽查12个综合医疗机构，登记报告率达98%，转诊率95%。举办结核病控制业务培训18次，1 200余人次参加。利用"3.24世界防治结核病日"

活动，召开了专家座谈会，在朝阳区开展大型咨询宣传活动，北京电视台做了大量报导。在继续做好全面监督化疗工作的基础上大力推行DOTS策略，将内容扩展到对传染源病例的发现、加强DOTS的实施、抗结核药物的统一提供以及加强监测和监控等。新病人查痰率97.5%，传染源全面监督化疗率91.5%，一年队列转归治愈率92.0%，新生儿卡介苗接种率98.6%，使全市结核病疫情保持较低水平（相当于中等发达国家）。1999年结核病死亡率1.7/10万，活动性肺结核病新登记率20.6/10万，传染源（涂片结核菌阳性者）新登记率7.0/10万，与1998年比较各率略有下降。但外来人口中肺结核病例继续有增多趋势，目前正研究加强管理措施。

**科研工作** 重点学科项目已获阶段性成果，抗结核药物新组合包捆板药试产成功，开始在临床试用，将结核病治疗由常规的90次用药减少至62次用药，并将病人、药品、医生三者通过包捆紧密联系在一起，方便了病人，有利于治疗管理工作。在完成学龄前儿童结核感染率分析基础上，完成了1999年感染率趋势的观察。中芬合作的农村哮喘控制课题已完成了3万人的哮喘患病调查，并对病人纳入农村初级卫生保健网实行监督治疗。开始了大学结核病控制的研究，完成了16所大学2万余名新生的入学PPD检查，对强阳性反应者予以预防性治疗，以减少结核病的发生。发表论文8篇，其中2篇分别在第20届IUATLD东区国际会议（1999.5. 香港）和IUATLD全球大会（1999.9. 西班牙）上报告。《北京学龄前儿童结核自然感染的研究》论文获中国防痨协会全国科技成果优秀论文一等奖，《链亲合素包被磁珠用于PCR－SSCP检测耐RFP结核分支杆菌rpod基因突变的实验研究》论文获三等奖。

**医学教育** 开展继续教育学术活动共17次，包括专题讲座10次，病例讨论4次，阅读胸片3次。对全所医师进行了《执业医师法》的培训并进行了考试。为纪念“5.12”护士节本所开展了临床护理技术和防治护理工作技术竞赛，评选出技术标兵4人。派出国进修1人，读在职研究生1人。3名住院医师参加规范化培训。本所继续教育工作通过市卫生局检查。

**国际交流** 1999年，出访专家学者10人次，赴英国、美国、荷兰、韩国、西班牙、摩洛哥、香港等国家和地区参加国际会议、讨论合作研究和学习。接待来自芬兰、加拿大、英国、法国、美国、澳大利亚、越南、蒙古等国家和地区医学专家共18人次。10月23—30日，举办了首届北京国际肺部健康研究方法培训班，由来自英国、澳大利亚、加拿大及我国有关专家授课，10余名海外学员参加了学习班。在第30届国际防痨和肺病联合会肺部健康世界大会上，张立兴教授再次被130余个成员国一致推选为领导委员会成员及东区代表。

**精神文明建设** 连续6年被评为北京市精神文明先进单位。

**基本建设** 完成了燃油锅炉替代燃煤锅炉的改造工程。

（邓晓楠）

# 北京市医院管理研究所

（宣武区北纬路59号）

邮编：100050　　电话：83163955

**事业概况** 职工19人，其中正高级研究人员1人，副高级研究人员3人，中级专业技术人员5人，初级专业技术人员6人，工人4人。

**科研工作** 全面完成与北京市公费医疗管理委员会办公室合作的“‘公费医疗大额住院病例费用结算单’在北京地区24家医院的推广使用”、“加强对医疗照顾对象的医疗保健服务及公费医疗管理的研究”、“公费医疗个人承受能力的探讨”、“医疗行为计算机监控管理系统的研究”，与北京市卫生局计财处合作的“社区医疗服务筹资和管理的相关政策探讨”、“医院成本核算试点和分析”，以及“北京卫生系统信息化建设一期工程”、“卫生服务导航系统”和“卫生管理信息化建设规划”等课题，并已申报市级和市卫生局科研成果，其中的7项已经通过初评。“病种质量效益评估方法的研究”、“远程医疗咨询实验系统”等课题正在进行中。

**培训工作** 为市卫生局机关和其他有关人员举办网络办公自动化培训班17期。与市卫生局组织处、宣传处合作举办医院管理干部培训班2期。举办INTERNET网络培训班、医师法培训班共6期。与北京市医学情报所合作，举办了医学文献检索培训班2期。

**信息工作** 承担了北京市卫生系统信息化领导小组办公室的日常工作。受北京市卫生局委托实施的北京地区卫生系统全行业计算机 2000 年问题工作取得全面成功。北京卫生信息网络管理中心进入正常运行。与北京医院协会、北京医院管理学会、北京市医学情报所合作继续出版《医院管理信息》12 期。《北京科技信息网》“求医问药”栏目和首都之窗“北京卫生信息网”继续运行。继续完成《北京卫生事业发展 50 年》一书的编辑和编务工作。与北京地区 24 家医院合作的“网上及电话挂号”项目成功挂号近 7 000人次。 (王凯戎)

# 北京市医学情报所

(宣武区北纬路 59 号)

邮编：100050 电话：63046927

**事业概况** 职工 13 人，外聘 5 人。北京市卫生局医学情报专家咨询委员会 14 人，指导并协助医学情报工作。

**北京卫生信息化** 北京市卫生局信息化工作领导小组办公室设在北京市医学情报所和北京市医院管理研究所。完成了北京卫生信息化一期工程，建立了北京市卫生局信息网络管理中心（设在北纬路 59 号）和分中心（设在槐柏树街 2 号），完成了北京市卫生局北纬路部分和槐柏树街部分网络结构布线工作，共 316 个信息点。完成了对市卫生局机关的电子政务办公自动化的培训工作，共 17 期，168 人次。2 月，北京卫生信息网正式在 Internet 上开通，下设栏目有：局长信箱、局领导、职能处室、直属单位、卫生机构、卫生记事、北京卫生信息化、卫生系统 Y2K 快讯、政策法规、卫生科技、首都医院简介、专家指南、时病疫情、网上挂号、热线医生、新药报导、医疗保健、心理咨询等 18 项。9 月 16 日，在北京同仁医院召开了宣布北京“一卡通”预约挂号服务项目开通的新闻发布会，北京市信息化工作办公室的华平澜（副主任）、梁眉（处长）、张英逊（副处长）、夏秀华（高级工程师）等领导出席，北京市卫生局郭积勇副局长到会，华平澜副主任和郭积勇副局长发表讲话。截止 12 月 31 日，使用“一卡通”进行预约挂号已达 6 782人次。

**科研工作** 8 月，北京市卫生局信息网络管理中心、北京市科学技术委员会和北京邮电大学成立课题组，共同研究开发“北京市远程医疗试验咨询系统”，项目负责人徐国桓、韩艺农。到 12 月 25 日，已经实现了北京市卫生局信息网络管理中心、北京同仁医院和密云县医院三点之间的线路连通。继续开展北京市科委下达的北京市科技项目——北京科技信息网络卫生信息资源建设二期工程工作。与北京市医院管理研究所共同完成了“北京卫生信息化建设启动模式研究”、“北京市社区卫生服务筹资管理模式及有关政策的研究”、“北京市社区卫生服务管理系统”、“基本医疗保险费用事前审核系统”、“基于 Internet 网的北京市卫生信息服务系统的研制和实现”、“北京市公费医疗大额住院费用监控研究与应用”、“公费医疗个人付费承受能力的研究”、“北京市部分医院成本测算研究”、“加强对医疗照顾对象的医疗保健服务及公费医疗费用管理的研究”（缓评）、《北京卫生管理信息系统建设规划研究》（缓评）等 9 项科研课题，初评成果 7 项。全年公开发表论文有：《远程医疗的利用及发展》（郭强、徐国桓）、《循证医学在医学教育中的应用》（褚晨焱、郭强等）、《高新科技与查新检索》（郭强、徐国桓）、《国外关于伊那普利的研究进展》（郭强等）、《信息检索技术的历史发展、现状与未来趋势》（龚文涛）、《如何通过 WWW 检索美国国立医学图书馆免费数据库》（张世红、徐国桓等）等共 12 篇。

**情报检索** 继续作为卫生部、市科委和北京市卫生局医药卫生成果查新检索单位，继续开展 Internet 检索生物医学文献数据库的工作，完成医药卫生科研开题、成果查新检索 298 项。建立了功能完善的电子阅览室。继续与美国国立医学图书馆 MEDLARS 数据库等实现国际联机检索，使用 MEDLINE 光盘检索和中国生物医学文献数据库光盘检索，继续使用中国医学信息网和中医药文献数据库。

**编辑出版** 继续组织编辑出版《北京医学文库》，已立项列入北京医学文库专著计划 55 本，正式出版 30 本。编译出版《医学科技动态》12 期，60 篇。编辑出版了《1998 年度北京市医药卫生科技成果汇编》1 期。与北京市医院管理研究所等联合主编出版了《首都名院名医》（50 万字）、《高新科技在医学领域的应用》(55万字)、《电子病案——21世纪医疗的变革》(22万字)、《北京卫生年鉴》(80万字)、《北京卫生信息化》3期、《北京卫生 Y2K 快讯》20期和《SNOMED》(国际系统医学术语全集，146 217条词汇)等，《新编英汉信息学词典》已完成6万条。主审出版《疑难杂症求医问药》(26万字)，继续对《北京科学技术志》(医药卫生篇)第三稿进行修改工作。

**培训工作** 受北京市卫生局委托，继续开展医学文献检索培训班(市级继续教育项目)，全年共举办2期，培训73人。

**情报网络与学会** 本所于1999年被推选为北京医药信息学会理事长单位，主持学会工作，5月4—5日，在北京硅谷电脑城举行了1998年学会年会，与会者150余人，宣读论文34篇，并进行了卫星转播。组织60余名学者出席中国医药信息学会第八届年会，宣读论文61篇。1999年，学会共组织20项大型学术交流活动，5次专业人员培训工作，开发了药物不良反应软件，已在20余家医院应用，反应良好。在中医现代化研究方面，由北京市三吉生物医药技术研究所、首都医科大学研制的 JXZ－1型经络协调诊疗系统已经问世，并获得专利证书。首都医科大学生物工程系教授秦笃烈完成了卫生部课题“数字化中枢神经系统建造”；国家课题“高等医药院校面向21世纪计算机课程体系改革”继续取得进展；利用 VHP 数据集在我国首次实现人体全体标位重构；获中国科学院国家实验室课题1项。成立医学生物信息专业委员会，发展委员近30名(含北京分会生命信息科学专业委员会成员)。在中关村电脑节“电脑与健康”专展期间(5月1—6日)，组织了有30余名著名医学专家参加的义诊，为5 000余名患者进行了诊断和咨询，同时举行网上贸易讲座。 (郭 强)

# 北京市妇女保健所

(东城区骑河楼17号)

邮编：100006 电话：65121620

**事业概况** 职工23人，其中主任医师2人，副主任医师6人，主治医师(主管护师)6人。

**妇女保健工作** 以贯彻《九十年代儿童发展规划纲要》、《中国妇女发展纲要》和《母婴保健法》为主旨，继续落实《纲要》提出的妇女健康指标。

北京市实施孕产期保健已十余年，力保孕产妇死亡率控制在20/10万以内。1998年北京地区的孕产妇死亡率降至历史最低水平。由于孕产妇死亡具有多因性和复杂性，1—5月孕产妇死亡率呈现出上升趋势。本所在及时通报情况的同时，汇集资料进行研究，并积极组织专家进行孕产妇死亡病例评审。在调研和评审过程中发现，各级医疗保健系统在管理和知识技能上存在的问题是死亡率升高的主要原因，如高危孕产妇管理落实不到位、血源困难、急救工作组织不力等。6月初，召开全市有关各方会议，向各区县卫生局局长及三级医院、驻京部队医院和各区县妇幼保健院院(所)长通报全市孕产妇死亡的严峻情况和必须要采取的措施。出台了《北京市高危管理制度》。新的《高危管理制度》包括高危孕妇筛查及登记管理、高危孕妇报告管理、高危孕妇追访管理、高危孕妇转会诊管理以及高危孕产妇结案管理等6个方面的内容。新的高危管理制度首次在全市范围内建立高危孕产妇报告及转会诊制度，改变了因跨区县孕期保健、分娩造成高危孕妇不能及时发现无人管理及追访的问题。在推行落实新高危管理制度的同时，利用大量的事实和数据，呼吁有关领导和部门解决产科急救用血问题，在市卫生局妇幼处与市献血办公室的协调下，建立起区县各级医院间的产科用血互助网络，解决了部分医院产科急救用血问题；在第三季度又展开对各区县卫生局妇幼科长、妇幼保健院围产保健管理人员以及二级以上医院的产科主任产科急救技能的培训。通过以上干预措施的逐步落实，第四季度全市孕产妇死亡上升势头基本得到控制。

配合“妇女纲要”的落实，除继续做好妇女多发病防治常规工作外，重点对全市妇科疾病普查状况进行了调研。此次调研对象为实施妇科普查的医疗机构和接受妇科普查的单位，希望通过“普查”和“被查”两个方面的供需关系，找出近年来影响妇女病普查普治工作规范实施和运转的症结所在。此项调研年底已完成调查问卷的设计、问卷调查及数据上机，数据分析及调查报告的撰写正在进行中。

经过再次修改的《北京市更年期保健常规》在第三季度正式下发到各区县妇幼保健院(所)试行。为使这项工作能够规范地开展，举办更年期保健知识培训班，聘请专家讲授“更年期常见疾病的诊治”和“更年期雌激素替代治疗新知识”，对基层医务人员规范诊疗、更新知识、提高业务水平起到很好地促进作用。

女职工保健工作随着国家经济政策的调整，正在拓宽新的工作范围。1999年在维持企业女职工保健常规工作外，把行政事业单位女职工保健列入到工作内容中，目前正在做基本情况的调查。

1998年北京市妇女保健工作数据经过催报核查，已按年报要求全部录入上机，完成统计分析工作和统计报告。5月，召开全市信息反馈会，将报表的质量问题及数据反映出的妇女健康状况和管理上的问题等向基层作了反馈和交流。1999年市卫生局调整了年报统计时间，即用上一年（1998年）第四季度的数据加上本年度（1999年）前三个季度数据作为本年度的统计数据统计分析。

继1998年孕妇学校统一教材的编撰工作，1999年已完成该教材的文字撰写、编辑、图片编辑、组织审稿、最后定稿等项工作，等待印刷和正式发行。健康教育工作在培训基层规范教育的同时重点做了青春期健康教育。参加团市委组织的青春期自护营活动，承担星光自护学校“少女保健”讲课任务，参与青春期教育交流活动等，这些活动受到政界和社会的重视和好评。

**“强化新法接生，消除新生儿破伤风”** 1999年是此项目工作的第三年，工作重点是对抽查的项目省进行项目工作的监督指导。完成5省5个项目县的监督指导工作，分别写出分析报告和总结报告，报送卫生部和联合国儿童基金委员会。完成该项目工作经费中英文结算报告。

**“1998—2000年降低孕产妇死亡”** 完成卫生部基妇司在湖北、湖南、江西、河北、山西省6个项目县执行“1998—2000年降低孕产妇死亡”项目工作情况的中期督导工作，做出中期评估报告报卫生部。

**科研与培训工作** “环境对女性生殖健康的研究”、“生物反馈在人流中的应用”、“北京市乡卫生院助产状况调查”等课题完成，“北京地区围绝经期妇女健康状况调查”进入到数据汇总分析阶段，“职业女性伤害调查”、“北京市孕产妇死亡回顾调查（WHO最新统计分析方法）”、“北京城区环卫女职工健康状况调查”正在进行。

培训讲座活动丰富，约有2 000人次参加，规模较大的有“产科急救技术与高危孕产妇管理”、“孕期营养知识”、“妇女保健管理软件应用”等；并在昆明举办四省女职工生殖健康研讨会，有130人参加。

**国际交流** 受世界卫生组织西太区委托，举办1期“孕产妇死亡调查方法”国际研讨会，50余人参加了会议研讨。

另有5人次分别参加了德国医疗保健远程教育国际会、全国妇联项目工作泰国考察团、青少年健康教育项目香港出访团和妇幼卫生项目香港考察活动。

**妇女健康热线电话咨询** 妇女健康热线电话咨询自1995年开通以来已坚持义务咨询服务4年余。1999年电话咨询4 736人次，咨询的热点问题仍为孕期保健和妇科疾患，分别占24.9%和20.1%。到目前热线电话已累计为2万人次做过咨询服务。

**自身建设** 在加强内部管理、完善规章制度、落实人员职责的同时，实施了考勤打卡制度、电话磁卡记帐制；更换旧的办公家具，营造新的办公氛围，初步尝试事业单位公司化的管理模式。 （安建平）

# 北京市计划生育技术研究指导所

（东城区北池子骑河楼17号）
邮编：100006 电话：65122348

**事业概况** 职工24人，其中副主任医师9人，主治医师（含相应职称）7人，医师6人，其他专业技术人员1人，研究生1人。目前较大型设备有照像显微镜、倒置显微镜、CO2培养箱、超速低温离心机、基因扩增仪等大型现代化精密仪器。

**精神文明建设** 根据市委创建文明行业实现规范化服务达标活动的精神，在职工中进行医德医风和职业道德教育，参训率、考核率均为100%，优秀率达98%，并开展以“迎接建国50周年，为党旗添光彩”主题的“双学活动”，加强了政治理论学习，树立为人民服务的思想，以崭新的精神面貌迎接新世纪的机遇及挑战。

**规范管理** 加强对全市节育手术并发症的管理，制定《北京市节育手术并发症评审制度》。落实《北京市减少出生缺陷干预方案》，制定《北京市严重致死性缺陷评审制度》，建立长期、规范的评审模式，推进减少严重致死缺陷的干预工作。

**婚前保健** 贯彻卫生部《婚前保健工作规范》，加强对“不宜生育”等人群婚前医学检查后的再指导，实施《北京市婚前保健随访工作制度》，推进了婚前保健的系列服务，确保婚前保健的效果。针对当前性病及性传播疾病的蔓延趋势，对婚前保健人群进行相关知识的普及和必要的医学筛查，尽可能做到“性病筛查、确诊不出首诊机构，不放或漏掉一个病人”。各妇幼保健机构实施《北京市妇幼保健机构性病防治专项技术服务规范》，提高了对性病的诊治水平，性病的检出率已明显升高。对全市婚前保健机构进行群众满意度的调查，通过客观的评价，首肯各婚前保健机构的服务资格。全市婚前保健实检159 944例，疾病检出率6.78%。

**计划生育技术服务** 全市500多个手术单位，全年提供服务381 076人次，由于狠抓质控，节育手术并发症较上年有所下降，但药物流产率逐年递增，应加大药物流产单位的管理。

**出生缺陷监测** 妇幼处、市计研所聘请有关专家，对18个区县卫生局、妇幼保健院和干预医院多视角、全面地进行调查，完成了市级质控，达到了解实施现况，及时发现问题，确保干预质量，促进各区县落实干预方案的目的。各区县出生缺陷监测干预工作组织领导有力度、干预网络健全。全市干预覆盖率达100%，婚前健康教育率达94%，在婚前医学检查中二年内有生育意愿的人群中同意服用叶酸制剂率为50%。加强了孕中期的干预，与围产期保健管理相结合，充分利用卫生资源，设立新的检查项目，“干预实施记录”的填写率达90%；信息资料规范，各干预机构对有关的记录认真填写；“干预实施记录”填写完整，缺陷病历记录齐全，症状描述好；保证原始资料的科学性。全市出生缺陷工作共监测58 903例，发生率10.98‰，较1998年9.53‰有所上升；先天性心脏病的增多尤为突出，已由1998年的56例上升为80例，发生率由0.97‰上升到1.36‰，城区发生率高居不下，并呈逐年递增趋势，按缺陷例次和分类顺位，已分别占据第一位和第三位。

**专业技术培训** 注重内容的前卫、新颖、实用。在专家指导组的大力支持下，市级培训与区县培训相结合，圆满完成了计划内的各类培训15期，培训1 154人次。

**信息管理现代化** 婚前保健与计划生育的数据信息首次实施计算机管理，各区县给予必要的人员和软、硬件投入，80%的操作人员掌握了“生殖保健信息系统”软件程序。全市近15万份婚前医学检查表已全部输入计算机，节育手术数量质量年报表数据也入机分析。节育手术、婚前医学检查、出生缺陷监测三类报表上报及时率、完整率基本达到98%。“生殖保健信息系统”软件的运用，确保了信息的科学性、准确性，展示了广阔实用的前景。

**业务活动** 完成17 281例新生儿PKU及17 265例TSH疾病筛查，150例羊水细胞及515例血染色体检查产前诊断和1 440人次优生遗传咨询。性病保健门诊508例，参加大型咨询及健康教育活动6次。

**科研工作** 用分子学方法对21三体、18三体、13三体进行诊断，衣原体性盆腔炎与人工流产术关系的流行病学研究，习惯性流产PBL亚群分析，皮下埋植避孕与骨矿物代谢的研究等7项科研课题。国家级杂志发表论文19篇。

参加全国性的研讨，内分泌新进展、全国新生儿疾病筛查、实验医学与临床学术研讨、国际骨质疏松、全国骨质疏松诊断标准、女性内分泌性激素补充疗法、妇幼保健机构院内感染、现代遗传优生科学技术发展研讨会等。

**国际交流** 1人到伦敦大学人类遗传中心学习人类遗传病的诊断技术1年，3人到日本东京大学考察生殖健康、实验技术、医院管理10天。

（李雅珍）

## 北京市儿童保健所

（二环路复兴门桥北侧）

邮编：100045　　电话：68021226

**事业概况** 职工37人，其中主任医师2人，副主任医师9人，主治医师7人，主管技师2人，主管护师3人，主管药师1人，医师3人，技师4人，护师4人，工人2人。

**保健工作** 对全市5岁以下儿童的死亡监测是1999年的重点工作。第一季度北京市儿童保健所在全市10个地区对1998年儿童死亡监测工作的质量进行检查，查出5岁以下儿童死亡漏报率6.67%，死亡漏报的主要原因是人户分离，漏报的重点是近郊区。为减少和避免儿童死亡，本市18个区县已建立了儿童死亡评审制度。6月，召开了市级0-4岁儿童死亡评审研讨会，进一步推动了北京市儿童死亡评审工作。9月，北京市儿童保健计算机管理软件正式投入使用。儿童体质测试标准经过3年的研制，经市体委、卫生局、教委审批，在本市幼儿园中使用。与北京市电脑软件行业协会共同研制托幼机构卫生保健管理软件并在幼儿园投入使用。根据北京市卫生局京卫妇字〈1999〉10号文件“建立北京市卫生保健示范园”的要求，经过考核与全市平衡，经卫生局批准，确立了10所北京市卫生保健示范园：北京市第一幼儿园、丰台区第一幼儿园、北京市第四幼儿园、北京市第五幼儿园、大兴县黄庄第二幼儿园、海军直属机关第二幼儿园、东华门幼儿园、方庄第三幼儿园、昌平区委机关幼儿园、西城区棉花胡同幼儿园。在海淀区召开北京市儿童口腔保健进入社区现场会，以推动北京市儿童口腔保健的开展。9月，本所对城近郊区8所不同隶属关系的幼儿园饮食卫生进行了抽查，卫生状况明显好于上年。继续与北京市教委合作开展北京市托幼机构分级分类验收工作。对18个区县妇幼卫生工作进行检查。1—10月共筛查新生儿60 712人，可疑病人587人，复诊病人499人，确诊甲状腺功能低下12人，苯丙酮尿症9人，全部病人均得到有效治疗。为了增强病儿家长为儿童治病的信心，2月召开了首次迎新春、新生儿筛查患儿联谊会，小患者们表演了许多小节目，如唱歌、背唐诗、说儿歌，体现出小患儿们正常的智力发育水平。10月，召开了北京市新生儿筛查10年工作总结大会。为促进本市儿童的身心全面发展，本所要求城近郊区50%的保健科开展对可能出现智力问题的儿童进行智力发育的监测。接待门诊病人9 469人次。

**科研工作**　完成“婴幼儿早期教育社区服务模式的研究”，书面报告待完成；完成“丹佛Ⅱ的预试验工作”，为修改丹佛检查方法做准备；完成“北京市7岁以下儿童维生素A缺乏的调查”，书面报告待完成；参加卫生部“15省市0—6岁儿童维生素A缺乏的调查”；参加“疾病儿童综合管理在中国应用的研究”；参加卫生部卫生9项目儿童保健部分的研究工作。

**培训工作**　全年共举办培训班19期，培训内容涉及集体儿童卫生保健管理与相应保健知识、儿童体质测试标准、儿童心理卫生基础知识、儿童智力筛查、儿童五官保健等内容，受训人员达1 600余人次。组织区县儿童保健人员去绍兴、宁波妇幼保健院参观学习。组织托幼机构保健人员去广东等地参观学习。

**宣教工作**　继续向全市免费开放儿童保健咨询热线，全年共接收电话17 500人次。参加“六一”在北京市少年宫和地坛公园举行的儿童咨询活动。完成卫生部基妇司下达的编写宣传母乳喂养销售管理办法录像剧本的任务。

**教学工作**　承担首都医科大学儿科系儿童保健课程的教学、见习和实习任务；承担中华医学会组织的全国托幼机构保健医岗位培训师资班讲课任务。

（滕红红）

# 首都医科大学北京神经科学研究所

（丰台区右安门外西头条10号）
邮编：100054　　电话：63051480
E-mait：cumsbin@public.fhnet.cn.net

**事业概况**　正式职工20人，外聘1人，其中科技人员20人，包括教授4人，副教授（高级实验师）4人，讲师（实验师）5人，助教（实验员）7人；行政管理人员1人。返聘1人，雇用临时工1人，转岗1人。

**科研工作**　继续承担着卫生部“九五”攻关课题“帕金森氏病的综合治疗方案研究”、北京市科委“帕金森氏病临床前治疗研究”、北京市自然基金会“多巴胺代谢相关基因多态性及其与帕金森氏病的关系”、北京市科干局“帕金森氏病相关基因的差异检测”和“微囊化牛嗜铬细胞治疗帕金森氏病猴模型实验研究”、北京市卫生局“GDNF（胶质原性神经营养因子）在颈动脉小体细胞表达的研究”等。完成了国家自然基金会、北京市自然基金会、北京市教委资助的“GDNF基因治疗帕金森氏病大鼠模型研究”和国家自然基金会资助的“微囊化转基因细胞治疗帕金森氏病动物模型研究”课题。

本年度获得资助的课题包括：国家教委资助

"TH（酪氨酸羟化酶）、GDNF共表达转基因细胞移植治疗帕金森氏病的研究"；北京市科干局资助"纹状体内递质间的相互作用及其在帕金森病治疗中的意义"和"多巴胺受体基因的克隆及表达"；北京市教委资助"人GTP（三磷酸鸟苷）环化水解酶和AADC（芳香族左旋氨基酸脱羧酶）的克隆表达及PD（帕金森氏病）复合性基因治疗研究"；资助金额总计26.5万元。利用北京市教委重点学科经费购置了菲利蒲280 S型电子显微镜。根据在北京市神经科学基础研究所处的领先位置向北京市科委申请了"北京神经系统变性疾患研究实验室"命名的高新技术实验室，并通过了专家的评审。

参加了在北京召开的中国神经科学学会第三届学术会议，并投论文摘要13篇；大会墙报展示7篇。坚持每周一次的学术讲座，与会者包括本所科研工作者、研究生和其他人员。发表论文10篇，其中国外发表3篇，国内一级刊物发表4篇，国内一般刊物发表3篇。

**教育工作** 现有5名博士研究生、7名硕士就读；1名博士后出站；3名硕士毕业；1名技术人员由大专续本科就读首都医科大学，1名技术人员就读协和医科大学夜大班。

承担首都医科大学99级博士、硕士研究生班神经实验学（32人，72学时）和分子生物学（36人，24学时）教学。

**国际交流** 共接待来自亚、欧、美洲等国家及许多回国交流的专家、学者共21批53人次参观及学术交流。本年度选派1名讲师、4名助教分别到美国密歇根州立大学和瑞典哥德堡大学等处进修、学习。

**基本建设** 研究所自筹资金近40万元，粉刷改建了实验室近千平方米，新建了电镜室、超薄切片室、离心机室、分子生物学Ⅰ—Ⅳ室、微透析分析室、凝胶成像室、PCR室、清洁级实验动物室。

（刘玉军）

# 北京急救中心

（前门西大街103号）

邮编：100031　　电话：66064433（总机）

**事业概况** 职工645人，其中正、副主任医师40人，主治医师50人，医师（士）157人，护理人员148人，工程技术人员56人，行政后勤人员194人。

**医疗工作** "120"受理群众电话66 045人次，救治患者49 392人次，院内急诊就诊11 702人次，ICU、CCU、综合病房接收住院病人1 936人次，全年开展手术329例。

坚持以病人为中心，院前"120"受理群众电话较上年提高了9.25%，出车救治患者提高了4.97%，抢救危重病人提高了36.16%，急诊就诊提高2.01%，病床使用率提高8.27%。

把加强急救网络建设、新建若干急救分站做为全年工作的重中之重。把组建急救分站工作做为百姓的"生命工程"，做为向国庆50周年献礼的实际行动。院领导组织成立了筹建急救站的调研领导小组，多次召开党委会和办公会进行讨论，组织4次有各级各类人员参加的座谈会，反复论证，组织相关人员赴外省急救中心考察，学习外省市急救分站的管理经验。一年来，院前部和网络信息科对全市居民呼叫状况进行了地域分析，对城东、城西、城北、城南30余家一、二、三级医院和企、事业单位的国营医院、民营医院进行了广泛建站调研。对有建站意向、布局合理、条件成熟的三里屯、大柳树、新街口外、永定路、六里桥等组建了急救中心直属急救站。在建站工作中，急救中心坚持以院前为主的办院方针，强调全院一盘棋的协作精神，院内科室和部分行政后勤科室为建急救分站向院前输送了部分人员，充实和加强了院前队伍，设备科和后勤部门为分站配备了部分医疗仪器和办公生活用品。医院又为从事分站的医务人员和司机调整了津贴待遇，从而保证了各分站的正常运转。5个急救分站的建立，进一步完善了全市的急救网络，方便了院前患者的医疗急救需求，使北京市的急救半径大大缩短，城西方向的半径由14.6公里缩短为5公里，城东方向由13.5公里缩短为4.9公里，城北方向由6.24公里缩短为4公里，城南方向由9.3公里缩短为2.7公里。北京四环以前19.2公里急救半径目前可控制在5公里以内，反应时间由原来的20—30分钟，缩短至10—15分钟，为危重病人的抢救赢得了时间，得到市民好评。

在做好急救分站的新建工作中，两次召开全国急救医学研讨会和北京市专业急救网联席会，并对现有区急救站加强规范化管理和业务指导。4月16日，北京急救中心首次召集有市政府、市减灾协会、铁路、公安、“122”、“110”、民航等18家单位的领导和专家参加的首都灾害救援工作的横向急救网络会议。对完善发展北京市横向急救网络，做好重大灾害事故综合现场灾害救援工作进行了讨论。11月23日，“110”报警指挥中心、“122”交通事故报警台、“119”消防报警台、“120”急救指挥中心实现重大意外灾害事故救援联网。4台之间设立了专线电话，成立了联网办公室，确定了信息传递程序，进一步完善了北京市安全保障体系。

加大了急救知识普及的力度，为各大宾馆、公司职员、离退休人员、消防官兵举办急救知识培训34期，受训达1 683人次。

**院前救护** 针对大事多、热点多的形势特点，把维护首都的稳定与急救工作相结合，在保证日常急救工作的前提下，积极做好首都重大事件、重大活动及大型会议的医疗救护工作，以实际行动为首都的政治稳定和社会安定做出成绩。4月25日，“法轮功”练习者非法聚集中南海1万余人，在接到卫生局指示后，中心迅速行动，调集了30多辆救护车，近40名医务人员，组成了应急抢救小组，在现场设置了3个救护点，出车40多趟次，连续工作16个小时，圆满完成了任务。5月中旬，我驻南使馆被炸，为了保证游行活动的正常进行，中心组成了医疗救护点，医护人员和司机5个昼夜工作在救护现场。在执行建国50周年的医疗保证工作中，急救中心担负长安街路面坦克的负荷实验工作，为了防止意外，救护车与坦克共行，每过一座人行地下通道，坦克都要往返几次，大家连续一个星期，经受着坦克的巨大轰鸣声和意外的危险。在迎接澳门回归之夜，参加救护工作的医护人员和司机冒着零下十几度的严寒，在天安门广场通宵工作十几个小时，受到了大会组委会的一致好评。11月2日夜间，大兴宜庄开发区发生了30多名民工苯中毒事件，“120”接到呼叫后，立即通知有关科室，调集了8辆救护车、20余名医护人员，迅速抵达事故现场，16名较重患者转到中心后，院内相关科室及时做好接收患者的准备，检查、化验、收治一路畅通，充分体现了院前、院内一条龙抢救机制的落实和完善。据统计，中心完成了国际邮联开幕式、民运会及新华社、光明日报社记者追悼会等医疗救护工作45次，组织医务人员227人次。完成抢救中青旅、日本外宾车祸等成批伤113次，抢救伤员576人次，受到市民及各级领导的好评。

在院前工作上先后投资200万元为5个直属急救分站购置了急救装备，新引进4辆美国雪佛莱救护车投入院前使用。利用北京电信援赠的80多万元为50部救护车装备了GPS卫星定位及监控系统。

**开展规范化服务达标活动** 把服务达标工作贯彻于医院工作的始终，提高了广大职工对规范化服务达标活动重要性的认识，增强了责任感和紧迫感。院前部设立了24小时监督录音电话，发放调查问卷400多封，医生、司机和调度的满意度均达到95%以上。门急诊树立全院一盘棋的思想，努力做好与各科的协调工作，抓文明用语，抓首诊负责制，做到主动接诊，不推诿病人，使不少急危重病人得到正确及时的救治。收费处进一步强化职工的窗口服务意识，重新整理了收费价格表，公布了基本检查治疗项目价格，实行明示工牌上岗，耐心回答病人的问题。在1999年出院病人多、床位周转快的情况下，收费处从方便病人着想，延长了结账时间，节假日安排听班，对有特殊情况需要出院的病人及时办理结账手续。医务工作坚持每月科主任例会和医疗质量质控标准，进行了6次院内急会诊演习。检查病历1 415份，甲级率由74.8%提高到94.2%；检查申请单1 327份，合格率由65.4%提高到98.9%；检查报告单1 969份，合格率由72.8%提高到98.1%；检查麻醉签字单246份，合格率由40.9%提高到100%。护理工作注重护理质量提高，进行了护士长、护士的达标考试，发放了7次近210份调查问卷，并在每月一次的问卷调查中增加了对病人健康宣教的内容，各病区的健康宣教满意率每月增加。全年无一例护理纠纷。中心增设了导医台，并有专人为就诊者解答问题。全年接待群众来信来访1 056件次，表扬516次，批评16件次，同比表扬提高66.45%，批评下降75.35%。

把为患者提供担架服务做为实现规范化服务达标和为市民办实事的重点工作来抓，在社会招聘6名下岗人员，经过培训上岗，统一着装，并备有多种样式担架，根据患者需求提供有偿服务。经过4个月的实践，已抬担架869人次，受到院前患者及家属的赞扬，解决了多年来急救中心悬而未决的问题，成为全国首次推出此项服务的急救医疗单位。

结合门急诊改造，先后更新了药房、住院处服务收费窗口，改换了急诊自动门，增置了电子屏幕和台式触摸屏。为病房安装了双层窗户，降低了室内噪音。完成了洗衣房、部分办公用房、电梯厅、门诊二厅、1—7楼的改造工程。中心的整体环境有了较大的改观。

1999年，急救中心被评为首都精神文明先进单位、北京市交通安全先进单位、西城区爱国卫生先进单位等称号。 （闫国锋）

# 北京市红十字血液中心

（海淀区北三环中路37号）

邮编：100088　　电话：62019573

**事业概况**　职工350人，其中卫生技术人员213人，包括主任医（技）师2人，副主任医（技）师21人，主管医（技、药、护）师75人，医（技、药、护）师82人，医（技、药、护、检验）士33人；其他专业技术人员39人，行政后勤人员98人。

**体制改革与机构设置**　完成压缩编制10%的任务，实行定岗定编定员，聘任中层干部33名，将科室由28个精简至25个，其中包括一个血液研究所、一个输采血器材科技开发中心及一个劳动服务公司。

**采供血工作**　全年采血113 417单位（每单位200毫升），同比增长23.14%；供临床全血98 689单位；供临床机采血小板10 331单位，同比增长7.76%；供临床悬浮红细胞55 191单位，同比增长49.02%；供洗涤红细胞1 869单位；供临床冰冻血浆70 494单位，同比增长7.63%；供临床Rh阴性血液507单位；从外省调剂全血42 626单位，外进血较1998年降低52.4%。

在基建施工房屋紧张的情况下，挤出房间设立中心无偿献血室，增添新设备，努力为无偿献血者创造优美、舒适的献血环境，365天对社会开放，热情接待无偿献血者。2—12月份共采集无偿献血和家庭互助献血698人次。

**推广成分输血**　中心十分重视成分血的宣传和推广工作，在继续保障血小板供应的同时，加大红细胞的临床供应量。遇急诊急需机采血小板时随叫随到，节假日加班采集加工血液已成为经常工作。红细胞分离率较上年增长30%以上。同时还为全国13个血站的23名技术人员进行了成分血分离技术培训。

**质量控制工作**　中心质量管理委员会年内共召开28次会议，专题研讨血液质量问题。针对献血后静脉炎、皮下瘀血、血小板输注反应及高温季节血小板的储存、发放条件、全血保存和运输等技术问题进行了多次研讨，对机采红细胞的操作规程、质量标准、监测项目等多次召开论证会。

在各科质监员进行岗位自查与互查的同时，质委会对各科室按季度进行质量检查，对工作中存在的质量问题做到及时发现、及时纠正。检验科坚持采用符合国际水平的高质量血液检测试剂，严把血液检测关，使输血后传染病发病率明显下降，未接到一例输血后肝炎的报告。

参加卫生部临床检验中心室间质控评价4次，对70份标本进行考核，考核结果优良。全年先后接受了来自市人大代表、市血液质量管理委员会、艾滋病监测中心、卫生防病监督所的4次检查。检查单位对中心的采血环境、储存条件、质量控制等均予以较高评价。

**科研工作**　开设科研课题10项，其中市级4项、局级2项、中心级4项。已完成课题3项，又新开课题1项。“用AS－PCR方法对血小板1—5抗原系统等位基因分型的研究及应用”初评为北京市科技进步二等奖；“微孔法检测ALT及梅毒方法的建立及应用”初评为局级科研成果一等奖。在各级有关杂志上发表学术论文13篇，出版《输血信息》10期。

为推动输血事业发展，积极筹建脐血干细胞库，进行新一代成分血的开发，按照卫生部的有关要求，建立健全业务及管理机构，完善各部门的职责和各项操作规程。

**人才培养与学术交流**　结合继续教育和远程教育培训，组织业务学术讲座14次，学习班2期。举办全市性学术报告4次，全国性质量控制、检验学习班1期，输血年会1期，为各地培训进修生8人。

结合上岗证的核发、输血专业知识和远程教材的学习及培训，对业务人员进行闭卷考试及实地操作演示检查。

选派31人参加成人教育学习，选拔33人次外出考察学习、参加短期培训班和学术交流会。晋升高级职称3人、中级职称4人，有11人予以初次确定职称，使目前能够承担起市、局级科研工作和参加教学工作的科技人员达到25人。

**国际交流**　公派出国4人到5个国家和地区进行研修、考察及出席国际会议，其中1人派往日本参加第五届血液制品安全供应研讨会，代表卫生部向会议提交了《中国输血服务现状》的论文。组织召开了脐血造血干细胞国际学术交流会，邀请美国著名脐血专家进行了为期4天的讲学。

**后勤与基建**　全年为医院送血91 205袋，司机班全年出车4 833次，行程42万公里，荣获“市级交通安全先进单位”称号。针对夏季异常高温，有的采血车不具备冷藏箱或冷藏箱不制冷的现状，与设备科合作，在最短时间内完成冷冻设备的安装，保证了炎夏外出采血的血液质量。

锅炉房在冬季供暖之前完成北海宿舍锅炉煤改气，将中心内茶炉改为天然气供开水、太阳能供澡水。洗衣房全年洗涤衣物13 956件。

设备科维修各种设备258件次；安装、移装空调41台；维修、更换、安装电源器件近700套（件）；完成两处职工宿舍电改工程及研究所脐血室净化间等三项较大工程。

输采血器材开发中心建立烘干室，改进工艺设计，年产值达300万元以上。通过国家医药管理总局对全国一次性医疗器材生产厂家的抽查，获得市医药总公司表扬。

全年进行安全检查16次，在打击血头、血霸及新业务楼开工等安全保卫工作中成绩突出，荣获本年度“北太平庄地区防火安全先进单位”、“海淀区综合治理先进单位”及市公安局海淀分局“创安达标先进单位”等奖励。

业务楼顺利开工并正常施工。主体工程从6月份正式施工。（葛静岚）

# 北京市卫生防疫站

（东城区和平里中街16号）
邮编：100013　电话：64212461（总机）
E-mail：bjswsfyz@pubilc.bta.net.cn

**事业概况**　职工468人，其中卫生技术人员359人，包括主任医师（含相应职称，下同）18人，副主任医师47人，主治医师136人，医师（士）158人；其它技术人员33人，行政管理人员和工勤人员76人。中级以上技术职称占技术人员总数的51.27%。

北京市卫生局健康相关产品办公室于12月1日正式成立，挂靠在该站。副站长王传法负责该办公室工作。

**计划免疫**　全市四苗全程接种率91.6%，其中卡介苗93.6%，脊髓灰质炎疫苗98.8%，麻疹疫苗98.5%，白百破三联针98.7%，脊髓灰质炎强化免疫第一轮接种率98.0%，第二轮98.1%。与计划免疫相关的传染病发病率：麻疹0.88/10万，无儿童白喉、百日咳病例发生，1985年至今无脊髓灰质炎野毒病例发生。在青少年中接种乙肝疫苗202 487人，接种率86.18%。新生儿接种乙肝疫苗59 755人，接种率99.71%。其他人群接种乙肝疫苗50 257人。全市提供狂犬疫苗47 370人份，犬咬伤人数比1998年上升18.8%，连续6年无狂犬病病例发生。

**传染病防治**　全市发生甲、乙、丙三类法定传染病21种，共计111 684例，死亡47例，总发病率1 019.36/10万，总死亡率0.43/10万。与1998年相比，总发病率下降1.55%，其中甲、乙类传染病增加0.56%，丙类传染病下降2.44%。发生病毒性肝炎6 227例，比1998年增加35.66%；痢疾20 054例，比1998年减少10.69%；流行性腮腺炎4 371例，比1998年增加48.73%；猩红热1 053例，比1998年增加73.47%；加强霍乱防治，肠道门诊158 563人次，外环境和食品采样监测23 052件。在艾滋病防治工作中，监测血清5 750人份，检出阳性153份，可疑7份。检出HIV抗体阳性者145例，其中本市居民32例，外省市人员110例，外籍人员4例。

**地方病防治**　完成对延庆县学龄儿童碘缺乏病的监测工作。用随机抽样方法，共抽取5所小学，420名8—12岁儿童，用B超测量甲状腺容积，结果甲状腺肿大率6.5%；检测学生尿样400份，结果尿碘中位数为313μg/L；检测学生中食盐384份，合格率为71.6%。以上三项指标除尿碘中位数达到国家颁布的碘缺乏病消除标准外，其它两项指标均未达标。

**消毒、杀虫、灭鼠**　对3 698个医疗单位和604个个体医监督检查5 343次，消毒监测物体表面合格率93.2%，工作人员手部90.3%，室内空气77.5%，灭菌器95.5%，紫外线灯96.1%，一次性医疗用品95.6%，消毒药95.5%。对1 247个托幼单位进行了监督检查，抽检食具消毒2 556件，合格率86.3%；玩具等物体表面2 380件，合格率86.8%。监测卫生杀虫药品149个品牌，发放消毒药械卫生许可证43个，进京产品审核32个。一次性医疗用品、卫生用品共发证117个，进京产品审核322个，对消毒服务单位审批发证48个，平均蝇指数13.46，比1998年下降16.24%；蚊指数5.61，比1998年下降26.15%；蟑螂平均密度0.55%，比1998年下降5.77%；平均鼠密度1.65%，比1998年上升7.14%。饭店、副食店、食品加工厂、医院住院处等特殊环境鼠密度为11.29%，比1998年上升29.77%。

**食品卫生** 全市有食品生产经营单位133 756户，其中批发零售业50 348户，食品摊贩35 659户，饮食服务业30 823户，集体食堂11 078户，生产加工业5 848户。监督检查食品经营单位397 397户次，合格率83.4%；抽检各类食品75 322件，合格率90.4%。各类食品卫生抽样监测合格率依次为：食品添加剂100%，蒸溜配制酒98.8%，发酵酒98.5%，新资源食品98.0%，水产品97.6%，饮料97.0%，植物油96.7%，糕点96.3%；其次是保健食品、乳制品及消毒鲜乳、粮食、调味品合格率分别为94.4%、93.0%、91.1%、90.8%；冷食、肉及肉制品、豆制品合格率较低，均不足90%。1999年增加了对保健食品的检测，其中理化检测12 247件项，真菌914件，微生物1 140件。食品用产品检测394件，合格率97.7%，餐具消毒监测74 823件，合格率仅为62.7%。食品从业人员体检687 506人次，食品从业人员培训576 680人次。发生食物中毒27起，中毒641人，无死亡，发病率5.85/10万，与1998年比起数减少10起，中毒人数减少207人。

**饮水卫生** 监测生活饮用水水源1 633户，42 458次，监测率80.76%，合格率99.12%；共监测各类高层建筑二次供水设施2 711户，70 786项次，监测率99.45%，合格率98.86%；全市共发生饮水污染事故3起，比1998年减少8起，均为管网污染，未发生水源污染和水箱污染。

**公共场所卫生** 对全市18 357户公共场所的微小气候、空气质量、消毒效果进行了监测，抽检样品228 865件，合格率95.86%，比1998年下降了0.55%；复验2 037户公共场所的卫生许可证，抽检样品97 329件，合格率96.43%。从业人员体检100 702人次，检出传染病患者267人，调离率40.4%。

**学校卫生** 中学、小学、中专和技工学校、普通高校共1 555所，实监督665所，合格652所，合格率98.05%，与上年持平。学生常见病监测，营养不良率24.8%，视力低下率48.9%，龋齿检出率28.6%，蛔虫感染率7.5%，贫血患病率3.7%，沙眼患病率6.9%，肥胖与视力低下率呈上升趋势。

**放射卫生** 对1 372个单位进行了监督检查，合格率83%。对66个竣工项目进行了验收。对放射工作单位和场所进行了51 148个点的监测，达标率92%。对运往外地的13 000余件放射性货物进行了放射剂量核查。对8 003人进行了个人剂量监测。98%以上的人员所受剂量均在年剂量限值的10%以下。

**化妆品卫生** 对112个化妆品生产经营单位进行了监督检查，抽检样品847件，监测5 929项次，合格率97%。对市售的13种化妆品进行了索证检查，处罚14个单位，罚款65 624.4元。

**死因统计** 本市全年出生62 757人，死亡62 775人，出生率5.73‰，死亡率5.73‰，人口自然增长率为0；期望寿命74.33岁，男72.41岁，女76.35岁。全市居民死因顺位前10位（死亡率）依次为：脑血管病（154.71/10万），心脏病（125.04/10万），恶性肿瘤（106.22/10万），呼吸系统疾病（68.12/10万），损伤和中毒（33.62/10万），内分泌、营养代谢和免疫疾病（17.15/10万），消化系统疾病（13.13/10万），泌尿、生殖系统疾病（8.80/10万），神经系统疾病（5.02/10万），传染病（3.83/10万）。前10位死因致死人数占死亡总数的93.49%，其中前3位死因致死人数占67.36%；首位的脑血管疾病致死人数占总死亡的27.00%，其次是急性心梗及其他冠心病、支气管炎、肺气肿和哮喘等。

**教学培训** 顺利通过了卫生部、卫生局和首都医科大学对本站预防医学系的教学评估。完成首都医科大学预防医学系94级29名学生的毕业实习工作；完成北京医科大学预防医学系函授大专班96—99级4个班206名学生的面授辅导工作。举办了流行病、食品卫生、环境卫生、检验技术等61项68个班次的市级认可项目学习班，培训6 462人次。举办市级认可项目42项，站级认可项目152项，首次举办了国家级认可项目。共派出130人次外出进修。“卫生防疫培训中心”对从业人员共办班189班次，培训食品、公共场所从业人员12 792人次。另外，为直管单位集体培训制证11 671人次。

**人才培养与科研工作** 学科带头人和技术骨干培养计划正式实施一年，从站领导到有关科室都十分重视，注意在落实上下功夫。职能科室每半年对培养对象进行一次全面考核。科研成果初评获市级科技进步三等奖5项，局级二等奖4项。重视预防医学基金和自然基金的申报工作，1999年获得预防医学基金、重点学科基金、自然基金、局基金185万元，科学经费创该站历史最高水平。

**改革与管理** 全站继续实施全员聘任制，加强了工作量化管理，做到设岗合理，工作饱满，提高工作效率。坚持了科室、班组、个人的三级考核，结合等级站评审工作的要求，修改补充了考核标准。实行每月中层干部例会制度、站长接待日制度。对专业技术干部实行了分级考核管理。

**国际交流** 美国、德国、东北亚区、纽埃等6批外宾共23人来站对HIV/AIDS监测、放射性核素监测台站的建立等项工作进行考察。出访和参加出国培训共19人次，出访国家有德国、法国、比利时、美国、日本、泰国等11个国家和地区。出国考察内容主要包括：参加联合国禁止核实验条约组织的技术培训，参加亚太地区街头食品发展研讨会等。

**精神文明建设** 评选先进个人45名，优秀教师7名，先进科室3个，先进班（组）5个。为保证建国50周年庆典及一系列重大活动的顺利进行，该站组织有关科室专家编写了《建国50周年庆典卫生保证方案》，组建了处理突发事件的疫情处理小分队。9月30日，接到卫生部发来的日本突发放射性事故的紧急通知后，应急小分队仅用了40分钟时间就到达首都机场并开始采集数据，当晚就得到了第一组数据，受到卫生部的通报表彰。在北京举办的万国邮联大会、少数民族运动会、国际环保大会、世界建筑师大会及澳门回归等一系列重大国际会议和活动中，该站派出10余人驻会，出色地完成了卫生保障任务，受到了活动组织部门的一致好评和嘉奖。被卫生部、广电部、教育部、公安部评为“全国预防与控制艾滋病、性病先进集体”，被北京市卫生局评为“1999年北京市卫生系统继续医学教育先进单位”。副站长刘泽军在建国50周年庆祝活动筹备和组织工作中表现突出，受到筹委会嘉奖。孙美平被北京市总工会评为“爱国立功标兵”。赵新生获全国少数民族运动会、万国邮联、国庆筹委会、晚会指挥部的表彰和嘉奖。

（刘 辉）

# 首都医科大学

（丰台区右安门外西头条10号）

邮编：100054　　电话：63291983

E-mail：ganzhe@cpums.edu.cn

**事业概况** 校本部和附属医院共有教职工和医务人员18 000余人，其中院士5人，正高级职称700余人，副高级职称2 000余人。校本部有教职工1 048人，其中专任教师312人，包括教授33人，副教授95人，讲师130人。校本部设有11个系，包括七年制临床医学、五年制临床医学、预防医学等6个专业及康复医学、放射医学、精神病学与精神卫生等6个专业方向。成人学历教育设有临床医学、口腔医学、预防医学、全科医学和护理等专业，专升本设有临床医学和口腔医学。继续教育承担北京市卫生局住院医培训，设有卫生统计和文献检索。该校设有硕士学位授予权学科26个，其中基础学科10个，临床医学16个，有博士学位授予权学科13个，设有1个博士后科研流动站。附属医院有宣武医院、北京友谊医院和北京红十字朝阳医院等11所，共有病床7 542张。该校全年招生1 428人，其中博士生45人，硕士生138人，本科生447人，专科生203人，夜大生595人。毕业生921人，其中博士生20人，硕士生82人，本科生458人，夜大生361人。在校生4 622人，其中博士生96人，硕士生335人，本科生2 011人，专科生298人，夜大生1 882人。校本部和附属医院占地面积68.46万平方米，总建筑面积136.24万平方米，固定资产总值20.2亿元，图书馆藏书80余万册。

**党建工作** 6月1日，党委会作出决定，授予吕国蔚、王洁贞、钱玉芝、杨树堃、郭学谦、于宏生、魏嘉平、宋海庆、梁藩、解宏菊等“优秀共产党员”称号；授予基础医学院生理学教研室党支部、图书馆直属党支部、宣武医院第四党支部和第十党支部“先进党支部”称号。11月4日，该校党委召开思想政治工作研讨会，与会人员学习了《中共中央关于加强和改进思想政治工作的若干意见》，分析了该校思想政治工作的现状和当前工作的难点，提出要在工作方法、教育内容上不断创新，开展对师生的思想状况调查，使思想政治工作有针对性和可操作性，以收到预期效果。

**研究生工作** 1月6日，该校召开临床医学专业学位试点工作会议。全国临床医学专业学位教育指导委员会副秘书长陆美芳、教育部学位办公室傅诚、北京市教育委员会学位办公室主任张国华、北京市卫生局副局长金大鹏和各附属医院院长及有关职能部门领导参加会议。会议研讨了贯彻首都医科大学实行临床医学专业学位的工作思路和实施细则。陆美芳、傅诚、张国华、金大鹏等领导对该校如何作好临床医学专业学位试点工作，制定临床能力考核办法提出了指导性意见，并要求该校的临床医学专业学位试点工作确保质量，建立严格的、完整的、规范的临床医学专业学位制度。设置和试办临床医学专业学位是国务院学位委员会第15次会议审议通过的，是我国医学学位与研究生教育改革的一项重大措施。该校是被国务院学位委员会办公室、教育部研究生工作办公室、卫生部科教司和国家中医药管理局科教司联合下文批准的开展临床医学博士、硕士专业学位的首批试点单位之一。4月，经国务院学位委员会第16次会议批准，该校新增4个博士学位授权学科，包括神经生物学、影像医学与核医学、麻醉学和口腔临床医学。新增3个硕士学位授权学科，包括口腔基础医学、流行病与卫生统计学和急诊医学。新增的神经生物学填补了该校基础学科博士授予点的空白。11月25—27日，在教育部和国务院学位委员会召开的全国研究生培养工作会议上，该校研究生部获“全国学位与研究生教育管理工作先进集体”称号。

**教学工作** 1月9日，教务处和临床教学处举办“高等学校教学管理要点”学习班。学习班是根据教育部印发的“高等学校教学管理要点”的通知精神举办的。学习班邀请“高等学校教学管理要点”主要起草人、北京理工大学高教研究所所长杨式毅和全国高教评估研究会常务理事、原北京轻工业学院副院长胡恩明授课，校本部和附属医院的教学系统管理干部60余人参加了学习班。2月，经卫生部继续医学教育委员会批准，该校有5个项目为1999年国家级继续医学教育项目，包括：心血管药物的药理学进展、现代细胞与分子生物学技术讲座、生殖相细胞及分子生物学、全科医学与社区卫生服务和医学的科研方法与论文写作。获准项目将可开办学习班、培训班。

3月9—10日，首都医科大学临床教育委员会第六次全体会议在校本部召开。市卫生局局长朱宗涵、副局长金大鹏和附属教学医院的党政领导及有关职能部处负责同志参加了会议。会议总结了1998年的工作，安排和部署了1999年的临床教育和科技工作。会上，宣武医院、友谊医院、朝阳医院、同仁医院等院长先后讲话，汇报新的一年对临床教育工作的思路。会议下发了《首都医科大学临床教学基地建设基本要求》、《首都医科大学关于附属教学医院加强全员教学意识的有关规定》和《首都医科大学关于基础和临床科技论文奖励办法的意见》等规定。

9月，首批七年制学生完成在北京师范大学的学业回到该校学习医学基础课程。该校于1997年经教育部批准开办七年制临床医学专业高等医学教育。这是培养高层次医学专门人才的新途径。通过7年的培养，学生的医学理论和临床实践达到临床医学硕士专业水平，其培养特点是“七年一贯，本硕融通，加强基础，注重素质，整体优化，面向临床”，英语通过6级考试，并具备一定的科研能力。

**科研工作** 1999年该校获市级以上各类基金资助项目16项，获资助科研经费179.5万元。其中，获北京市教委资助8项，经费41万元；获北京市自然基金资助4项，经费33.5万元；获北京市科委资助2项，经费55万元；获北京市科技新星计划资助2项，经费25万元。申报教学改革课题项目24项，经基础教学委员会审定批准11项。

**信息化建设** 1月18日，该校举办《中国学术期刊（光盘版）专题文献数据库》1999京城百校大联展学术活动，这是由该校图书馆和清华大学中国学术期刊（光盘版）电子杂志社联合举办的，是京城百校大联展学术活动的一部分。有校本部和附属医院的教师、研究生和本科生150余人参加了活动。该校图书馆是清华学术期刊光盘的二级检索站。在这次活动中，全面介绍了中国学术期刊（光盘版）电子杂志社关于建设我国学术信息资源的总体规划，详细介绍了《中国学术期刊（光盘版）专题文献数据库》的操作技术。1月，《首都医科大学学报》加入Chinainfo（中国信息）网络资源系统科技期刊（网络期刊）。Chinainfo系统是由国家科技部立项，中国科技信息研究所实施，万方数据网络中心编辑制作的开放式因特网络信息资源系统。科技期刊上网是国家“九五”科技攻关项目，《首都医科大学学报》加入Chinainfo系统后，被该刊录用的稿件由编辑部统一纳入Chinainfo系统，进入因特网进行交流。2月8日，由清华大学、北京理工大学和首都师范大学专家组成的专家组对本校计算机校园网进行了验收。专家组听取了校园网建设和使用情况汇报，进行了现场测试。经专家组评议，认为该校校园网设计合理，工程规范，实现了合同书所规定的内容，同意通过验收。该校校园网是1997年9月开始施工建设的，总投资300余万元。

**两院院士来校参观考察** 3月26日，北京市科技干部局局长韩铁成、副局长郝铁炼陪同中国科学院和中国工程院孙曼霁、韩济生、王启明等12名院士来校参观考察，听取了徐群渊校长的学校情况介绍，参观了解剖学展厅、神经科学研究所和基础医学研究所。

**卫生部领导考察全科医学教育** 4月8—9日，卫生部副部长彭玉带领有关司局领导到北京视察工作，重点考察该校全科医学培训中心及临床教学基地——附属复兴医院家庭医学科和社区卫生服务站的发展情况。该校全科医学培训中心建立10年来，在建立和发展全科医学服务与教育试点方面进行了有益的探索，积累了宝贵的经验，在国内居于领先地位。

**志愿捐献遗体登记接受站挂牌** 5月6日，该校举行志愿捐献遗体登记接受站正式挂牌仪式，这是北京第一所医科大学作为北京市志愿捐献遗体登记接受站正式挂牌，并以此纪念“五八”国际红十字日。北京市红十字会秘书长于瑞苓、校红十字会会长、副校长林瑞海为接受站挂牌揭幕。接受站向社会公开登记接受遗体，用于医学教学和科研。

**承办国家医师资格考试** 11月20—21日，该校作为北京市医师资格考试的考点之一承办了国家医师资格考试。资格考试每年举行一次，1999年是首次举办。有800余名考生在该校考点参加了考试。11月20日上午，北京市卫生局在该校举行了新闻发布会，卫生部副部长王陇德、市卫生局副局长金大鹏及该校有关领导出席并在会后视察了考场。

**对外交流** 3月15日，该校校长徐群渊与香港大学医学院院长邓惠琼在香港大学签署了学术合作协议书，合作内容包括：推行合作研究活动，交换教师和研究人员；交换本科生和研究生；交换学术和其他刊物；合办学术会议、讨论会及学术聚会。

**文体活动** 4月1日，“三八杯”女篮比赛落下帷幕，该赛事已连续举办10年，此次比赛历时20天，21个系参赛，生物医学工程系、口腔医学系、临床医学二系和临床医学六系分别获第一至第四名。4月6日，基础医学院97级英语艺术汇演圆满结束。此次活动的目的是促进学生学习英语，为学生提供学习英语的氛围，创造一个轻松活泼的学习英语环境。从2月份开始，基础医学院组织97级学生开展了这次学习英语推广活动。5月26日，该校第八届五月鲜花卡拉OK大赛圆满结束，这次大赛的主题是“纪念五四运动80周年，庆祝建国50周年和迎接澳门回归祖国”，有70余名师生歌手报名参加了比赛，21名师生分别获一、二、三等奖。6月28日，由大学生体协群体委员会主任李蓬天等6人组成的检查团来该校检查验收群体工作，检查组围绕学校群体工作和组织管理、体育经费、运动场地、设施器材、档案和大学生体育合格标准等方面进行了检查，同意该校继1997年后第二次被评为市级群体工作优秀院校。12月，“枫叶杯”男篮联赛圆满结束，该赛事持续一个多月，有15个队参加，超过历年，医学二系获冠军，生物医学工程系一队获亚军，生物医学工程系二队获第三名。12月23日，召开“冬锻月”总结大会，“冬锻月”是以“迎澳门回归，庆贺千喜年”为主题，举办象征性长跑、跳绳、拔河和男女混合接力赛等竞赛项目，97.5班获团体总分第一名。 （甘 哲）

# 北京联合大学中医药学院

（南院：东四十条27号 北院：蒋宅口花园街22号）
邮编：100007 电话：64214072

**事业概况** 教职工192人，其中教学人员85人（有教学职称66人：包括教授5人，副教授21人，讲师35人，其他5人；有卫生职称19人：包括主任医师6人，副主任医师11人，主治医师9人，其他6人），教辅人员31人，行政管理人员46人，政工人员9人，工勤人员17人，其他人员4人。

**机构设置** 学院现有行政管理部门16个，包括党办、宣传部、院办、教务处、科研处、人事处、财务处、行政处、成教处、外事办、审计办、学工部、三产办、综合办、保卫科、图书馆，及工会（群众团体组织）。

**教学工作** 学院共有教学系部4个，即中医系、中药系、基础部和马列教研室，全年共开出55门课程，其中中医系12门、中药系19门、基础部17门、马列教研室7门。

1999年毕业4个班，共131人；新招生7个班，共203人。下半年共有23个教学班，其中研究生3个班，本科9个班，专科5个班，高职专科6个班；共计在校学生613人，其中研究生10人，本科生326人，专科生155人，高职专科生122人。

全年共完成教学任务15 261学时，其中研究生930学时，本科6 509学时，专科3 464学时，高职专科4 386学时。本院1999年恢复了中药学专业和中医美容专业专科的招生，共招收学生68人，其中本科40人，专科28人。

修订了部门本专科教学计划。新修订的教学计划增设了新课程和讲座课，使学生能及时掌握中医药行业的新知识、新技能；同时调整了课程结构，加强了实践教学环节。

1998年学院确定的院级在建一类课程共5门，即中医基础理论、中医诊断学、中医方剂学、医古文和中药药剂学，并分别投入1万元的建设资金。11月，学院对这5门课程的建设情况进行了全面检查，各门课程基本上按计划完成了建设任务，决定继续滚动投入5万元的建设资金，每门课程1万元。学院还引进博士、硕士各1人充实到中基、方剂教研室，选送方剂教研室青年教师1人参加在职研究生培养。

9月29日，北京市高教学会教材工作研究会专家组对学院进行了教材评估，结论为“良好”。

6—11月，本院3所附属医院和5所教学医院分别接受了北京市中医管理局临床教学基地评估。本着以评促建的宗旨，各单位均投入了一定的人力、物力，改善了教学的软、硬件条件，如装备示教室，增加现代化教学手段，增加图书馆的图书资料等。

学院新增教学用房222平方米，投资近10万元，购置联想PⅢ450计算机10台，充实了教学用机，使学校在扩大招生的情况下，保证了教学需求。年内学校还投资45万元，建成了第二个重点实验室——化学实验室，并于11月30日通过了市教委的评估。

学院采取引进、送出及校内培养等方式，不断提高师资队伍的学历结构及整体水平。年内引进博士、硕士各1名，充实到教师队伍；1名青年骨干教师在日本新泻药科大学以国外访问学者的身份研修学习，9月圆满完成学业并返回学院工作；选送2名教师参加在职研究生学习，5名青年教师参加研究生主要课程班的学习，6名青年教师参加了教育理论培训。

为了适应现代化教学的需要，学院组织力量进行现代化教学辅助资料的研制，在研课程有4门，即医学史、中医基础理论、医古文、金匮要略等，主要进行多媒体教学课程的研制。部分教师结合教学实践编制了电子教案。

为了配合文明校园的评估验收，加强对教学环节的规范管理，组织力量修订了各级各类教学管理文件共7册。下半年，学院制定了期中教学检查制度，并开始实施。通过检查教学文件、专家领导听课及师生座谈会等多种形式，检查了各教学环节，并及时整理出书面材料，反馈给相关部门及个人，使教学中存在的问题得到及时解决，保证了学院的教学质量。5月，接受了市教委专家组对本院的高职高专教学工作的评估。

研制了“北京联大中医药学院教学管理综合信息系统”，并获得院级优秀科研成果奖。该系统集招生管理、教学运行、教学计划及学籍管理为一体，使教学管理向科学化、自动化迈进了一步。

成人教育。现有夜大学生116名，西学中155名，共271名学员。99级夜大专科招收62名，实际注册48名学员；21期西学中，中医进修期班共招收62名学员；96级夜大毕业46名；17期西学中班20人结业。组织召开学院成人教育第二届教学研讨会。申报中医学专科升本科专业。制定夜大中医学专升本教学计划，修订四年制中医学教学计划，夜大学中医美容的教学计划初稿已订。成教理论教学2 852学时，临床实习1 664学时。组织安排2期夜大考前辅导班(文化课、专业课)，共计60余人。

**科研工作** 1月25日，肝病重点学科组成员在首都医科大学进行重点学科答辩。3月22日，北京市卫生局批准学院“中西医结合肝病专科”为1999年重点扶植学科，资助经费50万元，学院匹配经费50万元。6月2—8日，举行第四届科技活动周，共6项活动。5项院级课题经过鉴定，其中3项获院级科研成果奖，分别为“北京联合大学中医药学院教学管理综合信息系统”，组长常淑华；“半仿生提取法对女贞子有效成分提取量的影响”；组长龚慕辛；“炮制和配伍因素对古方‘大黄黄连泻心汤’影响的研究”，组长关怀；1项获院级科研鼓励奖。

7月21日，12项院级课题进行阶段检查。其中11项课题通过检查，第二次经费滚动下拨；1项课题中止。9月8日，申报5项市中医局科技项目，有4项课题于12月27日被市中医局批准为资助项目，其中“调肝颗粒剂对慢性丙型肝炎抗肝纤维化及免疫调节作用机理的研究”、“调肝颗粒剂制备工艺及质量标准的研究”合为1个课题，共资助经费6万元；“消渴冲剂治疗糖尿病肾病的分子机制研究”、“外阴白斑辨证论治规律研究”各资助经费2万元。

10月9日，召开学院科研工作座谈会，课题组部分成员参加，对科研工作提出了五个一工程：“抓一个重点”、“达一个水平”、“要一个机制”、“增强一个效益”、“建设一支队伍”。

11月15日，学院报送国家中医药管理局2000—2001年基金项目申请2份，已通过北京市中医管理局的初审。11月30日，1项市中医局课题“五脏方药知识库”进行成果鉴定，初评为北京市科技进步三等奖。

**精神文明建设** 本院1998年有学生社团3个，为专业社团。1999年新成立学生社团6个，现共有学生社团9个，学生兴趣小组7个，丰富了校园文化生活。学生工作部和团委于4—5月、11—12月期间，以纪念“五·四”运动80周年、建国50周年和澳门回归为契机，开展了两届校园文化节。参加了10月1日首都群众国庆联欢晚会活动，并完成了国庆期间的保卫工作。1998年，学生党员占全体学生的3%，1999年，学生工作部、团委党支部加强了对入党积极分子的教育、培养和锻炼，年末在本科生中，学生党员的比例为4%，壮大了学生党员队伍。顺利通过了北京市教委对本院的“文明校园”检查。组织40余名学生骨干于7月22日到河北省平山县西柏坡乡进行了社会实践，参观西柏坡纪念馆、向西柏坡希望小学捐赠文体用品，并在西柏坡乡陈家峪村开展了医疗服务、送药下乡的活动。

为了使学院教书育人、管理育人、服务育人的工作更加规范化、制度化、科学化，提高工作水平，重新编审、修订了《学生工作部规章制度文件汇编》、《团委工作制度汇编》和《学生手册》。

**国际交流** 5月1日，市科委批准本院与日本新泻药科大学建立校际关系。9月22日，学院代表与日本新泻药科大学在日本签署双方合作协议。3—12月期间，学院与巴西SENAC（圣堡罗商务中心的健康教育中心）签署了合作协议。日本理学美容研究所所长及原东京明治针灸大学教授来院进行了传统医学、理学美容学术报告及操作表演，学术交流后双方讨论了合作意向；应国家教育部邀请的日本福岛女子短期大学教育参观团来学院进行考察，双方进行了会谈，日方希望在开办中医教育时，能够得到本院的帮助。美国密执根全球意识联合体代表团、美国加洲大学公共卫生教授、以色列马他陛基金会医学访问团分别来院作公共健康、卫生学术报告及参观访问。

11月17日，加拿大多伦多东方文化与医学有限公司负责人来学院，双方讨论了进一步开展合作等有关事宜。12月12日，日本崎洋医疗专门学校的代表森和教授到学院参观访问，双方商讨了关于合作开展中医教育、互派留学生等有关事宜。

全年学院共派出12人赴日本、巴西、以色列、俄罗斯、香港、澳门进行中医教学、科研、合作办学研讨；合作协议签署；高职教育考察；参加国际会议；进行中医药学术交流、考察等工作。

基础部1名教师圆满完成赴日本新泻药科大学为期1年零4个月的博士后研修回国。

**后勤工作** 为完成扩大招生的任务，在暑假中旬完成了改建阶梯教室和改建第10教室的工作。为改善学生的住宿条件，对学生宿舍进行了大修，新换床具100张，二屉桌22张，为每个学生配备了电源插座。完成了改建化学实验室的工作。完成翻建肝病研究中心工作。根据市政府的要求对学院南北两院供暖锅炉进行了煤改气的工作。

根据学院文明校园活动整体规划的要求，拆除违章平房约110平方米，调整了相关的用房。对教学楼进行了外装修，建成大型宣传广告牌4块。为适应学校校产的发展，完成平安大街临街修复工程和美容中心的外装修工作。完成南北院自来水管线改线工作及部分厕所冲水阀门改脚踏式的工作。完成校门口通讯电杆迁移和学生宿舍加装201卡电话的工作。

对北院室外电缆和室外各种飞线进行了改造。购买了多种花草树木，清除了院内的卫生死角，使院容大大改观。完成了化学实验室的评估和市中医管理局布置的财产清查及全院计算机2000年问题的工作。

对学院的汽车进行了更新，保障了教学、科研和院内行政办公用车。完成通州区云景里小区6套职工住房的进住手续办理和西三旗东二里小区职工住房进住手续的办理工作。在保障全院师生就餐的前提下开始起动社会化改革工作。

**人事工作** 7月8日，经院长办公会通过，学院191人参加社会失业保险。4月6日，根据人事部《关于享受1998年政府特殊津贴人员审批及有关事项的通知》（人发［1999］36号）的文件精神，钱英被批准享受政府特殊津贴。

（袁　越　张秋云　张久玲　邹志东　刘　意
张一芸　王明鑫　杨淑琳　张淑敏）

# 北京职工医学院

（海淀区万寿路西街12号）
邮编：100036　　电话：68212224（总机）

**事业概况** 教职工146人，其中教学人员60人，教辅人员16人，行政后勤人员70人。教学人员中包括教授3人，副教授19人，讲师32人，助教6人。

本院是一所北京市独立设置的成人高等医学院校，直属北京市卫生局领导。承担本市在职医药卫生人员和卫生管理干部的培训任务，也为边远省市代培部分医学专业人才。学院开展学历教育、继续医学教育及技工等级培训。办学形式有脱产、业余两种。学院有职能科室12个，教辅科室2个。教学系统为一部四系建制，即基础部、临床医学系、护理系、预防医学系、药学系。设有医疗、护理、药学、医学检验、卫生、全科医学等14个专业。建院以来共毕业学员4 761人，结业学员18 144人。在校生2 910人。学院有两所教学医院：北京市第四医院和石景山医院。近20所中央及市属大医院与本院有教学协作关系，医疗、护理专业分别与10所医院建立了学生毕业实习基地。

**教学工作** 1999年共招生2 735人，其中医疗、护理、医学检验、输血、营养、卫生、药学等7个专业共招收大专班学员961人，短期班招收1 774人。毕业学员753人，结业学员1 774人。学院十分重视招生工作，采取多种措施进行招生宣传和咨询。为提高考生上线率，积极举办考前辅导班。原计划招生400人，实录1 017人，完成计划的254%。注册报到961人，报到率94.5%。本年度校内大专班共有29个班次，开设321门课程，完成教学任务12 480课时。教学管理部门克服了扩招后带来的种种困难，妥善安排教学各个环节的工作，做到了管理有序，保证教学质量。

为了适应社会发展和首都经济建设的需要，培养更多实用型医药卫生人才，本院在充分调查论证的基础上，经市教委批准，新开了全科医学和中药学两个专业。重新修订了护理、医疗、检验、药学4个专业的教学计划。共有39名教师参加了40门课程教学大纲的编写，拟在下学期投入使用。加强了教学规范化管理及师资队伍建设，认真实行了教师任课资格证书制度。新组建了教学检查小组，由具有丰富教学经验的管理人员和优秀教师组成，开展的检查项目为：规范考试试卷、观摩听课、教学检查、计划研究等。学院严把农村定向教学基地的教学质量关，规范了下设电教工作站例会制度。教务处、电教中心、学生科切实加强对各点的监控，及时检查教学计划的执行情况，重视内派、外聘教师质量，严密组织试卷命题、封装及阅卷工作，派院内监考人员专程赴郊区县各考场监考。

图书馆馆藏图书4万册，开展了机读检索与图书期刊计算机管理。并与解放军图书馆建立协作关系，扩大了图书期刊借阅书目，更好地为教学服务。

**科研与学术交流** 组织了2项科研成果的申报。召开了院学术年会，收到论文27篇，其中6篇在大会上交流，21篇在国内学术期刊上发表。中层干部撰写调查报告16篇，政治思想论文25篇。有24人次参加了院外学习、培训及学术会议。

**学生工作** 学院重视对学生的德育教育和政治思想教育，在全脱产班召开了《加强学生思想政治工作，建设文明学院》报告会，院领导对学生提出了具体要求与期望。对新生认真进行入学教育，学习《学生手册》，对校外点采取走出去宣讲的办法，使学生自觉遵守学籍管理规定。年终评选优秀学员150人，优秀班干部25人，优秀毕业生3人，先进班集体3个。处理违纪学生19人。

**行政后勤管理** 各科室按照学院要求制定了工作流程图，加强了工作的有序性和科学性。学院在努力多办学、办好学，不断提高社会效益、经济效益的同时，认真分类测算，开会研究，完成了院内津贴发放方案的调整修订，使职工收入有了较大幅度的提高。

成立了兼职审计组，并建档归档。审计组全年审减资金7 000余元。年底根据上级的布置，审计人员对有关科室进行了收支两条线的检查，学院根据存在的问题重申了国家财经纪律，规范了管理。

档案工作基本实现了计算机现代化管理，全年立卷158卷，并输入微机管理。完成了1979—1987年档案输机196卷。编沿出两种教学方面的资料，组织全院教职工进行了档案知识答卷。年初召开了信息工作会议，表彰了优秀信息员，推动了信息工作的开展。《学院通讯》双月刊按期编印下发。加强了对统计工作的领导，派出4人参加市统计局开办的专业人员继续教育培训班。组织全体教职工进行了有关《统计法》的知识答卷。继续承担了市卫生局考评中心的3种考试任务，承担了首次全国医师资格考试北京考区的部分任务。安全保卫工作坚持“谁主管，谁负责”的原则，以宣传教育为主，抓各项制度落实，促进隐患整改，全年投资13万元，完成了办公楼照明线路整改等工作。

图书馆初步实现图书期刊计算机网络管理。电教中心完成了生物学、医用化学、解剖学、微生物及免疫学、生理学、药理学等10门课程的教材录像复制工作。

为满足日益增长的教学需要与培训点、考点需要，建成计算机网络实验室1个，于年初投入使用。目前两个计算机房共有586微机78台，全部实施局域网和多媒体教学。

根据上级对社会力量办学的具体要求，学院组建了北京职工医学院培训中心，办理了相应的法人证书、机构代码证、收费许可证等，制定了中心章程，单独开办了银行账户，实现了独立记帐等财务管理。全年开办考前辅导班培训191人，技术工人等级培训78人，计算机培训与考试共1 043人次。

完成了旧锅炉的改造。院墙外围的地面铺设了水泥砖。

完成了无偿献血任务。计划生育工作被市卫生局评为先进单位。本院被评为万寿路地区红旗标兵单位，海淀区交通安全先进单位，万寿路地区社会治安综合治理和消防工作先进单位。 （侯长胜）

# 北京医学高等专科学校

（顺义区大东路）

邮编：101300　　电话：69443147

**事业概况**　教职工 335 人，其中高级职称 38 人，中级职称 94 人，初级职称 115 人。现有在校生1 452人，其中普通大专生 947 人，成人大专生 505 人。1999 年临床医学、医学检验、预防医学、护理学、药学五个专业招收普通大专生 365 人，其中首届药学专业学生 44 人；成人大专生 3 个专业招收 278 人。普通大专生毕业 293 人，成人大专生毕业 99 人。至1999 年已有普通大专毕业生2 229人，成人大专毕业生 202 人。

学校固定资产总值4 237万元，其中教学设备总值1 363万元。

**教学工作**　努力提高教育教学质量。加强教学基础设施建设，改善办学条件，增强办学实力，以适应教育现代化需要。

新建微生物实验室，改造了物理微机房，增设了两个多媒体教室。

学校 1999 年对教学医院建设投入了相当大的人力、物力、财力，完成了教学基地的评审工作，11 所教学医院全部参加评审，并全部被评为合格临床教学基地。

教务处精心制定教研室工作评检指标，完善教务手册，制定教学人员的岗位职责，利用这一考核指标对各教研室进行综合评价，增强各级人员的责任心，促进了教学质量的提高。

卫生系通过 3 年的学生生产实习和毕业论文考核，与 5 个区县级卫生防疫站建立了联系。北京市卫生防疫站已逐步形成一个带教教师群体，加强了教学力量，促进了预防医学专业教学质量的提高。

为适应首都人才市场需要，调整专业，扩大办学规模。1999 年减少了临床医学专业的招生，扩大了护理专业的招生，增设了药学专业；医学信息专业的申报工作业已完成，做好了招生的准备，预计 2000 年招生。成人教育 1999 年招收 278 人，比 1998 年增加了 120%。

提高管理水平，加强和完善辅导员工作，及时召开学生座谈会，了解学生对教学的意见、要求，使教与学均有的放矢。注重学生理论与实践的有机结合，考试侧重于实践能力，实习效果明显提高。

医学专科学校由于学制和规模的限制，学生修业年限短，学时相对少，加之人文社会科学课时少，学生在校所学知识比本科生少。卫生系结合学生生产实习和专业课的教学，探索了如何加强三年制预防医学专业素质教育的课题，开展了如何加强临床专业预防医学战略思想教育的讨论等学术活动，提出今后应通过教材的改革与课程调整来扭转长期以来临床教学中的重治疗、轻预防保健的教学培养模式，转化为培养预防、保健、治疗、康复一体的基层卫生工作者的教学模式。

学校于 4 月召开了医学检验系教学改革研讨会，会议议题是：新形势下如何改革检验教学。与会的专家、教授提出许多好的建议。据此，检验系对原有的实验项目进行筛选，增加实验课的比例，以适应临床需要。同时加强计算机、专业英语的教学。6 月，举办了首届“临床检验操作技能竞赛”活动。

教学活动中积极运用多媒体教学。组织多媒体应用培训班和教学观摩，使教师掌握多媒体设备的使用、电子动画的制作方法。

本校在市教委首次科研课题立项血液学检验多媒体教学软件，已完成初稿和大量计算机处理工作。

**师资培养**　坚持青年教师在职进修学习和继续教育制度。教师们妥善处理好学习与工作，将理论与实践相结合，在完成各项教学任务的同时，自身的水平不断提高。新分配的教师实施岗前培训，有计划地完成教育理论班的培训，切实保证每节课的质量。

支持教师完成研究生主要课程班的学习，积极参加国内访问学者的学习及助教进修班等的学习，以及攻读定向研究生及在职研究生。校内组织听课、观摩教学、科研讲座。在师资队伍建设方面所做的工作得到市教委领导的肯定。

**教材建设**　学校多名教师参加全国医学院校专科教材第 4 版的编写工作，有检验专业分析化学的主编，临床医学概论、外科学、生理学、预防医学、中医学的参编。完成全科医学中临床医学部分 8 万字的编写初稿。

检验系完成《临床检验实习指导》的修订工作。各教研室对自编或协编的实习指导进行了修订。

**学生工作** 学生处工作人员制定了一套行之有效的管理办法和完整的规章制度，并切实保证制度的贯彻落实，对学生的综合考评做到量化管理，从思想品德、学习成绩、文体活动到宿舍环境卫生，都有明确的标准，操作起来简便易行。重视调查研究，班主任深入到学生中去，了解他们学习、生活与思想以及对现行学校规章制度的意见与建议，学生处对这些意见与建议结合学校实际，认真分析总结，使现行规章制度不断完善，更趋科学合理，不断提高管理水平。工作的重点逐步从单纯的思想政治教育为主转变为培养全面发展的具有较高素质的人才为主，工作方式从管理教育为主转变为为学生提供辅导、帮助、服务为主，加强对学生微观的辅导和提供切实的帮助。

招生就业工作是学生工作的重要内容，学校成立了招生就业指导中心，“双向选择，自主择业”把学校和毕业生推向市场，只有培养高素质的人才才能适应市场发展的需求。

**医疗工作** 学校医院改善了就医环境，对病房进行了粉刷，部分病房安装了空调。医务人员的服务态度有了很大改善，就医人数增多，年门诊15 256人次，住院1 030人次。

**行政后勤** 做好各项保障工作，积极服务于教学。学校图书馆购进新书1 951册，中外文期刊347种。树立“为教学服务，为读者服务”的意识，不分节假日，全天开放，全年共接待读者17 000人次。设备处与各部门积极配合，完成护理系、药学系设备的配置，多媒体教室、职工之家、护理形体房的设备购置与安装。形态、化学实验室顺利通过评估。学校统计工作被北京市教委评为先进集体。总务处由被动服务转变为主动服务，做好后勤保障工作，确保教学及日常生活正常进行。被评为北京市节水先进单位。

（李雪君）

# 北京卫生学校

（宣武区南横西街94号）

邮编：100053 电话：63538822（总机）

E-mail：beiwe@qublic.bta.net.cn

**事业概况** 教职工286人，其中专任教师106人，包括高级讲师39人，讲师52人，助理讲师14人；教辅人员48人，行政人员62人，工勤人员44人，另有校办药厂26人。

1999年学校主要承担药剂、检验、医学检验、中药、医学影像技术、口腔工艺技术、营养、护理、财务会计、药剂（仓储营销专门化）等专业全日制普通中专班的教学任务和与北京联合大学中医药学院联办中药、检验高职班，与北京物资贸易学校联办中专班的部分教学任务。

**教学工作** 全日制普通中专班37个，其中药剂专业281人，检验专业38人，医学检验专业155人，中药专业108人，医学影像技术专业114人，口腔工艺技术专业67人，营养专业33人，护理专业227人，财务会计专业38人，药剂（仓储专门化）专业34人，另有新疆生产建设兵团委培生33人，共计1 128人。

与北京联合大学中医药学院继续联办医学检验专业高职班2个57人，中药专业高职班2个46人；与北京物资贸易学校联办中专班2个83人；为海南省农垦卫生学校代培检验中专班1个52人，药剂中专班1个47人；全校在校生共1 413人。全年完成教学任务30 362学时。

加强教学管理，提高教学质量。在全年的教学过程中着重抓好课堂教学质量，狠抓各项教学管理制度的落实。如：认真实施专任教师教案审查制度，坚持教室日志检查制度，坚持校领导、督导员、教学管理部门听课制度和学生填写授课评价反馈表制度等。综合各种信息，准确客观地评价老师授课情况。此外，坚持日常教学检查与期中期末的定期检查相结合，发现问题及时解决，不断改进，确保质量。

积极推进教学方法和教学手段的改革。建成多媒体教室3个。举办多媒体课件制作技术专题讲座，指导教师制作多媒体课件。已制作完成解剖学、病理学、生物学、药理学、中药化学、X线机械与维修等14项多媒体教学课件，一些具有特色的课件已被兄弟学校引进，用于教学。

加强实践性教学环节，培养学生学习动手能力和参与社会的能力。中药专业药用植物学课摆脱只在实验室观看标本的教学模式，调整出部分课时，由任课教师带领学生到植物园上实践课。法制教育课也利用部分课时，组织学生到法院旁听案件审理。扩展学生知识面，培养学生实践能力。

组织评优课，提高教学质量。学校高度重视教学质量的提高，在教师中组织校级评优课活动，鼓励教师积极参与踊跃报名，经课评组评审有3名教师获校级优秀授课奖。其中1名教师被推荐参加北京市教委评优课，并获青年教师评优课一等奖。

召开教学年会，征集论文55篇。

**德育和学生工作** 坚持把德育放在学校工作的首位，不断探索德育和素质教育的规律。在全校开展评选“十佳德育工作者”活动，经全校师生投票选举，评选出10名德育优秀工作者并召开大会进行隆重表彰，颁发证书和奖金。

按照《中共中央国务院关于深化教育改革，全面推进素质教育的决定》结合卫生职业教育的特点，积极进行德育和素质教育的试点。开设试点班，针对不同情况，设计素质教育的研究课题。

重点对学生进行法制教育、文明礼仪教育、心理健康和学籍管理等方面的教育。通过多种形式的活动：参观“为了明天——预防青少年犯罪图片展”，邀请公安部门同志来校举办法制宣传讲座，结合国庆50周年、澳门回归、“五四运动”80周年、纪念“一二九”运动等重大事件，进行专题板报、知识竞赛等增强学生的法制观念，培养爱国主义精神，增强历史责任感、使命感和为振兴中华而学习的动力。

**招生和毕业生就业指导工作** 1999年，招收药剂、医学检验、医学影像技术、中药和口腔工艺技术等5个专业新生200名。

根据医学中专生在社会上就业的困难局面，努力做好毕业生的思想工作，引导学生转变传统的就业观念，主动适应社会，适应改革，适应人才市场的变化，树立自主、自立、自强的创业意识。经过多方努力，99届325名毕业生就业率达到98%。

**改善办学条件** 积极争取政府财政对学校的经费支持，对破旧教学设施进行维修更新。投资70万元翻修学校体育场，更新体育器材。投资80万元建成计算机多媒体教室1个，普通多媒体教室2个。35个教室更换安全门。重新装修了学术报告厅。投资40万元完成校园计算机网络一期工程，网控中心及26个终端通过调试验收。另外，更新586计算机50台，为专业科室和教学管理部门增配计算机29台及添置部分教学仪器设备。

**后勤工作** 改善学校后勤服务，清理整顿美化校园。努力改善学生和职工食堂就餐条件，增加和更新就餐桌椅，购置新冰柜，增加伙食品种，控制成本，降低价格，落实食品卫生制度，定期进行检查，全年未发生食品卫生事故。

美化绿化校园，更新校内宣传栏，增设存车处，努力创造和建设具有良好文化氛围的育人环境。完成公民义务献血任务，绿化、安全、计划生育等项工作均获先进单位称号。 （周葆华）

# 北京护士学校

（通州区玉带河大街70号）

邮编：101149　　电话：69523144

**事业概况** 教职工191人，其中专任教师73人，包括高级讲师17人，讲师43人，助理讲师13人；教学辅助人员25人，行政后勤人员93人。

本校承担护理、助产两个专业全日制普通中专教育教学任务，年内护理专业招生291人，毕业304人；助产专业招生41人。

首次在校内采用公开招聘的办法筹备并成立了培训部，举办了高等自学考试辅导班及其它短训班。

**教学工作** 本校上半年全日制普通中专在校生1 330名（护理专业1 249名，助产专业81名），共34个教学班；职工中专在校生76名（中医士45名，针灸推拿31名），共2个教学班。下半年全日制普通中专在校生1 348名（护理专业1 228名，助产专业120名），共33个教学班。

全日制普通中专总校共完成教学18 260学时，分校共完成7 850学时，教学实验课开出率100%。护理专业95级毕业合格率100%，就业和继续升学率98%，其中护理岗位就业85%，其它岗位就业8%，继续升学5%。参加了市教委组织的英语、语文水平测试，英语测试通过率82.03%，超过了全市70.64%的平均通过率；组织教师参加了普通话测试，通过率100%；首次组织了本校护理专业毕业统考，取得了优良成绩。

本年度教学工作进一步健全了各项规章制度，加强了教学检查和制度的落实，坚持了质量监控和效果的反馈。采取多种形式，对各分校的教学工作进行指导，提高分校师资的业务水平和教学能力，统筹安排临床课与实习阶段的教学工作；加强了分校的教学研究，规范了分校的教学管理，进行了综合实践能力考核方法的新尝试。

为配合教研和教改以及学生教育工作，加强了教材供应、电教辅助以及图书馆信息服务工作；继续开展了教师的继续教育；争取专项经费更新了计算机教学设备；申报卫生部科教司与华夏基金会资助护理专业远程教育项目，参加了全国远程医学教育网络建设的筹划工作；完成了市卫生局统一组织的全市卫（护）校的招生加面试工作。

根据毕业生就业和继续进入护理专业高职学习的双重需要，对护理专业4个在校年级的实施性教学计划分别进行了调整，相应增加了语文、数学、英语课的教学比重。

**教学研究** 本校教研督导室根据教学工作的需要积极组织教师开展教研工作，有多项课题研究获得了上级的成果奖；积极参加了多种学术交流活动；有多篇论文获奖、入书；积极参加了上级部门组织的教材、辅助教材、管理制度、规章制度的编写工作；召开了第11届学术年会，收集论文40篇，研究成果51项，交流论文13篇，推动了校内教研和学术活动的开展。加强了教学研究工作，组织了总校和分校的教学研究课。

**学生工作** 进一步注重了学生综合素质的教育和培养，根据学生工作的特点利用业务培训、经验交流、加强工作考核等多种形式提高班主任的素质，调动班主任积极性，发挥了班主任的作用；坚持了班级量化考核和奖罚制度。加大了考核和奖罚力度，进一步促进了学生的集体荣誉感和自觉学习的上进心；定期组织了学生干部培训、提高学生干部的管理组织能力和服务意识；加强了健康教育，开展了心理咨询活动，为学生在心理上健康发育成长提供指导和服务。结合重大节日、纪念日开展了形式多样、内容丰富、生动活泼、健康向上的各种活动，对学生进行爱祖国、爱集体、爱社会主义的教育。如为迎接澳门回归祖国，组织了学生喜迎澳门回归的演讲比赛、知识问答、板报评比等活动，举办了迎澳门回归象征性长跑和越野赛。实施劳动教育计划，通过学生的亲手劳动，创造了整洁、优美的学习、生活环境，培养了学生自主、自立和吃苦耐劳的作风。在多种形式的教育活动中突出了以党的基本路线为重点，科学的世界观、人生观、价值观为重点，精神文明、职业道德为重点。思想政治素质和精神面貌有了明显的提高。校园内出现了很多感人事迹，有3个班的同学自发地捐款资助电击受伤的儿童和复明工程；自发为身患癌症的同学捐款；在学生中出现了第一位捐献角膜的志愿者；多名在校内外拾金不昧的助人为乐的好学生。经过认真评选，全年评出校级优秀学生干部15人，校级先进班集体3个，学习优秀、劳动教育等单项奖的班集体4个，校级“三好”学生3名；市级“三好”学生2名；市级优秀学生干部1名。

**国际交流** 按本校与美国圣地亚哥州立大学健康人类服务学院交流访问学者的协议，派出了第二批访问学者1名，目前已学习结束回国；1名教师赴德国参加“生物学发展大会”；日本教育考察团16人来本校参观；本校2名教师参加了在香港举办的该区“第二届护理教育会议”，其中1人在会上宣读了论文。

**行政后勤工作** 本校350名师生参加了建国50周年群众游行，有9个班集体、23名个人受到上级的表彰；组织参观了建国50周年成就展，举办了美术、书法、摄影展、文艺演出等庆祝活动。

本年度继续深化学校内部管理改革。修订了校内津贴分配办法，增加了奖金分配的透明度，进一步体现了多劳多得和向教学、管理倾斜的分配原则。本着精简人员、提高效率的原则，对部分岗位和人员进行了调整，减少了人浮于事、忙闲不均的现象，大幅度减少了临时工的使用。

老干部工作遵照政治上关心、生活上照顾的原则，认真贯彻有关政策和规定，落实老干部工作领导责任制及目标考核责任制；组织了多种适合老同志特点的活动；定期家访慰问，及时解决困难和问题。

安全保卫工作结合本校情况，加强了安全教育和法令法规的学习、宣传；加强了消防骨干的培训；坚持了检查制度；加强了值班和领导带班以及夜巡。全年在治安、消防、交通安全等方面未发生任何责任事故。

对食堂的经营方式进行了改革，试行了分组承包独立经营的方案，引入竞争机制，兑现了效益挂钩，调动了炊管人员的积极性，初步探索了社会化服务的新路子。

落实了几项节约开支的管理措施：减少车辆的过路费；公务电话核定话费包干使用、节约归己；调整了开水和洗浴用水的供应方法；更换了燃油茶浴新炉的设施；完成了南北院两栋住宅楼一户一表的改造，实现了居民用电的社会化。

财务工作按照压缩开支、科学安排的原则，优先保证改善教学条件资金的落实，大修大购项目根据财力统筹安排。年内完成了两个新计算机教室的改造工程，学生公寓、解剖楼、阶梯教室、办公楼、图书馆楼屋顶维修及外墙装饰工程。

本年度有多项工作继续保持了市、局、区的先进称号：首都绿化美化花园式单位；北京市爱国卫生先进单位；北京市卫生局计划生育先进单位；北京市卫生系统档案管理先进单位；通州区文明单位；通州区交通安全先进单位；被中专研究会推荐为北京市教科研先进学校。　（初冬岩）

# 北京市卫生职工电教中专学校

（顺义区城府前街）

邮编：101300　　电话：49442449

**事业概况**　职工48人，其中各级各类专业技术人员25人，包括高级职称2人，中级职称7人，初级职称16人，其他专业技术人员13人（包括音像制作、摄制、编辑、复制、计算机和激光照排系统等），行政后勤人员10人。

本校采用远距离音像教学手段，通过市、区(县)、乡（街道）三级医疗视听教育网，对全市基层卫生系统在职人员进行中专学历教育、继续教育；对乡村医生进行正规化、系统化培训和对群众进行健康教育。

现有乡村医生专业78个教学班，共有学员2 625人。其中乡医学历教育1 987人，系统化岗位培训612人，护理专业26人。

**机构设置**　本校设有办公室、教务科、学籍科、摄制科、教材科、财务科、工会。学校内部设置开发科。

**体制改革与管理**　为实现教育资源共享，优势互补，适应教育结构调整，北京市卫生局党组1月6日《关于同意北京医学高等专科学校与北京卫生电教中专学校合并方案的批复》决定两校实行实质性合并。要求为使合并工作平稳、健康顺利进行，要加强组织领导，做好深入细致的思想动员，做到精心组织，耐心操作，便于合并正常运行。中共北京市卫生局党组3月23日京卫发［1999］29号《关于王增权等同志任免职的通知》中决定：王增权任北京医学高等专科学校副校长兼北京市卫生职工电教中专学校校长、北京市初级卫生保健电教培训中心主任。4月20日，北京医专党委召开电教中专全体职工大会，宣布两校正式合并。合并后北京医学高等专科学校内设电教中专部。为便于开展工作，对外仍保留电教中专学校。王增权校长及时召开电教中专部中层干部会学习北京市卫生局、北京高等医学专科学校关于两校合并的文件精神，统一思想。要求学校各科（室）按照原有计划进行工作，同时狠抓理论学习、组织纪律、安全保卫等项工作，以确保过渡时期队伍的稳定。5月18日，京医专党［1999］7号文《关于龚广山等同志任免的通知》宣布了龚广山、朱彬生任北京医专电教中专部主任。并经过全体党员民主选举产生了电教中专部党支部委员会，龚广山任党支部书记、朱彬生任组织委员、刘瑞香任宣传委员。工会组织也纳入北京医专工会统一管理，成立了电教中专部工会小组，付慧芳任工会小组组长。其它工作也将按照两校合并方案逐步进行。

**教学工作**　1999年招收乡村医生专业学员694人。按照教学计划，完成各年级学历教育、预科班教育、系统化教育的考试、考核和补考任务共计33科目，13 717人份。同时完成考试、考核科目的出题、印卷、分发、装订、阅卷工作，以及相关的抄分、登记等学籍管理工作。96级乡村医生专业176人圆满完成学业，核发毕业证书。完善了学籍管理手续。按照市教委的要求，对所有在校学员进行重新登记，并全部进行微机管理。4次召开电教工作站站长会，布置教学管理工作，研究和解决在教学和教学管理工作中存在的问题。配合市卫生局教育处完成对平谷、门头沟、通州卫生队伍现状和需求的调研工作。

本校组织教务人员深入平谷、密云、房山、昌平、大兴电教工作站，开展日常教学活动抽查，并对10个电教工作站进行全面教学检查和评估。于7月16日在密云电教工作站召开了全市教学工作现场会。北京市卫生局基层卫生处处长吴永浩、北京医专党委书记王道瑞、北京医专副校长兼电教中专学校校长王增权、原电教中专学校校长陈桐祥、密云县卫生局副局长李树阳、各区县电教工作站站长、学校有关科室的同志参加了会议。参加会议的全体同志首先参观了密云县电教工作站及所属新城子教学班。现场会上，密云、大兴、房山、怀柔4个电教工作站站长做了发言。电教中专学校王增权校长做了“总结经验，为乡医两化教育再创新业”的报告。最后，出席会议的领导与各位工作站站长进行座谈，充分肯定了建校10年来所取得的成绩。同时，学校决定对每个年度的教学、教学管理工作检查形成制度化。

**音像制作和复制工作** 音像制作科重点学习“非线性编辑系统”的操作理论，开展自身业务建设。选派3人参加中国劳动出版社召开的音像出版研讨会，承接该社摄制课题的任务。

复制科全年复制教学录像带7 495盘，共计22 485学时。同时加强对现有设备的维修保养，清洁磁鼓，从而保证教学复制工作的顺利进行。

**行政后勤工作** 办公室文件传阅120件。打印5 398页，复印17 481页，印刷83 976页。整理各类档案93卷。

全面清查计算机2000年问题，成立了Y2K工作领导小组，对学校计算机系统进行全面清查，按照北京市卫生系统Y2K领导办公室的要求，先后填报Y2K自查报告、责任书、风险评估、符合性测试报告、应急计划等书面材料，并在Y2K敏感日进行监测，未发现问题。

人事部门完成社会保险登记和失业保险登记工作。按照市委、市政府要求，完成党政机关职务补贴、事业单位补贴、离、退休人员增加生活补贴等工作；遵照国办发［1999］78号和京人发［1999］49号文件精神，完成各类人员提高工资档次的工作。办理退休手续1人。完成年度考核工作，填写了干部履历表。

财务科配合市卫生局审计处对原校长在任期间所发生的经济活动进行了离任审计；对本校固定资产进行盘点，做到帐、物、卡相符，真实、准确；遵照市财政局、市卫生局指示精神，对本校1997、1998年度的财务收支情况进行清理，明确了收费收据、银钱收据的使用范围；承担新书发放任务，将剩余书退回厂家，将物变成现金，为学校节约了经费；为防止隐患发生，将多年来积压的报废物品进行处理，变废为宝；对工资发放工作进行改革，由手工发放改为银行代办的工资卡制度。

工会组织本校职工健康体检，体检表全部存入个人健康档案；组织职工参加北京医专工会组织的迎澳门回归文体活动，拔河比赛获第一名，大合唱获特别鼓励奖。司机班坚持每月一次例会制度、一日三检制度，全年行车无事故。 （蔡纳新）

# 北京市中医学校

（通州区梨园地区）

邮编：101101　　电话：60527431

**事业概况** 教职工107人，其中专任教师63人，包括高级讲师9人，讲师22人，助讲32人。教辅人员16人，行政后勤人员28人。

**争创北京市中专骨干校工作** 1999年是学校积极准备争创骨干校的关键一年。年初学校结合聘任大会，号召动员全体师生统一思想，提高认识，为争创成功做好准备。提出力争打好三个战役，即：毕业环节评估、综合督导诊断评估和骨干校评估验收。同时出台了“新工作运作法”，并提出了整顿加强劳动纪律、强化管理考核等保障措施，按照学校要求，全体教职工每天写工作日志，科长以上干部写周志，科室每半月进行工作小结，学校每月进行科室工作汇报或交流。配合出刊争创简报、信息，开拓了工作新局面。由于考核逐步上轨到位，工作纪律加强，工作时间有保障，工作环境干扰少，使工作效率明显提高。

骨干校评估条目材料是专家进校进行评估验收的重要方面。为此，学校领导、评估办人员以及相关科长、材料员多次研读条目内涵，在原有基础上，充实、完善38个条目材料，同时采取走出去、请进来，吸收经验，查找不足，进一步完善、充实材料，努力使材料精益求精。年底市教委骨干校评估专家组来校评估验收，认定该校为北京市中专骨干校。

**教学和教研工作** 有全日制普通中专生955人，其中中医医疗专业187人，针灸推拿专业88人，社区医学专业48人，文秘与档案专业83人，中医护理专业182人，护理专业241人，中药专业126人。本年度招收5个专业，237名新生；有243名学生毕业。

为进一步提高教育质量和课堂教学效果，积极倡导教师实施主体教学，开展以学生为中心的教学活动，提高了学生的学习兴趣和教学效果。结合推广主体教学，开展了中青年教师听评课活动，教育研究室组织教师对主体教学进行了研讨。采用多媒体教学目前在学校已蔚然成风。随着教师计算机应用水平的逐渐提高，自己动手制作课件应用于教学之中的教师越来越多，收到了很好的教学效果。陈丹荣获市教委第三届青年教师评优课评比二等奖。

确定主干专业，从主干专业入手，组织制定了中医护理专业和针灸推拿专业的教改实施意见。分别对上述两个专业从多个方面提出实施教改的具体做法，认真组织开展了模块化目标教学的探索与研究。组织制定了专业知识与能力大纲和重点课程的实践技能训练量化标准及考核办法，开辟专业教室，充分发挥专业教室的作用，强化直观性教学。

充分发挥教研组的优势，调动其积极性，使其自转起来。一年中，各个教研组的出色工作是教改活动的又一特点，学校的很多教改精神和办法，都是从每个教研组进行研讨、尝试和推广的。

认真准备市教委关于毕业环节评审的各项工作，打好骨干校评选第一仗。学校成立了毕业环节工作领导小组、论文指导委员会、论文评审委员会，对论文题目的拟定、论文审阅、辅导和答辩进行了布置，周密安排了毕业考试、毕业操作考核、论文及论文答辩、指导及科室教师毕业环节考核等。使这项工作自始至终井然有序，通过对整个毕业环节过程的准备，规范了此项工作的管理。

学校对学生的就业工作很重视，提出早动手、早落实，1999年由于毕业专业班多，毕业生人数多，医院需求萎缩，推荐工作存在一定的难度，经过与各区、县卫生局、卫生医疗系统反复联系协商，学期末定向协议生、统招不包分配生就业上岗率达89%。

**学生工作** 重视德育工作，定期召开德育工作研讨会，对过去工作进行认真总结，对未来工作进行细致研究布置，号召教职工全员参与德育教育，认真执行落实每位教工每学期至少做两件三育人实事并有情况记录。卓有成效地开展主题班会、特色教育活动，加强学生自我教育、自我管理、自我服务、自我约束的能力，培养和树立了一些优秀学生个人和集体的典型。为此，学校的德育工作在督导评估和骨干校评选验收中均获得专家组的肯定和好评。在距专家组进校还有50天的时候，对学生进行了“光彩50日”动员，并组织安排了系列迎评活动，调动了学生的积极性，为学校顺利进入骨干校增砖添瓦，贡献力量。

积极组织开展健康教育活动，筹建了学校心理咨询室和健康教育专栏，设立了“悄悄话”信箱，增加了师生沟通的渠道。关心和重视学生的身心健康。

国庆50周年，学校由300名师生参加国庆游行方阵，并荣获游行总指导部优秀奖和市卫生局最优组织奖。

**教学设施建设** 新建了“六路双向遥控闭路电视教学系统”，分别在教室、实验室、会议室等设有22个终端，并为16个教室更换了29寸彩电，新建多媒体、电化教育室和一个装有50台微机的计算机室。图书馆达到藏书5万册，并实现了微机管理。为使实验室布局合理，便于管理，在教学楼与实验楼之间重新规划，调整落实了实验室及电教室的布局，规范了教学用房，方便了教学和管理。添置了60万元教学仪器和设备，充实了实验装备，完善了专业教室建设，提高了实验设备现代化水平。

**管理与后勤** 为每个科室配齐了微机。购置了图书、教学、学生管理、档案管理、财务管理等有关软件，进一步提高了办公自动化水平和工作效率。安装了“磁卡售饭微机管理”系统，食堂大灶和茶炉改装成燃气燃油环保型设备。接通了201校园卡电话，为每个师生宿舍和有关办公室配备了话机，方便了师生的通讯需求。学生宿舍添置了110多套多屉桌与坐凳，方便学生读写及存放书和文具。在教学楼、学宿楼、实验楼的相关部位，悬挂师生亲笔书写的名言镜框，新做了铝合金宣传栏，优化了育人环境氛围。进行了校园环境的绿化、美化，对绿地和排球场地加围栏，植物园中药标牌更新，添置了李时珍塑像使校园环境整洁、美观，为此，被市政府和首都绿化委员会评为“花园式单位”。 （吴 云）

# 高校厂矿部属医院卫生工作

## 北京大学医院

（海淀区颐和园路5号）
邮编：100871　　电话：62765531

**事业概况**　职工156人，其中卫生技术人员117人，包括主任医师2人，副主任医师27人，主治医师62人，医师26人（以上均含相应职称）；行政后勤人员39人。开设病床130张。2月起，暂停产科业务。有万元以上医疗设备65件，其中本年度新购置支气管镜、动态血压监测仪、内窥显示仪、HP服务器、服务器等5件。800元以上固定资产总价值669万余元。总建筑面积7 913平方米。设有10个普通门诊，30个专家、专业、专科门诊，由正副主任医师和外聘教授开诊。筹建北大方联医疗科技中心、北大教授保健医疗服务中心。探索大学社区服务及医疗网络服务的途径和办法。

**医疗工作**　全年门诊181 582人次，日均门诊544人次。家庭病床581人次。急诊16 894人次。抢救危重症3人次，抢救成功率33.3%。入院591人次，出院605人次，床位使用率34.08%，床位周转次数4.73次/张，治愈率64.47%，好转率20.62%，死亡率5.72%。入出院诊断符合率98.77%，7日确诊率97.75%。普外、妇科及耳鼻喉科手术582例，其中大手术2例。查体27 048人次，其中学生20 994人次，教职工5 425人次，幼儿629人次。经查体发现癌症患者10人。师生员工中有1 942人无偿献血，获1999年北京市无偿献血金质奖。北大肿瘤物理诊疗技术研究中心临床医学部收治肿瘤病人81人次，采用手术、化疗、放疗、介入疗法、中西医结合等方法对晚期癌症进行治疗，提高患者生活质量，延长生命，取得显著疗效。并取得了北京市公费医疗办公室、北京市医保中心的认可，成为公费医疗定点单位。

**护理工作**　不断完善护理工作制度，坚持综合护理质量考评。搞好三基训练，全年业务考核7次，有210人次参加，合格率90%；加强基础护理与操作技能训练，使全院护理人员技术操作合格率达85%。定期召开院内感染委员会例会，进行物表采样及空气培养，认真填写报表，使院内感染率控制在6%以下，漏报率控制在8%以下。加强病房规范化管理，修订探视及陪住制度。规范护理表格的书写，合格率90%。全年护理人员外出参加中华护理学会北京分会学习班20人次，组织护士继续教育学习240人次，主管护师撰写论文10篇。

**科研工作**　继续与北医三院合作进行“糖尿病高危人群监控”，在教工中进行预防糖尿病知识的宣传及生活干预，主要采取饮食与运动两方面的指导，举办专家讲座，取得了良好的社会效益；继续与北京心肺血管疾病研究所合作进行国家“九五”医学科技攻关项目“心血管病社区人群综合干预研究”，已进入高血压干预观察阶段；进一步与日本北海道大学附属医院及日本渡边牡蛎研究所合作进行“活性型牡蛎丸对血清脂肪代谢的影响”的研究；与北京医科大学肿瘤研究所合作“肿瘤的初筛与自查”，已进入第四年，将防病的手段交给群众，在自查的基础上，得以及时治疗。全年撰写医学科技论文33篇，其中一级刊物刊登6篇，二级刊物刊登26篇，国外杂志刊登1篇。

**医学教育**　全年有80人次参加中华医学会组织的学术报告活动，22位医师参加了首都医科大学全科医学培训中心举办的“全科医师培训班”，并获得结业证书。承担大学生健康教育课，授课32学时，451名大学生选修并参加考试。为本院职工举办各种业务讲座12次；赴外院进修医生1名；接收心理进修人员1名。开设大学生健康教育选修课，34学时，有233名大学生参加考试，及格率93.2%。有学生红十字会会员1 000余名，职工红十字会会员200余名。为100名大学生红十字会会员讲授红十字会法和会务知识、内科心肺脑复苏急救技术等8门课程，共24学时；通过多种形式广泛开展宣传活动，组织卫生常识宣传、戒烟宣传，发放宣传材料2 100余份；举办艾滋病讲座，400余人参加；开展社区志愿服务、献血宣传及现场服务活动等。被评为北京市红十字全国高校工委先进集体及4名先进个人。

**国际交流**　4月、8月、12月日本渡边贡先生一行3次来院进行活性牡蛎对脂质代谢影响的讨论和研究；先后有荷兰、英国、美国及香港的心理学学者来森田疗法病房参观访问，进行学术交流；10月日本财团负责人岗本先生和日本东京慈惠医科大学中村敬博士参观了森田疗法病房，并对中日神经症临床表现进行对比研究；10月与美国宾西法尼亚州州立大学学生保健服务中心市场经理进行了交流；11月与美国夏威夷大学护理学院院长就社区服务及护士资格审定等问题进行学术交流。

**体制改革与管理**　7月医院行政班子换届。9月科级干部竞争应聘上岗。按照学校人事制度改革的要求，结合医院临床工作的特点进行岗位的设置，制定相应的职责、应聘条件和效绩考核制度，参考职工五年来在临床及与临床相关的工作、科研、社会服务方面所做的贡献，进行综合评估，减少15%编制，实行全员聘任，个人同医院签订了岗位目标责任书。进一步完善各项规章制度。实行会计派驻制，在学校财务处指导下，调整了医院财务总帐、明细帐科目，使医院财务纳入学校统一管理。对药品、大型仪器实行集体采购。继续执行学校1996年的公疗改革方案，加强了公疗计算机个人台帐的录入和管理，筹建公费医疗管理办公室。10月起试运行计算机网络管理系统，使用计算机进行门诊挂号、划价、收费及药房药品管理等。11月改善病房条件，调整办公用房。获首都大专院校公疗管理先进单位。

**精神文明建设**　以改善服务态度和服务作风为中心，开展普遍的职业道德教育。医院的服务对象90%是本校师生员工，在医疗经费拨款有限的情况下，如何做到少花钱，治好病，让病人满意而归，是1999年重点解决的问题。减少“三长两短”现象、改善就医环境，加大内部管理力度。采用闭路电视、校刊、解答教代会学代会提案等形式，加强同师生的联系沟通，用科学数据和民主监督机制不断检查完善工作，收到一定的效果；出色地完成了建国50年阅兵游行、澳门回归的大型庆典活动。进行党员民主评议，评选出校、院级先进党支部和优秀党员，院党委、工会举办了“迈向21世纪演讲比赛”和“迎千年之喜庆世纪之交联欢会”。同新组建的燕园社区服务中心合作，提供不同层次需求的医疗服务，医护人员坚持上门送医送药，受到普遍赞誉。全年荣获市、区、校级先进集体3次，先进个人3人次。

**后勤工作**　办公室总务科合并科室，对原总务部分房间进行了调整、装修，办公室系统的科室集中办公，提高办公效率。（叶树青）

# 首钢总医院

（石景山区西黄村）

邮编：100041　电话：68875731（总机）

**事业概况**　职工1 873人，其中卫生技术人员1 487人，包括主任医师7人，副主任医师（含相应职称，下同）104人，主治医师508人，医师577人，护士291人；行政管理人员142人，工勤人员295人。

医院占地面积235 634平方米，有病床611张。

该院装配有美国GE公司1.5T核磁共振诊断仪、全身CT等先进医疗设备641台（套）。万元以上医疗设备266台（套），设备总值达5 752万元。新购置德国鼻窦镜，日本推拿式切片机等医疗设备18台（套）。

首钢总医院是一所集医疗、预防、保健、康复、急救、教学、科研为一体的三级综合医院。是北京市批准的大病统筹定点医院。

**机构设置**　设有临床科室28个，医技科室16个，预防保健机构8个，职能管理科室15个，后勤服务部门4个。除总医院门诊部外，设有4个社区卫生服务中心（社区门诊部）和25个厂矿、公司卫生所（室）。

1999年成立了重症监护科、住院大楼管理科。将原总务科与机动科合并为总务科。

**医疗工作** 全年门、急诊病人704 237人次，其中急诊病人43 793人次，日平均门诊量2 687人次，急诊危重症抢救243人次，抢救成功率87.24%。孕产妇死亡率1.57‰，新生儿死亡率0.32%，围产儿死亡率12.68‰。

出院患者8 644人次，病床使用率77.37%，周转14.15次，平均住院日19.69天。出院患者治愈好转率94.04%，死亡率5.30%，入出院诊断符合率99.80%，7日确诊率98.92%。

全年开展全胃切除、胰十二指肠切除、门脉高压断流术、肾癌根治术、人工血管置换术、自体肾移植术、脑室系统肿瘤切除术、蝶鞍区肿瘤切除术、纵隔肿瘤切除术、全髋关节人工关节置换术等主要手术1 670例。

1999年开展了美国OK镜治疗近视眼、经皮穿刺腰椎盘切吸治疗腰椎间盘突出、鼻窦镜手术等16项新医疗技术。

**护理工作** 在12个病区实行了整体化护理，制定了《整体护理病历质量检查标准》和《护理质量评定标准》，实行了院、科、病区护士长三级护理查房制度。4篇护理论文在医学杂志上发表，3篇论文在中华护理学会组织的学术会议上交流。

**预防保健** 管理高血压病人4 197例，管理率为89%，血压控制良好率达58.7%。制定了《首钢总医院高危妊娠管理制度》，管理高危孕妇192例，产后访视率由1998年的74%，提高到93.7%。满月母乳喂养率88.8%，4个月母乳喂养率70.7%，母乳喂养率较上年有很大提高。完成职工健康体检56 583人次，体检率90.7%。在社区建立家庭健康档案25 098份。管理精神病人474例，重点病人一周访视一次。首钢厂区、家属区甲乙类传染病发病率分别控制在204/10万和191/10万以下。组织完成全年献血指标4 168人，培养红十字急救员466人。

**科研工作** 承担科研课题13项，其中国家级9项，市级2项，公司级2项；完成1项。外投稿件101篇，在各种杂志上发表学术论文81篇，其中国家级52篇，省市级29篇。设立科技奖励基金，1999年在医院科研成果鉴定中，有3项科研成果获得此项奖励。本院青年医生李恩中入选“北京市21世纪跨世纪优秀人才工程”。全年有63人次参加了国际、国内和地区性学术会议。

6月中华医院管理学会职工医院分会与冶金医院联合会共同举办，由首钢总医院承办的全国大型职工医院“21世纪改革与发展研讨会”在北京召开，全国各大企业主管卫生的领导和医院院长140人参加了研讨会，首钢总医院在大会上作了《试论大型国有企业医院面临的形势和任务》的专题报告。11月在海口召开的中华医院管理学会的年会上首钢总医院又作了题为《大型国有企业在城镇医保改革中争取实行“健康保险”的可能性探讨》专题报告，受到专家和与会代表好评。

**医学教育** 组织各类医学教育学习班13个，学术讲座42次。选派37人到外院进修学习。57名中专学历在职人员通过业余学习达到大专以上学历。2名硕士研究生入学，4名研究生学成回院工作。全年接受来院进修人员102人。与北京医科专修学院建立了教学关系。建立了住院医师两年轮转培训导师负责制。宋彦君在北京市住院医师专业理论考试中成绩列全市第一。

**国际交流** 出国考察、进修5人，接待来本院参观、考察外宾4人，派5人参加了各种国际学术会议。

**改革与管理** 制定了《首钢参加北京市大病医药费社会统筹方案》，1999年元月全面实施了北京市大病医疗费用社会统筹改革方案，使改革前门诊每人次诊疗费23.62元，增加到改革后的34元，其中每张处方的费用由改革前的18元增加到24.92元，在医药费没有增加的情况下，基本满足了群众的医疗需求，改革达到了预期目的。

在本院门诊实行了由病人选择自己满意的医生挂号就诊的全员挂牌服务制度，革除了旧的观念，建立了新型医患关系。

根据中央卫生工作会议和国家十部委对社区卫生服务工作的要求，将首钢总医院的4个社区门诊部转变功能，改建成为“社区卫生服务中心”，并已获得北京市验收批准。

实行独立核算的防疫站、口腔科和生活服务中心分别完成创收任务50万元、40万元和39万元，降低了医院管理成本。

**后勤工作** 提出“把护士留在病人身边”的口号，方便基层、满足医疗需要，适项、适时、适位将物品送到临床。开展提建议、订措施、做贡献活动，通过建立严格的管理制度和减少浪费，节约资金47万元。

利用首钢总公司给本院的59套房源，调配结合，解决139户职工的住房困难。给上夜班的职工发放鸡蛋等营养补贴29 143斤。投入20万元，组织334人到黄山、青岛等地疗养，1 200人到灵山、黄崖关等地假日旅游。常年有3辆通勤车接送职工上下班。

**基本建设** 新落成19层病房大楼（建筑面积49 614平方米），医疗服务综合功能达国内一流水平，设计床位960张，已投入使用，目前开放床位714张。

**精神文明建设** 党政齐抓共管，通过在全院开展规范化服务达标活动和组织“我为医院建设添光彩”等多种形式的报告会、演讲会，精神文明建设取得了明显成绩。全年共收到表扬信71封，锦旗、镜匾17面；拒收红包41人次，钱物折合人民币18 360元。

首钢总医院荣获北京市1999年度卫生系统先进集体；被评为1999年度北京市无偿献血先进单位；北京市1999年度计划生育先进单位；检验科被评为北京市1999年度质控先进集体。王楠被评为全国优秀院长；宋京中、李景芳被评为北京市1999年度卫生系统先进个人；护士李怡在北京市举办的“创文明行业，迎50周年大庆”演讲比赛获三等奖；陆小平获首钢总公司劳动模范称号。（马 忠）

# 首钢矿山医院

（河北省迁安市）

**事业概况** 职工600人，其中卫技人员435人，包括主任医师1人，副主任医师14人，主治医师77人，医师89人，医士11人，主管护师11人，护师115人，护士49人，主管药师3人，药师32人，其他卫技人员33人；行政管理人员37人，工勤人员90人，其他38人。开设病床333张，固定资产5 918.54万元，其中设备1 890万元。拥有万元以上设备340台(套)，新购置并投入使用CT机、超声乳化仪、中央监护站、24小时心电动态监护仪、荧光显微镜等。

**机构设置** 增设CT室。

**医疗工作** 门诊41 330人次，急诊8 592人次，急诊抢救危重病症73例，抢救成功率94.12%。住院5 631人次，出院5 624人次，住院抢救危重症272人次，抢救成功率88.24%。病床使用率65.73%，床位周转次数16.89人次，治愈好转率97.3%，病死率1.04%，平均住院日13.77天，出入院诊断符合率98.06%，7日确诊率0.04%，转产儿死亡率0%。手术1 938例，其中大手术239例，主要大手术包括：肺叶切除术、食道癌根治术、改良根治性乳腺癌切除术、全胃切除术、胃大部切除术、胆囊切除术、胆总管探查T管引流术、直肠癌根治术、结肠部分切除术、门腔静脉吻合术、膀胱癌部分切除术、肾盂切开取石术、股骨干骨折行髓内针固定术、股骨颈骨折行DHS内固定术、股骨颈骨折行空心针内固定术、髋关节复位行股骨头置换术、卵巢癌根治术、子宫全切术、经阴道子宫切除术、腹膜外剖腹产术、小切口人工晶体植入术等。

开展新技术、新项目23项，如人工关节置换术、十二脂肠镜逆行胰胆管造影术、经十二指肠镜十二指肠乳头括约肌切开胆总管碎石取石术、耻骨上经膀胱前列腺摘除术手术方法改进、新生儿缺血缺氧性脑病治疗观察、自动定量视野检查、Stark切口子宫下段剖宫产术、窝沟封闭预防龋齿等。

**护理工作** 强化护理质量管理，充分发挥护理部的职能作用及三级质控网的监督作用，严格贯彻落实护理工作质量标准和护理技术规程，加强日常规章制度执行的检查，采用三查一公布一考核的机制，确保护理工作正常规范运行。坚持开展“以病人为中心”的整体护理工作，由三个试点病房扩大到6个，占全院临床科室的50%。加强三基训练，对新毕业的护士进行岗前培训，对35岁以下的中青年护士半年组织理论考试一次。坚持日常技术操作抽查，每月组织一次护理继续教育讲课、护理教学查房。组织一次护理岗位练兵。选送3名骨干护师外出进修，鼓励青年护士涌跃参加高护自考，1999年医院参加自考人员45人，护士占20%。

认真贯彻院内感染管理控制标准，坚持做好一次性物品的分批号，紫外线灯管监测重点科室、重点部位的细菌监测，日常加强消毒隔离制度的管理和住院病例的普查，发现院感病人及时采取控制措施，使院感染率控制在1.5%。

**预防保健** 坚持车间巡回医疗，职工食堂卫生管理、卫生知识宣教。职工健康体检11 240人次，职工健康管理率96.64%，慢性病管理率96.42%，儿童健康管理率99.8%，预防接种率99.66%，围产期保健率100%，高危妊娠管理率100%。尘肺普查1467人，职工因病休工率0.65%，降低了0.8%。

**科研工作** 开展国家九五攻关科研项目1项，即“我国心血管病发病趋势预测及21世纪预防策略的研究”；开展科研两化项目23项。有10篇论文在国内医学期刊杂志上发表，举办院内学术年会1次，收到论文104篇，有24篇论文在大会上交流并分获一、二、三等奖。

**医学教育** 组织区级继续教育项目讲课10次，聘请北京、唐山专家举办学术讲座3次，组织内科巡诊9次，送出进修15人，短期学习班45人；对大专以上1993年以后毕业的住院医师进行规范化培训，并组织考试2次；组织全院各级医师《医师法》培训并考试；承担了华北煤炭医学院96届预防专业10名实习生、昌黎卫校22名医疗专业实习生和15名自费生的临床教学任务。根据卫生部、教育部布置，河北省卫生厅、河北省教委联合下发的关于开展普通高等医学院校临床教学基地评审工作的通知，进行了教学基地评审的准备工作；购置了3万元的教学用具，改善教学条件，使医院向着合格的教学医院稳步发展。

**精神文明建设** 坚持两个文明建设一起抓，将加强医德医风建设，提高医院综合服务水平，塑造医院良好形象纳入全年重点工作。强化领导班子和干部队伍建设，开展支部"达、晋、创"、"党员责任区"、"标杆党员"评比活动，实行了民主推荐聘任干部的干部人事制度改革；实施凝聚力工程，关心职工生活，总支班子听取群众意见，及时协调解决办实事14件，开展形式多样的"转变观念、深化改革、一切以病人为中心"的教育讲课和大讨论；全院职工积极参与建矿、建院40周年和国庆50周年文娱活动；制定了"医院形象工程建设"方案，重点强调了环境形象、员工形象、服务形象、质量形象的建设，开展每月一次大检查和"五无、三优、三谢绝"活动，开展了学习"首都医务人员行为规范"礼仪展示活动，开展了优秀护士评比挂牌服务活动，并组织全院医务人员观看职业道德建设、礼仪规范录像带。专业科室把服务态度、服务质量的检查，纳入每月重点检查工作中，采取跟踪病人就医及征求意见，及时纠正不足，改进工作，共查27科次，提出考核意见13科次，各病房坚持每月一次的工休座谈会制度，门诊大厅设置病人意见箱。全年收到表扬信12封，镜匾7块、锦旗2面；拒收礼物及人民币11人次，约14 300元人民币。

**体制改革与管理** 以改革分配制度为突破口，推出了十项挂钩分配办法，如药品经费挂钩办法；设备、仪器损坏赔偿制度；医疗差错纠纷造成损失赔偿制度；量化和直观货币考核办法；创收指标挂钩分配办法；骨干及突出贡献者的奖励办法；科主任年终经营管理奖等。同时划小核算单位，本着分离辅助、减员增效的原则，分离成立了后勤服务公司，顶替了27名外用工，年节支24万元；办理退休15人，退养24人，下岗6人，离岗挂编3人。为加强专业科室管理，医院将临床医技科室的医疗技术及日常工作指标完成情况与职能科室奖金挂钩，并改进检查方法，每月由院领导带队，职能科室参加，采用边检查、边录像的方法，对医院工作进行检查，检查结果在全院干部大会上发布，并与存在问题的单位或个人工资收入挂钩。

自1998年12月31日起，医院实施了首钢矿区参加北京市大病统筹医改方案，并成功建立了门诊微机收费系统。

**基建工作** 投资200余万元，进行了院容院貌的治理改造，职门诊楼前、病房楼前绿地的美化900平方米，铺设彩砖、方砖3 500平方米，病房门窗更新500平方米，病房内墙壁、厕所、污物间的装修改造，院内通讯设施的更新等。 （杨秀娟）

## 北京燕山石油化工（集团）有限公司职工医院

（房山区燕山迎风街15号）

邮编：102500 电话：69342517

**事业概况** 职工1 098人，其中卫生技术人员741人，包括主任医师1人，副主任医师31人，主治医师（含相应职称，下同）140人，护士359人；行政管理及其他技术人员115人，工勤人员170人。开设病床501张。拥有万元以上医疗设备63件，1999年新购置全能麻醉机、全自动血球分析仪、超声乳化仪等10万元以上医疗设备19台。

**机构设置** 新设药品配送中心，开设精神病门诊，理顺了传染科和儿传的管理关系，变胸科为一级科室。

**医疗工作** 门诊347 640人次，急诊28 682人次，门诊手术13 271人次，急诊抢救成功率86.6%，孕产妇死亡率为0，围产儿死亡率20‰。住院5 621人次，病床使用率59.75%，平均住院日19.96天，病房抢救成功率78.51%。病房手术2 091人次，手术前后诊断符合率99.78%，7日确诊率96.36%。新开展了15个特色项目，如心内科开展导管及溶栓，眼科超声乳化及OK技术的开展都在社会上引起了较多反响，深受患者的好评，取得较好的社会效益和经济效益。

**护理工作** 在原有5个整体护理病区的基础上又增开了4个病区，整体护理的开展既密切了护患关系，又提高了护理质量。护理部在严格考核护士长的前提下，加强对护理人员的考核，使护理质量有很大提高。本年度有20名护士参加了本科段的考试，全院有一半以上的护理人员参加护理大专班的学习。

**科研工作** 全年开展新技术项目39项，其中普外科开展的右半肝切除术，眼科开展的超声乳化、OK技术均达国内先进水平。科研立项7项，其中“牛磺酸治疗高血压伴胰岛素抵抗的研究”初评获北京市科技进步三等奖；“燕化地区健康新生儿血清胆红素水平调查”、“介入超声对腹盆腔脏器占位病变诊断与治疗”获燕化公司科研成果三等奖。

**医学教育** 加强“三基”理论知识和操作技能的培训和考试，组织“三基”考试120人次，全院执业医师法考试400人次，举办住院医师讲座21次，外语专家讲座16次，办心电图、医院感染、麻醉药品学习班，外出进修8人次。外投论文122篇，41篇已刊登。选派在职研究生1名，在读研究生3人，结业2人。完成张家口医学院95级本科生及医师专修学院实习生的临床带教工作。

**体制改革与管理** 加大考核力度，按照《燕化医院综合目标责任制考核办法》成立了医院考核委员会，考核委员会下设七个专业组，将日常考核与专业考核相对应，各基层科室成立以科主任为核心的科室考核小组，形成以院领导、机关职能部门以及各班组直至每个职工自上而下、自下而上垂直和横向考核相结合的监督制约机制，将考核结果每月在院周会上公布并与奖金挂钩。本年度首次推行科主任负责制和任期目标责任制，明确科室的责、权、利，有效地调动了科室管理的自主性和积极性。改革运行机制，建立合理的分配制度，改革人事制度引入竞争机制，推行评、聘制，干部任用采用竞聘上岗，充分调动职工积极性。

**后勤工作** 以医疗为中心，提供优质服务，坚持下收下送，各种维修及时到位，现场管理进一步规范，为患者提供良好的就诊环境。同时后勤各部门坚持自力更生减少费用外流的原则，进行口腔科门诊改造、第二门诊部粉刷、改建以及供应室地面改造、核磁共振的安装等。在医院电话变更改造过程中，后勤部门密切配合，有效地保证了医院通讯畅通。

**精神文明建设** 坚持“以病人为中心”围绕医疗中心工作，开展形式多样的职工思想教育，全院上下统一思想；党政工团协调配合、齐抓共管，促进医院的精神文明建设。本年度宣传工作以内强管理、外塑形象为准则，以电视新闻、通讯报导等形式，加大宣传力度。针对3月份市行风办组织的行业规范达标检查，医院下大力气对文明规范服务进行了整改，要求广大职工转变服务观点，为患者提供优质服务，从仪表、举止、语言、纪律等方面对职工提出规范要求，并将行风作为目标责任制考核的一项重要检查内容。加大对规范服务的考核力度，对外承诺拒收红包，并设立举报箱，对收到的投诉及时调查处理，院周会通报批评。全年收到感谢信49封，锦旗12面。抓规范化服务的同时，在“以病人为中心”的广度和深度上下功夫，门诊制定便民措施，如取药大厅发放宣传资料，提供塑料袋，增加专家专科门诊次数，保证确诊率；患者可点名就医。为方便一些老病号，减少排队等候时间而开设“简易”门诊，同时周六周日安排主治医以上人员出常诊；CT、核磁取消预约，24小时值班方便病人；各病区利用多种形式为病人讲解疾病常识，每天为病人打费用清单，增加收费透明度。社区服务中心改变服务方式，从“坐堂行医”到走进家庭上门服务，出诊1 185人次。

**基本建设** 医院门诊楼的改扩建工程前期工作准备就绪，新建的门诊楼将是一座高5层，建筑面积5 600平方米，包括计算机网络远程会诊中心在内的布局合理、功能齐、上下方便的新门诊楼。

（翁世军）

# 北京矿务局总医院

(门头沟区黑山大街18号)

邮编：102300　　电话：69844408

**事业概况**　职工896人，其中卫生技术人员661人，包括主任医师8人，副主任医师41人，主治医师（含相应职称，下同）195人，医师239人，护士174人；行政人员76人，后勤239人。开放床位644张。

被卫生部、人事部、国家中医药管理局评为1999年全国卫生系统先进集体。

**机构设置**　新建了以收治肿瘤内科病人为主的肿瘤科，填补了京西地区的医疗空白，解除了该地区肿瘤病人就医难、住院难的问题。重新组建的精神病科实现了正常运转。

**医疗工作**　全年门诊156 227人次，住院5 572人次，出院5 577人次；周转率14.37次/床，使用率86.67%；治愈好转率90.64%，平均住院日22.7天。

坚持以病人为中心，抓改革、严管理、重质量、保安全、求效益，严格按北京市医疗卫生系统规范化服务标准开展各项临床工作，达到了北京市医疗卫生系统规范化服务的标准。狠抓医疗质量，强化医疗安全，坚持“日议、周评、月查”，注重抓“重点科、重点人、重点事”。主要开展了住院病历书写展评和规范三级医师查房工作，全年共检查出院病历4 428份，其中抽查病历1 051份，展评病历65份，参观人数236人次，提高了病历书写合格率和医务人员对医疗文书所具有的法律责任性质的认识；坚持和加强围手术期管理和三级医师查房制度，关键抓好科主任查房，以规范的科主任查房带动了主治医师、住院医师的查房，从而保证了三级医师查房质量；建立了大内科疑难病例讨论制度。强化“三基”训练，开展多种形式的考试、考核，提高了全员的业务素质；深入开展规范化服务达标活动，坚持首诊负责制，加强医院“窗口”建设，提高了患者对医院规范化服务的满意度，医疗纠纷件数较上年度下降了近50%。

**科研与教育**　有4项科研成果被评为1998年度局科技进步奖。21篇论文在公开刊物上发表，给予奖励7 500元。举办区级技术教育项目37场次，7 200余人次参加了学习。

全年用于继续教育经费25 200元，去外院进修4人，去协和及北医读研究生2人。

**护理工作**　实施了目标计划管理，达标率90%，坚持护士长管理考评工作，整体护理试点工作得到了巩固，并初步进行推广工作；与职工医学院合办了“护理大专班”，学员123人，在外院学习29人。

**改革与管理**　减人提效，全面实行目标管理任期责任制。在院、科两级领导干部中实行了公开招聘制，通过群众推荐、个人自荐、全院职工投信任票、资格审查、公开答辩等程序，自6月22日开始，先后选聘了4名科主任、2名护士长；对现有的科主任、护士长在宣布解聘后，再通过群众评议、投信任票等方法，评议结果在70分以上的由院长重新聘用，低于70分的不再聘任。根据局党委下放基层行政副职管理权限的精神，于9月份对行政副职进行公开招聘，竞争上岗，院级领导班子由原来的7人减为5人。

进一步紧缩编制，减人提效，把人事制度改革与减人提效同步进行。对卫技人员按照医院定员定编有关规定下达减人指标，对富余人员按岗位缺员的职数实行竞争聘任上岗，建立了公开、公平、竞争、择优的用人机制。管理、工勤和其他人员按现有人数减员20—25%。全院实减93人，减员幅度为10.29%。

为充分发挥中层领导干部的作用，年初下发了《进一步完善科主任负责制的若干规定》，使科主任拥有“五种权力”并实行任期目标管理责任制，签订任务项目合同书，确保了干部任期目标的实施与考核，调动了科主任的积极性，加强了责任感，提高了科室管理水平，也使医院初步形成了一个有责任、有权力、有激励、有约束、有活力的分层管理体系和运行机制，从而保证了医院两个效益的提高。

1999年完成收入较上年提高了14.64%，在全局职工收入普遍明显下降的情况下，经全院职工共同努力，人均收入水平保持了与上年度持平。年底前顺利完成了医院的资产评估工作和审报转制工作，已经被北京市组织机构编制委员会批准为“法人事业单位”。同时，按局的部署完成了“大台矿医院”划归总院管理的工作，大台矿医院有床位60张，工作人员52人。

(王文菊)

# 北京市工人疗养院
# 北京市总工会八大处中医医院

(石景山区八大处西下庄)
邮编：100041　电话：688611333
E-mail：bjsgrlyy@ public.bta.net.cn

**事业概况**　职工 317 人，其中卫生技术人员 202 人，包括主任医师 5 人，副主任医师 4 人，主治医师（含相应职称，下同）55 人，医师 106 人，医士 22 人；行政与工勤人员 94 人，其他专业技术 21 人。开放床位 870 张，其中医疗床位 510 张，休养床位 260 张，全国总工会疗养事业干部培训中心床位 100 张。

**医疗工作**　门诊40 405人次，急诊 549 人次，住院 595 人次，出院 616 人次。全院床位综合使用率 41.72%，病床周转率 1.21 次/床，治愈率 29.60%，好转率 57.9%，死亡率 4.04%，出入院诊断符合率 99.39%，7 日确诊率 97.76%，抢救重症成功率 62.50%。手术 60 例，院内感染率 0.65%，地段预防接种率 100%。

组织全院医师学习《医师法》，并参加考试全部通过。组建了社区医疗服务站，完成了建档工作，通过了市卫生局的验收。完成了区卫生局和市总布置的迎国庆 50 周年的各项医疗保健任务。顺利通过区、市卫生局、物价局、防疫站、公费医疗进行的各项检查。全年无重大医疗事故、差错和医疗纠纷。

**护理工作**　全年完成护理总治疗117 432人次，心电监护 266 人次，特护 22 人次，一级护理 167 人次，二级护理 338 人次。危重患者的抢救配合及护理作为一年的工作重点之一，全年未发生差错。护理继续教育得到重视，制定院内护理讲课计划、内容并认真实施。加强基础护理，采取各项有力措施，杜绝褥疮的发生，特护、一级护理合格率达 80%以上。消毒隔离工作按要求严格进行，合格率达 96%。在完成护理工作的同时，还配合行政、各疗区、病房进行灭蟑工作。动员全体护士将院内被褥、枕头彻底拆洗重做，共做棉被 269 条，枕头 229 个。规范护理文件书写标准，护士长把关，杜绝不合格病历出疗区。坚持例会制度，规范护士长手册记录，坚持护士长负责制，做到月有计划，周有重点。完成各级护理人员的考核。

**科研与教学**　举办了各种培训班与专题讲座，其中有“癌技术普查班”、“结核病治疗新进展”、“高血压治疗与用药”等。

**体制改革与管理**　1999 年是本院落实改革方案、从纯事业型向企业成本管理过渡的一年。为适应市场经济的要求，转变经营方式，为此采取了一系列的措施，一是统一思想，坚定实施企业化管理的决心；二是按照市场定位，认真抓了经营结构的调整和机构精简；三是坚持职工工资、奖金与效益挂钩，落实经济目标责任制。另外，在拓宽经营路子、减亏增盈方面，不断发展新的经济增长点，主要是盘活资产，积极引进合作项目，大力扶持经济效益好的医疗科室、病区，形成区域优势；抓住劳模体检的机遇，初步形成了新的经济增长点；搞好基础建设，解决影响工疗发展的遗留难题。

**精神文明建设**　党委紧紧围绕疗养院的中心任务开展党建工作及精神文明建设，组织全院职工学习先进单位的人和事，看典型事例录像，外出参观学习，使各项工作更加规范化，坚定了信念，严格了纪律。

**基建与后勤**　医院在资金紧张的情况下，重点加大了对口腔科、门诊的投资力度，改善了就诊环境。为了疗休养员及家属出行方便，出资 10 万元解决了院外马路破烂不堪的难题。修缮了职工住宅区的道路、公厕和围墙，新建了自行车棚，改善了生活环境。院工会在切实做好职工互助保险和消费合作社工作的同时，坚持了职代会制度，充分调动了广大职工的积极性，使职工参与到民主管理中去，关心、参与、促进医院的改革和事业发展。　（盛亚兰）

# 北京市建筑工人医院
# 建设部总医院

（宣武区儒福里6号）
邮编：100054　电话：63532731（总机）

**事业概况**　职工679人，其中专业技术人员525人，包括主任医师（含相应职称，下同）2人，副主任医师22人，主治医师151人，医师204人，医士120人（含护士78人）；行政和工勤人员170人。开设床位457张，实际开放365张。

建设面积2.44万平方米。新购万元以上医疗设备24台（件），有气压呼吸机、心脏除颤起搏器、全自动酶免分析系统、650毫安X线造影机等。

**机构设置**　临床科室有内科（包括神内、心血管、消化、呼吸、内分泌、肾、血液及肿瘤等专业病房）、外科、骨科、关节镜科、妇产科、五官科、口腔科、急诊科、麻醉科、干部综合科，此外还有高压氧舱、血液净化、激光室、体检中心、社区服务中心、家庭病房等。医技科室有放射科（包括CT）、药剂科、检验科、功能检查科、病理科、核医学科、康复医学科等。

**医疗工作**　门诊54 250人次，急诊8 760人次，日均门诊238人次，抢救危重症157人次，抢救成功率79%。孕产妇、新生儿和围产儿死亡率均为0。住院2 782人次，床位使用率72.9%；治愈率50.9%，好转率41.5%，死亡率5.19%。手术952人次，其中大手术148例，主要包括：人工股骨头置换术，全髋关节置换术，肺叶切除术，DICK钉固定术等。

开展新技术、新业务20余项，如溶栓治疗不稳定心绞痛和调整血脂对冠心病Ⅱ级预防的研究，不稳定心绞痛抗凝治疗的多中心临床研究及急性心梗溶栓的抗凝治疗的对比研究，甲型肝炎抗体（抗-HAV、IgM）的检测及淋病的检测等。检验科的生化实验室、临检实验室、免疫实验室、细菌实验室、血清实验室再次被市质控中心评为“一级实验室”。

制定了临床医疗质量检查及评分标准，加大了奖惩的力度。对病床使用率、周转率、3日确诊率、危重病人抢救成功率等的完成情况定期进行检查，并将检查结果与科室承包、晋升职称挂钩，对违反规定的落实到科室和个人。为杜绝大处方、规范处方格式，对不符合要求者与个人工资挂钩，对门诊处方进行不定期抽查。加强专家管理工作，在认真听取老专家及返聘人员意见的基础上制定出《专家管理办法》。

加强医疗合作，引进技术项目。五官科与英智美雅眼科医院合作后，又聘请原北京同仁医院耳鼻喉科主任蔡培堤教授，应用YAG激光治疗阻塞性睡眠呼吸暂停综合征（又称鼻鼾症）、过敏性鼻炎、肥厚性鼻炎、慢性咽炎、耳鼻喉科良性肿瘤等。口腔科与北京天沱科技有限公司签订了技术合作协议，引进资金、技术，在原有口内各种常见病的治疗基础上，合作开展了临床口腔修复铸造技术、固定义齿烤瓷技术、种植义齿技术、口腔正畸固定矫正技术与活动矫正器制作应用技术等；建立口腔科技术加工中心，对外开展各类修复件的外加工工作。

为促进城乡“手拉手”工作的开展，搞好卫生支农工作，义务为延庆四海乡的农民检查身体，并为四海卫生院送去了38件白大衣及部分医疗设备。积极指导四海卫生院的工作，协助抢救一DDV中毒病人，受到当地政府及群众的好评。

**护理工作**　重点加强了护士素质教育，以优质服务为中心，以“三基”训练为重点。加强基本功训练及考核力度，组织技术比赛，评选出3名静脉穿刺出色护士。加强对青年护士的培养，参加护理大专学习61人，占护士总数的28%。除内二外，内三、外三也实行了整体护理，密切了护患关系。

**科研工作**　为保证医院科研、教学工作的质量，对原科委会进行了重新改选。“硫酸镁治疗慢性肺心病心力衰竭的临床研究”获总公司科技进步三等奖。撰写学术论文206篇，护理论文135篇，其中在刊物上发表论文15篇，全国学术会议交流17篇。

**医学教育**　根据市卫生局对医务人员继续教育规定，对全院医、技、护人员严格管理，制定出奖罚条例，提高继续教育质量，保证学术活动的实际效果。实行住院医师的规范化培训。根据不同层次人员的需要，医院组织各种学术活动29次，学分达标率为77%，呈逐年上升。护理继续教育多次受到区卫生局的表扬，并被推荐为市级继续教育先进单位。经宣武区继续教育委员会批准，组织了2个区级认可项目学习班。

为落实市卫生局关于“毒麻药品管理”的文件精神，医院组织申报合格的医师参加了区卫生局组织的“毒麻药品培训班”，及格率99%；进行了《执业医师法》的学习考核。

完成了北京市高等医学专科学校及中等专业学校142人的教学和临床实习工作，接受了150名全科医师的临床实习工作。

为了加强教学医院的建设，促进医院综合水平的提高，规范临床教学基地的管理，北京市卫生局、北京市教育局组织专家对本院的教学工作进行了综合评审。医院狠抓“软件”建设，健全了各项规章制度，加强了教学管理，使教学工作做到有计划、有落实、有检查，各主干科室建立了示教室，配备了必要的设备，在原病理解剖室的基础上建立了外科动物实验室，为学生实习、见习创造了良好的环境。5月11日顺利通过了教学评审。

**预防保健** 开展多种形势的健康教育工作，根据医院的现有条件，坚持每月出两期黑板报；规范了各科健教处方及门诊、病房健教处方的发放和登记工作，在内科门诊播放常见疾病的预防保健录像片，与医仁广告公司合作制作了多画面展播机等，受到了病人的好评。组织了一场别开生面的医患健康知识竞赛。被评为区健康教育先进单位。

9月，通过了市卫生局、市职防所对本院职防体检的资质的复审。全年完成健康体检和职业病普查12 540人次，创收78万元。

**体制改革与管理** 对承包方案进行了重新测算。把科室承包划分为医疗与经济考核两部分，按照医疗市场需求，本着充分有效地利用医院现有的卫生资源，强化科室管理，努力提高医疗服务质量，充分调动全院各级人员的工作积极性，鼓励各科开展新技术、新业务，最大限度地提高了医院的社会效益与经济效益。

在人事管理上，坚持精岗优化的原则，严格控制扩编，认真执行劳动法，严格履行劳动合同。1999年医院与职工终止劳动合同5人，解除劳动合同19人，办理调出、辞职、退休手续26人，死亡1人。接收大中专学生8人，净减41人。认真做好大病统筹工作，根据大病统筹政策及各定点单位的意见，重点加强合理用药，公布用药比例，对收费高的科室提出警告，降低转诊率等。又有22家单位与医院签定了大病统筹定点医院协议。

按照集团总公司的要求，政工系统实行标准化管理，即ISO9000标准在政工系统的应用，做到“工作有标准，职责有分工，运行有程序，质量有记录，检查有依据”。结合本院的自身情况，制定出质量管理体系运行程序文件，落实管理职责，坚持“部门一贯制”，使医院的管理工作逐步走上有序、高效的轨道。

为了深化医疗制度的改革，配合执行大病统筹工作，根据医院财务承受能力，在保障医院正常业务开支和职工收入的前提下，本着保证基本医疗、节制医药费过快增长的原则，医院对在职职工和退休职工实行门诊医疗费包干制，节约归己，超支自负，按月发放，住院按北京市大病统筹规定执行。

**精神文明建设** 认真做好反腐倡廉的工作，以“爱医院，献良策，做贡献”为主要内容，开展了爱岗敬业，优质服务竞赛；对团员青年进行爱国、爱党、爱社会主义教育，提高团员青年的思想道德素质，增强集体主义和社会公德的意识；举行了“交通安全在我心中”演讲比赛；继续为希望工程捐款，使11名贫困地区失学儿童重返校园；与陶然亭地区街道办事处共同组织了“批驳法轮功，科学健教”义务咨询活动，电视台对此次活动做了报导。开展了救助贫困母亲的“幸福工程”活动，共筹集捐款1 561.5元，为贫困母亲们献上了一份爱心。据不完全统计，拒收红包17人次，金额14 700元，拒吃请221人次，拒收礼品13人次。

**后勤工作** 后勤部门在保证医疗工作的同时，深化内部改革，全年共减合同工6人，创造条件接收其它科室转岗人员。为完成内六、内三合并，理疗科搬迁及保证教学基地评审工作的顺利进行做了大量细致的工作；同时完成了旧病房楼冷热水管的更新，杜绝了管道崩裂跑水现象的发生；完成了旧病房楼大电梯的改造更新工作及770平方米混凝土活动房屋的调装。保证了冬季供暖工作的正常进行。根据《行政物品管理制度》和集团总公司的要求，年底对医院行政物品和医疗设备进行了清点。 （谈慧云）

# 北京市化工职业病防治院
# 北京市化工医院

（海淀区香山一棵松50号）
邮编：100093　　电话：62591115（总机）

**事业概况**　职工257人，其中卫生技术人员127人，包括正、副主任医师16人，主治医师（含相应职称，下同）54人，医师15人，护士56人；行政后勤人员82人。编制床位500张，北戴河休养院300张。万元以上医疗设备74台。

**工业卫生**　继续抓好职业病防治及健康监护工作，调整了工业卫生防治机构，要求做到职能不变，标准不减，完成工业卫生"三同时"工作18次项，审查和验收率达100%。对劳动环境监测完成样品2 496件，对尘、毒、噪声监测832件，尘毒点监测合格率88.4%，噪声点监测合格率90%。职业病复查率70%，职业病发病率为0。完成健康监护查体8 700人次。

**医疗工作**　门诊21 456人次，住院5 648人次，危重病人抢救32人次。职业病15人次。床位使用率65.4%，病历优良率97.2%，全年无医疗事故及重大差错。

**护理工作**　坚持护士长夜查房，坚持护理查房，明确岗位责任制，很抓三基训练，苦练基本功。规范各类护理文件书写及病房物品配套，一级护理合格率为95%，褥疮发生率为0。鼓励护理人员积极参加成人高等教育。护理人员有80%参加了成人大专学习。提高了护理队伍业务素质。

**科研工作**　完成卫生部课题《车间空气中聚氯乙烯粉尘卫生标准》，在四届三次全国劳动卫生标准专业委员会上通过。积极投标《职业病防治法》的配套管理办法立项。撰写论文40篇，已在各类刊物上发表13篇，其中国家级杂志9篇，省市级杂志4篇。

**医学教育**　组织专题讲座19次，参加人员850人次。医护人员外出进修3个月以上4人次，参加卫生局学习班6人次。

**精神文明建设**　院班子坚持"两手抓，两手都要硬"的方针，坚持思想政治工作。全院职工积极向院里提出合理化建议，为本院发展献计献策，收到很好效果。加强干部廉洁自律教育，坚持收入申报和家庭重大事项申报制度。不用公款请客，控制客饭支出。较好地完成了安全消防、计划生育、献血及综合治理各项工作指标。

**体制管理**　继续实行党委领导下的院长负责制、对中层领导实行聘任制，改变以往干部聘用和科室人员组合由领导决定的作法、聘用干部以精干高效、个人申请、职工评议、组织考核、岗位需要为原则。聘用职工以个人申请、岗位需要聘用。干部做到能上能下，全年减少中层待遇7人。坚持岗位定额管理，全年节约经费18万元。大胆掌握企业卫生发展方向，根据市卫生局关于"抓好社区服务"的工作精神，成立了"化工医院香山社区医疗服务站"，在社区开展多种形式健康宣传活动和卫生保健常识教育。并根据我市老年人口迅速增长，养老事业的现状及需要，积极争取"老年护理"服务项目。

**后勤工作**　坚持一切以病人为中心，进行全面的安全设施维修，如应急灯、防盗门、护栏，改造电路，进行物资调控，改造浴室。车辆全年安全行驶万余公里，并且保证体检及医疗用车。整治环境，被评为市级绿化、美化、花园式单位。　　（李海青）

# 北京市滨河医院

（宣武区右安门东街50号）
邮编：100054　　电话：63528240

**事业概况**　职工323人，其中卫生技术人员242人，包括高级职称16人，中级职称72人，初级职称

154人；其他技术人员10人，行政工勤人员71人。

现有万元以上医疗设备98台（件），其中1999年出资198.326万元购置了Holter、眼科激光治疗机、腹腔镜、热像仪、非接触性眼压计、眼底照像机、动态心电分析仪、电脑输液泵、片子消毒柜共9台（件）。

**医疗工作** 全年门诊39 505人次，急诊4 269人次，入院1 679人次，出院1 695人次，病床使用率56.95%，7日确诊率95.21%，临床与病理诊断符合率97.22%，病房抢救成功率95.65%，病人手术前后诊断符合率99.58%，治愈好转率91%。全年体检1 818人次，全年开展大中型手术489例。成功置人心脏起搏器2例，心肺复苏4例。开展了抗青光眼引流阀植入术和羊膜移植等新项目。

针对薄弱环节采取措施，根据卫生局要求结合医院实际重新制定了本院病历书写标准；制定了手术分级管理制度，明确划分了手术科室各级医师责任权限和技术达标等级；统一了值班交接班内容；严格检查三级医师查房制度的落实情况，采取经常性检查和抽查病历进行考核，保证各级医师查房质量和所负责任。

组织医师学习《医师法》和《麻醉药品管理办法》，有97人参加了市、区卫生局举办的"医师法培训班"。通过考试，医师全部取得了"执业许可证"，34名中级以上职称人员获得"毒麻药品处方权"。医院把"学习、贯彻、落实两个法规"作为质量月主题，结合"北京市医疗纠纷现状和处理方法"的讲座开展了知识竞赛，增强了知法、守法、按照法规办事的意识和维权意识。

**监管医疗** 派210人次到本局各监狱进行各种罪犯医疗鉴定、疑难病会诊、检查指导工作。进行卫生防病宣传讲课4次，发放自编的防病宣传手册2 000余册。本院牵头组成了由各监狱、劳教所一名主管领导、医院院长、卫生科科长组成的20余人的检查团，对全局监舍、监区、医院、食堂进行了为期一周的综合大检查。

本院一病区成功抢救了3名生命垂危的病犯，一名患格林巴氏综合征已失去自主呼吸能力；另一名患急性消化道大出血，血色素已降至1.9克，血压已测不到；再有一名患急性血型播散型肺结核合并血小板急性减少导致全身多处大出血，急性大面积梗塞合并脑干出血昏迷达12天之久。

本市卫生局、防疫站、计量局、物价局等单位多次来院抽查药品管理、收费标准、检验质控、计量器具等均符合标准。检验科成分输血超额完成卫生局标准，还开展了自体输血，受到献血办和卫生局的表扬。

**护理工作** 护理部加强管理，每天下科室按百分考核细则严格检查考核护士执行操作规程情况，每月将考核结果进行反馈。制定了"输液病人巡视制度"，在病人床头建立了"翻身卡"。狠抓了戒毒科毒麻药品管理，要求做到"五专"、"三清"、"二不"，即专人管理、专用处方、专人领药登记、专柜加锁、专人保管钥匙；药品数量清楚、使用登记清楚、管理人员清楚；交班不清不走、接班不清不走。

**公费医疗管理** 全年医药费审核报销支出24 645.571元。全局在京注册13 901人，人均支出1 755元，比上年人均支出增长13.7%，仍低于全市人均增长14.1%的水平。获得市公费医疗管理先进单位称号，并奖励本院30万元。

**科研与教育** 举办了监管心理学提高班，局属各监狱、劳教所约40名干警用了5个多月的时间系统学习心理咨询、心理治疗等内容。医院投资10万元购置电脑，举办培训班。请外院专家举办医疗讲座4次，护理讲座12次，本院及局属一级医院共2 100多人次参加学习。有14人参加卫生局、医学会举办的各种学习班。全体护士和69名医生达到了卫生局要求的学分标准。有17人考入大专，2人读本科，15人参加自学高考。接收本局一级医院进修10人，接收北京卫校学生见习1 200余人次，接收航天护校实习10人。论文发表：国外医学1篇，国内一级刊物1篇。

**改革与管理** 加大人事制度改革，在监管科、外科、总务科、口腔科、放射科实行科主任竞争上岗，有16人参加竞争演说，其中8人通过竞争担任正、副科主任。

参加了政法系统开展的双争活动，舍布格副院长被评为市级人民满意的政法干警，内科和护士长张俊婷分别被评为本局人民满意的政法单位和政法干警。

坚持参加白纸房地区每月第一周六"学雷锋为民服务日"活动。开展了文明窗口竞赛评选服务十佳等活动。为庆祝建国50周年，参加了本局举办的第二届田径运动会，书法摄影比赛，歌咏比赛取得较好成绩。本院共收到表扬信26封，锦旗19面；拒收红包12 900元。

**后勤工作** 出资6.5万元改造了营养食堂，添置炊具1万元，锅炉管道维修5万元。添置空调3万元。

（刘玉荣）

## 中国民用航空总医院

（朝阳区朝外高井甲1号）

邮编：100025　　电话：85762244

**事业概况**　职工544人，其中卫技人员392人，包括正高11人，副高43人，主治医师（含相应职称，下同）96人，医师184人，护士42人；科研教学人员16人，行政后勤人员131人，其他人员21人。

万元以上设备232台，新购置17台，其中更新了运动平板机和动态心电系统，增加透析机、数字减影血管造影系统。

**机构设置**　成立高低压氧舱科，血液透析中心，物理诊断科和生物细胞室。

**医疗工作**　收治门、急诊病人144 000人次，入院病人2 900人次，出院病人2 866人次，抢救危重病人156例，大中型手术876例，完成健康体检7 015人次。

**护理工作**　坚持每周护士长例会制。加强对全院护理人员的医德医风教育，注重提高护士队伍的整体素质，培养护理人员自觉为病人服务的意识，使护理质量得到提高。

全年对护士长以上干部的护理考核180人次，撰写护理论文8篇，5名护士完成护理自学大专学历。举办朝阳区护理教学基地项目25期，护理大学自学考试辅导班2期。

**科研与教学**　医院是北京大学医学院教学医院，承担该校的部分临床教学工作，同时担任河北省仁济医学院部分专业的临床实习工作。得到校方的好评。有2人被评为北京大学医学院的优秀教师。

科研立项1项。组织院内学术活动16次，参加院外研讨40余人次。发表论文65篇，其中国家级期刊27篇，省部级5篇。成功地举办了民航飞行人员冠心病防治与鉴定会，完成空勤人员体检标准中乙型肝炎病毒血清检查结果鉴定的调研工作。

接收大中专毕业生8人，选送进修人员11人，参加毕业后再教育11人，其中硕士1人，大本1人，大专9人。

**精神文明建设**　医院紧紧围绕总局党委对民航工作的总体要求，以“坚定信心，知难而进，团结一致，艰苦奋斗，优质服务，苦练内功”为工作目标。抓改革，明确方向；抓医疗质量，提高服务水平；抓管理，提高经济效益；抓科研教学，出成果育新人，提高整体素质。全年评选出精神文明精品窗口4个，精神文明服务标兵10名。收到表扬信32封，锦旗4面。举办以“破除迷信，崇尚科学”为主题的黑板报评比，开展劳动技能活动月的活动，大大提高了职工的专业技术水平。

**基本建设**　集医疗、康复、娱乐为一体的空勤干部病房楼将于2000年7月破土动工。总建筑面积10 390平方米。　　（茅砚云）

## 中国航天科技集团公司七一一医院

（丰台区东高地万源北路7号）

邮编：100076　　电话：68383882

**事业概况**　职工791人，其中卫技人员611人，包括主任医师15人，副主任医师86人，主治医师245人，医师248人，未聘的医师（士）17人；行政工勤人员180人。拥有万元以上设备376件（台），其中新购进32台，包括美国超导型磁共振成像机、美国动态心电监护仪、德国彩色多参数监护仪、日本自动血球计数仪、前列腺组织消融仪、日本电子结肠镜等。

10月，由于原中国航天工业总公司改组，医院由“中国航天工业总公司七一一医院”改名为“中国航天科技集团公司七一一医院”。

**机构设置**　增设了三产办公室。

**医疗工作**　全年门、急诊326 207人次，平均日门诊1 004人次，住院4 701人次，住院、门诊手术总人数2 952人次。出入院诊断符合率98.46%，手术前后诊断符合率98.48%；无菌切口感染率0.2%，院内感染率6.36%；门诊处方合格率99%，门诊病案书写合格率90%；门诊3次确诊率98%；住院病案甲级病案合格率94%；临床病理诊断符合率99.77%。

全年新技术、新业务取得长足发展，其中内科开展了高血压、糖尿病早期肾功能损害的实验检测研究，冠心病病人中幽门螺杆菌感染率的调查；外科开展了断指及断臂再植术，肾盂成型术，尿道成型术，前列腺增生消融术，在局麻下消融治疗解决了因前列腺增生引起的尿潴留等；眼科开展了“二期人工晶体植入后囊膜切开术”；耳鼻喉科实施微波手术及鼻窦内窥镜的使用技术；放射CT科开展了结肠系膜动脉灌注治疗消化道大出血及经支气管动脉栓塞治疗肺大咯血两项新技术；输血科开展了自体血回输，节约了病人费用，提高了临床输血质量，10月份丰台区卫生局在七一一医院召开了“丰台区科学合理安全输血经验交流大会”，被评为北京市先进输血科。

**预防保健工作** 完成了以迎接全国卫生大检查及做好建国50周年大庆和澳门回归的卫生保障工作。加强了计划免疫工作，精神卫生保健工作，健康教育工作及院内感染管理监测等工作，组织编印健康教育处方14种，7万张，发放17 200份宣传品，举办8期孕妇学校及健康教育知识讲座。传染病管理工作获得丰台区先进单位称号，有7人被评为丰台区先进个人。社区服务工作，4月份北京市精神文明办在社区服务检查中，本院三个社区服务站2个获得满分，1个获得99分的优异成绩。职防中心工作，完成职业病鉴定和劳动鉴定12人，完成了13个单位的工业卫生监测工作。

**护理工作** 护理工作重点加强了表格书写的管理，使表格书写规范化，内容记录详细，符合要求。狠抓了内科系统整体护理工作，充分发挥大专毕业护士的积极性，同时，加强护理专业理论学习，定期组织护士到院外听课学习多次，本院授课19次，参加2 515人次。

**科研与教育** 全年论文投搞64篇，其中27篇在全国性期刊上发表，有5篇被全国专业学术会议选用做会议交流。外科“手外科微型外固定器的临床应用研究”获中国航天科技集团公司科技进步三等奖；检验科“航天工业有关有害作业人员外周血细胞遗传损伤的研究”及放射CT科“肺部HRCT的研究”分别通过了专家委员会鉴定，并申报部级科技进步奖。医院加大投资力度，选派19名科室业务骨干，到协和医院、北京友谊医院、人民医院等进修，进一步充实了科室的技术力量。坚持开展学术活动，形成制度。举办31期专业学术讲座，外请专家7人次，举办4期中文核心期刊学术交流报告会。选派科室学术带头人及业务骨干8人次参加全国性专科学术会议及中华医学会学术交流活动，并有5人次在会议上做论文交流；还选派10人参加科技集团公司第15届医学年会。完成了河北石家庄仁济医学院、冀联医学院实习学生26人的带教任务，继续接收协和医院八年制本科生及院外进修人员14人。《中国航天工业医药》杂志已在国内外公开发行。

**改革与管理** 医院采取重大举措，加大改革力度。在干部制度上，打破了多年一贯的任用制，对所有中层干部，一律实行聘用制，打破干部职务终身制；在人事制度上，全部实行聘用合同制，科室人员均与科室签订合同，实行转岗待岗，“铁饭碗”不“铁”了；在分配制度上实行多劳多得，少劳少得，不劳不得，减少了平均主义对职工的影响；在科室体制上，以行政后勤为试点，将行政处所属的班组绝大多数划归三产公司，实现了职能和实体的正式分开，改革加快了医院的发展。医院为活跃学术气氛，投入10万元，购进了先进的计算机数字化电子投影、多媒体教学系统；投入资金100万元，建成了医院信息网络系统；使住院部全部配备了计算机，实现了网络化管理；自筹资金210万元，购置设备74台（套），使医院的诊断及治疗上了一个新的水平；为解决职工住房问题，投资570余万元，购买20套住房，投资100万元，解决了职工使用天然气问题。改革基本上实现了病人受益，医院受益，职工受益。在行政后勤管理工作中，坚持为临床一线服务，满足了医疗工作的需要，筹措资金15万元，对使用多年的带菌垃圾焚烧炉进行了更换。房产绿化工作完成了售房办证工作343户，维修房屋面积600平方米；绿化工作被评为中国运载火箭技术研究院先进单位；汽车队全年安全行驶21万公里，在北京市“保两会、迎建国50周年”，百日安全“迎澳门回归”等重大交通安全活动中取得了本地区交通安全百分验收的最高分，保持了市级4年先进车队的称号。

**精神文明建设** 医院党委根据上级党委精神文明建设工作要求，修订了《七一一医院创建文明单位实施细则》。抓住重点，注重实效，加强党员领导干部学习制度，组织党委中心组学习10次，党支部书记学习8次。结合庆祝建国50周年和澳门回归活动，举办了征文和知识竞赛各一次。进行了年度综合奖励评比工作，共评出医院先进工作者39名，医院嘉奖106名，先进科室1个（神经内科），先进班组1个（挂号室）。组织全体党员观看了“医德讲坛”录像片，受教育人数1 100人次。狠抓了职业道德，服务意识、服务观念方面的教育，完善了医德医风考核档案，发挥内外行风监督员的作用。结合医院实际，推出了“病人投诉意见反馈卡”活动，一年来共收到44张反馈卡，行风办认真研究处理，听取患者意见并公布结果，受到了就医单位、患者及全院职工的好评。全年共收到表扬信112封，锦旗8面；拒收礼金16次，共计7 485元，拒收食品、烟、被面等价值500元。医院工会为使建家活动系统化、规范化，制定了《七一一医院建家工作百分考核办法》，召开了研讨会，进一步加强了工会自身建设。三门诊和外科分会已被验收为“模范职工之家”。

**基本建设** 航天医学影像中心、七一一医院综合病房楼全部竣工，并于12月24日举行了揭幕、剪彩仪式。（胡全喜）

# 中国航天工业总公司中心医院

（海淀区玉泉路15号）
邮编：100039 电话：68386421

**事业概况** 职工922人，其中卫生技术人员732人，包括主任医师（含相应职称，下同）4人，副主任医师73人，主治医师128人，医师198人，护理人员329人；行政后勤人员190人。

医院为三级合格医院，开设床位500张，拥有万元以上医疗设备347台（件），其中1999年新购置30台（件），如多功能麻醉机、移动X光机、B超诊断仪、全自动血凝仪及免疫分析仪等。

医院作为北京市厂矿高校系统医院的代表，以优异的成绩通过了第四次全国城市卫生综合检查团的检查；并在本年度顺利通过了市卫生局组织的行风检查及规范化服务工作达标验收；受北京市卫生局指派，承担并出色地完成了建国50周年庆典活动的医疗保障工作。

1999年，医院成为中国人寿保险公司北京分公司的定点医院，是中国女医师协会、中国白求恩精神研究会、中华医学会急诊学会继续教育培训中心所在地。

**机构设置** 撤销了同位素室，增设了老年病房、中医名医诊疗中心、牙科病防治中心及眼病防治中心。

**医疗工作** 全年收治住院病人5 754人次，门诊242 790人次，日平均门诊936人次，急诊14 366人次；抢救危重病人422人次，抢救成功率77.5%；床位使用率61.63%，床位周转次数11.76次；病案甲级率100%；医院感染率4.2%，医疗事故和重大差错发生率为0。

全年手术1 388例，其中大手术150例。主要包括：体外循环心脏直视房间隔、室间隔缺损术，动脉导管未闭结扎术，食管癌根治术，肺癌根治术，法乐氏四联症根治术，主动脉瓣置换+冠状动脉搭桥术，二尖瓣置换术，直肠癌根治术，复杂胰腺癌、胆道癌根治术，急性坏死性胰腺炎引流术，肝叶切除术，结肠癌根治术，胶质瘤切除术，垂体瘤切除术，桥小脑角肿瘤切除术，颅咽管瘤切除术，脑膜瘤切除术，小脑肿瘤切除术，椎管肿瘤切除术，肾癌根治术，膀胱、前列腺、直肠切除术+回肠代膀胱术，人工股骨头置换术，颈椎病（脊髓型）前后路手术，骨肉瘤截肢术，单鼻孔入路经蝶窦显微切除垂体瘤，介入神经放射栓塞治疗巨大颅内动脉瘤，闭孔内肌肛管扩张术等。

全年开展新手术、新疗法38项，主要有：常温下不停跳心内直视手术，微创保胆内镜取石术，颅内动脉瘤夹闭术，床旁血液透析滤过及自体血液回输。

全年组织门诊体检12 906人次，住院体检1 409人次。共发现恶性肿瘤7例，心肌严重缺血2例，均得到了及时治疗。

医院管辖区连续13年控制了甲、乙、丙三类传染病的暴发流行。辖区传染病发病率4.35‰，报告率100%；计划免疫接种5 402人次，接种率99%以上。

组织全院近600名医师进行了《医师法》理论统一考试，28名住院医师参加了全国统一的执业医师资格考试。

为更好地为航天战线科研骨干服务，与研究所合作开展了专家兼职保健医工作；组织8次医疗队赴试验基地，完成了医疗保健任务。继续派出2位专家常驻基层医疗点，派出3位医护人员参加赴老区医疗队，积极参加市、区组织科技卫生文化三下乡活动，举办宣传义诊3次。

**护理工作** 继续推行整体护理，目前已有5个整体护理病房，占总数的31%；进行医嘱改制，取消医嘱本、治疗单，提高医嘱执行的效率和安全准确程度；努力开展护士继续教育，组织护士长培训、护士计算机操作培训、护士礼仪培训、新生岗前教育等；坚持临床健康宣教，完成生产实习、临床带教任务；控制院内感染、做好质控监测，降低院内感染率。

**科研工作** 全年科研立题5项，均为部级课题。检验科开展的“2 135例北京地区健康儿童静脉血血细胞参数参考范围调查”获部级科技成果二等奖，科教处参与的“二院继续教育科目指南”获部级科技成果三等奖。全年发表论文78篇，其中国际论文1篇，中华级2篇，国家级38篇，地方级37篇。

**医学教育** 完成北京医科大学五年制临床专业11人的实习任务；京华医科大学等院校47人实习、进修以及112名护士的实习任务。组织院内业务学习46次，参加学习981人次；选送院外进修15人次，参加各类学术活动11人次、学习班56人次、读学历班61人次；参加北医在职学位班考试16人，住院医师三年规范化培训23人；护理继续教育院内授课28次，科内授课283次，参加1 032人次。

11月，北京医科大学批准本院心血管内科和神经外科为硕士研究生培养点，使本院的教学工作实现了研究生教育零的突破。

**国际交流** 出国进修4人次。

**体制改革与管理** 围绕“强化管理、从严治院”的工作目标，结合规范化服务工作，注重基础教育，通过各类查房、综合性质量考评、严格执行奖惩制度，保证了医疗工作质量，全年无医疗事故及重大差错发生。进一步解放思想，内引外联，努力开拓医疗市场。加大了经济管理力度，财务管理、经济核算逐步到位，监控措施得力。医院在药品、材料进、销、存、核算以及挂号、计价、收费、结算、医嘱等诸环节已实现了计算机网络化管理。网络系统高效准确的运行，为杜绝“跑、冒、漏”现象、提高医疗管理和服务水平提供了保障，使医院在管理手段上有了重大突破。继续深化人事制度改革，出台了《全员聘用暂行规定》、《人员退休管理规定》、《待岗人员管理规定》等12项规章制度。聘任了3位院长助理；在经历了自愿申请、竞聘答辩、评委评议、群众民主评议、党委研究、院长任命等环节后，年底前完成了临床、医技科室中层干部的聘任工作；科室一般工作人员实行了双向选择、平等自愿、竞争上岗。全院人员层层聘用，调动了广大职工的积极性，强化了竞争机制，实现了人员合理流动。

**精神文明建设** 加强思想政治工作，发挥党组织的战斗堡垒作用和党员的先锋模范作用。在改革过程中，院两级党组织与行政领导密切配合，理顺关系、化解矛盾，起到了保驾护航的作用；注重思想教育，组织观看国际、国内形势录像，进行爱国主义教育。做好共青团工作，召开医院第十次团代会，开展岗位成才，建功立业活动。加强宣传报道，全方位反映医院风貌。落实规范化服务工作，加强医德医风建设，聘请了院内外监督员68名，常年坚持月报制，走访永定路地区22家单位，征求意见，开展义务咨询、送医送药上门服务等工作，深受群众好评。全年进行8次门诊、住院病人满意度调查，平均满意度为91.1%。全年共收到表扬信134封，锦旗20面；52人次拒收红包、钱物约计22 100元。

强化民主管理，发挥职代会参政议政作用，医院工作报告、重大决策等，都经职代会讨论通过后方能生效实施。

**后勤与基建** 后勤工作确立“以医疗为中心，为医疗一线服务”的宗旨，实行了行政巡查制及24小时服务投诉制，使出现的问题及时得到解决。对门诊系统的卫生间、重点科室病房进行了改造装修；对供气管线、供暖管线进行了更新改造，对院内标志实行统一设计安装，改善了就医环境，极大地方便了患者。为降低运行费用，提高效能，医院设立了内部电话，有效地控制了通讯费用的增长。此外，还较好地解决了垃圾外运和氧气费用问题。

物业管理加大了改革力度，部分服务项目予以剥离，向社会招标解决，医院对内部物业公司职工，采取只发放基本工资的政策，其津贴和奖金通过有偿服务，拓展工作范围，开发项目自行解决，这标志着医院在后勤保障社会化方面已成功地走出了第一步。

（范远红）

# 中国航天工业总公司七三一医院

（丰台区云岗）

邮编：100074　　电话：68374065

**事业概况** 职工617人，其中卫生技术人员439人，包括主任医师7人，副主任医师53人，主治医师166人，医师182人，护士31人（以上均含相应职称）；行政人员73人，工勤人员105人。医院有床位400张，万元以上医疗设备146台，其中更新及购置的设备10台，包括肺功能仪、结肠镜、ICU心电监护系统、多导心电图机、高频电刀设备等。

医院是中国航天工业总公司下属的一所综合性二级甲等医院。主要负责云岗地区及芦沟桥以西人员的医疗、预防保健工作和市、区卫生行政部门下达给医院的指令性任务。承担河北医科大学、航天总公司卫校三分校的教学和实习工作。

**医疗工作** 全年门诊132 193人次，其中急诊22 110人次，日平均门诊559.4人次，危重病人抢救成功率94.80%，门诊危重症抢救成功率98.04%，孕产妇死亡率0，新生儿死亡率0，围产儿死亡率0.0053‰。

住院患者4 088人次，出院患者4 137人次，床位使用率61.45%（按实开床位329张），床位周转次数11.37次，治愈好转率95.46%，死亡率2.71%，入出院诊断符合率97.54%，7日确诊率93.79%。手术患者976人次，其中大中手术288例，主要包括：全子宫加双附件切除加盆腔淋巴结清扫术、阴式子宫全切术、食道癌根治术、肝门部胆管癌切除术、保脾胰尾切除术、骶尾部神经纤维瘤切除术、血管内皮肉瘤切除术、腰椎间盘切除术加椎板减压术、全膝关节置换术、人工股骨头置换术、全颜面除皱术、耳廓再造术、先天腭裂修复术。

全年开展新技术、新业务有：冠脉造影、经皮冠脉成型内支架植入术、肺功能测定、高压氧治疗缺血性脑血管病、腹部外伤胰腺断裂行保脾胰体尾切除术、全膝关节表面置换术、术后镇痛治疗、肝动脉化疗加栓塞治疗原发性肝癌、凝血象测定、高熔铸造合金义齿修复术。

**护理工作** 改革护理模式，强化服务意识，开展以病人为中心的整体护理，在总结1998年整体护理试点经验后，又新增开整体化护理病区7个，使80%的病区开展了整体化护理工作。护理质控合格率为：特级护理合格率100%，一级护理合格率93.2%，基础护理合格率92.5%，护理文件书写合格率96.2%，消毒隔离合格率98.1%，急救用品完好率99.2%，技术操作合格率99.8%，差错发生率0.0053‰，输血输液反应率0，褥疮发生率0。全年完成特级护理54人次共283天；重症护理283人次共11 777天；静脉输液78 036人次，输血1 301人次，静脉注射66 071人次，心电监护2 831人次共2 982天，肌肉注射106 181人次。

**科研工作** 全年论文投稿52篇，录用国家级杂志30篇，全国学术会议3篇，省部级会议8篇。

**医学教育** 规范化培训进入第三年，现已被培训人员共计38人，完成出科及阶段性考核44人次。全年选派13名医技人员赴市级各大医院进修。参加市、区级各类专业理论培训班、提高班共计72人次，组织医学专业学术讲座13次。承担河北医科大实习生72人，其他院校实习生5人，航天卫校三分校16人的实习。举办各种学习班14次，共1 546人次；护士到外院进修1人。作为丰台区护士教育基地，组织专业讲座18次，共2 886人次。自修大专毕业5人。选送1人攻读硕士学位。

**体制改革与管理** 根据中发［1997］3号文件《中共中央国务院关于卫生改革与发展的决定》和《北京市卫生事业“九五”计划2010年远景目标纲要》的精神，结合本院的实际，成立了改革领导小组，制定了《关于深化医院改革的规定》、《全院各科室岗位定编》、《七三一医院内部退养人员暂行管理办法》、《七三一医院职工待岗暂行管理办法》、《停薪留职人员暂行管理规定》、《奖金发放办法》，经全院职工代表大会审议通过，现已对机构进行了改革，人事制度改革正逐步进行。在管理上狠抓医疗质量，转变医学模式，是本年度工作重点之一。牢固树立以病人为中心，以质量为核心的新观念，从针对疾病的诊断治疗，转变为病人提供生理、心理、社会文化等全方位的服务。制定了《临床疾病诊疗常规考核办法》，成立“抗生素药物合理使用”考核小组，制定《内科系统、外科系统抗菌素使用原则》和《合理使用抗生素药物管理办法》，加大对临床质控病例的检查考核力度，做到因病施治，合理检查，合理用药，减少漏诊、误诊。使本院临床抗生素使用率在丰台区范围内为较低水平。按市卫生局要求，组织全院医师认真学习《医师法》，并请市卫生局律师对《医师法》进行系统宣讲，全院242名医师参加市卫生局的《医师法》知识考试，31名医生参加全国统一执业医师考试。完成了全体医师的执业注册工作。1999年医院被评为市公费医疗先进单位，市无偿献血单位，区计量、物价双信单位。

**精神文明建设** 根据中共中央［1998］17号文件精神，在全院中层干部中进行“三讲”教育，在群众评议过程中，院党委成员虚心听取意见，结合领导班子存在的问题，制定了相应整改措施。全院继续开展全程优质服务，重点以服务质量、便民措施为主，对全院各科室进行考核。为了鼓舞全院职工爱岗敬业精神，树立典型，表彰先进，评选出“青年白求恩奖”2名，“优质服务标兵”10名，4名护士被评为丰台区优秀护理工作者，14名护士被评为医院优秀护士，1名医生被评为北京市1999年优秀医务工作者。为了提高医院服务质量，开展合同单位对医院满意度调查，全年向病人发放满意度调查表 872 份，其中住院病人满意度平均为 96.4%，门诊病人满意度平均为 98.3%。全院共收表扬信 28 封，锦旗 5 件；拒吃请 36 人次，拒收红包 21 人次，合计人民币5 650元。

**工会工作** 完成第四届职工代表大会的换届选举工作，对年度医院工作报告、业务招待费使用情况、医院人事制度改革、机构改革、分配制度改革、建房、分房等均由职代会审议，对医院的改革初步方案进行修改，并在全体代表大会上一致通过，充分发挥职代会作用及民主管理。

**基本建设** 一栋4 270平米职工宿舍楼已建成。一栋5 130平米新门诊楼已完成主体结构。

**后勤工作** 全年车辆安全行驶 16 万公里，获区交通安全先进单位。较好地完成了安全生产、环保、节能、房产管理、设备运行和维修等工作，获三院技安先进单位。1999 年获北京市爱国卫生先进单位，医院代表北京市接受 1999 年全国爱委会进行的第四次全国城市卫生大检查获区先进单位。（宁京京）

# 中国航空工业中心医院

（安定门外北苑 3 号）

邮编：100012　　电话：64231118

**事业概况** 医院职工 354 人，其中专业技术人员 300 人，包括主任医师 11 人，副主任医师（含相应职称，下同）35 人，主治医师 95 人，医师、医士 161 人；行政后勤人员 52 人。医院占地 42 亩，房屋建筑面积37 057.1平方米。固定资产9 689万元，万元以上医疗设备 117 台，其中进口设备 93 台。开设病床 266 张。

**医疗工作** 门诊73 716人次，比 1998 年增长 9.45%；急诊23 520人次，比 1998 年增长 46.23%；日平均门诊 356 人次，比 1998 年增长 22.76%；危重症抢救 962 人次，比 1998 年增长 114.73%；抢救成功率 91.89%，比 1998 年增长 4.75%；住院2 861人次，比 1998 年增长 28.12%；出院2 810人次，比 1998 年增长 25.78%；床位使用率 58.34%，床位周转次数 14.33；治愈好转率 94.97%，死亡率 1.94%；入出院诊断符合率 98.9%，比 1998 年增长 0.3%；7 日确诊率 96.5%，比 1998 年增长 0.1%。手术5 300人次，住院手术2 869次，比 1998 年增长 20.29%；院内交叉感染率 2%。

狠抓学科建设，大力引进高、中级人才 20 余名，其中博士 1 名、硕士 4 名、中青年骨干十余名；由 4 个病区发展成内一心血管科、内二神经内科、内三消化、肿瘤科、外一骨科、外二脑外、泌外科、外三胸外、普外科、妇产科、母婴康乐中心、五官科和健康中心 10 个病区。眼科独立开展白内障摘除并植入人工晶体术及青光眼视网膜脱落、斜视矫正手术。骨科成功地开展了腰椎尖盘突出、脱出症髓核摘除、椎间固定器内固定术、全膝人工关节和髋关节置换、切开复位带锁髓内钉内固定术、驱动治疗仪治疗橡皮腿。外三开展三切口根治食道癌、治愈破伤风症。心内科对急性心梗抢救达到国内先进水平，消化科开展内窥镜经肠道电切息肉、套扎、碎石、取石等高难技术。筹集 1 千多万元资金添置螺旋 CT、彩超、自动生化仪等，提高医院医疗技术水平。

5 月 10 日，隆重举行母婴康乐中心开业典礼，市卫生局、全国妇联儿童部、市区卫生局领导、妇产、酒仙桥、北医三院等医院同仁到会。卫生部前部长钱信忠亲笔题字：“航空中心医院北京母婴康乐中心”。母婴康乐中心是专门为产妇和新生儿开设的产褥期家庭化保健与康复的科室，设休养室 21 套。每室供产妇一家人住，母婴中心是产妇康复乐苑，是新生儿健康成长的摇篮。

**护理工作** 狠抓“三查七对”工作、交接班制度及护理规范化；狠抓基本知识和基本技术操作训练，开展护理基本知识竞赛；进行文明护理语言美讲座；按时期、有针对性进行护士长培训；选择重点科室实行全面、整体护理；护理口号是：语言文明、态度和蔼、服装整齐、仪表大方、解释耐心、操作细微。如外三科落实为患者最快地解决“第一把椅子、第一张床、第一次饭及第一次医疗、护理”。全院护士进行了 2 次考核，5 次院内讲课，加强护士基础理论和专科知识学习。

**医学研究与教育** 117 人参加了中华医学会。召开第七届学术年会，有 18 人提交 18 篇论文。全院全年发表学术论文 14 篇，其中在国家级杂志上发表 7 篇，在省部级杂志发表 7 篇。各种学术会议发表论文

12篇。3人外出进修一年，1人进修3个月，各种短训班9批45人次。护理部接受了16名护士来院毕业实习，进行理论课4次、理论考试3次、技术操作12项、实习座谈2次。

**改革与管理** 面临医药分开、社会医疗保险，医院落实干部聘任制、全员聘用制，下岗分流、减人增效。一方面狠练内功，大力开展医疗新技术、新项目，不断改善服务态度，提高医疗质量，营建医疗中心；一方面走向社会，开拓社区病员，继在温馨公寓、名流花园、桃园公寓与地区联手建立医务室，又在八仙别墅、王府花园建立医务室。临床科室建立承包责任制，与此同时，改革奖金分配方案，认真贯彻“按劳分配、多劳多得”原则，调动全院医护员工献身、发展医院的积极性。11月23日，和中国科学院生物物理研究所科龙新锐公司举行信息工程签字仪式，信息、控制工程全面启动。

**精神文明建设** 党委深入贯彻党的十五大精神，带领职工学习邓小平理论，适应社会主义市场经济，冲破计划经济造成的“等、靠、要”思想，转变为“以病人为中心”，连续第三年开展以病人为中心优质服务竞赛，深入学习吴登云。张萍院长被评为中航第一集团优秀领导干部。以市场为导向的卫生服务的总体要求，参与市场竞争，夺取良好的社会和经济效益。得到航空系统职工和北苑地区群众的好评。庆祝“三八”国际妇女节，院长召集副主任医师以上女专家座谈医院深化改革；纪念五四运动80周年，举办“岗位学先进，人人讲奉献”演讲比赛。热烈庆祝中华人民共和国成立50周年，举办征文、歌咏比赛和文艺汇演。举行庆祝澳门回归祖国文艺联欢，向澳胞发去贺信。扎扎实实开展“三五”普法学习。认真贯彻全国医药购销纠风电视会议精神，实现优质、高效、低消耗、低价位服务。加强党的建设，举办全年入党积极分子党章学习班，考试合格者，发给证书。据不完全统计，全年拒收红包26 290元；收到表扬信18封，绵旗、镜框12件。扶贫支农，和港澳办、中航技向革命老区河北赞皇县捐赠价值30万元的X光机、洗片机、五官科椅、婴儿抢救台等仪器。响应朝阳区红十字会号召，向河北平山县赈灾，捐赠棉被23床、棉衣147件、毛绒衣等594件。

**后勤工作** 转变思想，进行结构调整，完善科室规章制度，制度上墙，特别是落实各类人员责任制，服务的口号是：“患者在我心中，落实在行动上”，坚持“三下”：下收、下送、下修，供应室、洗衣房率先作到，实现“把时间还给护士，把护士还给病人”的承诺。动力科保障了全院水、暖、电的正常供应和运行，修旧利废、改造项目20多项。环保办公室改变院貌，清运垃圾20余车。物资供应处口勤、手勤、腿勤、脑勤，坚持市场调研、节约开支。汽车队全年安全行驶10 203公里，评为地区和区级先进单位。

（曹大德）

# 邮电总医院

（西单大木仓胡同41号）

邮编：100032　　电话：88068177（总机）

E－mail：ptghhisc@public3.bta.net.cn

**事业概况** 职工818人，比上年减少4人，其中卫生专业技术人员634人，包括主任医师（含相应职称，下同）30人，副主任医师68人，主治医师128人，医师130人，护士270人；其他专业技术人员42人，行政后勤人员142人。

该院为三级合格医院，系西城区大病统筹定点医院。特色专业有：血管外科、心血管内科、肝外科及口腔科的正颌与种植牙。

编制床位600张，实际开放503张。万元以上设备413台，1999年购置53台，包括彩色中央监视台、肾透析反渗水处理系统、中心供液系统、血气血氧离子分析仪、免疫分析仪等。

**机构设置** 对部分机构进行了调整，内科、外科的各专业组按二级科室建制，内科设心血管内科（含CCU、心血管研究室、血液流变检测室）、消化内科、呼吸内科、内分泌科、肾病学科（含血透室）、免疫科、干部医疗科；外科设普通外科、肝外科（肝癌研究所）、血管外科（血管外科研究所）、心胸外科、骨科、泌尿外科、ICU；妇产科增设实验室。将原隶属于内科的神经内科专业与隶属于外科的神经外科专业合并成立神经科。高压氧室划归康复医疗科。将原分别隶属于内、外科各专业的肺功能检查室、神经电生理检查室、泌尿检查室与内窥镜室合并组成功能检测科。信息中心下设档案资料室（含档案室、图书馆、

《血管外科》与《邮电医刊》编辑部)、计算机室。调整后，该院有职能、党群部门 17 个，临床科室 25 个，医技等科室 18 个，院外门诊部 3 个。

**医疗工作** 门诊238 283人次，日均门诊 946 人次，急诊31 253人次，门急诊重症抢救 191 人次，抢救成功率 93.72%。入院4 441人次，出院4 422人次，床位使用率 58.61%，周转次数 9.23 次，住院治愈好转率 90.02%，死亡率 3.59%，入出院诊断符合率 99.19%，7 日确诊率 92.93%。住院手术1 950例，其中大手术 684 例，包括：肝左、右三叶切除、肝癌切除 + 肝内胆管切开取栓术、夹层动脉瘤 + 假性主动脉瘤 + 胸腹主动脉瘤带膜支架置放术、体肺侧枝循环重症法鲁氏四联征根治术、支气管成形袖状切除术等。

开展新技术、新业务 53 项，其中包括：12C - 尿素酶呼气试验、TRH 兴奋试验诊断甲状腺及垂体疾病，CT 引导下经皮肝穿无水酒精注射术、小切口胆囊切除术、试管婴儿、人工受精、超声颈部血管、乳腺诊断检查、种植牙、骨移植治疗牙槽骨缺损、复杂腭裂修补术及术后语音训练、腭部良、恶性肿瘤切除、核素下肢静脉显像 + 肺灌注显像等。该院普外开展的疝环充填式无张力疝修补术，继续保持全国手术例数第一的记录。全年健康体检13 933人次。

**护理工作** 在上年病房整体护理率 50% 的基础上，提高整体护理质量。加强检查力度，整体护理指标均达到规定质量标准。规范病房管理，对内科各病区护士站、治疗室、处置室统一布局、规范管理；开设手术病人家属、陪住休息室，统一管理外地病人物品，将陪住率降低为 13.8%，改善了病区秩序；改革护士长聘任工作，对拟聘护士长试行试用，试用期满后考核聘任；改变护理运行机制，改变早、晚交班形式，增加护理员夜班，规范住院处、供应室的工作流程，减少了临床护士间接护理时间。加强护士培训，进行了 21 个护理技术操作项目、3 687人次的培训，合格率 100%；护理基本理论考试 236 人次，合格率 90.6%；全员心肺复苏培训抽检达标 100%；按照继续教育计划，全院护士均完成继续教育 25 学分；鼓励参加学历教育，具大专学历护士占临床护士的 19.1%。全年完成护理论文 51 篇，会议交流 2 篇，中华级杂志 1 篇。完成 2 项自选科研课题。

**科研工作** 经院学术委员会审批，自立科研课题 8 项，向市科委申报课题 1 项。该院心内科"急性髓细胞性白血病的发病与 N - RAS 基因点突变的相关研究"、肝癌研究所"以手术为主系列疗法治疗原发性大肝癌"获信息产业部科技进步一等奖，心外科"冠脉旁路 + 激光心肌血管重建术在冠心病治疗中的应用"获二等奖，血管外科"国产支架型人工血管的实验研究与临床应用"获三等奖。外投科技论文 122 篇，发表 52 篇，中华级 16 篇，国外交流 8 篇。

**医学教育** 成立了住院医培训考核小组，12 人参加毕业后教育，3 人通过北医大住院医培训第一阶段考试。组织继续教育学习培训 15 次，参加学习 450 人次。举办近 300 人参加的"心血管病学新进展"高级研讨班 1 次。完成北医大口腔医学院 96 级 5 年制学生的临床医学课程，接收 97 级 5 年制、7 年制学生的临床教学任务。经北京医科大学批准，该院新建硕士生培养点 5 个：内科内分泌专业、肝外科、血管外科、口腔科口外专业、放射科影像医学。接收进修人员 24 人，进修专业主要是口腔科、血管外科等。该院本年度派出学习进修人员 19 人。

**国际交流** 全年接待来自美国、日本等国的医师、专家、学者 7 人次；派赴日本、新加坡、美国、澳大利亚等国学习、访问、研修 19 人次。

**体制改革与管理** 进行人事、财务、后勤运营机制的改革。制定了全院各类人员岗位标准和《各类人员值班加班的有关规定》，讨论了人员编制及卫生专业技术职务岗位设置方案，为定岗定编和按岗聘任做了准备。将聘用合同制范围扩大到新入院的本科生，继续向全国招聘学科带头人，设立了院级突出贡献奖，激励多出快出人才。以增收节支为目的加大财务、后勤改革。将收入指标分解到科室，制定了医疗设备折旧及维修摊销办法、职能处室及无经济收入科室限额开支标准、小型家电使用核算办法及超标使用办公家具管理办法。并对后勤保障费用逐项核定，对职工就医及医药费报销规定做了修改补充，有效控制了院内医药费过高开支。

严格规章制度，按制度、标准管理医院。在近年制度建设的基础上，建立和完善了 11 项规章制度，并将重点放在制度的检查落实上，全年查出违章违纪 210 例，均与奖惩挂钩。

加强科室组织与作风建设。要求职能处室改变工作作风，保证 1/2 时间深入一线解决问题。健全临床科室架构，将专业组扩展为二级科室。根据功能将部分专业调整组合为新科室，促进了学科发展。

制订临床医技科室双项（医疗质量指标、经济效益指标）考核奖励办法，促使科室加强管理，积极开展新业务、新技术。另外，开通了电话挂号，建立了互联网站，开通了病人床头电话和院内寻呼系统。

**精神文明建设** 强化职工文明服务意识，开展医务人员文明形象达标活动，规范服务用语，在门诊服务窗口公布在岗人员工号，接受病人监督。组织了礼仪培训，开展"以病人为中心，优质文明服务，争做岗位能手、岗位标兵"劳动竞赛，评出岗位标兵 1

人，岗位能手17人，优质文明服务窗口1个。以建院、建国50周年为契机，开展了职工教育活动，组织了“理想与希望——我爱邮电总医院”演讲比赛，和“我为邮电总医院的发展和建设献计献策”活动。圆满完成建国50周年庆典的医疗服务、广场联欢、游行安全保卫工作，受到市、区表彰。加强了医德医风建设，全年收到病人表扬信176封，拒收各种礼品及红包款14 600元；受到电台、电视台、多种报刊报道、表扬15次。连续3年被评为中央国家机关文明单位，申报了首都文明单位。连续19年完成献血任务，连续11年被评为北京市无偿献血先进单位。

**后勤工作** 重点是改变运营机制，节支降耗。为此采取4项措施：自己动手修旧利废，加强设备维护保养；采取制订管理制度、调整中央空调与电梯等的运营时间、更换节水开关等措施，节水节电；压缩库存；对电话、办公用品、车辆使用等实行定额管理。全年减少开支40万元。再次被评为北京市卫生先进单位。

**基本建设** 完成在建18 719平方米综合病房楼主体结构，进入外装修。内科病房楼主体加固改造，增设病房独立卫生间，中央空调工程完工，投入使用。外科病房楼改造装修开工。完成北医大学生宿舍装修改建工程。（马柏青）

# 电子工业部北京酒仙桥医院

（朝阳区酒仙桥一街坊6号）

邮编：100016　　电话：64361322

**事业概况** 职工1 018人，其中卫生技术人员838人，包括主任医师12人，副主任医师（含相应职称，下同）61人，主治医师209人，医师444人，护士98人，未聘人员13人；其他系列技术人员61人，行政后勤人员121人。开设床位500张。新购进10万元以上进口大型设备有麻醉机、骨密度仪、高压液相色谱仪、尿动力学分析仪、碎石机等，总价值587万元。

**机构设置** 8月26日成立了介入医学科。

**医疗工作** 门、急诊458 252人次，较上年减少1.11%；日均门诊1 847人次，急诊54 268人次，抢救危重症1 341人次，抢救成功率94.56%；入院7 711人次，出院7 758人次，床位使用率75.55%；周转次数15.52次/床，治愈好转率92.74%，死亡率4.07%；诊断符合率98.71%，7日确诊率98.51%。门诊手术689例，住院手术2 397例，其中大手术425例，主要包括肾脏切除，肝叶切除，腹腔镜胆囊切除术，食管贲门癌、肺叶、全肺、肺段切除术，胸腔镜肺大疱结扎切除术等。

开展的新技术、新疗法包括：冠脉造影，经皮冠状动脉球囊扩张（PTCA + 支架手术），大咯血支气管动脉栓塞术，门腔静脉分流术，脑血管造影，脑动脉瘤栓塞术，自体骨髓注射治疗骨不连接术，CT副鼻窦冠扫，鼻窦内镜手术，人工种植牙，颈动脉起搏和四肢血管彩超等。

**护理工作** 为推进整体护理的开展，把工作重点放在规范护理秩序，严格质量控制方面。目前神内二、呼吸内科、产科病房、胸科病房开展了整体护理。全年组织继续教育区级认可项目讲座13次，院内4次，并担负本地区30余个小单位护士继续教育任务，年底进行理论技能考核，得到朝阳区卫生局表扬。“5.12”国际护士节召开庆祝大会，对热爱本职工作的优秀护士，上夜班110次以上及拒收病人红包的护士给予表彰。全年进行护理质控检查95次。召开工休座谈会4次，门诊及住院病人满意度调查4次，总满意度平均为96.5%。

**科研工作** 投入科研基金，推动科技兴院，积极鼓励开展科研项目，全年完成课题2项，正在进行课题20项。外投稿件124篇，国际会议7篇，中华杂志上8篇，其他109篇。

**医学教育** 组织全院继续教育讲座293次，其中外请专家讲课28次，2 268人次参加。继续承担北京医学高等专科学校、针灸骨伤学院及张家口医专检验专业学生的临床教学任务。接待德国、西班牙、法国、瑞典、澳大利亚、英国、美国等外籍留学生83人。11月经北京市卫生局、市教委对本院教学基地评审后，颁发了“医学高等院校合格教育基地”证书及牌匾。

**改革与管理** 认真贯彻全国卫生厅局长会议精神，加大医院深化改革的力度，巩固三级医院成果，完成了北京市卫生局规定的各项指标。在质量管理中，强化基础管理，加大质控力度，重点抓首诊医师负责制，三级医师查房制，病例讨论制。检查出院病历6 568份，甲级率95.4%。组织三级理论考试2次，对全院在职医师368人、离退休37人进行职业医师法考试。办理麻醉药品使用资格证书163人。深化劳动人事制度改革，实行院科二级聘任，推行科主任负责制，坚持择优聘用，竞争上岗原则，初步建立干部能上能下，能进能出的用人机制。根据人事部、财政部下发调整机关事业单位工作人员工资标准和增加离退休费的通知，为全院在职职工955人和离退休人员331人增加工资。根据信人［1999］289号文，要求事业单位全体在职职工交纳失业保险费，为全院共1 069人上了失业保险。全年医院上报3篇、分别刊登在《人民日报》、《中国青年报》、《电子报》上，院庆40周年北京电视台《北京新闻》节目对本院进行了报导。精神科在北京广播电台“祝您健康”节目讲座2次。

**精神文明建设** 年初院党委向全院提出了：“优质高效、服务于民、信誉第一、树我形象”十六字为工作目标。一年来在方便病人就医、改善服务态度、保证服务质量、减轻病人负担、加强医德医风建设等方面取得了很大成绩，全年总收入比上年增长15.12%。根据北京市卫生系统开展“规范化服务达标”活动，院领导在管理上加大力度，制定了医院《规范化服务标准实施规定》进行全员动员。对违规者按离岗、编外、辞退和扣罚等共进行14次大检查，对出现问题均与科室个人挂钩，当事人受罚。8月份北京市卫生行业规范化服务达标考评组来院考评，分别到病房、门诊进行检查，走访病人，通过听、查、看，对医院工作给予了充分肯定与鼓励，同时对便民服务方面提出了建议。院工会组织职工围绕此项工作为内容的演讲比赛，经过预赛7名选手进入决赛，并推荐了3名优秀选手参加了市卫生系统的演讲比赛，获得了好成绩。参加信息产业部为迎接建国50周年，喜迎澳门回归为主题的文艺演出，本院女生小合唱获二等奖。组织选派10人参加国庆50周年天安门联欢活动，获直属机关党委授予的优秀组织奖。去定点扶贫地区怀柔碾子乡扶贫8次，为当地村民进行妇科疾病普查110人次，并赠送物资。为本院患白血病的年轻护士徐晓杰骨髓移植开展献爱心募捐活动，全院923名职工共捐款8 092元。完成无偿献血任务，有35人参加无偿献血。

**后勤工作** 投资兴建了7 900平方米职工宿舍楼，重点解决临床一线医护人员住房。全年加大医院基础设施建设，着力改善就医环境，节约开支，精打细算，全院病区安装了中央空调，对电路进行增容改造，对病房楼外墙全部进行粉刷，窗户全部更换塑钢窗，绿化带均修缮一新。财务管理与会计核算走向科学化，目前医院从记帐、算帐、资产管理、编制报表、信息分析等基本实现了电算化。

1999年2月1日是酒仙桥医院建院40周年纪念日，“不惑”之年的酒仙桥医院将面临社会经济转轨的重大挑战，“以病人为中心”，“优质高效，服务于民”，减员增效，结构调整等改革措施势在必行。在新的改革时期医院将坚持“爱院、爱科、爱岗，团结、求实、向上，全心全意为人民健康服务”的办院宗旨，抓服务、上水平、求发展。

（苗丽娅　胡鸿藻）

# 电子工业部四〇二医院

（石景山区石景山路5号）

邮编：100039　　电话：68216644

**事业概况** 职工488人，其中卫生技术人员432人，包括主任医师（含相应职称，下同）6人，副主任医师42人，主治医师143人，医师191人，护士32人；行政管理人员36人，工勤人员45人。全年购入大型设备：日立7060全自动生化仪1台，意大利OMS－9型牙科综合治疗台1台，日机装DBB－22B血透机1台。

**机构设置** 干部病房直接归属内科管理；骨科从大外科分离单设科室，在此基础上成立了骨二病区；医院人事处并入院办公室；保卫科归总务处管理；撤销党群部，党委办公室与工会分别独立办公，离退休办公室归党委办公室管理。

**医疗工作** 门诊126 933人次，平均日门诊547人次，全年急诊16 699人次，平均日急诊45.75人次；急诊危重症抢救59人次，抢救成功率76.3%，孕产妇死亡率0，新生儿死亡率0.27%。住院患者2 978人次，出院患者2 672人次，床位使用率56.6%，床位周转次数9.9次/年，治愈好转率95.9%，死亡率1.9%，入出院诊断符合率97%，7日确诊率93.1%。手术患者874人次，其中大手术279人次，医院感染率7.6%，医院感染漏报率<6.1%。

**护理工作** 倡导“以病人为中心”的护理理念，认真开展整体护理工作，并建立相应的岗位职责及质控管理标准。全院护理工作满意率达到98%。重视护理队伍素质建设，加强护士长考核制度，认真做好护士继续教育，使全院护士继续教育达标率达99.8%，大专毕业人数达20名。坚持“三基”训练不松懈，对全体护士长及各级护理人员分层次进行理论及操作考核，平均达标率80%。为促进护理学术水平提高，召开护理学术年会，全年全院护士共撰写护理论文148篇，有5篇在全国性医学杂志及会议上发表或交流。注重护理队伍医德医风及思想品德教育，倡导敬业爱岗、无私奉献精神，内一、内三、妇产科护理组被信息产业部团委授予“青年文明号”光荣称号。

**科研与教育** 继续加强医院质量管理，对全院临床、医技科室进行评审后的复查工作，针对各项规章制度的落实、科室管理、病历处方的书写质量、急诊的应急能力、住院医师的业务能力、各级医师的医疗质量、医护人员的服务意识进行了全面考核。全年开展新技术、新项目20余项，如性医学科与B超室合作对阴茎的血液动力学研究；B超监视下宫腔镜检查治疗；眼科开展白内障摘除术、人工晶体植入术、角膜移植术；麻醉科开展唤醒试验；检验科开展耳血检查幽门螺杆菌抗体等。全年在各级杂志刊登专业论文28篇，出版科技书刊6部，各学术会议交流、大会发言18篇。各级医务人员参加医学教育提高班、研修班30人次，技能培训班13人次。1999年在读研究生5人，送外院进修4人，接收进修生14人。圆满完成西安医科大学本科生和北京医学专修学院大专生的临床教学任务。举办全院性学术活动14次。

**改革与管理** 不断健全完善各项规章制度、整顿医疗秩序、方便病人就医、实行规范化服务，体现“以病人为中心”的宗旨。坚持质量管理，院质量控制委员会定期检查评定医疗、行政、后勤等部门的工作质量，对存在的问题及时处理。贯彻“减员增效”的原则精简机构，本着德才兼备、知识化、年轻化、任人为贤的原则选拔聘用干部，减少临时工，对不称职的职工转岗分流。采用军惠医院信息管理系统，对病人在院情况、收费等实现计算机管理，为出院病人打印住院收据、费用明细单等，并在此基础上不断完善各个系统的操作，以期推广到医院各个相关部门，适应改革的需要。新病房楼正式启用，改善了病人的住院条件与环境。积极开展医疗合作，内科与高血压联盟合作成立了保健中心，干部病房床位扩大至38张，在原骨科的基础上成立了骨二病区，开设了特需医疗部、减肥中心。

**精神文明建设** 组织全体党员参观“建国50周年成就展”，医院在建国50周年大庆活动中出色地完成了游行及医疗抢救等任务，获信息产业部“组织奖”。院领导、支部书记及各科职工认真学习了董炳昆“以病人为中心，进行连贯性医疗护理服务”一文并进行讨论。通过每月问卷调查征求意见，检查医德医风执行情况，抓典型事例教育全院，对违反医院规定的事情做了及时的处理。坚持对新分配来院工作的职工进行岗前培训和职业道德教育。被北京市爱国卫生运动委员会授予“1999年度北京市爱国卫生先进单位”，并颁发荣誉证书；被石景山区红十字会评为“红十字会先进集体”；计生办被评为“石景山区1999度计划生育先进集体”；妇产科护理组被共青团信息产业部直属机关委员会授予部直属机关“青年文明号”光荣称号。

**后勤与基建** 后勤工作在继续坚持以病人为中心的原则基础上，又开展了深入病区、主动服务的活动，坚持下送下收、上门服务、定期巡视，发现问题及时解决，受到了病人和医务人员的好评。为了使后勤工作逐步走上社会化服务的道路，1999年对部分班组实行了改革试点，如食堂工作人员的工资、奖金、水电、电话等费用全部自己支付，走上了自己养活自己的道路。医院新建1.2万平米的宿舍楼，为180多户职工改善了居住条件。

（王　斐　朱若筠　潘淑琴）

# 水利部北京总医院

（海淀区玉渊潭南路19号）

邮编：100036　　电话：68254804

**事业概况** 医院现有职工320人，其中卫生技术人员255人，包括主任医师3人，副主任医师23人，中级技术职称90人，初级技术职称151人；行政后勤人员53人。

**医疗工作** 全年门诊57 258人次，急诊5 342人次，急诊危重症抢救14人次，抢救成功率92.86%。住院患者881人次；床位使用率29.65%；治愈好转率91.62%，死亡率4.54%。手术311例，主要手术有食管癌根治术、肺癌根治术、全髋及半髋关节置换术。

采用多种形式联合办医。与阜外医院合作开办了心血管内科联合病房，收治来自全国各地的患者，提高了医务人员技术水平，增加了医院病床使用率和周转率。开设了“中医专家会诊科”，聘请知名中医专家轮流出诊，增加了医院的两个效益。购置了全自动生化分析仪和彩色B超，提高了诊断水平。

**护理工作** 注重抓质量管理和制度落实。护理部每月组织护士长进行质控检查，重点放在基础护理质量、危重和一级护理病人的管理，防止并发症的发生，以及消毒隔离制度的落实。检查中发现问题及时解决，平时不定期抽查，及时改进工作，提高了护理质量。

按照市卫生局重点放在抓好“四室”的要求，把抓好“四室”工作放在首位，加强管理，落实“四室”工作标准，督促检查，“四室”工作取得明显成效，手术室顺利通过市卫生局护理质量管理委员会的检查。

院感工作以狠抓《规范》落实为重点，强化制度建设，加大宣传力度，同时加强重点部门的监控及感染质控指标的控制，较好地完成了主要感染质控指标，感染发病率比上年下降了2.6%，例次发病率下降2.8%。

**科研与教育** 全年外投论文23篇，发表5篇，其中国家级杂志发表3篇。全年派出医务人员进修4人次，派出参加专业短训55人次。接受北京医学专修学院实习生13人。完成了卫生局委托的医师资格考试、实践技能考试工作。

**体制改革与管理** 加强内部管理，强化制度建设，医院以建章立制工作为重点，逐步建立和健全各项规章制度，先后落实了医德医风考核制度、医护质量管理制度、人事管理制度。同时开拓医疗市场，增收节支，开源节流。设立社区医疗服务点；新设了草药房；撤销了无对外联系科室的外线电话。

**精神文明建设** 圆满完成了国庆大典的部分医疗救护和群众联欢晚会的任务；采取多种形式进一步强化职工“以病人为中心的服务观念，组织学习新疆乌恰县医院院长吴登云的先进事迹；利用院务会、《水医信息》强化教育，加强监督机制，定期召开医疗合同单位和医德医风监督员座谈会，广泛征求意见，及时反馈意见，改进工作。全年收到病人表扬信9封，锦旗6面。病人满意度调查优良率：住院病人89.5%，门诊病人84%，出院病人95%。

**后勤工作** 后勤工作坚持以医疗为中心，保证全院三通，做到两满意和下收下送。完成了供热水、开水、医用消毒气改电设备工作，一年为医院节约开支100余万元。 （张瑞珍）

# 铁道部北京铁路总医院

（海淀区羊坊店北蜂窝）

邮编：100038　　电话：63242447

**事业概况** 北京铁路总医院隶属铁道部，是一所医、教、研、防相结合，学科齐全的综合性“三级甲等”医院。是全国铁路医疗卫生中心和临床医师培训中心。是北京医科大学的教学医院，又是南京铁道医学院、上海铁道大学的教学基地。占地面积104亩，建筑面积99 783平方米。

医院主要为铁路系统服务，承担着全国各铁路医院转诊、转院任务，并承担在京路内外470个单位14万多人和4 000多名干部的医疗保健任务，同时对社会开放。

医院现有在职职工1 838人，其中正高职称18人，副高职称133人，中级职称476人，初级职称924人。

医疗设备固定资产2亿元，拥有核磁共振、数字减影机、螺旋CT、ECT、直线加速器、彩色多普勒超声诊断仪、碎石机、全自动生化分析仪、中央监测仪、血液透析仪、电镜、高压氧舱等大型现代化设备。

**医疗工作** 全年完成门诊817 003人次，收住院病人13 108人次，比1998年增加114人次，日门诊3 225人次；抢救危重病人499人次，成功率91.98%；病床周转率17.44次/年，病床使用率88.65%，较上年上升8.6%；平均住院日18.17天，择期手术72小时完成，全年手术3 446例。门诊3日确诊率99.29%，出入院诊断符合率99.46%，病历质量优良率以及无菌手术感染率均达到“三甲”标准。院内感染率4.9%。

围绕着“以病人为中心”，不断提高医疗质量，改善服务态度，出台了一系列方便病人，优质服务，加强门急诊工作及提高医疗质量的措施，改善了就医环境和条件。被卫生部授予“全国百佳医院”、铁道部授予“全路十佳医院”称号。全年共收表扬信523封，锦旗、镜匾70面（块）；拒收红包377人次，计62 860元；好人好事390件，社会测评医院综合满意度达96%。医院先进事迹、好人好事有10多次被新闻媒体插报。

为了全面提高医疗护理质量，确保医疗安全，修订了有关的医疗制度，开展了整体护理模式病房，为规范医疗文书的书写，举办了“医疗文书展评”，加大了监督处罚的力度，使全体医务人员普遍增强了质量意识。年内重点抓了三级查房、危重症病例讨论，开展了“医疗质量月”活动，医疗质量有了明显提高，全年无医疗事故及严重差错发生。进一步加强了门急诊工作，开设了急诊的“绿色通道”，急诊实施24小时全天候服务。为满足患者的就医，在扩大了急诊科诊疗室面积的基础上，增加了配套设施，建立了急诊病房，改善了就医条件。

**科研与教育**　加强了重点专科建设和学科带头人的培养，积极组织科技成果鉴定及评奖工作，1999年度获部科技进步奖4项，其中二等奖1项，三等奖1项，四等奖2项。开展新技术、新疗法100多项次。

加强了继续教育工作，推出了24小时住院医师负责制，重点抓了住院医师培训，岗前教育和“三基”训练考核。举办了全院性学术讲座23次，刊出论文153篇。

较好地完成了北医大、南铁医等12所医学院校、中专卫校的临床教学和实习任务，接收88名医护人员来院进修学习，规范了继续教育，制订了有关规定和政策，年内有18人外出进修学习，有6人参加了在职研究生的培养。

争取了部拨科研经费40万元，获科技进步奖金4.2万元，为全路卫生系统奖金最高的局级单位，教育已步入了正规化发展。

**改革与管理**　人事分配制度改革全面展开，扩大试行了合同制、聘任制、试用期，加强了人员交流室工作，全面推进减员增效再就业工程。全院待岗分流83人，减员135人，调出16人，除名10人，病退6人；接收大中专毕业生41人，调入5人；晋升正高4人，副高职13人，中级40人。明确学科带头人28人，回聘10人。完成了全院定编机构设置工作，对全院中层干部进行了全面考核，在相对稳定的基础上，进行了调整交流，不称职的予以免职。

进一步推行分配制度改革，实施多种形式的分配办法，调动了广大干部职工的积极性。总务后勤实施“小机关、大社会、多实体”的改革，实行定额拨款，独立核算，自主经营，物业化管理。开始筹划医疗保障制度的改革方案，制订了“职工用药规定”及“发展社区医疗”的意见。加强了成本核算，降低消耗，减少浪费。调整加强了质控领导小组，明确职能部门及考核办法，全面推行了综合目标质量管理，使管理水平上了一个新台阶。为适应市场经济体制改革的需要，配合全国医改工作的进行，加强了职工医疗费用的管理，制定了《本院职工临床用药范围和管理办法》，以保证职工的基本医疗。在“总量控制，结构调整”工作中，认真执行有关规定，总控和公费医疗管理工作取得了显著成绩。

**后勤与基建**　改造旧病房楼，建设高压氧舱、制剂楼，整修了大门围墙、周边环境和会议中心及院内绿化。引进更新了加速器、模拟定位机、X线刀、ICU、供应室、手术室及制剂楼等设备，更新了重点专科的设备仪器150万元。

改革了锅炉房、职工食堂的管理体制，实行了社会化服务，理顺了物资设备管理的关系，建立了“中心料库”，为临床第一线提供了良好的服务。

为加强医院文化建设，营造良好的就医环境和条件，加紧了院容院貌的整治和绿化，整修了部分家属住宅区水电供给，进行房屋维修，安装公用天线。设立导医指示标牌、卫生宣传橱窗、公用电话、候诊椅、电视机等方便病人就医。全面实施了住房改革，购置职工住宅45套，缓解了医院职工住房紧张情况。

（房　莉）

# 电力总医院
# （北京电力医院）

（丰台区六里桥）

邮编：100055　　电话：63465865

**事业概况**　电力总医院又名北京电力医院。1977年立项，1983年动工，1987年12月26日试开诊，1989年5月20日正式开院。李鹏委员长两次亲笔为医院书写了院名，目前医院已发展成为一个具有相当规模的、具备各种诊疗抢救能力的，能完成医、教、研、防各项任务的综合性医院。1993年在北京市率先进入国际爱婴医院行列。1995年经国家教委、卫生部批准成为白求恩医科大学教学医院。医院除完成医疗、教学、科研及培养进修生任务外，还承担了《水电医学》杂志的编辑出版以及中国水电医学科技学会的工作，与全国各大医院进行学术交流。

医院占地面积5万多平方米，建筑面积7万多平方米，设病床518张。病房设有集中空调、集中吸引系统。医疗仪器76%是进口先进设备。医院有职工765人，其中专业技术人员656人，包括高级职称62人，中级职称171人。

**机构设置**　医院行政科室为16个，临床一线科室为22个。

**医疗工作**　门诊量近22万人次，年收治住院病人6 000多人次。

1999年是医院质量管理年，适逢北京市三级医院医疗服务达标活动的全面铺开，院领导多次组织全院职工学习北京市卫生局的有关文件，提高大家的达标意识、质量意识、服务意识，各职能部门牢牢抓准抓实三级医师查房、首诊负责制、三级护理、急诊、抢救、会诊环节，严把质量关。各科室定期组织职工认真学习研究达标内容，从基础工作抓起，落实三级医师负责制，狠抓住院医师的病历书写能力，门诊3次确诊和住院7日确诊率，各级医师的查房水平，减少误诊率、漏诊率。抓护理工作的三查七对，有效地降低了差错的出现，杜绝了医疗事故和重大差错的发生，使整体医疗质量明显提高。

全院各科室积极开展新技术、新项目，其中，仅心内科开展冠状动脉造影121例、PTCA30例、射频消融8例。骨科先后开展了颈椎病后路减压、椎体骨折并截瘫的脊髓减压、椎体AF钉内固定、骨肿瘤切除异体骨加自体骨移植，以及先天性关节脱位手术等项新技术、新业务。对于股骨颈骨折的血运破坏程度，通过数字减影技术观察，为该病的诊断分型和治疗提供了重要依据，也使对该病的认识有了进一步提高，填补了医院的空白。创伤科采用组合式椎弓根螺钉技术脊柱复位固定，成功治愈不稳定性骨折伴截瘫的病人。RF系统是近几年来国际上采用的椎弓根螺钉技术与生物力学的研究，最新型的脊柱节段性内固定技术；应用非骨水泥嵌压式全髋关节置换术，治疗陈旧性股骨颈骨折1例，填补了本院一项空白，也是三级医院骨科达标的技术标准之一。合作开展了矮小症双小腿延长增高术等5项手术。烧伤科开展了“表皮细胞异体真皮移植修复深度创面”的新技术获得成功。妇产科新开展了滋养叶细胞疾患的介入性治疗和显微外科妇科手术。耳鼻喉科新开展了鼻侧切开鼻腔肿瘤切除术；鼓室成型术；电视鼻窦内窥镜下手术。中心实验室开展了“老年人抗心磷脂抗体与衰老的研究”等6项科研课题。

医院在原有的与中医骨伤所联合以及宣武医院神外联合的基础上，又与北京医药科技学会、北京市急救中心、首都医科大学等单位联合，成立了肝病研究中心、电力医院急救站、骨与关节重建中心和介入中心，充分利用现有的卫生资源，采取多种联合形式，在提高了医务人员的专业技术水平，提高床位使用率的同时，也提高了经济效益和社会效益。

**教育与科研**　1999年申报科研课题10项，大部分课题已经完成，获得中国水电医科会评审的科研二等奖、三等奖共7项。计算机信息网络研制工作取得阶段性成果。成功地解决了计算机Y2K问题，全院各部门的设备安全渡过了高危时间点。在狠抓科研工作的同时，医院还以继续教育为主体，全方位、多形式、多渠道、多层次抓人才培养，在提高整体素质上下功夫。与白求恩医科大学共同培养的4名博士、硕士研究生顺利通过论文答辩，同时又送出定向委培研究生2名。有计划的送出进修、短期培训316人次。有7人参加了北京市卫生局住院医师理论考试，全部合格。全院共撰写科研论文123篇。组织院内学术活动16次，参加1 121人次，参加国内外学术交流32人次，国际会议交流3人次。完成了白求恩医科大学本科生的教学、实习任务，完成了北京高等医专大专生及丰台卫校的实习带教任务与部分进修生的培训任务，同时完成了北京卫校、电力护校的教学任务。1999年在丰台区医院管理委员会工作检查中，本院科研教学管理是全区唯一获得满分的单位，受到检查组及区内所属各医院的一致好评。11月2日，经过北京市卫生局、北京市教委教学基地评审委员会评审，成为合格临床教学医院。

**医院管理** 以“创首都卫生行业规范化服务达标”活动为契机，以病人为中心，从抓规范化服务入手，将达标方案逐条分解，为强化职工对服务规范的认知程度，提高执行自觉性。将《规范》下发到每一名职工手中，要求人人熟知熟记。每个职能科室和执行科室，逐项落实，分工负责，对优质服务具体要求，文明用语、服务忌语作了明文规定，要求“窗口”人员严格对照执行，对服务态度的优劣，采用经济手段，奖惩兑现，发挥奖惩激励作用。

注重为患者办实事，开展多项便民服务，方便患者就医。为改善就医环境，在门诊大厅安装了彩色大屏幕显示屏，在候诊室安装了彩色电视，为患者播放电视节目和健康教育节目。夏季又在各窗口处安装了壁扇，在内、外、妇、儿、放射科、核磁、CT房、候诊大厅安装了柜式空调，使就医环境得到一定的改善。为增加收费、物价的透明度，在门诊大厅和住院处安装了电脑触摸屏，方便病人对医院收费项目和药品费用的查询。在门诊、病房安装了投币电话，为每个病房安装了201卡电话。门诊大厅免费为病人供应开水，设立病历书写桌，配备了花镜、纸、笔，开设了简易门诊，设立导诊咨询台，由各职能部门人员轮流上岗，做好窗口服务协调工作。急救中心在本院建立的分中心，配置24小时专用“急救电话”，随时上门提供服务。电话预约挂号，预约住院，为患者提供快捷服务。定期深入生产一线，实施健康体检、义务咨询。开展送医、送药、送温暖“三送”活动。全年完成体检任务14 139人次，受到患者和有关部门的一致好评。

**精神文明建设** 以“创建首都卫生行业规范化服务达标”活动为载体，以“党委统一领导，党政工团齐抓共管，部门各负其责，纪委组织协调，依靠群众参与”为原则，大力开展各项竞赛活动，强化全员服务意识，提高服务质量。据不完全统计，全年共收表扬信40多封，锦旗20多面；拒收礼金6 000多元。顺利通过了北京市卫生局开展的创建首都卫生系统文明行业规范化服务达标工作。被评为北京市卫生局迎国庆50周年先进单位。

**基建与后勤** 年初核磁共振、CT、ECT三件大型检查设备，在医院安家落户。三大件的良好运行，为提高整体诊疗水平起到了十分重要的作用。建立了院篮球场，对门诊楼前900平方米的前广场进行了修缮绿化，新建的14层中老年康复楼开始内装修。后勤服务公司完成了水、电、气、暖的供应工作，营养科经常深入病区了解病人的需求，一年来膳食治疗病人就餐率和普通膳食的就餐率均有较大提高。

（张启琴）

# 中国康复研究中心

（丰台区角门北路10号）

邮编：100077　　电话：67213322（总机）

**事业概况** 现有职工985人，其中医务人员570人，包括主任医师23人，副主任医师47人，主治医师112人，住院医师388人；研究系列59人，包括研究员7人，副研究员13人，助理研究员20人，实习研究员19人；其他技术人员154人；行政管理后勤人员202人。设病床365张。万元以上医疗设备377台（件）。

成立了语言听力康复国际合作中心和儿童脑瘫康复国际合作中心。两个“中心”成立后推动了中心听力语言康复、脑瘫康复工作，扩大了中心在相关技术领域的知名度，吸引了更多的残疾人前来中心接受康复治疗。同时“中心”还成立了中美合资北京康尔康复器械有限公司和中康博爱康复器械有限公司。在北京亦庄经济技术开发区建立了北京博爱医院住院二部。高压氧舱的开业，使偏瘫、脑瘫等病人的康复治疗进一步加强。与日本广播放送机构合作开展的远程卫星教学项目进行顺利，日方成功完成5次对华授课；“中心”完成了“针刺治疗偏瘫”，“脑瘫儿童康复”两次对日授课。

**康复医疗工作** 门诊79 064人次，急诊20 183人次，入院1 815人次，出院1 801人次，病床使用率90.42%，治愈好转率91.07%。全年手术474例（不包括门诊小手术154例），其中大手术247例，主要包括椎板减压术，哈氏棒内固定术，选择性脊神经后根切断术，肢体及肌腱延长术，股骨头置换术等。康复训练365 676项次，康复训练185 138人次，其中：作业疗法训练38 544人次，运动疗法训练55 885人次，物理疗法训练65 379人次，文体疗法训练11 109人次，语言疗法训练14 221人次。为残疾患者装配假肢、矫形器具2 280余件，开发残疾人康复训练器械70余种，供应1 000件。为残疾人提供了7 000余件用品用具。全年未发生任何医疗差错及事故。门诊、住院治愈率及康复有效率继续稳中有升，其中康复治疗总有效率达89.83%，危重病人急诊抢救成功率83.82%，医疗护理事故发生率0，康复处方合格率98%，康复评定率89.83%，ADL三级护理到位率91%，院内褥疮发生率0。

**护理工作** 护理部强化了管理工作，与科主任共同聘任护士长，同时实行护士长会议制度，加强了对护理工作的检查监督。认真落实夜查房制度和全院护理工作抽查制度，开展了整体化护理试点工作。多次组织护士进行不同内容的继续教育学习，其中必读理论考试6次，参加350人次，85分以上者达90%。组织护士外出参加学习40次，听课人数达1 619人次。组织每人12项的临床操作技能考试，成绩良好。全院有114名护士参加了大专班学习，占全院护士的62%，其中7人取得大专学历。全年对护理人员进行计算机培训30人次。在严格管理和不断提高业务水平的基础上，全年一级护理合格率达96%，护理事故为0，受到广大病人和家属的好评。培训护士长20人，提高了管理水平和业务能力。针对康复护理的特点，安排护理查房4次。

**改革与管理** 年初根据中国残联党组、执行理事会的指示，中心领导班子成员进行了较大调整。两名老同志退居二线，新调入1名年富力强的业务干部。同时，提拔了2名主任助理。班子调整后，中心全面组织处级干部开展竞争上岗。报名参加竞争的28人中，有50%来自基层业务、行政岗位，82%年龄低于50周岁。基本体现了竞争的广泛性、参与性和干部年轻化、专业化的要求。“中心”在上一年改革的基础上又重新对各职能处室、医院、信息部进行了核岗定编。医院精简编制51人、分流现职人员15人、职能部门及信息部分流现职人员26人、精简临时工9人。

**精神文明建设** “中心”根据首都卫生系统规范化服务达标活动要求，对全体干部、职工进行了全面深入的医德医风教育，并成立了达标工作领导小组、办公室及达标监督小组，制定了《中国康复研究中心规范化服务达标实施办法》。各业务科室、职能处室层层签定《三级医院规范化服务达标责任书》。全体医务人员的医德医风表现与经济奖惩措施严格挂钩，重点检查了各岗位医务人员在廉洁行医、服务态度、应知应会、挂牌上岗等方面存在的问题。对不能牢记或不能落实“两个规范，一个标准”的科室及有关人员给予相应处罚。将少数在服务态度、廉洁行医方面存在严重问题的人员清除出职工队伍。在强化教育、严格管理的基础上，中心还投入一定资金对就医环境、便民服务设施进行了配套完善工作。在门诊增设了导医台、咨询台，为候诊病人准备了轮椅、平车、饮水、电视。新开设了自费药房、简易门诊等。病人综合满意率达到了96%以上。“中心”以优美的环境、良好的工作秩序、优质的服务通过了北京市规范化服务达标考核组的全面考核。

**科研与教育** 立项43项科研课题，其中包括新立课题18项（国家3项、中心重点资助3项、面上12项），结题15项。科技人员在国家级专业学术刊物上发表论文71篇。

大学教育：完成了首都医科大学七系47名学生的教学任务，其中94级本科班康复专业授课916学时，生产实习21周；96级本科班内、外、妇、儿、传染病和精神病专业授课550学时；98级康复技术大专班第二学期诊断、内科学、外科学和PT、OT等专业理论课授课485学时。录取研究生2名。继续教育：医护人员收看中日远程卫星转播的康复医学教育讲座5次，727人次参加。举办全国各类培训班4期（第16、17届全国康复技术培训班；听力、语言康复培训班；脑卒中及颅脑损伤康复学习班），263人次参加。完成继续医学自管项目43项，129学时，21.5学分。完成97人的专业教育和岗位培训，其中有2名在职职工考取了首医研究生、1名在职研究生获得了医学硕士学位、10人获得大专学历。21名住院医师还在进行着临床、康复专业的培训。

**国际交流** 接待日本、美国、德国和约旦等国家来访团组40个，共310人。日本残疾友人加藤瞳等4人来访，给中心捐款18万日元。美国罗格斯大学神经科学中心主任怀斯·杨先生作了《世界治疗脊髓神经损伤的最新研究成果》学术报告。德国蒙梭利教育专家Goochim来“中心”向医护人员传授了脑瘫医学知识和经验。日本青森县はまなす学园园长岩崎光茂先生来“中心”参加脑瘫国际合作中心成立大会，并对脑瘫科进行了业务指导。日本国际医疗福祉大学师生5人来“中心”进行了为期2周的研修，促进了中日双方的文化交流。在与日本国际医疗福祉大学合作的中日远程康复教育卫星项目中，日方向“中心”发送了5次PT、OT、ST学科讲座；“中心”向日本国际医疗福祉大学发送2次讲座，日方听课人数180人次。

“中心”组织了6批13人次分别到日本、加拿大、美国、澳大利亚、香港等国家和地区进行有关项目的考察。有5批8人次去日本、香港、奥地利、韩国、马来西亚等国家和地区出席国际会议。2批2人次赴日进修。

**后勤工作** 认真推行社会化改革，与北京贝斯特物业管理公司合作，委托其承担“中心”业务区保洁和动力运行系统管理工作。成立综合办，设立总值班、房屋维修值班、水电总值班，保证24小时服务。全年供冷水18.5万吨，热水11万吨，供电430万度，供暖16万平方米，供冷2.3万平方米，供蒸气1.4万立方米。非医疗设备大、中型维修78项，小型维修、修缮15 000多项，修缮工程80多项，设备保养896台次。设备处采购各类大型设备15台（件）。开展电网改造，将业务区、生活区用电分离，节约电费30万元。

**基本建设** 新增建的204平方米的高压氧舱房竣工交付使用。

（杨秀丽）

# 北京冶金医院

（安定门外小关51号）

邮编：100029　　电话：64913931

**事业概况** 1999年该院职工人数及各级人员的分布情况基本同1998年。

医院万无以上设备在原有123套（件）的基础上，1999年新购置万元以上设备12套（件），如：德国蛇牌骨科手术专用动力主机及配件、500毫安X线机（改造）、美国电解质分析仪、氩气刀（美国）、高频电刀（美国）、五官内镜图像显示仪、三维正春仪、稳压器、喉内窥镜、尿道膀胱镜、乙状结肠镜、听力计等。

**机构设置** 年底，该院将外三、外四两个骨科合并成立一个统一的大骨科——外三科，床位数减少5张。

**医疗工作** 门诊94 411人次，急诊8 570人次，抢救危重病人139人次，抢救成功率97.1%。全年入院2 721人次，出院2 741人次，床位使用率73.37%，住院病人治愈好转率92.8%，死亡率2.7%。

共完成手术715例（不含门诊手术），其中大型手术179例，中型手术367例。除以往新开展的手术项目外，新开展的手术有：充填无张力疝修补术、应用带锁髓内针治疗长骨骨折，应用Aurstin截骨术治疗第五趾内翻畸形、硫酸钙替代骨治疗骨折（骨缺损、不愈合）、应用可吸收的螺钉治愈踝关节骨折及关节内韧带的修复。

康复科开展了物理三维正春新疗法。

**护理工作** 护理部在抓护理工作质量的过程中，着重抓了危重病人的基础护理、病房管理及消毒隔离工作。

**科研与教育** 继续进行1998年的科研立项。五官科的“面神经鼓室段显微外科梳理游离术治疗半侧面肌痉挛”获冶金工业局科技进步二等奖，药剂科“复方氯乙啶溶液的研制与应用”获冶金工业局科技进步三等奖。

全年撰写论文6篇，其中全国性刊物发表4篇，地方性刊物发表1篇，全国性会议交流1篇。参加著书2本：《乳腺癌综合诊疗学》张莉莉、孙玉普任编委，《中国实用医学现代临床医学与实验室诊断》蒋东葵任编者。

接收大、中专院校实习、见习197人次，接收进修生20人次，送本院医师外出进修20人次。

根据北京市教委、北京市中医管理局，国家中医药管理局科研司布署的关于“开展高等中医药校临床教学基地评审”的工作部署，该院作为北京针灸骨伤学院的教学医院，在领导重视、各部门及各教研室的大力配合下，于8月27日顺利通过了临床教学基地评审，受到了北京市高等中医院校临床教学基地评审专家委员会的好评与肯定。

**国际交流** 11月10日美国足外科教授来院义诊，11月16日美国足外科Fineity教授来院授课1次。

**体制改革与管理** 1999年该院实行了各级领导齐抓共管的新的管理模式，即：院领导、职能部门、科室主任三级管理制度，明确了各级领导的责任和权力，建立了新的奖励、处罚及考核办法，加大了处罚力度。

6月17日举办了中层干部会议，明确了该院的定位，即：把主要精力放在常见病、高发病的防治上，发展特色医疗，兼管社区服务，并确定了医院今后的发展策略：狠抓医疗质量，大兴满意服务，抓好医德医风建设，增强医院综合服务能力和竞争能力，提高两个效益。

**精神文明建设** 着重抓了职业道德教育，不断强化“窗口”形象意识，通过多途径对职工进行职业道德教育，要求职工对病人要有四心（爱心、耐心、细心、责任心），全院普遍开展了学习吴登云的学习活动，并请了北京军区总医院的模范人物孙茂芳来院作报告，举办了青年医师医德医风教育培训班。

全年共收到病人表扬信38封，锦旗10面；拒收礼金18人次。

**后勤工作** 投资46万元，安装空调51台，增设A级病房11间，修缮路面952平方米，对门诊楼外观及大门进行了修缮。（李峰兰）

# 中国核工业北京四〇一医院

（房山区新镇）

邮编：102413　电话：69357983

**事业概况** 职工212人，其中卫生技术人员175人，包括主任医师（含相应职称，下同）4人，副主任医师19人，主治医师53人；行政工勤人员37人。中高级技术人员占全院职工总人数的35.85%。开放床位160张。固定资产增值72.5万元，新增万元以上设备7件。

**医疗工作** 门诊100 742人次，急诊11 649人次，住院病人1 855人次，出院1 738人次，危重症抢救成功率89.69%，治愈好转率96.43%，手术760例。由于医疗改革及群众防病治病意识的提高，医院门诊人数大幅下降，较1998年下降近20%，但从住院病种分析，治疗及手术难度有所提高。投资110万元用于引进更新设备，并新增了动态心电、动态血压检测、电子胃镜检查、肺功能仪检测，开展了颅脑外科手术、锁骨下静脉置管术等新工作。做为原子能院核事故应急组成员，重新修订应急救治程序，组织应急演习，得到有关部门的肯定。

**护理工作** 护理部在初步做好“以病人为中心”的系统化整体护理的同时，注重抓护理质量的提高和规范化管理，加强了对危重症的护理，进一步落实护理到位，减少了并发症的发生，1999年护理危重卧床患者254例，褥疮发生率为0。随着新工作的开展，特别加强了手术室的护理工作，积极开展手术病人的术前、术后访视工作，以便及时了解和改进护理工作。

**科研与教育** 为加速人才培养，改善人才断档的现状。一方面采取请进来的方式，向外院聘请知名专家定期来本院门诊、查房、带教青年医生；另一方面采取走出去，年内派出9名业务骨干外出进修。同时翻新示教室，增加教学设备，积极开展学术活动，设立教育科研基金，在进修、科研教学、发表文章、创新工作、特殊贡献等方面给予资助和奖励。鼓励青年人参加自学考试及成人高考，学习新知识、新技术。

**改革与管理** 医院对部分科室进行调整，如职业病科并入保健科，门诊注射室归入急诊科，同位素检验室归入核医学科，缓解了部分科室人员、房屋紧张的矛盾，使人、财、物、资源的利用更趋合理。中成药房归入西药房管理，既减少了病人排队等候时间，又保证了病人24小时均可取中成药。同时积极发展社区服务，成立老年服务中心，为本地区双职工家庭和老年人办了一件好事。

在管理方面，定期检查，特别加强了医疗器械、药品采购的管理，有效地节约了资金，提高了资金利用率。利用橱窗、诊室外墙、报刊、联网等方式进行自我宣传和健康教育，加大对外宣传力度，扩大影响。

**精神文明建设** 医德医风工作常抓不懈，院党支部将1999年定为“优质服务年”，各科均提出切实可行的服务措施和改进方法。全院服务质量明显提高，全年问卷调查满意率均为合格，共收表扬信、锦旗等8件，拒收红包2 000余元。全院职工积极参加社区公益活动，扶贫救灾活动。组织社区义诊3次。

对反映较大的药品、器械回扣问题，特制订了专门处理文件，在药品、器械采购上透明化，公开化。

**后勤工作** 坚持以医疗为中心，一切为一线服务。投资20万元，对医院环境、供暖系统进行改造，为部分检查、治疗科室安装空调，更换候诊椅、诊疗台等，改善就诊条件，使医院环境面貌焕然一新。

（杨立军）

# 中国铁道建筑总公司总医院

（石景山区京原路5号）

邮编：100043 电话：68861166（总机）

**事业概况** 职工576人，其中卫生技术人员428人，包括主任医师3人，副主任医师（含相应职称，下同）27人，主治医师124人，医师115人，护士159人（其中副主任护师1人，主管护师27人，护师126人）；其他技术人员33人，行政后勤人员148人。

中国铁道建筑总公司总医院（简称中铁建总医院）系原中国人民解放军铁道兵根据国务院、中央军委国发（1982）35号文件决定，于1984年1月铁道兵并入铁道部后新建的一所综合性医院。占地88.2亩，建筑面积74 609.72平方米，总投资6 000多万元。北京市卫生局（89）京卫医字第562号文批准为北京市市级医院。1990年10月正式开院。

**机构设置** 10月份医院进行全面、彻底的机构人事改革，对科室进行调整，现有医疗医技科室15个：内科分3个病区，设心脑血管、神经、肾病内科，呼吸、消化、内分泌、肿瘤内科，干部内科；外科分3个病区，设骨科、创伤、神经外科，普通外科，烧伤、整形外科；妇产科设妇科、产科、妇保；五官科设口腔、眼科；影像诊断科设核磁共振检查室、CT检查室、西门子X光室、心导管室和B超；门诊部设急诊科、住院处和中医、内、外、妇、儿、皮肤、耳鼻喉、保健、肛肠等门诊医疗室；检验病理科、物理治疗科、麻醉科、药械科、供应室。行政科室5个：行政部负责院办、劳资、人事、保卫；医务部负责医务、护理、科研教育；财务部负责会计核算、成本核算；物业管理中心负责总务、膳食、基建、家委会、计划生育；党群部负责党委办公室、组织、宣传、纪检、监察、工会、团委、审计室。另外还设有鲁谷社区卫生服务中心、阜外联合心脏外科。

**医疗工作** 全年门诊89 786人次，急诊13 080人次，留观9 900人次，出院3 037人次，床位周转次数10.4次/年，床位使用率53.66%，出院者平均住院19天，治愈率50.39%，好转率44.08%，病死率2.55%。孕产妇死亡率、新生儿死亡率和围产儿死亡率均为0。抢救危重病人405例，成功336例，抢救成功率82.96%。手术850人次，其中大手术135例，主要包括：开颅探查术、椎管前路减压植骨术、室壁瘤切除术、人工股骨头置换成形术、垂体瘤切除术、腹式子宫全切术、冠状动脉搭桥术、复杂性先天性心脏病手术如法乐氏四联症矫治术、瓣膜置换术等。

拓宽医疗市场，开发新的经济增长点。5月与阜外医院采取资源互补、利益共享的原则，联合开办心脏外科，开展了先心病、风心病、冠心病等手术，至年底共做手术359例。获得良好的社会效益、经济效益和技术效益。在鲁谷小区开办的“鲁谷社区卫生服务中心”1月开始试运转，11月18日经北京市卫生局批准正式挂牌，全年门诊量14 600人次，留观3 650人次，向总院输送病人32人次，扩大了医疗市场，方便了小区广大患者的需求。

**护理工作** 以“三基”教材为蓝本，正确执行各项护理操作规程，强调规范性、熟练性、准确性，加强无菌观念，落实监测院内感染各项控制措施，保证病人的医疗安全。定期进行基础理论与技术操作考核，每名护士全年操作考核不少于4次，并要求人人达标，理论考核以专科基础知识为内容，以口答、笔试、个别提问的方式进行，全年技术考核556人次，优秀率39.75%，达标率100%；理论考核268人次，优秀率77.61%，达标率98.13%。

**科研工作** 在总公司立项研究课题3项；发表医学论文31篇，其中中华级刊物21篇，国家级刊物8篇，内部及地方性刊物2篇。妇产科“推按运经仪治疗早孕、中孕”和功能检查科“超声诊断椎基底动脉供血不足的研究”2项课题研究获1999年度总公司科技进步三等奖。

**医学教育** 选派4名医护人员专科进修，外出参加专科短期培训班32人次，参加全国以上学术会议14人次；组织学术讲座39次；参加业大、函大、夜大及自学高考学习67人次；取得本科学历8人，大专学历20人；接收安排外来进修实习人员13人。

**体制改革与管理** 根据全国医改和铁道部医改工

作会议精神，按照总公司的要求，10月份医院改革全面展开，首先机构人员调整：17个职能部门并为四部一中心，26个医疗科室并为15个。其次人员竞聘上岗，转岗分流：机关职能部门由73人压缩到24人，占总定员6.2%；医疗医技科室274人，占总定员70.3%；物业管理中心73人，占总定员18.7%；其他19人，转岗分流190人（成立鲁谷社区卫生服务中心65人，阜外联合心脏外科48人，其他岗位及待岗人员77人）。最后科室进行责任制管理，实行成本核算。经过改革，职工有了危机感，新任科室领导主动抓管理、抓技术、抓质量、抓创收，全院的工作质量、经济效益都明显好转，实际创收比1998年增长21%。

**精神文明建设** 认真开展“三讲”教育，提高领导班子的政治素质。加强职业道德教育，加大纪检监察力度，全年未发生收“红包”现象，并拒收“红包”15次，金额15 000元，拒收“礼品”5人次，物品11件，折价约2 350元；收患者感谢信30封，锦旗、镜匾12面。实施送温暖工程，慰问困难职工13人，发慰问金5 000元；互助补充保险补偿15人，计3 000元；开展巾帼双文明建功立业活动，表彰“三八”红旗集体3个，“三八”红旗手10人。在双拥工作方面被石景山区评为1999年度先进单位。

**后勤工作** 保障有力，服务及时。在冬季供暖用煤时首次采用公开招标方式，节约燃料款30余万元。司机班安全行车10.5万公里，出车2 664台次，维修车辆节约7千多元。洗衣班洗涤被服衣物约计5万件，缝补被服7 600件，加工敷料2 200块。食堂狠抓饭菜质量、环境卫生、服务态度，病人满意率在石景山区名列前茅。11月4日家属区通过北京市节水办的验收，成为北京市节水型居民小区；12月通过消防检查，被评为石景山区1999年度消防安全先进单位。

**基本建设** 新建科技干部楼12月顺利竣工，总面积13 221.92平方米。CT室装修改造25万元。投资10万元改建职工食堂，建成正规的会议场所和文化活动场地。

（赵德勋　庞　铁）

# 北京仁和医院

（大兴县黄村兴丰大街1号）

邮编：102600　　电话：69242469（总机）

**事业概况** 职工412人，其中卫生技术人员346人，包括副主任医师（含相应职称，下同）37人，主治医师54人，医师（士）128人，护理人员127人（其中副主任护师4人，主管护师39人，护师、士84人）；行政后勤人员（含技术职称人员）66人。

病床315张，新增万元以上医疗设备44台（件），其中有气压弹道碎石机、眼科氩激光治疗系统、眼科AB超、超声乳化仪、荧光眼底照相机、宫腔镜、纤维内窥镜、纤维支气管镜、纤维胆道镜、血透机、肌电图诱发电位仪、血气分析仪、医用X光机、牙科综合治疗仪、麻醉机、多功能微波手术治疗仪、24插件式病人监护仪等。

**机构设置** 新增设市场部。

**医疗工作** 门、急诊211 408人次，其中急诊病人30 222人次，平均日门诊量716人次，平均日急诊82人次。全年急诊抢救442人次，成功428人次，抢救成功率96.83%。全年住院病人5 706人次，治愈率71.85%，好转率36.70%，死亡率2.92%，孕产妇死亡率0，病床使用率71.85%。全年完成各种手术57 351例，其中病房手术2 361例。

狠抓医疗质量管理，开展了“医疗质量是医院的生命”的大讨论。针对当前医疗纠纷的特点，对医务人员进行了如何防范医疗纠纷发生的教育讲座。重视制度管理，完善了查房制度、病例讨论制度，新建立了住院医师医疗行为规范、终末病历质量检查条例、住院病历中间环节质量检查条例等7项规章制度。同时医院调整了医疗管理部门的人员编制和职能结构，加强了技术力量，医疗管理部门也注重了制度落实工作和注重把工作做实做细。通过这一系列工作，使医疗质量工作有了良好的组织保证和群众基础，把医院的医疗质量管理推向了新阶段。

**医学教育** 医院自1997年被大兴县卫生局指定为医学继续教育基地以来，认真完成上级下达的任务。组织讲课28次，听课2 032人次。组织人员参加院外学术讲座2 058人次，参加短期学习班70人次。送出进修6人，接受进修医师13人，接受实习学生25人。护理队伍中有42人参加自学大专教育，3人获大专学历，9人参加专续本学习。有6篇论文在各级杂志上发表，5篇论文在学术交流会上交流。

与首都铁路卫校、航天部卫校签定协议，建立了护理实习基地，由医院选拔出责任心强、理论水平高和技术操作娴熟的护师以上职称的人员带教。

**精神文明建设** 医院收到患者表扬信25封，锦旗11面，镜匾1块；医务人员全年拒收红包和回扣31人次，共计金额24 986元。为提高患者满意度，医院专门派1名副院长带领人员深入到工厂、社区听取意见，反馈信息。由1名副院长带队，深入农村义务为农民看病，走遍了大兴县11个乡102个自然村，为8 050人次进行了无偿医疗。

**基建工作** 医院继续投资进行了院容院貌治理工作，投资8万元，在医院后院建成一个占地面积为577平方米的停车场。投资5万元新建绿地1 600平方米。对太平间进行了扩建改造，对锅炉房进行了设备更新等等。

1999年医院被评为北京市卫生系统先进集体、北京市卫生先进单位、北京市献血先进单位、北京市计划生育先进单位和大兴县计划生育先进单位。

（管玉平）

# 北京市安康医院

（房山区岳各庄乡）

邮编：102406　电话：89329005

**事业概况** 现有职工569人，其中专业技术人员410人，包括正高职称5人，副高职称12人，中级职称87人，初级职称306人；行政后勤人员159人。设床位1 200张。

**机构设置** 新设立心理科，开展心理测试和心理治疗。临床六科并入临床三科，原临床六科机构撤销。工疗科并入财务科，原工疗科机构撤销。

**医疗工作** 继续抓好三级查房制度，重点抓主治医师工作程序和责任制。落实病案规范化管理，出台《科主任查房记录书写规范》。加大检查监督力度，提高医院感染管理水平。

全年精神科门诊3 311人次，司法精神医学鉴定247例，其中外省市32例，心理测试共1 728人次。

坚持上门服务接收强制戒毒人员，全年收治戒毒人员1 497人次。“6·26”国际禁毒日，举办禁毒宣传活动，发放资料，接受咨询。

**护理工作** 护理部发挥职能作用，严格进行护理质量检查。规范业务查房，提高查房质量，规范护士长业务查房记录。开展整体护理模式病房试点工作。全年基础护理合格率99.92%，护理文书合格率97.92%，急救品合格率100%，护理技术操作合格率95.42%。

**科研工作** 设立优秀论文奖励基金，出台《科研经费的使用和管理办法》、《科研档案管理办法》。在北京市公安局立项的科研1项，院级立项课题3项。新建心理治疗实验室。年内在国家级杂志发表论文7篇，会议交流13篇，省市级杂志12篇。出版医院汇编1本，收录论文30篇。司法鉴定科翻译完成司法精神医学文摘共29篇。

**教学工作** 继续教育严格实行学分登记制度。医务科组织参加精神科分会的学术活动11次，外请专家讲学14人次，组织19名青年医师参加“三基”培训班学习共24学时，组织全院大查房9次，累计430余人次参加。护理部组织10次全体护理人员业务讲座，外出培训16人次，参加学术交流9人次。组织了专业英语和口语培训班共128学时，专业技术人员计算机知识培训班120学时。开展了全员性岗位技术练兵活动。接收进修生4人。年内有7人取得护理大专学历，7人取得心理大专学历。

**体制改革与管理** 医院以“优质、高效、低耗、便捷”为工作目标，重点加强规章制度的完善和建设，深化目标管理，加大检查、监督力度，以病人为中心，全面提高医疗护理质量。以抓党委中心组学习为主，加强学习管理，提高领导的科学决策和管理水平。机关科室转变作风，提高效率。财务工作初步实现电算化。

**精神文明建设** 医院把“争创让人民满意的个人(集体)”活动与三级医院文明服务达标相结合，深入学习《首都卫生系统文明服务规范》和《首都公安民警文明礼貌行为规定》，加强职业道德建设。医院派车接送家属探视全年达6 758人次。问卷调查显示病人家属对医院工作的满意度为99%，市卫生局行风检查组来院检查工作，各项指标综合得分为98分。全年立三等功23人，个人嘉奖142人，2人被评为卫生系统先进个人。

**后勤与基建** 加强科室建设，改善服务态度。以节能降耗为重点，切实作好各项供应保障工作，提高管理水平。医院环境绿化工作成绩显著，被评为“房山区绿化美化花园式单位”。膳食供应加大营养师的工作力度，增加科技含量，提高服务水平。安装潜水泵和水表，改造供水设备。装修改造病房2 800平方米，改造电路系统，改善了病房的照明和夏季降温条件，提高了病人住院、生活质量。　（李　军）

# 北京民康医院
# 北京市第三社会福利院

（德胜门外昌平路沙河镇）

邮编：102206　　电话：69731971

**事业概况**　全院职工 262 人，其中卫生技术人员 194 人，包括主任医师 2 人，副主任医师（以下含相应职称）7 人，主治医师 12 人，医师 60 人，护士 69 人，专科护理员、康复人员 44 人；其他专业人员 8 人，行政后勤人员 60 人。

医院隶属于北京市民政局。全院设病床 500 张。是一所集治疗、康复为一体的精神病专科医院。

**医疗工作**　门诊3 726人次，专科门诊1 673人次，住院 167 人次，出院 141 人次，床位使用率 96%；全年抢救危重症患者 35 人次，抢救成功率 68%，治愈好转率 92.92%。

随着医院三项改革的实施，医院在医疗工作中全面推行规范化管理，以促进医疗工作健康有序地进行。结合医院改革方案，继续把提高医疗质量做为医院的核心工作来抓。严格贯彻各项规章制度；进行了定岗、定员、定责、定指标的“四定”工作；加强了病案的环节管理，甲级病案保持在 91%以上，杜绝了丙级病案。

开展了精神障碍伴发心、脑血管疾病的诊治，全年共收治 21 例，治愈好转率 34%，继续在中西医结合治疗精神疾病方面进行探索。

自筹资金 15 万元购置了全自动电解质分析仪、血凝仪、激光治疗仪等医疗设备。投资 13 万元更新高压消毒锅 2 台。

**康复工作**　精神康复是精神疾病治疗的一个重要方面。根据“康复与治疗并重”的原则，为了使慢性精神病患者保留、恢复一定的生活技能和社会功能，提高长期住院患者的生活质量，1999 年在原工作的基础上成立了院康复工作委员会，以指导、协调全院的康复工作；制定了系统的康复工作计划，进一步完善了规章制度和工作程序。全面开展了包括生活、文化、心理、职业等多种形式的精神康复项目，康复参训率达 94%。设有三个康复专业组，各专业组在康复中心的指导下开展工作，对不同精神残疾者采取有针对性的康复治疗，定期进行康复效果评定。定期举办不同类型的文娱活动，活跃住院患者的生活。

**护理工作**　把“以病人为中心”置于护理管理的首位，进一步提高护理人员的职业道德观念和业务素质。敬业爱岗，为病人提供优质的服务。加强规范化管理。树立质量达标人人有责的意识，全年各项护理质量合格率均达到年初制定的目标。基础护理、特护、一级护理、护理文书书写、护理技术操作常规器械消毒等合格率平均在 97%以上，急救物品完好率达 100%，卧床病人褥疮发生率为 0，全年意外事故为 0。积极创造条件，因地制宜开设了精神科整体护理模式病房，建立了一整套完整的、可行性强的管理办法以及整体护理质量评分标准。

**继续教育**　本着全面普及、重点提高的原则，从培养一支高素质队伍着眼，继续抓紧“三基”训练，定期进行专业理论、技术操作考核，考核合格率为 98%。采取多种形式提高专业技术人员的业务素质，全年共选派 6 名技术骨干外出进修。参加中华医学会北京分会举办的短训班、中高级人员提高班 46 人次。结合临床和工作需要制定了院内继续教育项目，定期举办专业知识讲座，邀请外院专家、教授来院讲学。全年共举办讲座 25 次、75 学时，共有1 025人次参加学习。积极鼓励和支持成人自考教育，全院共有 47 人参加自考学习，已有 11 人取得大专学历证书。

**科研论文**　向省以上专业杂志或学术会议推荐论文 17 篇，其中国家级杂志发表 2 篇，省市级杂志发表 3 篇；国际学术会议交流 2 篇，全国性学术会议交流 6 篇，北京精神科学术年会交流 4 篇；有 3 篇论文获优秀论文奖。

**国内外交流**　派出 2 人去法国、德国、比利时等国和香港特别行政区参观、考察。13人赴海南、江苏、云南等省参观学习。接待泰国客人来院交流。接待昆明、天津、河南、山西、贵州、湖北、新疆等省、市、自治区36人次来院交流。

《中国民政医学》杂志编辑部自挂靠本院后，共征集稿件1 200余篇，共6期刊登210篇，100余万字。承办了中国民政康复医学会第五届学术交流会，编印了《论文汇集》1册。培训中心举办短期培训班9次，有全国民政医疗机构专业人员288人次参加。培训内容有护理班、科研方法和论文书写班、医院管理等。

**精神文明建设** 利用建国50周年和澳门回归的庆典活动，弘扬职工的爱国热情。国庆前夕，医院组织部分职工参观阅兵村，还组织50多名职工参观了新中国50年成就展。

加强领导班子建设，增强文明氛围。在此基础上加强了职工思想教育和法制教育。全年共举办了12期知识答卷和测验，共600余人参加，使广大职工学法、懂法、守法。开展送温暖活动，节日期间对家庭较困难的4户职工补助2 200元。职工利用节假日为病人做好事1 200余件次。党支部连续7年保持了先进党支部称号。保持了全国模范职工之家的光荣称号。共青团连续5年被北京市评为优秀团总支。连续7年被评为民政局安全“八无”先进单位。二病区荣获市“巾帼建功立业三八红旗号”和“青年文明号”的光荣称号；三病区荣获“青年文明号”的光荣称号。

**基本建设** 投资94万元改建了多功能厅和职工食堂，投资20万元改建了两个食堂的操作间，投资26万元改造了电梯，投资3万余元增设了15部市内电话，投资86万元更新锅炉2台，投资8万元改建了库房和房顶防水。

**后勤工作** 后勤工作人员克服了人员少，任务重等各种困难，全心全意为一线服务。为病区安装吊扇60个，对病区一、三楼、锅炉房、浴室、洗衣房、食堂等进行了维修和改造。完成了家属楼下水管道改造。仓库、洗衣房开展了下收下送，适时更换衣被。洗衣房全年拆洗衣物24万件，缝补1.8万件。司机班全年行车10万余公里，保证了安全无事故。膳食科在做好日常工作的同时，还为病人增加如生日餐等特殊服务。环卫绿化投资5.3万元，更换了草皮。平整土地3 600平方米，清理院内杂草540平方米，运送垃圾960车次。修剪草坪8 600平方米，修剪树木、花卉238株，培盆花600盆，保持了绿化先进单位的称号。

（李卯和）

# 交通部北京交通医院

（东城区安定门内大街车辇店胡同15号）

邮编：100009　　电话：64032255

**事业概况** 现有职工192人，其中卫生技术人员150人，包括主任医师4人，副主任医师（含相应职称，下同）20人，主治医师50人，医师64人，医士12人；其他专业技术人员11人，行政后勤人员31人。医院总建筑面积9 000平方米，病床110张。10万元以上设备62台（套），其中1999年新购进设备6台（套）。

**机构设置** 成立公费医疗办公室，眼科和耳鼻喉科合并为眼耳鼻喉科，撤销儿科和基建办公室。现有临床科室8个，医技科室4个，行政职能科室12个。

**医疗工作** 门诊58 257人次，急诊1 909人次，健康查体4 831人次，住院患者612人次，出院患者618人次，平均床位使用率42%，治愈率45.62%，死亡率2.31%。全年急诊、病房共抢救患者40人次，手术150例。4月，经北京市劳动局、北京市卫生局批准，北京交通医院为北京市大病统筹定点医院。

全年开展新业务28项，其中眼科角膜塑型术治疗近视眼为与中美医学工程发展中心合作项目，全年进行角膜塑型术630例，有效率95%。此外，还有经直肠前列腺穿刺活检术、经皮穿刺胆管引流术、氦氖激光血管内照射、PAC+锁骨下静脉晚期癌镇痛治疗、肌钙蛋白－I在心肌梗塞诊断中的应用等。

建立院外专家协作网，聘请30余名国内或本市知名专家，定期来院门诊、会诊、讲学或手术，全年专家门诊577人次，会诊40例，手术69例。

**护理工作** 实行护士长工作目标责任制，将科室护理质量与护士长奖金挂钩，确保护理质量管理到位。安排护士长轮流值班，加强对双休日和夜班护理工作的监督检查。加强对护理人员的继续教育，全年组织讲课22人次，被评为东城区护理继续教育先进集体。

**医学教育** 全年邀请院外专家来院授课9人次，本院专家讲课6人次，举办教学查房3次，选派2名业务骨干到院外进修，接收外院进修2人，认真组织了医学临床的“三基”考核和执业医师考试。

**科研工作** 全年开展临床科研项目7项：经尿道前列腺汽化技术的应用；角膜塑型术治疗近视眼的临床研究；麝黎滴鼻剂治疗慢性鼻炎、鼻窦炎的临床观察；无痛人工流产的临床观察；穴位贴敷治疗支气管哮喘的临床观察；TCD对中老年眩晕患者的检查诊断价值；静脉溶栓治疗急性心肌梗塞的临床观察。

发表论文17篇，其中国家级杂志14篇，省部级杂志3篇，护理论文2篇。参加全国性学术会议5人次。

**管理与改革** 加强财务管理，按照财政部《医院财务制度》和《医院会计制度》的要求，完成了新旧会计制度的衔接，推行了会计电算化工作，清理了近20年的会计档案，加强了预算管理和效益分析，使财务工作适应医院经营模式从供给型向经营型转变的需要。加强医疗质量管理，完善医疗护理工作制度30余项，建立院、科二级质控系统，加强大病医疗、单病种质控和医疗缺陷管理，对影响医疗护理质量的6例个案在全院范围内开展讨论，总结经验，吸取教训。

加强计算机网络建设，完成了病房管理、药库管理和门诊取药收费的计算机网络系统并投入使用。

**精神文明建设** 根据上级部署，7—10月在院党委和院级领导班子中开展了“三讲”教育活动，取得了积极效果。坚持“以病人为中心”，开展医德医风教育，出台多项便民措施，病人满意率达96%。全年收到锦旗19面，表扬信51封。10月被北京市东城区精神文明建设委员会评为“东城区文明服务示范单位”。12月被评为“中央国家机关文明单位”。

（张 青）

# 学术团体和群众团体工作

## 北京市卫生系统思想政治工作研究会
## 北京市卫生文化建设协会

（宣武区北纬路59号）
邮编：100050　电话：63033224—232

**组织建设**　鉴于部分理事和常务理事工作变动等实际情况，2月25日，经本会第四届第三次常务理事会讨论，决定增补本会第四届理事会理事6人，常务理事3人。

北京市民政局依照国务院《社会团体登记管理条例》和中办、国办“关于对社会团体进行清理整顿”的文件精神，对本会进行了审核，认为本会符合清理整顿的要求和《条例》规定，准予本会换证登记，并于2月28日发给了《社会团体法人登记证书》正本和副本。

**开展征文、学术活动**　4月下旬，在北京朝阳医院报告厅召开了本会1998年度第12届年会暨卫生文化建设协会第6届年会，本会理事和优秀论文作者共143人参加。北京市委宣传部副部长何卓新，全国卫生系统思想政治工作研究会秘书长高金声，北京市卫生局朱宗涵局长，副局长、本会会长史炳忠参加了会议并讲话。市委宣传部基层处张若妮、全国中医系统思想政治工作研究会秘书长孙凡也应邀参加了会议。本会副会长王恩荣主持会议。

本次年会收到论文464篇（包括论文、调查报告和经验总结），经论文评审委员会评审，入选年会论文143篇，其中5篇在大会上进行了交流。首都儿科研究所副所长陈青、血液中心党委办公室主任林红、市卫生局监察处处长李苏南、市卫生局宣传处处长张建枢、顺义区城关镇医院李红燕等5人分别在大会上发言，结合工作实际，交流一年来在深化卫生改革中加强思想政治工作、加强党的建设和深入开展反腐败斗争及开展以病人为中心、促进卫生行业建设等方面的经验和体会。

会议认为，1998年收到的论文是历年来数量较多的，质量也比较高，内容广泛。普遍都能理论联系实际，有思想性，有理论深度。尤其是各级领导干部，都带头撰写论文，大大推动了广大干部群众撰写论文的积极性。会议还认为，研究会的工作只有坚持围绕卫生系统的中心任务开展活动，才能具有生命力，才能为广大干部、群众所关心和参与。只有贴近改革，面向实际，面向基层，才能使政研会更好地为加强和改进思想政治工作服务，为深化改革发展卫生事业服务。

会上，栾荣生对1998年的工作进行了总结，部署了1999年工作要点。

宣传处处长张建枢传达了李志坚4月23日在表彰思想政治工作优秀单位、优秀思想政治工作者大会上的讲话。

下午，邀请北京大学国政系教授李茂春作了关于科索沃问题的报告。

为了进一步贯彻江泽民5月13日的讲话精神，做好今后的思想政治工作，本会秘书处于5月27日在北京同仁医院召开了思想政治工作座谈会。朝阳、宣武、儿童、妇产、口腔、卫校和结研所等单位的党委书记（或副书记）参加了座谈。市卫生局党组副书记、本会会长史炳忠，副会长栾荣生，宣传处处长张建枢等领导参加了座谈会。王恩荣副会长主持会议。

10月7—8日，在朝阳区卫生局召开了区县卫生系统思想政治工作研讨会，12个区县的卫生政研会会长、秘书长和部分论文作者共计32人参加。市卫生局工会主席、本会副会长齐敬宁，市卫生局宣传处处长张建枢出席会议并讲话。

在本会副秘书长关百炼主持下，会议围绕深化卫生改革，发展卫生事业，搞好文明行业建设，加强和改进思想政治工作等方面的问题进行了交流、探讨。朝阳区卫生局局长郑煌、海淀区卫生局副局长刘恪、石景山区卫生局局长纪贵温、西城区卫生局党委副书记马承干、西城区卫生局政研会副秘书长王利等5人在大会上发言。他们结合本单位的实际工作，分别介绍了深化卫生改革、发展卫生事业和建设文明行业的作法、经验和遇到的问题。会上还听取了北京大学教授李茂春有关台湾和中美关系问题的报告。

参加市卫生局党组于8月中旬在首都卫生系统开展的以《创文明行业，迎50年大庆》为主题的演讲比赛的评选工作。从148名参赛者中，评选出24名参加全市（北京电信杯）电视演讲艺术比赛决赛。在演讲的基础上，征集文稿274篇，从来稿中选出83篇优秀征文，编辑出版了《天使的心声——献给共和国50华诞》。

**培训工作** 举办形势报告2次，有200余人听讲。参加北京市企业文化培训中心举办的各种考察、学习、培训班共4人次。

本会常务副会长栾荣生为天坛医院、首都儿科研究所等单位的400余名职工讲授医学伦理学和卫生行业特点等讲座。

**编辑出版** 编辑内部刊物《北京卫生政工研究、卫生文化建设通讯》，全年共出4期，每期发行1 000份，分发给各团体会员单位、理事以及有关上级领导，内容以信息为主。

1998年度年会论文143篇经整理编辑印制成论文集《不断推动卫生改革和发展》。与市卫生局组织处共同编印了《关于建立、健全院（所、站）长负责制的论文专辑》，发给各团体会员单位，供党政干部参考学习。

本会还承担了《家庭保健金典》卫生科普书籍的部分组织工作，本市卫生系统有50名专家参与写作。该书是全国卫生文化建设协会与北京天九智业策划有限公司合作，并由卫生部殷大奎副部长主编的。

（王惠芳）

# 中华医学会北京分会

（东单三条甲7号）

邮编：100005　　电话：65255365

**学术交流** 1999年度共有57个专业委员会组织学术交流330场，到会11.7万人次。其中儿科、神内、骨科、麻醉、妇产科、呼吸、全科、泌尿、急诊、检查、消化、病理、放射、肿瘤、肾病、超声、精神专业委员会全年坚持学会活动都在6次以上。由于学术活动已列入市级认可项目，各专业委员会均提高学术质量，在内容上力求新颖，基础与临床结合，反映各科的发展和创新。有的专业委员会安排的活动深受会员欢迎，参加人员爆满。

为了配合市科协发起评选第五届青年优秀论文工作，征集论文104篇，其中被学会初评为一等奖5个，二等奖6个，三等奖93个。

**继续教育** 1999年共完成市级认可项目406次，参加人员13万人，其中学术讲座类330次，学习班类53个，4 649人次参加；学术会议类3个，参加500人次；学术年会类18个，参加人员6 373人；科普咨询类义诊2次，咨询人次100余人。

全年共完成国家级项目25项，完成率占100%，举办国家级项目是：耳鼻喉科新进展，口腔医学新进展，CT诊断，临床超声新进展、放射肿瘤、核医学、内科、输血、老年医学、神经外科、骨科、麻醉、血液、计划生育、围产、儿科、妇产、儿科急救、儿科高级研修、消化、肾脏、内分泌、糖尿病、神经内科、高压氧、传染等学习班。

**科普咨询义诊活动** 皮科专业委员会先后举办两次痤疮义诊，有1 000多人参加。老年专业委员会举办了脑血管病义诊，为本市中老年脑血管病人会诊，400余名患者接受义诊。

**组织建设** 为了适应现代化管理的需要，加强会员档案和会籍管理，进一步提高中华医学会各专科会员组织管理工作的整体水平和效率，中华医学会决定从1999年起进行全国性的会员登记并更换新式的中华医学会会员证。本会为配合总会工作，4月16日召开了全市联络秘书会议，进行登记前的培训，并布置了会员登记工作和要求。截止年底，本会已收到新的登记表9 796人，收到新入会申请表2 077人。并已完成2万余人的上网工作，预计在2000年6月前完成会员登记和换证工作。

1998已完成28个专业委员会换届改选工作。截止1999年底已完成换届改选的专科委员会有：胸心外科、消化、急诊、小儿外科、计划生育、皮肤、肿瘤、视听、物理康复、激光、肾病等11个专科委员会，并已被常务理事会批准。

**编辑出版工作**　4种医学学术期刊全年出版40期，共收稿8 010篇，刊出1 600篇，编辑加工442万字，出版386 000册，出刊准期率100%，编辑出版增刊100万字，全年编辑542万字。学术会议、年会、学习班论文汇编和讲义230万字。　（高天雨）

# 中华护理学会北京分会

（东单三条甲7号）

邮编：100005　电话：65256418

**组织建设**　5月27日，召开北京护理学会第七届会员代表大会。出席此次会议的有：中华护理学会、北京市科协、卫生部、北京市卫生局、北京医学会等有关方面领导及来自全市144个医疗单位的246名代表。大会通过了第六届理事会工作报告；选举产生了第七届理事会理事53名、监事会监事3名，表彰了学会活动积极分子，并向卸任理事、积极分子颁发了荣誉证书。

届时召开了第七届理事会第一次全体会议，选举产生第七届常务理事11名；黄人健任会长；于丽珠任监事长；李淑迦、韩忠福、白淑玲任副会长；白淑玲任秘书长（兼）；应岚、王景华为副秘书长。

本届理事会理事在人员结构上较上届做了部分调整：新增补理事10人；调整理事16人；保留理事27人。使本届理事更新率为50.9%。其中副高职称以上人员31人，占58%；中级职称人员22人，占42%。年龄：55岁以上12人；45岁以下21人，平均年龄48.4岁。

根据本会工作特点，重新修订了《北京护理学会会员管理办法》、《北京护理学会团体会员单位管理办法》、《组织工作委员会规定及职责》、《学术工作委员会规定及职责》。并制定了《继续护理教育工作委员会规定及职责》、《先进会员单位表彰条件》等。从而保证了各项工作有章可循，有制度要求。

为适应21世纪护理学科发展需要，在此次专科换届改选时，本会将原内科、外科、五官科3个专业委员会进行了重新调整。共下设14个专科学组。其中内科、外科专业委员会分别下设6个专科学组；五官科专业委员会下设2个专科学组。并根据临床工作发展需要，新组建了“护理教育专业委员会”。

为使会员真正了解自己的权利和义务，本会加大对各会员单位联络秘书的管理力度。重新修订出会员联络秘书职责，制定了《优秀会员联络秘书评选办法》及缴纳会费标准、要求、注意事项通知等，使本会组织管理工作系统化。全年共发展新会员2 147人，团体会员单位5个。目前共有会员15 856人（截止到1999年10月底），本年度会费交纳率为97%。

**学术交流**　3月，召开’99北京护理学会年会，出席会议代表共500人。会议收到论文172篇，大会交流36篇。此次出席会议人员多，参加交流的论文涉及专科面广，单位覆盖面大，论文质量明显提高，内容上有一定深度，前瞻性论文数量增多，科研文章占50%。文章内容贴近临床实际工作，说明本市护理科研意识在不断增强。

11月15日，本会与卫生部结核病控制中心、中华医学会结核病学分会在北京共同举办了“结核病护理学术交流会暨结核病护理进展培训班”。会议收到论文76篇，经审议评出大会交流论文11篇。有来自全国12个省、市、自治区代表共42人出席了会议。邀请了部分专家就结核病的全球状况和结核病在世纪之交的展望等内容进行了专题讲座。

配合中华护理学会“护理科技进步奖”评选活动，本会共收集论文23篇，经审议推荐6篇文章参加中华护理学会评议，最后评出一等奖、二等奖各1篇。为配合北京市科协组织的“第五届青年优秀科技论文”评选活动，共收集稿件26篇。经本会学术工作委员会评审后，按市科协要求，报送一、二、三等奖各1篇。

8月3日，本会组织召开了二级甲等以上医院护理部主任会议。就“全国整体护理试点经验”、“在整体护理概念下如何实行质量保证”及“北京地区开展整体护理现状”等题目请本市部分护理专家进行了讲授。参加会议共300人。

**继续教育** 全年共组织市级、国家级继续护理教育项目培训班、系列讲座15期，参加培训994人。其中副主任护师20人，占培训总人数2%；主管护师563人，占56.6%；护师376人，占37.8%；其他35人，占3.5%。按学历分，本科生25人，占2.5%；大专生545人，占54.8%人；中专生416人，占41.8%；其他人员8人，占0.8%。通过对以上接受培训人员职称、学历分析，接受本会举办继续教育培训人员中，中级职称、大专学历人员占比例较大。

全年共组织安排17个专业委员会各类学术讲座78次，参加人数达36 300人次。

9月10日，本会被评为北京市卫生系统继续医学教育先进单位。

**科普宣传** 为迎接世界艾滋病日，本会与北京佑安医院、性病防治所、北京市八城区性病防治所、佑安医院爱心家园等单位联合在北京天坛公园北门举办防治艾滋病、性病义诊活动。共向群众发放各类宣传手册2 500本，本市著名性病、艾滋病防治专家现场为群众咨询义诊，同时向群众广泛宣传本世纪末艾滋病运动主题：关注青少年，预防艾滋病——倾听、学习、尊重。 （应 岚）

# 北京中西医结合学会

（东单三条甲7号）

邮编：100005 电话：65250460

**组织建设** 认真落实会员注册登记制度，一方面集中来会办理个人和团体会员登记手续，一方面走出去对会员较集中的单位或各种会议前后上门办理会员登记和继续教育注册手续，为会员提供方便。个人会员由1996年的2 125名发展到2 872名，团体会员由50个发展到65个，专业委员会由25个发展到29个。根据医学技术的发展和社会需求，陆续增加了糖尿病、甲壳质、更年期综合征防治研究、肾病、神经内科等5个专业委员会。为了中西医结合队伍后继有人，成立了青年工作委员会。

**继续教育** 注重实效，实现了系统化、规范化管理。逐步实现了四级规范管理：各专科委员会上报；学会编审；中医管理局审批；学会与学术秘书落实。

全年举办37次讲座，主讲专家准备充分，讲述认真，内容新颖实用。每堂课坚持先听课，后盖学分章，听课人数8 000多人次。

送讲座上门，把继续教育工作落在实处。根据社会需求，成熟一个举办一个。全年共举办中西医结合治疗更年期综合征、活血化瘀治疗疑难病进修班2期；举办妇产科、皮肤性病高研班2期。

坚持以县为单位办学，在平谷班、密云班的基础上，1999年又送讲座到昌平。

突出重点，加强教后服务。讲座办班后与学员单位保持联系，协助开办门诊，定期派专家咨询、会诊，使新知识、新技术为临床服务。

**学术交流** 举办全国会议，参加科技周、科技月活动，组织专家到农村基层义诊。交流论文240余篇，申报优秀论文38篇，获市科协奖励8篇。

**健康教育科普宣传** 为了迎接中国社会老龄化的到来，为了家庭和睦社会安定，提高广大中老年妇女生命质量，更年期综合征防治专业委员会以北京为核心在全国17个省市开展了更年期综合征防治保健知识的科普工作。

科普对象主要面对三种人群：一是面向各级领导，宣传科学保健知识，举办保健观念讲座。二是为广大医务人员组织专题报告、义诊、会诊和技术指导。三是面向社会各界普及科学的保健知识。

一年来，在全国17个省32个市成功地组织445场科普讲座，受课群众高达18.8万人次。

科普措施采取四步曲：第一步把科学的保健知识告诉每一个人。第二步根据个人需求，通过多种方式解答大家的疑问。第三步根据个体差异制定治疗方案。第四步跟踪服务。

充分发挥专家优势，利用一切可以利用的机会开展科普。一是与兄弟会合作进行专题报告28次。二是参加各省市部门组织的工作会、代表会、学习班等，做科普报告。

利用报刊杂志，普及医学保健知识。与北京中医学会联办的杂志《北京中医》共收稿1 562篇，刊登6

期共696篇文章，杂志共发行51 000册。

分别在健康报、人口报、妇女报、健康咨询报、中国信息报、香港商报、北京医学等发表论文及科普文章。（于淑惠）

# 北京中医药学会

（东单三条甲7号）

邮编：100005　　电话：65223477

**组织建设**　1999年发展新会员399名，截止11月底，本会在册会员总数已达4 005名，发展团体会员单位17个，团体会员单位的总数已达76个。

对本会22个专业委员会进行了换届改选，新成立眼科、急诊两个专业委员会，使专业委员会总数已发展至24个，这对专科的学术交流与发展起到了积极的促进作用。

经北京市中医管理局、市科协和社团办批准，6月22日在北京市政协会议厅召开了北京中医药学会第八届会员代表大会，325名会员代表出席了会议，选举产生了北京中医药学会第八届理事会，83名理事当选。同时，召开了第八届理事会第一次会议，建立了常务理事会，选举产生了常务理事25名，选举会长1名，监事4名；聘请名誉会长2名，顾问14名。建立了组织工作委员会、学术工作委员会、继续教育工作委员会、中药工作委员会、咨询工作委员会、科普编辑工作委员会，为学会的发展与开展学术工作奠定了组织基础。

**学术交流**　1月13日，在昌平县中医院举办“如何适应医保改革学术会议”，80多名医院负责人出席会议，聘请社保部医保局乔勤增处长介绍了有关医疗保险的政策精神。

4月7日，在北京中医医院举办“北京地区肠道疾病学术会议”，到会代表120多人，交流学术论文12篇；5月15—16日，在大兴县举办“药事管理研讨会”，168名药房管理人员出席会议，对加强药品管理、杜绝伪劣产品进入流通领域和医疗单位进行深入的研讨；6月23日，在北京市政协会议厅召开了“北京中医药学会1998年度学术年会”，1 200多名会员出席会议，有21篇学术论文在大会上进行了交流；10月8—9日，在怀柔县举办“中医急诊学术研讨会”，40多名从事中医急诊工作的专家和有关领导出席会议，交流学术论文12篇，并就中医医院如何开展和加强急诊工作进行了研讨；10月19—22日，在云南省昆明市召开“全国第三届继承老中医经验与第四届全国中青年中医学术研讨会”，来自全国各地20多个省市自治区的120多名代表出席会议，60多篇学术论文在大会上进行交流，40多篇做为书面交流，对中医药的继承工作和培养中青年中医药工作人员很有意义；11月，北京中医药学会完成了网页编制工作，并在北京市科协的“首都科技网”网站上网，加大了宣传与学术交流力度。

**继续教育**　1999年，本会共举办中医中药专题学术讲座（市级认可项目）32次，每次到会的人数100—400人不等，全年收听报告会的总人数达7 000多人次，会员们对学术报告的内容与质量感到满意，认为对临床工作很有指导意义。举办全国性高级进修班、高研班8期，全部为国家级认可项目，学员来自全国各地，计351人。学习的内容有：中医中西医结合诊治肾病高研班、中医中西医结合诊治糖尿病高研班、中医中西医结合诊治男科疾病高研班、中医中西医结合诊治肛肠疾病进修班、中医正骨按摩各流派手法进修班、全国中药材及饮片真伪鉴别进修班、中医中西医结合诊治风湿病高研班、中药制剂与临床药理研修班。通过各专科委员会的专家讲解某些专科病诊治的新方法、新药物、新动态、新进展，对广大学员知识更新、提高诊疗水平，起到了启迪作用。

**科普宣传**　4月7日为世界卫生日，本会与中央电视专题部在东单公园联合举办“让人人享有健康——CCTV健康之路，健康咨询义诊活动”，70多名专家参加，义诊咨询2 000多人次；在北京市科技月活动中（5月16日），组织11名高级职称的内儿科专家赴昌平县开展咨询义诊活动，咨询义诊患者300多人次；5月2日，本会与中央电视台专题部在东单公园举办“老人年健康咨询义诊活动”，60多名专家参加，咨询义诊患者2 000多人次；6月6日，本会与中央电视台专题部合作，在东单公园举办“世界爱眼日健康咨询义诊活动”，58名专家参加此项活动，义诊咨询眼病患者2 000多人次；在北京市科技周活动中（9月4日），本会组织糖尿病专家21人赴怀柔县举办“糖尿病防治与新药开发专题学术报告会”，120多名基层医务人员出席。

**编辑出版** 北京中医药学会主办的《北京中医》杂志，1999年共收稿1 562篇，刊出696篇，国内外发行51 000册，按时完成了全年6期正刊和1期增刊的编辑出版任务。此外还编辑了《王氏保赤丸临床应用与研究论文集》、《全国中药研究暨中药房管理学术研讨会论文集》、《全国第三届继承老中医经验与全国第四届中青年中医学术研讨会论文集》、《东城医药》等论文汇编。

**科技咨询** 1999年组织各专业委员会的有关专家对全国10余个省市自治区药品生产企业的15个临床应用品种进行“临床应用信息学术研讨会”，对产品的临床效应信息、应用范围、剂型与工艺要求、质量保证、说明书内容的合理性等各方面进行了全面研讨与论证，对保证药品质量、提高临床效果起到了促进作用，受到生产企业和临床工作者的欢迎。

（刘殿永）

# 北京预防医学会

（和平里中街16号）

邮编：100013　　电话：64217983

**学术活动** 1999年，本会举办学术报告、专题研讨、学术年会共41场次，交流论文624篇，7 100多人次参加了与本专业有关的学术活动。

根据北京市人民政府京政办函（1999）53号文件精神，以“还我碧水蓝天”、“环境连着你和我”为主题，本会响应北京市人民政府大力治理首都环境的号召，召开了《环境与健康》专家座谈会。重点围绕首都环境中的有害物质和因素（饮水卫生、垃圾处理、装饰材料卫生、工业污染和不良卫生行为等现况），存在的主要环境卫生问题以及治理方案和对应措施进行了座谈和研讨。专家的意见和观点被《健康报》、《北京青年报》、《北京科协》和《学会信息》转载或引用。围绕日趋严重的室内空气污染问题，邀请北京医科大学的专家举办了“环境影响经济学评价”和“室内环境污染”专题报告会。在“北京科技月”期间，举办了“现代流行病进展”学术报告。围绕公众关注的钙营养问题，儿童保健专业委员会举办了“科学补钙”学术报告会。配合北京市委、市政府做好“第4次全国城市卫生检查”的迎检工作，举办了“迎接城市卫生检查，强化院内感染控制工作”研讨会，来自城8区部属、市属、部队、铁路等56所医疗卫生单位的业务院所长、护理部和院内感染办公室主任共94人到会，为北京在城市卫生检查中取得好名次起到了促进作用。

劳动卫生职业病、儿童保健、妇女保健和卫生检验实验医学3个专业委员会分别召开了“98—99学术年会”。经论文征集、专家评选等程序，分别选出了优秀论文、大会发言论文和会议人选论文，出版了《年会论文集》。鉴于比利时、荷兰等欧洲国家发生的禽类产品、乳制品“二噁英污染”事件，编印了《通讯》“学术专集”并分发到有关部门和会员手中。其中“剧毒致癌物——二噁英”一文分别被《一周情况》、《北京科协》转载并由北京市委办公厅内刊《北京信息》（增刊）第237期选用。

为庆祝建国50周年，于9月21日召开了首都预防医学50年回顾与展望座谈会。北京市卫生局、北京医科大学、中国预防医学科学院、卫生部工业卫生实验所、北京市卫生防疫站、北京市劳动卫生职业病防治研究所等有关专家参加了会议。

5月，本会接待了由14人组成的美国互戒协会访华代表团。双方围绕不良生活行为，特别是酗酒对社会、家庭和健康的危害进行了深入的交流。

**科普宣传** 1999年，本会和妇女保健、儿童保健、流行病学、学校卫生等专业委员会参加了世界卫生日、无烟日、母乳喂养日、计划免疫宣传日、艾滋病等卫生日的街头宣传和传染病法的宣传咨询活动，同时还举办了专题科普讲座和科普报告。劳动卫生职业病专业委员会还组织了科技下乡活动。食品卫生、环境卫生、流行病、学校卫生和消毒等专业的专家参加了“环境连着我和你”的’99北京科技周宣传咨询活动，咨询1 400多人次，发放卫生宣传材料20 000多份。在科技周期间，制作科普画廊1期；投人近万元资金，印制宣传资料5万份。获得了北京市科协颁发’99北京科技周组织奖杯。

**继续医学教育** 1999年，本会组织了涉及环境、食品、流行病、学校卫生、院内感染控制、健康教育、儿童保健和妇女保健等专业的市级继续医学教育项目。其中“学生营养检测”、“中小学生心理卫生”、“企业及公共场所健康促进培训”和“作业环境污染检测方法研究进展”等继续医学教育项目学员反应良好。继续医学教育逐渐步入科学化和规范化的管理轨道。

**金桥工程** 金桥工程是北京市科协倡导的一项重要工作。其意义在于将科技与企业紧密联系起来，改变科技与生产脱节的状况。1999年，本会与红桃K集团公司联合举办了“贫血与健康知识大奖赛”活动。

**组织建设** 坚持民主办会，规范各项规章制度，深化改革，积极进取，强化服务。1999年完成了第二届理事会换届的筹备和委员的推荐选举及所在单位的确认工作。

**出版工作** 1999年，出版、发行了《首都预防医学》创刊号并举办了创刊发行仪式。在保证论文质量的前提下，年内按时出版杂志4期，发行12 000册，并与国内31个省市和计划单列市交流、交换。编辑、出版《北京预防医学通讯》3期，发行6 400册。编辑年会论文集2册，印刷1 200本。（裘绍民）

# 北京防痨协会

（西城区新街口东光胡同5号）

邮编：100035　　电话：62252394

**组织机构建设** 本会注册会员总数达440余人，理事单位13个，理事长19人，定期召开理事会、常务理事会，及时解决学会工作中的各种问题，保障学会在健康的轨道上运行。充分调动理事单位的积极性，借助多方力量，搞好工作，并加强对理事单位的服务。同时完善了工作管理制度，建立了职责范围，规范了学会运行。

积极发展新会员，吸纳中、青年防痨工作者入会。1999年接纳新会员38人。

**学术活动** 1999年共开展活动6次，内容包括最新世界上结核病控制工作情况介绍、全国结核病流行情况、肺结核病影像学的诊断与鉴别、结核病控制、基础理论、结核菌分子生物学、结核病的外科手术适应症、临床病例讨论会等，共有千余人次参加，人数逐年上升。有50余名会员参加中国防痨协会举办的各种学术交流或全国结核病知识新进展学习班。

11月2—5日，在昆明市召开中国防痨协会全国学术会议，本会有60余人参加了会议，在大小会上交流论文16余篇。

10月，本会根据市科协评选青年优秀论文的通知，组织各理事单位投稿参加评选，经协会专家评审，评出二等奖2篇，三等奖1篇，并上报市科协参加评审。

**国际交流** 为加强与国际防痨界的联系，及时了解国际上的学术动态和信息，10月，本会与挂靠单位共同举办了为期10天的“国际肺部健康研究方法”学习班，来自全国各省、市的防痨人员和国外（有美国、尼伯尔、蒙古、越南、柬埔寨和我国台湾省）的防痨同道共25人参加，由国际肺病联合会及英国和澳大利亚医学院等著名专家授课，介绍国际上先进的做法和新的知识。组织7人赴香港参加第20届国际防痨和肺病联合会东区国际学术会议。

**科技咨询** 本着科技周活动原则和主题“促进科技进步，提高全社会人民的科技素质”组织协会会员参加了活动。为了宣传和普及结核病传染的预防方面的基本知识，本协会与挂靠单位编印了简单易懂的宣传画册二种，在科技周咨询活动中发放宣传画册约300余份，咨询人数约150余人次。科技周活动中组织报告会1次，约100余人参加。

科技周期间组织了科技下乡活动，5月14日，理事长带队与知名专家到门头沟区，帮助基层中、小学校医务室的医务人员提高现代控制结核病的理论知识，并做了技术指导，此次参加人数约150余人。

3月25日，本会与挂靠单位共同举行了“3.24世界结核病防治日”专家座谈会，主要是学习和贯彻李岚清副总理对结核病防治工作的重要讲话。副市长刘敬民、市卫生局副局长、中国防痨协会和北京防痨协会及卫生部结核病控制中心主任等专家以及新闻界记者共40余人出席，会上本会理事长屠德华报告了北京市结核病控制工作情况，刘敬民副市长作了重要讲话，专家们就控制结核病的热点问题进行了座谈。

本会制作的宣传折页在11月昆明举行的中国防痨协会全国科普宣教会上获一等奖。（张建英）

# 北京性病艾滋病防治协会

（西城区新街口东光胡同5号）
邮编：100035　　电话：62213890

12月1日，本会在卫生部、广电部、教育部召开的预防与控制性病艾滋病总结表彰大会上，被评为全国预防与控制性病艾滋病先进集体。

**开通24小时电话语音免费服务热线**　7月22日，开通了24小时电话语录服务热线。这条热线是在总结第一条专家咨询热线的基础上，为适应性病艾滋病防治工作的需要建立的，是国内（香港地区除外）第一条性病艾滋病24小时电话语音服务热线。共有123个艾滋病性病基本知识供群众按键查询。开通的当天，市卫生局和协会联合举行了开通仪式。卫生部和市卫生局的领导、各区县卫生局和各医疗单位的负责人，以及协会全体理事出席。全国人大常委会何鲁丽副委员长亲自拨通了第一个咨询电话。全国协会副会长戴志澄教授、联合国艾滋病规划署驻京办事处顾问傅爱民博士到会讲话。截止到年底，已收到求询电话20 001个。原62238683人工热线仍继续运转。

**健康教育**　围绕1999年“关注青少年，预防艾滋病——倾听、学习、尊重”世界艾滋病防治宣传活动主题，在世界卫生组织的支持下，面向高校做了较多的工作。

先后在20余所高校举办了预防艾滋病“同伴教育”小先生培训，举办了5期培训班，有150多名学生和部分校医参加。

11月27日，在北京理工大学召开了“99北京预防性病艾滋病知识巡展”开幕仪式，由协会供给5套近100块展板，先后在20余所大专学校巡回展出。

以大学生为主要宣传对象，采用同伴教育方式的预防艾滋病录像带录制完成。

自11月22日开始在协会医院管理专业委员会组织下，由协会提供5套展板，分别在20余所大中型医院巡展。

在世界艾滋病日前夕，协会在北京日报举办了“艾滋病与青少年”有奖知识竞赛活动，共收到答卷2 838份。

**编辑出版及资料汇集**　自4月开始，协会通讯改版，由协会办公室与市卫生局防疫处合办，内容以报道工作动态为主，兼刊防治信息，在年末已累计出刊15期。

协会资料室的筹建工作进展顺利，已整理外文资料598份，中文资料658份。

**培训及专题讲座**　1999年举办各类培训班7期。举办大型讲座2次：请佑安医院徐莲芝主任讲述如何关怀艾滋病感染者；请美国艾滋病专家做题为“对儿童青少年进行道德教育——预防艾滋病”的报告。

**合作交流**　全年争取到国际组织的支持2项。一个是世界卫生组织资助的开展对青少年预防艾滋病宣传教育项目，该项目已大部分完成。另一个是福特基金会资助的与美国教育发展学院合作，对娱乐场所的服务小姐开展预防艾滋病性病宣传教育，该项目的筹备工作已经完成。

**组织建设**　为使分布在各个岗位的理事充分参与协会工作，1999年重点抓了组建各专业委员会的工作。截止到年底，已先后组建了卫生防疫、医院管理、临床、健康教育和高校5个专业委员会。各专业委员会均从不同方面开展了许多工作。

全年发展团体会员2个，临床和健康教育两个专业委员会还发展了个人会员。协会现有个人会员800多人，团体会员9个。　（刘　英）

# 北京地区药品不良反应监测中心

（北京地坛医院内）
邮编：100011　　电话：64207902

北京地区药品不良反应（简称ADR）监测报告工作的发展经历了3个阶段：1988年北京有3所医院参

加了卫生部药政局领导的ADR监测报告试点工作；1990年北京药学会成立了ADR专业组，并开展了大量宣传工作和学术工作，加深了人们对ADR危害性的认识；1993年北京地区ADR监测中心成立，正式开始ADR监测报告工作。

北京地区药品不良反应监测中心（以下简称北京中心）是在北京市卫生局领导和北京地坛医院支持下建立的。该中心挂靠于北京地坛医院。北京地坛医院为北京中心提供工作场所、人员、设备以及经费。

**ADR报告工作** 为使ADR报告工作顺利发展，北京中心致力于组建本地区的ADR监测报告网络系统，至1996年底，北京的8个城区（朝阳、海淀、东城、西城、崇文、石景山、丰台、宣武）先后建成ADR监测网，组建工作通过区卫生局进行，每区有一所医院作为网络中心单位，负责所在区的ADR技术组织、宣传和学术活动。

北京中心自1993年7月至1999年底收到各网络医院的ADR报表近6 000份，报告质量良好，数量呈逐年上升趋势：1993年163份，1994年225份，1995年574份，1996年705份，1997年923份，1998年1 535份，1999年1 766份。1999年的报表数约为1993年的11倍，1994年的7倍。1993—1999年，上报过ADR报表的医院总数约为100所，ADR报告累计超过百份的有14所医院，其中北京同仁医院和北医大一院名列前茅，分别为794份和697份。

北京中心将收到的ADR报表按有关规定进行加工整理。ADR报表的管理，最初采用卡片形式，以便于检索。卡片内容有：药品编码、药品名、ADR表现、ADR程度、报告单位和报告日期。为更科学地管理报表，北京中心在北京协和医院协助下开发了“ADR报告管理软件”。该软件可对ADR报表的各项内容进行统计分析，如ADR报告医院和报告时间，患者年龄和性别，致ADR药品、ADR表现、严重程度、预后，以及因果关系评定等。北京中心每季度将ADR报告的一些主要统计数据刊登于本中心的资料《药品不良反应信息》上，反馈给各监测单位，供作临床安全用药的参考。此外，北京中心还将较完整的有临床意义的ADR报表汇总后上报国家药品不良反应监测中心。

**宣传、培训工作** 北京中心采取多种形式进行宣传工作：与北京同仁医院合作制成24块ADR图片展板在各医院以及公众场合巡回展出；协助北京电视台制作了“当心ADR”录像片在“北京您早”节目播出；编印ADR科普宣传材料向群众散发；到各医院宣讲药物不良反应的危害性及如何开展ADR监测报告工作。

北京中心自1993—1999年每年举办1次或2次培训班。培训内容涉及药物不良反应基本知识，常见中西药不良反应和药源性疾病，药物不良反应诱发因素，药物不良反应预防和合理用药，药物不良反应监测方法，药物不良反应信息和文献检索，以及药物流行病学等诸多方面。教学采用讲课、复习、见习、考试及参观相结合的方法，收到良好效果。1993年6月举办了北京中心成立后的第一次培训班，7月份后开始收集ADR报表，至年底共收到163份。北京中心的培训计划从1996年开始纳入市级继续医学教育，1998年纳入国家级继续医学教育。

**信息工作** 北京中心现已具备检索咨询的能力，如有ADR中外光盘，ADR文献资料库，自愿报告系统数据库以及重要ADR工具书等，能满足各单位对信息的需求。例如：Reactions光盘，储存大量药物不良反应和监测工作文献；《药物不良反应》光盘，收集了自1960—1997年国内200余种医药学杂志的中西药不良反应；Medline光盘，收集了1969年至今70余国3 400种医药学杂志约700万篇文献题录，自1975年开始，其中60%有文献摘要；中国生物医学文献光盘，收集了1983年至今700多种国内医药刊物的文献题录数十万条。工具书有Meyler' s Side Effect of Drug（12th ed，1992），该书为公认的ADR百科全书；Martindale The Extra Pharmacopoeia（31th ed，1996），是提供医药各方面资料最有价值的工具书之一，对不良反应有详细描述，并附有原始文献摘要，此外，尚有Textbook of adverse drug reaction以及王士凡等编译的药物不良反应等。北京中心于1995年组建了ADR信息网，促进了ADR信息检索咨询工作的发展，解决了不少临床药物不良事件。此外，北京中心于1999年6月创办了国内外公开发行的学术性期刊——《药物不良反应杂志》。

**学术和对外交流活动** 北京中心是在北京药学会ADR专业组的基础上发展而来，所以学术活动一直比较活跃。小型活动有病例报告会，监测经验交流会，专题研讨会；大型活动有第一届（1991年12月）和第二届（1994年1月）北京地区药物不良反应学术会议，以及首届全国药物不良反应学术会议（1995年10月），后者是我国医药界的一次盛会，WHO国际药物监测合作中心主任Ralph Edwards教授应邀莅临大会作了重要讲话和学术报告。 （程经华）

# 北京医院协会

（首都医科大学宣武医院内）

邮编：100053　　电话：63158655

**组织建设**　截止年底，北京医院协会已拥有集体会员单位242个。其中中央单位16个，部队单位11个，市属单位21个，区县属单位165个，厂矿企业单位19个，其他单位10个。

分别于1997年和1998年成立的组织工作委员会、城市医院委员会和农村医院委员会积极开展了各种适合自身特点的活动。

**培训工作**　继续完成受北京市卫生局的委托、与北京卫生经济学会合作的城乡一级医院院长培训任务，培训一级医院院长300人左右，占现职一级医院院长总数的90%以上。培训的主要内容有：管理科学的基本知识、一级医院的地位和作用、区域规划与社区医疗、人口老化与老年医疗保健、法律概念与管理行为、卫生经济基础知识和医院的经营管理、医疗管理、质量管理、财务管理等等。

与北京市卫生局科技处合作，举办科研管理学习班，授课教师有中国专利局卢素华教授等高级专家。主要内容有：知识产权、21世纪医学科技展望、医学科研管理基本概论、实验动物管理法规、科研基金管理办法及科研成果评奖管理办法等。有61个医疗单位派员参加。

举办了2期“医疗纠纷的防范与处理”培训班，授课人员来自不同的方面，有较高的理论水平和实践经验，由于授课内容针对性强，能够实际应用，受到会员单位的普遍欢迎。

**编辑工作**　从1997年开始的《北京医学文库—医院管理发展和研究分册》的编写工作继续进行。各篇章的负责人和撰稿人正在积极努力，部分篇章的写作任务已基本完成。

**推荐北京地区优秀院长**　受卫生部委托，中华医院管理学会和健康报联合下达了在全国开展优秀院长评选活动。北京医院协会配合北京市卫生局，推荐北京地区（部队除外）全国优秀医院院长5名。他们是：北京协和医院黄人健副院长、北京红十字朝阳医院高居忠院长、北京安贞医院张兆光院长、首都钢铁公司职工医院王楠院长和北京市厂桥医院白爱萍院长。5位全国优秀医院院长受到表彰和奖励。

（王凯戎）

# 人 事 与 干 部

**【钱渊等5人被评为有突出贡献的专家】** 市卫生局直属单位首都儿科研究所钱渊、天坛医院戴建平、赵继宗、结核病胸部肿瘤研究所端木宏谨、宣武医院华琦等5人被评为1998年度北京市有突出贡献的专家，其中钱渊、戴建平、赵继宗等3人被国家人事部评为1998年度有突出贡献的中青年科学技术管理专家。 （孟繁祯）

**【钱英等12人被批准享受政府特殊津贴】** 市卫生局直属单位中医药学院钱英、回龙观医院张培琰、友谊医院李树人、同仁医院刘福源、积水潭医院薛延、儿童医院丁宗一、安贞医院张兆光、朝阳医院高居忠、张洪玉、口腔医院杨圣辉、职业病研究所郎燕英、首都儿科研究所刘玉琳等12人被国家人事部批准享受1998年度政府特殊津贴。 （孟繁祯）

**【贾保祥等29人入选“北京市跨世纪优秀人才工程”】** 1999年，市卫生局直属单位友谊医院贾保祥、翁小满、张忠涛、严松彪，同仁医院刘元波、于振坤、林丁、王振常，天坛医院刘阿力、李桂林、赵元立、张俊廷，积水潭医院田光磊，朝阳医院崔亮、郭兮恒、岳云、田鸣，儿童医院于凤章、李仲智、郑胡镛，肿瘤医院陈克能、张青云，口腔医院王松灵、孙正，佑安医院郎振为、段钟平，结核病研究所张树才，血液中心任芙蓉、张志欣等29人被批准入选“北京市跨世纪优秀人才工程”。 （孟繁祯）

**【刘元波等3人被国家公派出国培训学习】** 1999年，北京市有16人入选“北京市跨世纪优秀人才工程”，并被批准由国家公派出国培训学习。其中，市卫生系统有同仁医院刘波、积水潭医院田光磊、宣武医院李坤成，被公派到美国培训学习。

（孟繁祯）

**【职工人数管理工作】** 1999年，事业单位人员计划继续实行从紧政策，严格控制人员增长。至年底局直属单位共有正式职工25 891人，临时工1 711人，分别比1998年底减少376人和367人，继续呈负增长。 （王 宗）

**【安置、培训军队转业干部】** 1999年是军队裁减员额50万的关键一年。全年共安置军队转业干部30人。其中男15人，女15人；博士3人，硕士5人，本科16人，专科6人；中级职称16人，初级职称12人；营职2人。针对军转干部“学历层次较高、年龄较轻、专业技术干部占绝大多数”的特点，组织了军队转业干部岗前培训班，效果较好。

（王 宗）

**【引进优秀人才】** 1999年，引进优秀人才29人。其中博士后1人，博士7人，硕士12人，本科9人；高级职称7人，中级职称22人。促进了麻醉、妇产、检验、药剂等学科的发展。 （王 宗）

**【解决专业技术骨干夫妻两地分居】** 1999年为22名专业技术骨干解决夫妻两地分居，其中博士8人，硕士12人，本科2人。 （王 宗）

**【办理乡村医生户口“农转非”】** 根据《中共北京市委、北京市人民政府贯彻〈中共中央国务院关于卫生改革与发展的决定〉的实施意见》和北京市卫生工作会议精神，为13个区县333名符合条件的乡村医生办理了户口“农转非”。 （王 宗）

**【1999年度北京市高级卫生技术职务任职资格评审工作】** 1999年度的高级卫生技术职务任职资格的答辩、评审工作于8月30日至9月17日在北京卫生干部培训中心和首都医科大学进行。72个单位1 086人申报，840人取得高级职务任职资格，通过率为77.35%。 （张希勤）

**【评选全国卫生系统先进集体、劳动模范、先进工作者及白求恩奖章获得者】** 5月，人事部、卫生部、国家中医药管理局联合下发文件《关于做好全国卫生系统先进集体和劳动模范、先进工作者、白求恩奖章获得者评选工作的通知》，在新中国成立50周年之际表彰一批全国卫生系统先进集体、劳动模范、先进工作者和白求恩奖章获得者，并要求各省、市卫生厅、局积极推荐上报人选。

为此，北京市卫生局成立了以市卫生局局长朱宗涵为主任委员，副局长史炳忠、卫生部人事司副司长张爱莉、市人事局副局长黄强、国家中医药管理局人事与法规司司长吴刚为副主任委员，市卫生局人事处处长罗玉英、市人事局考核任免处副处长王友芝为委员的评选表彰推荐委员会。经讨论通过推荐上报6个全国卫生系统先进集体；18名全国卫生系统先进工作者；1名白求恩奖章获得者。

经人事部、卫生部、国家中医药管理局批准如下：

白求恩奖章获得者：王忠诚

全国卫生系统先进集体：

北京市西城区厂桥医院

北京市矿物局总医院

首都医科大学宣武医院

北京天坛医院

北京中医医院

人民卫生出版社

全国卫生系统先进工作者：

孙永华（回）积水潭医院主任医师

李桓英（女）北京友谊医院研究员

陈立泉　东城区卫生防疫站副站长

孙玉秀（女）通州区妇幼保健院主任

朱润祥　密云县医院主任医师

何　平（满）北京第四医院院长

刘哲伟　首都儿科研究所研究员

端木宏谨　北京市结核病胸部肿瘤研究所所长

张礼璧　中国预防医学科学院研究员

高润霖　中国医学科学院阜外心血管病医院研究员

刘惠俐（女）北京医院主管医师

王国相（女）北京中日友好医院主任医师

曲绵域　北京医科大学教授

李祥舒（女）怀柔县中医医院院长

刘冬立（女）宣武区中医医院院长

余桂清　中国中医研究院广安门医院主任医师

高居忠　北京红十字朝阳医院院长

曾　光　中国预防医学科学院研究员

（赵晓丽）

# 1999年度各单位党政领导名单

## 北京市卫生局

| 局　长 | 朱宗涵 | 党委书记 | 朱宗涵 |
|---|---|---|---|
| 副局长 | 史炳忠 | 副书记 | 史炳忠 |
| | 金大鹏 | | |
| | 郑东振 | | |
| | 郭积勇 | | |

## 北京市中医管理局

局　长　谢阳谷

## 东城区卫生局

| 局　长 | 王　炜 | 党委书记 | 李丰禾 |
|---|---|---|---|
| 副局长 | 黎　洵 | 副书记 | 梁纯一 |
| | 郭　明 | | 王玉伦 |
| | 吕　璠 | | |
| | 王力宇 | | |

## 西城区卫生局

| 局　长 | 原　杰 | 党委书记 | 徐素英 |
|---|---|---|---|
| 副局长 | 李京仲 | 副书记 | 周岱文 |
| | 夏长利 | | 马承干 |
| | 程湘梅 | | |
| | 袁瑞玲 | | |

## 崇文区卫生局

| 局　长 | 高桂强 | 党委书记 | 高桂强 |
|---|---|---|---|
| 副局长 | 卢汝庄 | 副书记 | 张洪书 |
| | 南洪宾 | | |
| | 李对川 | | |
| | 李亚兰 | | |

## 宣武区卫生局

| 局　长 | 郝东升 | 党委书记 | 陆惠民 |
|---|---|---|---|
| 副局长 | 李崇恩 | 副书记 | 方惠珠 |
| | 陈子平 | | |
| | 郑添工 | | |

## 朝阳区卫生局

| 局　长 | 郑　煌 | 党委书记 | 宝群尧 |
|---|---|---|---|
| 副局长 | 殷　菁 | | |

张继书
刘　良
曹亦农

## 海淀区卫生局

**局　　　长** 蒋　仪 **党委书记** 王惠芳
**常务副局长** 李长春 **副 书 记** 单树勋
**副　局　长** 刘　恪
杨俊卿

## 石景山区卫生局

**局　长** 纪贵温 **党委书记** 刘晓鹏
**副局长** 苏砚军 **副 书 记** 纪贵温
崔　宁

## 门头沟区卫生局

**局　长** 孙树茂 **党委书记** 孙树茂
**副局长** 肖文祥 **副 书 记** 王淑萍
李德兴
王德印
王金生

## 房山区卫生局

**局　长** 翟道富 **党委书记** 张建国
**副局长** 王砚英 **副 书 记** 李惠卿
袁　涛
高长利
李国栋

## 丰台区卫生局

**局　长** 路尔宽 **党委书记** 富宝善
**副局长** 原　华 **副 书 记** 路尔宽
刘晓苏　刘蓉蓉
刘蓉蓉
赵海中

## 通州区卫生局

**局　长** 王文永 **党委书记** 刘光扬
**副局长** 刘树旺 **副 书 记** 刘树旺
纪福民

## 平谷县卫生局

**局　长** 刘福明 **党委书记** 韩　英
**副局长** 邢　存 **副 书 记** 闫学会
于立新　马宝生

## 顺义县卫生局

**局　长** 巩维国 **党委书记** 巩维国
**副局长** 王振元 **副 书 记** 王振元
李长荣
张菊芳
吕自新
仇长林

## 昌平县卫生局

**局　长** 兰士宝 **党委书记** 兰士宝
**副局长** 徐忠瑞
张启库

## 大兴县卫生局

**局　长** 毛志民 **党委书记** 刘玉玺
**副局长** 高罗清 **副 书 记** 刘金龙
于鲁明
刘　华

## 怀柔县卫生局

**局　长** 张　垣 **党委书记** 秦君华
**副局长** 许登瑞
邹声金
郭瑞华
闫文玲

## 密云县卫生局

**局　长** 晁忠显 **党委书记** 晁忠显
**副局长** 林永兴 **副 书 记** 许素明
李树阳
郑善才

## 延庆县卫生局

**局　长** 段富田 **党委书记** 段富田
**副局长** 张登祥 **副 书 记** 张登祥
郑世华　张淑智
王顺全

## 北京医院

**院　长** 张忠辉 **党委书记** 张家增
**副院长** 栾文民 **副 书 记** 王红兵
王家惠　刘秀琴

卢军达
郑　宏
王建业
林嘉滨

## 中日友好医院

**院　长**　何惠宇　**党委书记**　李忠祥
**副院长**　左焕琮　**副 书 记**　许承铭
刘晓勤
许树强

## 北京医科大学

**校　　长**　王德炳　**党 委 书 记**　王德炳
**常务副校长**　程伯基　**常务副书记**　林久祥
**副 校 长**　林久祥　**副　书　记**　吕兆丰
韩启德　马焕章
王　宇
魏丽蕙
李东方
吕忠生

## 北京医科大学第一医院

**院　长**　章友康　**党委书记**　唐朝枢
**副院长**　夏铁安　**副 书 记**　蒋学祥
周丛乐
朱天岳
张庆林
刘玉树

## 北京医科大学人民医院

**院　　长**　杜如昱　**党委书记**　魏丽蕙
**常务副院长**　吕厚山　**副 书 记**　李　颖
**副 院 长**　侯树坤
李月东

## 北京医科大学第三医院

**院　长**　侯宽永　**党委书记**　贾建文
**副院长**　范凤立　**副 书 记**　吴建伟
伍赞群
陈凤荣
陈仲强

## 北京医科大学口腔医院

**院　长**　俞光岩　**党委书记**　俞光岩
**副院长**　王　兴　**副 书 记**　张瑞颖
马绪臣　葛立宏
冯海兰
赵国栋

## 北京医科大学第六医院

**院　长**　崔玉华　**党委书记**　周东丰
**副院长**　吕秋云　**副 书 记**　刘建成
王玉凤

## 北京友谊医院

**院　长**　高东宸　**党委书记**　魏　玫
**副院长**　魏　玫　**副 书 记**　郑瑞芬
刘　建
赵　易
周保利

## 北京同仁医院

**院　长**　贺仁诚　**党委书记**　张盼弟
**副院长**　刘江波　**副 书 记**　黄　浩
毛　羽
王　晨
韩德民
徐　亮

## 北京积水潭医院
## 北京市创伤骨科研究所

**院　　长**　荣国威　**党委书记**　徐燕棣
**名誉院长**　王澍寰　**副 书 记**　李春华
**副 院 长**　徐燕棣
蔺锡侯
张小晋
伍沪生
王满欣
田　伟
**所　　长**　荣国威
**副 所 长**　尹大庆
黄啸原

## 北京安贞医院
## 北京市心肺血管疾病研究所

**名 誉 院 长**　孙衍庆　**名誉所长**　吴英恺
**院　　　长**　张兆光　**党委书记**　王秀兰
**副　院　长**　邱　恒　**副 书 记**　王秀文

吴兆苏（兼所长）
周兆明
伍冀湘
白树功

## 北京红十字朝阳医院

院　长　高居忠　党委书记　闫梦兰
何连滨
副院长　苏成德　副 书 记　高居忠
李　宁　田淑琴
王　辰
肖云良

## 北京天坛医院

院　长　戴建平　党委书记　高晓兰
副院长　高晓兰　副 书 记　任玉良
赵继宗
张永利
邱大龙

## 首都医科大学宣武医院

院　长　张　建　党委书记　张　建
副院长　高国静　副 书 记　杜昌儒
王香平　王建平
李淑迦
李　林
贾建国

## 北京中医医院

院　长　王莒生　党委书记　谢阳谷
副院长　陈　誩　副 书 记　闫　玮
叶培明

## 北京地坛医院

院　长　冯惠忠　党委书记　关崇节
副局长　刘建英
郭丽珠

## 北京佑安医院

院　长　赵春惠　党委书记　刘　江
副院长　郭雁宾
杨建国

## 北京妇产医院

院　长　陈宝英　党委书记　陈宝英
副院长　王文秀　副 书 记　张宝满
邓小虹
李　巍

## 北京儿童医院

院　长　倪桂臣　党委书记　张曼娜
副院长　申昆玲
李仲智
范茂槐
杨永弘
卢　平

## 北京口腔医院

副院长　孙　正　党委书记　闫梦兰
张振庭　副 书 记　高明秀
王松灵
赵广鸣

## 北京安定医院

院　长　蔡焯基　党委书记　连金萍
副院长　王乐辉
李宝琦
曹达洪

## 北京回龙观医院

院　　长　曹连元
科教副院长　邹义壮　党委副书记　李汝斌
业务副院长　王向群

## 北京小汤山医院

院筹备组组长　谢阳谷（北京中医医院党委书记）

## 北京胸科医院

院　长　黄卫祖　党委书记　王文博
副院长　徐玉华　副 书 记　张万华
陈　峥

## 北京肿瘤医院
## 北京市肿瘤防治研究所

院（所）长　徐光炜　党委书记　李吉友

副院（所）长　张梅颖　副书记　康永新
柯　杨　　　　　李萍萍
康永新

## 北京市结核病胸部肿瘤研究所

所（院）长　端木宏谨　党委书记　傅　瑜
副　院　长　傅　瑜　副书记　张洪林
副所（院）长　汪　蕙
李明远
许绍发

## 首都儿科研究所

所　长　童　奔　党委书记　张丽雅
副所长　陈　青
宋国维
凌　科
张　霆

## 北京市劳动卫生职业病防治研究所

常务副所长　路永宽　党总支书记　杨淑华
副　所　长　高　星
郝凤桐

## 北京市中医研究所

副所长　丁　瑞
陈　誩

## 北京市眼科研究所

所　长　徐　亮　支部书记　张士贤
副所长　张士贤

## 北京市耳鼻咽喉科研究所

所　长　韩德民　党支部副书记　赵小燕

## 北京市神经外科研究所

所　长　王忠诚　支部书记　焦建生
副所长　吴中学

## 北京市儿科研究所

所　长　倪桂臣　支部书记　马　萍
副所长　杨永弘

## 北京市计划生育技术研究指导所

所　长　李雅珍
副所长　苏穗青

## 北京市妇女保健所

所　长　丁　辉
副所长　潘　迎

## 北京热带医学研究所

所　长　甘绍伯　书　记　甘绍伯
副局长　薛燕萍

## 北京市药品检验所

所　长　张　伟　书　记　刘秋和
副所长　段春生

## 北京市卫生局临床药学研究所
## 北京市中药综合研究所

所　长　赵书强　支部书记　罗燕燕
副所长　钱嘉怡
罗燕燕

## 北京结核病控制研究所

所　长　屠德华　书　记　程品书
副所长　潘丽宁
安燕生

## 北京市医学情报所

所　长　徐国桓　支部书记　徐国桓

## 北京市医院管理研究所

所　　长　朱宗涵　支部书记　徐国桓
常务副所长　徐国桓

## 首都医科大学神经科学研究所

所　长　徐群渊　支部书记（临时）　张进禄
副所长　张进禄
杨　慧

## 北京市红十字血液中心

主　任　郑志伟　党委书记　张　评
副主任　唐建华

## 北京急救中心

主　任　赵永春　书　记　汤　旗

副主任　李国庆
　　　　万立东

## 北京市卫生防疫站

站　长　孙贤理　**党委书记**　连金萍
副站长　王传法
　　　　唐耀武
　　　　王元生
　　　　刘泽军

## 首都医科大学

校　长　徐群渊　**党委书记**　杜金香
副校长　陈　嫵　**副书记**　刘聪敏
　　　　林瑞海　　　　　闫拓时
　　　　王玉慧

## 北京联大中医药学院

副院长　齐　坊　**党委书记**　马跃平
　　　　赵　新　**副书记**　马谊平

## 北京职工医学院

代院长　翟燕生　**党委书记**　高纯宜
副院长　赵润明
　　　　班树金

## 北京医学高等专科学校

校　长　宋　新　**党委书记**　王道瑞
副校长　韩飞舟　**副书记**　杨秀忠
　　　　王增权

## 北京卫生学校

校　长　兰文恒　**党委书记**　张民生
副校长　李美琪
　　　　洪　峰
　　　　肖大伟

## 北京护士学校

校　长　刘迪成　**党委书记**　刘迪成
副校长　高幼帛　**副书记**　黄惟汇
　　　　刘克林
　　　　顾　平

## 北京市中医学校

校　长　李进贵　**党委书记**　李进贵
副校长　董维春　**副书记**　尹福祥

## 北京市卫生职工电教中专学校

校　长　王增权
副校长　龚广山
　　　　朱彬生

## 北京大学医院

院　长　张宏印　**党委书记**　付　新
副院长　周广华　**副书记**　叶树青
　　　　叶树青

## 首钢总医院

院　长　王　楠　**党委副书记**　刘慧琴
副院长　张永臣
　　　　杜新强
　　　　塔明义

## 首钢矿山医院

院　　长　张玉琢　**党总支书记**　宋胜利
业务副院长　金仕万
行政副院长　王振涛

## 北京燕山石油化工公司职工医院

院　长　于文杰　**党委书记**　沈依功
副院长　王宏年　**副书记**　时红霞
　　　　赵秀荣

## 北京矿务局总医院

院　长　张振伟　**党委书记**　付绍华
副院长　梁建业　**副书记**　李永泽
　　　　韩书立

## 北京市工人疗养院

院　长　崔家义　**党委书记**　周　冰
副院长　郑亚洲
　　　　李彦河

## 建设部总医院

院　长　王三群　**党委书记**　曹世田
副院长　曹世田　**副书记**　王三群
　　　　张　威
　　　　刘凤琳

## 北京化工职业病防治院

**院　　长** 乔　昕　**党委书记** 姚益民
**业务副院长** 侯中林　**副 书 记** 李正君
**行政副院长** 孙兴文

## 北京滨河医院

**院　长** 韩素霞　**党委书记** 韩素霞
**副院长** 孙金铭　**副 书 记** 孙金铭
郝步成
舍布格
刘　丁

## 北京民航总医院

**院　长** 郑信华　**党委书记** 李立人
**副院长** 王国佩
王懿铎
韩国才

## 中国航天科技集团公司七一一医院

**院　长** 戴天然　**党委书记** 贾金凤
**副院长** 苏　康
刘连启
闫志山

## 中国航天工业总公司中心医院

**院　长** 金永成　**党委副书记** 赵新国
**副局长** 李晓宇
赵新国

## 中国航天工业总公司七三一医院

**院　长** 刘西绮　**党委书记** 梅清山
**副院长** 施京辉　**副 书 记** 王火堂
秦良伟　何玲媛
王火堂　贺国光

## 中国航空工业中心医院

**院　长** 张　萍　**党委书记** 张　萍
**副院长** 王寿岚
王文标

## 邮电总医院

**局　长** 冯雪英　**党委书记** 徐素芬
**副局长** 叶大雄　**副 书 记** 冯雪英
刘宝源
芮静安
杨玉雯
徐素芬

## 电子工业部北京酒仙桥医院

**院　长** 胡鸿藻　**党 委 书 记** 胡鸿藻
**副院长** 陈忠英
朱栓立
曹连义
张　泰

## 电子工业部四〇二医院

**院　长** 夏恩菊　**党委副书记** 张素萍
**副院长** 张若妍
王秋泰
肖树章

## 中国核工业北京四〇一医院

**院　长** 杨立军　**党委书记** 于学仁
**副院长** 刘文西　**副 书 记** 贾福成

## 铁道部北京铁路总医院

**院　长** 周玉皎　**党委书记** 林培基
**副院长** 刘海伦
刘长春
崔青岭

## 电力总医院

**院　长** 赵振林　**党委书记** 蒋安国
**副院长** 戴中美　**副 书 记** 袁　铁
范双田

## 北京康复研究中心

**主　任** 汤小泉　**党委书记** 汤小泉
**副主任** 崔三生　**副 书 记** 李清勇
刘文柱
赵丰田
李建军（兼博爱医院院长）

## 北京冶金医院

**院　长** 王正义　**党委书记** 姬景南
**副院长** 赵常武　**副 书 记** 齐长禄

黄元正

## 中国铁道建筑总公司总医院

**院　　长**　阴　瑞
**常务副院长**　叶林务
**副 院 长**　孙世允
刘铭利
林佑喜

## 中建一局北京仁和医院

**院 长**　牛本周
**副院长**　宋戈峰　**党委副书记**　王洪跃
马保柱
高恭立
唐兴家

## 北京安康医院

**院 长**　吕秋霖　**党委书记**　吕秋霖
**副院长**　柴宝森
何建华
张惠民
王佩贤

## 北京民康医院

**院 长**　李　明　**党支部书记**　史　贵
**副院长**　陈有福
王雪琪

## 交通部北京交通医院

**院　　长**　田慧蓉　**党委书记**　田慧蓉
**副 院 长**　刘明大　**党委副书记**　张晓岚
吕志勤

## 中华护理学会北京学会

**会 长**　黄人健　**监 事 长**　于丽珠
**副会长**　李淑迦　**秘 书 长**　白淑玲（兼）
韩忠福　**副秘书长**　应　岚
白淑玲　王景华

## 北京预防医学会

**名誉会长**　何鲁丽　**会　　长**　吕德仁
**副 会 长**　孙贤理　**秘 书 长**　徐建约（兼）
张殿馀　**副秘书长**　裴绍民
于永中　王　义
张　铣
范景利
徐建约（常务）

## 北京中医药学会

**名誉会长**　关幼波　**秘 书 长**　刘殿永
方和谦　**副秘书长**　马　静
**会　　长**　张炳厚　赵　林
**副 会 长**　王莒生　赵　静
田大方　翟胜利
刘冬立
李广钧
李俊德
李炳文
李乾构
杨　光
钱　英
姚乃礼

## 北京防痨协会

**理 事 长**　屠德华　**秘 书 长**　张建英
**副理事长**　许绍发
金关浦
徐玉华

## 北京中西医结合学会

**会　长**　危北海　**秘 书 长**　于淑惠
**副会长**　王宝恩　**副秘书长**　马　静
佘　靖　马必生
张炳厚
陈可冀
谢竹藩
王莒生
郭维琴

# 卫生工作纪事

## 1999年大事记

1月

6日

经市政府批准，市卫生局印发了《北京市小型餐饮业生产经营场所及设施卫生标准》，各区县卫生行政部门自1999年1月1日起执行。根据此规定，1999年上半年，市卫生局将完成使用面积在100平方米以下的中小型餐馆的复验和换发食品卫生许可证工作。

7日

1998年度北京市医疗卫生系统政府采购医疗设备招投标会在北京安贞医院召开，此次招投标金额为2 000万元。市卫生局副局长郑东振、市财政局副局长王晓明出席会议。

12—28日

市卫生局、市人事局、市财政局共同对同仁医院、市急救中心、安定医院、胸科医院、首都儿科研究所五家单位进行机构与人事制度改革阶段性工作验收。市卫生局史炳忠副局长、市人事局左晓玲副局长参加验收。

15日

市卫生局监察处召开直属单位纪检监察工作会议。

市公费医疗办公室、市医疗保险事务中心开始对市级公费医疗享受单位进行年度注册。经审核，343个市级单位（共123 443人）注册；清理出不应享受公费医疗的单位15个（共1 699人）。全市有40家医院承担了市级单位的公费医疗管理任务。

19日

市卫生局工会召开年度工作会议。

22日

北京市妇幼保健机构专业评审委员会召开专业评审总结会，经全体委员表决，大兴县、怀柔县、顺义区妇幼保健院通过评审。

27—28日

北京市公民义务献血办公室召开1998年度区县献血工作总结会，总结《北京市公民义务献血条例》颁布实施五年来全市献血工作。

27—29日

刘敬民副市长召开北京市卫生防病工作委员会扩大会议，市卫生局副局长郭积勇通报了1998年北京市卫生防病工作情况并部署1999年工作。刘敬民副市长提出，做好1999年卫生防病工作要明确控制急性肠道感染和食物中毒、严防鼠传疾病和呼吸道传染病、重视艾滋病和慢性非传染性疾病的防治“三项任务”，把握环境、社会和专业“三大因素”，实施创造良好的卫生防病大环境，提高卫生防病社会管理和专业保障水平，改革管理体制、加强监督执法、明确管理职责、充分发动群众“三项措施”，努力完成各项工作指标，创卫生防病新成绩。会上下达了1999年卫生防病控制指标。

市卫生局召开1999年度卫生防病专业工作会议，传达市卫生防病委员会会议精神，部署1999年卫生防病任务。市卫生局副局长郭积勇要求全体卫生防疫人员振奋精神，力保建国50周年大庆等重大政治活动的卫生防病保障工作不出问题。

29日

《北京市献血目标管理责任书》签字仪式在北京市委第二会议室举行，刘敬民副市长与18个区县的主管区县长签定了责任书，要求各级政府要加强领导，认真做好献血工作，将献血工作的完成情况作为任期目标考核的重要内容。各级领导、党团员和广大干部要带头参加无偿献血，推动无偿献血工作开展，确保1999年献血任务的完成。

**2月**

1日

1999年度北京市妇幼卫生工作会召开。市妇联副主席荣华、市卫生局副局长郭积勇、北京优生优育协会会长周凯发出席大会。

2日

市卫生局党组召开1999年度思想政治工作会议。局党组书记、局长朱宗涵主持会议，局党组副书记、副局长史炳忠代表局党组做工作报告。朱宗涵在讲话中充分肯定了1998年卫生系统思想政治工作的成绩，要求在1999年思想政治工作中要增强政治意识，维护稳定大局；加强基础工作，提高工作水平；继续作好思想政治工作和党建工作，重点抓好领导干部的“三讲”教育和党风廉政责任制建设。市委宣传部常务副部长何卓新出席会议。

4日

市卫生局统战处召开市卫生系统台胞台属座谈会，纪念江泽民主席发表对台工作八项主张重要讲话4周年。

5日

市卫生局、市中医管理局共同召开北京市1997年度医学科技成果发奖会。23项中医科技成果获奖。

6日

市卫生局团委积极响应团中央和科技部关于春节期间开展青年志愿者“百千万科技扶贫”活动的号召，组成由来自同仁医院等单位的13名青年医务工作者参加的青年志愿者服务队，即日分赴山西、河南、内蒙古、宁夏等地，为贫困山区人民进行义诊和医疗咨询。此举受到当地群众的热烈欢迎。

8日

市卫生局召开老干部座谈会暨春节团拜会。

9日

市卫生局召开1998年度北京市孕产妇死亡评审会，对1998年北京市7例孕产妇死亡进行市级评审。评审结果为：可避免死亡1例，创造条件可避免死亡5例，1例原因不明。

11日

刘敬民副市长带队检查本市部分食品生产经营单位的食品卫生工作，检查了食品超市、集贸市场、副食品商场等单位，检查的重点是食品销售中直接入口食品“冷荤五专”的执行情况、从业人员健康培训证、过期食品的处理情况等。卫生部副部长殷大奎参加了检查。

25—26日

刘敬民副市长带队检查中国职工之家、五洲大酒店、中国妇女活动中心、河南大厦、奥林匹克饭店、鸿翔大厦等全国九届二次人大、政协会议代表、委员驻地，市卫生局朱宗涵局长参加检查。

29—30日

市卫生局根据“总量控制，结构调整”改革方案的规定，完成1998年全市诊疗费上缴10%的任务，共收诊疗费基金1 800万元，全部作为“卫生科技发展专向经费”。

**3月**

1日

市卫生局召开全科医生培训工程及课题报告会，论证全科医师培训实施方案。卫生部基层卫生与妇幼保健司和国家考试中心的有关领导出席会议。

市卫生局成立党风廉政建设责任制领导小组。

2日

市中医管理局召开北京市老中医药专家学术经验继承工作会议。

3日

北京药学会医院药品质量交流研讨会召开。

5日

北京市卫生局召开1999年内审工作会。郑东振副局长、市审计局行政事业分局郭崴局长出席会议。

8日

根据北京市机构编制委员会办公室“京编办事[1999] 20号”文件，“北京市公民义务献血办公室”更名为“北京市献血办公室”。

9日

市卫生局召开北京市药品监督管理工作会。市卫生局副局长史炳忠、市医药管理局局长冯国安、总后卫生部药材局局长朱书志出席会议。

市卫生局组织北京市消灭脊髓灰质炎技术咨询诊断小组对本市1998年报告的29例急性迟缓性麻痹(AFP)病例进行讨论，结论是没有由脊灰野病毒引起的病例。此结果表明，本市自1985年以来已连续14年未发生脊灰野病毒引起的脊髓灰质炎病例。

10日

北京市召开1999年度结核病控制工作会议。

市卫生局召开全市卫生三项建设工作年度计划会议。1999年，全市共安排“卫生三项建设”工程39项，其中年内竣工28项，完成结构施工8项，前期准备工作3项。

11—12日

市卫生局召开直属单位基本建设工作会议，布置

1999年的基本建设任务。要求10个有基本建设任务的单位，要抓住时机，努力工作，坚持基建工作程序，严把质量关。对列入全市67项重点工程的市妇婴保健医疗中心项目和佑安医院病房楼项目，更要保质按时地在9月竣工，向国庆50周年献礼。郑东振副局长、市计委有关领导出席会议。

14日

市卫生局组织全市晋升中级及以上专业技术职称人员外语、医古文考试，共设121个考场，8 000余人参加考试。

16—18日

市卫生局工会召开第二届职工代表大会。来自直属单位的137名代表代表全系统25 000多名工会会员选举出新一届局工会领导机构，齐敬宁任工会主席。30名特邀代表、10名列席代表参加大会。市总工会副主席韩荣岱，局党组书记、局长朱宗涵，党组副书记、副局长史炳忠出席会议。

23日

市卫生局审计处下发《1999年北京市卫生局内审工作指导意见》，确定1999年局内审计工作的方针是：依法审计，服务大局，围绕中心突出重点，求真务实，要求各单位充分发挥基层审计监督作用，确保经常性审计监督职能的发挥，推动审计工作的制度化、规范化，锻炼审计队伍，提高队伍素质，结合单位实际，开展医疗卫生成本核算调研工作。

市中医管理局分别于3月23、25日组织1999年度中医专业自学考试临床考核工作，共179人参加考核，98人通过，及格率55%。

24日

1999年北京市卫生工作会议召开。市卫生局局长朱宗涵做了题为《统一思想，迎接挑战，进一步推动首都卫生事业改革与发展》的报告。刘敬民副市长出席会议并做重要讲话。市人大常委会副主任陶西平、市人大文卫体委员会主任蓝天柱、副主任江镜波、市政协教文卫体委员会副主任蒋春凤、市计委副主任刘志、市财政局副局长吴世雄、市物价局副局长赵崇捷出席会议。

30日

北京市1998年献血工作表彰大会在人民大会堂举行。市献血委员会副主任、北京市卫生局副局长金大鹏总结了1998年度北京市献血工作，部署1999年献血工作。1998年全市共完成献血任务182 354人次，超计划12.1%，其中，无偿献血152 607人次，占义务献血计划的93.8%，比1997年增加了32个百分点，达到历史最高水平。大会表彰了国家水利部等53个系统、北京铁路局等64个市属系统、清华大学等69所院校、中国人民解放军总参谋部等8个部队系统、17个区县和144名无偿献血先进个人。其中，东城、西城、宣武、崇文、海淀、丰台6个区无偿献血比例达到100%，荣获无偿献血特别奖。刘敬民副市长、总后卫生部医疗局局长王耀宗、中国红十字总会秘书长孙爱明、市红十字会副会长张熙增、市副秘书长王伟、市经委副主任徐和谊、市商委副主任韩景泉、市财政局副局长徐承法、中国输血协会副理事长王培华等领导出席大会。

31日

市卫生局教育处审定1999年北京市级继续医学教育认可项目第一批466项，申报并转发1999年国家级继续医学教育项目55项。

**4月**

1日

市卫生局团委表彰达标创优活动先进组织和先进个人，10个团委、10个团支部分获红旗团委、红旗团支部称号；10名团干部、104名团员分获优秀团干部、优秀团员称号。

卫生部颁发的《医院财务制度》、《医院会计制度》即日起在本市卫生系统正式实施。

7日

市卫生局在人民大会堂举行“世界卫生日”和“老人年”庆祝活动，并组织50名医学专家在街头进行老年疾病防治的宣传、义诊活动。卫生部副部长王陇德、朱庆生、刘敬民副市长、市卫生局副局长史炳忠、郭积勇参加活动。

23日

市卫生局分别对佑安医院、友谊医院、药品检验所、积水潭医院、口腔医院、安贞医院、市肿瘤医院进行机构与人事制度改革阶段性验收。

24—25日

计划免疫宣传日，市卫生局组织开展了为期一周的宣传活动。当日，卫生部殷大奎副部长、市政府副秘书长王伟、市卫生局朱宗涵局长等领导参加了活动。

29日

共青团北京市委和市卫生局联合召开北京市卫生系统青年文明号表彰大会。卫生部直属机关党委副书记窦熙照，市卫生局党组副书记、副局长史炳忠和团市委领导出席大会。会上表彰了共青团组织紧密围绕全市卫生系统开展的文明行业规范化服务达标工作，在开展的争创号手活动中涌现出来的青年文明号和青年岗位能手，以及爱岗敬业自学成材的“十佳”自学青年和优秀自学青年。

**5月**

4—9日

北京市开展“无偿献血宣传周”活动，18个区县利用多种形式开展无偿献血宣传咨询、采血活动，一周内，3 895人次参加无偿献血，无偿献血总量达到779 000毫升。

6—7日

市卫生局组织首批市政府资助的10项重点学科及5项扶植学科进行学科进展汇报，各学科带头人从十个方面进行了总结、答辩，7名评审专家从学科的发展进行了综合的评估。市卫生局朱宗涵局长、郭积勇副局长参加会议。

11日

市卫生局组织召开第四次北京医学实验动物工作会议，市卫生局副局长郭积勇做了《加强医学实验动物法制化管理，推进北京地区医药卫生科技工作的发展》的工作报告。会上向北京地区41家单位颁发了275份实验动物合格证。卫生部科技司司长祁国明及总后卫生部领导出席会议。

12日

市卫生局举办庆祝护士节大会。

13日

市卫生局科技处组织有关专家对结研所申请北京市高科技实验室5项科研课题进行答辩，所申报项目全部通过专家论证。北京市科委副主任裔幼静参加论证会。

15日

在北京科技周期间，市卫生局组织北京地区卫生系统科技下乡活动，全市共有14支医疗队、176名医务人员赴7个县14个乡为基层服务，共诊治病人500余人，深受当地群众的欢迎。

16日

第九次全国助残日，主题是“无障碍与视觉第一”。本局派了由北京同仁医院白内障复明中心、低视力门诊、验光配镜中心、北京友谊医院、宣武医院、朝阳医院、儿童医院、北京复兴博爱眼科诊所、北京酒仙桥医院等7家医院组成的9个医疗咨询点，参加咨询的医护人员共42人，咨询1 040人次，结合主题发放了200多万份宣传资料。

19日

为贯彻全国和北京市卫生工作会议精神，落实国家计委、财政部、卫生部联合制定的《关于开展区域卫生规划工作的指导意见》，市卫生局与市财政局、市计委共同邀请国家计委、财政部、卫生部召开北京市区域卫生工作座谈会。北京市计委、市卫生局、市财政局拟联合向市政府提出启动北京市区域卫生规划工作的报告，力争在2000年底完成。

24日

第五批援藏医疗队离京赴藏。按照1999年卫生援藏项目要求，本市对西藏那曲地区人民医院进行援助，该医疗队的任务就是协助西藏那曲地区人民医院做好医院评审的前期准备工作。

24—30日

北京市开展以“关注学生健康，预防食物中毒”为主题的《食品卫生法》宣传活动。市卫生局在开展对中小学生集体用餐、送餐业和小型餐饮业监督检查和治理整顿的基础上，公布夏季食品抽检结果、中小学生集体用餐监督检查结果、送餐业和小型餐饮业监督检查结果。

25日

局中心组学习。

市委宣传部副部长何卓新到市卫生局宣布：魏玫任局纪检组组长、党组成员；免去姚飞琴局纪检组组长、局党组成员职务；局工会主席齐敬宁为副局级干部；孙贤理任副局级干部（建议任北京市爱卫会专职副主任）。市卫生局朱宗涵局长、史炳忠、金大鹏、郭积勇副局长出席会议。

26日

市卫生局召开全市清理整顿服务按摩场所卫生工作会议。郭积勇副局长到会并讲话。

28日

市政府召开1999年社区卫生服务工作会。会议由朱宗涵局长主持，刘敬民副市长出席大会并讲话。金大鹏副局长在会上做了题为《以服务为导向，以改革为动力，促进我市社区卫生服务工作的发展》的工作报告，提出要建立以社区卫生服务中心及社区卫生服务站为主体，以定点二、三级医院及各专业防治机构为技术依托的新型社区卫生服务体系。会议下发了《关于发展社区卫生服务，加快基层医疗改革的指导意见》、《关于北京市全科医学培训工程的实施意见》及《1999年社区卫生服务工作要点》等相关配套文件。

31日

市卫生局召开直属单位机关行政事业收费和罚没收支两条线大会，该项工作由财务处、物价处、审计处、监察处共同组织。市卫生局史炳忠、郑东振副局长出席会议。

**6月**

1日

卫Ⅶ项目办公室和市卫生防疫站共同召开北京市缺乏运动干预工作会议，由卫Ⅶ项目办公室和市卫生防疫站共同负责的卫Ⅶ项目死亡监测子项目正式启动。

市卫生局在北京市少年宫组织庆祝“六一”儿童节卫生咨询。

2日

市卫生局召开北京市降低孕产妇、婴儿死亡率工作会，通报1999年1—5月孕产妇、婴儿死亡监测情况。市卫生局郭积勇副局长在会上部署了加强降低孕产妇、婴儿死亡率的措施。为配合上述措施的实施，下发了《北京市产科、产褥期保健病房审批的通知》、《北京市高危孕产妇管理规定》和《北京市危重症孕产妇抢救网络》等文件。

5—25日

北京市医疗保险中心完成对各区县工商分局公费医疗管理接收工作，并根据市编委及市财政局要求进行人员注册，全市各工商局共注册享受公费医疗人员6 668人，其中，在职6 127人，离退休541人。

16日

市卫生局工会、团委、宣传处为配合行业达标工作，联合举办“创文明行业，迎50年大庆”职工演讲报告会。来自首都卫生界的138名选手参加预赛，24名选手参加决赛，选出4名选手参加全市比赛。市委宣传部常务副部长何卓新、市人大文卫体委员会主任蓝天柱，市卫生局党组书记、局长朱宗涵，局党组副书记、副局长史炳忠等领导出席决赛报告会。

市卫生局召开首都国庆活动消防保卫工作动员大会，部署国庆活动消防保卫工作。

20日

《北京市公费医疗、劳保医疗医院制剂报销范围》出台，将于8月1日起在本市正式实施。

23日

市卫生局援疆干部启程进疆，局组织处受市委委托护送干部进疆。

24—25日

市卫生局举办北京地区医院感染管理院长研修班。

市卫生局组织有关专家讨论生物医学基因发展工作，经分析论证，制定出北京市卫生局生物医学基因发展的方向、重点研究领域和组织攻关的内容。

25日

市卫生局召开北京市全科医学培训工程启动大会。刘敬民副市长、卫生部基层卫生与妇幼保健司司长李长明等领导出席大会。会议下发了《关于北京市全科医学培训工程的实施意见》，明确本市将利用4年时间，全面推行“百、千、万”全科医学人才培训计划。会上，宣布了首批89名学员名单，为39名被聘为培训顾问的医学专家颁发聘书，向10个市级全科医学培训基地授牌。

27日

香港尖沙嘴街坊福利会捐款100万元、通州区政府投资50万元建设的通州区柴厂屯乡卫生院举行奠基仪式，该院建筑面积1 200余平方米，将于年底竣工。副市长刘敬民、市政协副主席卢松华、朱育诚、市卫生局局长朱宗涵、香港特区驻京办事处副主任谭荣邦、香港尖沙嘴街坊福利会理事长游俊英及通州区政府领导出席了奠基仪式。

28—7月2日

市卫生局工会在局党校召开了局工会委员扩大会，传达市总工会十大会议精神，并就如何贯彻会议精神布置了下半年的工作，市总工会副主席孙学才出席大会。

30日

第二批对口支援内蒙古为白内障患者施行复明手术医疗队离京，赴赤峰市12个地区为白内障患者施行复明手术。医疗队由中日友好医院，北京医科大学第一医院、人民医院、第三医院，协和医院，北京友谊医院，北京同仁医院，宣武医院，北京复兴博爱医院，北京麦格回医眼科诊所等10家单位的医务人员组成，共施行手术1 088例，植入晶体622例，晶体植入率61.6%，脱盲率98.8%。

**7月**

1日

市卫生局机关召开机关党员大会，庆祝建党78周年，局党组书记、局长朱宗涵为全体党员讲党课。

北京市劳动和社会保障局正式挂牌。根据北京市机构编制委员会《关于调整市卫生局公费医疗职能及有关机构与人员编制的通知》（京编办函〈1999〉5号），经市委、市政府批准，同意在市劳动局基础上组建市社会保障局。将市卫生局负责的机关、事业单位公费医疗管理职能划到市劳动和社会保障局，将公费医疗办公室（医疗保险管理办公室）及9名行政编制、市医疗保险事务管理中心及其全额拨款事业编制40名划入市劳动和社会保障局。

8日

市政府办公厅副主任秦德海主持召开1999年市卫生防病委员会第二次扩大会议，刘敬民副市长出席会议。市卫生局郭积勇副局长总结上半年卫生防病工作，通报本市传染病疫情，并就下半年及国庆保障工作进行部署。

12日

国务院侨务办公室、中华全国归国华侨联合会授予市卫生局统战处1999年全国侨务工作先进集体称号。

22日

市卫生局科技处召开市卫生系统“疾病相关基因”专题讨论会，研究市卫生系统深入开展疾病相关基因的系统、规范研究及网络系统的建立。

28日

市卫生局召开1999年科技工作会议。总结了1999年卫生重点学科、重点实验室、重点项目的运行和管理工作以及存在的问题，明确了卫生科技今后的工作重点。朱宗涵局长、郭积勇副局长及市科委有关领导出席大会。

**8月**

1—7日

第八届世界母乳喂养宣传周，主题是：母乳喂养——终生教育。为配合此项活动，市卫生局在北京妇产医院举行了全市母乳喂养宣传、咨询、义诊活动。卫生部基层卫生与妇幼保健司副司长郭生贵、市卫生局副局长郭积勇参加了活动。

北京医药卫生界海外联谊会召开首届理事大会。大会审议通过了北京医药卫生界海外联谊会章程（草案）、理事会名单、监事会名单、会长、副会长、秘书长名单，宣读了联谊会名誉会长、顾问名单。市卫生局副局长、海外联谊会会长史炳忠做了北京医药卫生界海外联谊会工作设想报告。

7日

为做好国庆50周年庆典等一系列重大政治活动的卫生防病保障工作，卫生部在北京召开京、津、冀、晋、辽、鲁、豫、内蒙古等八省、区、市及交通部、铁道部、民航总局、国家出入境检验检疫局等有关部门参加的卫生防病联防会议。会议由北京市政府副秘书长王伟主持。会议确定：1999年8月到12月，建立上述8省、区、市及有关部门参加卫生防病联防系统。由卫生部统一领导，联防小组由卫生部、国家有关部门领导和联防省、区、市政府秘书长组成，办公室设在北京市卫生局卫生防疫监督处。

17日

全市第二批“三讲”教育开始，市卫生局被列为“三讲”教育单位。

北京市副市长刘敬民视察石景山区卫生建设工程，由市财政专项支持石景山区卫生建设资金180万元。

21日

副市长汪光焘视察北京妇婴保健医疗中心病房医技楼工程。

23日

中共北京市委“三讲”办巡视组入驻市卫生局，巡视组组长高云厚，副组长李芸莉，成员2名郭琪、戚荣国。

25日

市卫生局党组召开“三讲”教育动员大会。局直属单位党政一把手，局机关处长、主持工作的副处长、1992年以来离退休的原局级领导干部参加大会。会议由局党组副书记、副局长史炳忠主持，局党组书记、局长朱宗涵做动员，巡视组组长高云厚在会上讲话。会上发出征求意见表95份，收回95份，回收率100%。

31日

市卫生局会同市教委召开全市学校卫生防病会议，市卫生局郭积勇副局长、市教委兰宏生副主任出席会议。

**9月**

5—9日

全国爱卫会组织第四次全国城市卫生综合检查团第七团对北京市进行城市卫生综合检查。检查团在京期间，市委书记贾庆林、市长刘淇、副市长汪光焘、刘敬民等参加了检查活动。

7日

即日起，市卫生局保卫处、行政处组成联合检查组，由副局长郑东振率队到直属单位进行安全保卫工作检查、督改，确保国庆节期间各直属单位的安全保卫工作。

8日

举行大兴县大辛庆卫生院竣工典礼和孔宪绍医院举行剪彩仪式。该院由国际狮子会港澳303区会员孔宪绍先生捐款65万元建设。副市长刘敬民、国际狮子会总会会长詹姆斯·欧文、市政协副主席朱育诚、孙安民、市卫生局副局长金大鹏出席了仪式。

副市长汪光焘到友谊医院就该院规划建设问题召开现场办公会。市卫生局、市规划局等有关方面领导参加会议。

9日

市文明办召开了三级医院、社区卫生服务站行业规范化服务达标工作初评会。市联合考评委员会委员、卫生考评组全体成员参加会议。市卫生局党组副书记、副局长史炳忠汇报一年多来首都地区47家三级医院和130家社区卫生服务站开展规范化服务达标工作的情况，卫生考评组组长张汝范做了《三级医院和社区卫生服务站行业规范化服务达标初评报告》。卫生考评组认为卫生行业实现规范化服务达标工作动手早、起点高，措施具体，基础扎实，效果明显，已经具备规范化服务达标的条件，同意47家三级医院和130家社区卫生服务站规范化服务达标工作通过初评验收。

9—10日

市卫生局召开1999年上半年区县献血工作总结交流会。1—6月，全市无偿献血92 732人次，比上年同期增加597人次，完成了上半年的献血计划。由于在各级各类医疗机构中开展科学合理用血，1—6月临床用血111 336袋，比上年同期减少21 282袋，减少16%。

13日

副市长刘敬民到市卫生局检查确保国庆50周年落实市政府安全生产工作会议精神的工作情况。在听取市卫生局工作汇报后，到安贞医院重点检查了门急诊、门诊电视监控系统、锅炉房、配电室、医院消防设施等部门，刘敬民副市长对市卫生局和安贞医院的安全工作表示满意。

市政府农林办、市卫生局共同召开北京市农村合作医疗半年工作总结暨现场经验交流会，市卫生局金大鹏副局长、市农林办有关领导出席会议。

15日

市卫生局工会举办直属单位职工文艺汇演。

16日

市卫生局工会举办文艺演出，慰问老干部。

17日

市政府第39号令发布《北京市外地来京人员卫生防疫管理规定》，自1999年10月1日起施行。

北京市政府授予长期在京工作的北京回龙观医院外籍专家费立鹏“北京长城友谊奖”。

20日

市卫生局召开全市卫生防病紧急会议，通报国庆庆典防病保障工作进展情况。局长朱宗涵、副局长史炳忠、金大鹏、郭积勇出席会议，朱宗涵局长在会上布置了全市卫生防疫工作，要求确保卫生防疫保障工作万无一失。

21日

为圆满完成全国少数民族运动会的卫生保障任务，刘敬民副市长带队对5个运动员驻地进行检查，市卫生局副局长金大鹏、郭积勇参加检查。

市卫生局科技处组织专家论证眼科研究所申请市科委高技术实验室项目。

23日

市卫生局举办老干部庆祝建国50周年、国际老年人年文艺汇演。

23—24日

经市卫生局、市科委、市技术监督局组织有关专家论证，市技术监督局计量认证、质量认证，北京市首家民用产品安全健康质量监督检验站在原市劳动卫生职业病防治所毒检中心的基础上成立。

24日

市卫生局召开局机关处级以上领导干部“三讲”动员大会。局党组书记、局长朱宗涵主持会议，宣布成立机关处级干部“三讲”教育领导小组。局党组副书记、副局长史炳忠做了动员报告，副局长、局机关党委书记郑东振对“三讲”教育工作进行具体部署。

26日

北京第五批援藏医疗队圆满完成援藏任务返京。本批医疗队由天坛医院两名博士生组成，5月24日赴藏，主要任务是协助西藏那曲地区人民医院做好医院评审的前期准备工作。

**10月**

1日

北京市举行庆祝中华人民共和国建国50周年国庆庆典和群众游行活动，市卫生局成立了以金大鹏副局长为总指挥的医疗救护卫生防病指挥部，为活动提供医疗卫生防疫保障。活动当日，白天设医疗救护站45个，晚上设19个，每个救护站7名医护人员，全天共诊治1 200余人次。

10日

市卫生局在北医六院和安定医院举行“精神病日”宣传咨询活动。

10—12日

市卫生局举办第五届首儿杯乒乓球比赛。

11—16日

北京市献血办公室组织《献血法》、《北京市动员组织公民献血条例》颁布一周年街头无偿献血宣传咨询周活动，1万5千人参加活动，440人参加无偿献血，献血总量88 000毫升。

11—13日

市卫生局进行为期2天的“北京市全国计划免疫接种率及乙肝疫苗接种率情况调查”。本次共调查外地人员1 008人，接种率为60%；本地人员840人，接种率99%。

13日

市卫生局召开国庆卫生防病保障工作总结表彰大会。金大鹏副局长宣读了市卫生局党组《关于对首都卫生系统参加建国50周年庆祝活动医疗卫生保障及游行的单位和人员给予表彰的决定》；郭积勇副局长做了“国庆卫生防病保障工作总结”报告。朱宗涵局长出席会议。

16日

市卫生局工会举办职工首届“阳台山”登山比赛。

市卫生局举办纪念“国际老年人日”宣传活动。

20日

市卫生局召开中小学流感疫苗接种工作会。会上下发了《关于在本市中小学中开展流感疫苗免疫接种实施方案》，要求做好有关工作，最大限度地控制本市今冬明春流感季节的高发流行。

22日

市卫生局在同仁医院召开建立眼、耳鼻喉高科技实验室专家论证会。经两个学科的汇报及答辩，专家经讨论同意在同仁医院建立眼、耳鼻喉高科技实验室。

25日

北京市侨办、北京医药卫生界海外联谊会与北美中华医学会联合举动“美籍华人医师与北京医学专家医疗保健科技咨询服务日”活动，13名美籍华人医师与北京11所医院的专家为近2 000人进行了健康咨询服务。

26日

北京医药卫生界海外联谊会举办面向21世纪中美华裔医学科学家学术交流研讨会，市卫生局副局长史炳忠、市侨办有关领导出席会议。

29日

市卫生局召开国庆群众游行表彰大会。市卫生局所属5所院校的1 400余名师生参加了建国50周年国庆庆典群众游行活动。

**11月**

1日

市卫生局组织开展以“预防食物中毒”为主题的第四次《食品卫生法》宣传周活动。活动期间，对全市范围内部分餐饮业、食品加工厂、学校、集体食堂进行监督检查，并以多种形式开展以预防食物中毒为主要内容的《食品卫生法》法律知识和食品卫生知识宣传活动。

2日

市教委、市卫生局共同召开北京医专临床教学基地评审总结大会。经前期专家评审，北京酒仙桥医院、通州潞河医院、电力医院、平谷县医院、北京妇产医院、昌平县医院、房山区第一医院、怀柔县第一医院、房山区良乡医院、建工医院、顺义区医院等11家医院成为北京医学高等专科学校临床教学医院。

4—5日

市卫生局召开物价工作会。会议在总结物价工作的成绩和存在的问题的同时，部署今后的工作。1999年度全市“总量控制，结构调整”医药费总额控制指标和药品控制指标分别为19%和14%。

8日

市卫生局党组“三讲”教育总结大会召开，局党组“三讲”教育结束。

8—26日

市中医管理局组织1999年度中医药科技成果鉴定会，29项成果通过鉴定。其中，市科技进步一等奖2项，二等奖8项，三等奖8项，局级奖11项。

12日

市卫生局召开北京市整顿中药饮片市场暨中药饮片精品店发布会。

15日

金卫网“健康促进”咨询网站开通，同时开通健康咨询热线电话，为市民提供健康促进知识咨询。

16日

联合国秘书长安南夫人参观北京佑安医院“爱心家园”，朱宗涵局长陪同。

19日

市卫生局召开全市药品购销不正之风治理大会，市卫生局局长朱宗涵、市监察局局长秦刚及市纠风办、市工商局、市医药总公司、市劳动局、市经委、市审计局领导出席大会。

20—21日

全国医师资格考试。北京市共有6 250名考生，分别参加临床、口腔、公卫、中医四个类别的医师、助理医师资格考试。卫生部部长张文康、副部长朱庆生分别在市卫生局局长朱宗涵、副局长金大鹏的陪同下到考点视察。

24日

朱宗涵局长向市人大常委会文卫体委员会汇报1999年工作情况和2000年工作计划。文卫体委员会主任蓝天柱、副主任汪镜波听取了汇报。

**12月**

1日

市中医管理局于11月底至12月初实施“健康使者工程”。该项活动是国家中医药管理局开展的一项支持农村中医药工作，在农村乡村设立10万个乡村活动医药图书室。市中医管理局在顺义、通州、门头沟3个区建立了20个乡村医药图书室，对其给予一定的经济支持，成为本市首批“健康使者工程”单位。

3日

北京市开展适龄儿童脊灰疫苗强化免疫活动。国务院副总理李岗清到西城区洁如保育院参加活动。国务院办公厅副秘书长徐荣凯、卫生部副部长王陇德、殷大奎、北京市副市长刘敬民陪同。本次活动全市设立接种点3 000余个，接种对象近20万人次。

9日

11月23日开始，市中医管理局开展“创建北京市综合医院示范中医科”工作，组织专家对天坛医院、宣武医院、朝阳医院、儿童医院、友谊医院、北京市回民医院6所综合医院评审，6家单位均被批准为北京市综合医院示范中医科创建单位，创建周期3年。

10日

市卫生局党组召开“三讲”教育总结大会。按照市委“三讲”教育领导小组《关于认真做好处级领导干部“三讲”教育工作》的通知精神，市卫生局于9月24日至12月10日开展了机关处级以上领导干部“三讲”教育工作。除局党组成员外，机关71名副处级以上干部中，70名参加了“三讲”教育（1名出国）。经过思想发动学习提高、自我剖析听取意见、交流思想开展批评、认真整改巩固成果4个阶段的学习，从思想上加深了对马克思主义、毛泽东思想和邓小平理论及党的方针政策的理解，坚定了理想信念，政策水平和思想素质有了新的提高，增强了与党中央保持高度一致的自觉性。

18日

市卫生局举办老干部迎澳门回归书画展。

23—24日

市中医管理局受国家中医管理局委托，组织山西、天津、北京专家对顺义区进行创建“全国农村中医工作先进县”验收，同意该区为“全国农村中医工作先进县”并上报国家中医管理局审批。

市卫生局科技处组织召开申报2000年市科委新星计划人选答辩会。48位申请人进行了综合答辩。郭积勇副局长参加了答辩会。

27日

市卫生局召开弘扬首都妇幼卫生工作精神表彰妇幼卫生工作者暨先进事迹报告会。全国人大常务副委员长彭珮云、卫生部副部长彭玉、全国妇联副主席刘海荣、市人大常委会副主任陶西平、副市长刘敬民及市委宣传部、市妇联、市计生委等领导出席了大会。市卫生局党组书记、局长朱宗涵宣读了中共北京市卫生局党组关于《弘扬首都妇幼卫生工作精神，向林传家、胡亚美、黄醒华、王砚英同志学习的决定》。会上，对首都地区从事妇幼卫生工作50年的37位医务人员和从事妇幼保健工作30年的250余名医务人员进行了表彰，市卫生局给包括胡亚美、张金哲、宋鸿昭3名院士在内的290余名妇幼先进工作者颁发了荣誉证书。

31日

首都各界迎接新千年庆祝活动的卫生防病和医疗保障任务圆满完成。（曲新丽）

# 卫 生

## 全市卫生机构、

| 机构分类名称 | 机构数 | 床位数 | 人 | | | | | | | | | | |
|---|---|---|---|---|---|---|---|---|---|---|---|---|---|
| | | | 总计 | 卫生技 | | | | | | | | | |
| | | | | 合计 | 中医师 | 西医师 | 中西结合医师 | 护师 | 中药师 | 西药师 | 检验师 | 其他技师 | 中医士 |
| **总　计** | **5990** | **69465** | **161823** | **116597** | **6823** | **39825** | **516** | **26023** | **2275** | **4204** | **3961** | **5806** | **534** |
| 市 | 5129 | 59080 | 144480 | 102911 | 5995 | 34967 | 466 | 23434 | 1990 | 3764 | 3523 | 5290 | 405 |
| 县 | 861 | 10385 | 17343 | 13686 | 828 | 4858 | 50 | 2589 | 285 | 440 | 438 | 516 | 129 |
| **一、医院合计** | **460** | **63660** | **116337** | **87547** | **4170** | **28163** | **328** | **23037** | **1743** | **3246** | **2783** | **4314** | **221** |
| 市 | 397 | 55247 | 105183 | 79001 | 3702 | 25318 | 317 | 20769 | 1564 | 2923 | 2530 | 4126 | 185 |
| 县 | 63 | 8413 | 11154 | 8546 | 468 | 2845 | 11 | 2268 | 179 | 323 | 253 | 188 | 36 |
| **1. 县及县以上医院小计** | **278** | **56574** | **104861** | **78754** | **3538** | **25487** | **289** | **21851** | **1489** | **2874** | **2504** | **4079** | **131** |
| 市 | 226 | 48477 | 94310 | 70682 | 3110 | 22758 | 280 | 19624 | 1326 | 2561 | 2263 | 3896 | 99 |
| 县 | 52 | 8097 | 10551 | 8072 | 428 | 2729 | 9 | 2227 | 163 | 313 | 241 | 183 | 32 |
| 综合医院 | 195 | 35334 | 67013 | 50550 | 1214 | 17896 | 51 | 14777 | 731 | 2072 | 1721 | 2108 | 45 |
| 县医院 | 14 | 3164 | 5227 | 4028 | 76 | 1454 | 1 | 1308 | 54 | 169 | 133 | 77 | 5 |
| 其他综合医院 | 181 | 32170 | 61786 | 46522 | 1138 | 16442 | 50 | 13469 | 677 | 1903 | 1588 | 2031 | 40 |
| 中医医院 | 23 | 4081 | 8170 | 6240 | 1669 | 867 | 146 | 1414 | 449 | 171 | 154 | 247 | 64 |
| 医学院校附属医院 | 9 | 5060 | 10939 | 8542 | 450 | 2485 | 59 | 1818 | 164 | 216 | 196 | 847 | 1 |
| 综合医院 | 4 | 3788 | 8181 | 6523 | 57 | 2014 | 11 | 1352 | 85 | 168 | 148 | 668 | 1 |
| 中医医院 | 3 | 962 | 1712 | 1236 | 393 | 115 | 48 | 292 | 79 | 31 | 39 | 62 | 0 |
| 口腔医院 | 1 | 110 | 810 | 613 | 0 | 299 | 0 | 135 | 0 | 11 | 6 | 97 | 0 |
| 其　他 | 1 | 200 | 236 | 170 | 0 | 57 | 0 | 39 | 0 | 6 | 3 | 20 | 0 |
| 传染病院 | 3 | 1034 | 1512 | 1126 | 12 | 303 | 1 | 292 | 9 | 50 | 99 | 34 | 0 |
| 精神病院 | 9 | 3725 | 2762 | 1923 | 23 | 442 | 0 | 637 | 17 | 55 | 33 | 68 | 9 |
| 结核病院 | 1 | 533 | 594 | 423 | 1 | 114 | 0 | 178 | 4 | 12 | 21 | 23 | 0 |

# 统　　计

**床 位、人 员 数（1）**

| 员 | | | | | | | 数 | | | | | | | | | | |
|---|---|---|---|---|---|---|---|---|---|---|---|---|---|---|---|---|---|
| 术 | | | 人 | | | 员 | | | | | | | 其他技术人员 | 管理人员 | | | 工勤人员 |
| 西医士 | 护士 | 助产士 | 中药剂士 | 西药剂士 | 检验士 | 其他技士 | 其他中医 | 护理员 | 中药剂员 | 西药剂员 | 检验员 | 其他初级卫技人员 | | 合计 | 业务管理人员 | 行政管理人员 | |
| **4765** | **13602** | **290** | **722** | **1174** | **1335** | **1667** | **183** | **646** | **99** | **102** | **90** | **1955** | **12100** | **12568** | **5047** | **7521** | **20558** |
| 3721 | 12355 | 253 | 612 | 986 | 1116 | 1466 | 161 | 549 | 86 | 73 | 63 | 1636 | 11668 | 11709 | 4642 | 7067 | 18192 |
| 1044 | 1247 | 37 | 110 | 188 | 219 | 201 | 22 | 97 | 13 | 29 | 27 | 319 | 432 | 859 | 405 | 454 | 2366 |
| **2146** | **12225** | **236** | **523** | **833** | **810** | **1331** | **84** | **540** | **49** | **63** | **50** | **652** | **4302** | **8461** | **3380** | **5081** | **16027** |
| 1831 | 11157 | 212 | 466 | 734 | 694 | 1206 | 71 | 458 | 45 | 55 | 35 | 603 | 4030 | 7901 | 3125 | 4776 | 14251 |
| 315 | 1068 | 24 | 57 | 99 | 116 | 125 | 13 | 82 | 4 | 8 | 15 | 49 | 272 | 560 | 255 | 305 | 1776 |
| **1473** | **10894** | **230** | **425** | **700** | **673** | **1226** | **48** | **173** | **23** | **37** | **29** | **581** | **4012** | **7584** | **2987** | **4597** | **14511** |
| 1208 | 9910 | 206 | 371 | 606 | 567 | 1118 | 43 | 130 | 21 | 30 | 18 | 537 | 3758 | 7053 | 2744 | 4309 | 12817 |
| 265 | 984 | 24 | 54 | 94 | 106 | 108 | 5 | 43 | 2 | 7 | 11 | 44 | 254 | 531 | 243 | 288 | 1694 |
| 971 | 6600 | 115 | 195 | 439 | 395 | 619 | 14 | 134 | 16 | 26 | 21 | 390 | 2305 | 4777 | 1905 | 2872 | 9381 |
| 120 | 429 | 6 | 20 | 37 | 44 | 47 | 3 | 21 | 1 | 3 | 5 | 15 | 87 | 185 | 98 | 87 | 927 |
| 851 | 6171 | 109 | 175 | 402 | 351 | 572 | 11 | 113 | 15 | 23 | 16 | 375 | 2218 | 4592 | 1807 | 2785 | 8454 |
| 81 | 587 | 19 | 132 | 49 | 70 | 76 | 17 | 9 | 4 | 1 | 3 | 11 | 338 | 506 | 275 | 231 | 1086 |
| 129 | 1671 | 4 | 52 | 89 | 60 | 287 | 6 | 7 | 1 | 0 | 0 | 0 | 290 | 789 | 297 | 492 | 1318 |
| 128 | 1482 | 4 | 25 | 81 | 54 | 245 | 0 | 0 | 0 | 0 | 0 | 0 | 169 | 493 | 181 | 312 | 996 |
| 1 | 114 | 0 | 27 | 5 | 3 | 13 | 6 | 7 | 1 | 0 | 0 | 0 | 73 | 219 | 100 | 119 | 184 |
| 0 | 35 | 0 | 0 | 0 | 1 | 29 | 0 | 0 | 0 | 0 | 0 | 0 | 39 | 49 | 7 | 42 | 109 |
| 0 | 40 | 0 | 0 | 3 | 2 | 0 | 0 | 0 | 0 | 0 | 0 | 0 | 9 | 28 | 9 | 19 | 29 |
| 7 | 209 | 13 | 5 | 15 | 34 | 12 | 9 | 2 | 0 | 2 | 1 | 17 | 73 | 79 | 35 | 44 | 234 |
| 44 | 495 | 0 | 3 | 20 | 18 | 37 | 0 | 6 | 1 | 3 | 2 | 10 | 126 | 323 | 56 | 267 | 390 |
| 0 | 63 | 0 | 1 | 3 | 1 | 1 | 0 | 0 | 0 | 0 | 0 | 1 | 23 | 41 | 37 | 4 | 107 |

| 机构分类名称 | 机构数 | 床位数 | 人 | | | | | | | | | | |
|---|---|---|---|---|---|---|---|---|---|---|---|---|---|
| | | | 总计 | 卫生技 | | | | | | | | | |
| | | | | 合计 | 中医师 | 西医师 | 中西结合医师 | 护师 | 中药师 | 西药师 | 检验师 | 其他技师 | 中医士 |
| 妇幼保健院 | 11 | 592 | 1704 | 1351 | 16 | 617 | 0 | 324 | 17 | 40 | 51 | 15 | 2 |
| 妇产医院 | 2 | 439 | 1063 | 726 | 7 | 221 | 11 | 215 | 6 | 22 | 16 | 28 | 0 |
| 儿童医院 | 4 | 1030 | 2616 | 2007 | 29 | 636 | 11 | 699 | 36 | 89 | 77 | 89 | 0 |
| 职业病院 | 1 | 175 | 267 | 146 | 3 | 51 | 0 | 44 | 3 | 5 | 9 | 16 | 0 |
| 肿瘤医院 | 3 | 1299 | 2270 | 1629 | 3 | 455 | 5 | 398 | 6 | 34 | 25 | 274 | 0 |
| 康复医院 | 6 | 961 | 1332 | 735 | 28 | 189 | 3 | 195 | 11 | 26 | 21 | 64 | 2 |
| 口腔医院 | 1 | 80 | 621 | 426 | 0 | 207 | 0 | 95 | 0 | 12 | 8 | 67 | 0 |
| 骨科医院 | 2 | 360 | 720 | 524 | 25 | 165 | 0 | 77 | 13 | 16 | 15 | 9 | 3 |
| 整形医院 | 1 | 328 | 444 | 264 | 2 | 84 | 0 | 132 | 0 | 6 | 5 | 21 | 0 |
| 中西医结合医院 | 2 | 306 | 579 | 487 | 41 | 164 | 2 | 131 | 14 | 14 | 15 | 7 | 2 |
| 其他专科医院 | 5 | 1237 | 2255 | 1655 | 15 | 591 | 0 | 425 | 9 | 34 | 38 | 162 | 3 |
| **2. 其他医院小计** | **182** | **7086** | **11476** | **8793** | **632** | **2676** | **39** | **1186** | **254** | **372** | **279** | **235** | **90** |
| 市 | 171 | 6770 | 10873 | 8319 | 592 | 2560 | 37 | 1145 | 238 | 362 | 267 | 230 | 86 |
| 县 | 11 | 316 | 603 | 474 | 40 | 116 | 2 | 41 | 16 | 10 | 12 | 5 | 4 |
| 综合医院 | 145 | 5738 | 9765 | 7533 | 516 | 2378 | 31 | 1035 | 229 | 330 | 249 | 211 | 70 |
| 中医医院 | 11 | 287 | 567 | 431 | 80 | 95 | 2 | 67 | 19 | 15 | 9 | 7 | 8 |
| 专科医院 | 14 | 599 | 642 | 495 | 22 | 120 | 4 | 44 | 5 | 14 | 12 | 6 | 5 |
| 其他 | 12 | 462 | 502 | 334 | 14 | 83 | 2 | 40 | 1 | 13 | 9 | 11 | 7 |
| **二、卫生院合计** | **226** | **4024** | **6468** | **5345** | **369** | **1947** | **3** | **377** | **143** | **133** | **117** | **89** | **122** |
| **1. 城市街道卫生院小计** | **1** | **20** | **21** | **17** | **1** | **1** | **0** | **0** | **1** | **0** | **0** | **0** | **0** |
| **2. 农村卫生院小计** | **225** | **4004** | **6447** | **5328** | **368** | **1946** | **3** | **377** | **142** | **133** | **117** | **89** | **122** |
| 市 | 108 | 2395 | 3510 | 2896 | 195 | 1009 | 1 | 249 | 80 | 71 | 62 | 51 | 61 |
| 县 | 117 | 1609 | 2937 | 2432 | 173 | 937 | 2 | 128 | 62 | 62 | 55 | 38 | 61 |
| 中心卫生院 | 55 | 1905 | 2708 | 2223 | 120 | 833 | 1 | 215 | 53 | 56 | 62 | 42 | 39 |
| 乡(镇)卫生院 | 170 | 2099 | 3739 | 3105 | 248 | 1113 | 2 | 162 | 89 | 77 | 55 | 47 | 83 |
| 其中:无床乡卫生院 | 33 | 0 | 496 | 397 | 50 | 144 | 0 | 27 | 19 | 8 | 8 | 5 | 13 |
| **三、疗养院合计** | **5** | **1000** | **491** | **243** | **24** | **60** | **0** | **94** | **2** | **12** | **8** | **5** | **0** |
| **四、门诊部合计** | **210** | **186** | **4890** | **3915** | **668** | **1371** | **56** | **594** | **115** | **186** | **142** | **99** | **31** |
| 市 | 201 | 102 | 4687 | 3744 | 610 | 1323 | 55 | 571 | 107 | 183 | 137 | 95 | 30 |
| 县 | 9 | 84 | 203 | 171 | 58 | 48 | 1 | 23 | 8 | 3 | 5 | 4 | 1 |

| 员 | | | | | | | | 数 | | | | | | | | | |
|---|---|---|---|---|---|---|---|---|---|---|---|---|---|---|---|---|---|
| 术 | | 人 | | | 员 | | | | | | | | 其他技术人员 | 管理人员 | | | 工勤人员 |
| 西医士 | 护士 | 助产士 | 中药剂士 | 西药剂士 | 检验士 | 其他技士 | 其他中医 | 护理员 | 中药剂员 | 西药剂员 | 检验员 | 其他初级卫技人员 | | 合计 | 业务管理人员 | 行政管理人员 | |
| 70 | 133 | 21 | 3 | 10 | 18 | 1 | 0 | 0 | 0 | 0 | 1 | 12 | 56 | 98 | 54 | 44 | 199 |
| 20 | 77 | 58 | 1 | 6 | 7 | 21 | 1 | 0 | 0 | 0 | 0 | 9 | 31 | 133 | 85 | 48 | 173 |
| 10 | 248 | 0 | 11 | 23 | 17 | 31 | 0 | 0 | 0 | 0 | 0 | 1 | 107 | 207 | 73 | 134 | 295 |
| 0 | 13 | 0 | 0 | 0 | 2 | 0 | 0 | 0 | 0 | 0 | 0 | 0 | 13 | 28 | 12 | 16 | 80 |
| 7 | 247 | 0 | 5 | 7 | 11 | 49 | 0 | 2 | 0 | 0 | 1 | 100 | 240 | 151 | 42 | 109 | 250 |
| 7 | 134 | 0 | 5 | 5 | 8 | 37 | 0 | 0 | 0 | 0 | 0 | 0 | 185 | 112 | 44 | 68 | 300 |
| 0 | 23 | 0 | 0 | 0 | 3 | 10 | 0 | 0 | 0 | 0 | 0 | 1 | 31 | 64 | 0 | 64 | 100 |
| 51 | 74 | 0 | 6 | 8 | 4 | 11 | 1 | 11 | 1 | 5 | 0 | 29 | 5 | 52 | 18 | 34 | 139 |
| 0 | 13 | 0 | 0 | 0 | 0 | 0 | 0 | 1 | 0 | 0 | 0 | 0 | 29 | 48 | 25 | 23 | 103 |
| 62 | 25 | 0 | 5 | 3 | 2 | 0 | 0 | 0 | 0 | 0 | 0 | 0 | 21 | 14 | 4 | 10 | 57 |
| 14 | 282 | 0 | 1 | 23 | 23 | 34 | 0 | 1 | 0 | 0 | 0 | 0 | 139 | 162 | 25 | 137 | 299 |
| **673** | **1331** | **6** | **98** | **133** | **137** | **105** | **36** | **367** | **26** | **26** | **21** | **71** | **290** | **877** | **393** | **484** | **1516** |
| 623 | 1247 | 6 | 95 | 128 | 127 | 88 | 28 | 328 | 24 | 25 | 17 | 66 | 272 | 848 | 381 | 467 | 1434 |
| 50 | 84 | 0 | 3 | 5 | 10 | 17 | 8 | 39 | 2 | 1 | 4 | 5 | 18 | 29 | 12 | 17 | 82 |
| 604 | 1098 | 6 | 90 | 123 | 123 | 86 | 23 | 218 | 23 | 21 | 15 | 54 | 241 | 716 | 320 | 396 | 1275 |
| 20 | 39 | 0 | 4 | 4 | 7 | 9 | 12 | 19 | 1 | 0 | 1 | 13 | 11 | 52 | 20 | 32 | 73 |
| 25 | 105 | 0 | 2 | 3 | 6 | 7 | 1 | 106 | 1 | 2 | 3 | 2 | 11 | 60 | 31 | 29 | 76 |
| 24 | 89 | 0 | 2 | 3 | 1 | 3 | 0 | 24 | 1 | 3 | 2 | 2 | 27 | 49 | 22 | 27 | 92 |
| **913** | **337** | **44** | **90** | **148** | **106** | **76** | **7** | **12** | **25** | **20** | **20** | **247** | **133** | **403** | **204** | **199** | **587** |
| **3** | **5** | **0** | **0** | **1** | **0** | **0** | **0** | **0** | **1** | **0** | **1** | **3** | **0** | **1** | **0** | **1** | **3** |
| **910** | **332** | **44** | **90** | **147** | **106** | **76** | **7** | **12** | **24** | **20** | **19** | **244** | **133** | **402** | **204** | **198** | **584** |
| 459 | 210 | 31 | 50 | 80 | 51 | 51 | 6 | 3 | 17 | 4 | 11 | 144 | 55 | 227 | 105 | 122 | 332 |
| 451 | 122 | 13 | 40 | 67 | 55 | 25 | 1 | 9 | 7 | 16 | 8 | 100 | 78 | 175 | 99 | 76 | 252 |
| 309 | 169 | 23 | 30 | 54 | 44 | 37 | 4 | 7 | 17 | 6 | 7 | 95 | 57 | 133 | 69 | 64 | 295 |
| 601 | 163 | 21 | 60 | 93 | 62 | 39 | 3 | 5 | 7 | 14 | 12 | 149 | 76 | 269 | 135 | 134 | 289 |
| 68 | 14 | 0 | 15 | 11 | 4 | 3 | 1 | 0 | 0 | 0 | 3 | 4 | 9 | 38 | 23 | 15 | 52 |
| **2** | **27** | **0** | **1** | **5** | **1** | **1** | **0** | **0** | **0** | **1** | **0** | **0** | **17** | **66** | **22** | **44** | **165** |
| **180** | **195** | **2** | **49** | **29** | **29** | **29** | **12** | **64** | **17** | **11** | **8** | **28** | **165** | **423** | **221** | **202** | **387** |
| 173 | 191 | 2 | 47 | 29 | 25 | 27 | 12 | 64 | 17 | 11 | 8 | 27 | 163 | 405 | 206 | 199 | 375 |
| 7 | 4 | 0 | 2 | 0 | 4 | 2 | 0 | 0 | 0 | 0 | 0 | 1 | 2 | 18 | 15 | 3 | 12 |

## 全市卫生机构、

| 机构分类名称 | 机构数 | 床位数 | 总计 | 人 | | | | | | | | | |
|---|---|---|---|---|---|---|---|---|---|---|---|---|---|
| | | | | 卫生技 | | | | | | | | | |
| | | | | 合计 | 中医师 | 西医师 | 中西结合医师 | 护师 | 中药师 | 西药师 | 检验师 | 其他技师 | 中医士 |
| 综合门诊部 | 142 | 164 | 3471 | 2806 | 267 | 1097 | 20 | 509 | 56 | 168 | 119 | 49 | 24 |
| 中医门诊部 | 46 | 22 | 962 | 742 | 392 | 94 | 29 | 34 | 58 | 11 | 13 | 13 | 7 |
| 专科门诊部 | 19 | 0 | 398 | 309 | 6 | 147 | 7 | 47 | 1 | 5 | 5 | 32 | 0 |
| 其　他 | 3 | 0 | 59 | 58 | 3 | 33 | 0 | 4 | 0 | 2 | 5 | 5 | 0 |
| **五、专科防治所、站合计** | **41** | **406** | **633** | **475** | **5** | **188** | **0** | **114** | **3** | **19** | **33** | **14** | **2** |
| 结核病防治所、站 | 20 | 141 | 432 | 318 | 2 | 126 | 0 | 82 | 3 | 15 | 25 | 12 | 2 |
| 口腔病防治所、站 | 1 | 0 | 8 | 6 | 0 | 1 | 0 | 1 | 0 | 0 | 0 | 2 | 0 |
| 精神病防治所、站 | 8 | 265 | 140 | 109 | 3 | 39 | 0 | 22 | 0 | 1 | 5 | 0 | 0 |
| 性病防治所、站 | 6 | 0 | 30 | 26 | 0 | 13 | 0 | 6 | 0 | 1 | 2 | 0 | 0 |
| 其　他 | 6 | 0 | 23 | 16 | 0 | 9 | 0 | 3 | 0 | 2 | 1 | 0 | 0 |
| **六、卫生防疫机构合计** | **32** | **0** | **3497** | **2409** | **5** | **1522** | **0** | **61** | **1** | **7** | **466** | **40** | **0** |
| 卫生防疫站小计 | 21 | 0 | 2891 | 2179 | 5 | 1362 | 0 | 46 | 0 | 6 | 447 | 39 | 0 |
| 省卫生防疫站 | 1 | 0 | 471 | 361 | 0 | 195 | 0 | 2 | 0 | 0 | 152 | 0 | 0 |
| 省辖市(地区)卫生防疫站 | 13 | 0 | 1703 | 1289 | 3 | 829 | 0 | 29 | 0 | 5 | 191 | 39 | 0 |
| 县卫生防疫站 | 5 | 0 | 562 | 415 | 2 | 258 | 3 | 15 | 0 | 0 | 77 | 0 | 0 |
| 其他卫生防疫站 | 2 | 0 | 155 | 114 | 0 | 80 | 0 | 0 | 0 | 1 | 27 | 0 | 0 |
| 卫生防病中心 | 2 | 0 | 97 | 83 | 0 | 58 | 0 | 3 | 0 | 0 | 10 | 0 | 0 |
| 预防保健中心 | 1 | 0 | 38 | 27 | 0 | 12 | 0 | 8 | 1 | 0 | 1 | 0 | 0 |
| 国境卫生防疫所 | 2 | 0 | 198 | 118 | 0 | 88 | 0 | 4 | 0 | 1 | 8 | 1 | 0 |
| 食品卫生检验所 | 2 | 0 | 121 | 0 | 0 | 0 | 0 | 0 | 0 | 0 | 0 | 0 | 0 |
| 环境卫生监测站 | 1 | 0 | 146 | 0 | 0 | 0 | 0 | 0 | 0 | 0 | 0 | 0 | 0 |
| 其　他 | 3 | 0 | 6 | 2 | 0 | 2 | 0 | 0 | 0 | 0 | 0 | 0 | 0 |
| **七、妇幼保健机构合计** | **8** | **39** | **376** | **300** | **3** | **160** | **0** | **40** | **0** | **8** | **27** | **12** | **0** |
| 儿童保健所 | 1 | 0 | 37 | 33 | 0 | 19 | 0 | 6 | 0 | 1 | 4 | 3 | 0 |
| 妇幼保健所、站小计 | 7 | 39 | 339 | 267 | 3 | 141 | 0 | 34 | 0 | 7 | 23 | 9 | 0 |
| 省妇幼保健所、站 | 1 | 0 | 23 | 19 | 0 | 14 | 0 | 4 | 0 | 0 | 0 | 0 | 0 |
| 省辖市(地区)妇幼保健所、站 | 4 | 0 | 163 | 131 | 1 | 72 | 0 | 18 | 0 | 4 | 17 | 1 | 0 |

| 员 | | | | | | | | 数 | | | | | | | | | |
|---|---|---|---|---|---|---|---|---|---|---|---|---|---|---|---|---|---|
| 术 | 人 | | | | 员 | | | | | | | | 其他技术人员 | 管理人员 | | | 工勤人员 |
| 西医士 | 护士 | 助产士 | 中药剂士 | 西药剂士 | 检验士 | 其他技士 | 其他中医 | 护理员 | 中药剂员 | 西药剂员 | 检验员 | 其他初级卫技人员 | | 合计 | 业务管理人员 | 行政管理人员 | |
| 162 | 143 | 1 | 29 | 27 | 26 | 19 | 7 | 54 | 6 | 9 | 5 | 9 | 139 | 272 | 141 | 131 | 254 |
| 7 | 18 | 0 | 20 | 2 | 3 | 3 | 5 | 6 | 11 | 1 | 3 | 12 | 17 | 102 | 56 | 46 | 101 |
| 11 | 34 | 0 | 0 | 0 | 0 | 7 | 0 | 4 | 0 | 1 | 0 | 2 | 9 | 48 | 23 | 25 | 32 |
| 0 | 0 | 1 | 0 | 0 | 0 | 0 | 0 | 0 | 0 | 0 | 0 | 5 | 0 | 1 | 1 | 0 | 0 |
| **32** | **35** | **0** | **1** | **3** | **16** | **4** | **0** | **1** | **0** | **2** | **1** | **2** | **36** | **60** | **28** | **32** | **62** |
| 16 | 13 | 0 | 1 | 2 | 11 | 4 | 0 | 0 | 0 | 2 | 0 | 2 | 27 | 39 | 16 | 23 | 48 |
| 0 | 2 | 0 | 0 | 0 | 0 | 0 | 0 | 0 | 0 | 0 | 0 | 0 | 1 | 0 | 0 | 0 | 1 |
| 16 | 19 | 0 | 0 | 0 | 3 | 0 | 0 | 1 | 0 | 0 | 0 | 0 | 4 | 16 | 8 | 8 | 11 |
| 0 | 1 | 0 | 0 | 1 | 2 | 0 | 0 | 0 | 0 | 0 | 0 | 0 | 2 | 2 | 2 | 0 | 0 |
| 0 | 0 | 0 | 0 | 0 | 0 | 0 | 0 | 0 | 0 | 0 | 1 | 0 | 2 | 3 | 2 | 1 | 2 |
| **202** | **5** | **0** | **0** | **2** | **48** | **16** | **0** | **0** | **0** | **0** | **5** | **29** | **424** | **220** | **103** | **117** | **444** |
| 175 | 4 | 0 | 0 | 1 | 45 | 16 | 0 | 0 | 0 | 0 | 5 | 28 | 171 | 170 | 70 | 100 | 371 |
| 0 | 1 | 0 | 0 | 0 | 7 | 4 | 0 | 0 | 0 | 0 | 0 | 0 | 30 | 13 | 2 | 11 | 67 |
| 133 | 2 | 0 | 0 | 1 | 22 | 12 | 0 | 0 | 0 | 0 | 1 | 22 | 111 | 118 | 54 | 64 | 185 |
| 37 | 0 | 0 | 0 | 0 | 16 | 0 | 0 | 0 | 0 | 0 | 4 | 6 | 23 | 19 | 10 | 9 | 105 |
| 5 | 1 | 0 | 0 | 0 | 0 | 0 | 0 | 0 | 0 | 0 | 0 | 0 | 7 | 20 | 4 | 16 | 14 |
| 9 | 0 | 0 | 0 | 0 | 3 | 0 | 0 | 0 | 0 | 0 | 0 | 0 | 4 | 0 | 0 | 0 | 10 |
| 2 | 1 | 0 | 0 | 1 | 0 | 0 | 0 | 0 | 0 | 0 | 0 | 1 | 0 | 5 | 2 | 3 | 6 |
| 16 | 0 | 0 | 0 | 0 | 0 | 0 | 0 | 0 | 0 | 0 | 0 | 0 | 51 | 17 | 12 | 5 | 12 |
| 0 | 0 | 0 | 0 | 0 | 0 | 0 | 0 | 0 | 0 | 0 | 0 | 0 | 90 | 14 | 9 | 5 | 17 |
| 0 | 0 | 0 | 0 | 0 | 0 | 0 | 0 | 0 | 0 | 0 | 0 | 0 | 106 | 13 | 9 | 4 | 27 |
| 0 | 0 | 0 | 0 | 0 | 0 | 0 | 0 | 0 | 0 | 0 | 0 | 0 | 2 | 1 | 1 | 0 | 1 |
| **17** | **14** | **2** | **0** | **3** | **4** | **1** | **0** | **0** | **0** | **0** | **0** | **9** | **4** | **27** | **14** | **13** | **45** |
| 0 | 0 | 0 | 0 | 0 | 0 | 0 | 0 | 0 | 0 | 0 | 0 | 0 | 0 | 2 | 1 | 1 | 2 |
| 17 | 14 | 2 | 0 | 3 | 4 | 1 | 0 | 0 | 0 | 0 | 0 | 9 | 4 | 25 | 13 | 12 | 43 |
| 1 | 0 | 0 | 0 | 0 | 0 | 0 | 0 | 0 | 0 | 0 | 0 | 0 | 0 | 3 | 3 | 0 | 1 |
| 5 | 7 | 2 | 0 | 0 | 3 | 1 | 0 | 0 | 0 | 0 | 0 | 0 | 2 | 14 | 6 | 8 | 16 |

| 机构分类名称 | 机构数 | 床位数 | 总计 | 人 | | | | | | | | | |
|---|---|---|---|---|---|---|---|---|---|---|---|---|---|
| | | | | 卫生技 | | | | | | | | | |
| | | | | 合计 | 中医师 | 西医师 | 中西结合医师 | 护师 | 中药师 | 西药师 | 检验师 | 其他技师 | 中医士 |
| 县妇幼保健所 | 2 | 39 | 153 | 117 | 2 | 55 | 0 | 12 | 0 | 3 | 6 | 8 | 0 |
| **八、药品检验机构合计** | **20** | **0** | **1019** | **671** | **1** | **8** | **0** | **2** | **78** | **203** | **146** | **0** | **0** |
| 省药品检验所 | 1 | 0 | 174 | 118 | 0 | 0 | 0 | 2 | 16 | 97 | 0 | 0 | 0 |
| 省辖市(地区)药品检验所、室 | 12 | 0 | 101 | 77 | 1 | 0 | 0 | 0 | 33 | 35 | 2 | 0 | 0 |
| 县药品检验所、室 | 6 | 0 | 57 | 41 | 0 | 8 | 0 | 0 | 15 | 17 | 0 | 0 | 0 |
| 其他药品检验所、室 | 1 | 0 | 687 | 435 | 0 | 0 | 0 | 0 | 14 | 54 | 144 | 0 | 0 |
| **九、医学科研机构合计** | **43** | **26** | **6219** | **2262** | **149** | **756** | **36** | **88** | **37** | **60** | **38** | **941** | **0** |
| 医学科学研究院、所 | 4 | 0 | 661 | 6 | 2 | 2 | 0 | 0 | 2 | 0 | 0 | 0 | 0 |
| 药物研究所 | 1 | 0 | 482 | 2 | 0 | 1 | 0 | 1 | 0 | 0 | 0 | 0 | 0 |
| 中医(药)研究院、所 | 3 | 0 | 542 | 82 | 20 | 4 | 5 | 9 | 5 | 0 | 0 | 37 | 0 |
| 基础医学研究所 | 2 | 0 | 701 | 476 | 33 | 236 | 0 | 4 | 6 | 0 | 0 | 184 | 0 |
| 临床医学研究所 | 3 | 0 | 86 | 57 | 0 | 10 | 0 | 1 | 0 | 0 | 12 | 20 | 0 |
| 肿瘤研究所 | 3 | 0 | 206 | 123 | 1 | 55 | 0 | 17 | 0 | 3 | 4 | 19 | 0 |
| 儿科研究所 | 2 | 0 | 69 | 64 | 0 | 30 | 0 | 2 | 0 | 0 | 0 | 30 | 0 |
| 职业病研究所 | 1 | 26 | 180 | 133 | 0 | 71 | 0 | 11 | 0 | 0 | 4 | 37 | 0 |
| 劳动卫生研究所 | 1 | 0 | 153 | 7 | 0 | 5 | 0 | 2 | 0 | 0 | 0 | 0 | 0 |
| 工业卫生研究所 | 1 | 0 | 251 | 0 | 0 | 0 | 0 | 0 | 0 | 0 | 0 | 0 | 0 |
| 医学情报所 | 2 | 0 | 337 | 8 | 0 | 4 | 0 | 0 | 0 | 0 | 0 | 4 | 0 |
| 其他 | 20 | 0 | 2551 | 1304 | 93 | 338 | 31 | 41 | 24 | 57 | 18 | 610 | 0 |
| **十、高等医学教育机构合计** | **10** | **0** | **6013** | **128** | **48** | **23** | **0** | **15** | **3** | **1** | **0** | **35** | **1** |
| 医学院 | 4 | 0 | 4261 | 60 | 0 | 21 | 0 | 7 | 0 | 1 | 0 | 29 | 0 |
| 中医学院 | 4 | 0 | 1555 | 56 | 48 | 2 | 0 | 1 | 3 | 0 | 0 | 1 | 1 |
| 职工医学院 | 1 | 0 | 145 | 0 | 0 | 0 | 0 | 0 | 0 | 0 | 0 | 0 | 0 |
| 其他 | 1 | 0 | 52 | 12 | 0 | 0 | 0 | 7 | 0 | 0 | 0 | 5 | 0 |
| **十一、中等医药教育机构合计** | **40** | **0** | **1711** | **245** | **12** | **74** | **0** | **58** | **3** | **22** | **1** | **31** | **0** |
| 卫生学校 | 21 | 0 | 1026 | 183 | 8 | 57 | 0 | 24 | 3 | 22 | 1 | 31 | 0 |
| 护士学校 | 13 | 0 | 334 | 32 | 0 | 3 | 0 | 25 | 0 | 0 | 0 | 0 | 0 |

## 床位、人员数（4）

| 员 | | | | | | | 数 | | | | | | | | | | |
|---|---|---|---|---|---|---|---|---|---|---|---|---|---|---|---|---|---|
| 术 | | | 人 | | | 员 | | | | | | | 其他技术人员 | 管理人员 | | | 工勤人员 |
| 西医士 | 护士 | 助产士 | 中药剂士 | 西药剂士 | 检验士 | 其他技士 | 其他中医 | 护理员 | 中药剂员 | 西药剂员 | 检验员 | 其他初级卫技人员 | | 合计 | 业务管理人员 | 行政管理人员 | |
| 11 | 7 | 0 | 0 | 3 | 1 | 0 | 0 | 0 | 0 | 0 | 0 | 9 | 2 | 8 | 4 | 4 | 26 |
| **1** | **0** | **0** | **4** | **5** | **223** | **0** | **0** | **0** | **0** | **0** | **0** | **0** | **137** | **86** | **26** | **60** | **125** |
| 0 | 0 | 0 | 1 | 2 | 0 | 0 | 0 | 0 | 0 | 0 | 0 | 0 | 15 | 12 | 3 | 9 | 29 |
| 0 | 0 | 0 | 3 | 3 | 0 | 0 | 0 | 0 | 0 | 0 | 0 | 0 | 4 | 16 | 8 | 8 | 4 |
| 1 | 0 | 0 | 0 | 0 | 0 | 0 | 0 | 0 | 0 | 0 | 0 | 0 | 1 | 6 | 3 | 3 | 9 |
| 0 | 0 | 0 | 0 | 0 | 223 | 0 | 0 | 0 | 0 | 0 | 0 | 0 | 117 | 52 | 12 | 40 | 83 |
| **0** | **24** | **0** | **3** | **2** | **3** | **106** | **0** | **0** | **0** | **0** | **0** | **19** | **2199** | **836** | **387** | **449** | **922** |
| 0 | 0 | 0 | 0 | 0 | 0 | 0 | 0 | 0 | 0 | 0 | 0 | 0 | 282 | 218 | 161 | 57 | 155 |
| 0 | 0 | 0 | 0 | 0 | 0 | 0 | 0 | 0 | 0 | 0 | 0 | 0 | 332 | 26 | 0 | 26 | 122 |
| 0 | 1 | 0 | 0 | 0 | 0 | 1 | 0 | 0 | 0 | 0 | 0 | 0 | 326 | 47 | 7 | 40 | 87 |
| 0 | 0 | 0 | 0 | 0 | 0 | 0 | 0 | 0 | 0 | 0 | 0 | 13 | 81 | 50 | 5 | 45 | 94 |
| 0 | 5 | 0 | 0 | 0 | 0 | 9 | 0 | 0 | 0 | 0 | 0 | 0 | 21 | 4 | 2 | 2 | 4 |
| 0 | 11 | 0 | 0 | 2 | 2 | 9 | 0 | 0 | 0 | 0 | 0 | 0 | 30 | 22 | 15 | 7 | 31 |
| 0 | 0 | 0 | 0 | 0 | 1 | 0 | 0 | 0 | 0 | 0 | 0 | 0 | 1 | 2 | 0 | 2 | 2 |
| 0 | 6 | 0 | 0 | 0 | 0 | 4 | 0 | 0 | 0 | 0 | 0 | 0 | 15 | 10 | 3 | 7 | 22 |
| 0 | 0 | 0 | 0 | 0 | 0 | 0 | 0 | 0 | 0 | 0 | 0 | 0 | 107 | 25 | 10 | 15 | 14 |
| 0 | 0 | 0 | 0 | 0 | 0 | 0 | 0 | 0 | 0 | 0 | 0 | 0 | 202 | 21 | 5 | 16 | 28 |
| 0 | 0 | 0 | 0 | 0 | 0 | 0 | 0 | 0 | 0 | 0 | 0 | 0 | 271 | 45 | 15 | 30 | 13 |
| 0 | 1 | 0 | 3 | 0 | 0 | 82 | 0 | 0 | 0 | 0 | 0 | 6 | 531 | 366 | 164 | 202 | 350 |
| **0** | **0** | **0** | **0** | **0** | **1** | **1** | **0** | **0** | **0** | **0** | **0** | **0** | **3616** | **1418** | **404** | **1014** | **851** |
| 0 | 0 | 0 | 0 | 0 | 1 | 1 | 0 | 0 | 0 | 0 | 0 | 0 | 2761 | 849 | 245 | 604 | 591 |
| 0 | 0 | 0 | 0 | 0 | 0 | 0 | 0 | 0 | 0 | 0 | 0 | 0 | 763 | 515 | 134 | 381 | 221 |
| 0 | 0 | 0 | 0 | 0 | 0 | 0 | 0 | 0 | 0 | 0 | 0 | 0 | 72 | 39 | 23 | 16 | 34 |
| 0 | 0 | 0 | 0 | 0 | 0 | 0 | 0 | 0 | 0 | 0 | 0 | 0 | 20 | 15 | 2 | 13 | 5 |
| **13** | **13** | **0** | **2** | **0** | **0** | **11** | **0** | **0** | **0** | **0** | **0** | **5** | **752** | **390** | **172** | **218** | **324** |
| 13 | 8 | 0 | 2 | 0 | 0 | 10 | 0 | 0 | 0 | 0 | 0 | 4 | 387 | 217 | 78 | 139 | 239 |
| 0 | 3 | 0 | 0 | 0 | 0 | 1 | 0 | 0 | 0 | 0 | 0 | 0 | 162 | 84 | 34 | 50 | 56 |

## 全市卫生机构、

| 机构分类名称 | 机构数 | 床位数 | 人 | | | | | | | | | | |
|---|---|---|---|---|---|---|---|---|---|---|---|---|---|
| | | | 总计 | 卫生技 | | | | | | | | | |
| | | | | 合计 | 中医师 | 西医师 | 中西结合医师 | 护师 | 中药师 | 西药师 | 检验师 | 其他技师 | 中医士 |
| 中医(药)学校 | 3 | 0 | 178 | 5 | 3 | 0 | 0 | 0 | 0 | 0 | 0 | 0 | 0 |
| 中等职业卫生技术学校 | 1 | 0 | 109 | 2 | 0 | 2 | 0 | 0 | 0 | 0 | 0 | 0 | 0 |
| 卫生进修学校 | 2 | 0 | 64 | 23 | 1 | 12 | 0 | 9 | 0 | 0 | 0 | 0 | 0 |
| 内:县卫生进修学校 | 1 | 0 | 17 | 9 | 0 | 5 | 0 | 4 | 0 | 0 | 0 | 0 | 0 |
| **十二、其他卫生事业机构合计** | **36** | **124** | **1904** | **792** | **5** | **278** | **0** | **196** | **5** | **22** | **61** | **56** | **0** |
| 生物制品(研究)所 | 1 | 0 | 532 | 10 | 0 | 5 | 0 | 2 | 1 | 0 | 0 | 0 | 0 |
| 急救站 | 7 | 100 | 689 | 407 | 0 | 182 | 0 | 103 | 0 | 8 | 11 | 7 | 0 |
| 输血站 | 13 | 0 | 498 | 316 | 3 | 61 | 0 | 89 | 1 | 10 | 44 | 45 | 0 |
| 计划生育指导所、站 | 1 | 0 | 19 | 14 | 0 | 7 | 0 | 0 | 0 | 0 | 6 | 0 | 0 |
| 临床检验中心 | 1 | 24 | 17 | 13 | 1 | 3 | 0 | 2 | 0 | 0 | 0 | 2 | 0 |
| 其　他 | 13 | 0 | 149 | 32 | 1 | 20 | 0 | 0 | 3 | 4 | 0 | 2 | 0 |
| **十三、诊所、卫生保健所、医务室合计** | **4859** | **0** | **12265** | **12265** | **1364** | **5275** | **93** | **1347** | **142** | **285** | **139** | **170** | **157** |
| 市 | 4226 | 0 | 10917 | 10917 | 1245 | 4740 | 57 | 1266 | 125 | 261 | 124 | 152 | 128 |
| 县 | 633 | 0 | 1348 | 1348 | 119 | 535 | 36 | 81 | 17 | 24 | 15 | 18 | 29 |

补充资料:离、退休人员数33052人。

## 床位、人员数（5）

| 员 | | | | | | | | 数 | | | | | | | | | |
|---|---|---|---|---|---|---|---|---|---|---|---|---|---|---|---|---|---|
| 术 | | | | 人 | | | | 员 | | | | | 其他技术人员 | 管理人员 | | | 工勤人员 |
| 西医士 | 护士 | 助产士 | 中药剂士 | 西药剂士 | 检验士 | 其他技士 | 其他中医 | 护理员 | 中药剂员 | 西药剂员 | 检验员 | 其他初级卫技人员 | | 合计 | 业务管理人员 | 行政管理人员 | |
| 0 | 2 | 0 | 0 | 0 | 0 | 0 | 0 | 0 | 0 | 0 | 0 | 0 | 133 | 28 | 11 | 17 | 12 |
| 0 | 0 | 0 | 0 | 0 | 0 | 0 | 0 | 0 | 0 | 0 | 0 | 0 | 57 | 41 | 38 | 3 | 9 |
| 0 | 0 | 0 | 0 | 0 | 0 | 0 | 0 | 0 | 0 | 0 | 0 | 1 | 13 | 20 | 11 | 9 | 8 |
| 0 | 0 | 0 | 0 | 0 | 0 | 0 | 0 | 0 | 0 | 0 | 0 | 0 | 2 | 3 | 1 | 2 | 3 |
| **35** | **84** | **0** | **3** | **6** | **25** | **12** | **0** | **0** | **0** | **0** | **0** | **4** | **315** | **178** | **86** | **92** | **619** |
| 0 | 0 | 0 | 0 | 0 | 1 | 1 | 0 | 0 | 0 | 0 | 0 | 0 | 159 | 46 | 28 | 18 | 317 |
| 31 | 57 | 0 | 0 | 3 | 2 | 3 | 0 | 0 | 0 | 0 | 0 | 0 | 63 | 44 | 15 | 29 | 175 |
| 3 | 24 | 0 | 1 | 2 | 21 | 8 | 0 | 0 | 0 | 0 | 0 | 4 | 38 | 55 | 19 | 36 | 89 |
| 0 | 0 | 0 | 0 | 0 | 1 | 0 | 0 | 0 | 0 | 0 | 0 | 0 | 2 | 3 | 3 | 0 | 0 |
| 0 | 2 | 0 | 2 | 1 | 0 | 0 | 0 | 0 | 0 | 0 | 0 | 0 | 0 | 2 | 1 | 1 | 2 |
| 1 | 1 | 0 | 0 | 0 | 0 | 0 | 0 | 0 | 0 | 0 | 0 | 0 | 53 | 28 | 20 | 8 | 36 |
| **1224** | **643** | **6** | **46** | **138** | **69** | **79** | **80** | **29** | **8** | **5** | **6** | **960** | **0** | **0** | **0** | **0** | **0** |
| 1025 | 604 | 6 | 36 | 120 | 55 | 53 | 72 | 24 | 6 | 3 | 6 | 809 | 0 | 0 | 0 | 0 | 0 |
| 199 | 39 | 0 | 10 | 18 | 14 | 26 | 8 | 5 | 2 | 2 | 0 | 151 | 0 | 0 | 0 | 0 | 0 |

一、诊疗总次数及观察室工作

| 机构分类名称 | 机构数 | 诊疗人次数 | | | | 日均门急诊人次 | 平均病床日均门急诊人次 | 健康检查人次 | 出观察室人次 | |
|---|---|---|---|---|---|---|---|---|---|---|
| | | 合计 | 门诊 | 急诊 | 出诊下地段 | | | | 合计 | 死亡 |
| **总　计** | **144** | **36436754** | **33085844** | **3033646** | **317264** | **140654.80** | **3.19** | **800265** | **750439** | **2839** |
| 卫生部属 | 16 | 8444467 | 7796715 | 597982 | 49770 | 32825.17 | 3.49 | 80601 | 108920 | 521 |
| 市卫生局属 | 21 | 8922328 | 8126401 | 740398 | 55529 | 34534.09 | 2.71 | 75097 | 202172 | 1306 |
| 区卫生局属 | 47 | 8949813 | 7976599 | 823331 | 149883 | 34162.10 | 3.82 | 296233 | 180428 | 620 |
| 县卫生局属 | 19 | 2723087 | 2495076 | 223581 | 4430 | 10592.84 | 4.75 | 60659 | 48692 | 255 |
| 工业及其他部门 | 41 | 7397059 | 6691053 | 648354 | 57652 | 28540.51 | 2.76 | 287675 | 210227 | 137 |
| **卫生部门** | **103** | **29039695** | **26394791** | **2385292** | **259612** | **112114.20** | **3.36** | **512590** | **540212** | **2702** |
| 综合医院 | 53 | 17178912 | 15363447 | 1655711 | 159754 | 65989.97 | 3.74 | 360109 | 333049 | 2028 |
| 卫生部属 | 3 | 2440702 | 2249770 | 183843 | 7089 | 9502.76 | 3.27 | 44557 | 34650 | 58 |
| 市卫生局属 | 7 | 5689217 | 5052948 | 596456 | 39813 | 21845.92 | 3.90 | 61621 | 129915 | 1159 |
| 区卫生局属 | 30 | 6905494 | 6096061 | 699459 | 109974 | 26300.57 | 3.61 | 194928 | 146724 | 565 |
| 县卫生局属 | 13 | 2143499 | 1964668 | 175953 | 2878 | 8340.73 | 4.73 | 59003 | 21760 | 246 |
| 中医医院 | 21 | 3947493 | 3684906 | 221276 | 41311 | 15345.86 | 4.09 | 56521 | 54489 | 178 |
| 医学院校 | 7 | 4426233 | 4041468 | 342591 | 42174 | 17104.47 | 4.90 | 15169 | 66808 | 262 |
| 传染病院 | 2 | 146439 | 139039 | 1347 | 6053 | 559.84 | 0.57 | 1480 | 88 | 1 |
| 精神病院 | 2 | 145129 | 144177 | 769 | 183 | 578.80 | 0.24 | 901 | 335 | 0 |
| 结核病院 | 2 | 72726 | 70309 | 2417 | 0 | 287.85 | 0.23 | 4 | 626 | 30 |
| 妇幼保健院 | 5 | 613007 | 588989 | 22467 | 1551 | 2417.49 | 4.49 | 59745 | 10769 | 0 |
| 儿童医院 | 4 | 1676490 | 1574714 | 100666 | 1110 | 6574.64 | 6.91 | 3515 | 68698 | 0 |
| 肿瘤医院 | 2 | 305093 | 296963 | 4263 | 3867 | 1199.53 | 1.01 | 9827 | 836 | 161 |
| 其他专科医院 | 4 | 512575 | 486883 | 22083 | 3609 | 2008.05 | 1.51 | 5319 | 4012 | 31 |
| 急救医院 | 1 | 15598 | 3896 | 11702 | 0 | 47.64 | 0.50 | 0 | 502 | 11 |

医疗工作情况

| 留观病死率% | 急诊抢救 | | | 急诊死亡人数 | 急诊病死率% | 急诊来院已死 | 各级医师出门诊总人次 | | | 主治医以上门诊率% | 专家门诊率% |
|---|---|---|---|---|---|---|---|---|---|---|---|
| | 总人次 | 成功人次 | 成功率% | | | | 合计 | 主治医以上 | 专家门诊 | | |
| **0.38** | **53618** | **48208** | **89.91** | **4300** | **0.14** | **3001** | **1807610** | **827743** | **342282** | **45.79** | **18.94** |
| 0.48 | 12101 | 10366 | 85.66 | 1378 | 0.23 | 256 | 358816 | 144283 | 128325 | 40.21 | 35.76 |
| 0.65 | 16887 | 15817 | 93.66 | 1292 | 0.17 | 303 | 315566 | 109801 | 111417 | 34.79 | 35.31 |
| 0.34 | 10339 | 9209 | 89.07 | 842 | 0.10 | 974 | 548417 | 270825 | 50684 | 49.38 | 9.24 |
| 0.52 | 8549 | 7594 | 88.83 | 293 | 0.13 | 877 | 188344 | 80657 | 13486 | 42.82 | 7.16 |
| 0.07 | 5742 | 5222 | 90.94 | 495 | 0.08 | 591 | 396467 | 222181 | 38373 | 56.04 | 9.68 |
| **0.50** | **47876** | **42986** | **89.79** | **3805** | **0.16** | **2410** | **1411144** | **605562** | **303909** | **42.91** | **21.54** |
| 0.61 | 27257 | 24139 | 88.56 | 2403 | 0.15 | 1548 | 768315 | 342199 | 148103 | 44.54 | 19.28 |
| 0.17 | 3541 | 3082 | 87.04 | 514 | 0.28 | 32 | 88373 | 29369 | 40009 | 33.23 | 45.27 |
| 0.89 | 7562 | 6825 | 90.25 | 945 | 0.16 | 223 | 196561 | 62393 | 70747 | 31.74 | 35.99 |
| 0.39 | 9479 | 8459 | 89.24 | 696 | 0.10 | 917 | 353355 | 194388 | 26638 | 55.01 | 7.54 |
| 1.13 | 6675 | 5773 | 86.49 | 248 | 0.14 | 376 | 130026 | 56049 | 10709 | 43.11 | 8.24 |
| 0.33 | 5487 | 4761 | 86.77 | 243 | 0.11 | 606 | 288956 | 106568 | 53537 | 36.88 | 18.53 |
| 0.39 | 4781 | 4191 | 87.66 | 773 | 0.23 | 156 | 205668 | 91665 | 57958 | 44.57 | 28.18 |
| 1.14 | 67 | 50 | 74.63 | 9 | 0.67 | 0 | 6431 | 2189 | 2373 | 34.04 | 36.90 |
| 0.00 | 80 | 79 | 98.75 | 1 | 0.13 | 0 | 4893 | 2370 | 2100 | 48.44 | 42.92 |
| 4.79 | 992 | 965 | 97.28 | 23 | 0.95 | 6 | 2267 | 750 | 1016 | 33.08 | 44.82 |
| 0.00 | 8 | 5 | | 1 | 0.00 | 0 | 35611 | 19299 | 6047 | 54.19 | 16.98 |
| 0.00 | 5973 | 5920 | 99.11 | 53 | 0.05 | 1 | 36482 | 16799 | 16173 | 46.05 | 44.33 |
| 19.26 | 809 | 620 | 76.64 | 68 | 1.60 | 9 | 14550 | 5776 | 7846 | 39.70 | 53.92 |
| 0.77 | 1101 | 1069 | 97.09 | 32 | 0.14 | 19 | 47971 | 17953 | 8763 | 37.42 | 18.27 |
| 2.19 | 1321 | 1187 | 89.86 | 199 | 1.70 | 65 | 0 | 0 | 0 | 0 | 0 |

二、门诊分科人次数

| 机构分类名称 | 内科 | 外科 | 妇科 | 产科 | 儿科 | 皮科 | 眼科 |
|---|---|---|---|---|---|---|---|
| **总　计** | **8651432** | **3933247** | **2587541** | **423379** | **2574359** | **1615530** | **1478910** |
| 卫生部属 | 2137093 | 931534 | 535172 | 111563 | 270896 | 486743 | 382091 |
| 市卫生局属 | 1966655 | 971893 | 592211 | 83066 | 1506042 | 413407 | 465444 |
| 区卫生局属 | 1967661 | 925818 | 768532 | 167796 | 401506 | 315012 | 263655 |
| 县卫生局属 | 529689 | 289617 | 240153 | 9860 | 149931 | 108978 | 104952 |
| 工业及其他部门 | 2050334 | 814385 | 451473 | 51094 | 245984 | 291390 | 262768 |
| **卫生部门** | **6601098** | **3118862** | **2136068** | **372285** | **2328375** | **1324140** | **1216142** |
| 综合医院 | 4275673 | 2128535 | 1334570 | 177190 | 606089 | 846467 | 886574 |
| 卫生部属 | 625215 | 271258 | 212109 | 40636 | 49458 | 190787 | 124454 |
| 市卫生局属 | 1536463 | 876589 | 372533 | 46366 | 169529 | 296418 | 445855 |
| 区卫生局属 | 1693017 | 739258 | 550963 | 80328 | 268554 | 267252 | 219874 |
| 县卫生局属 | 420978 | 241430 | 198965 | 9860 | 118548 | 92010 | 96391 |
| 中医医院 | 1019950 | 436510 | 244544 | 7976 | 178855 | 223579 | 86236 |
| 医学院校 | 942390 | 464655 | 233641 | 70927 | 163018 | 228501 | 218889 |
| 传染病院 | 0 | 0 | 2321 | 306 | 4715 | 6896 | 0 |
| 精神病院 | 20979 | 1606 | 251 | 0 | 0 | 654 | 297 |
| 结核病院 | 49853 | 5610 | 3553 | 0 | 1488 | 0 | 0 |
| 妇幼保健院 | 14894 | 20804 | 307145 | 115432 | 59126 | 0 | 10013 |
| 儿童医院 | 128968 | 20258 | 0 | 340 | 1314840 | 18043 | 10583 |
| 肿瘤医院 | 24312 | 0 | 4336 | 0 | 244 | 0 | 265 |
| 其他专科医院 | 120183 | 40884 | 5707 | 114 | 0 | 0 | 3285 |
| 急救医院 | 3896 | 0 | 0 | 0 | 0 | 0 | 0 |

| 耳鼻喉科 | 口腔科 | 中医科 | 传染科 | 肿瘤科 | 精神科 | 中西医结合科 | 针灸科 | 理疗科 | 其他 |
|---|---|---|---|---|---|---|---|---|---|
| **1701314** | **1993442** | **3634161** | **457335** | **357363** | **207311** | **149790** | **619264** | **376885** | **2347162** |
| 846063 | 297308 | 781339 | 97661 | 272860 | 58796 | 24809 | 114924 | 49480 | 420964 |
| 268716 | 576066 | 496892 | 185451 | 60275 | 107727 | 1058 | 96801 | 39448 | 295249 |
| 240199 | 504433 | 1247208 | 76875 | 2823 | 14901 | 46462 | 257498 | 152987 | 623233 |
| 81712 | 141302 | 325144 | 12782 | 4172 | 2323 | 14224 | 27841 | 20253 | 432143 |
| 264624 | 474333 | 783578 | 84566 | 17233 | 23564 | 63237 | 122200 | 114717 | 575573 |
| **1436690** | **1519109** | **2850583** | **372769** | **340130** | **183747** | **86553** | **497064** | **262168** | **1771589** |
| 621536 | 912456 | 1534890 | 134188 | 13933 | 15334 | 39714 | 254057 | 207358 | 1397464 |
| 99041 | 132774 | 198024 | 24798 | 6299 | 0 | 0 | 14055 | 10632 | 272811 |
| 240153 | 246695 | 471724 | 25770 | 2222 | 0 | 1058 | 37505 | 33131 | 250937 |
| 206161 | 416537 | 732960 | 70838 | 1240 | 13011 | 38656 | 179467 | 145149 | 472796 |
| 76181 | 116450 | 132182 | 12782 | 4172 | 2323 | 0 | 23030 | 18446 | 400920 |
| 76214 | 132990 | 724126 | 49217 | 42314 | 1890 | 22030 | 189835 | 41335 | 207305 |
| 732674 | 117870 | 554417 | 50313 | 26773 | 58796 | 24809 | 53172 | 13124 | 96499 |
| 0 | 628 | 0 | 121020 | 0 | 0 | 0 | 0 | 0 | 3153 |
| 1096 | 1513 | 1449 | 2832 | 0 | 107727 | 0 | 0 | 0 | 5773 |
| 0 | 3903 | 2168 | 3433 | 0 | 0 | 0 | 0 | 0 | 301 |
| 0 | 25922 | 3435 | 90 | 0 | 0 | 0 | 0 | 0 | 32128 |
| 12040 | 14468 | 22112 | 11569 | 0 | 0 | 0 | 0 | 351 | 21142 |
| 1878 | 1567 | 2885 | 0 | 257110 | 0 | 0 | 0 | 0 | 4366 |
| 252 | 307792 | 5101 | 107 | 0 | 0 | 0 | 0 | 0 | 3458 |
| 0 | 0 | 0 | 0 | 0 | 0 | 0 | 0 | 0 | 0 |

三、医疗质量之一

| 机构分类名称 | 机构计数 | 出入院诊断 | | | | | 七日确诊 | | |
|---|---|---|---|---|---|---|---|---|---|
| | | 符合数 | 不符合数 | 疑诊数 | 诊断符合率% | 疑诊率% | 出院病人数 | 七日确诊人数 | 七日确诊率% |
| **总计** | **144** | **563615** | **4495** | **3229** | **99.21** | **0.57** | **571818** | **547016** | **95.66** |
| 卫生部属 | 16 | 133168 | 1223 | 589 | 99.09 | 0.44 | 134986 | 127920 | 94.77 |
| 市卫生局属 | 21 | 138894 | 836 | 883 | 99.40 | 0.63 | 140616 | 132550 | 94.26 |
| 区卫生局属 | 47 | 123363 | 1100 | 644 | 99.12 | 0.51 | 125647 | 120503 | 95.91 |
| 县卫生局属 | 19 | 57182 | 272 | 226 | 99.53 | 0.39 | 57492 | 56148 | 97.66 |
| 工业及其他部门 | 41 | 111008 | 1064 | 887 | 99.05 | 0.79 | 113077 | 109895 | 97.19 |
| **卫生部门** | **103** | **452607** | **3431** | **2342** | **99.25** | **0.51** | **458741** | **437121** | **95.29** |
| 综合医院 | 53 | 281214 | 1542 | 996 | 99.45 | 0.35 | 284184 | 272681 | 95.95 |
| 卫生部属 | 3 | 41271 | 213 | 106 | 99.49 | 0.25 | 41588 | 40514 | 97.42 |
| 市卫生局属 | 7 | 91894 | 356 | 253 | 99.61 | 0.27 | 92503 | 87879 | 95.00 |
| 区卫生局属 | 30 | 99445 | 825 | 531 | 99.18 | 0.53 | 101342 | 96513 | 95.23 |
| 县卫生局属 | 13 | 48604 | 148 | 106 | 99.70 | 0.22 | 48751 | 47775 | 98.00 |
| 中医医院 | 21 | 40300 | 702 | 350 | 98.29 | 0.85 | 41270 | 39878 | 96.63 |
| 医学院校 | 7 | 62018 | 494 | 185 | 99.21 | 0.30 | 62697 | 57902 | 92.35 |
| 传染病院 | 2 | 6746 | 119 | 8 | 98.27 | 0.12 | 6876 | 6562 | 95.43 |
| 精神病院 | 2 | 3115 | 76 | 42 | 97.62 | 1.30 | 3233 | 3137 | 97.03 |
| 结核病院 | 2 | 4683 | 39 | 87 | 99.17 | 1.81 | 4809 | 3908 | 81.26 |
| 妇幼保健院 | 5 | 12902 | 5 | 0 | 99.96 | 0.00 | 12907 | 12896 | 99.91 |
| 儿童医院 | 4 | 17795 | 147 | 449 | 99.18 | 2.44 | 18391 | 17073 | 92.83 |
| 肿瘤医院 | 2 | 10012 | 172 | 217 | 98.31 | 2.09 | 10409 | 9881 | 94.93 |
| 其他专科医院 | 4 | 11943 | 135 | 8 | 98.88 | 0.07 | 12086 | 11354 | 93.94 |
| 急救医院 | 1 | 1879 | 0 | 0 | 100.00 | 0.00 | 1879 | 1849 | 98.40 |

| 临床与病理诊断 | | | 病房抢救 | | | 手术人次数 | | |
|---|---|---|---|---|---|---|---|---|
| 符合数 | 不符合数 | 符合率 % | 总人次 | 成功人次 | 成功率 % | 合计 | 术后10日死亡数 | 术后10日死亡率% |
| **72469** | **1945** | **97.39** | **51052** | **41871** | **82.02** | **225224** | **893** | **0.40** |
| 25681 | 577 | 97.80 | 10678 | 8763 | 82.07 | 64718 | 208 | 0.32 |
| 23272 | 441 | 98.14 | 12947 | 10301 | 79.56 | 68742 | 376 | 0.55 |
| 10177 | 687 | 93.68 | 11922 | 9570 | 80.27 | 40358 | 96 | 0.24 |
| 2956 | 93 | 96.95 | 5500 | 4903 | 89.15 | 16989 | 53 | 0.31 |
| 10383 | 147 | 98.60 | 10005 | 8334 | 83.30 | 34417 | 160 | 0.46 |
| **62086** | **1798** | **97.19** | **41047** | **33537** | **81.70** | **190807** | **733** | **0.38** |
| 39897 | 1016 | 97.52 | 22183 | 17808 | 80.28 | 124709 | 511 | 0.41 |
| 11316 | 49 | 99.57 | 2317 | 1928 | 83.21 | 22443 | 67 | 0.30 |
| 16764 | 211 | 98.76 | 6562 | 5006 | 76.29 | 52882 | 304 | 0.57 |
| 9156 | 669 | 93.19 | 8880 | 6959 | 78.37 | 34199 | 94 | 0.27 |
| 2661 | 87 | 96.83 | 4424 | 3915 | 88.49 | 15185 | 46 | 0.30 |
| 2225 | 284 | 88.68 | 5526 | 4584 | 82.95 | 8746 | 19 | 0.22 |
| 8640 | 79 | 99.09 | 6052 | 5102 | 84.30 | 27723 | 65 | 0.23 |
| 76 | 10 | 88.37 | 1625 | 1394 | 85.78 | 641 | 7 | 1.09 |
| 0 | 0 | 0 | 122 | 89 | 72.95 | 0 | 0 | 0 |
| 1428 | 88 | 94.20 | 527 | 365 | 69.26 | 817 | 5 | 0.61 |
| 2523 | 26 | 98.98 | 127 | 121 | 95.28 | 9936 | 0 | 0.00 |
| 370 | 39 | 90.46 | 2071 | 1909 | 92.18 | 5089 | 37 | 0.73 |
| 6247 | 208 | 96.78 | 821 | 543 | 66.14 | 871 | 27 | 0.46 |
| 680 | 48 | 93.41 | 1124 | 953 | 84.79 | 7038 | 49 | 0.70 |
| 0 | 0 | 0 | 869 | 669 | 76.99 | 237 | 13 | 5.49 |

三、医疗质量之二

| 机构分类名称 | 手术前后诊断 | | | 无菌手术 | | | | |
|---|---|---|---|---|---|---|---|---|
| | 符合数 | 不符数 | 符合率% | 总人数 | 切口愈合 | | | 无菌手术化脓率% |
| | | | | | 甲 | 乙 | 丙 | |
| **总　计** | **209134** | **1687** | **99.20** | **93705** | **91888** | **1604** | **213** | **0.23** |
| 卫生部属 | 60430 | 410 | 99.33 | 31031 | 30341 | 611 | 79 | 0.25 |
| 市卫生局属 | 62654 | 844 | 98.67 | 33323 | 32894 | 369 | 60 | 0.18 |
| 区卫生局属 | 38283 | 178 | 99.54 | 9963 | 9713 | 226 | 24 | 0.24 |
| 县卫生局属 | 16105 | 44 | 99.73 | 6458 | 6326 | 118 | 14 | 0.22 |
| 工业及其他部门 | 31662 | 211 | 99.34 | 12930 | 12614 | 280 | 36 | 0.28 |
| **卫生部门** | **177472** | **1476** | **99.18** | **80775** | **79274** | **1324** | **177** | **0.22** |
| 综合医院 | 114386 | 941 | 99.18 | 52233 | 51326 | 821 | 86 | 0.16 |
| 卫生部属 | 20591 | 70 | 99.66 | 9108 | 8870 | 231 | 7 | 0.08 |
| 市卫生局属 | 47348 | 691 | 98.56 | 28417 | 28090 | 283 | 44 | 0.15 |
| 区卫生局属 | 32122 | 155 | 99.52 | 9241 | 9017 | 203 | 21 | 0.23 |
| 县卫生局属 | 14325 | 25 | 99.83 | 5467 | 5349 | 104 | 14 | 0.26 |
| 中医医院 | 7856 | 50 | 99.37 | 3799 | 3702 | 90 | 7 | 0.18 |
| 医学院校附属医院 | 26923 | 116 | 99.57 | 12610 | 12429 | 159 | 22 | 0.17 |
| 传染病院 | 464 | 1 | 99.78 | 274 | 258 | 15 | 1 | 0.36 |
| 精神病院 | 0 | 0 | 0 | 0 | 0 | 0 | 0 | 0 |
| 结核病院 | 776 | 41 | 94.98 | 170 | 161 | 8 | 1 | 0.59 |
| 妇幼保健院 | 9925 | 8 | 99.92 | 618 | 616 | 2 | 0 | 0.00 |
| 儿童医院 | 5048 | 39 | 99.23 | 2698 | 2670 | 23 | 5 | 0.19 |
| 肿瘤医院 | 5593 | 216 | 96.28 | 2480 | 2396 | 69 | 15 | 0.60 |
| 其他专科医院 | 6290 | 64 | 98.99 | 5717 | 5541 | 136 | 40 | 0.70 |
| 急救医院 | 211 | 0 | 100.00 | 176 | 175 | 1 | 0 | 0.00 |

## 医疗工作情况

| 院内感染情况 | | | 尸检人数 | | | 一级特级护理 | |
|---|---|---|---|---|---|---|---|
| 出院总人数 | 院内感染数 | 院内感染率 % | 死亡人数 | 尸检人数 | 尸检率 % | 人日数 | 褥疮发生数 |
| **636617** | **16684** | **2.62** | **14842** | **184** | **1.24** | **2845534** | **341** |
| 155294 | 2864 | 1.84 | 2831 | 87 | 3.07 | 887232 | 7 |
| 157025 | 6541 | 4.17 | 3799 | 60 | 1.58 | 1089149 | 1 |
| 135923 | 2735 | 2.01 | 3749 | 11 | 0.29 | 320671 | 64 |
| 62751 | 701 | 1.12 | 714 | 8 | 1.12 | 152035 | 254 |
| 125624 | 3843 | 3.06 | 3749 | 18 | 0.48 | 396447 | 15 |
| **510993** | **12841** | **2.51** | **11093** | **166** | **1.50** | **2449087** | **326** |
| 316973 | 8490 | 2.68 | 7094 | 92 | 1.30 | 1077344 | 293 |
| 52422 | 1553 | 2.96 | 921 | 56 | 6.08 | 326249 | 0 |
| 102627 | 3947 | 3.85 | 2363 | 20 | 0.85 | 364832 | 0 |
| 108875 | 2328 | 2.14 | 3190 | 8 | 0.25 | 256728 | 63 |
| 53049 | 662 | 1.25 | 620 | 8 | 1.29 | 129535 | 230 |
| 43472 | 642 | 1.47 | 1270 | 6 | 0.47 | 173407 | 31 |
| 70254 | 740 | 1.05 | 1196 | 19 | 1.59 | 295538 | 0 |
| 7132 | 308 | 4.32 | 352 | 28 | 7.59 | 28238 | 0 |
| 3241 | 770 | 23.76 | 31 | 0 | 0.00 | 551741 | 1 |
| 4942 | 231 | 4.67 | 232 | 9 | 3.88 | 15645 | 0 |
| 18504 | 148 | 0.80 | 13 | 0 | 0.00 | 19464 | 1 |
| 19081 | 969 | 5.08 | 150 | 2 | 1.33 | 56145 | 0 |
| 12093 | 168 | 1.39 | 349 | 4 | 1.15 | 33852 | 0 |
| 13095 | 133 | 1.02 | 172 | 6 | 3.49 | 167428 | 0 |
| 1936 | 242 | 12.50 | 234 | 0 | 0.00 | 30285 | 0 |

## 全市部分医院

四、病床使用及住院者动态之一

| 机构分类名称 | 期末实有病床数 | 住院者动态 | | | | | | | | | 实际开放总床日数 | 平均开放病床数 |
|---|---|---|---|---|---|---|---|---|---|---|---|---|
| | | 期初留院人数 | 期内入院人数 | 期内出院人数 | | | | | | | | |
| | | | | 总计 | 其中：出院病人数 | | | | | 其他 | | |
| | | | | | 计 | 治愈 | 好转 | 未愈 | 死亡 | | | |
| **总计** | **46138** | **33659** | **643281** | **644549** | **574417** | **332420** | **202436** | **24333** | **15228** | **70088** | **17365443** | **47577** |
| 卫生部属 | 8834 | 7513 | 157370 | 157518 | 136941 | 77841 | 48896 | 7317 | 2887 | 20577 | 3627512 | 9938 |
| 市卫生局属 | 12623 | 10371 | 158210 | 158170 | 141743 | 83581 | 47508 | 6754 | 3900 | 16427 | 4663443 | 12777 |
| 区卫生局属 | 9535 | 6459 | 137168 | 137438 | 124731 | 71433 | 44992 | 4495 | 3811 | 12663 | 3483862 | 9545 |
| 县卫生局属 | 3709 | 2592 | 64496 | 65080 | 57974 | 33528 | 21458 | 2137 | 851 | 7106 | 1352961 | 3707 |
| 工业及其他部门 | 11437 | 6724 | 126037 | 126343 | 113028 | 66037 | 39582 | 3630 | 3779 | 13315 | 4237665 | 11610 |
| **卫生部门** | **34701** | **26935** | **517244** | **518206** | **461389** | **266383** | **162854** | **20703** | **11449** | **56773** | **13127778** | **35967** |
| 综合医院 | 19151 | 15160 | 320856 | 321799 | 284891 | 166230 | 99585 | 11730 | 7346 | 36864 | 7037345 | 19280 |
| 卫生部属 | 2888 | 2681 | 52386 | 52422 | 41590 | 23518 | 15221 | 1929 | 922 | 10832 | 1055156 | 2891 |
| 市卫生局属 | 5511 | 5007 | 103699 | 103772 | 93631 | 57572 | 29463 | 4150 | 2446 | 10141 | 2068238 | 5666 |
| 区卫生局属 | 7648 | 5255 | 109875 | 110264 | 100374 | 55931 | 37447 | 3772 | 3224 | 9846 | 2801466 | 7675 |
| 县卫生局属 | 3104 | 2217 | 54896 | 55341 | 49296 | 29209 | 17454 | 1879 | 754 | 6045 | 1112485 | 3048 |
| 中医医院 | 4143 | 2693 | 43532 | 43908 | 41251 | 18462 | 19970 | 1519 | 1300 | 2657 | 1507847 | 4131 |
| 医学院校 | 2879 | 2498 | 72406 | 72478 | 64650 | 38747 | 20777 | 3876 | 1250 | 7828 | 1471280 | 4031 |
| 传染病院 | 1004 | 547 | 7211 | 7132 | 6876 | 3866 | 2256 | 401 | 353 | 256 | 366460 | 1004 |
| 精神病院 | 2169 | 2217 | 3188 | 3241 | 3233 | 1281 | 1797 | 121 | 34 | 8 | 798530 | 2188 |
| 结核病院 | 1133 | 708 | 4842 | 4942 | 4809 | 963 | 2859 | 755 | 232 | 133 | 411182 | 1127 |
| 妇幼保健院 | 629 | 541 | 18849 | 18501 | 12915 | 11988 | 770 | 144 | 13 | 5586 | 232906 | 638 |
| 儿童医院 | 995 | 807 | 19134 | 19081 | 18391 | 11643 | 5761 | 821 | 166 | 690 | 348213 | 954 |
| 肿瘤医院 | 1176 | 976 | 12242 | 12093 | 10408 | 5425 | 3894 | 740 | 349 | 1685 | 434740 | 1191 |
| 其他专科医院 | 1322 | 703 | 13048 | 13095 | 12086 | 6914 | 4473 | 527 | 172 | 1009 | 482875 | 1323 |
| 急救医院 | 100 | 85 | 1936 | 1936 | 1879 | 864 | 712 | 69 | 234 | 57 | 36400 | 100 |

## 医疗工作情况

| 实际占用总床日数 | 出院者占床总日数 | 治愈率 % | 好转率 % | 病死率 % | 病床周转次数 | 平均病床工作日 | 病床使用率 % | 出院者平均住院日 | 陪护总人日数 | 陪护率 % | 出院人数中 | | 日均出院人次 |
|---|---|---|---|---|---|---|---|---|---|---|---|---|---|
| | | | | | | | | | | | 公费劳保 | 自费 | |
| **12975920** | **12792487** | **57.87** | **35.24** | **2.65** | **14.59** | **293.77** | **74.72** | **19.85** | **904212** | **6.97** | **362019** | **245423** | **1765.90** |
| 3168588 | 3126384 | 56.84 | 35.71 | 2.11 | 16.66 | 335.13 | 87.35 | 19.85 | 211372 | 6.67 | 98917 | 46075 | 431.56 |
| 3888899 | 3821481 | 58.97 | 33.52 | 2.75 | 12.49 | 307.09 | 83.39 | 24.16 | 120863 | 3.11 | 98232 | 55150 | 433.34 |
| 2419706 | 2419611 | 57.27 | 36.07 | 3.06 | 15.38 | 270.79 | 69.45 | 17.61 | 179659 | 7.42 | 75416 | 47570 | 376.54 |
| 915217 | 861179 | 57.83 | 37.01 | 1.47 | 29.00 | 407.78 | 67.65 | 13.23 | 106267 | 11.61 | 13740 | 50744 | 178.30 |
| 2583510 | 2563832 | 58.43 | 35.02 | 3.34 | 11.62 | 237.62 | 60.97 | 20.29 | 286051 | 11.07 | 75714 | 45884 | 346.15 |
| **10392410** | **10228655** | **57.74** | **35.30** | **2.48** | **15.56** | **312.10** | **79.16** | **19.74** | **618161** | **5.95** | **286305** | **199539** | **1419.70** |
| 5649484 | 5553849 | 58.35 | 34.96 | 2.58 | 18.29 | 321.16 | 80.28 | 17.26 | 375453 | 6.65 | 173801 | 121797 | 881.64 |
| 984772 | 956308 | 56.55 | 36.60 | 2.22 | 18.13 | 340.65 | 93.33 | 18.24 | 73332 | 7.45 | 26460 | 155592 | 143.62 |
| 1885622 | 1882421 | 61.49 | 31.47 | 2.61 | 18.62 | 338.37 | 91.17 | 18.14 | 64834 | 3.44 | 74884 | 27743 | 284.31 |
| 1999988 | 1983237 | 55.72 | 37.31 | 3.21 | 15.02 | 272.48 | 71.39 | 17.99 | 154586 | 7.73 | 61362 | 34812 | 302.09 |
| 779102 | 731883 | 59.25 | 35.41 | 1.53 | 30.96 | 435.91 | 70.03 | 13.22 | 82701 | 10.61 | 11095 | 43650 | 151.62 |
| 999650 | 1005063 | 44.76 | 48.41 | 3.15 | 11.70 | 266.39 | 66.30 | 22.89 | 75285 | 7.53 | 27552 | 16352 | 120.30 |
| 1301143 | 1286350 | 59.93 | 32.14 | 1.93 | 20.43 | 366.83 | 88.44 | 17.75 | 59637 | 4.58 | 50305 | 20018 | 198.57 |
| 208322 | 200832 | 56.22 | 32.81 | 5.13 | 7.10 | 207.49 | 56.85 | 28.16 | 687 | 0.33 | 3921 | 3211 | 19.54 |
| 805130 | 761026 | 39.62 | 55.58 | 1.05 | 1.49 | 371.20 | 100.83 | 234.81 | 6259 | 0.78 | 2783 | 458 | 8.88 |
| 261176 | 267466 | 20.02 | 59.45 | 4.82 | 4.39 | 231.85 | 63.52 | 54.12 | 1638 | 0.63 | 4015 | 927 | 13.54 |
| 198510 | 197228 | 92.82 | 5.96 | 0.10 | 34.18 | 366.71 | 85.23 | 10.66 | 0 | 0.00 | 6725 | 11452 | 50.69 |
| 268876 | 254633 | 63.31 | 31.33 | 0.90 | 20.00 | 281.79 | 77.22 | 13.34 | 40815 | 15.18 | 1 | 15743 | 52.28 |
| 406935 | 392005 | 52.12 | 37.41 | 3.35 | 10.15 | 341.68 | 93.60 | 32.42 | 32115 | 7.89 | 8218 | 3602 | 33.13 |
| 259818 | 274042 | 57.21 | 37.01 | 1.42 | 9.90 | 196.40 | 53.81 | 20.93 | 26272 | 10.11 | 7429 | 5598 | 35.88 |
| 33366 | 36161 | 45.98 | 37.98 | 12.45 | 19.46 | 335.45 | 91.66 | 18.68 | 0 | 0.00 | 1555 | 381 | 5.30 |

## 全市部分医院

四、病床使用及住院者动态之二

| 科别 | 期末实有病床数 | 住院者动态 | | | | | | | | | 实际开放总床日数 | 平均开放病床数 |
|---|---|---|---|---|---|---|---|---|---|---|---|---|
| | | 期初留院人数 | 期内入院人数 | 期内出院人数 | | | | | | | | |
| | | | | 总计 | 其中：出院病人数 | | | | | 其他 | | |
| | | | | | 计 | 治愈 | 好转 | 未愈 | 死亡 | | | |
| **合计** | **46138** | **33659** | **643281** | **644549** | **574417** | **332420** | **202436** | **24333** | **15228** | **70088** | **17365443** | **47577** |
| 内科 | 13037 | 9830 | 173059 | 172543 | 167484 | 48581 | 103553 | 7780 | 7570 | 5059 | 4830251 | 13234 |
| 外科 | 11211 | 8233 | 152420 | 154411 | 143131 | 106081 | 27588 | 6457 | 3005 | 11280 | 4219962 | 11562 |
| 妇科 | 1978 | 1446 | 56513 | 56210 | 33426 | 29084 | 3004 | 1270 | 68 | 22784 | 752158 | 2061 |
| 产科 | 1826 | 1236 | 62614 | 62670 | 44975 | 42997 | 1464 | 497 | 17 | 17695 | 684981 | 1877 |
| 儿科 | 1992 | 1378 | 53075 | 52649 | 50122 | 33326 | 14092 | 2330 | 374 | 2527 | 808875 | 2216 |
| 皮科 | 218 | 132 | 3065 | 3009 | 3001 | 1989 | 940 | 63 | 9 | 8 | 79182 | 217 |
| 眼科 | 1101 | 725 | 18202 | 18377 | 17674 | 15281 | 1748 | 642 | 3 | 703 | 426066 | 1167 |
| 耳鼻喉科 | 695 | 507 | 13704 | 13694 | 13474 | 11384 | 1515 | 556 | 19 | 220 | 278235 | 762 |
| 口腔科 | 299 | 196 | 4101 | 4023 | 3900 | 3408 | 326 | 166 | 0 | 123 | 113075 | 310 |
| 中医科 | 4953 | 3346 | 47817 | 48063 | 45747 | 18531 | 24152 | 1604 | 1460 | 2316 | 1768639 | 4846 |
| 传染病科 | 1779 | 991 | 11749 | 11746 | 11420 | 5862 | 4369 | 658 | 531 | 326 | 677287 | 1856 |
| 肿瘤科 | 1739 | 1364 | 16572 | 16513 | 13419 | 6249 | 5209 | 1102 | 859 | 3094 | 642397 | 1760 |
| 精神科 | 2809 | 2739 | 4373 | 4441 | 4421 | 1670 | 2505 | 200 | 46 | 20 | 1035820 | 2838 |
| 中西医结合科 | 176 | 149 | 2347 | 2307 | 2286 | 570 | 1545 | 62 | 109 | 21 | 69570 | 191 |
| 针灸科 | 12 | 12 | 48 | 76 | 75 | 12 | 59 | 4 | 0 | 1 | 5000 | 14 |
| 理疗科 | 9 | 5 | 24 | 28 | 27 | 2 | 25 | 0 | 0 | 1 | 3285 | 9 |
| 其他 | 2304 | 1370 | 23322 | 23535 | 19607 | 7237 | 10276 | 936 | 1158 | 3928 | 958880 | 2627 |

## 医疗工作情况

| 实际占用总床日数 | 出院者占床总日数 | 治愈率% | 好转率% | 病死率% | 病床周转次数 | 平均病床工作日 | 病床使用率% | 出院者平均住院日 | 陪护总人日数 | 陪护率% | 出院人数中 | | 日均出院人次 |
|---|---|---|---|---|---|---|---|---|---|---|---|---|---|
| | | | | | | | | | | | 公费劳保 | 自费 | |
| **12975920** | **12792487** | **57.87** | **35.24** | **2.65** | **14.59** | **293.77** | **74.72** | **19.85** | **904212** | **6.97** | **362019** | **245423** | **1765.90** |
| 3754846 | 3718607 | 29.01 | 61.83 | 4.52 | 14.11 | 307.12 | 77.74 | 21.55 | 339862 | 9.05 | 119420 | 44301 | 472.72 |
| 3169170 | 3162462 | 74.11 | 19.27 | 2.10 | 14.26 | 292.67 | 75.10 | 20.48 | 222524 | 7.02 | 89163 | 57406 | 423.04 |
| 541127 | 540774 | 87.01 | 8.99 | 0.20 | 31.21 | 300.42 | 71.94 | 9.62 | 20759 | 3.84 | 26776 | 25909 | 154.00 |
| 495186 | 505585 | 95.60 | 3.26 | 0.04 | 35.89 | 283.56 | 72.29 | 8.07 | 6293 | 1.27 | 28574 | 30806 | 171.70 |
| 547969 | 519155 | 66.49 | 28.12 | 0.75 | 24.92 | 259.36 | 67.64 | 9.86 | 70913 | 12.94 | 1567 | 45270 | 144.24 |
| 53420 | 51307 | 66.28 | 31.32 | 0.30 | 16.59 | 294.46 | 67.46 | 17.05 | 520 | 0.97 | 2109 | 675 | 8.24 |
| 288949 | 287994 | 86.46 | 9.89 | 0.02 | 18.49 | 290.67 | 67.82 | 15.67 | 5514 | 1.91 | 10373 | 6941 | 50.35 |
| 204678 | 201348 | 84.49 | 11.24 | 0.14 | 18.06 | 269.88 | 73.56 | 14.70 | 3599 | 1.76 | 8879 | 4043 | 37.52 |
| 68349 | 67189 | 87.38 | 8.36 | 0.00 | 13.70 | 232.74 | 60.45 | 16.70 | 2261 | 3.31 | 1042 | 843 | 11.02 |
| 1225754 | 1228153 | 40.51 | 52.79 | 3.19 | 10.58 | 269.84 | 69.30 | 25.55 | 81801 | 6.67 | 32579 | 14402 | 131.68 |
| 406159 | 403719 | 51.33 | 38.26 | 4.65 | 6.36 | 219.80 | 59.97 | 34.37 | 1381 | 0.34 | 7338 | 4199 | 32.18 |
| 563002 | 537801 | 46.57 | 38.82 | 6.40 | 9.99 | 340.72 | 87.64 | 32.57 | 59762 | 10.61 | 11367 | 4587 | 45.24 |
| 994363 | 908846 | 37.77 | 56.66 | 1.04 | 1.75 | 391.12 | 96.00 | 204.65 | 10660 | 1.07 | 3570 | 871 | 12.17 |
| 55969 | 56060 | 24.93 | 67.59 | 4.77 | 12.49 | 303.08 | 80.45 | 24.30 | 3178 | 5.68 | 1924 | 376 | 6.32 |
| 4933 | 5703 | 16.00 | 78.67 | 0.00 | 5.56 | 360.95 | 98.66 | 75.04 | 361 | 7.32 | 53 | 13 | 0.21 |
| 1541 | 1743 | 7.41 | 92.59 | 0.00 | 3.11 | 171.22 | 46.91 | 62.25 | 0 | 0.00 | 26 | 1 | 0.08 |
| 593933 | 590269 | 36.91 | 52.41 | 5.91 | 9.79 | 246.99 | 61.94 | 25.08 | 70547 | 11.88 | 17468 | 3916 | 64.48 |

| 地区 | 分娩总数 | 手术产分娩方式 | | | | | | 产妇 | | | | | | |
|---|---|---|---|---|---|---|---|---|---|---|---|---|---|---|
| | | 剖腹产 | 产钳术 | 胎头吸引 | 臀产 | | 其他 | 妊高症 | | | | 子宫破裂 | 会阴Ⅲ度裂 | 产后出血 |
| | | | | | 助产 | 牵引 | | 总数 | 先兆子痫 | 子痫 | | | | |
| | | | | | | | | | | 院内 | 院外 | | | |
| **合　计** | **79613** | **33536** | **1756** | **2080** | **338** | **220** | **356** | **5399** | **677** | **14** | **72** | **7** | **21** | **2307** |
| 东城区 | 7601 | 4060 | 117 | 160 | 8 | 6 | 15 | 731 | 83 | 1 | 6 | 0 | 2 | 249 |
| 西城区 | 4836 | 2032 | 247 | 14 | 19 | 5 | 0 | 335 | 62 | 0 | 5 | 0 | 8 | 160 |
| 崇文区 | 2067 | 969 | 50 | 1 | 4 | 1 | 0 | 122 | 30 | 0 | 0 | 0 | 0 | 47 |
| 宣武区 | 3314 | 1600 | 71 | 46 | 19 | 5 | 0 | 129 | 35 | 0 | 1 | 0 | 0 | 80 |
| 朝阳区 | 8754 | 3686 | 372 | 81 | 55 | 48 | 0 | 368 | 71 | 0 | 19 | 3 | 3 | 245 |
| 海淀区 | 11357 | 4228 | 410 | 145 | 43 | 21 | 19 | 489 | 111 | 2 | 10 | 3 | 4 | 655 |
| 丰台区 | 5455 | 2179 | 136 | 297 | 31 | 25 | 1 | 314 | 32 | 0 | 7 | 0 | 2 | 139 |
| 石景山区 | 1855 | 900 | 60 | 14 | 8 | 6 | 115 | 150 | 9 | 1 | 3 | 0 | 0 | 67 |
| 门头沟区 | 1987 | 926 | 0 | 34 | 13 | 4 | 0 | 87 | 28 | 0 | 3 | 0 | 0 | 33 |
| 房山区 | 5541 | 2589 | 92 | 345 | 33 | 7 | 9 | 441 | 74 | 4 | 6 | 1 | 1 | 82 |
| 通州区 | 5144 | 2536 | 20 | 100 | 9 | 19 | 0 | 386 | 17 | 0 | 5 | 0 | 0 | 107 |
| 顺义区 | 3532 | 1139 | 8 | 151 | 16 | 1 | 2 | 169 | 13 | 1 | 0 | 0 | 0 | 46 |
| 昌平区 | 3125 | 1379 | 75 | 121 | 24 | 15 | 183 | 940 | 17 | 1 | 1 | 0 | 0 | 52 |
| 大兴县 | 4919 | 2083 | 49 | 319 | 11 | 33 | 12 | 194 | 25 | 1 | 0 | 0 | 1 | 129 |
| 怀柔县 | 2112 | 803 | 9 | 23 | 9 | 2 | 0 | 129 | 19 | 0 | 0 | 0 | 0 | 42 |
| 密云县 | 3011 | 1009 | 21 | 13 | 8 | 1 | 0 | 244 | 13 | 0 | 3 | 0 | 0 | 79 |
| 延庆县 | 2139 | 511 | 10 | 119 | 6 | 20 | 0 | 95 | 19 | 0 | 1 | 0 | 0 | 69 |
| 平谷县 | 2864 | 907 | 9 | 97 | 22 | 1 | 0 | 76 | 19 | 3 | 2 | 0 | 0 | 26 |

## 科工作情况

| 并发症 | | | | | | 孕产妇死亡数 | 新生儿总数 | 围产儿死亡 | | | 新生儿并发症 | | | | | | | | 出生低体重儿<2500g |
|---|---|---|---|---|---|---|---|---|---|---|---|---|---|---|---|---|---|---|---|
| 产褥感染 | 滞产 | 贫血 | 心脏病 | 肝炎 | 其他 | | | 新生儿死亡人数 | 死胎 | 死产 | 早产 | 双胎 | 窒息 | 肺炎 | 畸形 | 颅内出血 | 感染 | 其他 | |
| **87** | **137** | **5047** | **326** | **720** | **2590** | **24** | **79085** | **231** | **426** | **102** | **2210** | **691** | **2107** | **685** | **686** | **108** | **98** | **905** | **2230** |
| 13 | 3 | 564 | 69 | 362 | 132 | 4 | 7546 | 29 | 43 | 12 | 324 | 93 | 164 | 222 | 124 | 18 | 20 | 3 | 294 |
| 8 | 0 | 324 | 35 | 31 | 209 | 2 | 4804 | 24 | 28 | 4 | 222 | 52 | 119 | 94 | 43 | 44 | 20 | 38 | 167 |
| 0 | 0 | 65 | 8 | 1 | 0 | 1 | 2053 | 8 | 12 | 2 | 68 | 16 | 33 | 11 | 21 | 3 | 0 | 0 | 47 |
| 4 | 0 | 134 | 13 | 28 | 0 | 2 | 3285 | 8 | 26 | 3 | 103 | 26 | 89 | 10 | 26 | 2 | 3 | 0 | 87 |
| 7 | 10 | 398 | 45 | 36 | 82 | 0 | 8690 | 22 | 52 | 12 | 269 | 54 | 254 | 68 | 70 | 2 | 6 | 0 | 224 |
| 28 | 8 | 1110 | 30 | 20 | 161 | 6 | 11301 | 39 | 45 | 11 | 325 | 121 | 321 | 25 | 92 | 18 | 19 | 106 | 333 |
| 4 | 6 | 525 | 2 | 103 | 32 | 0 | 5424 | 8 | 24 | 7 | 133 | 26 | 195 | 43 | 22 | 4 | 6 | 0 | 128 |
| 6 | 0 | 173 | 3 | 6 | 0 | 1 | 1841 | 3 | 12 | 2 | 49 | 10 | 66 | 61 | 24 | 1 | 16 | 28 | 38 |
| 0 | 0 | 82 | 7 | 25 | 0 | 0 | 1969 | 5 | 14 | 4 | 29 | 17 | 36 | 11 | 17 | 0 | 0 | 0 | 36 |
| 5 | 3 | 151 | 75 | 39 | 33 | 0 | 5489 | 17 | 46 | 6 | 141 | 50 | 122 | 9 | 41 | 0 | 2 | 2 | 153 |
| 6 | 32 | 587 | 5 | 7 | 1317 | 0 | 5106 | 14 | 32 | 6 | 138 | 50 | 117 | 21 | 34 | 0 | 0 | 94 | 124 |
| 0 | 38 | 14 | 16 | 13 | 491 | 1 | 3522 | 5 | 7 | 3 | 58 | 30 | 34 | 70 | 24 | 1 | 4 | 504 | 46 |
| 2 | 21 | 460 | 0 | 6 | 0 | 2 | 3104 | 2 | 21 | 0 | 44 | 30 | 125 | 7 | 16 | 0 | 0 | 0 | 76 |
| 4 | 4 | 97 | 3 | 13 | 6 | 2 | 4878 | 15 | 21 | 20 | 96 | 36 | 97 | 12 | 38 | 4 | 0 | 1 | 179 |
| 0 | 1 | 124 | 0 | 17 | 120 | 1 | 2101 | 6 | 11 | 0 | 34 | 14 | 36 | 0 | 20 | 0 | 0 | 0 | 20 |
| 0 | 11 | 116 | 3 | 2 | 7 | 1 | 3000 | 12 | 9 | 2 | 41 | 18 | 102 | 5 | 39 | 4 | 0 | 0 | 85 |
| 0 | 0 | 25 | 7 | 6 | 0 | 0 | 2122 | 5 | 12 | 5 | 60 | 24 | 66 | 0 | 15 | 0 | 0 | 0 | 95 |
| 0 | 0 | 98 | 5 | 5 | 0 | 1 | 2850 | 9 | 11 | 3 | 76 | 24 | 131 | 16 | 20 | 7 | 2 | 129 | 98 |

| 地区 | 应检人数 | | | 实检人数 | | | 疾病人数 | | | 传染病 | | | 其中性病 | | | 艾滋病HIV感染 | | |
|---|---|---|---|---|---|---|---|---|---|---|---|---|---|---|---|---|---|---|
| | 计 | 男 | 女 | 计 | 男 | 女 | 计 | 男 | 女 | 计 | 男 | 女 | 计 | 男 | 女 | 计 | 男 | 女 |
| **全市合计** | **162055** | **81030** | **81025** | **159944** | **80133** | **79811** | **10992** | **6418** | **4574** | **534** | **318** | **216** | **108** | **42** | **66** | **1** | **0** | **1** |
| 东城区 | 9914 | 4957 | 4957 | 13218 | 6676 | 6542 | 716 | 438 | 278 | 17 | 11 | 6 | 7 | 6 | 1 | 1 | 0 | 1 |
| 西城区 | 12940 | 6470 | 6470 | 16745 | 8353 | 8392 | 1075 | 676 | 399 | 57 | 35 | 22 | 17 | 5 | 12 | 0 | 0 | 0 |
| 崇文区 | 4915 | 2458 | 2457 | 5723 | 2865 | 2858 | 362 | 155 | 207 | 16 | 11 | 5 | 9 | 1 | 8 | 0 | 0 | 0 |
| 宣武区 | 6554 | 3277 | 3277 | 6460 | 3225 | 3235 | 411 | 186 | 225 | 3 | 2 | 1 | 0 | 0 | 0 | 0 | 0 | 0 |
| 朝阳区 | 21702 | 10851 | 10851 | 19967 | 9989 | 9978 | 1134 | 551 | 583 | 66 | 40 | 26 | 8 | 2 | 6 | 0 | 0 | 0 |
| 海淀区 | 30006 | 15003 | 15003 | 27073 | 13625 | 13448 | 2016 | 1357 | 659 | 96 | 69 | 27 | 17 | 11 | 6 | 0 | 0 | 0 |
| 丰台区 | 12630 | 6315 | 6315 | 9764 | 4865 | 4899 | 606 | 231 | 375 | 17 | 5 | 12 | 9 | 2 | 7 | 0 | 0 | 0 |
| 石景山区 | 4964 | 2482 | 2482 | 4887 | 2441 | 2446 | 308 | 243 | 65 | 2 | 2 | 0 | 0 | 0 | 0 | 0 | 0 | 0 |
| 门头沟区 | 3744 | 1872 | 1872 | 3744 | 1872 | 1872 | 181 | 94 | 87 | 6 | 2 | 4 | 0 | 0 | 0 | 0 | 0 | 0 |
| 房山区 | 11088 | 5544 | 5544 | 10598 | 5330 | 5268 | 751 | 499 | 252 | 18 | 10 | 8 | 7 | 3 | 4 | 0 | 0 | 0 |
| 通州区 | 7718 | 3859 | 3859 | 7373 | 3686 | 3687 | 854 | 577 | 277 | 128 | 72 | 56 | 5 | 3 | 2 | 0 | 0 | 0 |
| 顺义区 | 6120 | 3060 | 3060 | 6003 | 3005 | 2998 | 318 | 197 | 121 | 8 | 6 | 2 | 0 | 0 | 0 | 0 | 0 | 0 |
| 昌平区 | 6034 | 3022 | 3012 | 5768 | 2889 | 2879 | 470 | 237 | 233 | 9 | 7 | 2 | 3 | 2 | 1 | 0 | 0 | 0 |
| 大兴县 | 7968 | 3984 | 3984 | 7189 | 3600 | 3589 | 675 | 435 | 240 | 44 | 24 | 20 | 9 | 1 | 8 | 0 | 0 | 0 |
| 怀柔县 | 2758 | 1379 | 1379 | 3007 | 1506 | 1501 | 321 | 146 | 175 | 11 | 9 | 2 | 5 | 4 | 1 | 0 | 0 | 0 |
| 密云县 | 5020 | 2510 | 2510 | 4822 | 2411 | 2411 | 254 | 118 | 136 | 24 | 16 | 8 | 4 | 0 | 4 | 0 | 0 | 0 |
| 延庆县 | 3534 | 1767 | 1767 | 3335 | 1664 | 1671 | 263 | 152 | 111 | 5 | 1 | 4 | 3 | 1 | 2 | 0 | 0 | 0 |
| 平谷县 | 4446 | 2220 | 2226 | 4268 | 2131 | 2137 | 277 | 126 | 151 | 7 | 2 | 5 | 5 | 1 | 4 | 0 | 0 | 0 |

查疾病分类情况

| 严重遗传病 | | | 有关精神病 | | | 生殖系统疾病 | | | 内科系统疾病 | | | 医学指导人数 | | | 暂缓结婚 | | | 不宜生育 | | | 其中结扎人数 | | | 限制性别人数 | | | 婚检率(%) | 检出率(%) |
|---|---|---|---|---|---|---|---|---|---|---|---|---|---|---|---|---|---|---|---|---|---|---|---|---|---|---|---|---|
| 计 | 男 | 女 | 计 | 男 | 女 | 计 | 男 | 女 | 计 | 男 | 女 | 计 | 男 | 女 | 计 | 男 | 女 | 计 | 男 | 女 | 计 | 男 | 女 | 计 | 男 | 女 | | |
| **2007** | **1020** | **987** | **58** | **11** | **47** | **4386** | **2503** | **1883** | **2960** | **2023** | **937** | **376** | **204** | **172** | **290** | **176** | **114** | **86** | **28** | **58** | **1** | **0** | **1** | **0** | **0** | **0** | **98.69** | **6.87** |
| 153 | 30 | 123 | 2 | 0 | 2 | 372 | 272 | 100 | 112 | 87 | 25 | 3 | 2 | 1 | 3 | 2 | 1 | 0 | 0 | 0 | 0 | 0 | 0 | 0 | 0 | 0 | 133.33 | 5.42 |
| 379 | 243 | 136 | 0 | 0 | 0 | 132 | 47 | 85 | 409 | 332 | 77 | 61 | 35 | 26 | 56 | 34 | 22 | 5 | 1 | 4 | 0 | 0 | 0 | 0 | 0 | 0 | 129.40 | 6.42 |
| 74 | 20 | 54 | 1 | 0 | 1 | 129 | 57 | 72 | 106 | 58 | 48 | 10 | 2 | 8 | 8 | 2 | 6 | 2 | 0 | 2 | 0 | 0 | 0 | 0 | 0 | 0 | 116.44 | 6.33 |
| 98 | 30 | 68 | 8 | 2 | 6 | 167 | 92 | 75 | 74 | 41 | 33 | 9 | 4 | 5 | 3 | 2 | 1 | 6 | 2 | 4 | 0 | 0 | 0 | 0 | 0 | 0 | 98.56 | 6.36 |
| 253 | 123 | 130 | 3 | 2 | 1 | 412 | 122 | 290 | 288 | 192 | 96 | 5 | 2 | 3 | 2 | 1 | 1 | 3 | 1 | 2 | 0 | 0 | 0 | 0 | 0 | 0 | 92.00 | 5.68 |
| 437 | 255 | 182 | 7 | 2 | 5 | 690 | 438 | 252 | 567 | 444 | 123 | 98 | 61 | 37 | 74 | 52 | 22 | 24 | 9 | 15 | 0 | 0 | 0 | 0 | 0 | 0 | 90.00 | 7.45 |
| 204 | 95 | 109 | 9 | 2 | 7 | 158 | 13 | 145 | 150 | 86 | 64 | 6 | 2 | 4 | 0 | 0 | 0 | 6 | 2 | 4 | 0 | 0 | 0 | 0 | 0 | 0 | 77.30 | 6.21 |
| 6 | 4 | 2 | 1 | 0 | 1 | 46 | 23 | 23 | 221 | 193 | 28 | 1 | 1 | 0 | 0 | 0 | 0 | 1 | 1 | 0 | 0 | 0 | 0 | 0 | 0 | 0 | 98.44 | 6.30 |
| 20 | 13 | 7 | 0 | 0 | 0 | 62 | 35 | 27 | 81 | 36 | 45 | 9 | 3 | 6 | 6 | 2 | 4 | 3 | 1 | 2 | 0 | 0 | 0 | 0 | 0 | 0 | 100.00 | 4.83 |
| 83 | 30 | 53 | 4 | 0 | 4 | 315 | 231 | 84 | 241 | 186 | 55 | 29 | 11 | 18 | 20 | 10 | 10 | 9 | 1 | 8 | 0 | 0 | 0 | 0 | 0 | 0 | 95.58 | 7.09 |
| 84 | 54 | 30 | 3 | 0 | 3 | 533 | 401 | 132 | 77 | 34 | 43 | 23 | 11 | 12 | 15 | 8 | 7 | 8 | 3 | 5 | 0 | 0 | 0 | 0 | 0 | 0 | 95.52 | 11.85 |
| 20 | 12 | 8 | 4 | 2 | 2 | 166 | 133 | 33 | 100 | 30 | 70 | 15 | 9 | 6 | 8 | 5 | 3 | 7 | 4 | 3 | 0 | 0 | 0 | 0 | 0 | 0 | 98.08 | 5.30 |
| 42 | 34 | 8 | 4 | 0 | 4 | 221 | 49 | 172 | 170 | 130 | 40 | 12 | 7 | 5 | 9 | 7 | 2 | 3 | 0 | 3 | 0 | 0 | 0 | 0 | 0 | 0 | 95.59 | 8.15 |
| 100 | 54 | 46 | 4 | 0 | 4 | 306 | 248 | 58 | 148 | 89 | 59 | 47 | 25 | 22 | 45 | 25 | 20 | 2 | 0 | 2 | 0 | 0 | 0 | 0 | 0 | 0 | 90.22 | 9.39 |
| 12 | 6 | 6 | 3 | 1 | 2 | 163 | 67 | 96 | 105 | 42 | 63 | 9 | 8 | 1 | 9 | 8 | 1 | 0 | 0 | 0 | 0 | 0 | 0 | 0 | 0 | 0 | 109.03 | 10.68 |
| 18 | 5 | 13 | 0 | 0 | 0 | 91 | 44 | 47 | 74 | 29 | 45 | 24 | 16 | 8 | 24 | 16 | 8 | 0 | 0 | 0 | 0 | 0 | 0 | 0 | 0 | 0 | 96.05 | 5.27 |
| 4 | 3 | 1 | 3 | 0 | 3 | 210 | 135 | 75 | 18 | 6 | 12 | 2 | 0 | 2 | 2 | 0 | 2 | 0 | 0 | 0 | 0 | 0 | 0 | 0 | 0 | 0 | 94.36 | 7.89 |
| 20 | 9 | 11 | 2 | 0 | 2 | 213 | 96 | 117 | 19 | 8 | 11 | 13 | 5 | 8 | 6 | 2 | 4 | 7 | 3 | 4 | 1 | 0 | 1 | 0 | 0 | 0 | 95.99 | 6.49 |

## 全市妇女病查治工作情况

| 地区 | 应查人数 | 实查人数 | 查出妇科病人数 | 滴虫性阴道炎 | | 宫颈糜烂 | | 淋病 | | 尖锐湿疣 | | 宫颈癌 | | 乳腺癌 | | 尿瘘 | | | Ⅱ度以上子宫脱垂 | | |
|---|---|---|---|---|---|---|---|---|---|---|---|---|---|---|---|---|---|---|---|---|---|
| | | | | 例数 | 治疗数 | 例数 | 治疗数 | 例数 | 治疗数 | 例数 | 治疗数 | 例数 | 治疗数 | 例数 | 治疗数 | 例数 | 其中：当年新发病例数 | 治疗数 | 例数 | 其中：当年新发病例数 | 治疗数 |
| **合计** | **285903** | **202254** | **80168** | **3334** | **3207** | **37643** | **34125** | **—** | **—** | **103** | **101** | **8** | **8** | **16** | **15** | **6** | **0** | **5** | **66** | **25** | **41** |
| 东城区 | 11233 | 9901 | 5944 | 51 | 51 | 3112 | 3026 | 0 | 0 | 8 | 8 | 1 | 1 | 0 | 0 | 1 | 0 | 0 | 7 | 0 | 4 |
| 西城区 | 16795 | 15640 | 6890 | 73 | 73 | 2379 | 2283 | — | — | 71 | 71 | 3 | 3 | 0 | 0 | 0 | 0 | 0 | 6 | 0 | 0 |
| 崇文区 | 12560 | 12559 | 5062 | 97 | 95 | 3208 | 3079 | — | — | 1 | 1 | 0 | 0 | 0 | 0 | 0 | 0 | 0 | 3 | 0 | 3 |
| 宣武区 | 7572 | 7119 | 3516 | 83 | 83 | 1518 | 1341 | — | — | — | — | 0 | 0 | 1 | 1 | 0 | 0 | 0 | 1 | 1 | 1 |
| 朝阳区 | 29013 | 24888 | 8839 | 396 | 328 | 4028 | 3203 | 0 | 0 | 4 | 3 | 1 | 1 | 1 | 1 | 5 | 0 | 5 | 10 | 0 | 2 |
| 海淀区 | 38414 | 31084 | 12442 | 291 | 291 | 6512 | 5628 | — | — | 8 | 8 | 2 | 2 | 4 | 4 | 0 | 0 | 0 | 18 | 15 | 15 |
| 丰台区 | 14775 | 13449 | 5278 | 164 | 144 | 2744 | 2340 | — | — | 0 | 0 | 0 | 0 | 1 | 0 | 0 | 0 | 0 | 2 | 1 | 1 |
| 石景山区 | 6036 | 4929 | 1807 | 15 | 11 | 824 | 737 | — | — | 0 | 0 | 0 | 0 | 2 | 2 | 0 | 0 | 0 | 0 | 0 | 0 |
| 门头沟区 | 3102 | 2749 | 1253 | 94 | 94 | 755 | 755 | — | — | — | — | 0 | 0 | 0 | 0 | 0 | 0 | 0 | 0 | 0 | 0 |
| 房山区 | 30569 | 8203 | 4288 | 319 | 319 | 1994 | 1994 | — | — | — | — | 0 | 0 | 0 | 0 | 0 | 0 | 0 | 2 | 1 | 1 |
| 通州区 | 31596 | 16158 | 5983 | 161 | 161 | 2731 | 2654 | — | — | 0 | 0 | 0 | 0 | 3 | 3 | 0 | 0 | 0 | 5 | 2 | 4 |
| 顺义区 | 11667 | 7402 | 2980 | 243 | 243 | 1462 | 1459 | 0 | 0 | 2 | 2 | 0 | 0 | 0 | 0 | 0 | 0 | 0 | 0 | 0 | 0 |
| 昌平区 | 3529 | 2418 | 1596 | 25 | 25 | 386 | 386 | 0 | 0 | 0 | 0 | 0 | 0 | 0 | 0 | 0 | 0 | 0 | 1 | 0 | 0 |
| 大兴县 | 20359 | 12512 | 4256 | 161 | 161 | 2498 | 1894 | — | — | 5 | 4 | 0 | 0 | 1 | 1 | 0 | 0 | 0 | 4 | 0 | 3 |
| 怀柔县 | 8433 | 5717 | 1977 | 305 | 291 | 891 | 884 | — | — | 1 | 1 | 0 | 0 | 0 | 0 | 0 | 0 | 0 | 0 | 0 | 0 |
| 密云县 | 26136 | 18929 | 4899 | 668 | 668 | 1140 | 1140 | — | — | — | — | 0 | 0 | 3 | 3 | 0 | 0 | 0 | 7 | 5 | 7 |
| 延庆县 | 2168 | 1955 | 1156 | 5 | 5 | 514 | 514 | — | — | 3 | 3 | 0 | 0 | 0 | 0 | 0 | 0 | 0 | 0 | 0 | 0 |
| 平谷县 | 11946 | 6642 | 2002 | 183 | 164 | 847 | 808 | — | — | — | — | 1 | 1 | 0 | 0 | 0 | 0 | 0 | 0 | 0 | 0 |

注：未发现艾滋病－HIV感染者。

## 全市平均每千人口医生、护士、卫生技术人员及床位数

| | | 全市 | 市 | 县 |
|---|---|---|---|---|
| 平均每千人口床位数 | (张) | 6.32 | 6.79 | 4.52 |
| 平均每千人口医院床位数 | (张) | 6.15 | 6.63 | 4.37 |
| 平均每千人口卫生人员数 | (人) | 14.71 | 16.60 | 7.55 |
| 平均每千人口卫生技术人员数 | (人) | 10.60 | 11.83 | 5.95 |
| 平均每千人口医生数 | (人) | 4.79 | 5.25 | 3.01 |
| 平均每千人口医师数 | (人) | 4.29 | 4.76 | 2.50 |
| 平均每千人口护士数 | (人) | 3.60 | 4.11 | 1.67 |

## 126个县及县以上医院住院病人前十位疾病构成

| 城市 | | | 农村 | | |
|---|---|---|---|---|---|
| 顺位 | 疾病 | % | 顺位 | 疾病 | % |
| 1 | 循环系统疾病 | 19.61 | 1 | 循环系统疾病 | 23.05 |
| 2 | 呼吸系统疾病 | 11.70 | 2 | 损伤和中毒 | 14.06 |
| 3 | 消化系统疾病 | 10.56 | 3 | 妊娠病、分娩病及产褥期并发症 | 13.86 |
| 4 | 妊娠病、分娩病及产褥期并发症 | 9.49 | 4 | 呼吸系统疾病 | 13.36 |
| 5 | 恶性肿瘤 | 7.42 | 5 | 消化系统疾病 | 12.50 |
| 6 | 损伤和中毒 | 6.37 | 6 | 泌尿生殖系统疾病 | 4.80 |
| 7 | 泌尿生殖系统疾病 | 6.10 | 7 | 神经系统和感觉器官疾病 | 2.83 |
| 8 | 神经系统和感觉器官疾病 | 5.53 | 8 | 内分泌、营养和代谢疾病及免疫疾病 | 2.24 |
| 9 | 肌肉、骨骼系统和结缔组织疾病 | 3.85 | 9 | 恶性肿瘤 | 2.20 |
| 10 | 传染病和寄生虫病 | 3.74 | 10 | 肌肉、骨骼系统和结缔组织疾病 | 2.06 |
| **计** | **十种疾病** | **84.37** | **计** | **十种疾病** | **90.96** |

## 126个县及县以上医院住院病人"损伤和中毒"外部原因前十位构成

| 城市 | | | 农村 | | |
|---|---|---|---|---|---|
| 顺位 | 疾病 | % | 顺位 | 疾病 | % |
| 1 | 意外跌伤 | 25.12 | 1 | 机动车辆交通事故 | 38.19 |
| 2 | 机动车辆交通事故 | 21.10 | 2 | 意外跌伤 | 16.41 |
| 3 | 他杀和他伤 | 12.17 | 3 | 他杀和他伤 | 15.25 |
| 4 | 由机器切割和穿刺工具所致意外事故 | 6.70 | 4 | 由机器切割和穿刺工具所致意外事故 | 5.27 |
| 5 | 坠落物体的意外撞击 | 4.29 | 5 | 意外中毒 | 4.51 |
| 6 | 医疗事故、异常反应和晚期并发症 | 3.59 | 6 | 自杀和自伤 | 3.56 |
| 7 | 机动车辆以外的运输事故 | 3.48 | 7 | 坠落物体的意外撞击 | 2.48 |
| 8 | 意外中毒 | 2.79 | 8 | 机动车以外的运输事故 | 2.14 |
| 9 | 自杀和自伤 | 1.44 | 9 | 由自然和环境因素所致意外事故 | 0.86 |
| 10 | 触电 | 1.09 | 10 | 医疗事故、异常反应和晚期并发症 | 0.72 |
| **计.** | **十种疾病** | **81.77** | **计** | **十种疾病** | **89.39** |

## 急救中心院前急救逐月工作量

| 月　　份 | 合计 | 1 | 2 | 3 | 4 | 5 | 6 | 7 | 8 | 9 | 10 | 11 | 12 |
|---|---|---|---|---|---|---|---|---|---|---|---|---|---|
| 接电话次数 | **66045** | 5779 | 4985 | 5243 | 5249 | 5055 | 4736 | 6301 | 5294 | 5040 | 5886 | 6142 | 6335 |
| 出车次数 | **49392** | 4495 | 3945 | 4163 | 3994 | 3843 | 3906 | 4617 | 3924 | 3655 | 4243 | 4265 | 4342 |
| 其中:抢救车 | **8385** | 773 | 698 | 770 | 713 | 686 | 597 | 738 | 619 | 572 | 705 | 784 | 730 |
| 接诊病人数 | **42194** | 3897 | 3332 | 3516 | 3329 | 3112 | 3430 | 4050 | 3378 | 3064 | 3628 | 3684 | 3774 |
| 其中:危重病人 | **5765** | 480 | 443 | 545 | 547 | 482 | 491 | 496 | 452 | 426 | 502 | 386 | 515 |
| 行驶公里(万) | **119.60** | 11.40 | 9.22 | 11.53 | 11.20 | 9.36 | 8.32 | 10.80 | 9.13 | 10.29 | 8.30 | 9.90 | 10.15 |

## 急救中心院前急救病人疾病分类及构成

| 序　号 | 疾　病　名　称 | 构成(%) | 序　号 | 疾　病　名　称 | 构成(%) |
|---|---|---|---|---|---|
| 1 | 循环系统疾病 | 44.69 | 7 | 内分泌、营养和代谢疾病及免疫疾病 | 0.54 |
| | 其中:冠心病 | 15.05 | 8 | 肿瘤 | 3.78 |
| | 脑血管病 | 16.37 | 9 | 损伤和中毒 | 20.05 |
| | 高血压病 | 4.75 | | 其中:骨折 | 5.54 |
| 2 | 呼吸系统疾病 | 6.33 | | 各种外伤 | 4.27 |
| 3 | 消化系统疾病 | 6.02 | | 各种中毒 | 5.23 |
| 4 | 神经系统疾病 | 1.13 | 10 | 其他疾病 | 5.80 |
| 5 | 泌尿系统疾病 | 1.07 | 11 | 自然死亡 | 9.92 |
| 6 | 妊娠病、分娩病及产褥期并发症 | 0.67 | | 合　计 | **100** |

## 急救中心院前急救病人疗效情况

| 月　　份 | 接诊总人次 | 普通病人 | | 危重病人 | | | | |
|---|---|---|---|---|---|---|---|---|
| | | 计 | 救治人次 | 计 | 显　效 | 有　效 | 无变化 | 死　亡 |
| 合计 | **42194** | **36429** | **1220** | **5765** | **952** | **2470** | **2254** | **89** |
| 1 | 3897 | 3417 | 152 | 480 | 3 | 170 | 301 | 6 |
| 2 | 3332 | 2889 | 126 | 443 | 1 | 174 | 268 | 0 |
| 3 | 3516 | 2971 | 102 | 545 | 106 | 245 | 189 | 5 |
| 4 | 3329 | 2782 | 47 | 547 | 129 | 225 | 181 | 12 |
| 5 | 3112 | 2630 | 27 | 482 | 95 | 239 | 137 | 11 |
| 6 | 3430 | 2939 | 43 | 491 | 110 | 216 | 158 | 7 |
| 7 | 4050 | 3554 | 77 | 496 | 91 | 237 | 160 | 8 |
| 8 | 3378 | 2926 | 57 | 452 | 86 | 206 | 150 | 10 |
| 9 | 3064 | 2638 | 42 | 426 | 105 | 183 | 130 | 8 |
| 10 | 3628 | 3126 | 86 | 502 | 105 | 211 | 178 | 8 |
| 11 | 3684 | 3298 | 279 | 386 | 49 | 180 | 153 | 4 |
| 12 | 3774 | 3259 | 182 | 515 | 72 | 184 | 249 | 10 |

## 各区急救站出车车次及接诊病人情况

| | 出车次数 | 接诊病人数(人次) | | 行驶公里 |
|---|---|---|---|---|
| | | 计 | 其中:危重病人 | |
| 合计 | **9998** | **8523** | **2047** | **189526** |
| 东城区 | 4667 | 3890 | 1059 | 89778 |
| 宣武区 | 1936 | 1526 | 30 | 43000 |
| 朝阳区 | 1174 | 1003 | 384 | 11594 |
| 海淀区 | 1034 | 1054 | 163 | 14754 |
| 石景山区 | 1187 | 1050 | 411 | 30400 |

## 全市公共场所卫生监测指标情况

| 监测指标 | 新审批监测 | | | 复核卫生许可证监测 | | | 经常性监测 | | |
|---|---|---|---|---|---|---|---|---|---|
| | 监测件数 | 合格数 | 合格率(%) | 监测件数 | 合格数 | 合格率(%) | 监测件数 | 合格数 | 合格率(%) |
| 合计 | **60650** | **58624** | **96.66** | **97329** | **93851** | **96.43** | **70886** | **66908** | **94.39** |
| 温度 | 5928 | 5667 | 95.60 | 9620 | 9171 | 95.33 | 5040 | 4706 | 93.37 |
| 相对湿度 | 5186 | 4692 | 90.47 | 8725 | 7676 | 87.98 | 4072 | 3322 | 81.58 |
| 风速 | 4525 | 4396 | 97.15 | 9245 | 9178 | 99.28 | 4615 | 4560 | 98.81 |
| 照度 | 5588 | 5471 | 47.91 | 10394 | 10117 | 97.34 | 6256 | 5985 | 95.67 |
| 噪声 | 4972 | 4871 | 97.97 | 9880 | 9675 | 97.93 | 5583 | 5354 | 95.90 |
| 新风量 | 24 | 21 | 87.50 | 138 | 75 | 54.35 | 74 | 74 | 100.00 |
| 机械通风量 | 0 | 0 | 0.00 | 0 | 0 | 0.00 | 0 | 0 | 0.00 |
| 一氧化碳 | 6941 | 6888 | 99.24 | 10887 | 10573 | 97.12 | 7165 | 7001 | 97.71 |
| 二氧化碳 | 7353 | 7230 | 98.33 | 11508 | 11226 | 97.55 | 7298 | 7028 | 96.30 |
| 可吸入颗粒 | 2319 | 2295 | 98.97 | 4678 | 4653 | 99.47 | 2562 | 2422 | 94.54 |
| 甲醛 | 51 | 51 | 100.00 | 21 | 21 | 100.00 | 46 | 46 | 100.00 |
| 空气细菌 | 6174 | 5909 | 95.71 | 7691 | 7384 | 96.01 | 7043 | 6594 | 93.62 |
| 细菌总数 | 5182 | 4857 | 93.73 | 4894 | 4590 | 93.79 | 6752 | 6088 | 90.17 |
| 大肠菌群 | 5211 | 5166 | 99.14 | 5044 | 4960 | 98.33 | 6233 | 6141 | 98.68 |
| 水温 | 119 | 116 | 97.48 | 450 | 449 | 99.78 | 545 | 545 | 100.00 |
| 浊度 | 190 | 177 | 93.16 | 490 | 487 | 99.39 | 1048 | 1004 | 95.80 |
| 氨 | 3 | 3 | 100.00 | 5 | 5 | 100.00 | 2 | 2 | 100.00 |
| PH值 | 194 | 191 | 98.45 | 826 | 822 | 99.52 | 1523 | 1515 | 99.47 |
| 耗氧量 | 48 | 48 | 100.00 | 73 | 73 | 100.00 | 288 | 258 | 89.58 |
| 尿素 | 145 | 145 | 100.00 | 699 | 685 | 98.00 | 927 | 825 | 89.00 |
| 余氯 | 153 | 110 | 71.90 | 626 | 611 | 97.60 | 1504 | 1297 | 86.24 |
| 池水细菌数 | 179 | 158 | 88.27 | 637 | 630 | 98.90 | 1160 | 1017 | 87.67 |
| 池水大肠菌 | 165 | 162 | 98.18 | 798 | 790 | 99.00 | 1160 | 1124 | 96.90 |

## 全市公共场所各行业卫生监测情况

| 公共场所归类行业名称 | 新审批监测 | | | 复核卫生许可证监测 | | | 经常性监测 | | |
|---|---|---|---|---|---|---|---|---|---|
| | 监测件数 | 合格数 | 合格率(%) | 监测件数 | 合格数 | 合格率(%) | 监测件数 | 合格数 | 合格率(%) |
| **合　计** | **60650** | **58624** | **96.66** | **97329** | **93851** | **96.43** | **70886** | **66908** | **94.39** |
| 旅 店 业 | 17054 | 16802 | 98.52 | 51722 | 49596 | 95.89 | 33552 | 32116 | 95.72 |
| 文化娱乐业 | 9938 | 9515 | 95.78 | 9644 | 9199 | 95.39 | 5799 | 5425 | 93.56 |
| 公共浴池 | 10488 | 10229 | 97.53 | 3909 | 3818 | 97.67 | 2479 | 2264 | 91.33 |
| 理发美容业 | 16383 | 15727 | 95.99 | 7180 | 6915 | 96.31 | 8405 | 7951 | 94.60 |
| 游泳场所 | 1398 | 1317 | 94.18 | 4726 | 4672 | 98.86 | 8844 | 8300 | 93.85 |
| 体育场馆 | 815 | 811 | 99.51 | 223 | 171 | 76.68 | 490 | 427 | 87.14 |
| 图美博展馆 | 69 | 59 | 85.51 | 904 | 863 | 95.46 | 1259 | 1059 | 84.11 |
| 商场书店 | 4505 | 4164 | 92.44 | 18952 | 18548 | 97.87 | 9989 | 9300 | 93.10 |
| 医院候诊室 | 0 | 0 | 0.00 | 0 | 0 | 0.00 | 0 | 0 | 0.00 |
| 公交等候室 | 0 | 0 | 0.00 | 69 | 69 | 100.00 | 69 | 66 | 95.65 |
| 交通工具 | 0 | 0 | 0.00 | 0 | 0 | 0.00 | 0 | 0 | 0.00 |

## 全市农村改水情况

| 区县名称 | 农村总人口(万人) | 已改水受益人口(万人) | | | | | | | | | | | | | | 用于改水投资(万元) | |
|---|---|---|---|---|---|---|---|---|---|---|---|---|---|---|---|---|---|
| | | 合计 | | | 自来水 | | | | 手压机井 | | | | 其他 | | | 总额 | 国家 |
| | | 累计受益 | % | 当年受益 | 厂站(万) | 累计受益 | % | 当年受益 | 台(万) | 累计受益 | % | 当年受益 | 累计受益 | % | 当年受益 | 合计 | 合计 |
| **合计** | **373.4** | **372.8** | **99.8** | **0.33** | **3839** | **365.9** | **98.0** | **0.66** | **1.6** | **5.0** | **1.3** | **-0.33** | **1.9** | **0.5** | **0** | **3722.67** | **399.67** |
| 朝阳区 | 21.7 | 21.7 | 100.0 | 0 | 175 | 21.7 | 100.0 | 0 | 0 | 0 | 0 | 0 | 0 | 0 | 0 | 0 | 0 |
| 海淀区 | 14.2 | 14.2 | 100.0 | 0 | 78 | 14.2 | 100.0 | 0 | 0 | 0 | 0 | 0 | 0 | 0 | 0 | 0 | 0 |
| 丰台区 | 15.5 | 15.5 | 100.0 | 0 | 81 | 15.5 | 100.0 | 0 | 0 | 0 | 0 | 0 | 0 | 0 | 0 | 0 | 0 |
| 石景山区 | 1.7 | 1.7 | 100.0 | 0 | 11 | 1.7 | 100.0 | 0 | 0 | 0 | 0 | 0 | 0 | 0 | 0 | 0 | 0 |
| 门头沟区 | 9.4 | 9.4 | 99.8 | 0 | 175 | 9.3 | 99.2 | 0 | 0 | 0 | 0 | 0 | 0.1 | 0.6 | 0 | 251.35 | 50.00 |
| 房山区 | 50.0 | 49.8 | 99.5 | 0 | 387 | 47.4 | 94.7 | 0 | 0.2 | 0.8 | 1.6 | 0 | 1.6 | 3.2 | 0 | 86.28 | 12.94 |
| 通州区 | 43.8 | 43.8 | 100.0 | 0 | 460 | 43.8 | 100.0 | 0 | 0 | 0 | 0 | 0 | 0 | 0 | 0 | 323.86 | 24.00 |
| 顺义区 | 44.7 | 44.7 | 100.0 | 0 | 426 | 44.7 | 100.0 | 0 | 0 | 0 | 0 | 0 | 0 | 0 | 0 | 582.00 | 42.00 |
| 昌平区 | 26.2 | 26.2 | 100.0 | 0 | 307 | 26.2 | 100.0 | 0 | 0 | 0 | 0 | 0 | 0 | 0 | 0 | 600.00 | 30.00 |
| 大兴县 | 38.2 | 38.2 | 100.0 | 0 | 512 | 38.2 | 100.0 | 0 | 0 | 0 | 0 | 0 | 0 | 0 | 0 | 244.98 | 68.00 |
| 怀柔县 | 19.7 | 19.6 | 99.2 | 0.22 | 260 | 18.0 | 91.5 | 0.52 | 0.5 | 1.4 | 7.2 | -0.30 | 0.1 | 0.6 | 0 | 448.97 | 50.00 |
| 密云县 | 34.8 | 34.8 | 100.0 | 0 | 295 | 32.1 | 92.4 | 0 | 0.8 | 2.6 | 7.4 | 0 | 0.1 | 0.2 | 0 | 314.30 | 44.23 |
| 延庆县 | 22.0 | 22.0 | 100.0 | 0 | 404 | 22.0 | 99.9 | 0 | 0 | 0 | 0.1 | 0 | 0 | 0 | 0 | 346.73 | 27.50 |
| 平谷县 | 31.5 | 31.3 | 99.4 | 0.11 | 268 | 31.1 | 98.7 | 0.14 | 0.1 | 0.2 | 0.7 | -0.03 | 0 | 0 | 0 | 524.20 | 51.00 |

### 全市蚊、蝇指数季节消长情况

| 年平均指数 | 计 | 4月 | | | 5月 | | | 6月 | | | 7月 | | | 8月 | | | 9月 | | | 10月 | | |
|---|---|---|---|---|---|---|---|---|---|---|---|---|---|---|---|---|---|---|---|---|---|---|
| | | 上旬 | 中旬 | 下旬 | 上旬 | 中旬 | 下旬 | 上旬 | 中旬 | 下旬 | 上旬 | 中旬 | 下旬 | 上旬 | 中旬 | 下旬 | 上旬 | 中旬 | 下旬 | 上旬 | 中旬 | 下旬 |
| 蝇　种 | 13.46 | 2.10 | 3.46 | 6.32 | 7.68 | 14.74 | 17.30 | 16.08 | 18.94 | 20.38 | 19.10 | 15.60 | 17.44 | 17.58 | 17.02 | 15.02 | 14.50 | 16.02 | 14.82 | 10.68 | 10.80 | 7.10 |
| 蚊　种 | 5.62 | — | — | — | 0.09 | 0.61 | 0.96 | 1.69 | 4.65 | 6.09 | 6.69 | 7.87 | 9.52 | 12.26 | 11.56 | 10.13 | 9.83 | 8.00 | 4.17 | 3.74 | 2.30 | 1.04 |

### 全市采血、用血情况(单位:袋/200ml)

| 机构分类名称 | 采　血　数 | 用　血　数 |
|---|---|---|
| **合　计** | **256012** | **252909** |
| 医　院 | 46443 | 189519 |
| 血液中心 | 157680 | 56117 |
| 采血站 | 51889 | 7273 |

注:血液中心、各血站的用血数为制备成分血用全血数。

### 全市0—6岁儿童系统管理情况

| 地　区 | 0—6岁儿童数(人) | 系统管理人数(人) | 体检人数(人) | 0—2岁儿童佝偻病患病率(%) | 0—2岁儿童贫血患病率(%) | 3—6岁儿童贫血患病率(%) | 0—6岁儿童系统管理覆盖率(%) |
|---|---|---|---|---|---|---|---|
| **合　计** | **476142** | **436778** | **431024** | **0.76** | **4.78** | **1.64** | **96.11** |
| 东城区 | 19340 | 16846 | 16794 | 0.15 | 4.32 | 0.66 | 100.00 |
| 西城区 | 23694 | 20093 | 20026 | 0.03 | 6.39 | 0.66 | 100.00 |
| 崇文区 | 10059 | 13428 | 13315 | 0.00 | 8.12 | 1.16 | 100.00 |
| 宣武区 | 10368 | 11868 | 11853 | 0.02 | 2.17 | 0.27 | 100.00 |
| 朝阳区 | 50186 | 53942 | 53848 | 0.24 | 3.85 | 0.90 | 98.10 |
| 海淀区 | 101998 | 60777 | 60177 | 0.69 | 4.21 | 1.17 | 98.53 |
| 丰台区 | 23392 | 31525 | 29852 | 1.54 | 5.99 | 1.59 | 98.31 |
| 石景山区 | 11431 | 12412 | 12121 | 0.26 | 5.52 | 0.67 | 97.74 |
| 门头沟区 | 9651 | 9663 | 9626 | 1.79 | 8.20 | 2.64 | 91.53 |
| 房山区 | 40842 | 37956 | 37905 | 1.44 | 6.64 | 3.32 | 92.93 |
| 通州区 | 26055 | 27894 | 25350 | 0.64 | 6.28 | 3.15 | 100.00 |
| 顺义区 | 20735 | 21675 | 21714 | 0.43 | 4.51 | 2.38 | 99.01 |
| 昌平区 | 20831 | 18190 | 18190 | 0.80 | 5.30 | 1.66 | 91.65 |
| 大兴县 | 25463 | 27493 | 26859 | 0.76 | 2.00 | 0.87 | 99.96 |
| 怀柔县 | 15459 | 14141 | 14024 | 0.22 | 5.82 | 2.49 | 97.04 |
| 密云县 | 28175 | 23377 | 25331 | 1.30 | 2.29 | 1.05 | 82.97 |
| 延庆县 | 14003 | 13714 | 12874 | 1.12 | 4.64 | 1.85 | 88.55 |
| 平谷县 | 24460 | 21784 | 21160 | 1.55 | 4.00 | 3.58 | 90.64 |

## 全市四苗接种率调查情况(卫生部标准)

| 分层 | 调查人数 | 接种卡 | | 接种证 | | 卡介苗接种 | | 脊灰全程接种 | | 百白破全程接种 | | 麻诊疫苗 | | 四苗全程 | | 卡证符合 | |
|---|---|---|---|---|---|---|---|---|---|---|---|---|---|---|---|---|---|
| | | 建卡人数 | 建卡率% | 建证人数 | 建证率% | 合格人数 | 接种率% | 合格人数 | 接种率% | 合格人数 | 接种率% | 合格人数 | 接种率% | 合格人数 | 接种率% | 合格人数 | 接种率% |
| **合计** | **841** | **839** | **99.8** | **829** | **98.6** | **787** | **93.6** | **831** | **98.8** | **830** | **98.7** | **828** | **98.5** | **770** | **91.6** | **812** | **96.6** |
| 一层 | 211 | 211 | 100.00 | 208 | 98.6 | 208 | 98.6 | 210 | 99.5 | 209 | 99.1 | 209 | 99.1 | 206 | 97.6 | 205 | 97.2 |
| 二层 | 212 | 212 | 100.00 | 210 | 99.1 | 210 | 99.1 | 208 | 98.1 | 209 | 98.6 | 207 | 97.6 | 202 | 95.3 | 201 | 94.8 |
| 三层 | 208 | 208 | 100.00 | 203 | 97.6 | 160 | 76.9 | 205 | 98.6 | 204 | 98.1 | 204 | 98.1 | 156 | 75.0 | 200 | 96.2 |
| 四层 | 210 | 208 | 99.0 | 208 | 99.0 | 209 | 99.5 | 208 | 99.0 | 208 | 99.0 | 208 | 99.0 | 206 | 98.1 | 206 | 98.1 |

说明:此次调查是将18个区县按1998年人均收入高低依次顺序为:一层包括海淀区、西城区、崇文区、朝阳区;二层包括宣武区、东城区、丰台区、石景山区;三层包括门头沟区、昌平区、顺义区、房山区、大兴县;四层包括通州区、怀柔县、平谷县、延庆县、密云县。全市共调查村居数120个,调查适龄儿童841名。

## 全市四苗接种率调查情况(北京市标准)

| 分层 | 调查人数 | 接种卡 | | 接种证 | | 卡介苗接种 | | 脊灰全程接种 | | 百白破全程接种 | | 麻诊疫苗 | | 四苗全程 | | 卡证符合 | |
|---|---|---|---|---|---|---|---|---|---|---|---|---|---|---|---|---|---|
| | | 建卡人数 | 建卡率% | 建证人数 | 建证率% | 合格人数 | 接种率% | 合格人数 | 接种率% | 合格人数 | 接种率% | 合格人数 | 接种率% | 合格人数 | 接种率% | 合格人数 | 接种率% |
| **合计** | **841** | **839** | **99.8** | **829** | **98.6** | **744** | **93.9** | **798** | **94.9** | **795** | **94.5** | **803** | **95.5** | **680** | **80.9** | **812** | **96.6** |
| 一层 | 211 | 211 | 100.00 | 208 | 98.6 | 193 | 91.5 | 198 | 93.8 | 195 | 92.4 | 202 | 95.7 | 176 | 83.4 | 205 | 97.2 |
| 二层 | 212 | 212 | 100.00 | 210 | 99.1 | 200 | 94.3 | 199 | 93.9 | 199 | 93.9 | 202 | 95.3 | 181 | 85.4 | 201 | 94.8 |
| 三层 | 208 | 208 | 100.00 | 203 | 97.6 | 145* | 91.2 | 202 | 97.1 | 198 | 95.2 | 195 | 93.8 | 130 | 62.5 | 200 | 96.2 |
| 四层 | 210 | 208 | 99.0 | 208 | 99.0 | 206 | 98.1 | 199 | 94.8 | 203 | 96.6 | 204 | 97.1 | 193 | 91.9 | 206 | 98.1 |

说明:此次调查是将18个区县按1998年人均收入高低依次顺序为:一层包括海淀区、西城区、崇文区、朝阳区;二层包括宣武区、东城区、丰台区、石景山区;三层包括门头沟区、昌平区、顺义区、房山区、大兴县;四层包括通州区、怀柔县、平谷县、延庆县、密云县。全市共调查村居数120个,调查适龄儿童841名。

*顺义BCG除外,调查人数为159。

## 全市鼠密度监测情况

| 地区 | 调查内容 | 一季度 | 二季度 | 三季度 | 四季度 | 年平均密度(%) |
|---|---|---|---|---|---|---|
| **全市** | **布鼠夹数(把)** | **16200** | **16200** | **16200** | **16200** | |
| | **捕鼠数(只)** | **198** | **326** | **320** | **228** | |
| | **捕获率(%)** | **1.22** | **2.01** | **1.98** | **1.41** | **1.65** |
| 城区 | 布鼠夹数(把) | 3600 | 3600 | 3600 | 3600 | |
| | 捕鼠数(只) | 10 | 31 | 15 | 15 | |
| | 捕获率(%) | 0.28 | 0.86 | 0.42 | 0.42 | 0.49 |
| 近郊区 | 布鼠夹数(把) | 3600 | 3600 | 3600 | 3600 | |
| | 捕鼠数(只) | 24 | 42 | 26 | 25 | |
| | 捕获率(%) | 0.67 | 1.17 | 0.72 | 0.69 | 0.81 |
| 远郊区(县) | 布鼠夹数(把) | 9000 | 9000 | 9000 | 9000 | |
| | 捕鼠数(只) | 164 | 253 | 279 | 188 | |
| | 捕获率(%) | 1.82 | 2.81 | 3.10 | 2.09 | 2.46 |

## 全市居民出生、死亡及自然增长情况

| 地　区 | 出生数 | 出生率(‰) | 死亡数 | 死亡率(‰) | 自然增长数 | 自然增长率(‰) |
|---|---|---|---|---|---|---|
| **全　市** | **62757** | **5.73** | **62775** | **5.73** | **-18** | **0.00** |
| 市 | 44625 | 5.15 | 49405 | 5.70 | -4780 | -0.55 |
| 县 | 18132 | 7.92 | 13370 | 5.84 | 4762 | 2.08 |

## 全市人口平均期望寿命(岁)

| | 全　市 | 市 | 县 |
|---|---|---|---|
| **合　计** | **74.33** | **74.77** | **73.26** |
| 男 | 72.41 | 72.93 | 71.13 |
| 女 | 76.35 | 76.70 | 75.55 |

## 全市各区、县肺结核病人新登记率及登记率(1/10万)

| 地　区 | 新登病例 | 新登涂阳 | 新登菌阳 | 登记病例 | 登记涂阳 | 登记菌阳 | 新登记率 | 涂阳新登率 | 菌阳新登率 | 登记率 | 涂阳登记率 | 菌阳登记率 |
|---|---|---|---|---|---|---|---|---|---|---|---|---|
| **合　计** | **2257** | **767** | **981** | **1109** | **478** | **583** | **20.6** | **7.0** | **9.0** | **10.1** | **4.3** | **5.3** |
| 东城区 | 68 | 28 | 31 | 45 | 22 | 25 | 10.8 | 4.4 | 4.9 | 7.2 | 3.5 | 4.0 |
| 西城区 | 127 | 47 | 60 | 69 | 31 | 36 | 16.1 | 6.0 | 7.6 | 8.8 | 3.9 | 4.6 |
| 崇文区 | 107 | 29 | 58 | 68 | 20 | 41 | 25.5 | 6.9 | 13.8 | 16.3 | 4.8 | 9.8 |
| 宣武区 | 130 | 56 | 62 | 80 | 40 | 45 | 23.1 | 9.9 | 11.0 | 14.2 | 7.1 | 8.0 |
| 朝阳区 | 185 | 46 | 60 | 94 | 31 | 38 | 12.5 | 3.1 | 4.1 | 6.3 | 2.1 | 2.6 |
| 海淀区 | 204 | 53 | 90 | 105 | 40 | 53 | 13.2 | 3.4 | 5.8 | 6.7 | 2.5 | 3.4 |
| 丰台区 | 248 | 70 | 91 | 131 | 46 | 55 | 30.9 | 8.7 | 11.3 | 16.2 | 5.7 | 6.8 |
| 石景山区 | 95 | 20 | 20 | 35 | 7 | 7 | 29.2 | 6.1 | 6.1 | 10.7 | 2.1 | 2.1 |
| 门头沟区 | 73 | 24 | 27 | 23 | 9 | 11 | 31.1 | 10.2 | 11.5 | 9.8 | 3.8 | 4.7 |
| 房山区 | 221 | 59 | 65 | 85 | 31 | 34 | 29.7 | 7.9 | 8.7 | 11.4 | 4.2 | 4.6 |
| 通州区 | 122 | 24 | 42 | 62 | 17 | 25 | 20.5 | 4.0 | 7.0 | 10.4 | 2.8 | 4.2 |
| 顺义区 | 164 | 95 | 100 | 103 | 68 | 72 | 30.5 | 17.7 | 18.6 | 19.2 | 12.7 | 13.4 |
| 昌平区 | 122 | 48 | 59 | 38 | 16 | 17 | 28.9 | 11.4 | 14.0 | 8.9 | 3.8 | 4.0 |
| 大兴县 | 81 | 44 | 47 | 49 | 35 | 35 | 15.5 | 8.4 | 9.0 | 9.4 | 6.7 | 6.7 |
| 怀柔县 | 47 | 24 | 27 | 10 | 8 | 9 | 17.9 | 9.1 | 10.3 | 3.8 | 3.0 | 3.4 |
| 密云县 | 158 | 50 | 84 | 75 | 38 | 56 | 37.1 | 11.8 | 19.7 | 17.6 | 8.9 | 13.2 |
| 延庆县 | 60 | 19 | 25 | 25 | 13 | 17 | 22.3 | 7.1 | 9.3 | 9.3 | 4.8 | 6.3 |
| 平谷县 | 45 | 31 | 33 | 12 | 6 | 7 | 11.6 | 8.0 | 8.5 | 3.1 | 1.5 | 1.8 |

注:新登记病例中含新发初治、新发复治和复发。按患者户口所在区统计。

**附录一：**

**北京市卫生局直属单位聘任外籍名誉与客座教授**

| 国　籍 | 姓　名 | 性别 | 国外工作单位与职务 | 聘任职务 | 授予年份 | 聘任单位 |
|---|---|---|---|---|---|---|
| 美国 | 卡洛林·坦纳 | 男 | 美国帕金森研究所教授、临床研究部主任 | 客座教授 | 1999 | 首教医科大学 |
| 荷兰 | 迪克·斯威伯 | 男 | 荷兰脑研究所所长 | 客座教授 | 1999 | 首都医科大学 |
| 日本 | 中野富夫 | 男 | 日本兵库医科大学客座教授 | 名誉教授 | 1999 | 首都医科大学 |
| 加拿大 | 吴　炯 | 男 | 加拿大麦基尔大学医学院教授 | 顾　问 | 1999 | 北京地坛医院 |

**附录二：**

**北京市卫生局直属单位挂靠研究、学术、管理机构**

| 机构名称 | 负责人 | 职　务 | 挂靠单位 | 成立时间 |
|---|---|---|---|---|
| 北京市呼吸病研究所 | 翁心植 | 所　长 | 北京红十字朝阳医院 | 1999.6.10 |

# 索　引

**Y**



**Z**